HANGIL
GREAT BOOKS

인류의위대한지적유산

HANGIL GREAT BOOKS 148

Ham Sokhon
The Sound of Ssial - Ham Sokhon Anthology 1

Compiled by Ham Sokhon Anthology editing commission

Published by Hangilsa Publishing Co., Ltd., Korea, 2016

한길그레이트북스 148

씨올의 소리

함석헌선집 1

함석헌선집편집위원회 엮음

한길사

씨올의 소리
함석헌선집 1

『함석헌선집』을 발간하면서 | 함석헌선집편집위원회 ━ 9
함석헌사상의 인문학적 기초 | 김영호 ━ 13

제1부 새 시대의 종교
새 시대의 종교 ━ 77

제2부 펜들힐의 명상
한국의 기독교는 무엇을 하고 있는가 ━ 143
한국의 기독교는 무엇을 하려는가 ━ 160
펜들힐의 명상 ━ 177
예수의 비폭력 투쟁 ━ 192
믿음의 내면화 ━ 204

제3부 죄는 참말로는 없다
홍동으로 보내는 글 ━ 259
죄는 참말로는 없다 ━ 278
어떻게 하는 것이 버리는 것이냐 ━ 289
하나님의 발길에 채여서 1 ━ 312
하나님의 발길에 채여서 2 ━ 338

제4부 진리는 더 위대합니다

옛글 고쳐 씹기 — 357

진리는 더 위대합니다 — 370

내가 불교인에게 바라는 것 — 375

노장을 말한다 — 383

예와 이제 — 397

노자 공부를 왜 하나 — 401

도 — 415

제5부 생활철학

열두 바구니 — 427

생활철학 — 459

제6부 역사가 지시하는 우리의 사명

사관 — 529

종교적 사관 — 539

한국역사의 기조 — 553

고난의 의미 — 568

역사가 지시하는 우리의 사명 — 577

제7부 씨올의 소리

씨올 ━ 599

나는 왜 『씨올의 소리』를 내나 ━ 605

씨올의 울음 ━ 621

올 ━ 626

씨올의 소리 ━ 628

씨올의 설 자리 ━ 637

우리가 내세우는 것 ━ 639

함석헌사상의 갈래와 특성 | 김영호 ━ 641

함석헌 연보 ━ 683

찾아보기 ━ 687

『함석헌선집』을 발간하면서

　함석헌은 사상가이자 사회운동가로서 20세기 민족사에 우뚝 선 인물로 평가된다. 최근에도 학자는 물론 일반 지식인들에게까지 탐구와 논의의 대상이 됨으로써 모든 분야를 통틀어 근대 한국을 대표하는 인물로 떠올랐다. 한 세기에 가까운 비교적 긴 생애 동안 그가 쏟아낸 글과 강의록은 방대하다. 그중 일부는 잡지나 신문을 통해서 소개되거나 단행본으로 출판되기도 했다. 다행히도 그의 생전에 안병무 박사와 한길사 김언호 대표가 강의록, 서장, 칼럼, 시가, 번역한 글 등과 여타 저술을 함께 엮어 『함석헌전집』1982~86, 전 20권을 출판했다. 이후 추가된 자료를 보완해 『함석헌저작집』2009, 전 30권을 간행했다. 몇몇 글은 따로 단행본으로 나왔다.

　그러나 절판이나 그 밖의 사정으로 최근 5년여 동안 함석헌의 저술이 서점에서 사라져 독자들과 연구자들의 불편을 초래했다. 특히나 함석헌의 저술에 노출되지 않은 새 세대에게 정보가 단절된 것은 참으로 안타까운 일이었다. 진통 끝에 최근 『뜻으로 본 한국역사』『간디 자서전』『바가바드 기타』가 단행본으로 다시 출판된 데다 『함석헌선집』이 세 권으로 기획된 것은 매우 다행한 일이다.

　『함석헌선집』이 목마른 독자들의 요구를 해갈시켜 줄 것이 분명하다. 『함석헌선집』의 글들은 함석헌선집편집위원들이 토론을 통해 『함석헌전집』과 『함석헌저작집』에서 선정하고 각 글이 최초 게재

되었을 때의 원본들과 대조하여 충실한 내용이 되도록 했다. 함석헌의 사상이 농축된 가장 대표적인 글들을 뽑아 분야별로 갈래지어 편찬했으므로 통독하면 함석헌사상의 전모를 대체적으로 파악하게 될 것이다. 사상적으로 의미가 깊은지, 사회적인 파장을 일으켰는지, 독창적인 사유와 발상paradigm의 전환을 꾀하고 있는지, 사회개혁의 원리와 방법을 논했는지, 역사적인 사실을 새롭게 밝혔는지, 감성과 영감을 일으키는지, 생애의 전환점을 기술했는지 등을 기준으로 삼아 수록할 글을 선정했다. 책의 서문이나 본문, 번역서의 서문이나 해설, 서간문, 주석서의 해설, 시詩, 선언문 등도 부분적으로 포함했다.

왜 새삼 함석헌을 다시 읽어야 하는가. 그 이유는 오늘날 세계와 우리 사회가 어디로 가고 있는지와 맞닿아 있다. 단정하기는 힘들지만 장래가 불투명하고 비관적이라고 할 수밖에 없는 상황인 것은 분명하다. 이미 함석헌은 서구가 주도한 물질문명이 막다른 골목에 이르렀다고 경고했다. 새로운 탈출구를 찾지 못하면 문명의 종말은 막을 수 없다. 그의 경고 이후 한 세대가 지나가도록 상황은 나아지지 않고 오히려 더 나빠졌다는 전망이 우세하다. 갈등, 전쟁, 재앙, 파괴, 폭력, 탐욕, 양극화 등으로 지구가 몸살을 앓고 있다. 문명이 부침하던 과거와 달리 생태환경의 악화와 인성의 타락 등 백약이 무효한 상황에 접어들었다는 조짐이 농후하다. 정신과 도덕이 결핍된 과학의 발달로 어느 순간 걷잡을 수 없이 악화될지도 모른다. 그것은 함석헌이 예측한 대로다.

더구나 한국은 동서의 전통과 이념이 그 장점보다 단점이 더 부각된 채 섞인, 즉 함석헌의 표현으로 세계의 쓰레기통이자 시궁창이 되었다. 그 결과 지금 한국사회는 각종 모순과 비리로 가득 찬 집단으로 내려앉았다. 자유와 평등, 개인주의가 수반하는 인권과 공공정신 등 서구가 확보한 가치는 이 땅에서 사라지고 있다. 모든 공공재가 급속히 사유화·사물화하는 과정이 진행되고 있다. 그 과정이 정치,

경제는 물론이고 교육, 언론뿐만 아니라 재물의 청지기(기독교), 무소유(불교, 힌두교)의 덕성을 가르쳐야 하는 종교에 이르기까지 모든 분야로 확대되고 있다. 더 이상 공동체, 민주공화국이라 할 수 있는지 묻는 사람이 늘고 있다. 일찍이 함석헌은 근본적인 전환과 혁명을 외치고 새 나라, 새 윤리, 새 종교, 새 교육을 설계했으나 우리 사회는 그에게 귀 기울이지 않았다. 그런데도 함석헌은 현 문명의 종말과 함께 새 문명의 출현을 기대했다. 그래서 새 씨앗(씨을)을 심고자 했다.

『함석헌선집』이 새 씨앗이 싹트는 데 조금이나마 일조했으면 한다. 함석헌의 사상은 사상사적·문명사적 의의를 갖는다. 이 가능성을 『함석헌선집』을 읽는 이들이 간파하리라고 기대한다.

2016년 7월
함석헌선집편집위원회

일러두기

- 『함석헌선집』(전 3권)은 함석헌의 글 가운데 사상과 정신을 대표하는 글을 선정해서 실었다.
- 『함석헌저작집』(한길사, 2009, 전 30권)을 저본으로 삼고 『함석헌전집』(한길사, 1988, 전 20권)과 각 글이 최초 게재되었을 때의 원본을 참고해 수정·보완했다.
- 『함석헌선집』 제1권 『씨올의 소리』는 기독교와 동양종교 그리고 역사에 대한 글들을 모았다. 기독교 정신의 참뜻은 무엇이며 동양철학, 특히 노장사상과 불교를 재해석해 숨은 정신이 무엇인지 밝혔다. 무엇보다 그러한 뜻과 정신이 역사에서 어떻게 드러나는지 살펴며 저자 고유의 개념인 '씨올'을 설명한다.

  제2권 『들사람 얼』은 민중과 민족 그리고 통일의 문제를 다룬 글들을 모았다. 세계화 시대에 국가주의·민족주의의 한계를 지적하고 '뜻'으로 대표되는 보편적인 역사관이 필요함을 논증한다.

  제3권 『인간혁명』은 실천의 문제를 다룬 글들을 모았다. 실천의 의미를 파악하고 이를 바탕으로 비폭력 평화운동의 가치를 밝힌다. 그 틀에서 '같이살기 운동'과 민주화운동의 필요성을 설명하고 최종적으로 오늘날 필요한 혁명의 철학을 정립한다.
- 어법과 표기법이 맞지 않아도 함석헌 선생의 육성을 살리기 위해 그대로 두었다.
- 낱말의 뜻풀이는 ( )로 표시하고 편집자가 설명을 넣은 것은 (-편집자)로 표시했다.
- 각주는 독자의 이해를 돕기 위해 모두 편집자가 붙인 것이다.

함석헌사상의 인문학적 기초

김영호 인하대학교 명예교수·철학

독창적인 사상가 함석헌

총 7부 32편의 글로 구성된 『함석헌선집』 제1권은 주로 종교·철학·역사 분야의 주제를 다룬 글이다. 인문학의 통합적인 구조와 내용을 보여주고 있다.

함석헌에게 종교와 철학은 분리되어 있지 않다. 철학 없는 종교는 미신이 되기 쉽고, 종교적 인식과 믿음에 뿌리를 두지 않은 철학은 지혜가 아닌 단순한 지식정보에 그치고 만다. 특히 동양철학은 서양철학과 달리 종교와 별개로 존재하지 않는다. 함석헌의 신앙은 기독교였지만 그의 해석은 동양전통, 나아가 한국정신에 근거한 내용과 사유방식을 보여준다. 동양철학자이자 한국사상가로서 그가 보여준 독창성은 서양사상의 산물인 기독교의 보편성을 확대시켰고 자신의 종교도 '보편종교'로 귀결된다.

함석헌은 종교를 모든 가치와 분야의 정점에 둔다. 그 점에서 함석헌은 다른 어떤 것보다 종교철학자나 종교사상가라 할 수 있다. '사람 살림의 밑둥'인 종교는 다른 사회사상과 실천의 원리를 제공한다. 특히 현실을 다스리는 정치와 사람을 만드는 교육은 종교적 바탕에 근거하지 않고는 제 기능을 올바로 발휘하기 어렵다. 물론 선집 제2, 3권에서도 그의 사상은 계속 등장하지만 종교·철학 사상을 먼저 이해해두면 다른 책의 실천적 원리를 더 잘 파악할 수 있으리라 본다.

이 책에 선정된 종교와 기독교 관련 글의 초점은 기독교와 종교의 개혁에 맞춰져 있다. 그는 '새 종교'와 제2의 종교개혁을 희구한다. 그가 오랫동안 몸담아온 무교회 사상조차 창시자 우치무라 간조의 관점을 무비판적으로 수용하지는 않는다. 대속代贖설 같은 이성에 맞지 않은 교리나 주장은 배격한다. 나아가 대속의 원인인 죄조차도 부정한다. 무교회를 또 하나의 교회처럼 받드는 태도를 비판하고 탈퇴하게 된다.

또 함석헌은 기독교의 근본교리까지 문제 삼으며 자신의 담대한 이론을 설득력 있게 주장한다. 정통 기독교에서 가룟 유다를 정죄한 선악 이분법조차 초월하는 논리를 편다. 가히 이단으로 몰릴 만하다. 그러나 그에게 정통과 이단의 구분은 없다. 이단이라면 다 이단이라고 말한다.

함석헌은 종래의 역사서와 다른 독창적인 한국사와 세계사를 저술한 역사철학자이기도 했다. 역사의 뜻을 찾고 새롭고 복합적인 사관을 제시했다. 민중사관·종교사관·고난사관 등으로 표현된다. '수난의 여왕'이 된 한민족의 고난에는 유별난 뜻이 있었다. 그것은 세계 구원을 위한 중심역할을 수행하는 것으로 새로운 사상일뿐더러 민족의 희생까지도 감수하는 것이다. 비폭력주의 실천의 극치다.

문명비평가로서 함석헌은 서구가 주도한 물질주의 문명의 종언을 선고했다. 새 정신문명의 기초 원리는 동양사상과 고전에서 찾을 수밖에 없다고 판단했다. 서양의 고전은 다 써먹었다고 판정했다.

씨올 사상은 함석헌의 종교사상의 한 결정체이다. 그 개념 속에 동서양 철학의 핵심이 농축되어 있다. 그는 상아탑에 갇힌 강단의 철학자가 아니고 삶의 현실 속에서 진리와 길을 찾는 '생활철학자'였다.

이제 그의 글을 하나하나 자세히 살펴보자. 다음의 글들은 본문 각 부와 그 부의 글들을 순서대로 풀이한 것이다.

「새 시대의 종교」1955

이 글은 함석헌의 본격적인 종교론을 담고 있다. 드물게 논문 형식으로 쓴 글이다. 원래 그가 오랫동안 가르치던 초교파 중앙신학교^현강남대학교의 월례 강좌에서 발표했는데, 그가 발간하던 잡지인 『말씀』 1955년 3월호에 실렸다. 함석헌을 일반대중에게 알린 글 「한국기독교는 무엇을 하고 있는가」『사상계』, 1956보다 앞선다. 그가 해방기 북한에서 신의주학생사건에 연루되어 고초를 당하던 끝에 월남¹⁹⁴⁷한 이후, 그야말로 야인(들 사람)으로 살면서도 신앙생활과 문필활동은 계속하고 있었음을 보여준다.

함석헌의 생애는 사상의 형성과 전개과정을 기준으로 1947년 이전과 이후로 양분된다. 전반부에는 교육과 신앙에 초점을 맞췄다면 후반부는 종교와 사회참여가 중심이었다. 전반부에 쓴 저작은 주로 『성서』해석과 역사 위주의 내용으로, 대부분 동인지 『성서조선』에 게재한 글이다. 일제강점기에는 사상적인 글은 쓸 엄두도 낼 수 없었다. 그러나 후반부에 뚜렷한 모습을 드러낸 독특한 사상은 전반부에도 부분적으로 싹트고 있었다. 그것은 제2차 세계대전이 끝난 후에는 지금까지와는 다른 새로운 틀^{paradigm}에서 인류가 나올 것이라는 그의 예언자적인 전망을 통해 알 수 있다.

과연 국제평화의 긴요함을 깨달은 국가들은 국제연합기구를 창설하게 되었다. 6·25전쟁에 유엔군이 참전한 것이 그 첫 성과였다. 함석헌은 이것을 세계사의 획기적인 사건으로 보았다. 그는 역사발전단계를 말하며 개인주의와 그 외연인 민족주의, 국가주의를 넘어서는 세계주의 시대의 도래를 점쳤다. 오늘날 그 예언은 더디지만 현실로 나타나고 있다. 서구의 어느 사상가보다 앞선 선견지명이 그에게 있었던 것이다. 그는 나아가 서구 물문명의 몰락까지 예언했다.

신앙의 궤적도 독특하다. 어릴 때 장로교에 입문했다. 20대 초 일본 유학 시절에는 우치무라가 제창한 무교회주의에 동조하여 이후 30년가량 그 모임에 참석했다. 이 글은 1953년을 전후해 무교회 모임과 신학적인 견해 차이로 결별한 뒤에 나온 것으로, 이들과의 논쟁이 간접적으로 기술되어 있다. "'믿음으로만'이라는 믿음은 추상적 관념뿐"이란 대목이 바로 그것이다. 이는 '도덕적 노력' '인간적인 노력'을 무용하게 보는 우치무라의 대속代贖설이나 십자가를 그냥 믿기만 하면 된다는 '순純신앙'의 거부다. 예수를 따른다는 것은 스스로 십자가를 지고 가는 고난의 길이다.

함석헌은 1960년 전후부터 또 다른 비정통적 소수교파인 퀘이커교, 즉 친우회에 속하게 되었지만 그의 신앙과 신학 속에 무교회주의 정신은 계속 남아 있다. 퀘이커교도 가장 비교회적이고 덜 조직적인 교파였기에 다가갈 수 있었다. 무교회나 퀘이커교나 다 정통은 아니지만 예수의 본심에 더 가깝다. 예수는 '종교를 조직하자는 것'이 아니었다. 함석헌의 관심과 가치관의 초점은 조직화한 정통 교회를 넘어서 시종일관 보편적이고 원형적인 종교에 있었다. 그래서 그를 무엇보다 종교인, 종교철학자로 불러야 한다.

"종교는 사람 살림의 밑둥이요 끝이므로 이것이 문제 가운데에서도 가장 긴한 문제다.… 역사에 어떠한 변동이 있어도 종교는 없어지지 않을 터요, 도리어 역사적 변동의 원인은 종교에 있다." "어떤 시대도 어떤 문화도 완성된 종교 없이 통일을 이룰 수는 없었다." 종교적 차원의 믿음과 이념·종교적 기반 없이 민족통일은 불가능하다('민족통일의 종교'를 논한 글도 있다).

역사의 변동을 추동하는 것이 종교라면, 당연히 종교도 형태와 교리해석 등 상대적인 차원에서 바뀌어야 한다. 새 종교를 내세운 창시자들은 형식화·율법화한 낡은 종교의 파괴자였다. 새 종교의 형태는 두 가지 요인, 즉 상대적인 인간의 노력과 절대적·초월적인 계시를 통해서 실현된다. '진인사대천명'盡人事待天命이다. 인사人事는 인간 이성의 몫이지만, 영적인 절대는 초超이성의 경지다. 아직도 종교는 전근대적인 감정에만 치우쳐 광신과 미신에서 벗어나지 못하고 있다. 신앙에도 감성이 필요하지만 이성으로 뚫려 비치지 못한 감성은 위험한 자기도취일 뿐이다. 자각된 이성은 빛이다. 종교발달사에서 인간은 맹목적 의지와 감정을 지나 이지理智의 종교시대에 와 있다. 함석헌은 방언·안수·이적·부흥집회 같은 비이성적인 신앙행태를 거부했다. 진정한 종교는 윤리적인 우주관을 낳는 것이어야 한다.

함석헌은 이성이 최대한 발휘되어 초월적 경지의 경계로 인간을 데려다주기를 기대한다. 과학적 이성의 성취를 기대했다. 그리하여 어느 시점에서는 물질을 대표하는 과학과 정신을 대표하는 종교가 만나리라 예상했다. 두 분야는 서로 다른 방향에서 진리의 터널에 맞구멍을 뚫어가다가 만나게 될 것이다. 그러므로 과학연구자도 '진실한 진리탐구자'로 대접해야 한다. '종교와 과학이 만나는 날'이 와야 한다.

생물진화처럼 인간의 종교도 형태와 실천방법론에서 시대 즉 역사단계의 전환에 맞게 진화해야 한다. 한 시대를 지배하는 교회(모교회)는 영국에서 전개된 사회진화론에서 말한 선조반복recapitulation, 즉 그동안 축적된 진화 양태를 온존하면서 새로운 단계의 태아를 배태하는 두 가지 역할을 맡고 있다. 이는 온고지신이다. 낡은 조직인 교회가 새로운 시대에도 지배자가 되려는 몸부림은 시대착오적인 집착이다. 이제 역사는 새 교회, 새 종교를 요구한다. 가톨릭이나 개신교나 모두 자기 역할을 다했다.

모든 시대는 과도기적이다. 종교의 개혁은 역사의 결과이면서 역사의 원인이다. 자유정신, 절대적인 신앙의 자유 속에서 역사는 나아간다. 역사에 되풀이란 없다. 나선운동을 하면서 나아갈 뿐이다. 여기에 동양적인 윤회관의 한계가 있다. 함석헌은 낡은 정신체계인 서구주의와 동양주의가 다 지양되는 새로운 종합을 바라본다. 역사적으로 시대의 통일을 위한 기틀을 제공하는 것이 종교였다. 그러므로 먼저 종교 자체가 자라나야 한다. 현대교회는 기독교가 낳은 자본주의에 함몰되어 '피가 묻은 돈들' 속에서 자기 본분을 잃고 있다.

낡은 교회의 상태는 교리의 고정불변, 제도의 고착, 수세적인 태도,

피안(내세)적인 경향, 내분과 다툼으로 나타난다. 사회정의와 세계문제에 관심을 둘 여유가 없다. 새 종교를 대망할 수밖에 없다. 그것은 '세계구원'이자 '세계심판'이다.

새 종교는 언제 어떤 형태로 등장할까. 인지로는 그것을 절대 알 수 없지만 인위적인 '인조종교'는 아니다. 모든 "종교제조자는 협잡꾼이다." 사실 "모든 종교는 우상교요 거짓이다." '영원한 그리스도'는 교회조직보다 '세계' 안에서 몸을 드러낸다. 종교는 세계관으로 나타난다. 세계가 달라지는 만큼 세계관도 달라져야 한다. 세계관을 대표하는 교회가 달라져야 하는 이유다.

새 종교를 알 수는 없지만 대강 그림을 그려볼 수는 있다. 그것은 '하나'일 것이다. 하나님도 하나, 말씀도 하나인 것처럼. '세계가 하나되도록 하는 종교'도 하나여야 한다. 종교의 사명은 '하나됨'(통일)에 있다. 신과 인간, 영과 육, 초월과 세속, 안과 밖의 일치를 지향한다. 새 종교는 분열된 인격을 다시 통일하는 새 인간관을 제시해야 한다. 그렇다고 '세계종교를 통합한다는 생각도 어리석은 욕심'이요 '제국주의의 잔재'이며 '시대착오'다(종교의 통합을 내세운 인조종교는 결국 또 하나의 종파로 귀결되었을 뿐이다). 새 종교는 기존 종교들을 초월하는 '보다 높은 것'이어야 한다. 미래 종교는 이성을 중시하고 윤리적·영적 차원과 깨달음을 강조하는 종교가 될 것이다.

새 종교론은 다름 아닌 제2의 종교개혁론이다. 이는 함석헌의 혁명사상을 포괄하는 한 가지 표현이다. 종교개혁은 정치와 교육을 비롯한 모든 개혁 가운데 가장 중요한 혁명이다. 종교가 궁극적인 가치와 기준이 되기 때문이다. 그렇다면 왜 개혁해야 하는가. 생명의 중요한 특성은 자람(성장)과 자유다. 만물은 생성, 진화한다. 신이 만물을 창조할 때 부여해준 성질이다. 만물(피조물)처럼 신도 진화한다. 사회개혁과 세계혁명을 위해서 종교가 먼저 달라지고 새로운 사고의 틀을 제시해야 한다. 낡은 국가관을 벗어난 초국가주의, 탈민족주의를 암시한다.

함석헌은 독창적이면서도 다른 이론과 사상에도 늘 열려 있었다. 예를 들어 진화론과 거기서 파생한 태아의 선조반복설을 과감히 수용했다. 특히 인류가 앞으로 정신화·영화靈化해 갈 것이라는 견해는 함석헌이 크게 영향을 받은 샤르댕의 주장과 일치한다. 그 입장은 샤르댕이 '영화'spiritualisation 개념을 다룬 『인류의 미래』프랑스어판 1959, 영어판 1964보다 5년여 앞선다. 그는 샤르댕의 주요 저술인 『인간 현상』프랑스어판 1955, 영어판 1959을 1960년대 초반에 접했다고 말했다. 그렇다면 우연의 일치이다. 함석헌사상의 독창성과 독특성은 높이 평가될 수밖에 없다.

「한국의 기독교는 무엇을 하고 있는가」1956

함석헌은 1947년 해방공간에서 월남한 후 주로 종교적인 사색과 『성서』 연구에 집중하고 농사공동체를 꿈꾸며 산 종교인이자 재야사상가로 소수 서클에만 알려져 있었다. 이 글은 그를 사회의 큰 무대로 진출시킨 계기를 제공한 요인이 되었다. 가톨릭(윤형중 신부와 서창제 교수)의 반론이 다른 잡지를 통해서 제기되면서 일련의 논쟁을 불러일으키기도 했다. 역사적·사회적 관점에서 해방 후 10년 동안 한국기독교 교회가 걸어온 행적에 대한 비판으로 쓴 이 글에는 그동안 축적된 신앙관·교회관·종교관이 농축되어 있다. 그의 날카로운 비판은 종교를 넘어 점차 사회 전반으로 확대되어갔다. 이 글을 시발점으로 당시 비판적 지식인들의 주요 도구로서 함석헌의 글들이 4·19 혁명의 '원천'이 된 『사상계』를 통해서 발표된 것도 역사적인 의의를 갖는다.

함석헌은 교회가 인간생활의 두 축인 역사와 사회의 진행, 발전과 무관하게 존재하는 방식에 채찍을 가한다. "역사적·사회적인 인간생활에 관한 그 원인을 찾고 그 해결방법을 연구 실천하는 것이 신앙"이라고 규정한다. 신이 간여하는 역사와 사회가 엮어가는 삶의 현실을 떠난 신앙은 성립될 수 없다. 그런데 한국교회는 사회현실에는 무관심한 채 부흥회·사이비 예언·성령받기·방언 같은 비현실적이고 기복주의적인 신앙행태나 교파싸움, 현세적인 권력추구만 일삼는다. 『성서』의 역사철학이나 예수가 말한 성령의 윤리, 도덕적 차원은 일체 무시된다.

함석헌은 일찍부터 한국교회는 신앙의 행태에서뿐만 아니라 구조적으로 자본주의체제와 결착하여 황금만능주의에 매몰되어 있다고 지적했다. 사회 양극화가 갈수록 심화되면서 교회는 점차 귀족화·대형화되고 급속히 상류사회에 편입되어갔다. 사회적 약자, 피해자, 빈자 편에 서서 출발한 창시자의 가르침은 맘몬과 권력 앞에서 퇴색되어버렸다. 종교적·정신적 가치를 흔들림 없이 지지하고 선양하는 감시자인 교회는 오히려 혼란해진 사회와 지도층을 비판·계도해야할 책무를 망각한 채 그들에게 끌려가 타락했다. 높이 솟은 십자가와 석조 교회당에 갇힌 하나님과 신도들을 해방시키는 산 신앙이 회복되어야 종교와 '생명의 씨'가 살아남을 수 있다. 교회는 일정한 장소나 교회당이 아니다. 초대교회처럼 산이나 들, 어디서나 예배하는 곳이 교회다.

「한국의 기독교는 무엇을 하려는가」1971

앞글이 세상에 발표되자 가톨릭에서 반박을 해 논쟁이 일어나기는 했지만 교회 자체가 '반성'하는 긍정적인 영향은 없었다. 이에 함석헌은 15년 후 이 글로 다시 묻고 있다(그는 다시 6년 후 「한국 기독교의 오늘날 설자리」(1977)를 발표했다). 취지는 크게 다르지 않다. 그동안 미국과 유럽을 왕래하면서 함석헌의 견문은 더욱더 넓어지고 세계화되었다. 그가 예상한 대로 '달라지는 세계'를 보았지만 한국교회는 자기만의 동굴을 깊이 파고 있었다. 그래서 다시 역사적·사회적 맥락에서 무엇이 문제인가를 논증하려 한다.

이번에는 해방 후 10년에 15년을 추가하여 사반세기 동안의 상황을 점검한다. 지난번에는 한국교회의 상태를 '늙어가는 증상'으로 진단했다. 지금 상태는 '전신 또는 반신불수'가 될 지경이다. 역사의 길목마다 교회는 어떻게 반응하고 위기에 대처했는가. 사회와 민족의 위기 극복에 어떻게 협조했는가. 독립 후 건국을 위한 새 이념의 모색이나 공산주의자에 대한 종교심의 발휘, 6·25가 요구하는 민족적 회개에도 교회는 없었다. 자유당 정권 10년 동안 반항 한번 못하고 4·19 혁명에는 참여하지도 못했다. 5·16 군사반란에 대한 '정당한 책망'도 못했다. 한일회담과 베트남 전쟁 참전에 대해서도 소극적인 태도를 취했다. 함석헌은 졸속적인 한일협정의 체결을 단식투쟁으로 맞섰다.

베트남 전쟁 참전은 유엔군의 6·25 참전과는 다르게 미국의 제국주의적 전쟁이었는데 명분과 돈 때문에 대거 참전하여 민족적인 죄악을 저질렀다. 두 사건은 민족사의 오점이었다. 양심적 병역거부의 문제도 기독교가 침묵을 지킬 일이 아니다. 다른 문명국가들은 인정해주거나 대체복무를 허용해준다. "살인하지 말라"는 예외 없이 준수해야 할 절대 계명이다. 톨스토이와 간디는 그 계명, 즉 비폭력ahimsa 원리가 개인뿐만이 아니라 집단에도 해당한다고 해석했다. 교회는 타자의 멸망보다 자기희생을 택한 십자가 정신을 위배하고 있다.

오늘의 한국교회는 여전히 예수의 가르침을 따르지 않고 있다.『성경』을 제대로 읽어보면『구약』에서 이스라엘 민족이 어떤 목적을 가지고 아브라함, 모세, 여호수아 같은 지도자와 예언자를 따라 생존했는지 교훈을 얻을 수 있다. 그들에게는 가나안 복지라는 뚜렷한 목표가 있었다. 민족으로서 우리에게 목표가 있는가. 있다면 무엇인가. 목표의 제시는 무엇보다 종교가 할 몫이다. 세계구원의 목표를 세우고 민족의 사명을 찾아 완수하는 것이 우리에게 주어진 과제다.『성경』이라도 똑바로 읽자. 이스라엘 민족처럼 굴지 말고 올바로 해석하여 타산지석으로 삼고 우리의 길을 가야 한다.

우리에게 가나안 복지는 어디일까. 함석헌이 그 회복을 열망한 고구려의 옛 고토 만주일 수도 있다. 현실적으로는 불가능하다. 이스라엘 민족도 그 목표에 이르지 못했다. 그렇지만 이상을 갖는 것이 중요하다. 어차피 이상은 현실이 아니다. 목표보다 과정이 더 큰 의미를 갖는다. 복지회복 이전에 남북이 하나되어야 한다. 그리고 나서야 더 큰 꿈을 꿀 수 있다. 함석헌의 궁극적인 이상은 세계구원이다. 이를 위해 민족이 하나되어 앞장서야 한다. 그것은 민족으로서 희생도 감수하는 십자가의 길이다.

「펜들힐의 명상」1971

이 글은 함석헌이 1970년 가을 미국 펜실베이니아 주의 퀘이커센터 펜들힐에 머물면서 겪은 체험을 적은 기록이다. 그는 오랫동안 몸담은 무교회주의 단체와 결별한 뒤 1960년 전후에 (영국에서 발상된) 퀘이커 신앙에 동조하게 된다. 그는 한국 모임을 주관하면서 국제 모임에도 자주 참여하게 되는데 이 과정에서 펜들힐에 자주 들르곤 했다. 두 차례 학습 과정에 참여했고 보고서를 1962년과 1970년에 제출했다. 이 문서는 두 번째 학습 과정에서 나온 것으로 일종의 종교체험으로 볼 수도 있는데, 선불교의 화두처럼 주제에 대한 오랜 명상에서 나온 클라이맥스다. 그것은 정통교회에서 예수를 배신한 사도로 낙인찍은 가룟 유다에 대한 혁명적인 해석이다.

내용상 이 글은 두 부분으로 구성된다. 전반부는 예수와 세 여인의 대화를 다루고 후반부는 유다에 대한 해석이다. 두 부분 모두 '대화'dialogue와 연관된다(학기말보고서의 주제도 '대화'였다). 유다의 경우에도 함석헌은 지옥문 앞에서 예수가 유다와 대화하려고 시도하는 장면을 상상한 것이다. 두 가지가 사랑의 실천과 관련된다. 예수가 사회적으로 천대받은 세 여인에게 보여준 사랑을 악의 화신처럼 낙인찍힌 유다에게도 적용해야 한다는 것이 함석헌의 시각이다. 여기서 다룬 네 주인공은 「요한복음」에 연이어 등장한다. 「요한복음」은 함석헌이 (그리고 퀘이커도) 선호한 복음서다. 무엇보다 다른 복음서가 다루지 않은 예수의 내면적인 모습을 드러낸다는 점에서 함석헌은「요한복음」을 높이 평가하고 퀘이커 모임 등에서 되풀이하며 해설했다.

왜 이 글이, 특히 유다와 관련해 혁명적이고 획기적이라고 하는가. 함석헌의 분석에 따르면 예수는 어느 시점에 전도방침을 바꾼다. 처음에는 각기 여러 곳으로 흩어져 복음을 전파하기로 방침을 세웠으나 자신이 지상에 머물 시간이 많지 않다는 것을 예감하고는 열두 사도를 하나의 단합된 유기적 핵심공동체로 특별 훈련시켜 복음전파의 핵으로 삼는 전략으로 전환한다. 열두 사도만 똘똘 뭉치면 정신적인 핵폭발이 일어날 것으로 믿었다. 그런데 그중 한 사람의 배신으로 그 계획이 무산된 것이다.

함석헌은 예수와 유다의 관계 복원이 인류구원의 관건이라 보았다. 그래서 지금도 예수가 대화를 시도하려고 지옥문 앞에서 유다를 기다린다고 상상한다. 함석헌은 그 열쇠가 유다를 새롭게 자리매김하는 해석에 있다고 생각했다. 그것은 그가 구상한 '전체'론의 구도에서 유다의 존재론적 위치를 찾아주는 것이다. 그는 유다를 잃어버린 양 한 마리로 비유한다. 아흔아홉 마리보다 한 마리가 더 중요하다. 백 마리 전체에서 한 마리만 빠져도 전체는 성립하지 않기 때문이다. 전체공동체라 할 수 없다. 예수의 전략은 일사불란한 열두 명의 핵심공동체를 남기는 것이었다.

함석헌의 '전체'론은 종교적·신학적·철학적으로 중요한 의의를 갖는 독창적인 발상이다. 여태까지 서구 사상은 시/비, 선/악, 너/나, 신/인간 등 "이것이냐 저것이냐" 하는 이분법으로 구축되어왔다. 거기에서 개인주의가 나왔다. 권선징악勸善懲惡이 사회윤리와 종교윤리를 지배해왔다. 유다는 그 피해자였다. 그러니 새로운 사유의 틀로 유다를 구제해야 한다. 새롭게 재해석해야 한다. 곧 유다는 전체 구도에서 요구되는 필요악의 역할을 했을 뿐이다.

이제 역사는 바야흐로 개인주의를 넘어 전체주의로 이행하는 과정에 이르렀다. 기존 세계의 종교들도 개인주의 시대의 산물이다. 차라리 새 종교가 나와야 한다. 더 이상 개인주의가 낳은 물질주의와 탐욕주의로 지구를 보존할 수 없다. 전체론적인 공동체주의는 생존을 위한 당위다. 전체보다 대다수를 위주로 전개한 공리주의로 세계평화를 이루기는 불가능하다. 다수결을 금과옥조로 삼은 민주주의도 과도기적 제도다.

전체론적 구도에서 유다는 전체와 분리될 수 없다. 유다 "한 사람의 실패는 전체의 실패"나 마찬가지다. 한 개인의 선이나 악은 결국 전체의 선이나 악이다(장발장만을 정죄할 수 없다). 그러므로 "유다는 사실 전 인류의 짐을 맡아 진 것"이다. 유다도 자기 십자가를 진 셈이다. 그 점에서 "예수를 죽인 것은 열한 제자"라고 해석한다. 그렇다면 전략적으로 예수는 실패했는가. 그래서 예수가 십자가를 질 수밖에 없었다. "예수가 십자가에 죽으신 것은 아마 유다를 만나시려고 그렇게 하신 것"이다.

이는 곧 12사도를 하나의 핵심적인 유기체 집단으로 훈련시켜 세상에 내보내자는 새 전략과는 다른 결과를 가리킨다. 한 사람(가롯유다)의 배반으로 그 전략은 실패한 셈이 된 것이다. 그래서 예수는 십자가를 지고 희생하는 길을 택했다. 결국 자살하여 지옥에 내려가 있는 유다를 만나 어떤 식으로든 '전체' 정신을 회복하고자 노력한다는 것이 함석헌의 환상적인 해석이다.

그런데 1976년과 1981년에 나온 두 편의 글에서는 약간 다르게 해석된다. 함석헌은 펜들힐의 명상 체험을 회상하면서 "그렇게 여지없이 깨어진 하나됨을 예수께서 다시 회복"했다고 추리한다. 어떻게 회복했는가. 유다의 배신은 한 사람의 분열에 그치지 않고 나머지 열한 사람의 단합도 깨뜨리는 결과를 초래했다. 이들을 다시 원상태로 복원시키기 위해 예수는 상징적인 정화작업을 수행했다. 그것은 제자들의 발을 씻어주는 행위였다. 유다를 붙들지 않고 스스로 걸어 나가게 놔둔 것은 하나님이 인간에게 심어준 자유의지, 즉 "스스로 하는 생명의 법칙" 때문이었다.

자신도 어쩔 도리가 없어 홀가분해진 예수가 열둘이라는 숫자에 연연하지 않고 나머지를 다시 추슬러놓았다. 그리고 "너희가 서로 사랑해라"라는 '새 계명'을 주었다. 이 사도공동체가 초대교회가 되었다. 그러나 그것도 결국 깨지고 말았다(가톨릭이나 개신교가 그 형체와 정신을 이어받았다고 할 수는 없다). 오늘까지 그나마 전통이 유지된 것은 인간 속에 심어놓은 '하나님의 씨' 덕분이다. 함석헌은 종교의 목적을 '하나됨'으로, 실천의 핵심을 사랑으로 해석한다. 기성 교회는 그것을 실천했다고 볼 수 없다.

함석헌의 혁명적인 발상이 나온 지 반세기가 가까워오는 지금 세계는 물질과 기술 외에는 크게 달라졌다고 볼 수 없다. 민주화운동도 높은 이상과 인생관·역사관이 뒷받침되지 못한 채 투쟁과 정권의 교체에만 매달리다 오늘의 현실로 귀착했다. 종교가 대표하는 가치관을 강조하는 함석헌의 메시지가 제대로 전달되지 못한 결과다. 예수는 정치개혁을 목적으로 삼은 혁명가는 아니었다. 역사상 모든 혁명은 실패였다. 이른바 혁명가는 다 '협잡꾼'이었다. 이상과 현실, 이론과 실천의 문제 이전에 무엇보다 교육계, 종교계, 언론이 제 기능을 못하는 사회로 퇴행한 것이 오늘의 현실이다.

다만 서구의 선진적인 학자들은 최근에 와서 함석헌의 통찰과 일치하는 이론을 내놓고 있다. 통합인문학을 개척한 사상가 윌버Ken Wilber에 따르면, 역사단계에서 인류는 이제 '나'me 중심에서 '우리'us 중심을 넘어서 '우리 모두'all of us 중심으로 이행하는 단계라고 논증한다. 마지막 단계는 바로 함석헌의 '전체'와 정확히 일치한다. 그것은 하나도 뺄 수 없는 '모두'를 가리킨다. 입론 시기에서 함석헌은, 윌버는 물론 전체주의를 내세운 샤르댕보다도 앞선다.

역사발전과정에서 '우리'의 범주가 점차 넓어지듯이 '전체'의 범주도 확대되었다. 함석헌은 전체를 '온 생명', 나아가 우주로까지 확대했다. 이제 우주시대가 도래하고 있다. 의식과 정신 차원에서 인간이 '우주인'으로 진화할 단계에 접어들었다. 이 모두가 서구 사상가

들을 앞선 선구적인 주장이다.

「예수의 비폭력투쟁」1978

예수는 어떤 존재인가. 함석헌에게 예수는 가장 뛰어난 인격적 모델이며 (칼 융도 말하는) 인간의 조형祖型, archetype같은 존재다. 함석헌은 노자와 장자, 공자와 맹자 그리고 석가 같은 성인도 존경하지만 그에게 예수는 현실과 이상이라는 두 차원에서 본받고 따라야 할 완벽한 원형적 귀감이다. 너무 완벽해서 예수를 신적인 존재로 인정하지 않을 수 없다. 인간과 신을 이어주는 다리 역할을 하면서 '사람의 아들'이자 '신의 독생자'이기도 한 양면성을 지닌 특별난 존재다. 역사적 예수도 중요하지만 우주적인 그리스도도 중요하다. 역사 속에서 뚜렷한 자취를 남긴 예수의 말씀과 행적 속에 우리가 필요로 하는 모든 지침이 구체적으로 들어 있다.

문제는 인간의 시각으로 예수를 자의대로 해석하고 인위적인 조직과 교리 안에 그를 가두어두는 일이다. 갇힌 예수를 풀어놓아라! 이 글에서 함석헌은 (인간의 손으로 기술·편집한) "『성경』안에 갇힌 예수도 믿고 싶지 않다"고 선언한다. 『성경』은 '하나님 말씀'이 아니다. 하나님과 그리스도에게는 장소의 안팎이 없다. 구원이 교회 안에 있느냐 밖에 있느냐는 인간의 작위일 뿐이다. 기독교의 신은 인격적인 존재로 신앙의 대상이 되지만 함석헌의 신관은 브라만Brahman과 하늘, 천리天理, 도道 같은 동양종교 개념도 포괄하는 우주적 존재와 원리로 확대된 신관이다.

이 글은 엄혹한 군사독재 시절 유일한 저항언론이었던 『씨올의 소리』에 발표한 글로 주제는 진리를 위한 예수의 실천방식이다. 당시 민주화투쟁 과정에서 폭력과 비폭력이라는 수단 문제는 큰 관심사였다. 비폭력투쟁에 앞장선 투사 함석헌은 간디에게 큰 영향을 받았다. 비폭력은 인도전통의 표현이지만 간디는 톨스토이와 예수에게서 보편적인 확증을 얻었다. 톨스토이는 『성경』을 파헤쳐 비폭력저항의 원리를 찾아냈다. 비폭력은 모든 종교에 일관하는 '죽이지 말라'〔不殺, ahimsa〕 계명이다(화랑도의 세속오계 중 '살생유택'殺生有擇 왕권을 보호하는 호국불교에서 나온 굴절된 상황윤리다).

비폭력은 절대윤리와 같다. 간디는 비폭력을 수단뿐만 아니라 목적으로도 여긴다. 진리가 추상이라면 비폭력은 구체적 실천이다. 따라서 "목적은 수단을 정당화한다"는 폭력주의자들의 주장은 타당하지 않다. 싸움은 너와 나의 분리에서 나온다. 하나님은 '하나되게 하시는 이'다. 싸움 자체를 거부하는 것이 옳다. 너와 나, 선인과 악인을 구분하지 않고 전체를 건지자는 것이 예수의 투쟁목적이었다. 폭력은 '나만 옳다는 것' '나만 살자는 것'이다. 폭력이 끼어들 여지가 없다. 예수의 방법도 비폭력적이다. '전체' 의식 속에서는 폭력이 끼어들 여지가 없다.

함석헌은 예수를 자칫 정치혁명가, 사회혁명가로 보는 학자들의 잘못된 해석에 대하여 선을 긋는다. 레닌, 스탈린 같은 '가짜 혁명가'와 달리 예수는 인간의 영적 구원과 해방(해탈)을 사명으로 삼고 희생했다. 그 목적으로 도들을 모아 훈련시켰고 그것이 초대교회로 이어졌다. 예수는 이상주의자이지만 이 세상과 따로 떨어진 '하늘나라'의 환상을 말하지는 않았다. 정치혁명가들은 예수가 보여준 자아해방을 못 이룬 자들로 참 해방자의 자격이 없다. '협잡꾼'들이었다. 그래서 역사상 모든 혁명은 실패했다고 보는 것이다.

『성서』로만 예수가 무엇이었는지를 밝힐 수는 없다. 『성서』에 갇힌 예수가 전부는 아니다. 『성서』에 나타난 역사적 사실만으로는 예수의 전모가 드러나지 않는다(함석헌은 예수보다 그리스도를 더 강조하는 쪽이다). 더 나아가 역사적 존재를 넘어 진화론적인 접근이 필요하다. 만물과 인간이 성장·진화하듯 예수라는 인격도 역사의 과정 속에서 계속 자라나는 존재다. 신(하나님)도 예외는 아니다. 인격신에서 힌두교의 브라만까지 동서의 신관을 아우르는 함석헌의 통합적 신관은 서구의 정통 신학에서는 기대하기 힘든 독특한 유형이다

(가장 진보적인 신학이자 신의 실체를 과정에서 찾는 '과정신학'process theology과는 다소 상통하는 유형이다).

「예수의 비폭력투쟁」은 민주화투쟁으로 한창 사회가 들끓던 시기에 쓴 것으로 함석헌은 그 앞장에 서서 비폭력투쟁의 길을 강조했다. 비폭력이 단순히 통념처럼 무저항이 아님을 몸소 보여주어야 했다. 따라서 여기서도 왜 민주화운동이 사회혁명과 목적이 달라야 하는지를 밝히고 있다.

예수처럼 '진리를 증거'하는 데 목표를 두는 투쟁이라야 진정한 성공이 달성된다. 민주주의보다 나라가, 나라보다 진리가 더 상위개념이다. 그러나 진리의 실현은 거꾸로다. 민주주의를 거쳐 나라의 건립을 통해서만 실현된다. 그것은 비폭력투쟁의 선구자인 간디의 목표이기도 했지만 예수도 보여준 길이다. 이스라엘 백성(민중)을 통해서 인간구원을 이루자는 것이 예수가 설정한 목표였다. 함석헌도 인류구원을 자기의 사명으로 인식하고 구체적인 실천으로 나라와 민족의 구원을 위하여 민주화운동에 적극 참여했다.

투쟁에서 다시 유념해야 할 것은 빛과 소금의 역할, 즉 진리(소금)와 사랑(빛)이다. 비폭력 정신은 예수가 보여주고 간디가 확인한 자기희생의 정신이다. 너와 나, 적과 동지의 구분 없이 사랑으로 포용하는 길이다. 비폭력은 자칫 추상적이거나 이기적으로 인식되기 쉬운 사랑의 구체적 실천의 요체다. 예수는 사랑의 화신, 비폭력의 실천자였다. 함석헌은 우리가 발 딛고 있는 현실 속에서 예수의 실체를 다시 조명했다.

「믿음의 내면화」 1982

이 글은 함석헌이 80대 초반에 부산성공회수녀원에서 한 신앙강좌에서 구술한 내용으로, 논문 형식은 아니지만 원숙한 신앙관과 종교관이 함께 녹아 있다. 종교와 신앙에서 인간이 당면한 문제는 진리나 구원의 통로를 안에서 찾지 않고 밖에서 구하는 것이다. 신이나 자연은 인간 속에 진리의 씨를 심어놓았다. 그것은 신성神性, 불성佛性, 천성天性 등으로 표현된다. 그런데 종교는 그것을 엉뚱하게 형식과 조직 속에서 찾았다. 그래서 함석헌은 무교회 사상에 기울어졌다. 나중에 퀘이커 신앙에 의지하게 된 것도 일체의 형식을 배제하고 '속의 빛'을 추구하기 때문이었다. 모든 종교의 근본은 내면적 접근이다(불교도 원래는 철저한 내면중심주의로 출발했다. 수행 수단인 명상과 참선은 '직지인심直指人心 견성성불見性成佛'을 목표로 삼는다).

예수는 율법만을 강조하는 유대교 형식주의 전통에 맞서 "하늘나라가 너희 안에 있다"고 선포했다. 그는 내면을 강조하는 정신혁명가였지 사회개혁가나 정치혁명가가 아니었다. 예수의 메시지와 정신을 만방에 전파한 바울도 거듭남, 즉 자기혁명을 강조하고 유대인의 선택된 '뺀'(빼어난) 백성이라는 자의식과 할례 같은 의례를 정신적 의미로 재해석했다. '정신'은 심리적인 차원의 '마음'이지만 종교적으로는 '영靈'이기도 하다. 둘 다 'spirit'으로 표현된다.

기독교『성서』에서는 '성령'holy spirit으로 통한다. 성령은 한국교회에서 강조하는 요소다. 함석헌은 이른바 성령을 받기 위한 기도나 여러 가지 의식을 행하는 것을 신앙의 징표로 삼는 왜곡된 신앙행태를 날카롭게 비판한다. "성신(성령)을 받았다"거나 "은혜 받았다"는 대상은 대개 '예수 그리스도의 영'이나 '하나님의 영'은 아니다. 어떤 신앙방식도 도덕법칙과 사회생활의 법칙을 무시한 것일 수 없다. 참 성령을 받으려면『성서』만 아니라 다른 '참고서'도 공부하면서 '마음의 공부'를 하는 등 준비과정이 선행되어야 한다.

내면화는 종교의 보편적인 특성이면서 수행의 목표다. 진리는 우주나 자연현상의 탐구 또는 소우주인 인간 내면의 탐색을 통해서 인식될 수 있다. 종교는 주로 내면탐구 쪽이다. 내면에 신성이나 불성이 내장되어 있으므로 구태여 바깥에서 찾을 필요가 없다. 그리스도를 믿는다는 것은 그리스도와 내면적 일체를 이룬다는 것을 뜻한다. 대상과의 일치는 종교 체험, 즉 깨달음의 속성이다. 내면성은 가톨릭

신학자이자 고고학자인 샤르댕이『인간현상』에서 강조하는 요소다. 물질은 발달의 정점에 다다랐으므로 인류는 이제는 정신의 진화, 즉 내면화로 나아갈 수밖에 없다(이것은 원불교 창시자인 소태산의 "물질이 개벽되니 정신을 개벽하자"는 외침을 상기시킨다).

함석헌은 서구 물질문명이 막다른 골목에 이르렀음을 누누이 지적한다. 인간의 구조에서도 형체보다 정신과 영이 더 본질적인 것이다. 영을 강조해야할 종교가 물질과 자본주의 가치관에 함몰되어 본래의 사명을 망각하고 있다. 왜 종교의 겉껍데기를 부정하고 내면성, 내면화를 내세워야 했는지 그 이유를 여기서 확연히 알 수 있다. "미래의 역사는 정신면에 있다." 물질의 발달에서 뒤떨어졌지만 정신을 보존한 동양의 사상과 고전에서 새 길을 찾을 수밖에 없다. 한민족의 사명도 여기에 있다.

기독교의 맥락에서 보면 내면화는 예수가 말한 '하늘나라'의 위치, 즉 '너희 안'within you에서 근거를 찾을 수 있다. 신의 외적 계시에 의존하는 유대교와 차별되는 점이다. 그런데 그 '안'in, within을 '~가운데'among로 해석하는 쪽도 있다. 민중신학(안병무)이 그 입장이다. 예수 그리스도가 민중의 역사 속에서 그 모습을 드러낸다는 주장이다. 1970년대 전후 일어난 한국 사회의 민중운동에서 이론과 실천 모두 원조격이었던 함석헌은 내면성과 사회성, 두 가지를 다 취하면서도 내면성에 더 무게를 두었다. 한국 신학을 세계에 드러낸 민중신학의 두 선도자(안병무, 서남동)도 함석헌의 사상에서 그 단초를 찾고 그것을 체계화했다.

함석헌의 종교신학에서는 사회성도 중시된다. 사회는 '전체'로 표현되고 신과 동격의 자리까지 이른다. 안 보이는 신은 보이는 전체로 현현顯現된다. 전체에서 동떨어진 개인은 있을 수 없다. 따라서 개인 구원의 시대는 지나갔고 이제는 전체구원, 사회구원만이 타당하다. 현실적으로는 아직 전체를 대표하는 민중이 상대적으로 중요성을 지닌다.

「홍동으로 보내는 글」1953

함석헌은 수많은 서간문을 남겼다. 그는 자신에게 보내온 편지에 일일이 답했다. 서간은 그의 중요한 글쓰기 도구였다. 사사로운 이야기보다는 종교적이고 사상적인 정보가 들어 있는 것이 대부분이다. 긴 편지일수록 더 그렇다. 특히 '~로 보내는 글' 가운데 몇 가지는 서간 형식의 수필이나 논문이다.

'홍동'은 충청남도 홍성군 홍동면을 지칭하는 것으로 보인다. 당시 그곳에 살던 무교회 신앙 동지인 한 인사(주옥로)에게 보낸 글이다. 그 내용은 무교회 신앙을 둘러싸고 함석헌과 회원들 간에 오고간 논쟁을 다룬다. 무교회의 종파성과 속죄론이 쟁점이 되어 있음을 미루어 알 수 있다. 그가 30년간 몸담은 무교회 모임과 결별하는, 중요한 신앙의 분기점을 겪는 과정을 보여준다. 그는 무교회 모임의 창시자 우치무라를 진정한 스승으로 여겨 심지어 그와의 만남을 일제 통치와 맞바꿀 수 있다고 할 정도로 존경했다(영국인들이 셰익스피어와 인도를 바꿀 수 없다는 견해를 연상시킨다). 무교회 단체와 결별했다고 해서 그가 무교회 정신을 버린 것은 절대 아니다. 그 정신은 그의 신앙의 한 주춧돌로 남았다. 나중에 귀의하게 된 퀘이커 신앙도 무교회 정신과 크게 다르지 않다.

논쟁의 발단은 우치무라의 속죄론에 대한 함석헌의 비판적 견해였다. 아무리 스승이라도 그의 『성서』해석을 하나하나 무비판적으로 따르는 것은 신앙의 개별성을 무시하는 것이다. 이는 무교회 정신에 어긋난다. 무교회라는 큰 테두리 밑에서 자기 나름의 신앙을 구축하는 것이 진정한 무교회 신앙이다. 스승의 『성서』해석을 정통파 교회의 교리처럼 맹목적으로 따르는 것이 신앙에 더 충실하다고 볼 수는 없다. 우치무라는 예수가 인류를 위해 대신 속죄하기 위해 십자가로 수난을 당한 것이라는 대속代贖론 편에 섰다. 함석헌은 한국교회의 신앙행태를 관찰하고 『성서』를 깊이 읽으면서 나름대로 새로운 속죄론에 도달했다. 십자가의 공로에만 의지하여 개인으로서 아무 노력을 하지 않아도 된다는 안일한 사고는 예수의 가르침을 잘못 이해한 것이다.

루터가 종교개혁의 기치로 내세운 '신앙만으로'도 같은 뜻으로 볼 수 없다. 가톨릭의 형식주의와 교회중심주의에 대항하기 위해 조직교회를 통하지 않고 개인의 신앙으로도 구원을 얻을 수 있다는 주장을 하기 위한 전거로 그 구절을 사용했을 뿐이다. 진정한 신앙이라면 개인이 스스로 십자가의 고통을 겪는 삶이어야 한다. 그렇게 해야 그리스도와 한 몸(일체)이 되어 구원을 달성할 수 있다. 외적인 의례나 단순한 믿음만으로 되는 것이 아니고 내면적인 일체화가 필요할 뿐더러 이웃과의 사회적인 관계 속에서 자기희생을 감내하는 사랑, 비폭력 정신의 실천이 속죄의 길이다. 구태여 말한다면 대속이 아니고 자속自贖이다.

종교개혁으로 탄생한 개신교도 5세기가 지난 지금, 교회중심주의로 복귀한 형국에 그에 대한 반동으로 생겨난 무교회 신앙은 아직, 그리고 앞으로도 유효할 것이다. 그렇지만 그것이 또 무교회처럼 행세하여 또 하나의 교파가 된다면 그것은 모순이다. 무교회는 어디까지나 무교회로 남아야 한다. 무교회에 이르는 길이 꼭 한 가지만 있다고 고집한다면 교회나 교파처럼 되어 자기모순에 빠진다. 산꼭대기에 이르는 길이 다양한 것처럼 무교회나 신에 이르는 길은 다양할 수밖에 없다.

논쟁 과정에서 함석헌은 무교회를 넘어 기독교로, 나아가 타 종교까지 포괄한 종교관을 제시한다. 한 종교로서 기독교만이 유일한 길이라는 독단적인 배타주의는 더 이상 통용될 수 없다. 유대인들이 선택받은 민족임을 주장하듯이 기독교인이 구원론적으로 선택된(뺄) 사람들이라는 주장은 우물 안 개구리 식의 편견이다. 구원의 통로는 조직교회가 아니고 개인이다. 그래서 개인마다 교회가 될 수 있다. "개개가 제사장이요 개개가 교회"이며 "곳마다 성전이요 일마다 예배"다(원불교에서도 '처처불상'處處佛像, '사사불공'事事佛供을 말한다).

나아가서 한 종교가 인류구원의 특허를 받은 것처럼 자부할 수 없다. '교파 아닌 종교'는 없다.

"기독교도 겸손히 한개 종교로 스스로 인정해야" 한다. "아무리 위대한 종파라도 하나님을 그 속에 영원히 가두어두리 만큼 위대할 수는 없다." 이 한마디 속에 종교다원주의의 결정적인 근거와 타당성이 들어 있다. 그 같은 종교관의 연장선상에서 함석헌은 1960년대 중반에 그의 대표작인 『성서적 입장에서 본 조선역사』를 『뜻으로 본 한국역사』로 제목을 바꾸고 수정판을 내면서 그 서문에서 종교다원주의를 천명했다. 그 입장이 이미 1950년대 초반에 형성되어 있었음을 이 서간이 확인해준다.

우리가 알고 있는 모든 (조직) 종교는 '엉터리'다. 그 자체가 진리가 아니다. 필요가 있다면 '엉터리'처럼 어떤 용도로 쓰거나 갖고 놀다가 버려야 할 물건이다. 종교는 기껏해야 불교에서 말하는 방편에 해당한다. 뗏목은 강을 건너고 나서 버려야 하듯이 종교도 늘 지니고 다니는 것이 아니다. 그런 의미에서 (우리가 알고 있듯) "기독교는 종교가 아니다"라고 할 수 있다(다른 맥락이지만 20세기의 대표적인 보수 신학자 바르트Karl Barth도 같은 견해를 내세운다). 따라서 예수는 교조가 아니다. 이러한 견해는 근래에 와서야 서구에서 활발하게 논의하는 종교다원주의의 원리와 일치한다. 산꼭대기의 비유는 다양한 종교들이 나타난 인도의 전통에서 고래로 자주 인용된 비유다. 관련 학술자료가 있을 리 없었던 해방공간과 6·25 전쟁 중에 이러한 견해에 도달한 것은 오로지 그의 독창적인 사유로 말미암은 것으로 봐야 한다.

함석헌이 개인으로서나 민족으로서 험난한 20세기 역사의 길목을 고비마다 통과하면서 펼친 사상의 레퍼토리는 한두 가지가 아니다. 자신과 민족의 생존은 물론 인류의 구원을 위한 처방이 단방약이 아니고 종합 처방이 되어야 했기 때문이다. 그가 펼친 다양한 사상은 대개 자신이 외국의 사상가에게서 영향을 받았다는 시기보다 더 이른 시점에 태동되어 형성된 경우가 많다. 다른 사상을 조우한 것이 함석헌에게 직접적인 영향을 주었다기보다는 자기 안에서 태동하고 있던 사상에 확신감을 부여해주었다고 할 수 있다. 1950년대 초반 전후까지는 다원주의만이 아니라 다른 사상들도 그의 내면에서 꿈틀거리고 있었다. 이 글에도 그 자취가 여기저기 보인다.

그 한 가지로 '전체'관을 들 수 있다. 그것은 1940년대 후반까지 거슬러 올라간다. 인간생활의 양태를 개인과 공동체와의 관계로 볼 때 큰 틀거리의 변혁이 있었다. 원시공동체의 경우, 초기에는 전체주의, 다음에는 개인성을 자각한 개인주의(민족주의는 그 확장된 변형이다)가 나타난 이후 전체주의 역사의 단계가 펼쳐진다. 이 글에서 그 취지가 간간이 드러난다. "진·선·미를 결정하는 것은 전체입니다." '전체를 살리기 위한' 신앙이고 제사여야 한다. '전체의 신앙' '전체의 하늘나라'여야 한다. 하나님은 양 아흔아홉 마리보다 한 마리를 찾아 헤맨다. '나만'이란 없다. 세계·인생·생명·우주를 하나의 전체로 생각해야 옳다.

「죄는 참말로는 없다」¹⁹⁵⁵

이 글도 위의 두 글과 앞의 두 종교시와 더불어 같은 시기에 쓰인 서간문 형식의 논문이다. 앞글들보다 더 체계적이고 집중적인 분석이 돋보인다. 죄 개념을 완전히 부정하지는 않지만 그렇다고 죄의 실체를 인정하는 것도 아니다. 불교용어로 말하면 있다는 것은 세속적 진리〔俗諦〕, 없다는 것은 초월적 진리〔眞諦〕를 가리킨다 할 수 있다. 세속적 차원에서는 '죄'가 없다고 할 수 없다. 그러나 초월적 차원에서는('참말로는') 죄가 존재한다고 할 수 없다. 양면성을 이해하지 못하고 같은 사람이 두 가지를 말하는 것을 모순이라고 하는 것은 서양사상의 한계인 단순한 이분법적 논리다. 함석헌의 사유와 사상이 동양사상 나아가서 한국사상과 논리에 기초한 한국전통과 정신의 발현이라고 하는 것이 여기서 드러난다.

창세기의 신화(아담과 이브)에서 설정된 '원죄'는 신학적인 해석을 위한 도구로 사용된 개념이다. 그것은 인간의 책임과 예수의 역할을 아울러 설명해준다. 원죄 개념은 유대-기독교와 동양종교를 구분하는 요소이다. 동양에는 종교적인 죄나 원죄 개념은 없다. 대신 전생에서 저지른 부정적인(악한) 행동의 결과로 설정한 것이 불교의 업業, karma 개념이다. 기독교의 원죄 개념은 동양인이 기독교를 이해하는 데 걸림돌이 된다. 현대 서구 비교종교학과 종교철학에서는 원죄와 카르마가 대칭적인 개념으로 대비된다.

함석헌은 비교종교학자처럼 범종교적으로 '죄'라는 개념을 명쾌하게 해명해준다. 마치 불교의 '공'空 사상이나 유심론唯心論 식으로 분석한다. 함석헌이 두 가지 불교 사상을 특별히 전문적으로 공부한 증좌는 없다. 그의 유별난 독창성이 드러나는 분석일 뿐이다. 우치무라가 강조한 대속론을 비판적으로 논하는 과정에서 죄 개념에 대해 본질적인 의문을 갖게 되었고 기독교 교리 형성 과정에서 등장한 원죄 개념을 새롭게 조명해야 할 필요성을 느꼈을 것으로 추리된다.

예수가 인간을 원죄에서 해방시켰다는 주장을 부정하는 것이 아니라 새롭게 보자는 것이다. 요컨대 원래 없는 것을 있는 것처럼 보아온 환상을 예수가 부숴버렸다는 해석이다. '그 허망의 진상을 폭로'하여 우리가 속아왔다는 사실을 인식하게 만든다. 예수는 '죄를 무시해서만 죄를 이길 수 있다는 것을 증거'했다. "죄가 실재하는 것을 예수께서 없이 했다 하는 거나 실재하지 않는 죄이기 때문에 예수께서 쓸어 없애버리셨다거나 한 말"은 원래 죄가 존재하지 않았는데 예수가 그 사실을 다시 확인시켰으니 그가 죄를 없앴다고 할 수 있고, 원래 실재하지 않았으니 예수가 쓸어 없앴다고 표현할 수 있다는 것이다. 즉 같은 말이다. 이 글에서 함석헌은 죄 현상에 대해 심리적으로 접근한다. 존재론적 접근이나 심리학적 접근이나 없애버린 효과는 같다.

그런데도 예수가 일껏 죄에서 해방시켜준 인생을 교회가 다시 얽어맸다. 마치 죄인이란 인종이 있는 것처럼 인간을 갈라놓았다. 의義과 죄의 대립구조, 선악 이분법으로 교회가 인간을 구속해왔다. 세계의 한 울타리 속에서 더 이상 양과 이리의 구분은 없다. 한 데 어울려 노는 곳이다. 절대의 세계에서 생명은 하나다. 이 글 하나로 함석헌은 우리를 죄의 굴레에서 다시 해방시켰다. 크리스천들 특히 신학자와 목회자들이 함석헌을 지금이라도 주목해야 하는 이유, 더 이상 주저해서는 안 되는 이유가 여기 있다.

「어떻게 하는 것이 버리는 것이냐」1955

이 글도 앞의 서간과 비슷한 시기에 쓴 것으로 주제도 비슷하지만 좀 더 확대된 신앙·종교론을 보여준다. 참신한 관점이 여기저기 보인다. 속죄론과 관련해 말보다는 행동과 실천이 강조된다. 말과 말씀이 구분된다. 말은 말씀이 못 된다. '대속'代贖이란 말에 감정적으로 붙잡힐 필요가 없다. "주 예수의 이름으로 비옵나이다" 하면서 나 대신 주를 부르는 것도 빈말이 되기 쉽다. 자기 이름을 걸고 자기 책무를 다하는 것이 도리다. 역사적 예수가 나와 어떤 관계를 갖는지 바로 인식하지 못하고 내가 실천해야 할 일을 전가하는 자세다. 무교회가 대속이니 속죄니 기성교파와 똑같은 소리를 하면서 자기 노력과 희생을 거부하는 것은 옳지 않다.

예수가 "나를 본 자가 아버지를 본다"고 한 말을 올바로 이해해야 한다. 어떻게 예수를 볼 수 있는가. 그것은 주체적인 '나'를 보는 것이다. "나를 본 자가 예수를 본 것이요 아버지를 본 것"이다. '나'는 이기적인 자아가 아니고 신이 내 속에 심어놓은 참 '나'이다. 참 '나'는 신성이나 불성과 같다. 예수가 선언한 "나는 길이요 진리요 생명이다"의 '나'이다. 선불교의 표현으로 "자기 바탈을 보면 부처가 된다"(見性成佛)의 바탈도 그것이다.

함석헌은 그 나름의 사색을 통해 '말의 종교'에서 탈피하고자 했다. 바울도 루터도 우치무라도 지나간 시대를 대표한다. 함석헌은 그들의 도움으로 쌓은 '내 신앙의 산성'을 부수고 '자유로운 생명의 신앙'과 '새 말씀'을 찾기 시작했다. 그 심경을 종교시 형식으로 「흰 손」과 「대 선언」에 담았다. 하나하나 따로 음미해볼 만한 절절한 외침이다. 그 핵심 구절을 짚어보자.

「흰 손」. 왜 '흰 손'인가. 1953년 새해 첫날, 그는 황홀경 속에서 '무서운 꿈'을 꾸었다. 지상의 모든 영혼이 신 앞에 나아가서 면접을 한다. 심판을 받는 모양이다. 일군의 무리가 보좌 앞으로 나아가서 머리 조아리며 합창한다.

"죽을 죄인들 아무 공로 없사오나
우리 주 예수 흘린 피 믿습니다.
모든 죄 대속해주심 힘입어 의롭다 해주심 얻을 줄 알고 옵니다."
…
"내 사랑의 피 네 과연 믿고 왔느냐?…
"얼굴을 들어라,
내 아들에 입 맞춘 네 눈동자를 보자.
손을 내밀어라.
그 피를 움켜 마셨을 그 네 손을."
"황송 황공하옵니다.
어찌 감히 드오리까?
한 것 하나 없고 오직 이름 믿습니다.
값없이 그저 주시는 아버지라 해서 왔습니다."
"피는 들었다면서
네 손이 희구나.
네 입술이 그늘에 시드는
나뭇잎 같구나."
"네, 네, 저희는 아무것도 없습니다.
십자가만 믿고 왔습니다.

이것만 가지고 가면, 그저 살려준다 해서
그저 이 증명의 표만 얻어가지고 맘 놓고 왔습니다."
"누가 그러더냐?
누가 네 믿음 보장하더냐? ('한다더라'가 뭐냐?)
이거면 된다는 증명 누가 하더냐?
내 한 것 못 미더운 듯 또 다른 증명 어느 놈이 하더냐?"…
…그러나 우리 교회의 거룩한 사자 그리했습니다.
우리가 그들 다수가결로 뽑아 거룩한 목자로 세웠습니다."…
"이놈들아, 이 짐승(놈)들아!
그건 그림장 아니냐, 어디 피냐?
(그것을 파는 놈은 장사꾼 아니냐?)
속여먹는 삯꾼 아니냐?…
"그 몸짓을 봐라, 틀에 박히지 않았더냐?
천성을 이룬 배우 아니더냐?"…
"내, 내 아들(의) 피 본다 했지.
내 아들 귀여워 그 귀여운 맘에
방울마다 생명 든 그 피 보아주마 했지,
어디 붉은 물감 가져오라더냐?"…
"피는 한 방울 아니 묻고 표지만 든 흰 손,
아니 흘려서 아니 묻었구나.
네 피 흘릴 맘 한 방울도 없어
그저 남더러 대신 흘려 달래 살고 싶더냐?"
"'십자가' 소리만 들으면 눈물이 나지!
네 푸른 입술이 히스테리로 떨지!
우는 말 말아라.
눈물 소리 말아라."…
"대속代贖이라!
둘도 없는 네 인격에 대신을 뉘 하느냐?…

"너 살고 싶으냐?
(대들어라), 부닥쳐라!
인격의 부닥침 있기 전에
대속이 무슨 대속이냐?"
"그의 죽음 네 죽음 되고
그의 삶 네 삶 되기 위해
부닥쳐라, 알몸으로 알몸에 대들어라!
벌거벗은 영으로 그 바위에 돌격을 해라!"
"너는 그것을 했느냐?
이 스스로 정통 자랑하는 자야!
정통은 빈 통이다. 이 표지 든 흰 손아!"…
"여봐라!"…
"너, 이 흰 손 가진 우상교도 놈들을 끌어내어
거룩한 내 집을 더럽히게 말(어)라!"…
"아이, 아이, 아이구,
이게 웬일입니까?"…
"믿어! 너희가 믿었느냐?
내 뜻대로 살았느냐?
나는 영원히 일하는 영〔사는 영〕,
흰 손 가진 너희를 나는 모른다."…
"성하고 쇠하는 교회
내 교회 아니요 너희 인간의 교회니라.
너희 세운 너희 교회 나(를) 기다릴 것 없이
너희가 스스로 헐고야 마느니라."
"교회, 교회는 왜 찾느냐?
깃발은 벌써 역사의 쓰레기통에 든 지(가) 오래다.
아비의 죄 자식에게도 묻지 않는 나 아니냐?
각 사람 다, 사람이거든 제대로 나오너라."…

"여럿이 깃발 들고
'우리 교회, 우리 교회'
수로써 나를 엎누를 터이냐?
나는 투쟁에 못 견디는 너희의 지배자와는 다르다."…
"보아라 이 나라에선 개개가 전체다.
'우리 교회'의 단체 교섭은 소용이 없다.
들어라, 오늘은 영원의 현재,
역사적 전통의 특전은 벌써 (있을 수 없는) 빈말뿐이다."…
"일하지 않는 자(는) 먹지도 말라 한 이 노력의 사람(바울)을
네가 속여 만병약으로 팔아먹으며
놀고먹다가 온 네가 아니냐?
네 흰 손 푸른 얼굴이 너를 증거 않느냐?"
"내 오늘이야 내 바울을 위해
변명하고 분을 풀어주리라.
싸구려 싸구려의 약장수 놈들게 끌려
이십 세기의 거리거리에 구경거리가 된 내 바울."

깨끗한 흰 손은 예수가 (그리고 바울도) 보여준 것처럼 자신도 희생하는 삶을 살지 않았음을 보여준다. 교회와 사제들은 속죄 약을 만들어 만병통치약으로 팔아먹은 것이다. 이 시에서 함석헌은 무교회의 대속 신앙뿐만 아니라 대속을 교리로 받들어온 모든 기성 정통교회까지 싸잡아 비판의 칼을 들이대고 있다.

같은 해 우연히 미국독립기념일에 발표한 또 하나의 시 「대선언」은 형식화한 무교회를 포함한 모든 교파로부터 독립한다는 과감한 '이단' 선언이다. 주요 대목을 보자.

일천 구백 오십 삼년 칠월 사일…
아시아의 큰 길목…

끝에 서서…

나는 큰 말을 내붙이노라…

들으라 오, 들으라…

내 즐겨 이단자가 되리라…

앞으로밖에 모르는 몰아치는 영이 이를 명한다…

내 기독교의 이단자가 되리라…

기독교는 위대하다

그러나 참은 보다 더 위대하다…

부사산富士山 만고 눈물 흘러 넘쳐 비텐베르크 높은 숲에 대들었듯이

태평양은 또 그 무한의 구름을 일으켜 그 봉우리를 덮고야 말리라…

영의 안테나에 간신히 느껴진 파동을 너는 가장 큰 마이크로 부르

짖으라…

자라는 생명은 또 한 매디〔매듭〕를 맺었노라

역사는 자랑하듯 새로 페이지를 뒤집는다…

나가는 역사의 수리채를 메고 달려나 보련다…

이제부터 나를 붙잡지 말라

내 즐겨 낡은 종교의 이단자가 되리라.

그야말로 '큰 말'(대선언)이라면 큰 말이다. 무교회를 선언한 우치
무라(부사산)와 개신교(종교개혁)를 일으킨 루터(비텐베르크)와 비
견되는 혁명적 선언이다. 그것은 제2, 제3의 종교개혁을 말하는 것처
럼 들린다. 모든 새 종교운동의 발단자, 석가와 예수도 옛 전통을 부
정하고 나선 이단자였던 것처럼 함석헌도 이단자의 반열에 서 있다.
하지만 시대를 앞서간 그의 주장을 이해하는 사람은 극소수일 수밖
에 없었다. 오늘날 정보화 시대에 접어들어 서구에서 일어나는 종교
의 혁명적 변화는 대체적으로 함석헌이 제시한 방향으로 진행되고
있다고 볼 수 있다. 그는 예언자였음이 분명하다.

　두 가지 시의 내용처럼 그리스도나 하나님과 하나되는 것은 빈말

이 아니라 현실 속에서 실천되어야 한다. 현실은 '이웃', 즉 사회(전체)와의 관계다. '우리의 하나됨이 곧 그리스도'이다. '하나'가 '참'이다. 그것은 신('하나인-님')의 속성이기도 하다. '하나님 안에 하나 되면 거룩'이다. '거룩'holy은 전체whole를 함의하는 말이다. 안 보이는 거룩한 신은 보이는 전체 속에서 찾아야 한다. 그래서 하나님 사랑은 이웃(전체) 사랑이다. 종교의 목표는 '하나됨'이다. 하나되지 못한 종교는 '가짜 종교'다. '인류를 구원하기 위해 하나되는 신앙이 필요'하다. 교파 종교는 참 종교가 아니다. 생명도 하나 진리도 하나 '길도 하나'다.

'하나됨'(통일, 조화)은 종교만이 아니라 정치 등 사회의 모든 분야와 민족, 세계가 지향해 가야 할 뜻(목표)이다. 앞장서야 할 종교가 본분을 잃고 자기분열을 한다면 종교로서의 자격을 잃어버린 것이다. 이제 믿음의 대상이 하나님이 아니고 자본주의와 맘몬이 되었다. 개신교가 루터 시대의 타락한 가톨릭 형상을 그대로 닮고 있다. 이를 극복하기 위하여 무교회 신앙이 등장하게 되었는데 그것조차 본래의 초심을 잃고 또 하나의 교파가 되려고 한다. '무교회'는 기성 교회를 부정하는 형용사이지 명사가 아니다. 무교회는 '무'로 수식된 또 하나의 교회가 아니다. 무교회가 있다면 교회도 있어야 한다.

무교회는 기독교만의 문제가 아니고 다른 종교에도 그대로 적용할 수 있다. '무교회 정신을 내밀면', 즉 확장하면 '무종교'가 된다. 풍성한 말로 수많은 사람을 속이느니 차라리 '무종교'가 낫다. 물론 여기서 종교는 보편 종교나 종교의 상위(類)개념이 아닌 조직종교를 가리킨다. 함석헌에게 기독교는 환경적으로 그에게 주어진 사실상 유일한 종교였다. 교회에서 종교로의 외연은 기독교를 중심으로 전개한 함석헌의 종교철학이 결코 기독교에 한정되지 않는 범주의 성격을 지니고 있음을 방증한다. 현대 서구의 종교다원주의 담론에서도 주목할 만한 통찰이다.

'대속'도 없고 나아가서 '속죄'도 없다. 더 나아가서, 엄밀하게 말하면, 죄란 것도 없다.

「하나님의 발길에 채여서 1, 2」[1970]

자전적인 글이다. 신앙에 대한 내용뿐 아니라 함석헌의 생애에서 왜 신앙과 종교가 핵심요소인지를 알려준다. 유소년 시절부터 동경 유학을 거쳐 교사로 근무하던 시절까지 인생의 전반기를 다루고 있다. 함석헌은 어떤 것이 올바른 신앙이고 참다운 종교인가를 시대적 배경 속에서 밝히는데, 그 당시 이미 독특한 종교관과 사상이 움트고 있는 모습이 보인다.

외래종교로서 기독교는 한국 사회에서 전통적인 종교들(유교·불교·선교)이 종교로서 제 기능을 잃은 공백 상태를 틈타 민중 속에 별다른 저항 없이 침투했다. 당시 그것은 민족주의를 업은 형태로 상승작용을 일으켜 급속하게 전파되었다. 함석헌이 다닌 오산학교는 이처럼 신앙과 민족을 내세운 교육을 시켰다. 함석헌은 여기에 과학을 보태서 민족·신앙·과학이라는 세 가지를 '버리지 못할' 사고의 기준으로 삼았다. 그러면서도 맹신으로 전락한 신앙보다는 과학을 우위에 두었다. 그가 채택한 진화론도 과학이다. 그는 진화론과 창조론을 갈등이 아닌 보완적인 관계로 본다.

함석헌은 곧잘 자신이 '하나님의 발길에 채여' 살았다고 말한다. 그의 일생이 신앙과 분리될 수 없음을 나타내는 표현이다. 신의 섭리 속에서 그는 인류구원의 원대한 사명감을 느꼈다. 새벽마다 일어나 계시(말씀)를 기다리는 자세로 '생각'을 심화시켰다. 동시에 현실과 이상의 차이에서 자신이 '실패한 사람'이라고 말하기도 했다. 섭리라 해서 숙명론은 아니다. 자유의지와 주체성이 작용하기 때문이다. 주체로서 '나'는 양면적 내지 다면적인 차원을 갖는다. 상대적인 나와 절대적인 나가 공존한다.

그것은 "나는 길이요 진리요 생명이다"라는 예수의 선언을 해석하는 대목에서 밝혀진다. 여기서 '나'는 '참 나'[眞我], '큰 나'[大我]

를 가리킨다. '가짜 나'〔假我〕, '작은 나'〔小我〕와 대칭된다. 우연히 불교와 일치하는 용어들이다. 왜 그렇게 해석할 수 있는가. 그 '나'에는 신성神性이나 불성佛性이 내장되어 있기 때문이다. 절대적인 자아는 힌두교에서 말하는 아트만, 브라만과도 상통한다. 이른바 정통 교회에서는 이단으로 낙인찍힐 결정적인 증거가 될 만한『성서』해석이다. 신학적으로 혁명적인 발상이다.

주체성의 문제는 동경 유학 시절 접한 무교회 신앙에서 우치무라가 강조한 대속代贖 문제와도 관련된다. 속죄도 주체적인 문제다. 대속은 "자유의지를 가지는 도덕 인간에게" 부합하지 않는 관념이다. "감상적인 대속 신앙"은 아무런 실효가 없다. 대속이 성립하려면 예수와 인격적으로 일체가 되는 체험을 수반해야 가능해진다(그것을 구태여 대속이라 할 필요도 없다). 일체화하는 대상은 예수보다 '영원한 그리스도'여야 한다. 그리스도가 예수와 내 속에 들어 있으므로 그를 통해서 예수와 내가 일체화될 수 있다. 함석헌은 화두로 남아 있던 속죄와 예수 그리스도의 문제를 어느 시점에서 이런 식으로 풀어버렸다.

「옛글 고쳐 씹기」1970 「예와 이제」1982

비록 신앙은 서양 전통의 산물인 기독교에 의존하고 있지만, 함석헌의 사유와 표현 방식은 다분히 동양 전통에 뿌리를 둔 것으로 분석된다. 그가 보여준『성서』해석의 남다른 독특성도 동양인, 한국인이기 때문에 가능한 것이다.『신약성서』가운데서도 그는「요한복음」을 가장 선호했는데, 거기에 예수의 내면적인 모습이 잘 드러나 있어서였다. 그가 소속한 무교회 모임이나 퀘이커교도 외적 형식보다 내면성을 강조하는 측면이 있었다. 동양종교는 신앙의 외형이나 조직보다는 내면적인 인식을 강조한다. 그가 번역·주석한 경전과 저술들도 거의 다 동양고전(『노자』『장자』『바가바드기타』)과 저술(간디, 지브란 등)이다.

이 글들 속에 왜 함석헌이 동양고전을 중시하고 선호했는지가 드러난다. 그것은 문명사적인 의의를 갖는다. 지금의 문명은 서구에서 나온 물질문명으로 이제는 한계(막다른 골목)에 도달했다. 더 발달해봐야 비인간적인 기계와 자본(맘몬)이 지배하는 세상이 더 될 뿐이다. 쉽고 편리한 길만 택하다가 본질은 없어지고 군더더기로 비대해진 문명은 물질의 홍수 속에서 멸망하고 말 것이다. 그 징조가 '전쟁과 대기업'으로 나타났다. 인간은 육체만이 아니고 그보다 더 중요한 정신(영)으로 구성되어있는데 이제 영혼 없는 정신 빠진 인간으로 전락했다. 정신과 도덕이 무시된 문명은 결국 멸망하는 것이 역사의 법칙이다. 이 상태로 생존해봐야 별 의미도 없다.

그렇다면 그 탈출구를 어디서 찾을 수 있을까. 비록 물질은 소홀히 했지만 정신과 도덕을 중시해온 동양의 전통에서 찾을 수밖에 없다. 서구는 몇 차례 큰 전쟁을 치르고도 아직 정신을 못 차리고 있는 형국이다. 지구를 초토화시킬 수 있는 핵기술, 핵무기가 도사리고 있다. 의식과 가치관·세계관·인생관을 바꾸는 혁명적인 변화가 필요하다. 그것은 종교적 차원에서만 가능하다. 그것을 담지하고 있는 원천이 동양의 종교전통과 고전이다. 기독교, 그리스철학, 중세철학 등에서 아직 파헤칠 부분이 남아 있지만, 서양의 유산은 거의 다 써먹어버렸다. 동양은 물질을 소홀히 한 만큼 정신을 보존해왔다. "먼지 속에 묻혀 있는 옛 지혜를 다시 찾아 씹어보는 데서만 살길을 찾을 수 있다." 고전을 고쳐 읽고 새롭게 해석하여 '문명의 새 방향'을 찾고 새로운 '새 마음'으로 새 '가치 체계'를 수립해야 한다.

그것은 서구적 이성보다 동양적 감성과 지혜로 가능하다. 함석헌은 동양의 지식인들도 동조한 서구식 '근대화'라는 이름의 '서구화'를 비판·거부한다. 그것은 우리의 정신적 뿌리와 문화전통과 부합하지 않으며 사실상 유물론적인 가치관이라고 규정한다. 두 차례에 걸친 세계대전은 그에 대한 심판이었다.

서양에서 전개·발전된 철학과 과학은 군국주의·제국주의·상업주의로 인하여 무가치해지거나 그에 봉사한 결과를 가져왔다. 우리 지식인들은 서양학문과 가치관에 함몰되어 민족의 문화유산과 공동체('우리') 정신을 잃어버렸다.

생명은 역사의 과정 속에서 진화한다. 진화는 유전과 '돌변화'(돌연변이)로 발생한다. 옛것을 바탕으로 새 창조가 이루어진다. 전통과 창조는 고전古典, 즉 옛 전범을 찾아 읽는 데서 출발한다. 그것은 "옛 글을 오늘 사람이 이해할 수 있도록 고쳐 해석하는 일"이다. 주의해야 할 것은 젊은이들이 이해할 수 있도록, 고전 해석이 여태 사로잡혀 있던 '권위주의' '절대주의' '귀적주의' '고정주의'에서 벗어나는 일이다. 청년문화가 비록 종교에서 멀어진 것처럼 보이지만 종교적 추구는 감소되었다고 볼 수 없다. 젊은이들이 환각제를 찾는 것은 영적·초월적인 체험을 열망하기 때문이다.

경전 해석에서 부수되는 문제는 '권위'다. 이는 제도적·교리적인 권위가 아니라 철학과 종교에서 중요한 인식론적 도구다. 석가나 예수 같은 성인들은 그들의 가르침(말씀)에 대한 권위를 나름대로 확보했다. 그들은 옛 전통이나 경전을 부정한 것이 아니고 새 시대에 맞게 새롭게 자유자재로 해석했다. "나는 율법을 폐하러 온 것이 아니고 완성하러 왔다"는 예수의 말이 그 증거다. 이제 역사의 단계가 바뀐 만큼 시대의 말로 새 해석이 나와야 한다. 『성서』 같은 경전을 고쳐 읽는 데 깊이 유의해야 할 점이 한 가지 있다. 자기가 속한 특정한 사회계층의 시각에서보다 '전체'의 자리에서 읽는 일이다. 이 점에서는 "존재가 의식을 결정한다"는 마르크스의 말이 옳다.

예수가 있었을 당시에도 빈자와 부자의 차이, 즉 양극화가 뚜렷했다. 그는 빈자 편에 섰다. 「산상수훈」에서도 가난을 복으로 규정했다. 부자가 천국에 들어가기는 낙타가 바늘구멍을 통과하는 것처럼 어렵다. 무엇보다 빈부로 결정되는 사회적·경제적 존재방식은 바로 지금 한국교회에서 큰 문제다. "씨울 중의 으뜸 씨울"인 예수와 달리 교회는 자본과 물질에 휘둘려 '가진 자' 편에 서 있다. 성직자가 '맘몬의 봉급'으로 살고, 맘몬을 숭배한다. 교회가 클수록 더하다. 그러나 탐욕에 찌든 '있는 자'보다는 마음을 비운 빈자와 민중이 실체를 보는 데 더 유리하다. 마음의 공간 속에서 돈과 양심의 면적은 반비례한다. 소수의 부자보다는 민중(씨ᄋᆞᆯ)이 전체에 더 가깝다. 하나님의 뜻은 전체 속에 들어 있다. 하나님이 곧 전체다. 이렇듯 함석헌은 전체를 절대화한다.

『성경』을 올바로 읽기 위해서도 동양고전을 고쳐 씹어봐야 한다. "기독교에 말라붙는 사람은 기독교도 깊이 모르고 말며, 『성경』에 목을 매는 사람은 『성경』도 바로 알지 못하고 맙니다"(7: 38). 이것은 근대 종교학의 창시자 뮐러Max Müller가 괴테의 말에서 채용한 "한 가지만 아는 사람은 한 가지도 모른다"는 비교종교 원리를 상기시킨다. 지금 서구에서는 동서의 종교를 넘나들며 다양한 세계종교, 그중에도 특히 동양종교를 배우고 명상, 요가 등을 채택·실천하면서 자기 취향대로 자기 종교를 조립하는 식으로 접근하는 추세다. 그런 식으로 함석헌이 희구한 종교개혁과 새 종교운동은 이미 시작되었다고 볼 수 있다. 서양에서 보수적이고 근본주의적인 성향의 기독교가 유입된 이래 아직도 배타주의의 강고한 성을 못 벗어난 한국 종교계와 대비된다.

「진리는 더 위대합니다」[1978] 「내가 불교인에게 바라는 것」[1978]

동양사상에 대한 함석헌의 관심과 이해는 유교, 힌두교에 이르기까지 두루 넓지만 도가경전처럼 반복·주석한 것은 없다. 다만 힌두교의 성서인 『바가바드기타』만 따로 번역·주석되었을 뿐이다. 간디의 영향과 그 심오한 내용 때문이었다. 그럼에도 종교와 철학으로서 불교에 대한 관심과 이해는 노장에 못지않다. 그것은 아마 그 자신도 인지하다시피, 한국인의 피 속에 내장된 불교적 세계관에 말미암은 것이기 쉽다. 그가 직접 읽은 경전은 일제시대에 감옥에서 읽은 『무량수경』을 포함한 정토종 계통의 경전과 『반야경』에 한정된다. 그 외에도 중국 선불교의 전적 「십우도송」十牛圖頌 번역과 당 시대 중국선사 한산寒山의 시집의 빈번한 인용을 들 수 있다.

하지만 법화경, 유마경 같은 다른 대승 경전이나 공관 사상, 유식 사상, 화엄 사상, 보살 사상 같은 대승불교의 핵심 사상을 따로 연구한 자취는 없다. 그럼에도 함석헌의 기본적인 불교 이해는 폭넓고 정확하다. 이는 그의 독창적인 사유가 불교와 공통점이나 접촉점을 갖기 때문으로 볼 수 있다. 예를 들면 그가 따로 학습하지 않은 것이 분명한 대승불교 사상의 두 주축인 공관空觀과 유식唯識 사상에 부합한 표현이 그의 담론 속에서 자주 발견되는데 그 사실을 어떻게 달리 설명할 수 있을까.

또 하나의 우연한 일치는 함석헌의 독특한 역사관에서도 발견된다. 그의 사관에서는 고난사관이 두드러지며, 우리 민족을 역사적으로 수난의 여왕이라고 규정한다. 이는 민족사만 아니라 인류의 역사에도 적용된다. 인간은 "고생하러 태어났다"는 그의 표현은 바로 생로병사가 다 고통이라는 석가모니의 가르침이다. 다만 함석헌의 고난사관은 민족을 단위로 확대·적용한 것이다.

함석헌은 또한 종교적 실천의 핵심을 이기적인 나의 부정에서 찾았다. 예수가 보여준 십자가의 희생도 자기 버림으로 해석한다. 불교의 무아나 공空이 뜻하는 실천이다. 그는 불교의 전문용어인 참 나〔眞我〕, 큰 나〔大我〕 등을 일상용어처럼 사용하고 있다. 나아가 서양철학이나 신학에는 없거나 드문 절대 긍정과 절대 부정 같은 차원 높은 논법을 구사한다. 인도불교와 중국불교를 종합한 원효가 활용하는 논법이다.

이렇게 볼 때 함석헌이 그 스스로 '부처님을 믿는다'고 해도 틀렸다 할 수 없다. 그는 믿음(신앙)은 어차피 주체도 객체도 없는 것이라고 주장한다. 부정적 표현이지만 믿음의 대상이 신이거나 부처거나 너의 믿음이나 나의 믿음은 결국 하나라는 긍정적인 의미를 지닌다. 크리스천이니 불교도니, 모슬렘이니 하는 구분은 편의상 붙여진 이름일 뿐이다. 기독교, 불교, 이슬람교 등 명칭은 근대에 와서 학자들이 만들어낸 개념이었다는 것이 믿음의 동일성을 밝힌 현대 비교종교학의 석학 스미스W.C.Smith 교수의 주장이다. 이 점에서 함석헌은 선구자였다.

또 한편으로 중요한 것은 함석헌의 어법과 통찰에서 불교인이 배워야 할 측면들이 많다는 것이다. 불교는 역사가 가는 방향과 일치하여 나아가고 있다고 볼 수 없다. 기독교를 포함해 모든 종교가 자기 울타리에 스스로 갇혀 있는 상황이다. 기독교를 겨냥한 함석헌의 날카로운 비판은 불교에도 그대로 적용된다. 더구나 개인의 깨달음이나 정토왕생淨土往生에만 매달려온 수행은 (기독교도 추구하는) 인류 구원이나 사회정의와는 무관한 종교로 존재해왔다. 중생구제를 목표로 내세운 대승불교라고는 하지만 한국불교는 사실상 낡은 소승적 수행방식과 행태를 벗어나지 못했다. 낡은 체제에 저항하는 종교로서 한 차례도 역할해본 적이 없다. 불살생(비폭력)을 강조하는 종교가 집단 폭력과 살해에 반대하는 목소리를 제대로 낸 적이 없다. 베트남 전쟁 참전이 그 실례다.

역사적으로 한민족에게 노출된 여러 종교 중에서 다른 어느 종교보다 종교로서 역할해온 불교가 제 책임을 다했다고 볼 수 없다. 공식 도입된 시점부터 불교는 호국불교라는 허울 속에서 민중(씨읅)의 종교가 아닌 지배층의 종교로 왕권에 예속되어 섬겨졌다. 그러나 불교가 남긴 문화유산은 대부분 민중의 신앙에서 나온 것이다. 왕권이 비호하던 불교(왕권불교, 호국불교)는 민중이 신앙하던 민중불교와는 구분된다. 대부분의 불교관련 문화유산은 민중의 손으로 만들어진 것이다. 경주 남산의 수많은 불상, 서산의 마애불, 선운사 마애불, 불국사 석탑, 금산사 미륵불 등 모든 유물이 민중의 작품이다. 전형적인 예로 화순 운주사 천불천탑을 보면 그것이 고통받는 민중의 신앙과 발원에서 나온 것이라는 것이 명백하다. 이조 말기에 불교가 민중을 배반해 빈자리가 생기자 기독교가 들어와 민중 속에 자리를 잡게 되었다. 한국불교는 하나됨을 지향하는 종교의 일차적인 임무를 수행하지 못하고 영토가 크게 축소된 삼국통일과 민족분단의 방조자가 되어왔다.

또 하나 반성해봐야 하는 점은 중국을 거쳐 유입된 불교가 중국이나 일본불교처럼 자기만의 특성을 갖는 토착화된 한국불교로서 '산 믿음'이 되어 민족문화의 발전에 기여했는지 아니면 물에 뜬 기름처럼 단순히 또 하나의 외래종교로 존재했는지에 관한 것이다. 아쉽게도 역사적으로 불교는 더 나은 민족사회를 위해서 권력에 저항하면서 종교의 핵심인 사랑과 자비에 수반되는 자기희생의 순교정신을 발휘하지 못했다. 정치나 기득권과 밀착한 종교에서도 벗어나지 못했다. 역설적이게도 세속적 가치와 물질주의에 이끌려 불교가 강조해야 할 무소유 정신과 정면으로 배치된 탐욕사회를 조장하는 입장에 불교는 서 있다. 상업화된 성탄절을 따라 석탄절을 공휴일로 하자는 것이 그 한 가지 사례다.

세계로 견해를 넓혀 보면 세계대전을 유발시키며 인류를 파멸로 이끈 국가주의가 극복되고 세계주의로 이행해가야 하는 역사단계에서 종교는 그 선도자가 못 되고 철저히 국가(지상)주의에 봉사하는 시대착오적인 자세를 취해왔다. 불교도 다를 바가 없다. 아직도 국가라는 이름 아래 개인과 사회의 자유가 제한되고 제대로 성장·진화하지 못하는 것은 종교의 책임이다. 인류 사회구조가 근본적으로 변화하기 위한 근거와 원리를 종교가 제공해야 한다. 전통적으로 (오늘날은 기독교와 더불어) 한국사회에서 최대 종교로 군림해온 위상만큼 불교의 책임은 더욱 크다고 할 수 있다.

역사는 개인주의와 그 확대인 국가주의에서 세계주의·전체주의로 넘어가는 단계지만 불교는 아직도 케케묵은 수행실천 방법에 매달리고 있다. 이제는 소승적인 개인의 성도만으로 부족하다. 인류가 한 배를 타고 있다(불교도 일승一乘, 대승大乘을 말하고 있다). 역사의 패러다임이 바뀐 만큼 불교도 변화해야 한다. 종교개혁은 불교에도 그대로 적용된다. 한민족에게 세계사적 사명이 있다면 한국불교에게 지워진 책임은 그만큼 더 막중하다. 이 두 가지 짧은 글 속에 불교 특히 한국불교가 나갈 길이 선명히 제시되어 있다.

「노장老莊을 말한다」1982 「노자 공부를 왜 하나」1990 「도道」1990

함석헌은 유가사상과 더불어 중국사상의 한 축을 대표하는 노장사상을 특히 선호했다. 윤리적인 측면이 강한 유교와 철학적인 도교도가는 음과 양처럼 상호보완적으로 고대 중국사상을 형성한 두 축이다. 공자와 맹자가 전개한 유교는 현실주의가 강하고 노장사상은 현실을 초월하는 입장에 선다. 인간을 구성하는 요소 가운데 영적 · 정신적 성분을 더 중시하는 함석헌이 노장에 더 기울어지는 것은 당연해 보인다. 노장사상은 (실용주의적인 성향이 강한 중국인보다) 유난히 한국인에게 큰 공명을 일으키는 듯 보인다. 함석헌은 노장사상이 기원한 중국 고대의 은殷나라가 역사적으로 한민족과 관련이 있다는 사실을 지적했다.

노자의 어법은 공자의 윤리에 대한 반론을 제시하는 대론적 방식이다. 인의예지仁義禮智 같은 덕목이 설정되었기 때문에 오히려 그 결핍을 가져왔다는 주장이다. 그 점에서 『도덕경』은 공자보다 후기의 작품으로 보기도 한다. 변증법적으로 말하면 공자가 주장(정), 노자가 반론(반)에 해당한다. 그러므로 노장을 이해하기 위해서는 유교 경전(사서오경)을 먼저 읽어야 한다. 함석헌은 둘을 종합하는 입장에 선다.

노장사상은 개인의 선호를 넘어서 문명사적인 의의를 가진다. 서양문명의 모순과 종말이 진단된 상황에서 노장은 그 대안이 될 만한 사상을 품고 있다. 서양인들도 이제는 불교와 힌두교는 물론 노장에 심취하는 경향이 늘어간다. 백여 종에 달하는 노자(『도덕경』)의 번역이 그 증거다. 영국 시인 키플링이 '동서양은 만나지 못할 쌍둥이'라고 읊었지만 결국 만나고 있는 모습이다. 그런 판에 동양인은 오히려 등하불명으로 자기 보물을 인식하지 못하고 서양 모방에 급급한 형국이다. 이제 동양고전에 눈을 돌릴 때다. "먼지 속에 묻혀 있는 우리의 옛 종교를 찾아들어가서" "이 시대의 병을 고칠 방법"을 마련해야 한다.

함석헌은 동서양문명과 전통이 지향해온 가치가 다르다는 점을 주목했다. 『인도의 철학들』*Philosophies of India*을 저술한 독일의 치머H. Zimmer는 서양 문명은 '정보'information를 중시하고 동양은 '탈바꿈' transformation을 추구하는 문화라고 구분했다. 함석헌은 이를 각각 '문견'聞見과 '기질변화'라 번역한다. 종교적 맥락에서 후자는 일반적으로 (인도 종교들이 추구하는) '깨달음'이나 '거듭남'을 가리킨다. 그것은 자기개혁과 사회개혁으로 나타난다. 함석헌은 자기개혁도 필요하지만 집단적 기질의 변화, 즉 사회개혁의 중요성을 더 중시하는 쪽이다. 그래서 민족개조를 주장한다. 개인도 사회도 정보보다 의식의 질적인 변혁이 필요하다. 함석헌은 무분별한 정보의 홍수에 매몰되어 정신을 잃고 있는 현대인에게 경고를 날렸다. 동양고전이 왜 중요한지 함석헌의 주장을 이해할 수 있다. 거기에 문명전환의 열쇠가 들어 있다.

동양고전만 아니라 여태까지 우리가 소홀히 한 민족의 고전을 되짚어보는 것이 중요하다. 읽는 방식은 훈고학적인 접근보다는 정신적인 뜻을 찾는 믿음의 자세로 정독하는 것이 좋다. 단순히 읽기만이 아니라 인간이 당면한 현실을 여기에 비춰보면서 정확하게 파악해야 한다. 함석헌의 고전 주석은 문구의 주석보다 종교적 함의와 현실적인 의미를 밝히는 내용이 그 핵심이다.

「열두 바구니」1956

종교·철학적인 명상을 115가지 단상 형식으로 기록한 노트다. 연대는 분명하지 않지만 사회적 관심보다는 주로 신앙과 종교에 관련된 내용으로 보아서 1950년대 초·중반에 축적된 것으로 추정된다.

정통적인 신앙관이나 종교관·기독교관과는 다른 그만의 독창적인 시각이 돋보인다. 주제들은 대강 다른 글에서 상세하게 다뤄지는 것들로 보인다. 단상들은 글의 단초가 된 영감들을 기록한 것들로 종교적 사유의 심층을 보여준다.

비교적 자주 등장하는 주제나 개념으로 하나님,[1] 예수 그리스도,[2] 믿음,[3] 교회·무교회[4]를 들 수 있다. "내 믿음엔 천당 지옥이 없다"[5]라든지 "사람은 원래 하나님에게까지 자랄 것이다"[6] 같은 담대한 선언처럼 이 명상록은 기독교와 그리스도의 참모습과 자기신앙에 대한 물음을 던지게 만드는 정보가 될 것이 분명하다.

왜 정통을 부르짖는 조직교회가 문제인가. "조직은 생명 아니다. ……조직은 될수록 무형에 가까워야 산 힘을 낼 수가"[7] 있기 때문이다. 차라리 무교회주의가 더 진실할 수 있다. 신앙을 말할 때 중요한 요소는 이성[8]이다. 이성의 힘으로 '가짜 종교'와 '참 종교'를 구분할 수 있다. 비이성적인 신앙은 미신이기 쉽다. 이성과 신앙이 맞부딪칠 때 이성을 살려야 하고 그것을 초월하는 높은 신앙을 세워야 한다.[9]

나아가 함석헌은 참다운 신앙을 갖추기 위한 구체적인 실천수행의 요체를 말해준다. 그 비결은 '나'(ego)라는 관념 속에 들어 있다. 어떻게 나와 내 것(소유)을 내버리거나[10] 비우거나[11] 부정하거나[12] 바

---

1) 10, 12, 14, 65, 66, 82, 91, 94, 101, 112
2) 20, 26, 40, 41, 46, 47, 103, 108, 110
3) 11, 26, 28, 34, 35, 68, 81, 93, 111
4) 79, 80, 108
5) 81
6) 12
7) 102
8) 4, 93, 104
9) 93
10) 15, 16, 66
11) 98
12) 33, 38, 64

치거나[13] 내가 남과 만물 속에 들어 있음[14]을 인식하는 것이다. 불교의 접근법(무아사상, 공사상)과 같다. '내버린다는 것'은 '버린다 하는 생각조차 버린 지경, 순수한 부정, 아무것도 없는 지경'[15]에 이르러서는 바로 대승불교의 공관사상 그대로다. 그는 『성서』를 꿰뚫어 보고 무아와 비움의 화신을 예수 속에서 찾아낸다. 아웃사이더에겐 상식적인 주장같이 들릴 수도 있지만, 크리스천으로서나 종교학자 또는 신학자로서는 용기를 요구하는 드문 입장이다. 그것은 모든 종교를 꿰뚫는 수행의 요체다. 이와 동시에 그것은 고난과 갈등으로 가득 찬 그의 삶의 역정 안에서 확증된 진리이기도 하다. 평생 자신에게 닥친 수많은 고난과 희생을 마다하지 않고 견뎌낸 것은 삶과 나의 본질에 대한 인식과 섭리의 이치 덕이었다.

'나'의 문제에 있어서 불교와의 일치에서 보듯이 함석헌의 신앙과 종교 이해는 종교다원주의에 가닿는다. 산 속 암자에 '석가의 인격'이 (예수의 인격처럼) 살아 있고, 목탁 소리는 "어리석음에서 깨우는 진리의 외침"이다.[16] "성한 혼에 모든 종교는 다 하나님 말씀이다."[17] 그에게 하나님은 기독교의 신만은 아니다. 만유의 주체이며 실체를 상징하는 '알파요 오메가'다. 초월적인 절대면서 또한 만물과 인간 속에 내재한다. 함석헌의 신은 인격신, 브라만 등 여러 종교의 신관을 아우르는 속성을 갖는 독특한 신이다.[18]

종교와 신앙이 일차적인 주제이지만 다른 주제도 들어 있다. 예를 들면 민족과 관련하여 "나라는 나의 진리 위한 싸움에 있어서 내가 붙어있는 부대 이름이다. 그 부대가 곧 내 목숨을 바치는 목적은

---

13) 114, 115
14) 88
15) 64
16) 43
17) 90
18) 13

아니다. 그러나 그 부대에 충성 않고 그 싸움을 할 수는 없다."[19] 인류가 개인주의는 물론 민족주의·국가주의 단계는 지나가고 세계주의 시대에 접어들었다고 주장한 함석헌이 나라의 한계와 동시에 가치를 말하고 있는 것은 어울리지 않는다. 그러나 그는 현실을 떠나서 이상만 말하는 공허한 이상주의자는 아니다. 민족을 떠나서 세계문화로 갈 수는 없다는 입장이다. 우리 문화를 갖지 않고 세계 문화 건설에 참여할 수는 없다.

「생활철학」1962

이 글은 1960년 4·19혁명 이후 민주당 정부가 만든 국토건설을 기획하는 단체의 요원들에게 한 강연 원고다. 종교철학자로서 함석헌의 사유의 깊이를 보여주는 비교적 길고 알찬 논문이다. 그에게 종교와 철학은 다르지 않다. 그것은 이 글과 비견되는 맨 처음 글인 「새 시대의 종교」와 대조해보면 알 수 있다. 참된 종교는 철학적이고 참 철학은 종교적이어야 한다. 종교처럼 철학도 인간구원이 임무다. 이성이 없는 종교는 미신이고 신앙이 없는 철학은 지적 놀음일 뿐이다. 동양사상에서는 두 가지가 분리되지 않는다. 그런 점에서 함석헌도 동양철학자, 한국철학자라 해야 옳다.

함석헌사상의 중심에는 항상 인격신(하나님)이 자리한다. 사람은 육체, 마음, 정신(영)으로 구성된다. 그 '정신의 근본'을 신으로 가정한다. 과학자의 가설과 다른 것은 그것이 믿음의 대상이라는 점이다. 믿음은 사유와 인식의 기초다. 상대적인 인간은 절대정신에 근거를 두고 살아가야 하는 존재다. 믿음 없이 진리와 실체를 인식하기는 힘들다. "믿음 속에서만 밝아진다." 밝아짐은 깨달음을 가리킨다. (기독교의) 계시와 (불교의) 깨달음이 융합된다. 동서의 융합이다. 예를 들면 유심론적인 주장 "의식이 존재를 결정한다"와 마르크스의 주장

19) 61

"존재가 의식을 결정한다"가 모순 없이 융화된다. 여기에 기독교가 강조하는 믿음이 보충된다.

종교의 신조는 타율적이므로 진정한 믿음이 아니다. 믿음은 세계관을 구축한다. 과학적인 것만으로 온전한 세계관이 형성될 수 없다. 겉 현상만으로 현상 뒤에 숨은 뜻은 파악하기 힘들다. 행복은 지식이 아닌 종교가 추구하는 지혜 속에서 찾아야 한다. 오늘의 학교는 지식공장이 되고 학생은 공장제품이다. 지식만 찾는 학문으로 전락한 서양철학은 진정한 인생철학·생활철학이 못 된다. 지식주의가 자연과학을 발전시켜 산업혁명이 일어나 군국주의·민족주의·제국주의·공산주의·전체주의가 등장했다. 문예부흥의 토대가 된 희랍고전은 이제 다 써먹었다. 지혜를 역설한 소크라테스는 사형됐다.

함석헌이 거듭 강조하는 종교의 가장 중요한 의미와 목적은 '하나됨'(통일)이다. 철학도 하나됨을 추구하는 것이라야 한다. 석가, 공자, 예수도 새로운 통일을 이루었다. 이제 인간의 활동무대가 하나된 지구로, 나아가 하나의 우주로 확장되고 있다. 의식도 그만큼 넓어져야 된다. 지혜는 하나된 전체에만 있다. 전체는 민족에서 세계로 우주로 확대되었다. 진화를 부인하는 종교는 폐쇄적인 '소라종교'다. 현대사상 특히 서양철학은 종합·통일보다 분석에 치중한다. 상식은 전체적인 종합을 추구하는 통찰에서 나온다. 학자보다 평범한 민중이 더 상식과 양심을 갖기 쉽다. 함석헌의 사상은 현상의 전체와 속을 꿰뚫어보는 통찰적 사유의 소산이다. 코끼리를 한 부분만 만지는 장님의 경우와 다르다.

서양사상의 산물인 현대문명을 지배하는 이념들(자본주의, 공산주의)이 똑같이 물질주의이자 세속주의다. 인격·개성·혼·인간은 제자리를 상실했다. 하나됨에서 나오는 감응이나 감동이 없다. 종교가 가르치는 사랑과 인정이 사라진 문명이다. 도구적·공리적·직업적인 기술만 가르치는 오늘의 학교교육은 '군자불기'君子不器가 말하는 옛 정신을 살려 폭넓은 교양과 세계관, 인생관을 습득하는 교육으로 탈바꿈되어야 한다.

더 이상 제 철학, 제 종교 없는 민족으로 남지 않기 위해서 함석헌은 동양고전 특히 우리 고전을 파헤칠 것을 제안한다. 예를 들면 퇴계, 율곡, 실학파 학자들(다산, 연암) 등이 있다. 5천 년 잠자고 있는 우리 혼을 불러일으켜야 된다. 우리는 외래문화에 눌려서 우리 문화와 정신을 잃어버렸다. 사유의 도구인 우리말 어휘의 빈약함이 큰 문제다. '내일'에 해당하는 우리말도 없으니 '내일'이 없는 민족이 된 격이다. 함석헌은 한자투 문어체를 버리고 구어체로 글쓰기를 힘썼다. 머리보다 가슴에 와 닿는 문체의 달인이었다.

함석헌은 이제라도 '생각하는 백성'이 되어야 한다고 역설한다. 어떤 사상이든 그대로 수용하지 말고 깊이 생각해보고 추체험하는 것이 필요하다. 이 변동의 시대에는 고유한 것이 별로 없다는 사실이 오히려 유리할 수도 있으므로 새 철학, 새 인생관, 새 믿음(종교)을 수립하면 된다. 과거의 유산은 숙명철학, 무당 종교(샤머니즘)다. 외래종교도 그로부터 자유롭지 못하다. 함석헌이 의미하는 철학은 학문이 아니고 '사는 철학'(생활철학), '하는 철학'(실천철학)이다. 자신의 생활철학은 '믿음을 가져라'다. 기성종교는 '종교의 껍질'일 뿐 참 종교, 산 종교가 아니다. 믿음은 교리나 의식을 지키는 것이 아니라 '하나님과 직접 산 교통'을 하는 것이다.

여기서 함석헌의 종교관은 그 정수를 보여준다. 교회의 정통성에 대한 근원적인 의문을 제기하고 동시에 그 해답을 제시한다. 그것은 무교회주의와 일치한다. 믿음을 강조한다는 점에서 루터의 종교개혁을 연상시킨다. 다만 루터처럼 '신앙만으로'는 아니다. 각자가 십자가를 지는 정신으로 자기희생을 각오한 실천을 수반한다는 점에서 루터와 다르다. 정통교회가 내세워온 중보자 개념을 완전히 부정한다. 신앙은 어디까지나 신과의 직접교류이자 직거래다. 그것은 인간에게 심어놓은 신성 때문에 가능하다. 양심이 그 표징이다.

이성은 진리 인식의 예비적인 도구다. 이성을 무시하고 감정을 앞세우면서 교회는 신자들을 속여 왔다. 원시종교의 양태 그대로다. 이성을 갖춘 내가 신앙의 주체가 되어야 한다. 이기적인 나는 부정해야 하지만 주체적인 나는 내세워야 한다. 감정을 제어하기 위해서 이성이 발동되어야 한다. 그러나 이성도 끝내 영성에 자리를 내주어야 한다. 감성에서 이성으로, 이성에서 영성으로 상승하는 것이 종교의 발전과 완성의 과정이다. 하나님도 사람도 영이 본질이다.

주체성 문제는 민족에도 적용된다. 우리 민족은 자기 정체성을 확립하지 못해 당파싸움과 사회분열이 발생했다. 종교가 지향하는 근본적인 기질변화는 개인만 아니라 민족에도 해당된다. 민족개조가 요구된다. 민족적으로 회개하고 개조해야 한다. 하나가 되어가는 세계에 내놓을 민족문화를 우리는 창조하지 못했다. 외래종교에 눌려 있던 것조차 다 잃어버렸다. 이제라도 주체적으로 우리 문화를 세우고 꽃피워 세계 역사에 족적을 남겨야 민족으로서 존재이유를 갖게 된다. 문화는 먼저 개체적·개성적인 것이 되어야 보편성을 갖출 수 있다. 민족적인 자존감을 회복하는 것이 급선무다. 작은 나, 이기적인 나를 버리고 큰 나로 거듭나야 한다. 이민을 가더라도 문화적인 정체성을 보존하면서 새 문화에 적응하는 것이 순서다. 사대주의적인 태도를 버려야 한다.

민족개조를 위한 한 가지 방법은 민족으로서 세계사적 사명감을 갖는 것이다. 우리 민족은 '수난의 여왕'이기 때문에 세계혁명을 주도할 자격이 있다. 국가주의와 폭력주의를 청산하고 세계가 하나되는 평화의 기반을 우리 종교가 제공해야 한다. 함석헌도 자기 사명을 인류 구원으로 담대하게 설정했다. 여기서 함석헌은 새 해탈론과 새 구원론을 펼친다. 일회적이고 순간적인 깨달음에 의존하는 개인 차원의 해탈과 구원은 이 역사 단계에서는 완전한 것이 될 수 없다. 역사적·사회적으로 해탈해야만 완전한 구원이 될 수 있다. 개인과 전체는 분리될 수 없다. 함석헌사상의 결정체인 전체주의사상이 그 모습을 드러낸다. 기독교의 원죄나 불교의 업은 이제 민족과 인류 전체의 차원에서만 해소될 수 있다. 보이는 전체는 안 보이는 절대자를 상징하는 개념이다. 전체의 의식 속에서 이기적 욕망의 주체인 나가 사라지고 나와 너의 구분이 없어진다. 국토개발은 심전개발에서 출발해야 한다. 민중의 마음(민심) 속에는 천당과 정토, 지옥과 사탄도 있다. 종교도 철학도 그 밖에 다른 것이 아니다.

「사관」1934

함석헌은 다양한 사관을 전개했다. 그의 한국사는 가장 독창적인 저술로 평가된다. 역사는 과거의 사실 그것도 선택된 사실이나 사건의 나열이 아니다. 역사기술은 현재를 낳은 모태로서의 역사의 전체적인 뜻을 찾는 일이다. 지나간 일은 죽은 과거가 아니고 현재 속에 살아 있는 산 과거다. 그 뜻은 초월적인 절대 의지를 가리킨다. 그 점에서 함석헌은 사관이 종교적 차원을 지니는 것이 타당하다고 보고 종교사관과 섭리사관을 주요한 사관으로 설정한다.

의미 있는 역사적 사실들의 선정에서 주관을 배제할 수 없다. 엄격하게 말해서 객관은 없다. 그러나 그 주관의 주체는 단순히 사사로운 개인이 아니고 다른 나도 아우르는 참 나, 큰 나 같은 것이어야 한다. 그것은 인도의 범아일여梵我一如 개념처럼 절대와 하나된 나여야 한다. 골라진 사실들은 유기적인 통일체로 해석되어야 한다. 역사는 해석이면서 "역사는 하나다." 개체로 나누어서 풀 수 없다. 한국역사는 하나로 설정할 수는 있지만 더 큰 하나인 세계역사의 한 부분이다. 더구나 세계주의로 나아간 함석헌으로서 당연히 한국사를 세계사의 맥락에서 다루는 것을 주장한다. 그래서 세계역사도 기술했다. 근래에 와서 뒤늦게 한국역사가들이 그러한 입장을 갖기 시작했다. 동시에 그가 민족사관도 적용하여 민족을 하나로 묶어 한국역사를 기술한 것은 민족의 통일성을 중시했기 때문이다. 또한 민족사를 기술하는 데 적용한 주요한 사관으로 고난사관이 있다. 이에 대해서는 다음에 구체적으로 다룰 것이다. 그 밖에도 함석헌은 생명사관, 발전(진화)사관도 수용하는 입장이다. 반면에 유물사관과 계급사관은 정면으로 비판한다.

「종교적 사관」1934

종교사관을 말할 때 문제가 되는 것은 보편종교인지 특정종교인지다. 개인적으로 함석헌은 기독교 신앙에서 출발했지만 나중에는 보편종교를 지향했다. 그러나 개인이 특정한 종교를 거치지 않고 보편종교를 파악하거나 해석하기는 어렵다. 함석헌은 기독교의 『성경』 속에서 보편적인 종교의 뜻을 찾았다. 그래서 '성서적 입장에서 본 조선역사'를 주제로 내세웠다. 그것이 배타주의적인 해석으로 오해받을 소지가 있으므로 그의 종교관이 다원주의적 시각으로 전환하면서 그것을 '뜻으로 본 한국역사'로 바꿨다. 그렇지만 역사철학적인 관점에서 아직도 『성경』이 대표하는 우주사적인 생명관을 타당한 진리로 채택하여 종교적 사관의 전형으로 삼았다. 『성경』을 하나의 우주역사로 보는 입장이다.

『성경』의 중심은 인격적인 신이다. 그래서 신은 사람의 인격 속에서 만날 수 있는 존재다. 역사는 인간이 만들어가는 현실과 신이 설정한 이상 사이의 과정을 기술한 이야기다. 창조가 처음이라면 그 완성은 끝에 이루어진다. 신이 역사의 근본이다. 신의 속성은 사랑(아가페)이다. 함석헌은 종말관을 중시한다. 종말은 희망이다. 종말관은 인류역사를 이끄는 정신적 항성이다. 인간에게 부여된 자유의지는 절대의 의지인 신의 뜻에 종속된다. 각론적인 부분에서는 인간의 자유가 행사되지만 총론적인 큰 테두리에서는 신의 섭리가 작용한다. 목적(종말)은 신이 설정한다. 그렇다고 일부 종교철학자가 말하듯 신은 시계제조자처럼 기계적으로 우주를 설계해놓지는 않았다.

요컨대 신은 산 우주 속에 자유의지를 심어놓았다. 산 우주 속에 산 하나님의 뜻이 내재한다. 우주는 우연이면서 필연이다. 자유는 자의와 방종이 아니고 양심과 책임을 수반한다. 자유와 동시에 신은 인간 속에 도덕의식을 내장시켜 놓았으므로 우리는 역사에 대하여 도덕적 책임을 지도록 만들어졌다. 이것이 『성경』이 제시한 역사의 원리며 사관이다. 이 글은 왜 역사해석에 종교적 사관이 요청되는가를 밝혀준다. 이 오도된 문명을 바로 세우기 위해서 새 사관이 요청되는 시점에 『성서』를 고쳐 읽을 필요가 있다.

「한국역사의 기조」[1934]

신의 궁극적인 뜻이 아가페라면, 한국역사도 아가페를 향해가는 과정으로 해석된다. 음악으로 비유하면 세계역사라는 교향악단의 한 악기를 한국역사가 담당하고 있다. 전체의 하모니를 유지하기 위해서 자신의 독특한 음색을 내야 할 책임이 있다. 문화는 그 음색이다. 숨어 있는 절대자의 명령과 뜻을 역사 속에서 읽어내고 실현하는 것이 내 할 일이다.

우리가 내야 하는 역사의 바닥 소리는 세 요소로 결정된다. 지리, 민족의 특질, 하늘의 뜻이다. 지리적 환경은 주어진 것이고 민족의 특질도 반영구적이다. 역사발전단계에서 민족은 오랫동안 역사의 주체가 되어왔다. 민족을 넘어 하나의 세계로 가야 하지만 인류는 아직 민족주의 시대에서 머뭇거리고 있는 것이 현실이다. 함석헌은 현실을 무시하는 공허한 이상주의자가 아니다. 민족을 사랑하는 세계주의자다. 그는 역사를 이끄는 주체는 계급보다 민족이라고 본다. 개성과 인격은 민족에서 나온다. 역사를 메는 주인공은 민족이다. 따라서 계급사관이나 영웅사관보다 민족사관이 더 타당하다.

역사의 기조를 결정하는 세 번째 요인은 하나님의 뜻이다. 안 보이는 하나님의 실체는 보이는 전체에 있다. 이날까지 민족이 전체를 대표해왔다. 한민족에게 있는 하나님의 뜻은 무엇인가. 따로 내세울 것 없는 민족이 받은 미래의 자산은 고난과 가난의 체험뿐이다. 인류를 구원할 새 원리가 그 속에 들어 있다. 한국역사의 기조는 무엇보다 고난이다. 그 체험을 바탕으로 새 사상과 새 종교를 세계에 내놓을 수 있다. 석가가 찾아냈듯이 고통은 삶을 지배하는 원리다. 함석헌은 고통을 개인 차원에서 사회적·역사적·종교적 차원으로 승화시켰다. 그것은 예수의 십자가 수난에 맞먹는 종교적 의미를 갖는다. 고난이 한국역사의 기조다.

「고난의 의미」1934

이 글은 5천 년 민족의 역정을 되돌아보고 그 수난사의 의미를 짚어본다. 만주벌판 흥안령에서 출발한 민족의 역사는 20세기 끝에 와서 거렁뱅이로 전락했다. 그 사실을 두고 고난의 의미를 곱씹으면서 새로운 해석을 내려야 민족사가 되살아난다. 외침으로 얼룩진 역사는 평화로운 시대라야 한 세기를 넘지 못하고 그나마 내란과 당쟁으로 얼룩졌다. 한민족은 고생하러 이 세상에 태어난 백성이었다. 그러나 고난에 특별한 뜻이 담겨 있다. 석가와 간디가 밝혔듯이 고난은 생명의 한 원리이다. 예수가 보여준 십자가, 즉 고난의 길이 생명의 길이다. 고난은 삶의 법칙이다. 고난 없이 인생을 바로 살 수 없다. 위인은 고난의 산물이다. 평화도 고난을 통해서만 달성된다. 고난은 미래의 역사에서 우리가 너, 나가 사라진 새 사상을 세우고 맡겨진 사명을 이루기 위해서 갖춰야 할 필요조건이다.

「역사가 지시하는 우리의 사명」1934

함석헌은 개인처럼 민족도 자기 사명을 갖는다고 믿는다. 여기에 신을 개입시키면 더 확연해진다. 살라고 명령받은 것이 생명이다. 개인으로서 사명감을 갖는 것이 당연한 일이라면 개인의 집합체인 민족은 더 큰 사명을 갖는다고 봐야 한다. 사명감을 갖고 사는 개인이 더 보람찬 인생을 살 수 있듯이 민족도 세계적인 역사적 사명을 느끼고 산다면 단합된 공동체로서 존재하는 근거가 더 명확해진다. 그 사명은 과거의 제국주의와 대국주의가 내세우듯 정치적 목적이 아닌 정신적인 것이다. 그것은 인류 진화를 위한 바탕을 제공하는 역할이다. 유대인에게 메시아적 사명이 주어지듯이 우리에게도 세계구원의 사명이 주어졌다. 그 사명의 자각이 우리에게 필요하다. 신의 섭리로 말하면 어느 민족보다 온화한 성품을 타고난 백성들에게 수난이 주어진 것은 우연한 일이 아니다.

앞으로 올 세계가 도덕적·정신적 가치가 지배하는 세상이라면 우리는 누구보다 선량한 착한 성품을 갖고 있으므로 그 자격을 갖추고 있다. 그 사명은 하나님이나 인류 전체가 부여한 것이다. 수난의 과정을 돌아보면 우리는 한 반도의 지정학적 위치로 말미암아 동서양 문명, 종교, 이념의 실험장, 쓰레기장, 세계사의 하수구, 세계의 공창이 되었다. 긍정적인 요소보다 부정적인 요소가 더 많이 유입되었다(남북에서 실천된 공산주의와 자본주의 현실을 보면 분명하다). 외래 종교들이 역사적·사회적으로 끼친 폐해와 역기능은 순기능을 초과한다.

우리는 사랑과 희생으로 문명과 종교의 찌꺼기를 다 짊어지고 불의의 짐을 짐으로써 자신과 세계를 건질 수 있다. 세계의 역사가 전환하는 시점에서 '뒤로 돌아 앞으로 가'라는 구령이 떨어질 때 새 질서의 앞장을 서게 될 것이다. 낡은 종교, 세계관, 역사철학, 사상들을 다 불살라버리고 새 종교, 새 사상을 만들어낼 책임이 있다. 한 민족이 못사는 것은 온 우주의 아픔이기 때문이다(마치 '온 중생이 아프므로 나도 아프다'는 유마거사의 보살 정신을 상기시킨다). 성당이나 법당에서만 구원을 찾는 것은 아무런 소용이 없다.

「씨올」1970

함석헌사상의 중요한 한 축을 이루는 '씨올' 개념과 사상에 대한 일련의 글들은 1970년 『씨올의 소리』 창간호부터 두 차례 게재되었다. '씨올의 소리'는 씨올의 자기표현이다. 함석헌의 사상을 대표하는 개념 하나를 들라면 단연 '씨올'이라는 데 아마 이견이 없을 것이다. 씨올은 함석헌사상의 오랜 형성과정에서 나온 하나의 금강석 같은 결정체다. 이 말 속에 그의 다양한 사상이 농축되어 있다.

이 글에서는 그 연원을 세밀하게 밝힌다. '씨을'은 우리말 '씨앗'과 유사하지만 엄밀하게 말해서 함석헌이 만든 말이다. 중학교 은사였던 유영모 선생이 『대학』에 나오는 '민'民을 우리말로 '씨알'이라고 번역한 데서 힌트를 얻어 이것을 옛말처럼 '씨을'로 표기했다. 그 개념을 사상적인 체계로 만든 것은 순전히 함석헌의 공이다. 그는 이 말에 동서의 전통을 넘나드는 깊은 내용을 담아 생물학적(씨앗)·사회과학적인(민, 민중) 뜻을 넘어 종교철학적 개념으로 발전시켰다.

역사와 나라의 실질적인 주체를 가리키는 '민'의 우리말이 없다는 사실에 착안하여 '씨을'로 표현한 것이 동기였다. '민'에 가장 가까운 말은 '민중'이지만 역시 한자어다. '백성'百姓, 즉 '민'은 봉건주의와 군주주의 시대, '국민'과 '인민'은 민족주의 시대에 역사적·이념적으로 써먹은 진부한 표현이므로, 세계주의에 접어든 시점에서 새 시대에 맞는 새 말이 필요하다(그 맥락에서 함석헌은 '국민학교'도 '초등학교'로 바꿔야 한다고 주장했다). 더구나 그 말들은 한자어에서 나왔다. '씨을'은 민주주의, 민중시대에 적합한 우리말이다. 그는 '씨을'을 찾아내기 전에는 '민중'을 사용했다. 이후에도 경우에 따라 '민중'과 혼용하는 경우가 많다.

순수한 우리말 속에 우리의 철학이 담겨 있으므로 가능한 한 새로 만들어서라도 우리말을 써야 한다는 것이 함석헌의 소신이었다. 그 자신이 대중적인 구어체로 글쓰기를 힘썼다. 또한 근래 외국어 특히 영어를 함부로 남용하는 현상을 날카롭게 지적하고 경고했다. 타파해야 할 사대주의적 구습이라고 했다. 자기문화와 그 도구인 자기언어가 없는 민족은 존재의 이유를 상실한다. 우리는 한글 창제 이전에 있었던 옛 글자도 옛 문화도 잃어버린 민족이다. '씨을'을 더 풍부한 내용과 의미로 채우는 것은 미래 세대의 몫이다.

「나는 왜『씨올의 소리』를 내나」1970

「씨올의 소리」가 왜 씨올이 소리를 내야 하는가에 대한 총론이라면 이 글은 구체적인 수단으로서 내세운 잡지의 창간 동기와 배경 그리고 목적에 대한 해설이다. 여기에 독재정부의 언론 탄압과 언론 자체의 임무방기에 대한 담대한 비판이 가해진다. 오늘날 언론이 이전에 종교가 차지하던 위치로까지 격상된 것을 망각한 채 민중을 배신하고 있다. 신문은 '씨올의 눈이요 입'이어야 하는데 더 이상 아니다. 민중의 궁극적 관심은 이제 종교가 아니고 신문 등 언론매체가 날라다 주는 정보가 되었다. 깨인 독자라면 불매 운동이라도 벌려야 할 판이다. 지금 내놓는『씨올의 소리』도 바람 앞의 등불이다. 언론의 모든 수단이 꽉 막힌 상황에서 함석헌은 사상과 언론의 '게릴라전'을 제창했다. 서양학문을 잘못 배운 지식인들도 민중을 배신했다. 유격전이라지만 그것은 폭력이 아닌 사랑과 포용의 정신으로 하는 싸움이다. 우민화하는 민중의 양심을 불러일으켜야 한다.

민중은 씨올이다. 나라와 이념이 사라져도 씨올은 영원히 남는다. 씨올은 "필요 이상의 지나친 소유도 권력도 지위도 없는 맨 사람"이다. 지혜는 소수의 천재가 아닌 전체의 씨올에서 나온다. 악도 선도 결코 개인적인 것이 아니다. 한 사람의 악도 전체가 책임져야 할 일이다. 따라서 악을 이기려면 전체가 동원되는 수밖에 없다. 이를 위해서『씨올의 소리』는 두 가지를 목적으로 삼아 출발했다.

하나는 죽을 각오를 하고 한 사람이라도 '하나님의 입'이 되자는 의기를 내는 일이다. 하나님은 입이 없고 사람의 입을 통해서만 말한다. 그것은 자발적인 것이어야 하므로 먼저 함석헌 자신이 본보기로 나서 모든 핍박과 희생을 무릅쓰고 앞장섰다. 자기희생은 그가 예수와 간디를 따라서 진리로 삼은 비폭력과 십자가 정신의 핵이다. 한 사람이라도 전체를 등에 업고 나선다면 세상을 뒤엎는 풍파의 진원지가 될 수 있다. 이러한 정신으로 함석헌과『씨올의 소리』는 거듭 정간과 폐간을 당하면서 독재와 싸웠다.

다른 하나의 발간 목적은 '유기적인 하나의 생활공동체'가 생겨나게 하는 운동이다. 집단적인 악이 극성인 시점에서 개인보다는 집합적인 조직적 힘이 그에 맞설 수 있다. 물론 함석헌은 모든 조직에 대하여 회의적인 시각을 가졌다. 조직교회가 그 대표다. 예수는 조직을 남겨놓지 않았다. 복음을 전파하는 자발적인 구심체만 남겨놓았을 뿐이다. 초대교회는 그 정신으로 몫을 다했다. 모든 조직은 타락하기 마련이라는 것은 역사가 증명한다. 지금은 거대한 국가조직이 인간을 구속하고 큰 범죄를 저지르고 있다. 하지만 거대한 악에 대항하기 위해서 최소한의 조직 아닌 조직은 필요하다. 조직이라기보다는 운동이다.

『씨올의 소리』는 읽히기만 하는 잡지가 아니라 그 운동을 일으키는 구심점이 되는 '유기적인 생활공동체'를 겨냥하고 창간되었다. 공동체의 구체적인 실천목표 한 가지는 앞장서서 희생을 감수한 투사들의 뒤(가족 등)를 돌봐주는 조직적인 활동이었다. 그것은 퀘이커 교회가 평화운동을 전개하는 과정에서 보여준 모습에서 배운 것이었다(이는 뒤에 '같이살기 운동'을 제창한 동기와도 일치한다). 폭력 정치 속에서 '사회의 양심'을 대표하고 '국민적 양심의 자리'를 지키는 중심이 필요하다고 보고 잡지를 구상하게 되었다. 역사를 지탱할 양심세력을 육성하자는 의도였다.

이와 같은 사회적 목표를 표방하는 것은 아니지만 공동체에 대한 함석헌의 관심은 일찍부터 여러 차례 실험한 농사 공동체(송산농학원, 천안농장, 강원도 안반덕농원)에서도 나타났다. 그의 이상적인 공동체는 종교, 교육, 농사를 아우른 소집단이었다. 말하자면 씨올의 온상이 될 수 있는 생활공동체다.

「씨올의 울음」1970

집합명사(우리, 전체)로 볼 때, 씨올에게는 역사적으로 쌓인 설움, 한恨이 있다. 그래서 우선 울어야 한다. 울음으로 저항해야 한다. 나아가서 그것을 사회변혁을 위한 에너지로 승화시켜야 한다. 입 막고 있는 언론을 향해 소리쳐야 한다. 철학적으로 씨올은 전체이면서 부분이 된다. 하나면서 여럿이다. '올'의 큰 동그라미와 작은 점이 그것을 표상한다. 그 내용은 「우리가 내세우는 것」이라는 글(헌법)에서 더 자세히 밝혀진다.

「올」1970

이 글에서 함석헌은 '알'을 옛 글자 '올'로 쓰는 이유를 밝힌다. 모음 'ᆞ'(아래 아)는 지금 쓰는 한글 자모에서 빠진 글자다. 중성모음으로 애매한 소릿값 때문에 뺐겠지만 철학적으로 중요한 의의를 가진 글자다. 여러 모음(ㅏ, ㅔ, ㅣ, ㅗ, ㅜ, ㅓ)으로 환치될 수 있는 통합적인 모음이다. '올'은 '얼' '올' '울' 등이 될 수 있다. 그 흔적은 특히 사투리의 명사와 형용사에 많이 남아 있다. 가령 '하나님'이 'ᄒᆞᄂᆞ님'이었다면 '하느님'(하늘님), '하눌님'(한울님) 등으로 발음된다. 신은 유일신(하나님) 또는 천주天主 등 뜻이나 뉘앙스가 다른데, 함석헌은 유일신 쪽에 역점을 둔 신관을 선호하면서 '하나됨' '전체' 같은 속성을 자주 부각한다.

또한 아래 아 자에는 서구식 이분법적 사고를 초월하는 논리가 들어 있다. '나'와 '너'의 경우가 전형적이다. 함석헌은 나와 너의 본질적이고 존재론적인 차이를 부정한다. 너 속에 나, 나 속에 너가 들어 있다. 이는 연기緣起적인 관계다. 함석헌이 지적했듯이 글자의 구조에서 점 하나를 어디에 찍느냐의 차이다. 말하자면 'ᄂᆞ'로 통합된다 (몸과 맘도 ᄆᆞᆷ으로 쓴다면 신심이원론을 극복할 수 있다). 이 글자 속에 한국사상의 특성이 들어 있다. 그것을 더 이상 쓰지 않는 것은 고유한 우리 사상전통을 포기한 것과 같다. 너와 나가 없는 '우리'를 버리고 갈등하는 너와 나로 환원한 셈이다. '올'을 통해 함석헌은 사라진 글자와 사상의 복원을 외치고 있다.

같은 맥락에서 함석헌은 '한'(ᄒᆞᆫ)에 주목한다. 단순한 서수가 아니고 '여럿'〔多〕과 '하나'〔一〕를 포괄하는 말이다. 서구 사상에서 고민해온 둘의 관계를 조화시켜 다즉일多卽一, 일즉다一卽多로 푼다. 불교 사상(화엄)에서 정립된 원리다.

함석헌은 (최민홍을 비롯하여) 근래 일군의 학자들보다 앞서서 '한' 사상을 내세운 선구자였다. 그는 벽에 부딪친 서구문명을 극복하기 위해 수난만 당해온 우리 민족이 제3의 새로운 사상을 내놔야 할 자격과 사명을 가진다고 했다. 그 틀거리가 바로 '한'과 '씨올' 속에 내장되어 있다고 말할 수 있다.

「씨올의 소리」1970

역사를 이끌어온 실질적인 주체로서 민중을 설정하고 그것을 씨올로 표현하면서 종교철학적인 개념을 전개한 함석헌은 이에 그치지 않고 더 나아갔다. 그것은 씨올이 어떻게 역사발전과정과 사회현실 속에서 자기 역할을 수행하느냐하는 것이었다. 함석헌은 그 역할을 수행할 매체이자 사회참여를 하기 위한 도구로 월간 잡지『씨올의 소리』를 엄혹한 군사독재시절에 발간하기 시작했다. 그것은 당시 제 목소리를 내는 유일한 비판 언론이었다. 민주화를 열망하는 민중의 등불이었다. 이것을 도구로 삼아 비폭력투쟁의 원리가 제시되었다. 왜 그것을 내야 하는가를 밝히는 글 속에서 씨올의 의미와 철학적 구조가 모습을 드러낸다.

세상에 많은 소리가 있지만 그 가운데 가장 크게 울려야 할 것은 민중이 내는 씨올의 소리다. 그것이 각종 제약으로 들리지 않는 현실 속에서 가장 중요한 매체인 언론은 제 기능을 방기하고 있다. 한때는 『사상계』라도 있어서 함석헌도 활용했지만 그것조차 폐간된 시점에서 생각해 낸 것이『씨올의 소리』였다.

사람 노릇을 못하는 사회지도층, 지식인과 달리 씨올은 양심을 잘 간직하고 있다. 그렇기 때문에 그 소리가 듣는 사람의 양심을 건드려 공명과 감응을 일으킨다. 그 통로를 제공하자는 것이 함석헌의 의도였다. 하지만 현실적으로는 함석헌 자신이 씨올을 대표하여 수난을 감수하고 소리를 낼 수밖에 없었다. 다행히 그것이 오늘 우리에게 귀중한 유용한 자료로 남았다.

잡지 발간에 즈음하여 함석헌은 씨올 사상의 골격을 짜서 '씨올의 헌법'을 만들었다. 그것을 「우리가 내세우는 것」이라 이름 붙여 잡지 속표지에 연속 실었다. 그 취지가 이 글에서 세 장으로 요약된다.

첫째, 씨올(民)이 제 소리를 내자는 것. 여태까지 씨올은 지배층이 세운 정치체제에 눌려 제 소리를 내지 못해서 오늘의 상황이 초래되었다. 서민, 하민, 민초 등 씨올에 붙인 이름을 보면 알 수 있다. 호랑이 새끼가 호랑이 소리를 내야하듯 "세계혁명을 하기 위해 씨올이 제 소리를 내야" 한다. '아첨하는 학자들' 입을 통해서 하는 소리는 '협잡'이다. 씨올의 제 소리는 너나 나의 개인 소리가 아닌 '전체의 소리'다. 그것은 하늘, 하나님의 소리다. 여기서 그가 오랫동안 품어온 '전체'(주의) 사상이 모습을 드러낸다.

둘째, "전체는 부분을 모아놓은 것보다도 크다." 전체를 단순히 부분들의 총합이 아니라 따로 존재하는 독립성을 지닌 차원이 다른 생명으로 본다. 마치 사회학에서 사회를 구성원의 총합 이상으로 보는 것과 같다.

셋째, "전체는 부분 안에 부분은 전체 안에" 있다. 전체와 개체의 문제다. 전체와 개체는 서로 뗄 수 없는 유기적인 관계다. 개인이 내는 소리라도 전체가 들어 있는 소리라야 한다. 전체의 소리는 개인이 통로가 될 수밖에 없지만 개인들의 사사로운 소리와는 구분되어야 한다. 종교적으로 그 소리는 (입이 없는) 신('그이')의 소리다. 전체(whole)는 신성(holy)하다. 씨올들의 소리는 전체의 소리, 신의 소리다. 왜 정치와 종교가 분리되지 않아야 되는지 여기서 논증된다. 히틀러가 말한 전체주의totalitarianism는 전체를 가장한 자기 소리일 뿐 위장된 사이비 전체주의다.

「씨올의 설 자리」1970

씨올은 단수집합명사이며 복수다. 복수로 볼 때 씨앗처럼 씨올은 모나지 않고 둥글고 원만한 형태로 되어 있어서 모든 환경에 적응할 수 있다. 함석헌은 이를 "삶 자체에 좋기 때문에 그리됐을 것"이라며 "생명 안에는 잘못하지 않는 뜻, 곧 의지가 들어 있다"고 설명한다. 다만 씨올은 둥글기 때문에 땅이나 나라와의 접촉점은 한 점에서 이루어진다. 하지만 그렇기 때문에 어디 가도 설 곳이 있다. 이는 무욕無慾하기 때문에 가능하다. "가난함이 도리어 넉넉함"으로 된 것이다. 또한 둥근 씨올은 떠밀면 얼마든지 밀려간다. 제 자리를 고집한다면 역사창조에 참여할 수 없다.

「우리가 내세우는 것」1976

언론매체로서만 아니라 사회적 공동체를 겨냥하여 출범한 『씨올의 소리』에는 통권 50호1976년 1·2월호부터 이 글이 표지 안에 실렸다. 그 취지는 이미 창간호에서 표명되었다. 이 글은 오랫동안 자신의 내면에서 숙성시켜온 사유의 열매요 사상의 요약이라 할 만하다. 함석헌이 '헌법'이라 말한 이 선언은 씨올 헌장이다.

이 선언문에는 8조목의 원리가 기술되고 일곱 가지 해설이 덧붙여져 있다. 씨올은 어떤 개념인지 어떻게 행동하고 무엇을 실천해야 하는지 그 실천 도구로서 『씨올의 소리』는 어떤 일을 해나가야 하는지 등이 기술된다. 이 잡지는 자율적인 자기교육기구로서 세계에 던져졌다. 이제 우리는 국가주의·민족주의에서 세계가 하나되는 세계화 단계로 넘어간다는 사실을 분명히 직시하고 세계의 민중들과 연대하는 활동을 전개해야 한다. 종교와 정치 양면에서 불편부당한 입장을 견지하면서 씨올이 역사의 주체라는 확신을 지니고 역사발전에 앞장서야 한다.

구체적인 실천 방법으로 '같이 살기 운동'을 제안한다. '선을 혼자서' 하기는 어려워졌다. 조직적인 악에는 조직적인 저항이 필요하다. 그리고 그것은 비폭력 저항이라야 한다. 그것은 무저항주의로 표현되기도 하지만 간디가 잘 보여준 대로 자기희생을 감수하는 적극적 저항이다. 비폭력ahimsa, 不殺, 不傷害은 씨올이 따르고 지켜야 할 가장 중요한 원리로서 모든 종교의 공통적인 계명(계율)이다. 씨올은 너와 나의 분별을 거부한다. 너도 씨올, 나도 같은 씨올이다. 참 마음〔眞心〕은 한 마음〔一心〕이다. 씨올은 전체를 가리키는 집합명사이면서 개체 하나하나를 가리키기도 한다. 전체(우리) 속에 너와 나가 들어 있다. 함석헌이 구상한 기본 구조에 살을 붙이고 실천하는 것은 씨올들의 몫이다.

제1부

새 시대의 종교

1950년대 함석헌의 모습

"새 종교란 그러나 다른 것 아닐 것이다.
새 종교를 꿈꾸는 것이 곧 새 종교지.
아브라함의 꿈속에 가나안이 있었고,
가나안의 꿈속에 애굽이 있었고,
나일 강가의 꿈속에 시내 산이 있었고,
시내 산 불꽃 꿈속에 갈릴리 바다가 있었고,
갈릴리 바다 어선에서 꾸는 꿈속에
새 하늘과 새 땅이 있지 않았나?
그럼 새 시대의 종교의 꿈을 그려보자!
거기 무한이 있다"
– 「새 시대의 종교」

새 시대의 종교*

달라지는 세계와 새 종교

새 시대의 종교를 이야기해보자. 어떤 소경이라도, 어떤 고집쟁이라도, 시대가 놀라리만큼 달라졌고 앞으로 더 놀라리만큼 새로운 시대가 되어가고 있는 것을 모르지는 않을 것이다. "앞으로 세상은 어떻게 될까?" 이것은 아마 세계 어느 구석엘 가도 어느 사람의 가슴속에서도 반드시 볼 수 있는 생각일 것이다. 일일이 물어보지 않고도 틀림없이 분명히 알 것은 이것이다.

눈서리가 치는 겨울에 봄을 기다리고 봄이 올 것을 의심 없이 믿는 맘이 모든 사람의 가슴속에 반드시 있을 것을 단언할 수 있는 것도, 오늘날 세계 사람의 맘을 공통으로 지배하고 있는 생각이 이 '달라지는 세계'를 기다리는 생각이라고 단언하는 것보다 더 확실한 도度로 할 수는 없을 것이다. 세계는 달라지고 있다. 역사상에서 보는 그전의 어떤 시대보다도 심히, 거의 '근본적'이라고 하리만큼 달라질 것이다. 이것이 한 가지 사실.

그담, 그렇다면 종교는 어떻게 될까? 시대가 그렇게 달라진다면 그때도 종교는 있을까, 없을까? 있다면 어떤 종교일까? 종교는 사람 살림의 밑둥이요 끝이므로 이것이 문제 중에도 가장 긴한 문제다. 그러

*1955년 3월 중앙신학교 월요강좌에서 한 강연.

나 여기서도 단언할 수 있는 것은 종교는 있을 것이라는 점이다. 앞으로 어떤 변동이 온다 해도 종교는 없어지지 않을 것이다. 이것만은 아무리 무식하더라도 단언할 수 있다. 폭풍우가 며칠을 계속하거나 해가 있는 것은 틀림없는 것처럼, 폭풍우야말로 해가 있기 때문에 일어나는 것처럼 역사에 무슨 변동이 있어도 종교는 없어지지 않을 터이요, 도리어 역사적 변동의 원인은 종교에 있다. 그럼 이것이 또 한 가지 분명한 사실.

그러나 종교가 달라지겠느냐, 아니 달라지겠느냐 하는 문제에 들어가면 생각이 같지 않다.

'새 종교'라는 말은 서로 반대되는 두 가지 감정을 우리 가슴속에 일으킨다. 하나는 업신여기는 맘이요, 또 하나는 매우 존경하는 맘이다. 업신여기는 이유는 첫째, 지나간 경험으로 보아서 '새 종교'를 가지고 왔노라고 하던 모든 인물이 거의 다 협잡꾼으로 끝이 난 것을 보기 때문이다. 또 이치로 생각해보아서 그것은 하나님에 대해 반항하는 일이기 때문이다. 종교란 곧 변하지 않는 자를 찾는 일인데, 무상無常에 못 견디는 인생이 항상적恒常的인 것을 찾는 것이 곧 종교인데, 그리고 지금 세상에서 인생을 가르치는 종교란 그 변하지 않는 자가 "옳다" 하고 인정을 해주었기 때문에 있는 것이다. 그런데 이제 그것을 부인하고 감히 새것을 말하는 것이니 그것은 불경이요 하나님의 권위를 더럽힘이 되지 않을 수 없다.

사실 석가도, 공자도, 예수도, 그 밖의 모든 위대한 예언자들도 다이 비난을 면치 못했고, 또 그것은 그때로 볼 때 '마땅히 받을 잔'이었다. "네가 누구기에" "네가 무슨 권위로" 하는 질문은 새 종교를 가르치는 자가 반드시 받는 질문이요, 또 그들은 그렇게 따지는 기성종교가를 만족시킬 만한 아무런 대답의 자료도 가진 것이 없었다.

기성종교에서 '거룩'은 다 볼 수 있고 만질 수 있는 물적인 것으로 완전히 이루어져 있는 것이다. 그 혈통을 받든지, 의발(衣鉢: 옷이나 밥 바리)을 받든지, 장석(杖錫: 지팡이)을 받든지, 안수(按手: 손을 대임)를 받든지, 그렇지 않으면 투표를 하거나 제비를 뽑았어야 하는 것이다. 그런데 새 종교란 그런 것이 아무것도 없이 나오는 것이니, 그것은 안 된 놈, 이단자, 건방진 놈, 되지 못한 자, 더러운 자, 파괴자, 반역자, 미친 자, 민중을 속이는 자, 악마의 자식일 수밖에 없다. 감히 새 종교를 보았노라 하는 자는 어리석은 자요, 간악한 자요, 교만한 자요, 업신여김을 당하는 것이 마땅한 자다.

그런데 이상한 것은 새 종교란 그렇게 업신여김을 당하는 것이요, 있을 수 없는 것인데도 불구하고, 모든 위대하다는 종교가들도 심한 배척을 받고 제명에 죽지 못하는 것을 분명히 보는데도 불구하고, 역사상에 늘 새 종교를 부르짖는 자가 끊이지 않는다. 왜 그럴까? 그것은 다른 것 아니요, 역사가 항상 새 종교를 요구하기 때문이다. 인의仁義의 이름을 빌어서 악을 행하는 놈이 끊이지 않는 것은 인의가 인생의 잠깐도 떠날 수 없는 길인 까닭이다. 새 종교의 깃발을 내들고 민중을 속이는 놈이 있는 것은 새로운 종교야말로 인간이 바라는 골쪽인 까닭이다.

거짓 종교개혁자는 참 종교개혁자의 앞잡이요 선전자다. 종교가 새롭지 않고 시대가 새로울 수는 없다. 그렇기 때문에 모든 권위의 압박과 모멸을 각오하면서 종교개혁을 부르짖는 자는 정말 인류의 장래를 걱정하는 존경할 만한 자다. 종교는 변치 않으면서 또 변해야 하는 것, 늘 그대로 있으면서도 늘 새로워야 하는 것이다. 이것이 또 한 가지 분명한 사실.

영원불변하는 종교는 절대의 종교이고, 항상 새로운 종교는 상대의 종교이다. 상대적인 것이 없으면 절대적인 것은 의지해서 구체적으로 나타날 길 없는 허망이요, 절대적인 것이 없으면 상대적인 것은 뿌리 붙여서 통일적으로 의미를 가질 수 없는 가상假象이다. 역사는 시시각각으로 절대에 접하지 않으면 안 된다. 그러함에 의하여 그것은 시시각각으로 죽고 시시각각으로 부활한다. 생명은 자기를 잃음으로써만 얻을 수 있다.

종교는 상대와 절대와의 문제다. 만물이 조물주에 돌아가는 일이다. 만물은 조물주의 영광을 드러내기 위하여 유有가 되었다. 그러나 유는 부정을 당해서만 절대자의 영광을 드러낼 수가 있다. 모든 제물은 죽여서 불살라서만 거룩한 제사가 될 수 있다. 그러나 제사가 되는 순간, 그 제물은 어서 쓸어버려야 하는 부정물不淨物이요, 무용의 장물長物이다.

종교의 운명은 찰나적이다. 천일야千一夜 이야기와 마찬가지로 시대의 처녀는 조물주 앞에서 하룻밤밖에를 가지지 못한다. 모든 처녀에게 하룻밤만을 허하고는 죽여버림으로써 자기의 절대권을 주장하고, 영원의 처녀를 보려 했던 아라비아의 전제자專制者같이 조물주는 모든 시대를 접견하는 순간 그것을 죽여버린다. 그리하여 자기는 영원히 절대 거룩한 자로 서고 그 앞에는 영원히 새로운 현재의 처녀가 선다. 그렇기 때문에 종교는 일면 영원불변하는 종교면서, 또 다른 면에서 어떤 종교도 다른 하룻밤을 더 요구하자마자 절대자의 맹렬한 노염을 사는 악마의 체계가 되어버리고 만다.

모든 종교가 다 이날껏 하나님 앞에서 자기의 절대미를 주장하려고 애걸해보았다. 자기만은 영원의 여왕으로 두어달라 했다. 그리하여 하나님을 이 장막 속에 모시고 독점하려 했다. 그러나 하나님은 절대 허락하시지 않았다. 종교란 종교는 다 낡아버렸다. 어떤 상대도 상대인 이상, 하나님의 짝이 되리만큼 완전하고 깨끗한 것은 없다. 하나님은 배우적配偶的인 이가 아니다. 독일무이獨一無二가 하나님이다. "사람이 혼자 있는 것이 좋지 않으니" 하시고 아담에게 '그 돕는 짝'을 지어주신 것은 저가 불완전한 상대자이기 때문이요, 자기의 불완전한 상대성을 깨닫게 하시는 방법으로 하신 것이다.

아담이 "너는 내 살 중의 살이요, 뼈 중의 뼈"라는 탄미歎美로써 시작한 부부 살림에서 첫째로 얻는 것은 '돕는 짝'이 곧 '유혹하는 자'라는 비통한 모순이었다. 그것은 곧 인간의 종교를 상징하는 것이다. 하와가 열매를 따먹고 제 눈에 보기 아름답고 제 입맛에 좋은 것을 아담에게 드렸고 아담은 또 그것을 받았기 때문에 잘못되었다.

그리고 둘은 그것이 곧 하나님이 되려는 선으로 알고 그것을 행하였다. 하와가 그 열매를 아니 드렸던들 참 아내 노릇을 할 수 있었고, 아담이 그것을 아니 받았던들 참 남편 노릇을 할 수 있었다. 그러나 둘이 다 그것을 사랑으로 알고 드리고 받은 고로 잘못되었다. 하와가 보기에 탐스럽고 먹기에 맛있던 열매는 곧 그들의 종교행위다. 아담은 상대적인 인격이요, 자기의 배우자를 완전한 돕는 자로 알았기 때문에 그 말을 믿었다. 그 때문에 아담은 타락해버렸다.

하나님은 그렇게 하시지 않는다. 자기 속에서 나온 인간이지만, 그것을 자기 살 중 살, 뼈 중 뼈로 신용하지도 않고, 그가 바치는 열매를 정말 사랑으로 받지도 않는다. 인간을 사랑은 하시나 어디까지 그대로 신용하시지는 않고, 상대자로 대접한다. 이 의미에서 예수께서 독신으로 살았고, 자기를 임금으로 섬기려는 자들을 신용하지 않고, 베드로가 자기를 그리스도로 믿으면 그 믿음은 반석盤石으로 인정을 하면서도 십자가에 달리기를 말리려 할 때는 단연 "사탄아 물러가라" 하고 내치신 것은 하나님의 절대적인 거룩과 참을 드러내신 것이라 할 것이요, 참 종교는 완전한 부정 속에만 있는 것을 가리키신 것이라 할 것이다.

모든 것이 다 그렇지만 종교까지도 부정되어야 종교다. 내용으로는 어떻게 고상한 진리를 알았다 하더라도 "이것은 절대 진리다" 하는 순간 그것은 거짓이 돼버리는 것이요, 남이 보기엔 어떻게 열심 있는 신앙을 가졌다 하더라도 "내 믿음은 절대 정신正信이다" 하는 순간, 곧 불신이 되어버린다. 그렇기 때문에 종교는 자꾸 새로워질 수밖에 없다.

영원하신 '말씀'이 나타나신 것이 종교인데, 말씀은 무한 절대적인 것이기 때문에 그것은 항상 새롭게 나타나지 않을 수 없다. 말씀은 말씀에서만 나오는 것이니 위로 찾아 올라가도 끝이 없고, 말씀은 반드시 말씀을 불러내는 것이니 아래로 찾아 내려가도 끝이 없다. 영원불변이라 하여서 종교를 손 가운데 구슬 알같이 생각하는 자는 누군가? 그들은 아마 자기 딴으로는 잘했거니 자신하고 갔다가 뜻밖에 주인의 분노를 사고 바깥 어두운 곳으로 쫓겨 나가던, 한 낭중 받아 땅에 파묻었던 어리석은 종같이 뉘우쳐도 믿지 못하는 날이 올 것이다.

돈을 집어내어 던져서만 불어날 수 있는 것같이 종교도 부단히 낡은 기구를 내버리고 새로워져서만 영원히 불변할 수 있다. 종교는 구슬이 아니요, 씨다. 썩어서 새싹으로 나와 자라서 열매 맺어 퍼져나가야 할 것이다. 눈을 뜨는 사람은 푸른 연한 잎새를 볼 터이요, 그것을 보는 사람은 여름이 오는 줄을 알 수 있는 것같이, 맘의 눈을 뜨는 사람은 시대가 달라짐을 볼 것이요, 이 시대가 달라져가는 징조를 보면 새 종교가 오리라는 예감을 아니 가질 수 없을 것이다.

계시와 역사적 추측

미래를 아는 방법은 둘이다. 하나는 계시요, 또 하나는 추측이다. 계시는 이지理知의 범위를 초월한 것이므로 그 오는 순간까지 사람은 전연 알 수 없다. 거기에 대하여는 완전히 수동적일 수밖에 없다. 계시는 기다릴 것이요, 올 때 받을 것이다. 그러나 기다린다는 것은 아무것도 아니 한다는 의미는 아니다. 무위無爲의 태도로는 계시를 받을 수 없다. 계시가 오는 것을 이지로 알 바도 아니요 촉진 혹은 지연시킬 수 있는 것도 아니다. 그러나 계시가 왔을 때에 그것을 놓침 없이 바로 받으려면 거기 적당한 준비가 있어야 한다.

기독교에서는 주로 신앙을 말하므로 이 점에 대하여 분명히 말한 것이 적다. 그러나 말은 없어도 사실은 없을 수 없다. 신앙이란 계시를 받는 준비의 태도라 할 것이다. 유교는 이와 달라 교양을 많이 말하는 것이므로 이 점을 매우 강조한다. 이것을 간단한 말로 표시한다면 진인사 대천명盡人事 待天命이라 할 것이다. 사람이 마땅히 할 것을 다하여서 천명을 기다린다는 말이다.

천명은 곧 계시다. 명命은 하나님의 명령, 말씀인데 그 명 안에 미래가 포함되어 있다. 말씀이 그 뜻대로 풀려나오면 그것이 역사다. 말씀은 물론 절대 완전한 하나님의 말씀이기 때문에 홀로 자전自全한 것이지만, 상대계에 역사로 나타날 때는 결코 일방적으로 될 수 없다. 하나님 편으로 하면 주실 때에 자유롭게 주시는 것이지만, 인간 편으로 하면 올 수 있게 준비가 되어 있어야 온다. 조건이 붙는다. 절대에는 시간이 없는 것이기 때문에 완성·미완성도 없고 온다 기다린다도 없다. 벌써부터 다 이루어져 있는 하늘나라요, 다 주어진 계시다. 그러나 인간 역사는 시간 내에서 되는 것이므로 그 임하는 때가 있고, 그 받아지는 시기가 있다. 여기 신앙과 역사적 노력이 관련되는 점이 있다.

그러면 진인사 하는 것이 곧 대천명이요, 대천명 하는 것이 곧 진인사하는 것이다. 그 진인사 중에서 중요한 하나가 역사이해에 의한 미래의 추측이다. 이것은 어디까지나 인간의 일, 곧 이성理性의 일이다. 이理 혹은 법칙에 관한 일이다. 역사적 사상을 더듬어서 그 속에서 어떤 원리 혹은 법칙을 발견함으로써 미래를 예측해보자는 것이다.

물론 미래가 어디까지나 시간의 철의 장막 저쪽의 미래요, 이성은 아무리 해도 그 장막을 뚫을 수는 없는 유한有限의 기구器具인 이상, 추측은 아무래도 추측이지 과거로써 미래에의 단안을 내릴 수는 없다. 사실은 모든 역사적 추론은 하나도 들어맞지 않는 것이라 할 수 있다. 또 들어맞지 않으니 역사지 만일 추측대로 꼭 맞아떨어진다면 역사가 아니다. 그것은 한개 기계일 뿐이다.

그런고로 역사적 추측은 들어맞고 아니 맞는 데 의미가 있는 것이 아니라, 합리적으로 역사를 밝혀보려 하는 그 일에 있다. 역사를 밝혀보자 해서 찾는 역사적 법칙이지만 그것으로 역사를 밝힐 수는 없다. 그러나 밝혀보려 함으로만 미래를 밝혀주는 계시를 받을 준비를 할 수 있다. 이 의미에서 인간의 모든 이지적 활동은 '무익한 종'의 일이라 할 수 있다. 그가 한 일이 주인 앞에 공로가 될 것은 아무것도 없다〔「누가복음」, 17 : 10〕. 그러나 아무 공로도 되지 못하는 일을 진심껏 함으로만, 그리고 진심껏 하면서도 "나는 무익한 종입니다" 함으로만 그는 충실한 종이 될 수 있다. 그렇게 함으로써만 그는 깨어 있을 수 있기 때문이다.

그러면 역사적 법칙에는 두 가지가 있다 할 수 있다. 하나는 반복적인 것이요, 또 하나는 일회적인 것이다. 역사는 한 면에서 보면 분명 되풀이하는 점이 있다. 지나간 역사에서 어떤 원리를 찾아 미래를 추측하자는 것은 이 되풀이 때문에 하는 말이다. 이것은 비교적 알기 쉬운 것이기 때문에 옛날부터 "역사는 반복한다"고 일러온다. "일생일사一生一死는 인간의 법칙이다" "흥자興者 필망必亡이요 성자盛者 필쇠必衰라" 하는 말들은 다 이것을 가리키는 것이다.

우리는 이것을 법칙적으로 파악함으로써 모든 인간은 죽을 것임을 알고 모든 국가 문명이 변천할 것임을 추측할 수 있다. 그렇기 때문에 옛날 사람은 역사를 거울이라 했다. 『자치통감』資治通鑑 『동국통감』東國通鑑 하는 것은 그 예다. 과거의 역사를 들여다보면 거울 속을 보고 얼굴을 알 듯이 미래사를 알 수 있다는 뜻이다. 이 의미의 역사적 추측은 쉬운 것이다.

그러나 역사가 만일 완전히 되풀이하는 것이라면 역사가 아니다. 정말 일정한 조건 하에서 일정한 결과를 꼭 그대로 되풀이하는 것이면 기계적 물리적 현상이다. 생명 없는 무기적 현상이요 역사는 아니다. 역사는 그와 달라서 생명 있는 유기적 인격적인 현상이다. 그때, 그곳에서, 그 사람에만 있는 특수한 일이다. 그렇기 때문에 그것은 한 번만 있는 일이다. 역사가 자연현상과 다른 점은 바로 여기 있다. 이 면에서 보면 역사는 일회적인 것이다. 이것은 되풀이되는 현상만을 보는 눈으로는 조금 알아보기 곤란한 것이다. 현상보다는 의미의 문제기 때문이다. 정신적인 것이기 때문에 일회적이다.

여기 계시가 관계되어 온다. 되풀이하는 현상적인 것은 이지理知의 관찰만으로 충분히 알 수 있으나, 일회적인 단번에 되는 정신의 일은 이성만으로는 알 수 없다. 사람이 한 번 났다 한 번 죽는 것을 아는 법칙만으로는 아무런 사람의 미래도 밝힐 수 없고, 자기의 경험을 가지고 아무리 미루어 생각해보아도 결코 자기의 사명을 결정지을 수 있는 판단은 나오지 않는다. 그것은 지식의 문제가 아니요 예지叡智의 문제다. knowledge가 아니고 wisdom이다.

지식은 경험을 법칙적으로 정리함으로 얻는 것이지만 예지는 영감靈感으로, 즉 영령을 맞음[inspiration]으로 맘이 밝아져서야만 받는 것이다. 전자는 내 이성을 충분히 활동시켜 이미 있는 사실을 찾아내면 그만이지만 후자는 그것만으로는 아니 된다. 이성 위에 어떤 무엇이 가해져서 변화가 생겨서만 할 수 있는 일이다. 그것은 이미 있는 것을 찾아내는 일이 아니요, 지금까지 있지 않은 것, 전연 미래인 것을 아는 일이다. 안다기보다 차라리 창작이라 함이 마땅할 것이다. 여기서 전연 미래라 한 것은 곧 하나님의 뜻인데, 하나님께는 뜻이 곧 함이요, 일이기 때문이다.

「요한복음」에서 말하는 '말씀'이 곧 이것이다. 이 말씀이 맨 처음부터 하나님과 같이 계셨고, 이 말씀으로 만물이 지어졌고, 이 말씀 안에 생명이 있다고 한 그 말씀이다. 그 말씀을 아는 것이 예지다. 그러나 그것은 이지의 힘으로 얻을 수 있는 것이 아니요, 이유를 알 수 없이 위로부터 오는 것을 받아서만 할 수 있는 것이다. 그렇기 때문에 빛이 어둠 속에 비치어도 어둠이 알지 못했고, 자기 땅에 와도 자기 백성이 받아들이지 않았고, 오직 믿는 자만이 받아들이어 하나님의 능력으로 그 자녀가 된다고 했다.

그렇기 때문에 계시다. 절대자 편에서 보여주어서만 미래는 알 수 있다. 예수께서 "그때와 기한은 아들도 알지 못하고, 아버지가 자기 권한에 두신 것이요, 성령이 임해서만 증인이 될 수 있다" 하신 것은 이 때문이다〔「사도행전」, 1: 6〕. 그 계시를 받은 자가 예언자 혹은 선견자先見者다. 예언자는 하나님과 사람 둘 사이에 서는 자다. 그렇기 때문에 대언자代言者라고도 한다. 저는 한편으로 하면 곧 말씀에 참여한 자다. 하늘에서 이미 이루어져 있는 말씀을 보았기 때문이다.

그러나 그것이 그대로 곧 역사일 수는 없다. 역사로 나타나려면 먼저 사람의 말로 번역, 해석되지 않으면 안 된다. 그편에서 하면 저는 역사적 추측을 하는 역사철학자다. 동양에서도 성인聖人은 곧 천지화육(天地化育: 천지자연의 이치로 만물을 만들어 기름 - 편집자)에 참여한다고 했다. 그러나 아무래도 그들에게서는 보이는 현상계가 주로 문제였기 때문에 그들의 사관은 되풀이사관이었고, 그 지知는 상대적인 실제 지식에 그치고 말았다. 그 의미에서 그들은 미래를 가지지 못했고, 따라서 엄정한 의미의 역사철학을 가지지 못했다.

그런데 히브리 사람은 그와 달라서 보이는 것보다 보이지 않는 것을 문제삼았고, 되풀이하는 것보다는 절대 미래적인 것을 붙들려고 애썼다. 그 때문에 그들에게서 예언이 발달되었고, 참 의미의 역사철학을 그들만이 가지게 되었다. 히브리 사람들처럼 역사의 해석에 힘쓰고, 역사적 추측에 열심이었던 자는 없다. 그것이 예언이요, 그 예언에서 마침내 종말관이라는, 다른 데서는 도무지 볼 수 없는 독특한 역사관 내지 세계관을 낳았다. 그 속에서 역사를 완성하려는 노력으로서의 기독교 신앙이 나왔다.

그와 같이 역사 속에는 두 법칙이 섞여 흐르고 있다. 역사를 부분적·외적으로 보면 되풀이하는 것이요, 전일적全一的·내적으로 보면 일회적이다. 그리하여 부분적으로 되풀이하는 현상을 보아서 아는 미래는 상대적인 미래요, 전일적으로 일회적으로 돼가고 있는 의미의 예시豫示로써 아는 미래는 절대적인 미래다. 산 역사는 이 둘이 구체적으로 불가분적으로 작용하여서 낳아놓은 것이다. 그리고 그 역사에 대한 우리 태도가 계시를 기다리는 것과 역사적 추측을 하는 두 길이다. 진인사와 대천명이다. 새 시대의 종교를 더듬는 것은 이러한 틀거리 안에서 하는 일이다.

개체와 역사

진화론에서 생물의 진화를 증명하는 사실로 들어 쓰는 것 중에 태아의 요점반복要點反復 혹은 선조반복先祖反復, recapitulation이라는 것이 있다. 즉 태아가 모태 안에서 자라는 짧은 몇 달 동안에 과거 몇억 년간에 진화해온 전 역사의 과정을 간단하게 되풀이한다는 말이다. 그것은 태아의 발육을 실지로 관찰하고 하는 말이다.

태아가 자라는 것을 처음부터 보면 고등하게 발달한 동물도 지금은 필요치 않은 하등동물시대의 모양을 일일이 거쳐서 오게 된다. 가령 인류의 태아를 보면 태내에서 처음에는 단세포동물 같은 때도 있고, 어류와 같이 지느러미가 있는 때도 있고, 다른 포유류의 새끼와 별 다름이 없이 꼭 같은 때도 있다가, 그 모든 시기를 차례로 거친 후 마지막에야 인류의 특징을 갖추어 나오게 된다.

실지로 필요치 않은 과정을 무슨 까닭으로 밟아올까? 생물학자의 설명으로 하면 이것은 생물이 단순한 데서부터 복잡한 것으로 진화해온 것이기 때문에 그 성질이 유전되어서 과거 몇억 년 동안에 지나온 것을 단순한 형식으로 반복하게 되는 것이다. 이 요점반복이라는 사실을 음미해보면 볼수록 재미있고 신기한 것이다. 이것은 어디서 기인해 나오는 것이냐 하면, 전혀 개체적인 존재라는 사실 때문에 나온다. 생물이란 생물은 다 개체로 존재한다. 개체란 무어냐, 신비로운 것이다. 개체란 것이 왜 있느냐? 생물은 왜 개체적으로 존재하느냐? 누구나 그것을 설명할 수는 없다. 조물주의 뜻대로 된 일이지 이성이 감히 알 바 아니다. 그러나 개체라는 이 신비한 것 때문에 생물학적·정신적으로 가지가지의 신비로운 일이 생겨난 것만은 사실이다.

우선 생물계에서 말하면 생물이 진화하여서 되었다는 것은 아무래도 사실인데 그 진화의 요소는 셋으로 말할 수 있다. 첫째는 종족적인 생명이요, 둘째는 환경이요, 셋째는 개체다. 그중 가장 중요한 것은 개체다. 생명은 그 본질이 무한히 자동발전하는 것이다. 고로 일정한 상태대로 그대로 있지 않다. 변화한다. 환경은 생명은 없는 물리적인 것이나, 이것도 그대로는 있지 않고 부단히 변동한다. 개체는 구체적으로 존재하는 생명인데, 이것은 역사적으로 즉 상대적으로 완성되어 있는 것이다. 이 셋이 어울려서 생물진화의 현상이 일어나는 것인데 그중에 가장 중요한 것이 개체다.

생명은 옛날 동양사상에서 만유萬有를 천天·지地·인人, 삼재三才로 갈라 보던 설명에 비추어 보면 천에 해당하는 것이요, 환경은 지요, 개체는 인이라 할 수 있다. 천과 지는 다 변하는 것이다. 변하는 점에서는 같으나 천은 유기적 인격적인 변화요, 지는 무기적 기계적인 변동이다. 이 유기 무기 하는 기機가 곧 생이다. vital force다.

천과 인을 비교하면 같은 생명이다. 그러나 다르다. 천은 영원히 완성이면서 미완성인데, 인은 일시적인 미완성품이면서 완성품이다. 천은 부단히 변화하자는 것인데, 인은 불변을 주장한다. 그다음 지와 인과를 비교하면 존재인 점에서 같으면서, 서로 다른 존재다. 지는 제한하자는 것이요, 인은 자유이려 하는 것이다. 지는 무능한 것이요, 인은 기능적이다.

이 기機, 곧 vital이 것이 개체적 존재의 핵심 혹은 첨단尖端이다. 역사는 곧 천과 지의 결합인데 그 바로 접촉점이 개체적인 기다. 일반적인 생을 우주에 가득 차 있는 전기電氣라 하고, 그 생이 거기 작용해 생명현상을 낳는 환경을 원시암原始岩이라 한다면, 개체의 생명기능이란 곧 그 암석층을 녹여 먹어들어가며 불이 반짝반짝이는 착암기鑿岩機의 끄트머리에 비할 수 있다. 모든 문제는 여기서 일어난다. 생물학적으로 하면 개체의(정신사적으로 하면 인격의) 창조적인 활동 속에서 생과 사, 자와 타, 시와 비, 성과 패의 모든 현상이 일어난다. 개체와 전체와의 생물적·사회적 관계, 개성과 하나님과의 정신적·윤리적 관계가 벌어져 나온다.

이제 이 개체가 역사에서 가지는 의미를 태아의 요점반복에서 음미해 보기로 한다. 생물의 개체를 진화의 입장에서 볼 때 그것은 이면적인 존재다. 일면은 모체로서 혹은 성원成員으로서의 존재요, 다른 일면은 태아로서의 존재다. 역사적 현재에서는 일개 성원이요, 역사적 미래에 대해서는 일개 태아다. 전자로서는 완성된 것이요, 후자로는 미완성인, 따라서 자유로운 것이다. 그런데 그 개체는 태아로서 모체 내에 있을 때에, 일정한 단기 내에 과거에 종족이 지나온 전 진화과정을 반복한다. 얼핏 보면 공연한 수고같이, 역사의 귀찮은 짐같이 보이는 이 사실 속에 오묘한 이치가 들어 있다. 이로써 생명은 자기보존·자기발전의 활동을 가장 안전히, 가장 효과적으로 할 수 있게 되어 있다.

생명이 만일 커다란 단세포 모양으로 한개 전체로 존재했다면 벌써 죽었을는지 모르고, 죽지 않는다 해도 그 발달은 매우 국한되었을 것이다. 그의 환경에 작용하는 길은 오직 하나일 수밖에 없었을 것이고, 오직 한 번의 위험에 단번에 아주 멸절해버렸을지도 모른다. 그러나 저는 무수한 개체로 존재하므로 하나로써 무한한 존재를 가지게 됐으며, 요점반복을 함에 의하여 개체 속에 전체를 넣어서, 모든 개체가 다 불행하고 어느 한 개체만이 생존하더라도 곧 전체가 살게 되었다. 그리고 각 개체 속에 전 역사적 타성이 들어 있고, 그러면서도 그 개체에는 자유가 있으므로 역사는 시시각각으로 갱신이 되면서 얻은 바 모든 역사적 가치의 부富를 하나도 잃음이 없다. 그리고 동일한 문제에도 각 개체가 각각 자유롭게 대함에 의하여 가능한 기회를 하나도 잃지 않을 수 있다.

그런데 태아가 자랄 때는 직접 외계와 접촉을 하지 않고 영양을 모체에서 취하게 되어 있다. 말하자면 자기소화를 하는 셈이다. 자기를 먹고 자란다. 그렇게 함으로써 태아는 역사적 유산을 완전히 차지한다. 그리고 그것이 완성되어 이 이상 더 있을 필요가 없다는 날 모체를 버리고 나온다. 그때 하늘은, 즉 전체는 저의 속에 발전의 가능성을 넣어준다. 태아가 완성이 되는 날 저는 역사를 완전히 소유하는 동시에 그 역사에 일보를 더할 수 있는 성능을 받아 가지게 된다.

그것이 어떻게 주어지는지는 어느 이성도 알 길이 없다. 그것은 절대자가 직접하는 신비다. inspiration〔숨 불어넣음〕이다. 하여간 태아는 탯집을 벗고 일개 성원이 되는 동시에 자체 안에 이미 차대次代 역사의 태반胎盤을 가지게 된다. 이 생명의 개체화가 생물계에서는 '말씀'이 육신이 된 것이다. 이 수육受肉의 말씀, 즉 형체화한 구체적 생명이 제2의 창조를 하려고 환경에 작용하게 된다. 그것이 생물학적으로 말하면 진화 곧 자연이요, 인문학적으로 말하면 역사다.

이상에서 말한 것을 간단하게 따집어 말하면, 역사는 개체 속에 신비롭게 결합되어 있는 반대되는 두 힘 때문에 진전이 되어간다. 생물학에서는 그것을 유전과 돌변화라 하고, 역사에서는 그것을 통일과 자유, 혹은 보수와 진보라 한다. 어떤 자식도 부모 닮지 않은 자식은 하나도 없고, 또 어떤 자식도 부모와 꼭 같은 자식은 하나도 없다.

이것이 신학에서는 예정과 자유의 문제로 토론된다. 역사는 하나님의 예정이면서 또 인격의 노력의 산물이다. 일체의 신비는 이 개체적인 인격에 초점화되어 있다. 어떤 위대한 신학도 이것을 일원적으로 설명은 못한다. 설명의 체계가 완성되는 순간 생명은 언젠지 모르게 벌써 빠져나가고 만다. 인격은 역사의 산물이다. 그러나 역사를 짓는 것은 인격이다. 인격이란 이렇게 말씀하는 말씀이다.

아버지께서 나를 사랑하시는 것은 내가 다시 목숨을 얻기 위하여 목숨을 버림이라, 이를 내게서 빼앗는 자가 있는 것 아니라 내가 스스로 버리노라. 나는 버릴 권세도 있고 다시 얻을 권세도 있으니 이 계명은 내 아버지에게서 받았노라.
•「요한복음」, 10: 17, 18

역사는 개성에 있어서 낡으면서도 늘 새롭고, 필연이면서도 자유롭고, 하나님의 예정 속에 있으면서도 도덕적이다.

시대정신

이제 요점반복의 법칙을 인간의 정신사精神史에 적용해보기로 하자. 물론 생물계의 진화법칙을 그대로 정신사에 적용하는 데는 위험이 있다. 인간은 단순한 생물적 존재만은 아니기 때문이다. 인간에게서 중요한 것은 일반 생물과 공통으로 가지는 데 있지 않고 생물에만 멈추어 있지 않게 된 바로 그것이야말로 인간이 인간되는 까닭인 중요한 점이다.

고로 인간이 정신적 존재라면 그것은 바로 생물진화의 법칙으로는 설명하지 못할 것이다. 그러나 그것은 상대적인 입장에서 볼 때 그런 것이고, 절대의 입장에서 볼 때는 그렇지 않은 것이 있다. 상대적으로 보면 생물은 생물이요, 인간은 인간으로 구별할 것이다. 하나는 자연사natural history요, 하나는 역사history다. 그러나 절대의 입장에서 보면, 둘은 한 역사의 두 면일 뿐이다. 다 같이 절대의지에서 나와서 혼일체渾一體를 이룬다. 서로 다르면서도 근본은 한 경륜經綸에서 나오는 것이다. '하나'를 말하는 한 이야기story다. 그런고로 거기 비유도 있을 수 있고 추론도 있을 수 있다.

그리하여 이제 둘을 비교하여 보면 거기 신묘한 일치가 있음을 알 수 있다. 생물진화에 세 요소가 있었던 것같이 정신사의 진행에도 세 요소가 있다. 거기서 생물적 생명이던 것은 여기서는 절대정신 혹은 로고스logos요, 거기서 자연환경이던 것은 여기서는 문화사회요, 거기서 진화의 핵심이던 개체는 여기서는 시대정신 혹은 인격이다.

로고스는 만물이 그로 말미암아 존재하게 되는 근원적 생명이다. 생물적 생명(구경[究竟]은 이것도 로고스의 일면이지만)에서와 마찬가지로 무한히 발전하자는 능동적인 것, 동양사상에서 하면 건도적(乾道的: 지극히 강건한 하늘의 도와 같음 – 편집자)인 것이다. 고로 쉬지 않고 생생하게 변화한다. 문화사회도 자연환경과 일반으로 항상 변동하는 것이요, 진화현상이 개체가 그 변하는 환경에 적응하자는 데서 나오는 것같이 역사도 개인 인격이 그 변하는 문화사회에 적응하려는 데서 나온다. 그리하여 그 인격이 자기완성적으로 역사 환경을 파악한 것이 곧 시대정신이란 것이다.

생물의 경우에 개체가 이면적인 존재였던 것같이 역사에서 시대도 이중적인 의미를 가진다. 시대는 역사의 연쇄의 한 고리면서 또 그 자체로 일개 독립된 것이다. 그리하여 한편으로는 모체면서 또 한편으로는 태아 노릇을 한다. 모체로서의 시대는 한 완성된 정신적 체계다. 그것은 그 안에 사는 모든 인간에 향하여 땅으로부터 하늘에 닿는 모든 문제를 다 해결할 수 있는 전일체全一體라고 주장한다. 한 시대는 그 시대 자신으로서 자족한 의미를 가지는 것으로 서려 한다. 어떤 국가도 어떤 민족도 스스로 남을 위한 수단이라고 생각지 않는다. 자기가 곧 목적이다. '국가지상' '민족지상'은 어느 국가, 어느 민족, 어느 시대에만 있는 사상이 아니다. 또 사실 이 사상, 이 전일체로서의 의식이 아니면 사회는 유지되어 갈 수 없을 것이다.

역사상에서 소위 황금시대라 태평시대라 하는 것은 이 모체로서의 시대가 완전히 자라 성원으로서의 의식이 절정에 달한 때다. 요순시대堯舜時代, 주周, 한漢, 당唐, 고대 이집트, 아시리아, 아테네, 로마제국 하는 것들이 그 예다. 이것은 특별히 뛰어난 것이지만 이렇게까지 되지 못한 시대에서도 그 정신은 마찬가지다. 국경의 최종선最終線과 연호의 마지막 해를 안 나라는 하나도 없었고, 주권자란 주권자는 한 사람의 예외도 없이 다 자기 주권의 무궁無窮을 믿었다.

그런데 그 모든 시대를 살펴볼 때 놓쳐버릴 수 없이 분명히 공통하게 있는 사실은 그 모든 시대가 다 완성된 종교를 가졌다는 것이다. 이것이 시대의 두뇌다. 어떤 시대도 어떤 문화도 완성된 종교 없이 통일을 이룰 수는 없었고 그것 없이 만민萬民의 만사萬事를 다스릴 수는 없었다.

그 가장 두드러진 사례는 로마 가톨릭이다. 이것은 스스로 부족이나 잘못을 털끝만큼도 인정치 않는 자체로 영원히 완성된 교회다. 스스로 모교회[mother church]라 한다. 그리하여 객관적인 교권敎權을 가지고 과거·현재·미래의 삼계三界에 군림한다. "나 아니고는……" 하고 인생의 백 가지 면에 다 나타나 상좌를 차지하려 한다. 그리고 시대의 아들들은 그렇게 하는 데서, 그 거룩한 모교회의 절대권을 인정하고 그 치마폭에 싸여 신주神酒에 취해 잠을 자는 데서 무한한 안락과 자랑까지를 느낀다. 이 모든 임금은 그 속 밑이 다 진시황秦始皇인 것같이 모든 교회는 그 본심에서는 다 가톨릭이다. 가톨릭적이 아니고는 교회 노릇을 할 수가 없기 때문이다.

그러나 그것은 시대의 일면이고, 시대에는 또 다른 면이 있다. 태아로서의 면이다. 어떤 시대도 자기주장을 하고 자기완성에 힘쓰면 힘쓸수록 그것이 미래를 위한 준비행동이다. 그리하여 자기로서는 파멸 행동이 되지 않을 수 없었다. 어느 열매도 익으면 떨어지지 않을 수 없고, 떨어지면 어머니를 깔고 나오고, 파먹고 일어서는 종자를 파종하는 운동이 되지 않을 수 없다. 모교회가 보호의 날개를 덮으면 덮을수록 날개 밑을 부자유하다고 헤치고 나갈 새끼를 키우지 않을 수 없다.

생명은 아들을 낳는 것. 아들은 뛰어나가는 것. 그것은 하나님이 그렇게 만든 것이다. 로고스 자신이 아버지 품에서 뛰어나오게 생긴 것이다. 그리고 아들은 불평자다. 이래도 불평, 저래도 불평이다. 보호를 아니 해주어도 뛰쳐나가고, 해주어도 뛰쳐나간다. 그것은 왜? 자유 때문이다. 어머니가 평화의 화신化身이라면 아들은 자유의 화신이다. 예수께서 나서신 후에 어머니보고 "여인이여" 하신 것은 의미 있어서 하신 것이다.

종교와 역사의 진전

그렇기에 종교개혁은 일어나지 않을 수 없다. 법황이 잘못했기 때문에 종교개혁이 일어난 것 아니다. 그것은 아주 피상적인 말이고 사실은 가톨릭이 모교회로서 생명을 육성했기 때문에 일어난 것이다.

종교개혁이 일어난 것이 가톨릭에 영광이 될지언정 부끄럼이 되고 분한 일이 될 수 없다. 어머니라면 아들을 밸 수밖에 없고 배면 낳을 수밖에 없다. 신부의 사욕私慾으로 하면 처녀미를 영원히 가지고 사랑만을 받고 싶을지 모른다. 그러나 그것은 사욕이고, 신랑에 대한 참 사랑이 있다면 그가 낳고자 원하는 대로 아들을 배드리고 낳아드릴 것이다.

처녀대로 늙으면 도리어 미가 아니요, 어머니의 미야말로 영원한 미다. 백발이 늘어날수록, 주름살이 더할수록 아름다운 것이 어머니 아닌가? 만일 모교회가 그런 정신이 있다면 개신되는 교회를 기뻐할 터이지 미워할 리가 없다. 진통이야 죽기보다 더할 터이지만 그래도 기뻐할 것이다. 기뻐 아니 하는 것은 어머니 아닌 증거요 신부 아닌 증거다. 마찬가지로 어머니를 모욕하고 원수같이 아는 것도 자식이 아니다.

종교개혁으로 인해 신구 양교가 적대하면 둘이 다 하나님은 잊어버린 것이다. 종교개혁은 피차에 기뻐할 일이다. 역사의 당연한 법칙에서 나온 것이기 때문이다. 가톨릭이 개신교를 자라나는 아들로 보고, 개신교가 가톨릭을 늙은 어머니로 본다면 둘이 다 사는 일 아닌가? 얼마나 좋은 일인가? 아들 낳은 후에 어머니는 죽을 것이 아니다. 생존해 있을수록 아들의 기쁨이다. 죽기는 벌써 진통시에 다 죽은 것이니 이제 더 살아도 자기를 아들 안에 보는 어머니다. 그렇다면 자기를 자기 속에 보지 않고 자라나는 아들 속에 보는 어머니라면 그대로 얼마동안 생존해 있는 것이 뜰에 노목같이, 고색창연한 옛 궁궐같이 자랑이요, 없어질까봐 아까운 기념일 것이요, 미운 것이 아닐 것이다.

그와 같이 종교는 역사진전의 요기要機가 된다. 그리고 부단히 개혁의 과정을 밟아 일면 모교회로서 평화를 유지해가고 일면 시대의 태아로서 즉 전투의 교회[Church militant]로서 자유를 길러간다. 그렇기 때문에 종교의 개혁은 한편 역사의 결과면서 또한 역사의 원인이 된다. 새 시대의 종교란 말을 여기서 하게 된다. 종교라면 영원불변하는 진리를 찾아 인생으로 하여금 안심입명(安心立命: 자신의 불성[佛性]을 깨닫고 삶과 죽음을 초월하여 마음의 평안을 얻는 것을 이르는 불교 용어 - 편집자)을 하게 하자는 것, 구원하자는 것이다.

그 의미에서 하면 새 시대의 종교란 있을 수 없는 것이다. 시대를 따라 변하는 것은 종교일 수는 없기 때문이다. 그러나 시대를 따라 변하는 것은 종교가 못 되는지 모르나, 시대를 변케 하는 종교는 없을 수 없다. 그리고 그 자체가 스스로 변화하지 않고 역사란 변할 수는 없을 것이다. 이 상대계相對界가 있는 한, 인간의 역사가 있는 한, 항상 새로운 종교는 있어야 한다. 인격적인 자아에 의하여 파악된 산 역사의 정신, 즉 영원히 사는 말씀의 새로운 계시를 받아야 할 것이다. 하늘에서는 영원히 변함없는 이루어진 말씀, 땅에서는 끊임없이 껍질을 벗는 이루어져가는 말씀.

그럼 교회는 어떻게 변할 것인가? 생물의 경우와 마찬가지로 자기소화 혹은 자기비판, 자기섭취를 함으로 할 것이다. 시대의 통일이 완성이 될 때 현실의 교회는 정신체계와 그 표시로서의 조직제도를 완성하여 확신 있는 모교회로서의 성인 의식을 가지고 서게 된다. 그때 저에게는 하늘 위의 교회와 땅 위의 교회가 완전히 일치해버린다. 교회의 대표자는 곧 하나님의 거룩한 사자使者가 되고 사람이 하는 안수가 곧 하나님의 임명이 된다.

그러나 그 순간 수태고지受胎告知를 받는 마리아 모양으로, 그 교회는 자기 체내에 딴 새로운 생명이 움직이기 시작함을 느끼게 된다. 그리하여 그것이 점점 자란다. 자기의 의지와는 별개로 자라간다. 저는 기쁨과 불안이 섞인 복잡한 감정을 느끼면서, 자기의 몸으로써, 자기로부터는 점점 독립해가는 새 생명체를 자기 안에 키운다. 직접 외계의 세력이 그 교회 내의 교회를 키우지는 못한다. 모든 음식물이 일단은 모체에 섭취되어서 태아는 그 어머니의 피와 살로 자라는 모양으로 변천해가는 어떤 역사적 사건도 직접 침입을 해서는 그것은 교회의 타락이고 일단은 모교회에 섭취되어 신앙상의 문제로 올 때 교회는 거기서 새 시대의 주인으로서의 필요한 역량을 기르게 된다.

이 새 교회가 크면 클수록 모교회는 압박감을 느낄 것이다. 저가 이것을 품고 육성하는 것은 자기보존의 본능으로서는 아니요, 그와는 별개의, 항상 그것과는 싸우는, 보다 높은 윤리적인 책임감에서만 할 수 있는 일이다. 그리하여 그는 자기의 현실적인 고통감이 보다 큰 대아大我의 입장에서 볼 때 사실에서는 기쁜 일이라고 해석을 붙여 본능의 주장을 정신적 생명에 합치시키기를 힘쓴다.

그리하여 그 박두해오는 미래의 조수 앞에서 자기를 현실적으로 유지해보려고 애쓰나, 마지막엔 도저히 그대로는 갈 수 없이 모순이 폭발되는 날이 온다. 태아가 다 자란 것이다. 이제 모자가 갈라질 날이다. 그때에 하늘로부터 새로운 영靈이 그 새 교회 내에 주입〔inspiration〕이 되어 오는 시대를 형성, 지도할 자유의 정신을 자각하고 나오게 된다.

그러면 교회가 역사 진전의 발동기發動機가 되는 데 절대 필요한 것은 이 자유정신이다. 이것이 있어서만 교회는 살 수 있고 자랄 수 있고, 새 시대의 두뇌가 될 수 있다. '신앙의 절대자유'—역사상의 모든 위대한 종교가를 낳고, 그리하여 시대를 건진 것은 이 정신이다. "하늘 위 하늘 아래에 내가 오직 홀로 높다" "하늘이 내게 덕을 내셨다" "성인이 다시 오신대도 반드시 내 말을 좇으실 것이다" "인자人子는 안식일의 주인이라" "내가 아브라함 있기 전에 있었다" "내가 곧 길이요, 참이요, 생명이다" 이런 말들은 다 그 정신의 발로다. 이것이 모세요, 조로아스터요, 이크나톤이요, 아소카요, 동양의 모든 성현聖賢, 유대의 모든 예언자요, 종교개혁자들이다.

그런데 역사상의 정말 비극은 모교회가 자기가 낳은 이 아들을 학대하는 일이다. 이야말로 아버지가 보내시는 아들인데, 만유萬有의 후사後嗣로 오는 자인데, 자기 백성을 다스리러 임금으로 자기 나라에 오시는 이인데, 모교회가 이를 독신자瀆神者로 내쫓으려 하고, 지배계급이 이를 평화교란자로 배척하고, 당대 왕이 이를 반역자로 죽이려 한다. "너희 전에 있던 선지자들을 이와 같이 핍박하였나니라" 하고 예수께서 말씀하실 때 그것은 비통한 역사적 진리를 지적하신 것이었다.

그러나 역사가 구원이 되려면 신앙의 절대자유를 허하지 않으면 안 된다. 교회가 시대정신의 모체로서의 또 태아로서의 이중의 임무를 다하는 것은 절대자유의 신앙을 가져서만 될 수 있는 일이다. 교회가 만일 모교회의 노파심을 발휘하여 신앙의 절대자유를 부인한다면 그것은 임신을 거부하는 어리석은 신부요, 태아의 유산 질식을 꾀하는 독처다. 결국 자기 스스로의 자살이다.

종교사의 요약

종교의 역사를 요약한다면 다음의 3기로 나누어볼 수 있을 것이다.

제1기 맹목적 의지의 종교시대
제2기 감정의 종교시대
제3기 이지理智의 종교시대

모든 시대 구분은 다 기계적인 폐단이 있는 것같이 이 구분도 그렇다. 어떤 진리를 설명하기 위하여 편의상 구분하는 것이지, 그것을 절대로 주장할 수는 없다. 인격은 혼일적渾一的인 통일체요, 지知·정情·의意의 완전한 분열이 있는 법은 없는 것이다. 그러므로 어느 때나 무슨 일에나, 지·정·의의 활동은 다 들어 있지, 어느 일면만이 작용하는 것은 아니다. 더구나 종교에서는 그렇다.

그러나 인격은 자라는 것이요, 정신발달은 단계적으로 되는 것이므로 시기를 따라 그 어느 면이 주로 되어 있는 특징을 인정할 수 있는 것도 사실이다. 개인의 개성과 민족의 특질과 자연적·인문적 환경에 따라 각각 차이가 있는 것은 사실이다. 그러나 대체로 인간의 정신발달의 과정을 보면, 어린 시기에는 자각되지 못한 강한 생의 의지가 주로 본능을 타고 활동을 하고, 청년기에는 예민하고 다면적인 감정이 주로 활동을 하고, 장년 이후는 이지의 활동이 점점 늘어가는 것이 일치되는 사실이다.

그런데 위에서 말한 요점반복에서 이미 본 것과 같이 개인 일생의 발달과정과 인류 전체의 역사과정과는 일치하는 것이 있다. 인류의 전 역사적 정신발달 과정을 보아도 원시시대는 역시 맹목적인 의지가 주로 나타나 있고, 고대에는 감정이 주로 되어 있고, 현대에 가까울수록 이성의 발달을 보게 된다. 이 종교사의 구분은 여기에 따라 한 것이다.

원시사회의 종교는 소위 물활론物活論, animism이니, 서물숭배庶物崇拜, fetishism이니, 토템 숭배totemism이니 하는 것이다. 이는 다 완전히 자각되지 못한 생의 의지가 발로된 것이다. 인생의 목적이 무어냐, 우주의 근원이 무어냐 하는 고상한 종교적 윤리적 문제에 저들은 아직 이르지도 못했다. 다만 몽롱하게 의식면에 오르려는 것은 강렬한 생의 충동뿐이었다.

마치 먼동 틀녘에 검은 구름 사이로 올려 쏘는 강한 광선 모양으로 때로 눈이 부시게 빛나는 것이 없지 않으나, 통일된 방향도 없고 원리도 없다. 몰아치는 폭풍의 중심같이, 뒤끓는 용광로의 수면같이 반인반수적半人半獸的인 생의 불길이 휩쓸려 돌아가는 것이 그들의 종교심리다. 우리가 보기에도 머리가 수그러지게 숭엄崇嚴한 것이 있으면서 또 소름이 끼치게 무지하고 잔인한 것을 태연히 하고 있다.

그들의 종교는 우리에게는 이지적으로도 감정적으로도 이해 못할 것이 많다. 그러나 막연하게나마 살펴보면 대체로 그 종교적 숭배의 대상은 힘에 있었다. 자각되려는 의식면에 먼저 나타난 것은 위협하는 어떤 자와 무력한 자기였다. 고로 그들의 내부생활을 주로 지배한 것은 공포와 불안의 염念이었다. 그렇기 때문에 때로는 빌어보았다,

때로는 흉내를 내보았다, 또 때로는 반항을 해보았다 하는 것이 그들의 하는 일이다. 그것은 다 힘에 대해서 하는 것이다. 마법, 주문, 터부는 이것이다.

그러는 동안에 차차 정신이 자라 분명한 자아의식을 가지게 되자 그들은 장엄 위대한 '너'에 직면하게 되었다. 그들은 우선 종교시인이 되었다. 인도에서와 같이 자연에서 보는 경우도 있고, 동양이나 셈 인류에서와 같이 도덕적인 사회관계에서 보는 경우도 있다. 또한 희랍에서와 같이 예술적인 생의 감정에서 보는 경우도 있으나, 그 시적인 점에서는 마찬가지다. 그들은 아직 현상의 뒤를 더듬어 영원한 질서로서의 '너', 절대적인 '너'에 도달하자는 것보다는 현상 그것 속에 구체적으로 나타나는 초월자를 경탄하고 찬미하고 그와 합일해보자는 태도였다. 혹 다신적多神的이요, 혹 범신적汎神的이요, 혹 일신적一神的인 차이가 있으나 감정적인 점은 일반이었다.

감정적이기 때문에 대단히 내적인 듯하나 기실 그 종교는 외적이다. 원래 감정은 결코 인격의 핵심이 아니다. 복잡한 정서는 물론 매우 깊은 데서 나오는 것이나 이는 소박한 감정이 이지의 발달로 인하여 상당히 세련된 결과로야 생겨나는 것이요, 단순한 감정은 감각에 따라 일어나는 것으로서 인격의 맨 표면에 있다. 어린 아기에게 먼저 발달하는 것은 이성이 아니고 감정이다. 그때에는 직접 외계에서 오는 사물에 현실적으로 구체적으로 대하기 때문이다. 감정이란 외물外物의 자극에 대한 자기주장이다. 교양이 적은 사람일수록 자기주장이 강한 것은 이 때문이다.

교양이란 결국 다른 것 아니요, 이치의 체득이다. 물론 의지와 감정의 도야도 있지만 그것은 다 이성의 지도를 통해서만 되는 것이다. 이성은 현상에서 추상함에 의하여 이치 즉 원리적인 것, 일반적인 것, 통일적인 것에 도달한다. 그리하여 그것으로써 개개의 사물에 대한 자아의 구체적인 반응을 규율해감으로써 자아의 인격을 보다 영원적으로, 보다 윤리적으로 만들어가는 것이 곧 교양이다. 그러므로 감정이 주되는 종교는 외적이라는 것이다. 종교에 감정이 결코 핵심이 될 수 없다. 만일 그렇게 된다면 종교는 썩어지고 굳어짐을 면치 못할 것이다. 미신과 광신은 감정적인 신앙에서 나온다.

감정의 종교는 의식儀式, 제도의 종교다. 제사祭祀의 종교다. 우리가 고대의 종교를 '제사'라는 일어一語로써 표현할 수 있는 것은 그것이 감정의 종교이기 때문이다. 신에 대해 감정적으로 가까이하자는 것이 목적이기 때문에 의식을 행하는 제사가 일어났고, 제사가 일이기 때문에 그것을 주장하는 제사祭司 승려가 필요했다. 고대 종교는 제사제도의 종교다. 거기서는 맘이 문제가 아니다. 어떻게 표시하는가가 문제다. 찬송과 정식적定式的인 기도와 분향과 희생을 드리는 엄밀하고 복잡한 제도가 발달한 것은 이 때문이다.

거기에 따라 일어난 것이 제사 승려의 특권이다. 동서양을 구별할 것 없이 고대 종교의 승려들은 시가와 제사의 숭엄한 의식으로써 신의 거룩한 존엄을 방법적으로 고조하여 신을 접근할 수 없는 저 먼 곳에 두었다. 그들은 침해할 수 없는 특권을 스스로 쥐고 신과 인간의 중개를 독점하였다. 그리하여 위축되고, 마비되고, 변태화한 양심들의 기분으로써 유지해가는 현실적 또는 정신적 계급제도로 개인 심령과 사회의 질서를 유지해가려 애썼던 점에서 모두 일치한다. 인류가 거기서 종교적 외경의 염을 기르고 부산적副産的으로 예술의 발달을 본 점도 있으나 교활한 수단 밑에 속은 것도 많다.

인류는 간혹 가다가는 어진 임금과 교사가 없지 않았으나 대체로는 포악한 정치가와 교활한 종교가의 합작으로 되는 고대사회에서 우상偶像과 환상 사이에 속으면서, 취하면서 여러 천 년을 내려왔다. 그러다가 지금으로부터 2천 5백 년 전쯤 와서야 비로소 활짝 깨기 시작했다. 동서양을 통해 위대한 종교가가 이때에 많이 일어나는데, 그들의 공통된 특색은 모두 이성적이라는 점이다. 그들은 다 도리의 종교를 세웠다. 전대의 종교가 신화적이요 의식적이요 계급적이었던 대신에 이들은 모두 철학적이요 교리적이요 윤리적이요 따라서 우주적이요 사해동포적四海同胞的이다. 이것은 인간이 깊이 내성內省을 하기 시작한 것을 말하는 사실이다.

역사의 진행이 직선으로 일회적으로 되지 않는 이상 지금도 오히려 분향재배를 하는 가운데 신명을 통하려는 사람도 있고, 정신통일적인 현상 중에 본 환상을 가지고 하나님에 직접 대면한 줄 알아 열광적 도취에 있는 사람도 있다. 부주符呪·마법을 행하는 자까지도 있는 것은 물론이다. 그러나 인류 전체로 볼 때, 역사의 대체 방향으로 볼 때, 이미 그 시대는 지나갔다. 지금은 아무래도 이성의 시대다. 이제 인간은 알지 못하는 충동에 몰려 날뛰고 부르짖는 것도 아니요, 압도하는 외계에 경악을 하거나 도취를 하는 것만도 아니요, 주관적·단편적인 기분에 종이 되는 것도 아니다. 이제 저는 현상을 초월하여 이理의 세계에 돌입한다.

자기를 이성적인 존재로 자각하고 절대자께 향하여 도리적으로 접근하려 한다. 이제 나와 절대자와의 관계는 원시시대 모양으로 힘의 문제, 기능의 문제가 아니다. 또 고대 모양으로 감정의 문제, 기분의 문제도 아니다. 지금은 원리의 문제요 의미의 문제다.

이것은 인간의 자기발견에, 즉 사람이 저란 것을 어느 만큼 알았느냐 하는 데 서로 응하는 것이다. 오래 더듬는 과정을 밟아온 후 이제 인간은 자기를 기능자나 유정자有情者로보다도 이성적인 자로 스스로 알게 되었다. 이성이 인격의 중심이요, 첨단이다. 이 자각된 이성이 인간 안에서 빛이다. 그전에 의지가 분명한 뜻도 모르고 추구하던 것을 이제 이성은 절대자와 환경과의 관계를 생각하여 그 뜻을 밝혀주게 되었다. 감정이 개개 사물에 따라 단편적으로 호불호, 쾌불쾌를 주장하는 데 그치던 것을 이제는 시간적·공간적으로 전체적·통일적 자아를 다 보고 그 관점에서 통제 억제하여 전체의 조화를 가지도록 힘쓰게 되었다.

이것은 이성의 초월 능력에서 오는 일이다. 이성은 곧 시간을 초월하고 공간을 초월하고 자아를 초월할 수가 있다. 이것이 이성의 이성된 소이요, 인간은 이로써 절대자의 절대성, 즉 무한 영원을 알 수 있다. 이것은 우주의 정신사상에 있어서 매우 중대한 일이다. 이로써 우주를 질서적으로 이해하게 되었기 때문이다. 윤리의 윤倫이란 곧 질서다. 인간이 자기를 자연환경과 구별하여 인격적으로 자각하고, 그 인격의 중심인 이성으로 절대자에 대함으로 인하여 윤리적인 우주관이 성립되게 되었다. 종교란 종파의 별別 없이 한데 묶어 말하면 윤리적인 우주관이다.

이성과 종교가 나아갈 길

이것이 원시 이래 정신적 생명이 발달하여 온 대체를 본 것이다. 역사를 보는 사람들의 소견을 따라 생각이 구구하겠지만 대체로 생명진화 역사의 최전선이 인격이요, 인격의 절정이 이성인 것, 그리고 이 앞으로 갈수록 이성은 점점 더 발달해갈 것이라는 것은 부인할 수 없을 것이다. 그러면 자연히 종교의 나갈 방향도, 우리 이성이 판단하는 한에는, 어딘지를 알 수 있다.

물론 위에서 이미 말한 대로 그것으로 미래를 알지는 못한다. 그것은 역사 그 자체를 주장主掌하는 절대의지의 직접계시가 아니고는 절대 알 수 없는 일이다. 이성은 다만 자기 아는 것을 말할 뿐이요, 이로써 계시를 받을 준비를 하자는 것이다. 그럼 우리의 진인사 편에서 하면 종교가 나아가는 길은 이성적인 방향에 놓여 있다 할 것이다.

이것을 현대의 신학사조에 비추어 보아도 알 수 있다. 이담은 모르나 오늘날까지는 신학사조의 주류는 변증신학이다. 물론 이것은 기독교신학에서 하는 말이지만, 대체로 볼 때 반드시 기독교가 아니고라도 현세의 세계관, 사관이 변증론적으로 나아가는 것은 사실이다. 이것은 현대의 이념이다. 그런데 이 사상이 현대에 유행하게 된 유래를 보면, 이것은 19세기까지 한동안 성했던 합리주의에 대한 반동으로 나왔다.

19세기에 과학이 매우 발달함에 따라 사람들은 가볍게 이성 만능을 믿어버렸다. 그리하여 인간의 이성은 모든 문제를 해결하지 못할 것이 없고 이로써 우주의 근원을 알 수 있으며 인위적으로 이를 통제하여 완전한 이상세계에 이를 수 있다고 믿었다. 그들은 역사의 자연적·합목적적인 발전을 믿었다. 그러던 것이 제1차 세계대전이 일어남으로 그 꿈이 깨지고, 과학은 인류의 구주도 아니요, 역사는 무조건하고 낙관할 수 있는 것도 아니요, 우주의 근본은 도저히 인지人智로 알 수 없다는 생각을 다시 하게 되었고, 제2차 세계대전으로 그 반성을 더욱 더 하게 되었다.

　　그래 나온 것이 변증신학이다. 한마디로 하면 그것은 인간은 절대자에 직접 연결될 수는 도저히 없다는 것이다. 이렇게 볼 때 이것은 비합리주의다. 그러나 다시 생각하면 그렇지 않다. 변증신학이 위기적 존재니, 불연속의 연속이니, 신정통주의니 하는 것은 이성을 부정해서가 아니요, 이성적이기 위하여 하는 것이다. 이성만능은 아니라 하더라도 인간이 이제는 도저히 이성적이기를 바랄 수가 없다. 고로 스스로 한계를 자인함에 의하여 진정 이성적이고자 하는 것이다. 이제 이성은 과거에 만능을 믿었던 것을 과오로 규정하고, 스스로 유한성을 자인한다.

　　이것은 일시 유행했던 낭만주의가 그대로 있지 못한 사실로써 증명할 수 있다. 낭만주의는 먼저 합리주의에 반항해 일어나서 감정을 다시 고조하는 인생관을 주장해보았지만, 아무래도 이성적인 것이 역사의 주방향이므로 어찌할 수가 없다. 그래 일시 유행하다가 지나갔다. 변증신학은 이제 그것을 알므로 다시 감정을 고조하지는 않는다. 그것으로 옛날 신앙이 복고될 수는 없다. 고로 어디까지 이성적이면서 이성에 한계를 두어 신앙의 여지를 주려는 것이다.

　　그런고로 이것은 근본이 이성주의다. 스스로 신정통이라 하는 그 명사가 이것을 잘 표시한다. 그것은 이성이 솔직히 자기 유한성을 인정하는 일이다. 그것이 정말 이성적이다. 이성만능주의야말로 비이성이다. 그와 같이 역사의 대체 방향이 맹목적인 의지에서 감정적으로, 감정에서 이성으로 흘러, 오늘의 종교는 이성적이요 인격적인 데 이르렀다.

현대의 의미

여기서 말하는 현대는 제1차 세계대전 이후부터를 의미한다. 우리의 역사적 현재는 거기서부터 시작이다. 이제 앞으로 언제까지 갈지는 모르나 그때부터 오늘까지 지구상의 모든 사람이 같은 역사적 의식, 같은 정신적 특색 속에 살고 있는 것은 누구나 알 수 있는 사실이다.

위에서 우리는 이 우주는 윤리적인 질서를 가지는 생명체로 보아야 한다고 했는데, 그러한 세계관에 설 때 역사는 한개 산 생명운동이 된다. 전에 생각하던 것같이 원인 결과의 그저 끝없는 연쇄가 아니고 살아서 자라는 생명이다. 이것을 생명사관生命史觀이라 할 수 있다. 그러나 그 우주적 생명체의 중심 혹은 첨단에는 스스로 윤리적인 질서로서의 자의식을 가지는 인격이 서는 것이므로 이것을 좀더 엄정히 말하면 인격사관이라 함이 옳을 것이다. 이제 우리 현대가 그 자라나는 인격적인 역사과정에서 어떤 의미를 가지는가를 생각해보자는 말이다.

역사가 미래의 세계에 뛰어들어갈 때는 반드시 현재라는 디딤돌을 딛고야 도약을 하기 때문에 현재를 이해하지 않고 미래를 알 수는 없다. 물론 현재를 완전히 이해할 수는 없다. 현재는 과거에 의해서도 규정되지만 동시에 미래에 의해서도 규정받기 때문이다. 사실 현재의 의미는 보다 더 중대하게 미래에 달려 있다. 고로 미래를 모르고 현재의 의미를 알 수는 없다. 이리하여 순환론에 빠져버리고 만다. 사실로 현재를 알게 되는 것은, 바로 현재에서 도약을 하여 미래의 신대륙에 떨어져, 미래가 벌써 미래가 아니고 현재는 이미 과거가 돼버리는 순간이다. 소위 관 뚜껑을 덮어놓고야 그 인물을 안다는 것이다.

이것이 현대사 이해에는 항상 모험성이 들어 있는 소이所以다.

그러나 아무리 둔하고 장래 생각을 아니 하던 사람도 정말 죽을 시간이 박두해오면 어렴풋이나마 그것을 직관해 알게 되는 것같이 역사적 현재도 그 마지막이 가까워오면 어느 정도 분명히 자기 모습을 볼 수가 있게 된다. 우리 현대에도 많은 사람들이 그것을 느끼고 있다. 현대가 제 가슴에 청진기를 대던 것은 슈펭글러 같은 사람이 '서양의 몰락'을 부르짖던 때, 혹은 벌써 그전부터라고 할 것이다. 그 이후 여러 가지 진단이 있으나 대체로 이것을 한 큰 혼란기로, 혹은 과도기로 보려 하는 점에서 일치한다. 그것은 아마 틀림이 없을 것이다.

어떤 의미에서는 모든 시대는 다 과도적이다. 그러나 역사상에는 진행이 특별히 크게 굽이를 지으며 소용돌이를 치는 과도기라 이름 지을 만한 때가 있다. 춘추전국시대 같은 것이 그 두드러진 실례다. 이때 중국은 5백 년 동안을 통일을 보지 못하고 어지러운 싸움 중에 지냈다. 그보다 전인 주대周代는 통일된 문화를 가진 시대였고 이 혼란의 5백 년을 지낸 후 중국천하는 다시 통일이 되어 한漢·당唐시대의 문화를 낳게 된다. 이렇게 볼 때 위에서 이미 말한 것처럼 역사는 되풀이하는 것같이 보여 윤회관輪廻觀이 생긴다. 그러나 역사에 되풀이란 절대 없는 것이고 다만 나선운동을 하면서 나갈 뿐이다. 나감이 있기 때문에 과도기라 한다. 그러므로 꼭 일치는 아니 하더라도 어느 정도 비교해 설명할 수가 있다.

그러면 과거 그런 과도시대가 여러 번 있었는데, 과도기로서의 현대는 그중에서도 어느 시대에서 가장 근사한 예를 구할까? 그것은 아마 1세기라 함이 가장 적당할 것이다. 고대에 이집트와 메소포타미아에서 일어난 두 계통의 문명은 중간에 히브리와 크레타의 두 문명을 넣어 희랍에 들어가 일대 종합문화를 일으켜 그것이 헬라문화로 세계를 통일하였다. 그것은 이때까지 있던 문화의 집대성으로서 알렉산더의 시대에 절정에 오른다. 그 후 그 문화가 난숙爛熟해버리고 썩어지기 시작하여 세계는 대혼란에 빠졌다. 그것이 1세기의 서양이다. 그러다가 이탈리아 반도에서 일어난 신흥 로마가 지중해를 중심으로 당시의 천하를 다시 통일하여 로마 문화를 세우게 된다.

현대도 과거에 일시 세계를 통일했던 한 체계로서의 서구문명이 깨지고 이제 새로운 질서가 나오려 하는 중간에 있다. 당시에 정신적 체계로는 헬라주의와 히브리주의의 둘이 있었는데, 그 둘은 이미 다 생명력을 잃었다. 일부 소수자가 그것으로 무너져가는 역사를 붙들어 통일을 해보려 애를 써도 소용이 없었다. 세계는 혼란일로로만 나아가, 태고 이래의 종교적 잔재에서 만들어서 나오는 가지가지의 이방종교異邦宗敎가 혼란횡행을 하였다. 그러다가 그 일면 세계주의적이요, 일면 개인주의적인 분위기 속에서 고상한 새 윤리를 가지고 나오는 기독교가 일어남으로 말미암아, 그것이 등허리뼈가 되어 새로 세계를 통일하는 문화가 서게 되었다.

지금도 우리는 두 개의 낡은 정신적 체계를 가진다. 서구주의와 동양주의. 그러나 아마 그때 모양으로 지금도 일부 열심 있는 보수주의자가 노력함에도 불구하고 그 어느 것을 가지고도 세계질서는 잡히지 못할 것이다. 현대에 아무 중축中軸을 이루는 사상이 없고 여러 가지 주장이 제각기 일어나는 것은 이 때문일 것이다. 지금도 세계를 휩쓰는 분위기는 일면 세계적이면서 또 일면 개인적이다. 그렇다면 우리의 비교가 여기까지 일치해온다면, 한 걸음을 더 나아가 새 질서를 가져오는 주체에 관해서도 일치를 시켜 추론할 수 있지 않을까? 그렇다면 앞에 기대되는 것은 새 윤리를 가지는 새 종교밖에 없다.

새 종교를 품고 있는 시대

그렇게 볼 때 현대는 벌써 여러 사람이 지적하는 대로 임산기臨産期라 함이 마땅하다. 위에서 우리는 시대의 양면적인 의미를 말하였다. 각 시대는 그 자체로 한개 완성된 정신적 체계지만 또 동시에 다음 시대를 위한 태아를 그 속에 기르고 있는 것이요, 그리고 그것은 종교에서 가장 잘 볼 수 있는 것을 말하였다.

현대종교는 그 임산부로서의 증상이 있나? 있다. 얼핏 보고도 알아볼 수 있게 나타나 있다. 산기가 되면 이때까지 한 몸으로 행복감 속에 잘 있던 모체와 태아가 평화로운 통일 속에 있을 수가 없고, 서로 적대하고 분열을 하려는 모순을 드러내게 된다. 현대교회는 바로 그 현상에 빠져서 자기 내부에 태동하는 아이 때문에 불안 동요를 느끼고 있다. 모교회는 이때껏 자기 속에서 자란 새 교회 때문에 죽음의 공포를 느끼고 있다. 태아는 모체가 분명히 제 어머니건만 거기 반항을 한다. 자기도 모르는 생명의 법칙에 의하여서다. 절대자의 명령에 의하여서다.

모체와 태아가 둘이 서로 이해가 다르면서도 일치한다. 그리하여 서로 떠나 독립하려는 운동을 한다. 한 시간 전에는 한 몸으로 있는 것이 선이었던 것이 한 시간 후에는 서로 떠나는 것이 옳은 일이 됐다. 어머니는 최후의 박력으로 태아를 내몰고 태아는 새 생명력으로 나온다. 어머니는 직접으로는 자기보존을 위하여 태아를 내쫓으나 간접으로는 그것이 전체를 위하는 일이 된다.

교회 안에 교권을 부정하는 신앙운동이 일어나고 있는 것은 이제는 가릴 수 없는 사실이다. 모교회는 이것을 불상사같이, 죽으려는 일같이 걱정하고 미워하고 무서워한다. 그러나 그것은 마치 산부가 진통이 너무 심해 견디기 어려워서, 차라리 결혼을 아니 했더라면 좋았겠다, 아이를 배지 않았더라면 좋았겠다 하는 말과 마찬가지로 어리석다. 일시 아픈 생각에 정신의 평상을 잃으면 그런 소리도 할 것이나 사실은 그럼에도 불구하고 어쩔 수 없이 아이를 낳고야 마는 것이요, 낳는 것이 본래 어머니의 의미다.

죽어도 낳아야 한다. 새로 날 아이의 생명은 어머니의 생명으로도 바꿀 수 없다. 어머니는 죽어도 아들 안에서 그 생명이 계속될 수 있으나 아들이 죽으면 역사의 줄이 끊어진다. 개인의 경우에는 난산이 되면 태아를 희생하고라도 어머니를 구하는 일이 있으나 역사에서는 반대다. 거기서는 어머니를 희생하고라도 아들을 구해야 한다. 이 것이 하늘 일과 땅의 일이 다른 증거다.

모교회가 교회를 위하여서 자유신앙을 부정하고 막는 것은 생명 의 역사의 공법公法을 거슬려 큰 죄를 짓는 일이다. 모교회에 그럴 권 權이 없다. 아들은 어머니의 아들이 아니요 성령이 낳으신 아들이요, 어머니는 일시 몸을 빌려 그 양육을 맡았을 뿐이다. 참 의미에서 모 교회는 없다. 신앙자유를 억제하는 교회는 역사적 살인, 살인 중에도 만유萬有의 후사後嗣를 죽이는 일이다. 본래 어머니는 아들을 배는 시 간에 벌써 죽은 것이요, 그러함으로 아들 안에 영원히 산 것이다. 이 사실을 깨닫는 것이 예언을 깨닫는 일이요, 역사를 이해함이다.

어머니의 죽음을 가져오며 반항을 하는 아들이 정말 어머니를 영 생하게 하는 아들인 모양으로, 교회를 부정하는 자유신앙이야말로 교회를 살리는 참 생명이다. 하나님에게 완전히 속하기 위하여 어떤 인간적인 권위나 제도에도 구속을 아니 당하는 것이 신앙이다. 신앙 은 심령과 하나님 사이의 직접적인 관계다. 그 중간에 아무 개입자도 허할 수 없다.

그런 것을 교회가 만일 개인신앙을 간섭한다면 아무리 호의로 했 다 하더라도 그것은 생명의 법칙을 어기는 일이요, 임산부의 한개 이 상심리적인 고민의 소리일 뿐이다. 무화과나무 가지가 연하게 되면 여름 온 줄을 알 듯이 교회가 신앙에 간섭을 하게 되면 새 아들을 낳 고 역사의 쓰레기통으로 들어갈 때가 온 줄을 알아야 할 것이다.

낡아가는 종교

현대가 과도기에 빠졌다 함은 교회가 늙어버렸다는 말이다. 다음 시대로 진전되는 것을 보는 면에서 말하는 고로 임산기라 하지만 성 인으로서의 교회 자체로 보면 자라기를 멈추고 늙어버렸다는 말이 다. 시대를 통일해가는 것은 종교인데, 그 종교 자체가 자라는 때까지는 역사도 나아간다. 그러나 종교가 모체로서의 자기완성을 다하고, 열린 교회가 되지 못하고 닫힌 교회가 되는 순간, 자기통일을 완성하는 동시에 역사를 통일해 갈 실력을 잃어버린다. 그것은 곧 정신적 침체를 의미한다.

국법에 의하여 공인을 얻는 교회는 벌써 늙은 교회다. 공인을 얻는 것은 교회의 승리인 동시에 교회가 정신적 통솔력을 잃고 세속적 세력의 간섭을 받게 되는 시작이다. 그것으로 국가와 종교는 일시 완전히 타협하여 한개 통일된 문화를 완성할 것이나 그때 벌써 통일이 내부에서 깨지고 새 나라가 나라 안에서 자라게 된다. 교회가 늙는 것은 세속적 문화에 타협함으로써, 즉, 바빌론의 술에 취함으로써 되는 것이라 할 것이다.

종교로 인하여 한 문화가 일어날 수 있으나, 종교는 영원을 지향하는 정신적 생명운동이므로 그 문화에 취해서는 아니 된다. 교회는 언제나 옳은 의미로 하면 문화와는 전투관계에 서는 것이다. 어느 문화를 시인하는 순간 그만 타락해버린다. 문화는 영원을 지향은 하나 영원일 수는 없고 모든 문화는 몰락하는 것이므로 거기 달라붙었던 종교는 망할 수밖에 없다. 문화와 종교는 서로 딴 것이다. 문화는 어디까지 지상적이요, 종교는 하늘을 지향하는 운동이다. 고로 서로 달라붙어서는 아니 된다.

문화는 신앙에 의하여 부단히 부정당해야 한다. 그리해서만 둘이 다 썩지 않을 수 있다. 종교와 문화가 타협을 하는 것은 야합이다. 야합 중에도 상피相避를 붙는 일이다. 문화란, 「창세기」가 가르쳐주는 대로, 하나님의 아들들이 이 세상의 딸들과 결혼하여 낳은 혼혈아다. 상대세계의 일인 고로 일시 가합假合을 하여 낳았을지언정 제가 낳은 딸에 야합을 할 수는 없는 일이다. 그러면 망해버린다.

이날껏 역사는 다른 것 아니요, 그것을 보여주는 것이다. 모든 종교란 종교는 다 상피를 붙고는 망했다. 현대의 기독교도 그 예에 벗어나지 않는다. 자본주의 문명은 기독교로 인하여 일어난 것이다. 그러나 그것은 어디까지든지 기독교는 아니다. 그런데 교회는 그 딸을 아름다이 여겨 붙어버렸다. 현대교회 중에 자본주의적인 생활 속에 있지 않은 교회는 없다. 자본주의체제 아래에 살면서 덮어놓고 그것을 하나님의 뜻으로 되는 것으로 믿는다. 자기네 손에 들어오는 수입이 과연 사회정의에 합한 과정을 밟아오는 것인가 아닌가는 생각하려 하지도 않고 그저 은혜라고만 한다.

그러나 성단聖壇 위에 놓이는 돈은 피가 묻은 돈들이다. 굉장한 교회당은 사실 엄정하게 볼 때 맘몬[1]이 세운 것이요, 맘몬의 힘으로 유지되어 가는 것이지 결코 하나님의 영으로 되는 것이 아니다. 그들이 만일 자본주의에 젖어 피 묻은 옷, 음행으로 더러워진 옷을 정말 십자가에 죽은 어린 양의 피에 깨끗이 씻는다면 당장에 모든 정치적·경제적인 세력과, 전투관계에 들어가지 않을 수 없을 것이다. 어느 법황·신부의 옷이나 어느 목사의 밥이나 다 자본주의의 눈에 뵈지 않게 카무플라주(camouflage: 거짓 꾸밈, 위장 – 편집자)된 과정을 통해 온 것이지 결코 깨끗한 것이 없다. 그렇기 때문에 교회는 현대의 폐해에 대하여 아무 감독할 권위를 가지지 못한다.

이것을 사상면에서 말하면 자유주의와의 관계다. 자유주의는 기독교로 인한 한개 문화산물이다. 그러나 기독교가 그것을 시인할 것은 아니었다. 자유주의는 지상나라에 관한 것이지 하늘나라에 관한 것이 아니다. 기독교로서는 그것을 옹호하고 그것이 기독교 편인 것처럼 생각할 것이 아니었다. 그러나 교회는 그것을 행했다. 그리하여 지금은 내적으로는 벌써 부정한 자유주의가 외적으로 아직 달라붙어 있는 것이 현상이다.

자유주의는 상대적인 이성으로서 절대자유를 주장한 데서 그 잘못

---

1) 맘몬(Mommon): '부요'(富饒)라는 뜻의 아람어 '마모나'에서 유래된 말. 『성경』에서는 특히 '지상의 부'라는 뜻으로 쓰인다. 인간을 타락시키는 탐욕의 화신, 정신을 병들게 하는 악령의 도구이자 하나님과 대립된 우상으로 간주된다.

을 범했고, 그 모순이 폭로된 것이 오늘의 사상계인데, 교회는 아직 그 인생관에서 그것을 청산하지 못하고 있다. 신앙으로는 물론 아니 그렇다 하나 실지의 생활을 결정하는 인생관으로는 어느 기독교도도 다 그 잔재 청산을 못하고 있다. 합할 때는 합했다 하더라도 모순이 드러나면 누구보다 떨어지지 말고 역사의 앞장을 섰어야 할 기독교가 기실은 미납未納을 남기고 단행을 못하고 있다. 이것이 기독교도가 세계문제를 생각하는 데 뒤지는 까닭이다.

종교는 시대를 감시하고 가르치고 심판할 것이지 시대가 청하는 잔치에 가서 먹고 앉았을 것이 아니다. 그 자격, 하늘에서 주는 권위, 맹자의 말로 하면 천작天爵을 내버리고 세속의 시장에 들어가는 순간, 저는 맛 잃은 소금이요 밟히는 것밖에 할 일이 없다. 제3차 세계대전이 나느냐 아니 나느냐 떠들지만, 나든지 아니 나든지 불관하고 반드시 치러야 할 과정은 종교의 갱신이다. 인류의 눈앞에 환하게 나타나는 불기둥 구름기둥으로서의 새 종교가 오는 때까지 인류가 받을 세례는 아마 끔찍할 것이다.

낡은 것은 본래 청산하기 어려운 것이지만 종교가 낡은 것이야말로 청산이 어렵다. 묵은 술의 맛이 좋다 하기 때문이다. 그러나 새 종교는 오고야 말 것이다. 우리가 사람과 짐승을 잡아 제사하던 시대를 돌아보며 "과거에는 인류의 양심이 이러한 시대도 있었다" 하고 골동품을 보는 것 같은 느낌을 가지듯이, 오늘의 우리 종교를 회상하면서 인류가 그렇게 생각하는 날이 올 것이다. 그날이 지금 오고 있다.

현 교회의 낡아가는 종교로서의 증상을 좀더 자세히 살펴보기로 하자. 그 첫째는 교리의 완성이다. 종교가 발발潑潑한 생명력으로 일어날 때는 교리로서는 도리어 불완전한 것이다. 생명력이 풍부하여서 가까이 오는 인격에 변화를 주는 힘은 사실은 설명을 초월한 것이므로 직접 인격적인 교섭이 중요하지 교리의 설명이 필요치 않기 때문이다. 교리는 교세가 이미 상당히 나아가서 밖에서 역습해오는 사상과 싸우는 때에 내적으로 경험된 것을 체계적으로 정돈할 필요를 느끼는 데서부터 발달하게 된다. 공세적이기보다도 수세적인 시기의 산물이다.

이제 기독교 교리는 이미 다 완성된 것이요, 거기 새로운 무엇이 생겨날 여지가 없다. 이것은 이 교회가 벌써 자라기를 정지한 것을 의미한다. 그렇기 때문에 공산주의와의 싸움에서 공세적인 것은 교회가 아니요, 도리어 저편이다. 그것은 공산주의란 것이 본래 교회의 약점을 보고 일어난 것이기 때문이다.

둘째는 점점 제도적으로 되어가는 점이다. 이제 세상을 정복하는 것이 문제 아니요, 이미 얻은 영토를 지키는 것이 문제다. 그러므로 행정이 중요한 일이므로 점점 제도적으로 완비되어 교회는 한개 행정체로 화했다.

셋째, 따라서 공세적이 되지 못하고 수세적이다. 지금 교회는 사실 세상을 건지는 것이 관심사가 아니요, 조직체로서의 교회를 유지해가는 것이 관심이다. 그러므로 정치적 세력과 외교를 잘 타협한다.

넷째, 점점 더 피안적彼岸的이 되어가는 점이다. 종교는 본래 현실에서 출발한다. 모든 위대한 종교가는 다 사회가 극도의 혼란에 빠져 인간이 고생을 하는 때에 그것을 해결해주려고 나선 이들이다. 산 종교는 결코 문제를 눌러버리거나 미래로 밀어버리거나 하지 않는다. 그렇기 때문에 어떤 종교가 새로 일어날 때는 결코 현실 문제와 내세 문제가 서로 떨어져 있지 않다. 금세와 내세의 문제를 다 해결해주는 새 윤리를 가지는 것이 언제나 신흥종교의 특색이다. 내세로써 현세를 꿰뚫는다.

그런데 그러함으로 인하여 민간의 세력을 얻으면 자연히 전문적 종교가의 사회적 지위가 높아지고 그로써 특권이 붙어 사회분화 작용을 일으키게 된다. 그러면 특권계급으로서의 종교가는 교세를 유지해갈 필요에서 문제의 중심을 점점 더 현실에서 옮겨 피안화함으로써 충돌을 면하려고 의식적으로 노력하게 된다. 그 때문에 문제는 저 세상에 가서야 풀린다는 것을 강조한다. 천당 지옥 소리만이 높은 것은 그 종교가 실인간에서 차차 매력을 잃는 증거다.

다섯째, 내분이 심하다. 새 영토가 점점 넓어져가는 때에는 내부의 싸움이 있을 리 없다. 내부에 싸움이 있다는 것은 외적이 없는 증거요, 외적이 없는 것은 그 종교가 세계정복욕을 잃었기 때문이다. 종교란 원래 선교적宣敎的인 것이다. 전 세계를 정복하자는 것이 그 기개다. 이제 그것을 잃었다는 것은 늙음을 말하는 것이다. 더구나 근래의 교회 내분은 그 동기가 전연 세속적이고 물질적인 데 있다. 세력 싸움, 재산 싸움 이런 것들이다. 이것은 교회가 정신적으로 자라기를 전연 그만두고 노쇠해가는 증거다.

이리하여 우리는 다른 종교는 말할 것도 없고 그중 가장 젊다는 기독교에서도 그 기성조직체로서의 교회는 생명력이 쇠퇴한 것을 본다. 현 교회 이대로는 아마 당면한 세계문제를 해결하지 못할 것이다.

그때

새 종교는 어떤 것일까? 이처럼 궁금한 것은 없지만 알지 못하는 것이 마땅한 일이다. 새 종교가 나오지만 그것은 나오는 때까지 알 수 없다. 새 종교를 내놓는 것은 인간이 아니요, 절대자 자신이기 때문이다. 종교는 어디까지나 하나님의 것이지 결코 인간의 것이 아니다.

이 의미에서 모든 종교제조자는 협잡꾼이다. 종교는 받아들일 것이지 만들 것이 아니다. 종교는 의식적으로 되는 인위의 산물이 아니다. 그것은 기성교회에서 내쫓김을 당하는 태아적인 정신이 현 문화사회에 도전을 함으로 말미암아 생겨나오는 것이다. 인조종교人造宗敎는 반드시 망하고야 마는 것은 실지 역사가 보여주고 있다. 내쫓는 것이나 도전을 하는 것이나 다 인간의 작은 의지로 되는 것이 아니다. 사람의 맘을 뜻대로 사용하는 절대의지의 일이다.

새 종교는 '그때'에 가보아야 안다. 『구약』의 모든 예언자가 다 한결같이 그때를 말하고. 예수께서도 그때는 아버지만 아시지 아들도 알지 못한다 하여 그때는 우리와는 절대 떨어진 것으로 알려주셨다. 그것은 이성의 힘으로는 예측할 수 없는 것이다. 새 종교의 이 그때야말로 절대 긴요한 결정적인 요소인데, 알 수 없다. 그때가 와야 아들이 완성이 된다. 새 종교에 때가 이와 같이 긴요한 요소가 되는 것은 그것이 일면 세계구원이면서 또 일면 세계심판이기 때문이다. 그렇기 때문에 이것은 완전히 절대자의 손에 쥐어져 있다. 만일 이것이 추측을 할 수 있고 미리 점을 쳐 알 수 있는 것이라면 구원과 심판의 이중의 작용을 절대로 할 수 없을 것이다. 그때가 그와 같이 완전히 감추인 것이기 때문에, 그리하여 계시로만 알 수 있는 것이기 때문에 아들의 모습도 미리 알 수는 없다. 그렇기 때문에 새 종교를 미리 알았노라 예언자를 자칭하고 나온 자는 다 협잡꾼이 돼버렸다. 예수께서는 "내 때가 아직 이르지 않았다"는 말을 하시곤 하셨는데 이것은 그가 보내심을 입는 자로서, 하나님의 말씀으로서, 충실한 참 새 종교인 증거다. 이리하여 역사는 신비에서 신비로 흐르고 그리하여 하나님의 보좌는 영원히 거룩한 것이다. 그 순간에 세계의 상속이 행해진다. 아무도 사의私意를 넣을 수 없고 가장 아버지의 뜻에 합한 아들에게 가장 합당한 시간에 가장 합당한 방법으로 넘어간다. 하늘이 열리고 "너는 내 사랑하는 아들이다" 하는 소리가 나는 때까지 아무도 알 자가 없고, 그 순간에 비로소 새 종교의 모습이 드러날 것이다.

이것은 아들을 낳는 모교회도 알지 못한다. 그리고 다만 자기보존을 위해 악을 쓸 뿐이다. 그러나 그것이 곧 하나님의 뜻을 성취하여 아들을 낳는 일이 된다. 예수를 잡아 정죄定罪하는 가야바의 일이 곧 그것을 잘 증명하여준다. 그는 자기 입장을 위해 최후까지 발악을 했다. 한 사람을 죽여서 전 교회를 살리려 악을 썼다. 그러나 그것이 도리어 낡은 교회에 선고를 내리고 새 교회를 낳는 일이 되었다. 태아에게는, 내쫓음이 도리어 그 나라로 들여보냄이요, 죽음이 곧 삶이다.

이와 같이 미래의 종교는 절대 알 수 없고 기다리는 수밖에 없다. 그러나 해산하는 날은 도적같이 임하여 어머니도 아들도 알 수 없다. 그렇지만 개산概算을 할 수는 있고 그것으로 인하여 산욕産褥의 준비를 할 수는 있는 것같이 역사에서도 새 종교가 어떤 것이요, 언제 어디서 나타나게 될지는 전연 알 수 없으나, 또 그 대개는 추산을 할 수 있다. 그리하여 그것으로 새로 오는 말씀을 받을 준비를 할 수 있다.

이제 이 시대에는 새 종교를 낳을 '그때'가 그리 멀지 않았음을 표시해 주는 두서너 사실이 있다.

그 첫째는 현대의 전쟁의 성질이 과거와 일변한 것이다. 전쟁은 어느 시대나 있는 것이요, 전쟁이야말로 곧 인간 심정과 기능을 가장 잘 표시하는 것인데, 현대는 그 전쟁의 성질이 전연 옛날과 달라졌다. 우리는 지금 역사의 모든 면에서 과거의 것 그대로를 적용할 것이 하나도 없고, 모든 문제를 전연 새 각도에서 보고 전연 새로운 생각을 하지 않으면 아니 될 필요를 느낀다. 그렇지만, 그것은 우선 전쟁에서 그렇게 시작된 일이고, 그로 말미암아 다른 것도 큰 변화를 보게 되었다.

과거에 전쟁이라면 이해가 서로 충돌되는 두 나라가 전투원이라는 특정한 사람을 시켜 싸움을 하고, 그 결과 승부가 결정되어 영토를 떼주든지 물자로 배상을 하든지 하고 종국終局을 짓는 것이었다. 그런데 오늘날은 그렇지 않다. 우선 전투원 비전투원의 구별을 할 수 없고, 싸움도 무력의 싸움이 아니라 전 국력, 더구나 사상의 싸움이 됐고, 승자 패자의 구별을 거의 할 수 없다. 이제는 세계 어느 구석에서 났든지 그것이 세계적인 것이 될 수밖에 없고, 아마 전 인류의 전면적인 멸망이 될 걱정이 언제나 있게 되었다. 더구나 어려운 것은 제 편과 대적의 구별을 국가로도 할 수 없고 민족으로도 할 수 없이 된 점이다. 적국 내에도 내 편이 있고 내 나라 안에도 대적이 있어서, 전쟁은 말할 수 없이 복잡하고 어렵게 되어 있다.

그러면 이런 것은 어디서부터 오는 변동인가? 인류의 사회관계가 전연 변했기 때문이다. 오늘의 정치나 경제는 옛날의 정치나 경제와는 도무지 다르다. 그리하여 과거식의 정치적 두뇌를 가지고는 도저히 문제를 해결할 수 없이 되어간다. 여기 현대국가의 고민이 있다. 아직 국가가 해체가 된 것은 아니나, 옛날의 국가 관념을 가지고는 도저히 살아갈 수 없게 되었다.

전쟁이란 인생고人生苦의 대표다. 인생은 괴로운 것이어서 이것을 해결하자는 데서 모든 종교, 모든 철학, 과학이 나오는 것인데 그중에도 제일 크고, 제일 심각한 것은 전쟁이다. 고통이라면 석가가 젊어서 고민을 했다는 생·노·병·사의 자연적인 것으로부터, 죄의 고민 같은 가장 의식적인 것에 이르기까지 참 많지만, 그 모든 것을 총합해서 인생에 임하는 것이 전쟁이다.

생각하면 전쟁같이 이상한 것은 없다. 누구나 싫어하면서, 이날까지 역사는 결국 전쟁의 역사다. 고대종교를 보면 신은 전쟁의 신이었다. 사람을 전쟁의 화禍에서 건지기 위해 자기가 전쟁 속에 들어가는 신들이었다. 여호와 하나님도 처음에는 그런 모습이 농후하게 있다가 예수의 아버지 하나님에 오면 전연 다른 절대 평화의 하나님이 된다.

어쨌거나 전쟁은 그와 같이 인생의 근본 고苦에 관계되는 것이다. 그 전쟁의 방식과 의미가 더 커지고 심각해졌다는 것은, 인간생활이 전날보다 훨씬 더 복잡하고 깊어진 것을 말함이다. 그렇다면 종교도 그전과 같이 있을 수 없다. 인생의 고苦를 풀고 건지자는 것이 종교이기 때문에.

둘째는, 원자학의 발달이다. 원자탄으로 인하여 전쟁이 전날의 전쟁이 아니게 된 것은 잘 아는 일이지만, 이제 앞으로 갈수록 이 원자학은 여러 가지 면에서 큰 변동을 일으킬 것이다. 그러나 우리가 알아야 하는 것은 그 원자만이 아니고, 그것으로써 암시되는 자연 전체에 어떤 무엇이 들어 있는지 추측을 할 수 없이 무한하게 있는 힘이다. 원자는 자연과 인생과의 관계를 일변해놓았다. 전날과 같이 자연이라면 산천초목으로만 알고 그것은 필요에 따라 우리 맘대로 사용할 수 있는 것쯤으로 알던 것은 전연 구식 생각이 돼버렸다. 자연에 대해 우리는 눈을 다시 씻고, 눈이 아니라 맘을 다시 새로이 해서 대하지 않으면 안 된다.

과거에도 종교는 잘못했지만 또 잘못할 것이다. 갈릴레오를 잡아다놓고 지구가 돌아간다는 말을 거둬버리라고 하던 교회가 오늘날은 또 아니 그럴까? 옛날같이 그렇게 고집스러이는 아니 할지 모르나, 역시 묵은 신조를 지키기 위해 묵은 자연관에 붙어 있지 않나?

원자란 것은 신비의 곳간의 그 하나에 지나지 않을 것이요, 그 남은 다른 문이 열린다면 어떤 것이 나올지 알 수 없다. 나오는 것이 큰일이어서 하는 말이 아니라, 나오면 그것을 본 인간은 전날의 인간으로 있지 않을 것이므로 하는 말이다. 지식은 힘이다. 지식에 의하여 자연의 어떤 문이 열리면, 거기서 나오는 힘이 나와 새 관계를 맺게 된다. 5만 년 전 동굴 속에 살며, 우레 번개와 맹수에 벌벌 떨던 인간의 종교가 오늘 우리의 종교일 수 없다면, 오늘 우리의 종교도 다음 날의 종교일 수는 없다. 원자탄의 진동은 새로 나려는 종교의 진통의 하나다.

셋째로 생각할 것은 세계관 문제다. 모든 종교적 기구는 다 세계관의 테두리 안에서 된다. 유대교는 아무래도 메소포타미아의 천문학과 신화와 이집트의 나일 강과 그 학문과 마술과 시내 활화산과 아라비아 사막 밤하늘의 별이 가르쳐주는 세계 안에서 된 것이었지, 그 테두리 밖을 못 나갔다. 요한이 받은 계시는 역시 지중해를 중심으로 하는 세계에서 말 타고 전쟁하고 배 타고 무역하는 역사에서, 그때에 아는 세계 윤곽 안에서 그린 그림이지 그 테 밖을 나가지 못했다.

물론 이것은 종교의 껍데기에 관한 것이지 속 되는 종교적인 것에 대해 하는 말은 아니다. 하나님이야 그때나 이제나 영원 무한한 하나님이지 다름이 있을 수 없다. 그러나 문제는 늘 속에 있지 않고 겉에 있다. 속을 문제 삼는다면 문제 있을 리가 없다. 종교야 원래 속을 문제삼으라는 것, 속만이 문제라는 것이다. 그러나 인간의 버릇이란 이상하게도 늘 껍데기를 문제 삼는다. 종교는 속을 겉에서 문제 삼는 것이라 할 수 있다. 그런 의미에서 모든 나타난 종교는 다 우상교偶像

敎요, 거짓이다. 나타나는 것이 문제기 때문에 새 종교가 나오게 되는 것이요, 나오지 않으면 안 된다.

종교개혁마다 근본에 돌아가라는 것이요, 또 그것은 옳은 말이다. 그러나 돌아가는 새 종교도 다 또 껍데기를 썼지 알 종교는 하나도 없다. 에덴 동산 첫날부터 껍데기가 문제인 걸 어떻게 할 수 없다. 하나님 만나는 것이 맘인 줄 알았더라면 새삼스러이 무화과잎으로 가리고 숨지는 않았을 것이다. 그러나 가리고 숨는 일이 인간에겐 중대사다. 그것이 전부다. 종교제도마다 교리마다 가리자는 것 아닐까? 사실 문제는 알 사람 알 맘으로 우주의 알짬에 들잔 것인데.

하여간 나타남을 문제 삼는 것인데, 나타나 뵈는 것은 그때 세계관의 규정을 받지 않을 수 없다. 계시로 왔거나, 생각해 얻음으로 왔거나, 일단 사람의 맘 안에 들어올 땐 벌써 테두리를 쓴 것이다. '직접' '직접' 하면서 제각기 저는 직접 하나님을 만났노라 하지만 직접이란 없다. 경험을 하고 생각을 한다 할 때도 벌써 정신이니 말이니 하는 매개를 타게 된다. 그것을 타지 않고 나와 절대자와의 직접이란 있을 수 없다(이 의미에서 말씀이신 그리스도는 영원한 소개자다). 또 설혹 직접 보았다 하더라도 그것을 남에게 전할 때는 결코 직접일 수 없다. 사람과 사람 사이엔 더구나 직접은 없다. 나는 나를 말이라는 중매에 붙여 음파音波를 태워보내고, 저는 그것을 받아 저로 환산을 해놓는 것이지, 직접 개체에게서 개체로는 갈 수 없다.

이리하여 개체와 개체 사이, 개체와 절대자 사이는 영원히 건널 수 없는 떨어짐이 가로막고 있다. 그래서 이것이 인생의 슬픔이요, 그것을 벗고 서로 하나가 되자고 하면서 그리워하는 것이 종교다. 그리고 그것을 되게 하는 중매자가 말씀이다. 말씀이 무어냐 하면, 영원한 그리스도라 할 것이나, 그 그리스도의 볼 수 있는 몸은 곧 '세계'란 것이다. 말씀은 물론 정신적인 것이요, 무한한 것이지만 우리가 그 말씀을 경험해 알 수 있는 최대한은 세계다. 말씀으로 모든 것이 지어졌다 한 것은 이 관계를 말한 것이다.

세계관은 우리가 알아들을 최대화, 최대한이다. 정신적 지평선이자 수평선이요, 천정天頂이다. 기성종교란 그 안에 세운 한개 교회당이다. 알려지는 세계의 구조와 규모를 따라 종교라는 건축물은 변한다. 이 세계는 말씀을 가진 세계다. 말하는 세계다. 그 하는 말씀의 감을 말라 가지고 기성종교의 법의法衣를 짓는다. 그런데 이제 그 세계관이 달라지려 하고 있다.

세계관이 우리 정신생활에 작용하는 것은 마치 대기나 일광이 우리 신체에 작용하는 것 같아서, 우리는 그 속에서 마시고 살고 뛰고 생각한다. 그것은 한개 통일이기 때문에 그 통일이 완전한 때까지 우리는 천하태평춘天下太平春으로 살아간다. 그러나 그 깨지는 때가 온다. 세계는 또 자라는 세계다. 우리가 세계관을 마시고 살지만 또 우리 생활이 세계관을 깨쳐 자라게 한다. 제 들고 가는 등불의 그림자는 항상 앞서 건너 산에 있어서 길을 인도하는 모양으로, 우리는 뵈지 않는 안내자의 소리를 들으며 걸어나가는 이 인생의 길 위에서 우리 속에서 나가는 빛이 비쳐서 보여주는 세계관을 따라 한 걸음 한 걸음을 나갈 것이다.

세계관에 굉장한 변동이 오고 있다. 이날껏 세계의 울타리를 넓힐 때마다 아름다운 교회당을 쓰고 있던 종교가들은 그 집을 내놓기가 아까와서 인색을 부리다가 새집에 참예를 못하곤 하였다. 이번에는 아마 지금까지 있었던 어느 때보다도 굉장히 넓어지는 날일 터인데, 이제 이 정신적 부르주아지들은 어떻게 하려나? 정치가들이 모여서 세계를 한 나라로 만들자는 말을 하는 것조차도 마땅히 나와야 할 말이 이제 나왔다 하는데, 종교가는 거기서 뒤졌으니 이상한 일이다. 그러나 그보다도 정치가가 이 지구를 하나로 만들려는 이때에 과학자들은 우주 여행이 꿈이 아니라는 소리를 해 던지니 놀라운 일 아닌가?

만일 그렇게 된다면 제3차 세계대전이요 무어요는 문제가 아니 되게 될 것 아닌가. 3차전, 4차전쯤은 아직 몇 번 남았을는지 모르나, 아무래도 이 울타리가 지금 예상할 수도 없으리만큼 넓혀지는 날은 올 것이다. 그렇다면 '세계'란 어떤 것이라 해야 좋을까? 그때까지도 역시 신부님 신부님 하고 가엾은 양심들이 발에 키스하는 것을 가슴을 젖히고 받고 앉아야 옳은가. 그때 가서도 목사님 장로님 하고 있어야 옳은가. 그때 가서도 오히려 우리 종교 우리 교회 하고, 정통이요 이단이요 하고, 서로 파문하고 저주해야 옳은가. 그때 가서도 천당 지옥 갈라놓고 괘도掛圖로 소학생 가르치듯이 으르고 추고 할 터인가. 별과 별 사이에 여행을 하면서도, 또 교회당 안에서 때곱 같은 감정을 끼고 종교 기분 속에 울었다 웃었다 하고 있으려나? 세계가 말씀을 하는데, 그 말씀이 성단星團에서 성단으로 울려나가는데, 우주가 자라고 있는데, 사람만은, 종교만은 90 노파처럼 쫄아들어야 하나? 일대 변동이 이제 온다. '그때'가 온다.

새 종교의 모습

새 종교를 알 수 있나? 알 수 없다. 절대로 알 수 없다. 그것은 어디까지 계시요 은총적으로 올 것이요, 올 때에 받아들일 것이지 미리 알 수 없다. 막을 미리 들춰서는 아니 되는 것이요, 미리 들춰서 본 것이 있다 해도 그것은 정말 보여주려는 극을 본 것은 아니다. 그러므로 미리 조급해 해서는 못쓴다. 그러나 그것은 믿음에서 하는 말이고 지식에서 말할 때는 문제가 다르다. 거기서는 알 수 있는 데까지 알 잔 맘을 가지고 힘쓰지 않으면 안 된다.

모순되는 것 같지만 그렇지 않다. 알 수 있는 것을 안 후에야 믿음이 생기지, 그렇게 일어난 믿음이 참 믿음이다. 즉 앞의 세계를 열어줄 수 있는 산 믿음이지, 이지로 알 수 있는 것도 알려 하지 않고 믿는다는 것은 미신이다. 그것은 게으름이요 욕심이다. 내게 준 힘을 완전히 사용해서만 자유와 순종이 동시에 이루어진다. 종으로서의 일을 진심껏 한 때에 아들의 자격이 시작이 된다. 지식으로 알 수 있어서 알겠다는 것이 아니라 그렇게 하는 이외에 알려주시는 것을 받는 길은 없기 때문이다. 그럼 지식 탐구는 기도다. 새 종교를 만들 맘으로가 아니라 기다리는 맘에서, 졸지 않고 깨는 일이 곧 새 종교의 그림을 그리는 일이다. 그렇다, 그림을 그리는 맘, 꿈을 꾸는 맘만이 졸지 않을 터이요, 졸지 않은 자만이 신랑이 올 때는 그리던 모든 그림을 내던지고 일어나 맞을 것이다.

우리가 그리는 것은 오시는 님이 꼭 그대로리라고 믿어서도 아니요, 그렇게 생겼기를 바라서도 아니다. 다만 그런 맘에서 그리는 것뿐이다. 그리움은 그림으로만 자랄 수 있고, 그리움이 극도에 가면 오실 것이다. 그린 모양은 내 생각으로는 가장 참되고, 가장 아름답고, 가장 선하다 하는 데까지를 그릴 뿐이요, 오시면 그 이상일 줄을 안다. 그리는 맘은 그 이상 되기를 바라는 맘이요, 믿는 맘이지 그대로라고 제 재주를 자랑하잔 맘이 아니다.

그렇게 말하는 것은 그림 그릴 맘 없는 사람의 냉정한 시기에서 나오는 비평이요, 그리는 자의 심경을 모르는 소리다. 그러면 새 종교가 나타나는 날 아낌없이, 또 부끄럼도 없이 내던질 생각을 가지고 자유론 맘으로, 소꿉질하는 맘으로, 그러나 또 소꿉질하는 어린이의, 진짜이듯이 진짜인 맘으로 그려보자.

그 얼굴의 테두리를 말한다면 둥글 것이다. 하나란 말이다. 세계가 하나되도록 하는 종교에 종파문제가 있을 리 없다. 기성종교의 귀에는 아쉬울지 몰라도 앞날의 종교는 하나일 것이다. 하나님 한 하나님인데 종교도 한 종교일 것, 정한 일 아닌가? 멀리서 보았을 때 서로 달리 보았지 턱 밑에 오면 그것이 그것일 것 아닌가?

남은 다 잘못 보고 나만이, 나 혼자만이 바로 보았노라는 것은 어릴 적의 맘이지, 하나되시는 아버지의 맘이 아니다. 아이들은 다툼질로 자라는 것이니 그때는 종교의 경쟁 자랑이 유익이 되겠지만 차차 자라 아버지 맘성을 알게 되면 그런 것은 없어진다. 인류가 이제는 그만큼 자랐다 보아서 좋지 않은가? 아직도 기독교에서는 석가 공자를 지옥에 보내고, 불교에서는 예수를 지옥에 보내고, 그래야 시원한가?

천지간에 말씀은 하나뿐이다. 한국말로 하고, 에스키모 말로 해도 말씀은 한 말씀이다. 아프리카 흑인이 죽은 제 부모의 살을 뜯어먹으며 찾는 하나님은 또, "이것이 내 살이요 내 피다" 하고 주는 것을 먹는다고 성찬을 행하며 기독교도가 섬기는 하나님이지 딴 하나님이 있을 리 없다. 만일 둘이 서로 다른 것이라면 둘이 다 가짜일 수밖에 없다. 이사야를 일으킨 성령이 또 맹자를 일으키고 희랍의 성인을 일으켰겠지 누가 했을까? 동양도 사람으로 길렀겠지. 그랬기에 기독교 진리를 들을 수 있지, 유대인만이 홀로 하나님을 알았고 그 외 모든 이방은 몰랐다면 설혹 기독교가 유일의 종교라 하더라도 받아들일 수가 없었을 것이다.

세계의 모든 인종이 서로 말을 통할 수 있고 전도를 할 수 있는 것은 그 모든 인종이 제각기 다 한 하나님을 찾은 증거다. 모든 종교는 하나다 하는 것을 거부하는 종교는 앞으로 몰락할 것이다. 바다가 싫다는 냇물은 마를 것 아닌가? 나를 반대하지 않는 자는 나를 돕는 자라고 예수는 생각하셨다.

어느 기성종교로 세계 종교를 통일하잔 생각도 어리석은 욕심이다. 낡아빠진 충심이다. 그것은 제국주의의 잔재다. 각 종파를 연합 통일하잔 것도 어리석은 생각이다. 그것은 지나가는 시대의 끄트머리에 있는 소수 계급이 언제나 하는 생각이지만 시대착오다. 새 시대에는 새 종교가 있을 것이다. 전에도 그런 것같이 앞으로도 그럴 것이다.

그리고 새것은 보다 높은 것이어야 한다. 있는 것을 다 합해도 높은 것은 못 된다. 새 종교는 언제나 '죽일 놈'만이 들고 나오지 않았던가? "천한 것들과 멸시받는 것들과 없는 것들을 택하여 있는 것들을 폐廢함으로써" 과거에 세계를 늘 구원하신 하나님이 미래에도 그렇게 또 구원하실 것이다. 세계를 온통 한 집안으로 만드는 말씀을 주실 것이다.

모든 종교가 다 하나라 하니 어느 것을 믿으나 일반이란 말이 아니요, 어느 종교나 다 그대로 완전하단 말도 아니요, 진리를 나타내는 정도에 차이 있는 것을 부인하는 것도 아니다. 예수의 말씀대로 "구원이 유대에서 나왔다." 그것은 사실이다. 그것을 몰라서 하는 말은 아니다. 그러나, 그러면서도 예수께서 무어라 하셨나? "이 산에서도 말고 예루살렘에서도 말고" 예배하는 때가 온다 하지 않았나? 유대에서 나왔으면, 왜, 예루살렘이겠지 아닌가? 이제부터는 참과 영으로 하기 때문이다. 그것이 보다 높은 종교 아닌가.

노자의 말을 하고 공자의 말을 하는 것이 왜 귀에 거슬리나? 모욕 같아서인가? 영토를 침범당하는 것 같아서인가? 보다 완전한 기독교를 버릴까 걱정스러워서인가? 절대로 걱정없다. 예수가 하신 말씀, 희미하게나마 저 남양 토인의 말 속에도 있더라 할 때 "참 과연 하나님의 말씀이다" 하고 기쁘지, 무슨 걱정이 있나.

기성종교의 신앙에서 그릇된 선민사상選民思想과 충성주의의 관념을 빼버려야 한다. 그것은 자기중심주의의 변태밖에 되는 것 없다. 사실 이날껏 종교가 인심지도人心指導도 해왔지만 역사를 비참하게 한 것이 종교 아닌가? 모든 비참의 원인은 종파심에 있다. 좁고 교만한 종파심이 봉건귀족을 압박자로 만들었고, 민족사상을 배타적으로 만들었고 독재자에게 구실을 주었다. 그랬기 때문에 주의主義라는 미명 아래 전쟁을 하지 않았나?

앞으로 세계는 하나될 터이요, 그것을 위해서 한 종교가 있을 것이다. 그것이 못 되면 세계는 어떻게 될지 예측할 수 없다. 정말 세계의 장래를 생각하는 맘이라면, 새로운 한 종교를 주십사 기도할 것이다. 이 점으로 보면 세계는 유망하다. 기성종교에는 만족을 못하는 진실한 맘들이 차차 국가와 민족과 종파에 관계없이 모든 종교에 대해 널리 이해하는 심정을 가지고 대해간다는 소식이 들린다. 이제 이따가는 교회당은 다 사람의 가슴속으로 들어가고 땅 위에 있던 대교회·소교회가 그림자도 없어질 것이다.

새 종교와 이성의 빛

그 담 그 얼굴의 빛깔을 말하면 무색일 것이다. 더 합리적이 되어
간단 말이다. 이때까지의 종교는 각기 진한 빛깔을 쓰려 했다. 그것
은 감정에 호소하려 했기 때문이다. 그러나 위에서 말한 대로 역사
의 나아가는 방향이 이성적인 데로 놓여 있는 것, 종교도 점점 더 이
성적으로 되어가는 것은 사실이다. 이성적이라 함은 감정을 무시하
잔 말도 아니요, 영적인 면을 몰라서 하는 것도 아니다. 감정이 중요
한 일을 하는 고로 그것을 이성의 빛으로 비추어주어야 한다는 말이
요, 영계靈界가 있는 것은 사실이므로 옅은 감정에 취해 감정이 고조
된 것을 영으로 속단하는 그런 어리석음을 아니 하기 위해서 하는 말
이다.

이성理性은 이理라는 글자가 표시하는 대로 개개의 현상을 초월하
는 힘이다. 그런고로 인격적 생명이 발전하는 것은 이것으로서 될 것
이다. 우리 인격의 활동을 지知·정情·의意 셋으로 갈라 말하는데 인
간이 인격적인 점은 그 이理에 있지, 의意나 정情에 있지 않다. 물론 사
람의 의지도 동식물의 의지가 아니요, 감정도 동식물의 감정이 아니
지만 그것이 그렇게 고상화하고 세련되고 통제되는 것은 전혀 이성
의 힘으로야 된다. 예수께서 "너희 속에 있는 빛이 어두우면 그 어둠
이 얼마나 하겠느냐?" 하셨지만 그 속 빛이란 곧 이성의 빛이다.

다만 이성은 그 자체대로 완전한 것이 아니요, 위로부터 오는 영의
빛을 받아서야 정말 밝게 될 뿐이다. 그러나 위로부터 오는 빛을 받
는 것은 이성이지, 이성 아니고는 될 수 없다. 바울이, 이방인이 율법
없이 양심의 법에 의하여 행하면 그 양심이 곧 율법이라 한 것, 하나
님을 찾아 알 것이 만물에 드러나 있다 하는 것, 이것은 다 이성을 말
하는 것이다.

그렇기 때문에 의지나 감정에는 국한이 있어도 이성에는 없다. 의
지는 맹목적이라 하리만큼 원래 강한 것이다. 그러나 그 때문에 그것
은 방향은 없는 것, 감정도 열정이라 열광이라 해서 제가 좋다 하는

사물에 달라붙을 줄만 알지 그 사물을 지배하지는 못한다. 그런고로 그것도 방향은 모르고 사물의 종이나 되기 쉬운 것이다. 현상을 초월하여서 원리적인 것에 이르러 그것으로써 사물을 지배하는 것은 오직 이성의 힘이다. 그렇기 때문에 앞으로 인간이 발전할 시야는 이성적인 데 놓여 있다. 앞으로 새 종교가 온다 해도 이 방향은 변할 리 없을 것이다.

종교의 역사는 점점 감정적인 면이 떨어져가고 이성적으로 되어가는 것을 보여주고 있다. 이성이란 다른 것 아니요, 나 외에 남이 있음을 알고, 물질 외에 정신이 있음을 알고, 이제 외에 과거와 미래가 있음을 알고, 존재 외에 절대가 있는 것을 아는 것 아닌가? 그렇다면 그것 아니고 종교를 생각할 수는 없다.

그런데 신앙이라 하면 매양 이성에 반대하는 것처럼, 심지어는 이성을 무시하여야 신앙인 것처럼 생각하는 일이 많다. 이것을 하는 것은 철모르고 달라붙기만 할 줄 아는 감정이다. 원래 이성과 신앙이 대립하는 것은 인간의 이면적인 존재성격에서 나온다. 한편은 유한하면서 한편은 무한한 것, 상대계에 살면서 절대계를 그리는 것이다. 생은 힘인데 힘은 두 곳에서 온다. 하나는 아는 데서 또 하나는 믿는 데서.

상대계에서 살아가는 데는 지知가 있어야 한다. 알아야 한다. 그 아는 주체가 이성이다. 그러나 사람이 상대계에만 사느냐 하면 그렇지 않다. 저는 분명히 죽는 인간임을 알면서 무한히 살기를 바란다. 자기 이성이 한계가 있는 줄 알면서 천지의 근본과 만사 만물을 다 알지 않으면 만족하지 않는다. 그리하여 인격은 반드시 장벽에 부딪치고야 만다. 그것이 인생문제란 것이다. 거기 가면 이성은 이미 손을 거두고 할 수 없음을 자인한다. 그럴 때 생명은 자기 본래 가지고 있는 영성靈性에 의하여 그 장벽 밖의 세계를 직감한다.

그것이 신앙이다. 그것은 인간 자기의 이성으로 되는 것 아니요, 자기와 그 유한 밖의 세계를 한 가지로 성립시키는 영으로써 되는 것이므로 그 힘은 위에서 주어지는 것으로 느껴진다. 이리하여 지知와 신信의 세계가 수직적으로 연접한다. 이성이 갈 곳까지 간 후에 신앙의 세계가 열린다. 그렇기 때문에 지와 신은 서로 반대되는 듯하나 그것은 통일된 인격적 자각을 가지지 못하는 자의 말이요, 참 신앙으로 인격이 완전히 통일된 자각을 가지면 그런 자기분열이 없어지고 지는 신이 아니지만 신에까지 이르게 한 것은 지임을 알게 된다.

종교는 이성을 반대하는 것이 아니요, 도리어 완전히 자라도록 자유의 분야를 주어야 한다. 그러면 이성이 그 세계를 조사하여 다 알고 지배하게 되는 날, 신앙은 그 테두리 밖에 보다 넓은 영적 세계가 전개됨을 알 것이다. 신앙이 영으로 받아 얻은 세계를 이지는 다스린다. 이지는 행정관이다. 종교가 이성을 배척하는 것은 이따금 그 행정관이 제멋대로 하는 일이 있고 역모逆謀를 하는 때가 있기 때문에 하는 것이다. 그렇다고 그 행정관을 내쫓고 그 세계를 다스릴 수 있느냐 하면 그렇지 않다. 반드시 있어야 한다.

이성이 반항 혹은 역모를 하는 것은 도리어 신앙이 감정이 꾀는 노래나 참소하는 말을 듣고 졸거나 너무 편협해져서 일일이 내정간섭을 하기 때문이다. 이성은 제 분야를 완전히 허락하고 신뢰하는 맘으로 쓰면 충실한 행정관이다. 사실 이때까지의 종교에서 한 지知, 신信의 싸움은 그 책임의 대부분이 종교 편에 있다. 이성 편에서는 새 지경을 넓혔는데도 불구하고 종교에서 그것을 허하지 않는 데서 생긴 불화다.

한 종교라는 문제가 종파간의 문제라면, 이 이성의 문제는 과학에 대한 문제다. 이날까지 과학과 종교는 딴 세계에 속한 것처럼 알았는데, 근래의 과학이 보여주는 것은 두 세계가 둘이 아니요, 하나 아닌가 하는 예감이다. 과학도 종교도 다 생명이 자라가는 일면인데 이날까지 반대 방향에서 서로 욕을 하며 파들어간 셈이다. 종교에서는 정신이라는 광맥을, 과학에서는 물질이라는 광맥을. 그러면서 서로 저쪽은 잘못이라 하였다.

그런데 지금 알게 되는 것은 그 반대 방향에서 서로 뚫은 것이 결국은 맞구멍을 뚫게 되는 것 아닌가 하는 것이다. 아마 그렇게 되고야 말 것이다. 최근에 와서 물질관은 점점 정신적이 되어간다 하지 않나? 물질과 정신의 경계를 알 수 없어진다 하지 않나? 또 한편 심리학·사회학 등의 발달로 인간정신에 대한 연구가 점점 밝아져서 전에 신비 속에 싸여 있던 모든 것이 차차 이성으로 분명히 이해할 수 있게 되어간다. 그러니 종교가 앞으로 더욱 이성적으로 되어감에 따라 전에 우리가 시달리던 모든 문제를 보다 정확한 방법으로 해결할 수 있게 되어갈 것 아닌가? 컴컴할 때는 도깨비로 알고 무서워하고 부르짖고 했던 것이 해가 올라오면 기기묘묘하게 생긴 바위여서 거기서 즐겁게 노래부르고 놀게 될 것이다.

과학을 인정하면 종교의 분야가 좁아지는 듯이 걱정하는 자가 적지 않으나 그런 것은 쓸데없는 걱정이다. 오히려 더 넓어질 것이다. 이기고 지고의 감정에 붙잡혀 있는 사람은 하늘나라에 못 간다. 과학이 이긴 것도 종교가 진 것도 아니다. 영원무한의 세계에 들어갈 때까지의 종교요 과학이지, 거기 들어가면 이도 아니요 저도 아니다. 영원무한의 세계는 앎과 믿음이 하나인 곳이다. 앞날 세계에서는 과학자가 신앙을 가르치고 예배에서 우주학을 배울 것이다. 좋지 않은가? 종교가 아무리 발달한다 해도 과학 연구에 몰두하던 모든 진실한 진리탐구자가 영 지옥을 면치 못한다면 나는 그런 종교는 믿을 맘이 없다.

종교는 도리어 현세적인 명리에 빠지는 때에, 순전히 진리를 위하여, 그것이 비록 십자가요, 재림再臨이요 하는 것은 아니라도, 참을 참대로 알아보자고, 알아서 반드시 밥이 되고 이름이 되겠는지 아니 되겠는지 그 생각은 하지도 않고, 제 몸을 잊고 시간을 잊고 세상 시비를 모르고 일생을 거기 바친 그 맘들이 지옥엘 가서 될 일일까? 그럴 리가 있을까? 하나님이 지은 천지에 그럴 리가 없다. 그들이 그런대로 그러다가 말 리가 없다. 그 맘이 땅에서 난 맘일까, 육에서 난 맘일까?

그야말로 하늘에서 온 맘 아닐까? 기적이라면 그것이 기적이다.

종교 아니고 종교를 믿고, 천국 아니 찾고 천국 가는 일. 모든 과학의 연구로 흘린 피는 신원伸寃되는 날이 올 것이다. 그 과학자 몇 사람을 위해서 아니라, 이 인간이 인간이기 위하여, 하나님이 진리와 정의의 하나님이기 위하여, 그날이 와야 할 것이다. 무덤 속에 들었던 진리탐구자들이 살아나는 날! 새 종교가 오면 그리될 것이다. 십자가가 골고다에만 있는 것 아니라 천지창조 이래 모든 진리탐구자가 다 십자가를 졌다. 부활이 어느 날에만 있을 것 아니라 새 종교가 구름을 타고 역사 위에 임하는 날 죽었던 성인이 살아날 것이다. 살려주기를 바라는 모든 진실한 과학자들을 위해 종교와 과학이 악수하는 날이 와야 할 것이다.

인격의 종교가 올 것이다

마지막으로 새 시대의 종교에 대해 한 가지 더 생각할 것이 있다. 그 얼굴을 보는 인상이 어떠한가 하는 것이다. 인상이라 할까, 무엇이라 할까, 표현이 다소 어려우나 어쨌든 내면적·성격적인 문제다. 먼저 본 두 조건을 하나는 신관神觀에 관한 문제, 또 하나를 세계관에 관한 문제라 한다면 이것은 인간관에 관한 문제다. 사람이 그 자신에 대하여 어떻게 생각할까 하는 문제다.

그리고 이것이 셋 중 가장 중심적인 문제다. 하나님에 대해 어떻게 하느냐, 자연세계에 대해 어떻게 하느냐 하는 것은 사람이 제 자신에 대해 어떤 태도를 가지느냐 하는 데 가서 맺힌다. 그렇기 때문에 어떤 종교가 인간에 대해 어떤 해석을 붙이는가 보면 그 종교의 성격을 짐작할 수 있다.

그래 인상이라고 비유했다. 그러면 장차 오는 종교의 인상은 어떻다 할까? 아마 뚫려 비친다고 하는 것이 좋을 것이다. 영과 육의 갈라섬, 안과 밖의 막힘이 없단 말이다. 이때까지의 종교상의 모든 문제는 결국 이 문제다. 영과 육, 안과 밖의 두 자아를 갈라놓고 그것을 조화 통일해보려고 긋는 명암다양明暗多樣의 복잡이 곧 종교 교리요, 율법이요, 계명誡命이다. 그것은 마치 밀려들고 밀려나는 밀물 위에 조각배를 띄운 것 같아서 잠시 잠깐도 고정한 선을 그을 수 없는 그 전선이 인생을 흔들고 또 흔들었다. 그럴 때마다 하늘이 휘돌고 강산이 들었다 놓여 그는 한때도 안정安靜하고 정신을 차릴 수 없었다.

성은 선한 것이라 했다, 성은 악한 것이라 했다, 육은 더럽다 했다, 더럽지 않다 했다, 혹 영혼이 있다 하기도 하고 혹 영혼이 없다 하기도 하고, 쾌락할 수 있는 데까지 쾌락하라는 이가 있는가 하면, 또 고통할 수 있는 데까지 고통하는 것이 옳다 하는 이가 있었다. 어떤 때는 신이 다 되어 인간을 하늘 위에 올려다놓았다가, 또 벼락같이 떨어져 지옥 밑바닥에 틀어박는다. 그리하여 하라는 대로 눈물을 흘려 기도를 해보고, "머리를 갈대같이 숙이고 굵은 베와 재를 펴" 금식을 해보고, 신주神酒를 마시고 취해보며 요가 잠을 자도 보고, 가지가지의 고행을 해보고, 혹은 내 살을 찢고 잘라버려도 보고, 혹은 내 자식의 멱을 따고 불에 살라도 보았다.

해탈이라는 소리도 여기서 나온 것이고, 속죄제贖罪祭라는 소리도 여기서 나온 것이다. 또 3층천三層天이니 7층지옥七層地獄이니 에덴 동산이니 서방정토西方淨土니 모두 다 이 나갔다 물러갔다, 떴다 가라앉았다, 걷잡을 수 없이 흔들리는 조각배 안에서 멀미에 뛰노는 가슴을 가지고 바라는 눈에 허공에 투영되어, 났다 꺼졌다 하는 그림들이다.

인생은 참 참혹한 것이다. 그것을 건져주잔 것이 종교건만, 이렇게 해라 저렇게 해라, 이리 끌고 저리 끌고, 더구나 거기 서로 쟁탈전까지 하는 종교에 인생은 지칠 대로 지쳤다. 근래에 극단의 유물론·무신사상·향락주의가 유행하는 것은 풍파에 부대낀 사공이 모든 연장을 내던지고 죽든지 살든지 불문하고 일시의 평안을 얻으려 드러눕는 것과 마찬가지로, 이러한 종교에 지친 인생이 낙망하고 반동으로 하는 일이라 볼 수 있다.

그러나 인생은 그랬다가도 또 일어나야 하는 인생이다. 그러므로 미래의 종교는 이 지친 인생을 다시 일으키는 종교여야 할 터인데, 그렇기 위하여서는 그 분열된 인격을 재통일하는 새 인간관을 가져야 할 것이다. 그것을 "뚫려 비친다"고 하였다. 육이 영의 거침이 되는 것도 아니요, 영이 육을 배척하는 것도 아닌 인간이다.

언제나 새 종교가 나올 때는 인간을 재통일한다. 예수께서 "나는 죄인을 부르러 왔노라" "수고하고 무거운 짐 진 자는 다 내게로 오라" 하실 때에도 분명히 종교에 지친 인생의 심경을 동정해 부르신 것이었다. 그때 유대교에 의하여 인간은 완전히 분열되어 있었다. 한편으로는 극단으로 정통적인 율법주의로 나가는 바리새파가 있고, 또 한편으로 거기 반대하여 부활도 무엇도 부정하는 반동파인 사두개파가 있었던 것이 그것을 증명한다. 그 내적으로 참혹한 모양이 외적으로 나타난 사회적 현상이, 세리稅吏니 창기娼妓니 하는 소위 '죄인들'이었다.

그랬기 때문에 그는 "나는 죄인을 부르러 왔노라" 하셨다. 예수의 구주로서의 비결은 그 동정심에 있다. 냉혹한 종교적 비판에 지친 인간의 맘을 알아주는 맘이다. 분열된 인격은 교리나 계율에 의해서가 아니요, 이 '알아주는 동정심'에 의해서만 재통일되고 살아날 수 있다. 언제나 종교가 낡아갈 때는 극단으로 제도적으로 계율적으로 그리하여 죄악에 대해 심판적으로 나가는 것이 특색이다.

산 인격을 통하여 오는 생명력은 없으므로 필연적으로 그리될 수밖에 없다. 그때는 세상을 건지는 것이 문제가 아니고 한 조직체로서의 종교를 건지는 것이 문제다. 그때 종교는 인생을 위해 자기가 십자가를 지려 하지 않고 인생을 희생하여 자기를 살리려 한다. "사람이 안식일을 위하여 있지 않고 안식일이 사람을 위하여 있는 것이라" 한 것은 이렇게 경화硬化된 종교의 멍에 아래서 상한 인간을 구하노라고 하신 말씀이다.

거기 무한한 동정의 맘을 가진 이가 예수였다. 그는 종교를 조직하잔 것이 목적이 아니요, 이 가엾이 자아분열에 쓰러지는 인생을 위로하고 고무하잔 것이 목적이었다. 그랬기 때문에 경우를 따라 이리 말씀하고 저리 말씀하여 오직 심령을 살려내려 했을 뿐이고 교리나 인간 철학을 짜려 하지 않았다. 그러나 그 말씀 중에 인생은 항상 살아 있었다. 그랬기 때문에 듣는 자가 "영생하는 말씀이 주께 있다"고 했다.

그의 앞에 설 때 인생은 환하게 뚫려 비친 것이었다. 저녁별의 영광 속에는 깨진 배 조각도 찬란한 금빛인 것같이 그의 눈에는 갈보도, 주정뱅이도, 다 하나님의 영광을 드러내는 영혼들이었다. 어떤 병자를 보고도 "안심하라"고 했다〔「마태복음」, 9: 2〕. 안심하란 것은 그의 눈에는 다 아버지 하나님 앞에 온전한 사람이지, 병신은 없기 때문이었다. 어떤 형편없는 타락자墮落者를 보고도 "나는 너를 정죄定罪하지 않는다"고 했다〔「요한복음」, 8: 11〕. 정죄하지 않는 것은 아버지 앞에는 다 아들이지 죄가 있을 수 없기 때문이었다. 그에게는, 하나님이 생명이라면 우리 몸은 그 성전이었다. 한 나로 산 것이지 분열이 없었다. 이러했기 때문에 그의 말씀이 그 혼란기의 암초에 걸려 파선된 인간의 가슴에 산 통일을 주어 역사의 배의 새로운 진행을 할 수 있게 하셨다.

그러나 밀물 드나드는 바닷가에서 소라가 제 몸에서 분비한 물건의 굳어진 껍질에 제가 갇히듯 이 시대의 물결이 오고가는 역사의 바닷가에서 교회는 제가 살고 남은 교리를 고정시켜 그 속에서 늙어버렸다. 교회당의 탑이 높아갈수록 교회 안과 교회 밖은 분명히 구별이 되어갔다. 예수께서 바닷가 산언덕에서 말씀을 하실 때 교인 비교인이 없이 귀 있는 자는 들었건만, 이제는 믿느냐 아니 믿느냐를 교회당 문으로 판단하게 되었다. 교회의 내외가 갈라진 것은 인생의 내외가 분열된 표시다. 교회는 고정된 교리의 칼로 인생을 반분해버렸다. 예수께서 죄인의 친구라는 말을 들으며 바다에 내려가 하나로 만든 인생을 그들은 의인義人의 자리에서 재분할했다.

그가 "영은 영이요 육은 육이라" 하실 때 그것은 유대교리의 칼에 분열된 인간을 재통일해 살리시느라고 보다 높은 자리에서 하신 말씀이었다. 그때 영과 육은 나무와 그 꽃과 같이 입체적으로 통일이 되어 있었다. 이제 교회는 그 말씀을 그대로 주장하는 듯하면서, 평면적으로 취함으로써 인생을 좌우 둘로 반분을 해버렸다. 그리하여 인생의 반분은 오른편이고 반분은 왼편으로 되어버렸다. 이리하여 본래 살리는 말씀은 외형은 그대로 있으면서 죽이는 말씀이 되어 그 때문에 인격의 분열은 점점 더해가고 자포자기하여 스스로 교회당 밖에 서는 죄인이 부쩍 늘었다.

이제는 육은 육이요 영은 영이기 때문에, 일부 교회 신자는 종교적 특권계급이 되는 대신에 일반 대중은 아주 어떻게 할 수 없는 것이니 되는 대로 살아버리잔 것이 그 심리가 돼버렸다. 그것을 그렇게 만든 것은 교회였다. 인생을 반을 갈라 하나는 천사보다 더 가벼운 날개를 붙여 하늘로 올려보냈기 때문에 남은 반분은 돼지보다 더 무거운 몸뚱이를 가지고 진흙 속에 구르게 되었다. 교회는 냉정했다.

오늘 세계가 정치적 두 진영으로 대립을 하여 그것이 세계적 불행의 원인인 것을 누구나 말하지만 실은 그 대립은 인격의 분열, 영·육의 대립의 표시에 지나지 않는다. 우리가 다른 예언은 못하더라도, 이 인격의 통일이 되어 현대인의 인생관이 통일되지 않는 한 세계의 통일·평화는 결코 올 수 없으리라는 것만은 단정해 말할 수 있다. 맘을 구하는 자가 세계를 구원할 것이요, 인격을 통일하는 자가 우주를 통일할 것이다. 그리고 맘을 구함은 인격의 자아분열을 없이해서만 할 수 있다.

맹자가 전국시대 혼란기에 천하는 어디 가 정해지느냐 하는 데 대답하여서 "'일'一에 가 정한다" 하고, 누가 '일'을 하느냐 하는 데 대해서는 "사람 죽이기 좋아하지 않는 자가 '일'을 한다" 한 것은 하늘 말씀을 전한 말이다. 무기로 사람을 죽이는 것만이 살인이 아니다. 인격을 분열시키는 종교로 죽이는 것이 더 무서운 살인이다. 장차 오는 종교가 뚫려 비치는 종교여야 한다는 것은 이 때문이다.

인간이 인간인 한 영·육의 대립은 면치 못할 것이다. 아무리 다른 해석이 나와도 그 대립을 없이 할 수는 없을 것이다. 문제는 그것을 인격적으로 다루느냐 아니 하느냐 하는 데 있다. 동정심이란 곧 인격적으로 대하는 태도다. 율법은 인격은 아니다. 제도다. 제도가 발달하는 것은 인격적인 힘이 줄어진 때다. 남의 인격을 뚫는 것은 규칙이나 교훈이 아니요 내 인격이다. 통일된 인격이 역시 다른 인격에 통일을 줄 뿐이지 기계적인 방법론으로 될 리가 없다.

선정해탈禪定解脫도 옳은 말이요, 속죄중생贖罪重生도 옳은 말이다. 불변이라면 불변의 진리다. 그러나 그것이 다만 교리로 임해올 때는 인격을 분열이나 시켰지 결코 구원되지 못한다. 이것이 오늘의 십자가의 교리는 여전히 고조되면서 현대심現代心 위에 아무 권위는 가지지 못하는 이유다. 산 인격의 교섭으로 오지 않으면 안 된다. 이 앞에 종교는 더 인격적이 되어갈 것이다. 하나님에 대하여 윤리적 태도로 나아가는 것이 점점 더 고조될 것이요, 신앙을 무슨 비법秘法인 것처럼, 무슨 조건이나 기술인 것처럼 생각하지 않을 것이다.

신앙을 그렇게 생각하여 실생활에서 유리시켜버리기 때문에 유치한 능력주의가 나오든지 그렇지 않으면 실속없는 타력주의他力主義가 나온다. 그것은 다 인생을 그르치는 잘못된 생각이다. 종교에 능력의 면이 없지 않다. 그러나 그것이 중심은 아니다. 이적기사異蹟奇事를 구하고 영통환상靈通幻像을 찾는 것은 윤리적으로 자각하지 못한 사람들이 하는 일이다. 미개한 사회일수록 그것이 유행하고 존숭尊崇을 받는다. 그것은 인생의 문제를 윤리적인 문제로 보지 않고 기술의 문제로 생각하던 지나간 시대의 생각이다.

인류 역사의 방향이 벌써 그런 것은 벗어버리고 윤리적·인격적 향상의 길로 놓여 있다는 것은 환한 일이다. 이적異蹟으로 인생의 맘을 고칠 수는 없고, 영통靈通으로 역사문제를 해결할 수는 없다. 그것을 믿으면 미신이다. 그것은 욕심에서 오는 생각이다. 그렇기 때문에 바울은 방언을 누르고 예언은 권했다. 바울 때도 그랬거든 하물며 2천 년이 지난 과학의 세기요 이성의 시대인 오늘에 있어서일까? 미래에 가면 안수로 병을 고치고, 투시透視를 하고, 환상을 보고 하는 유는 별로 신기할 것도 없고, 종교상의 문제로 생각도 아니 하게 될 것이다.

신앙이 자력이냐 타력이냐 하는 것도 옛날부터 있는 문제요, 구원이 근본에 있어서 타력적인 것이라면 타력적인 것도 사실이다. 그러나 이런 논쟁을 하는 것이 다 실생활에서 유리된 종교의 특색이다. 자自냐 타他냐가 문제 아니다. 믿음으로만이라 하지만 믿음으로만이라는 믿음은 추상된 관념뿐이지 실인생엔 그런 것은 없다. 십자가도 인생을 일으키잔 십자가요, 은총도 인생을 논리적으로 향상케 하는 은총일 것이지, 종교가 만일 인생을 모든 도덕적 노력에서 면제하여 눈을 모히 환자처럼 뻔히 뜨고 청천靑天만 우러르게 한다면 그것은 인생을 추락시키는 것이지 결코 구원하는 도가 아니다.

그런데 신앙이라 하면 아무 인간적인 노력을 아니 하는 것인 것처럼 생각하는 사람들이 있다. 열심 있는 순신앙純信仰이라는 사람들이 더욱 그렇다. 이것은 다 말기 노쇠 종교의 제3기적인 현상이다. 산 종교는 그렇지 않다. 예수를 보라! 사람을 피해 밤이 새도록 기도하고, 어려움 중에 있는 사람 보면 그저 도와주고, 내 아버지는 오늘까지 일하신다 하고, 연장을 잡고 뒤를 돌아보는 자는 천국에 합당치 않다 한다. 이 예수를 누가 믿기만 하는 사람이라 하나? 저가 세리·갈보하는 인간의 찌꺼기 속에 들어간 것은 거기서 얻어먹기 위해서던가, 그 찌꺼기를 찌꺼기대로 하늘나라에 업고 가고 싶어서던가? 물을 것도 없지 않은가, 그들을 일으키려 했지. 그렇기에 "가라, 가서 다시 죄를 짓지 말라!" 하셨지.

미래의 종교는 인격의 종교, 논리의 종교이기 때문에 맘의 종교요, 맘의 종교이기 때문에 깨달음의 종교다. 능력이나 교리를 인정하는 것이 문제가 아니다. 깨달아서 맘이 변화하는 것이다. 변화하지 않는 것은 신앙이 아니다. 그렇기 때문에 미래의 종교는 노력의 종교일 것이다. 지금 신자처럼, 노력하는 것은 하나님에 대한 불순으로 생각지 않을 것이다. 그들의 심중心中에는 적은 사은私恩에 감격하려는 노예 근성이 들어 있기 때문에 그런다.

미래의 인간은 결과보다 노력의 과정 그것을 존중하고 법열보다는 참을 찾는다. 성공을 자랑하자는 심리가 빠지면 노력은 그 자체가 곧 감사요, 기도다. 이 다음날 종교에는 천당 지옥은 없을 것이다. 무서워서 믿는 것도 아니요, 상을 위해 믿는 것도 아니다. 믿는 것이 본분이어서, 인생의 본면목이어서 믿을 뿐이다. 고로 믿음은 곧 그대로 생활인 것이다.

그러나 믿음이 곧 그대로 생활이란 말은 소위 지상천국적인 것을 의미하는 것이어서는 안 된다. 앞날의 종교는 점점 더 정신적으로 영적으로 되어갈 것이다. "보이는 것을 누가 믿으리오?" 종교는 본래 지상문제의 법관이 되잔 것 아니다. 거기는 스스로 맡아 처리하는 자가 있다. 종교가 할 일은 위에 있다. 위란 곧 영이요 진리다. 예수 말씀하시기를 "내 나라는 이 세상에 속한 것이 아니라" "네 말과 같이 내가 왕이니라. 내가 이를 위하여 세상에 왔나니, 곧 진리에 대하여 증거하려 함이로다" 했다.

인간은 영을 지향한 존재다. 한없이 올라가잔 것이 인격이다. 백만년의 인류역사는 파란곡절은 많아도 언제나 마지막에 향하는 점은 하나에 있었다. 원숭이의 지경을 면한 지 얼마 오래지 않고, 하는 일이 아직 수성獸性에서 벗어나지 못한 것이 많은 것은 사실이어도, 머리는 늘 넘어져도 넘어져도 위를 향했었고, 눈은 늘 까무러졌다도 한 점을 바라기를 잊지 않았다.

영靈! 그것은 보아도 보이지 않는 세계다. 그 보이지 않는 세계를 향해 인생을 이끌고 나가는 것이 종교다. 그것은 늘 모험이요, 늘 돌격이요, 늘 비약이다. 그렇기 때문에 많은 실패를 거듭했다. 내려가지 않을 공설시장에도 내려가보고, 기웃할 필요가 없는 정치구락부에도 기웃해보는 일이 있었다. 그러나 그럴 때마다 인류는 추락을 면치 못했다. 저는 독수리처럼 구름 위로 올라가서만 살 수 있다. 이제 인류는 그전보다 훨씬 더 분명하고 넓게 제 사는 세계의 테두리와 역사가 나아가는 방향을 내다보게 되었다. 정신화·영화靈化라는 데로 그 지침이 결정적으로 놓여 있다. 그를 위해 미래의 종교는 더 영적으로 순화되기를 힘쓸 것이다.

종교다운 종교가 나온 지 겨우 2, 3천 년이다. 이제 이것을 가지고 다 완성이 된 것처럼 보수적이 되고 손가락을 꼽아 최후심판일을 기다리는 것은 너무나도 적은 생각이다. 그렇게 작은 소견을 가지고는 만유의 상속자가 될 수 없다. 인간은 훨씬 더 발달할 터이요, 역사는 상상도 못할 점으로 나아갈 것이다. 영의 세계는 무한의 세계다. 이제까지는 지구를 무대로 하고 출항준비를 한 데 불과하다. 이제 앞으로 인류는 영의 세계를 향해 무한한 항해를 할 것이다.

맺는 말

예수께서는 인류에게 문제를 남기고 가신 이다. 물론 인생의 문제를 풀어오셔서 많이 푸셨지만 또 새 문제를 남기고 가셨다. 그는 인생을 독점하지 않았다. 영원한 독재자가 되잔 것이 그의 목적이 아니었다. 그렇기 때문에 인생이 자기에게서 다 된 것처럼 말씀하지 않았다. "나를 본 자는 아버지를 본 것"이라 하면서도, 또 알지 못하는 부분, 채 하지 않은 부분을 남겼다. 이것이 그가 정말 산 생명임을 말하는 일이다. 그는 문제를 풀었지만 풂으로써 문제를 새로 주었고, 새로 문제 주는 것이 또 푸는 것이었다. "때가 오려니와 지금도 그때라" 하는 것이 그가 문제 푸는 식이요, 또 문제 제출하는 식이다.

그는 미래의 종교를 자기가 "다시 온다"는 말로 한데 묶어 내놓았다. 아무도 그것을 알 자는 없다. 그것은 그 계시가 오는 날에야 알 것이다. 우리는 그 남기고 간 문제를 받아서 밝기를 기다리며 밤새도록 가지가지의 그림을 그리는 자다. 새 시대의 종교란 그 그림 중의 하나다. 간음한 여인을 잡아가지고 와서 질문하는 종교가들의 말을 들으며 손가락으로 땅에 썼다가는 지우고, 지우고는 또 쓰고 하시던 글씨 모양으로, 이 그림도 시비꾼의 말을 들으며 내 속을 살리노라고 혼자 썼다 지울 그림이지 어디 길이 박아두잔 것이 아니다. 무엇을 썼던지 알 사람도 없이, 다만 썼던 맘 혼자만이 알게 지워버려야 할 그림일 것이다.

알아맞히잔 것이 목적이 아니다. 예수도 아니 하신 그 일을 누가 할까? 새 종교가 어떤 것일지 누가 아느냐? 새 종교의 꿈을 꿀 뿐이지.

새 종교란 그러나 다른 것 아닐 것이다. 새 종교를 꿈꾸는 것이 곧 새 종교지. 아브라함의 꿈속에 가나안이 있었고, 가나안의 꿈속에 애굽이 있었고, 나일 강가의 꿈속에 시내 산이 있었고, 시내 산 불꽃 꿈속에 갈릴리 바다가 있었고, 갈릴리 바다 어선에서 꾸는 꿈속에 새 하늘과 새 땅이 있지 않았나?

그럼 새 시대의 종교의 꿈을 그려보자! 거기 무한이 있다.

• 1955년 6월, 『말씀』 제2호

제2부

펜들힐의 명상

1950년 군산에서 퀘이커 봉사단과 함께한 봉사활동

"석조 교회당이 일어나는 것은
결코 진정한 종교부흥이 아니다.
……광야에 나가면 벌판에서, 바닷가에 가면 배 위에서,
밭에 가면 밭고랑에서, 길을 가다가는 우물가에서
……목자 없는 양 같이 헤매는 무지한 군중을 찾아 가르치다가
……밤이면 홀로 산에 올라 별을 바라보며
기도·예배하는 종교,
그러한 예수의 종교, 성당 없는 종교,
종교 아닌 종교는 지금 이 나라에 있나, 없나"
-「한국의 기독교는 무엇을 하고 있는가」

한국의 기독교는 무엇을 하고 있는가[*]

기독교 비판이 필요하다

여기 기독교라 하는 것은 천주교나 개신교의 여러 파를 구별할 것 없이 다 한데 넣은 교회를 두고 하는 말이다. 무엇을 하고 있나 하는 말은 해방 후 10년 동안 그 교회가 걸어온 길을 주로 역사적·사회적인 입장에서 보고 하는 말이다. 전문적인 학적인 비판은 못 되고, 그런 것을 할 능력도 없다. 그러나 그런 깊고도 날카로운 공정한 비판이 나오기를 바라는 의미에서 하는, 민중의 한 사람으로서의 상식적인 소감이다. 그렇기 때문에 자연히 막연하고 부분적인 말일 수밖에 없다.

본래 종교의 일은 통계 숫자로 낼 수 있는 것이 아니요, 같은 일을 이렇게도 저렇게도 해석할 수 있는 것이기 때문에 누구나 자유로이 지껄일 수 있는 대신, 공정한 말이 못 되기 쉽다. 될수록 그런 치우친 말이 아니 되기를 바라면서 하는, 정말은 자기반성의 하나이다.

---

[*] 『사상계』 1956년 1월호에 게재된 함석헌의 기독교 비판(「한국의 기독교는 무엇을 하고 있는가」)에 대해 윤형중 신부가 『신세계』 9월호에 반박문을 발표하면서 둘 사이의 논쟁이 시작됐다. 이듬해인 1957년 『사상계』 3월호에 함석헌이 「할 말이 있다」로 다시 글을 내고, 윤형중은 5월호에 「함석헌 선생에게 할 말이 있다」로 되받았다. 6월호에서 함석헌은 「윤형중 신부에게는 할 말이 없다」로 논쟁을 이어나갔다.

비판의 필요

　종교는 비판을 거부한다. 어느 종교든 신성불가침을 주장한다. 비판이라 할 때 교회는 본능적으로 수염을 끄들리는 봉건귀족의 기분 같은 생각을 가진다. 사실 교회는 봉건제도의 뱃속에서 설러져 나온 것이고, 아직도 그 젖 냄새를 못 버린 점이 많다. 비판을 초월하기 때문에 종교이기도 하나 해하려는 신성불가침은 없다. 비판받아야 한다. 이젠 인간은 무반성의 신뢰만이 신앙이 될 수 없음을 안다. 어떤 경전도 인간은 비판 없이 읽으려 하지는 않는다. 반성을 아니 할 수가 없다. 인간이기 때문에 어떤 계시, 환상을 본 사람도 영구적으로 자아의식을 초월해버린 일은 없다.

　"나를 본 자가 곧 아버지를 본 것이다" 하는 사람은 분명한 자아의식을 가진 사람이지 결코 탈혼상태脫魂狀態에 있는 사람이 아니다. 비판을 초월한 하나님의 말씀이라는 생각이 교회를 역사적·사회적인 산 생활에서 떨어져 화석화되게 만든다. 하나님의 말씀은 하나님의 입에서 떨어지는 순간까지는 꿇어 엎디어 두 손으로 받아야 하는 절대지만, 일단 뱃속에 들어가면 원형을 남기지 않도록 소화를 해야 한다. 교회는 사람의 양심 위에 임하는 하나님의 절대권을 대표하는 만큼 도리어 끊임없는 자기반성이 필요하다.

　그러나 우리가 지금 교회를 비판하게 되는 것은 그러한 일반적인 데부터만이 아니라 역사적·사회적 현 단계의 필요에서부터이다. 자각증상은 고사하고 남의 눈에 병색이 뵈기 때문이다. 종교는 사사私事가 아니다. 믿는 자의 취미에만 그치는 일이 아니다. 종교는 물론 인생에 초연해야 하는 것이지만, 그 초연은 인심 위에 지도적 권위를 가지기 위해서 하는 초연이지 결코 관계 아니 하기 위해서가 아니다. 그 관계를 예수께서는 소금과 등불과 산성山城으로 비유했다. 종교는 믿는 자만의 종교가 아니다. 시대 전체, 사회 전체의 종교이다. 종교로써 구원 얻는 것은 신자가 아니라 그 전체요, 종교로써 망하는 것도 교회가 아니라 그 전체다.

그렇기 때문에 공산주의자들이 처음에는 종교는 사사라 하여 관계 아니 하다가 후에는 깨닫고 "종교는 민중의 아편이다"고 규정을 짓고 무자비한 탄압을 하게 된 것이다. 아편이겠는지, 생명소겠는지는 각각 제 해석대로 하겠지만 그런 관련이 있는 것만은 사실이다. 그런데 도리어 교회가 툭하면 사회에 대해 오불관언吾不關焉의 태도를 취하는 것은 우스운 일이다. 지금 우리나라에 종교가 있다면 기독교다. 즉 국민의 양심 위에 결정적인 권위를 가지는 진리의 체계가 있다면 그것은 기독교적인 세계관·인생관이지 다른 것이 될 수 없다. 그런데 그 기독교가 내붙이는 교리와 실지가 다르고, 겉으로 뵈는 것과 속이 같지 않은 듯하고, 살았나 죽었나 의심나게 하니 묻지 않을 수 없다.

고선도古仙道나 화랑도花郎徒 모양으로 역사적·사회적으로 아주 완전히 죽어버렸다면 문제없다. 그것은 식은 재다. 삼국시대의 불교나 이조시대의 유교 모양으로 인심 위에 산 작용을 하고 있다면 또 문제없다. 그것은 산 불길이다. 그러나 오늘의 교회는 미지근한 재요 시들어가는 나무다. 지금 이 사회가 정신적 혼란에 빠져 구원을 위해 두 손을 내미는데, 교회는 왜 활발한 활동을 보여주지 않을까? 이 시대에 구원이 기독교적인 데서 와야 한다는 것은 전 인류의 방향이 지시하는 바다. 물론 기성의 정신적 체계로도 될 것은 아니고 인류는 앞으로 근본적으로 생각을 새로이 할 것이지만, 아무래도 역사적인 존재인 이상 기존 어느 것을 기본으로 하고 나오는 수밖에 없을 터인데, 그렇다면 여러 가지 점으로 보아 아무래도 기독교적인 데서 나올 수밖에 없다는 것이 식자들의 의견이다.

그런데 그런 지위에 있으면서 우리나라의 기독교가 왜 열심도 보여주지 못할까? 우리는 이제 그 뿌리를 들춰보고 그 미지근함 속에 손을 넣어보지 않을 수 없다. 그리하여 살았으면 더 북돋우고 아주 명이 들었으면 뽑아버리고 다른 나무를 심어야 할 것이며, 아직 불꽃이 있으면 살려 일으켜야 하겠고 아주 꺼졌으면 어서 쓸어버려 새로 심는 나무의 거름으로라도 해야 할 것이다.

처음의 감격

기독교가 본래 그런 것은 아니었다. 처음에 들어올 때는 정복적인 생명력을 가졌다. 우리나라는 오랫동안 사상으로 하면 고선도적古仙 道的인 것과 유교적인 것과 불교적인 것이 합하여 혼연일체를 이루어 왔다. 물론 처음에는 고선도가 국민생활을 지도해왔을 것이고, 대륙 으로부터 유교문화가 들어오자 도덕에 관한 한은 대체로 유교적인 것으로 대치가 되었다. 그러나 유교는 사회생활의 실제 도덕에서는 높은 것이었으나, 세계관의 문제에서는 자세한 설명을 주는 것이 없 으므로 고래古來의 고선도적인 것으로 내려오다가 불교가 당시의 중 국에서 성했던 물질적·예술적인 문화를 타고 올 때 그 영향을 많이 받아 대부분 불교적인 것이 돼버렸다.

그리하여 오랫동안 정신계를 말하면 상반신 세계관적인 데 관한 한 불교적·고선도적이었고, 하반신 도덕적인 데 관한 한 유교적이었 다. 그것이 일개 산 체계를 이루어 국민생활의 척수가 되어왔다. 그 런데 그것이 이조 말에 와서는 아주 썩어버려 민심을 거눌 수가 없어 졌다. 썩었다는 것은 다른 것 아니요, 언제나 종교 도덕이 일부 지배 계급에 독점되어 그 물질적 이익을 옹호하는 수단이 되었다는 말이 다. 삼강오륜도 제대로 있고 천당 지옥도 제대로 있지만 그것은 양반 계급이 자기네의 지배자 지위를 지켜가기 위해 쓰는 것인 줄을 아는 민중에게는 양심의 지침이 될 리가 없었다.

그렇게 된 때에 기독교가 들어와서 천지간에는 오직 한 분 신령한 하나님이 계시고 모든 인간은 그 자녀라 하며, 그렇기 때문에 사람은 서로 사랑해야 한다, 원수도 사랑해야 한다고 가르쳤다. 그것은 종래 듣던 것보다 모두 합리적이요, 모두 깊고 큰 세계관이며 공정하고 높 은 논리요, 거기는 인류 역사를 개조한다는 약속이 들어 있는 복음 이었다. 그리하여 민중의 마음은 섶에 불이 당기듯이 그것을 받아들 였다. 실지로 그 새 종교의 공연한 신도가 되는 것은 여러 가지 관계 로 그렇게 쉽게 되는 것이 아니다. 공중의 대기와 같이, 민중의 양심에, 막연은 하면서도 절대의 권위를 가지는 청신한 생기를 주는 세계관·인생관·역사관은 전체적으로 그것으로 대치가 돼버렸다.

그랬기 때문에 소위 쇄국주의를 버리고 개명을 한다고 한 이래, 국민적 일대사一大事가 있을 때 민심 위에 결정적인 판단을 내린 것은 종래 있던 불교적인 사상도 아니요, 유교적인 윤리도 아니요, 기독교적인 것이었다. 물론 이렇게 말하는 것은 모든 일이 기독교의 주장대로 됐다는 말은 아니다. 국민 양심의 배후에서는 분위기를 말하는 말이다. 이 사회적 분위기야말로 역사가 나아가는 데 결정적인 의미를 가진다. 이 사이의 소식은 3·1운동의 사실상의 주동자인 이승훈[1] 선생이 자기를 재판하는 일본인 법정에서 한 말에서 잘 알 수 있다. 그는 독립운동은 왜 했느냐 하는 질문에 "하나님의 뜻에 따라 했다" 하였다. 이러했기 때문에, 국민 양심을 지지하는 척수가 기독교였기 때문에 일제는 그것을 극력 압박하였다.

그러나 한편 3·1운동 이후 우리는 거기 한 변화가 생기는 것을 본다. 공산사상의 침입이다. 그것은 기독교와는 정반대되는 세계관을 가지고 민중 앞에 다가섰다. 그리고 거기는 세계사적 근거가 없지 않으므로 계급적 압박에 고생하는 민중의 양심은 분열하기 시작했다. 기독교냐, 공산주의냐. 살기 위하여는 그 둘 중 어느 것을 택해야 된다고 생각하게 됐다. 일제와는 공통된 대적이었으므로 그 둘은 서로 반대는 되면서도 그 한 뱃속에서 쌍태雙胎로 자랐다. 그리하여 해방이 되던 날 쌍둥이가 나와 서로 장자로 상속권을 다투게 되었다. 누가 에서가 되고 누가 야곱이 될까. 수천 년 전 팔레스타인에서 그랬던 것과 마찬가지로 오늘도 현실에 붙는 자 에서가 되고 이상에 열심인 자 야곱이 될 것은 틀림없다. 그것은 역사의 변할 길 없는 법칙이다.

1) 이승훈(李昇薰, 1864~1930): 교육자이자 독립운동가. 호는 남강(南崗). 신민회 발기에 참여했고, 1907년 오산학교를 설립해 신학문과 애국사상을 고취했다. 1919년 3·1독립선언에 민족대표 33인의 한 사람으로 참가했다가 투옥됐다. 뒤에 동아일보사 사장에 취임, 물산장려운동과 민립대학 설립을 추진했다.

그랬기 때문에 해방이 왔을 때 교회가 맨 처음으로 보여준 것은 커다란 감격 속에 가지는 흥분의 얼굴이었다. 감격은 전 국민이 가진 감격이지만, 기독교가 가진 감격은 일반보다는 독특한 것이 있었다. 그것은 불교도도 유교도도 가질 수 없는 것이었다. 간단히 한 말로 표시한다면 "이제 우리 때가 왔다" 하는 것이다. 거기는 역사적인 어떤 사명감과 자부심이 흐릿하게나마 들어 있었다. 그것은 다른 것을 말하는 것 아니요 국민 양심의 핵심이 거기 있는 것을 말하는 것이다. 그런데 그것이 위에서 말한 것같이 공산주의에 의하여 양분이 되었다. 같은 흥분을 가지고, 그 근본정신도 다르고 따라서 그 방법도 다른 것이지만, 서로 역사적 사명을 자부하는 흥분에서만은 서로 같고 대립되었다. 그러나 그 당시의 분위기로 말한다면 국민은 대체로 기독교 편에 손을 들 형편이었지, 결코 공산주의가 이기리라고 생각을 한 이는 없었을 것이다.

예언

그러고 보면 38선이 갈라지고 미·소 두 진영이 대립된 것은 결코 우연한 일이 아님을 알 것이다. 스탈린이 교활해서도 아니요 루스벨트가 속아서도 아니다. 그런 것은 다 일의 외적 계기가 됐을 뿐이지 속 원인은 아니다. 속 원인은 역사의 탯집 안에 벌써 들어 있었다. 그리고 만일 우연한 일이 아니고 역사적으로 그럴 만한 까닭이 있어서 된 것이라면 그 원인을 치밀하게 연구해 밝히고 그것을 고치기 위해 전투적 실천 태도로 임하지 않으면 아니 될 것이다. 야곱 모양으로 이상은 하늘에 닿는 사다리같이 높은 것을 가지면서도 그 실현을 위해서는 양가죽을 벗겨낸 털을 대신하고 사랑을 완성하기 위해 14년을 머슴 노릇을 하는 것 같은 노력이 있어야 할 것이다. 대적은 우연히 만난 것이 아니요, 한 어머니 뱃속에서 나왔다 하니 내 자신 속에 있다는 말이다.

고로 해결책이 내게 있다. 밖에서 왔다면 요행을 기다리든지 그렇지 않으면 항복을 해버리겠지만, 내게서 나간 것이라면 내가 힘써야 할 것이요, 힘쓰면 할 수 있을 것이다.

그런데 38선이 갈라진 불행을 당하고 교회는 어떻게 했나? 처음 흥분이 식고 미·소 양군의 주둔이라는 어쩔 수 없는 현실을 당할 때 교회는 한동안 환멸의 비애를 느끼고는 그다음 일어난 것이 예언이었다. 그저 저마다 예언이다. 3년 후에 통일이 된다, 5년 후에 된다, 어느 해는 예수가 재림하고 소련이 망한다, 이런 것이 유행했다. 이것은 무엇을 말하는 것일까. 그들이 역사적 문제를 우연한 것으로 안 심리다. 말은 우연이라 하지 않고 하나님의 섭리니 계획이니 예언이니 하지만, 그것을 역사적 현실의 문구로 해석해놓으면 우연이란 말이다. 이것은 그들의 신앙이 형식적·관념적이요, 실천적이 아니라는 뜻이다. 정신계의 일과 현실적인 일을 혼동하여 하늘나라의 일을 곧 지상에서 보려 하기 때문이다.

그 결과 역사에 대해 도덕적인 노력의 입장에 서지 않고 전적으로 자연현상을 대하는 모양으로 기다려서 결과를 얻으려는 심리에 빠진다. 고로 예언을 하게 된다. 『정감록』식으로 운명을 기다리는 심리가 자기암시가 되어 나온 특수 정신적 현상이 곧 이 예언이다. 그런 고로 몇 번 해보아도 들어맞지 않는 것을 안 요사이는 전혀 그런 것은 없다. 『구약』에 많이 있는 예언이란 그런 것이 아니다. 근본이 윤리적인 것이다. 국민이 갈 길을 지시해 힘쓰게 하자는 것이지 요행을 기다리게 하자는 것이 아니다.

고로 교회가 공산주의를 역사적 상속권을 위해 싸워야 할 대적으로 안 것은 옳은 일이나, 그 대립의 원인을 도덕적으로 내부에서 구하지 않고 외적·운명적·정치적인 데서 구한 것은 잘못이었다. 하나님을 믿는 것은 손을 묶고 앉는 일이 아니다. 도리어 인간으로서 활동을 힘껏 하기 위해 생사 성패를 하나님께 맡기는 일이다. 역사적·사회적인 인간생활에 관한 그 원인을 찾고 그 해결 방법을 연구 실천하는 것이 신앙이다. 『구약』 중에 역사가 많은 것은 역사철학을 가르치기 위한 것인데, 그들이 잘못 알았기 때문에 역사적 관심을 잃고 옛날의 운명관을 못 벗어나고 있다.

그렇기 때문에 공산주의자들이 해방 후 교회 신도들이 부흥회에만 취하고 정치에 관한 한 "일본이 갔으니 우리 손으로 하면 그만이다"는 단순한 식의 생각밖에 아니 하는 것을 보고 "너희 놈들이 사회를 개량해보자는 성의가 있느냐?" 하고 욕했고, 그래서 그것은 변명의 여지없는 옳은 말이 되었다. 공산주의자의 인해전술의 무서운 습격을 받다가도 북한 상공에 예수가 나타났다면 정말 그런가 믿고 일시 안도감에 취해보려는 교회인이라면, 역사에 대해 그렇게 얕은 생각을 가지는 사람들이라면, 신앙이란 것을 그렇게 미신적으로 취하는 민중이라면 6·25전쟁은 한 번만 당할 것이 아니다.

교파 싸움

예언이 들어맞을 리가 없다. 역사를 통해 성격을 기르자는 하나님이 기적으로 게으름뱅이에게 복을 줄 리가 없었으니 그 예언이 하나님의 계시일 리가 없다. 해보다가 아니 되니 그런 예언은 제 마음이 스스로 가르쳐 다시 하지 않게 되었다. 그러고는 일어난 것이 교파 싸움이다. 장로회가 이분二分이 되고, 감리회가 이분이 되고, 한 교회당 안에서 두 파가 대립해서 예배를 드리고, 경관을 출동시키고, 교회당 차압을 하고. 천주교는 우리는 그런 싸움 아니 한다고 자랑할는지 모르나, 그것은 마치 국민의 불평을 식민지전으로 전가시켜 겨우 통일을 유지해가는 제국주의 국가의 일과 마찬가지로 다른 교파는 다 열교裂敎라는 것을 밤낮 선전해서만 유지돼가는 통일이다. 개신파에서 개종해온 것을 선전 광고하는 것은 그것이 교파심 아니고 무엇인가.

종파 싸움은 기독교 저희끼리의 싸움인데 저희끼리 싸움을 하는 것은 외적이 없어졌기 때문이다. 기독교는 근본으로 말하면 현세적인 것을 상대로 싸우잔 것인데 그 근본정신이 살아 있는 한 그 싸움은 그칠 날이 없다. 그런데 외적이 없다는 것은 타협한 것 이외에 다른 이유가 없을 것이다. 타협을 한 것은 속았기 때문이다.

교敎의 파쟁이 일제시대에는 별로 없었다. 공산 침략이 심할 때는 천주교와 개신파도 상당히 가까웠다. 그러나 그런 대적이 좀 멀어질 때 종파 싸움은 맹렬히 일어났다. 왜인가. 대적을 밖에서만 보았고 안에서 보지 못한 것이다. 속았다는 것은 그것이다. "원수가 네 집의 식구리라." 정말 대적은 나 자신 속에 있는 것인데, 민족이 다른 데, 주의가 다른 데 있는 것같이 생각한 것이 속은 것이 아닌가. 신앙의 자유를 허락한다면 내 편인가. 그런 나라를 시인하고 교황사절을 보내고만 있으면 기독교는 이긴 것인가. 적산[2] 이권利權을 교회에 허락해주기만 하면 그건 우리 정부인가. 그 모든 것은 게릴라 부대로 내부에 침입한 적의 교묘한 가장에 지나지 않는다.

기독교를 불신자가 보고 "같은 하나님 같은 예수를 믿는다면서 무엇 때문에 싸우는지 알 수 없지" 하는 싸움을 할 때 완전히 적의 책략에 넘어간 것이다. 서로 싸우는 교회 안에서 주도권을 쥐고 있는 죄인을 위해 십자가에 달릴 예수가 아니요, 저보다 나은 신앙이 시기가 나서 카인으로 하여금 일어나 동생을 때려죽이게 하던 그놈이다. 이 나라의 기독교가 종파 싸움이 심하단 것은 그만큼 이 나라 위에 하늘나라를 임하게 하려는 의욕이 적고 목적을 현세적인 권력에 두는 증거다. 그래서는 저들은 그 역사적 사명을 다하지 못할 것이다. 기도할 때는 눈물을 흘리며 남북통일을 구하고 머리를 들고는 폭력을 써서 교회당 쟁탈전을 하고, 그런 통일주의는 썩 잘한대도 자기 교파가 독재적 통일을 원하는 것밖에 될 것 없다. 그럼 무엇이 공산주의와 다를까.

---

2) 적산(敵産): 자기 나라나 점령지 안에 있는 적국(敵國)의 재산. 1945년 8·15 광복 이전까지 한국 내에 있던 일제나 일본인 소유의 재산을 광복 후에 이르는 말이다.

성신운동

한편으로 교파 싸움이 날로 심한데 또 다른 한편으로 일어난 것이 성신받는다는 일이다. 삼각산이요 용문산이요 대구요 뚝섬이요 서울운동장이요 엄 장로요, 박 장로요 또 무슨 장로요, 한편에서는 병이 나았다, 불이 내렸다, 또 한편에서는 사람을 때려죽였다, 재판을 한다 등등 가을 들에 시든 풀이 불붙듯이 번져나간다.

그건 무엇일까? 먹지 못한 양의 몸부림이지 다른 것 아니다. 교회는 원조물자 오면 나눠 먹을 생각만 하고, 목사들은 큰 교회 자리를 얻기 위해 싸움만 하고, 유력층에 운동해서 적산 이권이나 얻으려 하고. 그보다 조금 높은 것은 미국에 유학 갈 길을 찾고, 세계적인 회합이 있는 기회에 한번 대표로 가보려 하고 있는 동안 세계 정세는 호전하는 것도 없고. 산업은 날마다 쇠해가고 관리는 점점 더 썩어가고, 학교 선생님들은 고리대금업자로 화하고, 민중은 실로 마음을 가져다 붙일 곳이 없다. 사람은 죽지는 못하는 것이다. 심령은 살기 위해 구하지 않을 수 없다. 그렇게 갈급해하는 심리에서, 궁금한 심리에서 나온 것이 성신받는다는 현상이다.

실천적으로 노력해보자는 마음은 본래 배우지 못했으니 현실은 어쩔 수 없이 사방이 막힌 것으로만 보이고, 그러니 바랄 것은 하나님의 능력뿐이고. 구하는 자에게는 준다 했고, 그러니 최후의 수단이 산천기도 식일 수밖에 없다. 정신은 본래 혹하는 물건이요, 혹은 제 생각하는 대로 되는 법이다. 굶은 자의 눈에는 제 자식도 먹을 음식으로 뵈고, 변태성욕자의 눈엔 나무 그루터기도 미인으로 뵈는 법이다. 내 마음속에서 불을 바랐으니 불이 뵌 것이고, 들은 것은 안수니 죽을 때까지 주무르게 되는 것이다. 병이 낫는다는 것은 말하지도 말라. 그것은 기독교의 성령을 기다릴 것 없이 무당도 하는 것이다. 문제는 성령이라 하는 '성령'을 무엇으로 생각하느냐 하는 데 있다. 예수께서 약속하신 성령은 그 성격이 윤리적인 데 있지 결코 마술적인 능력에 있지 않다. 이제 성신받았다는 사람들이 양심의 정도가 올라가는 것은 별로 없고 기적적인 것을 행하는 데만, 더구나 방언 식으로 환상 식으로 많이 기울어지는 것은 그 진리 체험의 정도가 옅음을 말하는 것이다.

자고로 기적으로 나라가 건져진 일은 없다. 느부갓네살의 10여만 군대가 하룻밤 사이에 죽었다는 이야기를 듣고 이스라엘인이 홍해를 육지같이 건넜다는 사실을 우리가 알지만, 그것으로 나라가 구원되지는 못했고 되었다면 마음에 깨달음이 온 이후이다. 『구약』이 보여주는 것은 그 진리이다. 그런 기적은 다 국민의 성격을 닦아내기 위한 수단이었다. 본말을 거꾸로 하면 잘못이 생기는 것은 정한 이치이다. 도덕적으로 성격이 정화되기를 힘쓰는 것 없이 한갓 능력만 구하는 사람들이 건전한 영을 받지 못할 것은 당연한 일이고, 건전하지 못한 이상 여러 가지 폐단이 날 것은 말할 것도 없다.

이제 그 현상은 예언과 마찬가지로 또 한때 불고 지나가는 바람일 것이다. 알아야 할 것은 평소에 진리를 가르쳐준 것이 없는 교역자의 잘못이다. 그들이 신앙이라면 그저 능력을 얻는 것으로만 가르쳤고 복 받는 것으로만 말했고 윤리적인 노력을 하는 것을 지도하지 않은 고로 오늘의 병증이 나타난 것이다. 이 성신운동 현상은, 열심히 울고불고 기도하고 죄를 회개한다고 하여 사교심리의 변태적인 행동을 하고, 그로써 약간의 병이 낫고, 헌금으로 금가락지 금시계 자동차가 들어오고, 모모 장관 부인이 어쨌다는 것을 광고로 하고 집회자 숫자를 과장해서 광고를 하는 식으로 하는 이 성신운동은 종교로도 그런 종교가 서 있을 수 없지만 나라는 더구나 절대로 구원이 못 된다. 구하는 열심은 있으나 그 근본 태도가 진리적이 아니다. 이것으로 민심은 올라가고 밝아지지 못하고 내려가고 어두워질 것이다.

교회당

마지막으로 최근에 와서 보는 현상으로는 교회당이 날마다 늘어가는 것이다. 이것은 무슨 현상일까. 먼저 교회당은 무엇으로 그처럼 늘어갈까. 여러 말 할 것 없이 돈이 있기 때문이다. 교회당이 그렇게 많이 일어나도 이때껏 하룻밤 사이에 하나님이 하늘에서 내려보냈다는 것은 못 들었고 인간이 지은 것들이다. 인간이 지었다면 어디서 났거나 돈 있어서 된 것이지 건축가가 지어준 것은 아닐 것이다. 그러면 해방 후 날로 더 못 돼가는 경제에 교회에는 어떻게 그런 돈이 있을까. 하나님이 정말 기독교에 특별한 복을 주어 사업이 성했나.

그렇게 믿는 아주 갸륵한 양심도 다분히 있기는 하지만 거기 생각할 점이 없을까. 아무리 보아도 교인이 불신자보다 양심이 더 나은 것 같지 않고, 또 설혹 낫다 하더라도 이렇게 전국이 궁핍에 주리는 이때에 기독교만이 양심적인 생활을 넉넉히 하고도 남아서 굉장한 교회당을 오 보 십 보에 경쟁해 세울 수 있게 돈을 퍼부어 준다면 그는 공정한 하나님이 아니다. 그러나 교인이 특별히 복을 받아서 되었다고 할 수는 없다.

그럼 어떻게 된 것인가. 돈의 출처는 두 곳밖에 없다. 하나는 외국, 주로 미국서 오는 원조요, 하나는 부정 매매에서 오는 것이다. 지금 우리나라에 정당한 사업을 양심적으로 해서 돈 벌 수 없다는 것은 청천백일하에 내놓고 하는 소리 아닌가. 그런데 기독교인만이 어떻게 깨끗한 돈을 벌었다 할까. 설혹 어디 가서 도둑질한 물건은 아니라 하자, 내 손으로는 아니 했다 하더라도 대체 도둑 손을 아니 거친 물건이 이 나라에 있을까. 또 만일 양보해서 깨끗한 물건이라 하자. 그는 어떻게 장사하고 어떻게 공장을 경영하나. 어떤 제도하에서 어떤 시장, 어떤 은행법, 어떤 세제하에서 하고 있나. 하층사회 사람이 살기 어렵다는 것은 무엇인가. 이 사회의 정치 경제의 조직이 권력 없는 자의 소득을 부당하게 빼앗아서 상층계급에 주도록 되었다는 말 아닌가.

하나님을 아무리 믿는다 하여도 우리 생활은 어쩔 수 없이 자본주의 제도하에서 하고 있으니 내가 의식적으로 했거나 무의식적으로 했거나 내게 생활의 여유가 있다면 남의 노동의 결과를 빼앗아서 된 것이지 결코 정직한 이마의 땀으로 된 것이라 할 수 없다. 그런데 만일 기독교인이 "나는 정당한 돈으로 산다" 한다면 그럴수록 그의 양심의 정도의 낮음을 말하는 것이다. 만일 양심이 날카롭다면 이 사회현상에 냉담할 수가 없고, 사회를 자세히 관찰한다면 거기 죄악적인 정도가 합법적이라는 가장구조假裝構造를 가지고 되어감을 모를 수 없고, 만일 그 사실을 본다면 일신이 일 없다고 안연晏然하고 있을 수 없을 것이다.

나는 정당한 보수하에 신부 목사 노릇을 한다 할지 모르나 그 정당은 뉘 정당인가. 하나님의 정당인가. 자본주의의 정당인가. 도대체 직업적 전도사란 것이 자본주의의 산물 아닌가. 그렇게 보면 적어도 이 사회에 사는 한 피문은 옷 입지 않은 종교가 없고 피로 세워지지 않은 교회당은 없을 것이다. 예수의 피가 아니고 착취를 당하고 죽은 노동자의 피 말이다.

교회 경영을 생각해보면 그것이 힘으로 되나. 장로급이 중심이 되어서 돼가는 것 아닌가. 장로란 결코 신앙의 계급이 아니다, 돈의 계급이지. 돈 있는 사람, 교회 경영을 맡을 수 있는 사람을 장로로 하는 것이요, 지금 교의 파쟁이 대부분 그 장로급을 중심으로 하는 일 아닌가. 그럼 그것이 하나님의 교회인가, 맘몬의 교회인가? 기독교인은 속죄를 받은 결과 이런 것도 죄로 아니 느끼리만큼 강철 심장이 되었는가.

그다음 미국의 원조를 생각해보자. 미국은 왜 외국을 원조하나? 자선심 깊은 사람이 되어선가. 어린애도 그렇게 생각 아니 할 것이다. 남의 선을 일부러 악의로 해석하자 해서가 아니라 현상 밑을 흐르는 역사적 관련을 밝히지 않은 선은 선이 아니기 때문이다. 원조하지 않고는 자기네가 살 수 없는 점이 있어서 하는 것이다. 즉 자본주의를 유지해가기 위해서다.

미국으로서 정말 동정심이 있으면 왜 넓은 지역을 자유 개방해 누구나 가서 살 수 있게 하지 않고 국경선이란 인위적인 울타리를 치고 비교적 소수의 국민이 막대한 부원富源을 독점하고 있는가. 그러면 동정이란 자기네의 호조건의 부원을 길이 독점하고 향락을 계속하기 위해서 역외의 불평자의 불평을 막기 위한 한 방책이 아닌가. 미국인도 세계가 불안한 이상 자기네 홀로 아무리 자원이 많고 기계가 발달했어도 그냥 오래 갈 수 없음을 알기 때문이다. 문제는 세계가 어떻게 하면 하나가 되어 같이 살 수 있나 하는 데 있지 내가 당장 문제가 다소 해결되었나 아니 되었나 하는 데 있지 않다. 내 교회 생각만 하는 것이 기독 정신일까. 작게 보면 교회는 미국 기독교도의 전도열에서 오는 자비의 선물을 받고 있는 것이나, 크게 보면 알지 못하는 동안에 미국의 자본주의가 자기를 지키기 위해 막는 약탈자와의 사이에 서서 그 울타리, 혹은 충돌을 피하는 스프링 노릇을 하고 있다.

이렇게 볼 때 원조는 문제가 된다. 어떻게 해서든 원조로 우리 곤궁을 면하면 그만 아니냐 하는 순물질적인 생각으로 한다면 문제될 것 없으나, 만일 적어도 정신이 문제라면 그저 원조를 청해 사업을 하는 것은 문제이다. 원조를 받아다가 학교를 한 것보다는 차라리 학교를 세우지 못하고 역사의 짐을 더 무겁게 메어 세계개조의 혁명의식을 더 강하게 가지게 되는 것이 역사의 긴 과정을 두고 보면 도리어 잘한 일일 수도 있다. 개인적으로는 미국 장학금을 얻어 공부를 하면 행복이라 하겠으나 자유정신을 기르는 편으로는 도리어 불행일 수도 있다. 사람이 남의 돈을 얻어쓰고 그 사람의 결점을 알기는 참 어려운 법이다. 미국이 늘 세계의 영도권을 쥘 것도 아니고, 정의가 있는 곳으로 옮길 터이니 그 옮겨지는 날에 어떻게 하려나.

그렇게 볼 때 교회당 탑이 삼대같이 자꾸만 일어서는 것은 반드시 좋은 현상이 아니다. 그것은 궁핍에 우는 농민과는 아무 관계가 없다. 그들의 가슴속에 양심의 수준을 높여주어야 정말 종교인데 이 교회는 그와는 반대이다. 교회당 탑이 하나 일어설 때 민중의 양심에는 어두운 그림자가 한 치 깊어간다. 그러기에 "예수 믿으시오" 하면

"예수도 돈 있어야 믿겠습니다" 한다. 이것은 악한 자의 말일까. 하나님의 음성 아닐까. 석조전을 지을수록 거지는 도망하게 생기지 않았나. 교회당이 없었던들, 원조를 주겠다 해도 "아니오, 우리는 10년 후라도 우리 땀으로 짓겠소" 했던들 그것은 불쌍한 자의 도피성이 되었을 것이다.

예수가 오늘 오신다면 그 성당, 예배당을 보고 "이 성전을 헐라!" 하지 않을까? 본래 어느 종교나 전당을 짓는 것은 그 역사의 마지막 계단이다. 전당을 굉장하게 짓는 것은 종교가 먹을 것을 다 먹고 죽는 누에 모양으로 제 감옥을 쌓음이요, 제 묘혈을 팜이다. 내부에 생명이 있어 솟을 때에 종교는 성전의 필요를 느끼지 않는다. 신라 말에 절이 성하여 불교가 망했고, 고려시대에 송도 안에 절이 수백을 셌는데 그 후 그 불교도 나라도 망했다. 이조 때 서원을 골짜기마다, 향교를 고을마다 지었는데 유교와 나라가 또 같이 망했다. 우리나라만 그런 것이 아니다. 애굽도 그렇고 바빌론도 로마도 그랬다. 그럼 성전이 늘어가면 망할 것은 누구인가?

석조 교회당이 일어나는 것은 결코 진정한 종교부흥이 아니다. 그 종교는 일부 소수인의 종교지 민중의 종교가 아니다. 지배하자는 종교지 봉사하자는 종교가 아니다. 도취하자는 종교지 수도·정진하자는 종교가 아니다. 안락을 구하는 종교지 세계 정복을 뜻하는 종교가 아니다. 이것은 지나가려는 시대의 보수주의자들이 빤히 알면서도 아니 그럴 수 없어 일시적이나마 안전을 찾아보려는 자기기만적인 현상이다.

광야에 나가면 짐승과 같이 있고, 바닷가에 가면 배 위에서, 밭에 가면 밭고랑에서, 길을 가다가는 우물가에서 예배하는 종교하고 목자 없는 양같이 헤매는 무지한 군중을 찾아 가르치다가 저물면 그대로 보낼 수 없어 많거나 적거나간에 같이 나눠 먹고, 밤이면 홀로 산에 올라 별을 바라보며 기도·예배하는 종교, 그러한 예수의 종교, 성당 없는 종교, 종교 아닌 종교는 지금 이 나라에 있나, 없나.

맺음

이렇게 볼 때 이 교회의 증상은 고혈압이라 진단할 수밖에 없다. 뚱뚱하고 혈색도 좋고 손발이 뜨끈한 듯하나 그것이 정말 건강일까. 일찍이 노쇠하는 경향 아닌가. 그러기에 이렇게 혼란해가는 사회를 보고도 용기를 내지 못한다. 전쟁이 났다면 기독교 의용대나 조직해서 불신자로부터는 병역기피라는 비방이나 듣고, 수많은 청년을 양심의 평안도 못 얻고 육신의 생명도 못 누리고 죽게 하고. 성직자는 먼저 구해야 한다고, 그 가족은 먼저 도망을 하고 신도는 또 그렇다고 비난을 하고. 교회당에 피난민이 오면 신자를 먼저 들이고 불신자를 막고, 구호물자가 오면 그 때문에 싸움이 나고 그렇지 않으면 그것을 미끼로 전도를 하려 하고. 그리고 선거를 하면 누구를 대통령으로 찍으라, 누구를 부통령으로 찍으라 하고, 기독교 연합을 하여 추천을 하든지 매수를 하든지 하고. 교회를 지반으로 정당운동이나 하고, 기독교 학교도 남보다 못지않게 누구보다 더 학생을 착취하고 있을 뿐이다. 이 역사를 세우려 기독적인 입장에서 높은 입장을 주장하는 커다란 사상적인 노력도, 기울어져가는 집을 한 손으로 당해보려는 비장한 실천적인 분투가 힘 있게 나오는 것도 없다.

물론 개인적으로 산 신앙이 더러 있는 것을 모르는 바 아니다. 땅에 떨어진 도의와 정신에, 만고에 없는 환난을 당해 순교의 정신으로 생명을 증거한 것이 있다면 그래도 기독교인이지 다른 데 있지 않다. 그 점은 감격할 일이요, 그 귀한 것으로 하면 단 한 사람을 가지고도 전 교회의 면목이 선다 할 수 있고, 국민이 당한 물질적·인적 모든 손해를 보상하고도 남는다 할 수 있다. 그러나 우리가 바라는 것, 또 하나님이 바라는 것이 어찌 그뿐일까. 개인적으로 그런 것이 있음에도 '교회'는 공적으로 변호할 말을 가지지 못할 것이다. 교회는 그런 신앙에 방해를 하고 구속을 했을지언정 도운 것이 없다. 신사참배 문제 때에도 그랬고 미 군정시대에도 그랬고 공산주의 침입에 대해서도 그랬고 6·25 때에도 그랬고, 교회는 결코 이겼노라고 면류관을 받으려 손을 내밀 용기가 없을 것이다.

　나는 위에서 교회의 현상을, 먹을 것을 다 먹고 고치에 든 누에에 비교했다. 과연 그렇기를 바란다. 그것은 갇혀서도 갇힌 것이 아니요 죽은 듯해도 죽은 것이 아니기 때문이다. 나는 하나님이 그렇게 하실 줄을 믿는다. 그러나 그렇다면 남은 일이 하나 있다. 때가 올 때 여는 것이다. 죽는 누에는 자기의 힘이 아닌 신비에 의하여 변화하여 영광스러운 생명으로 나오는 날이 올 것이요, 그때에 이때껏 보호와 압박의 일을 기이하게 겸해 하던 집을 대번에 깨치는 날이 올 것이다. 그때 적어도 최후로, 스스로 양보해서 열리는 겸손과 아량이 있어야 할 것이다. 그러면 이때까지의 실패가 그 한 일로 인하여 자랑으로 살아날 수 있으나, 만일 그때에도 역시 고혈압의 버릇을 그대로 고집해서 솟아나는 새 생명을 질식케 하는 일이 있다면 멸망이 있을 뿐이다.

　탑이 높아가는 석조 교회당 밑에, 그 눌림 밑에서도 산 신앙이 있다면 그것을 들치는 것은 틀림이 없을 것이나, 다만 한 가지 조건은 산 공기를 마신다는 것이다. 고치 속에 있는 번데기가 죽지 않았다가 변화하려면 산 공기와 일광 속에 있어야만 하는 것같이 내리누르는 교회당의 무게 밑에서도 생명의 씨가 살려면 역사적 대세의 분위기를 마셔야 할 것이다.

　• 1956년 1월, 『사상계』 제30호

한국의 기독교는 무엇을 하려는가

늙어가는 증상

해방 후 10년이 지난 1956년 첫머리에 나는 그때까지 우리나라 기독교의 역사를 반성해보는 글을 써서 『사상계』에 발표했던 일이 있다. 사실상 그것은 내가 첫 번째로 공개하는 글이었다. 일제시대에 『성서조선』[1] 에 글을 쓴 일이 많지만 그것은 순전히 기독교 신자에 대해서 한 것이었고, 독자 수도 극히 한정된 것이었으므로, 일반 세상에서는 거의 아는 이가 없었다. 내가 감히 사회 전체를 향해서 공언을 한 것은 이것이 처음이다. 물론 그전에도 말로는 한 일이 적지 않게 있다. 그러나 같은 말이라도 말로 하는 것과 글로 쓰는 것이 서로 다르다. 그러므로 그때까지 감히 엄두를 내지 못했다.

1955년 여름 『사상계』의 편집을 보던 안병욱安秉煜 님으로부터 인생노트를 쓰라는 부탁을 받았다. 딱 잘라 거절도 못 했지만 쾌히 승낙을 한것도 아니었다. 가을이 다 가도록 채근이 없기에 안심했는데 12월에 가서 꼭 써야 한다고 독촉이 왔다. 그래서, 일기 하나 적어두지 않는 사람이 인생 노트는 쓸 자격도 없고, 또 아무거라도 좋다니

---

1) 『성서조선』: 1927년 김교신·함석헌 등 무교회주의자들이 창간한 신앙 동인지. 『성서』 각 권에 대한 해석과 관련된 기초연구를 다뤘다. 1942년 필화사건으로 일제에게 폐간조치를 당했다.

그럼 나의 가장 관심 있는 것을 쓸 수밖에 없다 해서, 그 글을 쓴 것이었다. 논문으로가 아니라, 내 딴으로는 전체를 걱정하는 마음에서 내보는 바를 내놓은 것이었다. 그랬기 때문에 원고료를 가지고 왔을 때나는 깜짝 놀랐다. 이때껏 글이라면, 밥은 다른 길로 먹으면서 공公을위해 의무로 공헌으로 하는 것인 줄만 알았지, 글을 쓰고 값을 받는줄은 몰랐다. 그래서, "아, 이렇게 하는 것들인가?" 하고 놀라면서 받기는 하면서도, 또 고맙기는 하면서도, 분개까지는 아니라도 스스로부끄러운 생각이 들었다.

그랬기 때문에 나는 그 글을 내고 나서, 잘 됐거나 못 됐거나 내 마음을 알아줄 줄 알았지, 거기 대해 시비를 하려니 생각은 하지 않았다. 그만큼 나는 어리석었다. 그랬는데 안팎에서 말썽이 크게 일어났다. 들리는 말에 개신교 측에서는 여러 목사들이 분개하여 반박문을내자고 하다가, 누가 "그러나 사실인 것을 어떻게 해?" 해서 그만두었다고 했다. 가톨릭에서 윤형중 신부님이 반박하기를 시작해서 여러 달 두고 논전이 벌어졌고, 한때 사회에 화젯거리가 됐던 것을 세상이 잘 기억할 줄 안다.

그때 나는 한마디로 우리나라 기독교를 늙어가는 증상이라고 진단했는데, 지금도 나는 그것을 고쳐야 할 필요를 느끼지 못한다. 물론밖에 나타나는 것으로는 많이 활발해진 점이 있는 것을 모르지 않지만, 나는 그것을 결코 속 생명이 젊어져서 되는 것으로 보지 않고, 동맥이 굳어지는 데서 오는 건전치 못한 현상으로 본다. 언제 뇌일혈을일으켜 전신 혹은 반신불수에 빠질는지 모른다.

그 후 다시 15년이 지나갔다. 나는 이 글에서 이 25년 동안 온 것을미루어서, 교회가 앞으로 제 사명을 다할 수 있을까 생각해보려고 하는데, 나더러 이름을 부치란다면 나는 이것을 포로의 사반세기四半世紀라고 하고 싶다.

『구약』을 읽으면서 이스라엘 민족이 애굽에서 뛰쳐나와 40년 동안을 목적지에 못 들어가고 빈 들에서 헤맸다기에 굉장히 긴 세월로 알았고, 나라 하기란 그렇게 어려운 것인가 놀라기도 했고, 그렇게도 무지한 목곧이(억지가 세어서 남에게 호락호락 굽히지 않는 사람을 놀림조로 이르는 말 - 편집자) 민족이었나 의심도 했는데, 막상 해방 후 우리가 일을 당하며 우리 자신을 살펴보니, 40년은 차라리 짧은 시간이요, 우리는 그들보다도 더 어리석고 정신빠진 민족이란 슬픈 느낌이 많다. 모세는 쓰라린 실패도 여러 번 했지만 그래도 홍해를 건넌 지 1년 만에 호렙 산 밑에서 나라를 세웠고, 40년 동안 중간적인 종교적 군정으로 국민훈련을 한 다음에는, 가나안 정복에 들어가기 전 요단 강 이편에서 벌써 완전히 짜인 정책과 법률을 발표했다.

우리는 1945년 8월 15일의 해방을 우리의 출애굽이란다면, 그 후 벌써 25년을 온전히 지냈다. 25년이라면 40년의 3분의 2다. 지금은 속도시대니 지금 1년은 그때의 백 년에도 더 맞먹는다. 그렇다면 우리는 이미 가나안 정복 완성까지는 몰라도 시작이라도 했어야 할 것인데, 아직도 어느 길을 택해야 할지 방향도 못 잡고 있다. 그렇게 말하면 혹 반대하기를 대한민국이 이미 서 있지 않느냐 할지도 모르지만, 자유와 정의를 생명으로 여기는 국민이라면 그런 자기 아첨은 할 수 없을 것이다.

생각해보라, 시내 광야에 그래 외국군대와 외국자본이 들어와 있었던가? 모세는 민중이 어리석게 반항하는 것을 당하고도 그것을 진압하기 위해 외국군 사령관에 청하고 그 무기의 원조를 얻어내 백성을 쏘지는 않았다. 그리고 민중이 잘못을 깨닫고 순종하여 자진 모든 향락품을 몸에서 제해버린 다음에야 새 종교의 교리와 제도를 발표했다. 한편에는 '도둑촌'이라 불리우리만큼 잘사는 사람, 또 한편에는 인간 대접을 해달라 부르짖다 못해 '분신자살'을 하는 사람을 만들어놓고 발전이다 전진이다 하지는 않았다.

모세는 제 사명을 다한 후 40년이 다 되는 날, 꿈에 그리던 가나안에 들어가보지는 못했지만, 기어코 피스카 산 꼭대기에 기어올라 멀리서 그 장차 올 나라의 모습을 보고, 빙그레 웃음을 머금고 숨이 졌다. 오늘날 우리 교회에 그만한 지도능력이 있나? 믿음이 있나? 역사의 내다봄이 있다고 할까.

모세는 갔어도 이스라엘에는 여호수아가 있었기 때문에 그 위대한 지도자를 잃고도 민중이 낙심하지 않고 한 덩어리가 되어 큰 역사적 사업에 달음질해나갔다. 오늘 우리 교회와 여호수아는 어디 있나. 20세기의 요단 강을 건너 여리고 성을 점령하고 낡아가는 문명의 가나안 일곱 족속을 정복하러 나설 자신 있는 젊은 세대를 가졌는가.

나는 눈과 양심을 가지고는 결코 "예"라고 대답할 수가 없다. 요단 강이 아니라 홍해를 도로 건너 애굽에 다시 기어들어가 자진 종의 멍에를 집어쓴 것 아닌가.

첫 가나안의 모습

우리 역사와 이스라엘 역사가 크게 다른 점은 그들은 첨부터 목적지인 가나안이 결정되어 있어 그것을 바라보면서 떠났다. 낮에는 구름기둥 밤에는 불기둥이 그들을 인도했다고 하는데 그들이 그 빛 속에 본 것은 다른 것이 아니고 가나안의 모습이었다. 자도 가나안이요 깨도 가나안이었다. 그런데 우리는 그와 달라 첨부터 이때껏 아무것도 보는 것이 없다. 해방이 본래 완전히 싸워 얻은 해방이 아니라, 첨에 어리둥절했던 것은 자연 그럴 수밖에 없는 일이라 하더라도, 4분의 1세기가 지난 오늘에도 여전히 이념이 없다. 그것이 어떻게 그저 대세에 밀려 맹목적으로 임시임시 더듬어나가는 것이냐 하는 것은 그 국시國是와 교육방침을 말하는 데 반공밖에 말하지 못한다는 것이 잘 증명하고 있다.

이스라엘 민중 다는 못 되더라도 적어도 모세는 첨부터 환히 내다보는 것이 있었다. 그랬기 때문에 국민이 분열하고 반항하는 아주 위태로운 자리에서도 확신을 가지고 지도할 수 있었고, 또 그랬기 때문에 민중도 마침내 따르고야 말았다. 모세에게도 그것이 결코 쉬운 일은 아니었다 120년의 그 일생은 세 토막의 40년으로 나뉜다. 첫 40년은 애굽 문화 속에서, 둘째 40년은 시내 광야에서, 셋째 40년은 민중 속에서다. 그중에서도 중요한 것은 둘째 40년이다. 보통 세상사람으로는 누구나 마찬가지로 첫 40년에 다 됐다. 부족할 것이 없었다. 그러나 그러한 보통의 애국자, 개혁자로는 참 창조적인 역사의 지도자가 될 수는 없었다. 그러기 위해서는 모래 위에 세웠던 공중누각의 비참하게 부서진 꿈을 모래밭에 내버리고 40년을 빈 들에서 남의 집 머슴살이를 하며 생각해야 했다. 그리고 불길과 뇌성의 여호와의 산을 기어오른 다음에야 "불이 붙어도 타지 않는" 영적인 생명에 이르렀다. 그런 다음에야 일의 나중과 처음을 알게 됐다. 그래서 애굽을 떠나기 전에 먼저 가나안을 보았던 것이다.

정치를 가르치는 『대학』 첫머리에서 공자는 이렇게 말한다.

物有本末 事有終始
知所先後 則近道矣
•『대학』,「경」^經, 제1장

종시^{終始}라고 하는 말에 뜻이 있다. 현상계에 있는 물건에서는 밑이 먼저 있어서 끝이 나오지만, 정신계의 일은 나중 올 것이 먼저 있어서 일이 전개된다. 그러므로 종시다. 모세는 애굽을 빠져나온 후 생각 끝에 가나안으로 가기로 결정한 것이 아니라, 첨부터 가나안으로 가란 명령을 받고 애굽을 떠났다. 예수의 경우도 마찬가지다. 죽어 무덤 속에서 힘을 얻어 다시 살아난 것이 아니라, 먼저 죽지 않는 생명으로 부활해 그다음 십자가에 달렸다.

그러했기 때문에 이스라엘 역사는 첨부터 약속의 역사였다. 하나님과 민중이 서로 약속을 했고 그것을 지키려고 애를 쓰는 동안에 역사가 풀려나왔다. 가나안은 곧 약속의 나라다. 나라가 본래 약속이다. 루소가 말하는 민약^{民約}이 아니라 하나님과 사람 사이의 약속이다. 약속의 나라기 때문에 그것은 하나님의 나라인 동시에 또 조상의 땅이다. 가나안은 갈대아 우르[2], 곧 역사의 처음부터 받은 가나안이지, 중간에 얻은 혹은 도둑질한 땅이 아니다. 조상 없이 역사 없고, 땅 없이 조상 없다. 떠돌이는 조상이 못 된다. 이스라엘 역사는 이것을 증명하잔 표본이다.

가나안은 약속이기 때문에 지켜야 하는 것이요, 잃었으면 찾아야 한다(이 말은 시오니즘이 옳다는 말은 아니다. 어떻게 찾는가 그 방법이 문제다). 이랬다저랬다가 있을 수 없고, 이놈저놈을 용납할 수 없다. 이것이 소위 나라 세움의 이념이란 것이요 민족의 정신이란 것이요, "나라를 반석 위에 놓는다"는 것이다.

그러나 약속은 약속이기 때문에 변하지 않으면서도 또 변한다. 약속은 늘 새로 해야만 변하지 않는 약속일 수 있다. 변하지 못하면 아주 큰 변이 나버린다. 죽는다. 이 세계는 변하는 세계이기 때문이다. 그렇기 때문에 모세는 민중을 보고 이것은 아브라함, 이삭, 야곱에게 하신 하나님의 약속이라 하면서도, 또 이 약속은 너희 조상에게 하셨던 약속과는 다른 새 약속이라 했다. 이 점에서는 예수님의 경우도 마찬가지다. "옛사람에게 하신 말씀은 너희가 들었지만 나는 너희에게 이르노니……" 하면서 가르치셨다.

역사에 대한 깨달음

그럼 그 가나안 약속의 내용은 무엇이었나. 요단 강 이쪽과 저쪽의 역사는 무엇이 어떻게 다른가.『성경』에 있는 말로 하면 "일곱 족속의 정복"이지만 이것은 역사적 의미에서 볼 때 무엇을 뜻하는 것인가.

---

2) 갈대아 우르: 아브라함이 출생한 고향. 갈대아는 유프라테스 강과 티그리스 강 하류에 있다. 우르는 이 갈대아 지역의 도시로, 아브라함 시대 이전에는 토지가 매우 비옥했다고 하지만, 현재는 사막화됐다.

첫째, 부족사회에서 민족사회에 넘어가는 일이었다. 애굽에 있었을 때 이스라엘 민중은 이미 강력하게 발달한 정치조직 밑에 있으면서도 아직 목축경제로 부족사회의 습관을 못 면하고 있었다. 그러는 한 노예생활을 면할 수 없었다. 거기서 벗어나 자유로워지려면 농업 공업의 경제를 토대로 하는 하나의 민족으로 묶이지 않고는 될 수 없는 일이었다. 그러나 어떻게 하면 그들을 하나의 민족으로 자각시켜 묶어 세우나? 모세의 고심은 우선 여기 있었을 것이다. 아직도 종살이와 바꾸어서라도 고기 냄비를 사모하는 민중이었다. 모세가 사흘이면 갈 수 있는 가나안을 가는데 바로 가지 않고, 일부러 험한 홍해와 시내 산 길을 택해 모험의 길을 가게 한 이유가 여기 있었다. 한마디로 말해서 옛 노예의 굴을 영원히 버리고 다시 낡은 껍질로 되돌아가지 못하게 하잔 것이 그 요점이었다.

거기 큰 경제적 곤란이 있는 것을 모르지 않았다. 그러나 자립과 단결의 정신은 그 고난을 통해서만 얻을 수 있는 것이었다. 하늘만 쳐다보았던 '만나[3] 경제'가 실지로 어떤 것이었던지 지금에 알 수 없으나, 하여간 40년 동안에 경제조직이 완전히 달라졌을 것만은 짐작할 수 있다. 이제 각 부족에 절대권을 가졌던 족장들의 권력이 약해지고 사회의 통일이 차차 강화됐다.

둘째, 자연력 숭배의 종교에서 높은 도덕적·정신적 종교로 올라가는 일이었다. 애굽에는 이미 굳게 제도화한 자연력 숭배가 있었고 이제 들어가려는 가나안도 애굽·메소포타미아 두 큰 문명이 접촉하는 지점에서 농사와 공업이 상당히 발달해 있었으므로 그와 밀접한 관계 있는 자연력의 신인 바알의 숭배가 유행하고 있었다. 이스라엘 민중이 거기 들어가면, 요샛말로 그들은 선진국인데, 그 영향을 받을 것은 분

---

3) 만나(manna): 이스라엘 사람들이 이집트를 탈출해 가나안에 들어가기까지 40년 동안 먹었다는 음식. '만나'라는 말은 이 식물을 처음 맛본 유대인들이 '무엇이지?'(manhu?)라고 물은 데서 유래한 것으로 보인다.

명한 일이었다. 이스라엘 민중은 선조 대대의 전통에 의해 주위의 여러 민족보다는 정신적으로 훨씬 높은 종교의 씨를 가지고 있었으나, 그것은 아직 민간신앙의 정도를 못 면했고 여호와 하나님도 아직 부족신의 형태를 못 면한 형편이었다. 그러므로 모세의 고심은 이 점에 관해 가장 깊었다. 어떻게 하면 이것을 천지만물의 주재인 영적 하나님 숭배에까지 다듬어 올리느냐, 그리고 어떻게 그 자연력 숭배의 종교와 싸워가느냐, 그것이 문제였다. 이 점은 단순히 이스라엘 역사만 아니라 인류 전체의 역사에서 볼 때에 크게 의미 있는 사실이다. 인류의 정신사에서 독특한 지위를 가지고, 이스라엘 고난의 역사에서 등뼈가 되는 예언자의 계열은 시내 산에서 계시된 이 높은 종교이상을 지키고 실현해가려고 민족 전체가 애를 쓰는 동안에 이루어져 나온 것이다.

마지막으로, 정치이상을 생존경쟁적인 데서부터 세계 구원인 데로까지 발전시키는 일이었다. 『모세 5경』이 모세 한 사람이 지은 거냐 아니냐 그것은 직업적 종교가를 내놓고 역사를 하나님과 민중 사이의 약속의 과정으로 보는 사람에게는 큰 문제가 되지 않는다. 어느 천재 한 사람이 지은 것이 아니고 전체 인류가 긴 세월을 두고 하나님과 부대끼는 동안에 얻어진 진리라 생각할 때 더욱 눈물겹게 고마운 것이다. 하나님은 내려씌우고 강요하는 독재자가 아니고 오래 참으며 자라기를 기다리는 아버지다.

한 사람이 썼거나 여럿이 엮었거나 『모세 5경』 특히 「신명기」는 인류의 영원한 보배다. 메소포타미아 문명, 애굽의 문명, 그리스 로마의 문명이 아무리 있었어도 「신명기」에 나타난 정치이상이 없었다면 서양 문명은 없다. 고대의 놀랍던 모든 문명이 오래 못 가고 망해버린 근본 원인이 군국주의적·국가주의적인 데 있었다는 것은 생각 있는 사람들이 지적하는 말이다. 만일 역사가 그것만이었다면 어찌됐을까? 「신명기」 전체를 통해서 흐르는 놀랍게 높은 인도주의적인 사상, 그것은 좁은 의미의 종교적인 자리에서보다도 넓게 문화사적인, 진화론적인 입장에서 크게 평가돼야 한다.

이런 정치적·문화적·종교적 이상을 실현하잔 것이 모세와 여호수아와 광야에서 죽은 모든 이스라엘 민족이 맡았던 역사의 의미였다. 그것이 얼마나 어려웠는지는 반란을 일으켰다 무참히 죽은 허다한 무리는 말할 것도 없고, 애굽에서 떠났던 60만 중 약속의 땅에 들어간 것은 오직 여호수아와 갈렙뿐이라는, 모세조차도 못 들어갔다는 표현이 잘 말해주고 있다. 하나님의 약속은 그렇게 엄중하단 말, 다시 말해서 역사의 의미를 깨닫기는 그렇게 어렵다는 말이다. 40년이란 곧 낡은 세대는 완전히 망했다는 말이다.

다시 새로워져야 할 역사

그러나 슬프게도 이 가나안 정복은 완성이 되지 못하고 말았다. 요단 강을 건너가기 전에 벌써 모든 계획을 짜고 종교 교리 의식, 정치 제도 규정을 만들어주었건만, 나팔만 불고 손 하나 대지 않고 여리고 성을 함락시키던[4] 그 믿음 그 용기는 얼마 못 가서 곧 내리막에 들게 됐다. 다윗·솔로몬의 영화를 말하지만 그것도 잠깐 동안이었고, 곧 민족 분열의 비극이 일어났다. 이 민족 분열의 원인도 결과도 다 토착 이방 문화인의 관계에 있다. 이렇게 볼 때 그것은 실패의 역사다.

그러나 이 의미에서도 이스라엘 역사는 모든 역사의 표본이다. 왜냐하면 모든 사람은 엄정한 의미에서 실패의 사람이듯이, 모든 역사는 곧 실패의 역사기 때문이다. 역사의 이상은 실패에 의해서만 드러난다. 정의는 짓밟힘으로써 살아나고, 자유의 참맛은 노예만이 안다. 이스라엘의 역사가 만일 요단 강 이편에서 짰던 프로그램대로 진행이

---

4) 「여호수아」 6장에 나오는 이야기. 하느님은 여호수아에게 여리고 성을 무너뜨릴 방법을 일러주신다. 엿새 동안 군사들을 대동한 제사장 일곱이 나팔을 불며 성 주위를 매일 한 바퀴씩 돌되, 일곱째 날에는 일곱 번 돌고 그 마지막 바퀴째 나팔소리에 맞춰 이스라엘 백성들이 다함께 함성을 지르라는 것이었다. 과연 말씀대로 하니 여리고 성의 성벽이 무너져 내렸다고 한다.

됐더라면 예언자란 것은 없었을 것이고, 예언자가 없었다면 기독교도 없었을 것이고, 기독교가 아니라면 이스라엘 역사의 의미는 알 수가 없어진다. 끊어진 등뼈의 토막토막이 잇달아 있어야만 그 속에 등골이 있을 수 있고, 그 등골이 있어야 사람의 안팎 모든 활동이 이루어진다. 그와 같이 부서진 이스라엘 민족사에 계속해서 나오는 예언자를 통해서 인류구원의 역사관은 뻗어나간다. 곧 역사의 내면화 운동이다.

내면화 운동은 깊이 말한다면 생각하는 인간이 진화의 무대에 나왔을 때 이미 시작됐다 할 것이다. 그러나 그것은 오랫동안 천천히 또 파란 많은 걸음을 걸어왔다. 이스라엘 예언자들에게서 그것은 큰 진보를 했다 할 것인데 그 원인은 그들의 역사가 유달리 고난의 역사, 실패의 역사였기 때문이다. 사람이 생각하는 것은 일이 뜻대로 돼서 여유가 있어서가 아니라 나가던 길이 막혔기 때문이다. 그러한 운동의 결과가 예수였다. 그가 날 때 메시아의 소망은 거의 다 끊어졌다. 가나안은 눈과 양심이 있는 한 깨어진 꿈이었다.

예수는 새로운 역사의 해석을 내렸다. 낡아빠진 약속을 형식적으로 반복할수록 그것은 하나의 자기 속임에 지나지 않았다. 그는 가나안을 완전히 영적인 것으로 승화시켜버렸다. 그러함에 따라 새 차원의 세계가 열렸다. 그는 그것을 하늘나라라 했고, 그 나라는 너희 안에 있다고 했다. 그러고 보면 이제 아브라함에게서 난 것이 그 자손이 아니라 그의 믿음을 계승하는 것이 그 자손이다. 이스라엘은 밖으로는 망하면서 안으로 세계적으로 자랐다. 이제 할례의 필요가 없다. 육체의 할례가 할례가 아니라 마음의 할례야말로 할례기 때문이다. 이제 레위지파의 제사장이 제사장이 아니라 참 제사장은 멜기세덱처럼 족보와는 관계없이 영적으로 임명이 돼야 한다.[5]

---

5) 율법시대의 제사장은 레위지파에서만 될 수 있었다. 레위는 야곱의 넷째로서, 신앙의 조상인 아브라함의 자손이다. 한편 멜기세덱은 아브라함을 축복해준 율법시대 이전의 제사장으로, 혈통과 관계없는 제사장의 상징적 인물이다.

그것이『성경』의 논리라면 우리는 이런 단안을 내릴 수 있다. 즉 역사는 이 앞으로도 다시금 더 내면화해야 한다. 더 승화, 더 영화靈化돼야 한다. 가나안은 또다시 더 새롭게 파악돼야 한다.

오늘의 가나안

역사를 보는 데 두 가지 서로 반대되는 생각이 있다. 하나는 역사는 되풀이한다는 것이고 또 하나는 되풀이는 절대 없다는 것이다. 둘이 다 옳은 말이면서 또 잘못된 말이다. 역사는 되풀이하면서 영원히 새 방향으로 나아가는 것이요, 영원히 새로우면서 되풀이되풀이 증험이 되는 것이다. 시대적으로 볼 때 옛날에는 거의 되풀이한다는 사관이 지배적이었고 지금은 되풀이하지 않는다는 생각이 많다. 그것은 옛날은 문명의 발달이 느려서 사회가 가만 있는 사회였기 때문이고 지금은 문명의 걸음이 빨라서 사회가 가만 있는 것이 아니라, 동적인 사회기 때문이다.

그러나 그 두 면은 처음부터 있는 것이었다. 되풀이하는 것 같아도 되풀이 아닌 새것이 있었기 때문에 오늘에 온 것이고, 또 반대로 오늘은 그대로 있는 것은 하나도 없고 자꾸 새것만인 것 같지만, 새것이 새것으로 의미를 가지는 것은 영원히 변치 않는 것이 속에 있기 때문이다. 비유한다면 수레와 그 바퀴의 관계와 같다. 바퀴는 늘 제 바퀴를 도는데, 수레는 앞으로 나간다. 혹은 나사못과 같다 할 수도 있다. 나사못 대가리를 돌리면 돌릴수록 못 뿌리는 깊이 들어간다.

이 서로 반대되는 두 운동을 종합해 말한다면 역사는 나선운동이라 할 수 있다. 그리고 그것을 하나의 법칙으로 파악하려면 가로 잘라보아야 하기 때문에 잘라놓으면 그것은 하나의 어긋난 고리가 되고 만다. 가락지처럼 완전한 고리가 되면 되풀이밖에 할 것 없는데 이것은 어긋난 고리기 때문에 제자리에 돌아온 듯하면서도 돌아온 것이 아니고 위로 올라가게 혹은 속으로 깊이 들어가게 된다. 이것을 이름을 붙인다면 역사가 세 번 변하는 법칙이라 할 수 있다.

인간의 역사가 인간의 생각 속에 붙잡히는 때에 맨 첨에는 개인은 없는 전체만인 부족사회가 있었다. 다음에 개인의 자각이 일어나 자기를 전체에서 해방시켰다. 그러나 개인 없는 전체가 있을 수 없듯이 전체 없는 개인도 없다. 그러므로 사람의 생각은 다시 전체로 돌아가게 됐다. 그러나 역사가 거꾸로 되돌아가는 법은 없다. 이미 발견한 개인을 잊을 수는 없다. 그래서 전체지만 이것은 개인을 모르는 옛날의 전체가 아니라 개인이 자유로운 인격으로 완전히 깨어 자진해서 하는 협동체에 의해서 되는 전체다. 그러므로 그것은 일단 높은 전체다. 지금 우리는 바로 이 단계에 와 있다. 최근 3천 년 동안 인간은 돌이켜 묻기를 허락치 않는 전체주의에 반항해서 많은 값을 내고 자기 발견을 하여 개인의 위치를 올렸다.

그러나 그 발달한 개인은 인간의 절반밖에 모르는 합리주의로 전체를 배척했다. 이제야 겨우 그것이 잘못임을 깨닫고 인간은 다시 전체, 곧 보다 높은 정신적인 전체를 찾는다. 역사를 해석하는 데 이 점은 절대로 잊어서는 아니 된다. 우리는 오늘의 가나안을 이러한 생각 밑에서 찾아야 한다. 첫 번째 팔레스타인의 가나안도 실패했지만 두 번째 아우구스티누스식으로 그려진 가나안도 실패돼야 했다. 오늘의 가나안은 어디 있나?

칸트가 철학을 하늘로부터 땅 위에 끌어내렸다는 말이 있지만 오늘의 종교는 가나안을 하늘에서 땅으로 끌어내리고 있다고 할 수 있다. 하늘 위엣것만을 말하다가 비로소 저 자신에게로 눈을 돌리기 시작한 근대의 철학이 퇴보가 아니라 인간이 자란 데서 오는 참 의미의 진보였다면, 종교가 하늘 종교에서 땅 종교로 내려오는 것도 퇴보로 생각할 것이 아니라 설혹 거기 잘못된 부분이 있다 하더라도 역사적인 의미로 인간의 성장에서 오는 것으로 인정해야 할 것이다.

이렇게 말하는 것은 오늘의 세속화 주장이 다 옳다는 말 아니다. 잘못이 많이 있을 수도 있다. 설혹 전체 이론이 다 틀렸다 하더라도 역사를 이해하려 할 때는 거기다가 한 자리를 허락 아니 하고는 아니 된단 말이다. 유다의 행동은 잘못이지만 그러나 십자가를 이루기 위해 없을 수 없는 일이었다. 전체에서 보면 헤매임도 올라가는 운동의 한 토막이다. 이렇게 생각해야만 세계는 구원된다. 옛날엔 몰라도 적어도 오늘날에는 그렇다. 그렇지 않고는 전체는 죽은 것이지 살아날 수가 없다. 지옥은 있겠지만 지옥에 갈 사람이 있어서는 아니 된다. 하늘나라는 아마 지옥을 사치품으로 두는 곳일 것이다.

종교가 첨으로 사람의 살림에 나타났을 때 그때는 안팎의 구별이 없었다. 정치와 종교가 하나였다. 그러므로 그 종교는 땅의 종교였다. 하나님은 "저 천당 먼 곳"에 있지 않고 그 부족 속에 같이 살았다. 그 후 문명이 발달함에 따라 종교와 정치는 분리되었다. 이것도 타락이 아니라 자람으로 된 것이었다. 그렇게 되자 종교는 종교적이기 위하여 내면화를 힘썼다. 그러나 인간의 모든 일은 곡식과 가라지가 한데 서 있는 밭 같은 것이다. 선이 자랄수록 악도 자란다. 이리하여 땅에서 떠난 저세상의 종교는 번성하게 됐다. 세속화 소리는 이에 대한 반동으로 나왔다. 이 의미에서 종교는 또다시 땅으로 내려와야 한다.

그러나 그 땅은 옛날의 부족사회의 어머니 노릇을 하던 땅일 수는 없다. 이것은 땅이지만 하늘에 올라가 있는 땅, 혹은 땅에 내려와 있는 하늘이다. 요점은 하늘 땅이 떨어진 것일 수 없단 말이다. 물론 구별 없는 혼돈이어서는 아니 되지. 하지만 또 서로 배척하는 대립일 수도 없다. 한때 우리가 어릴 때 그것은 진리였다. 하지만 이제 우리는 자랐다. 혼돈은 아니지만 하늘 속에서 땅을 보고 땅 속에서 하늘을 보는 것이 아니면 아니 된다. 병과 죽음을 사랑함이 없이 삶을 사랑할 수 없다. 어릴 때는 복종과 숭배가 덕이지만 자란 후에는 이해와 협동이 덕이 된다.

어느 종교나 제 출애굽과 제 가나안을 가진다. 20세기의 애굽은 무엇일까? 그것이 국가주의인 것은 토론의 여지가 없을 것이다. 자본주의와 공산주의를 구별할 것 없이 신격화한 자연력을 숭배하는 소수의 지배자들이 조직적으로 폭력을 써서 전체 민중을 압박, 착취하는 데서는 다름이 없을 것이다. 이 현대판 바로의 혹독한 손아귀에서 인간을 건지는 것이 교회의 사명이다. 제1차 세계대전, 제2차 세계대전이 아마 그 홍해 바다요, 호렙 산일 것이다.

그럼 오늘의 교회는 어디다가 그 가나안을 가졌나. 국가주의에서 탈출하면 어디로 가려나. 무슨 힘으로 열 가지 권능을 베풀어 폭력 숭배를 꺾으려나. 이 공업주의·기술주의·향락주의의 문명을 청산하고 새 살림에 이르는 동안 광야의 혹독한 시련을 인도해줄 구름기둥, 불기둥을 어디서 발견할 것인가.

이 점에 현대 교회 무력의 원인이 있다. 모세도 첨부터 "젖과 꿀이 흐르는" 가나안으로 가자고 부르짖었고 예수도 나설 때부터 분명히 "하늘나라 가깝다"고 외쳤는데, 지금은 확신 있게 장차 올 나라를 주장하는 사람이 없다. 제2차 세계대전 후 세계적으로 교회의 운동이 매우 활발은 해졌으나 아직 초점은 아니 잡힌 듯하다.

그러나 또 여기가 중요한 점이다. 어느 때도 종교는 미래에 대한 기대를 주면서 기대는 사실 어긋난다. 그래서 모세도 첨에는 받아들인 사람이 적었고 예수의 경우는 그보다도 더했다. 이번은 아마 또 그보다 더 어긋나지 않을까. 거기가 바로 20세기의 출애굽, 가나안이 있는 곳 아닐까.

개인적인 메시아나 교조로는 되지 않는 것 아닐까? 인격의 개념이 이미 개인 속에는 갇혀 있을 수 없이 된 때라 그보다도 조직이 이렇게 발달한 이때에는, 어떤 민중운동식으로 될는지도 모른다. 그러나 그것도 16세기 종교개혁식의 것이 될 수는 없을 것이다. 지금 종교, 하나님 하는 그 개념조차 분명치 않으리만큼 인간의 생각은 폭넓고도 복잡한 교차로가 되어가고 있다.

그러나 오늘날 국가주의가 핵과학, 전문화한 기술, 우주개발, 인구 문제로 인해 막다른 골목에 들고 있다는 것은 매우 암시적인 현상이다. 국가주의는 그 자체를 위해 이런 길로 나갈 수밖에 없는데, 바로 그것 때문에 끝점에 이르렀다. 이런 점들을 염두에 두고 앞을 내다볼 때 이런 말만은 할 수 있지 않을까? 곧, 생명은 점점 더 자신을 내면화시키는 방향으로 나갈 것이다. 그날, 그때, 그곳은, 예수 말씀대로 아무도 모르고 하나님이 자기 권능 속에 두신 것일 것이다. 그러나 동이 터올 때 그 불그레한 동방은 지적할 수가 있다. 오늘의 구름기둥, 불기둥인 진실된 종교적·철학적인 혼과 과학적인 머리 위에 반사되는 빛에 의하면 우리는 그 내면화의 경향을 단정할 수 있다. 사실 그것이 거의 유일의 홍해의 길이다.

안 나가는 한국교회

한국기독교에 참 생명이 살아 있었다면 우리야말로 20세기 가나안의 탐색부대가 됐어야 하는 것이었다. 고난의 역사를 영광의 역사로 살리는 것은 그 길뿐이었다. 그런데 그것을 못했다. 대체로 볼 때 보수주의다. 열심 있다는 말이 있지만 그 열심은 어리석은 열심이다. 그들은 20세기 안에서 계몽주의 세례도 못 받은 17세기를 살고 있다. 그렇기 때문에 미래에 대한 환상을 하나도 본 것이 없다. 그것으로 역사적 사명을 다할 이가 없다. 그렇기 때문에 해방과 6·25라는 중대한 역사적 시기에서도 아무것도 한 것이 없다.

새로 나라를 세우는 데 높은 이념을 보여준 것이 없고 공산주의와 만나서 기독교의 믿음과 사랑을 발휘할 때인데 겁내고 미워하기만 했지 이긴 것이 없다. 참혹한 전쟁을 겪으면서도 민족적 회개의 운동도, 깊은 역사적 의미 파악의 노력도 보여준 것이 없었으며 전쟁이 지나간 후도 새 건설의 설계도를 내는 것도 없다. 자유당 10년에 반항 하나 한 것 없기 때문에 4·19라는 역사적 운동에 참여를 못했고, 5·16에 대해서도 정당한 책망 하나 못 했다. 한일회담 때는 첨에는 상당히 강한 투쟁을 했으나 오래가지 못했고, 명분 없는 월남전쟁에 대해서는 사실상 찬성을 한 셈이니 이제 와서 무슨 소감이 있는

가, 없는가? 이때껏 남의 나라의 침략 속에 사는데 평화운동 하나 일으킨 것이 없지, 젊은이들이 그렇게 고민하는데 강제징병에 대한 양심적 거부 하나 지도해준 것이 없지. 오직 하나 생긴 것이 있다면 교회재벌이다.

사실 언제나 타락은 황금에서 온다. 광야의 교회는 금송아지 숭배로 타락했다. 다른 사람도 아닌 믿고 택해 세운 아론, 미리암이 앞장을 서서 그렇게 했다는 데 더 슬픔이 있다. 속담에 "제 갗에서 좀이 난다"는 말이 있다. 제 생명을 먹어치우는 독한 벌레가 제 살 속에서 난다는 말이다. 이야말로 제 갗의 좀이었다. 기독교의 경우도 마찬가지다. 두 벌의 옷이 있는 사람은 그 하나를 남에게 주라는 가르침을 그대로 지키고, 아무것도 준비한 것 없이 지팡이에 신만 들메고 전도를 나섰을 때 기독교는 살아 있었다. 그러나 하나님과 돈을 겸해 섬기지 못한다는 명령을 잊었다기보다도 약은 생각에 우습게 여기고, 교황이란 것이 황금과 보석의 관을 쓰고 보좌에 앉았을 때 교회는 죄악의 소굴이 돼버렸다. 오늘도 마찬가지다. 전쟁으로 인해 불쌍해진 사람 구제해주라는 물자의 종교불宗敎弗이 교회재벌의 밑천이 됐으니, 거기에서 세계 구원의 비전을 찾아보라는 것은 어리석은 말이다.

황금이 무엇인가? 이미 있는 질서·제도·권력의 심볼이다. 한국 가톨릭 2백 년, 개신교 1백 년 역사에 한 가지 환한 사실은, 올 때는 밑층 사회의 불쌍한 민중의 종교였던 기독교가 지금은 중류계급의 종교가 돼버렸다는 것이다. 중류에는 중류의식이 있다. 언젠지 모르게 현상유지를 원하는 기풍이 교회 안을 채워버렸고 그러니 가나안의 소망이 '안 나가'의 현상유지로 타락해버렸다. 이상하게도 '가나안'이 거꾸러지면 '안 나가'가 되지 않나? 오늘 한국교회의 특징을 말한다면 '안 나가'는 부대. 그들은 사회악과 겨루는 싸움에서 뒤를 빼고 송아지 앞에서 절을 하고 둘러앉아 노래 부르고 춤추는 것을 예배라고 한다. 그러니 하나님의 발가락인 아래층 사회가 교회에서 빠져나간 것은 당연한 일이다. 빠져나간 것이 아니라 내쫓은 것이다.

이 점은 소위 새로 일어난 교파라는 데서도 마찬가지다. 역사적으로 볼 때 신흥종교란 것은 지금 있는 제도에 불만을 가진 개혁의식의 발로라 할 것인데 해방 전후에 일어난 모든 새 종파를 보면 이상하게도 공통되는 특색이 있다. 그 첫째는 사교적邪教的인 성격이다. 그들이 다 똑같이 혹세무민식 교리와 선전방법을 가진다. 그중 가장 크게 발전했다는 세 파에서도 그렇다. 둘째는 그들이 언제나 지배세력과 맞붙어 먹는다. 정국이 세 번 바뀌었는데 그들은 언제나 집권자들의 앞잡이 노릇을 했다. 이것은 그들이 얼마나 사회의식, 역사의식이 부족한가를 말해주는 것이다. 사상의 빈곤이다. 무식이다. 전 시대적인 착취의식이다.

그러니 이 25년의 역사는 뛰쳐나왔던 애굽으로 다시 들어가 그 멍에를 쓴 것이다. 그것도 싸우다 잡혀간 것이 아니라, 옛날 노예시대에 먹던 고기 냄비 생각에 이끌려 다시 제 발로 기어들어간 것이라 해야 할 것이다. 일본이 어디 군대 가지고 쳐들어왔던가? 이쪽에서 옛날 상전님 제발 와서 살려주십사 해서 온 것이지. 그럼, 싸우다 불행히도 넘어져 끌려간 포로가 아니고, 제 발로 기어들어가서 된 노예라면 천대 학대가 전날보다 더할 것은 분명한 일이다. 누구의 생각이 옳은가 두고 봐야지!

• 1971년 8월, 『씨올의 소리』 제3호

펜들힐의 명상

속의 예수

나는 다른 어느 책보다도 「요한복음」을 좋아합니다. 그것이 가장 내 속을 잘 풀어주는 듯합니다. 퀘이커들은 일반으로 「요한복음」을 좋아한다고 할 수 있습니다. 그들의 교리[1]는 대부분 거기 기초를 두고 있습니다. 그러나 내가 「요한복음」을 좋아하게 된 것은 퀘이커에게서 배운 것이 아닙니다. 내 속에서 말씀해주시는 이에게 배워서 된 것입니다. 그러면 「요한복음」을 좋아했기 때문에 퀘이커가 됐다고 해야 옳을 것입니다.

「요한복음」 안에는 가슴을 찌르는 여러 이야기가 있습니다마는 그 중에서도 가장 내게 감격을 주는 것은 세 가지입니다. 첫째는 제4장에 있는 야곱의 우물가에서 예수께서 사마리아 여인과 문답하는 이야기, 둘째는 제8장에 있는 음행하다가 현장에서 잡혀와서 성전에서 예수 앞에 서는 여인과의 이야기, 그리고 셋째는 제12장에 있는 예수 돌아가시기 한 주일 전에 예수에게 값진 향유를 붓고 발을 씻어드리는 마리아 이야기입니다.

이 세 여인은 다 인생에 실패한 멸시받는 것들이었습니다. 요한이

---

1) 퀘이커교의 교리는 따로 없다. 함석헌은 영국에서 35년마다 개정되는 증언집 (Testimonies)을 교리로 표현한 듯하다.

다른 공관복음[2]의 기자와 다른 점은 속의 예수를 그리려고 애쓴 점입니다. 그는 그것을 하기 위해서 예수의 생애 중에서 특히 그의 깊은 속의 성격을 보여주는 사실들을 골라서 썼습니다. 그렇기 때문에 그 이야기들을 읽으면 놀랍게 우리 혼을 깨우쳐주는 것을 느끼지 않을 수 없습니다. 그중에서도 가장 감동적인 것은 이 세 개의 대화라고 나는 생각합니다. 그렇기 때문에 몇 번을 읽어도 읽으면 읽을수록 새로운 감격을 얻습니다.

내가 그다

우물가에서 하는 야곱의 사마리아 여인과의 문답에서는 먼저 입을 연 것이 예수였습니다. "나 물 좀 주셔요" 했습니다. 왜 그러셨을까? 사실 예수는 그 여자에게 생명의 물을 주고 싶었습니다. 그러나 사뭇 영적인 말로 시작을 하면 그가 알아듣지 못할 것을 잘 알고 계셨습니다. 또 예수에게는 종교 살림과 세속 살림이 서로 딴 것이 아니었습니다. 외양으로는 그가 하나의 피곤한 길손으로 잠깐 쉬고 마른 목을 축이고 가자는 것이지만, 그의 눈 앞에 나타난 사람이 영적으로 목이 마른 사람이라면 그것을 본 이상 육체상의 필요를 만족시키는 수단으로 쓰고만 갈 수는 없었습니다.

우리가 사람을 만날 때는 우선 일상생활의 실지 이야기로 대화를 시작할 수밖에 없습니다. 그래 그 여자를 만났을 때 예수는 맘속으로 생각하셨을 것입니다.

2) 공관복음(共觀福音, Synoptic Gospels): 고대 그리스어의 syn(함께)와 opsis (봄)이 합쳐진 낱말인 Synopsis를 한자어로 직역한 말로, 「마태복음」「마가복음」「누가복음」을 일컫는다. 이 세 복음서는 저자들의 상호의존으로 인해 내용이 거의 일치하는 반면, 「요한복음」은 그 내용의 독창성, 즉 예수를 하느님의 말씀(로고스)으로 이해함으로써 그리스 철학과 그리스도론을 결합한다는 점에서, 「요한복음」에 기록된 예수의 가르침이 다른 세 복음서과는 달리 해석될 여지가 있으므로, 공관복음이라고 부르지 않는다.

"내가 어떻게 하면 저 여자를 움직일 수 있을까?"

예수에게는 남의 속을 뚫어보는 힘이 있었습니다. 겉으로 볼 때 그 여자는 한 집안 식구에게 물을 길어다주러 온 별것 없는 여자지만 속에는 저도 모르게 목이 타 마르고 있는 혼이 있었습니다. 그래서 그는 물을 좀 달라는 말로 대화를 시작했습니다.

여자는 대답하기를 "당신은 유대 사람인데 어찌해서 사마리아 여자인 나더러 물을 달라 합니까?" 했습니다. 당연한 대답이었습니다. 그러나 예수는 (겉으로는 내가 당신보고 물을 달라지만) "속으로 한다면 당신이야말로 나보고 물 달라 해야 할 것이요, 또 그런다면 내가 산 생명 물을 당신께 줄 수 있을 터인데" 했습니다. 여자는 알아듣지 못했습니다. 못할 뿐 아니라 바로듣기를 거부하는 듯했습니다. 그러나 그만 것으로 놔 보낼 예수가 아니었습니다. 도망하려는 사람을 팔을 벌려 앞길을 지르듯이 끈질기게 여자를 추궁했습니다. 그러다가 아주 안 됐다 생각하자 갑자기 화제를 돌려 "가서 당신 남편을 데리고 오시오" 했습니다.

예수는 그 여자가 어떤 살림을 하고 있는지 첨부터 꿰뚫어보고 있었습니다. 묻지 않고도 남편이 다섯 여섯이었던 것을 알고 있었습니다. 그럼 왜 새삼 남편을 데리고 오라고 하셨을까? 여자의 아픈 데를 찌른 것입니다. 거기를 찔리고는 더 이상 회피하는 태도를 가질 수가 없습니다. 남편이라고 했을 때 그 여자의 마음의 주인을 찾은 것이었습니다.

이날까지 여자는 사람 대접을 받아보지 못했습니다. 자기도 자기를 사람으로 대접치 않았습니다. 그럴수록 무엇을 찾는지 저도 모르면서 찾아 남편을 다섯 여섯 번 바꿨습니다. 그러나 마음엔 여전히 얻은 것이 없고 세상을 낡은 신짝처럼 굴러다녔습니다. 그러나 예수는 한번 보고 그 안에 사랑에 타 마르는 혼을 보았습니다. 그것을 깨우려고 "당신 남편을 데리고 오시오" 했습니다.

그 찔림을 받고 나면 그 이상 더 있을 수가 없습니다. 이제 짓밟혀

피곤해 쓰러졌던 혼은 깼습니다. 이제부터 말은 세속에서 영적인 세계로 들어갑니다. 여자가 "주여, 내가 보니 예언자이십니다" 했을 때 그것은 투구를 벗고 무조건 항복을 한 것입니다. 자기 내부를 부끄럼 없이 내놓은 것입니다. 이제부터 대화는 시작됩니다.

여자가 말하기를 "우리 조상은 이 산에서 예배하는데 당신들은 예배할 곳이 예루살렘에 있다 합니다." 해서 참 종교는 어떤 것인가를 물었습니다. 이것은 윤락여성이 할 수 있는 질문이 아닙니다. 참 사람의 혼에서 나오는 물음입니다. 그래서 예수도 "하나님은 영이시기 때문에 영과 참으로 예배해야 한다"고 했습니다. 나는 이것을 『신약』의 최고봉이라고 합니다. 『신약』 안에 진리가 많습니다마는 이보다 더 높은 것은 없습니다. 그런데 그 높은 진리를 누구에게 주셨습니까? 베드로도 요한도 아니요 남편이 다섯이던 윤락 여인에게 주었습니다. 참 대화는 얼마나 어렵습니까. 그러나 또 얼마나 쉬운 것입니까.

상상해보십시오. 그것은 연극의 한 장면입니다. 여기 깊고 깊은 야곱의 우물이 있습니다. 쌓아올린 늙은 돌에 퍼렇게 이끼조차 돋아 이스라엘의 오랜 문화를 상징합니다. 그것을 배경으로 그 앞에 세 사람이 섭니다. 하나는 예수, 하나는 윤락 여인, 그리고 놀라는 제자들. 클라이맥스에 가까왔을 때 여자는 말했습니다.

"나는 메시아가 오실 줄 압니다. 오시면 모든 것을 우리에게 일러주실 줄 믿습니다."

이것은 벌써 어렴풋이 깨달아지는 기쁨이 있어서 나온 말입니다. 그러나 아직 그를 분명히 알아보지는 못하고 있습니다. 그것을 듣자 예수는 "당신과 말하는 내가 그입니다" 했습니다. 그는 일찍이 누구에게도 이렇게 분명히 잘라 말한 적이 없습니다. 여자가 알아볼 수 있을 리가 없습니다. 30세 청년이 한나절 길에 피곤해서 이마에 땀을 철철 흘리며 티끌을 뒤집어쓰고 우물가에 주저앉아 나 물 좀 주시오 하는 것을 당하고 있는 그의 속에는 메시아라면 반드시 웅장한 체격에 얼굴에 광채가 나고 구름을 타고 오실 것으로 알고 있었을 것입니다.

그런 것을, 그는 메시아란 밖으로는 아무 특별한 것이 아니오, 저같이 남편이 다섯 되는 타락 여성의 존재의 밑바닥에 졸고 있는 영혼을 불러낼 수 있는 이라는 것을 알려주어야 했습니다. 그는 "너의 영혼과 그 고뇌를 참으로 알아준 이만이 정말 메시아다. 그리고 내가 곧 그다" 하는 뜻을 말하신 것입니다. 여자는 마침내 알아들었습니다. 나와 너가 대면을 했고, 그 가운데서 한 여인이 새로 났습니다.

가슴을 어루만지는 손

현장에서 잡힌 여인 이야기에서는 요한은 매우 다른 장면을 보여줍니다. 때도 정오가 아니라 이른 아침이요, 예수도 먼저 말을 꺼내지 않고 거의 끝까지 수동적 태도로 계십니다. 사마리아 여인의 경우에는 무지의 문제였지만 여기서는 죄의 문제입니다. 어떤 오랜 사본에는 이 대목이 들어 있지 않다 해서 더러 이 이야기의 역사적 진실성을 의심하는 의견이 있지만 나는 그렇게 생각하지 않습니다. 만일 이것이 『신약』에서 빠진다면 나는 『신약』이 그 가치를 절반은 잃는다고 생각합니다. 이 이야기로 살아난 영혼이 수없이 많기 때문입니다. 정말 허다한 파선한 영혼에게 등대가 됐습니다.

요한은 이 이야기 직전에 7장 끝에서 아주 재미있는 장면을 그립니다. 예수의 능력 있는 말과 기적을 보고 수많은 군중이 열광적으로 따랐습니다. 그러나 저녁이 될 때 모든 사람은 다 헤어져 가고 말았습니다. 일본 시인 이시카와 다쿠보쿠[3]의 노래가 있습니다. "사람이 다 집이 있다는 것은 얼마나 슬픈 일인가. 마치 무덤에 들어가듯 돌아가 자버리는구나." 꼭 그 말과 같습니다.

---

3) 이시카와 다쿠보쿠(石川啄木, 1886~1912) 일본의 시인·평론가. 일본 고유시 형태인 하이쿠를 주로 썼다. 낭만파 시인으로 풍부한 생활감정을 노래했으나 점차 사회주의적 경향으로 흘렀다. 작품에 시가집 『한줌의 모래』『슬픈 완구』 등이 있다.

돌아가 자버리기나 하면 괜찮습니다. 모든 죄악이 밤에 이루어집니다. "역사는 밤에 이루어진다"는 말이 있습니다. 두 가지로 해석할 수 있습니다. 낮에는 유한세계를 보지만 밤엔 무한세계를 봅니다. 밤은 잠을 위해서만 만들어진 것이 아닙니다. 진실한 기도와 명상은 밤에 됩니다. 그러나 또 사람의 나쁜 부분이 날뛰는 것도 밤입니다.

사람의 눈은 하나만이 아닙니다. 둘입니다. 영원 무한을 보는 눈과 유한 물질의 세계를 보는 눈. 영원을 보는 눈을 가진 사람은 어둠 속에서도 비쳐주는 영원한 빛을 따라 사람의 영혼을 뚫어볼 수 있습니다. 육신의 눈만을 가진 사람은 어둠 속에서는 보지도 못하고 보는 사람도 없는 줄 압니다. 그래서 물질계를 보는 눈만을 가진 사람은 밤에는 보는 사람이 없다 생각하기 때문에 꺼림없이 온갖 죄악을 짓습니다. 그러나 영적 눈을 가진 사람은 영원한 증인이 있는 줄을 알기 때문에 밤에도 낮에도 죄를 지을 수 없습니다. 예수를 따르던 군중도 낮에 그의 말을 들을 때는 알아들은 것 같았으나 밤이 올 때, 소수의 사람을 제하고는, 집으로 가서 다시 죄악을 행하고 있었습니다. 그랬다가 아침이 되면 그 영적인 사람과 육신의 사람이 다시 만나는 것이었습니다. 바로 이 전략적인 순간에 연극이 벌어졌습니다.

그 장면을 상상해보십시오. 뒤에 장엄한 성전이 배경을 이루고 그 앞에 또 세 사람이 섭니다. 밤새도록 기도하시고 눈이 새벽 이슬같이 반짝이는 예수. 어둠의 그늘 속에서 정욕으로 한 밤을 지내다가 이불 속에서 끌려나와 도살장으로 가는 짐승처럼 떨면서 온 하찮을것없는 여자, 그리고 민족과 종교와 법을 대표하며 스스로 의롭다 하는 마음에 가슴을 제치고 거만히 서서 자기의 업신여기는 자를 잡아먹으려 제 잘난 것을 칼처럼 내두르는 서기관 바리새교인들.

그들이 그렇게 분노하며 그 불쌍한 여인을 끌고 온 것은 정말 그 여자와 그 여자가 한 일 때문이 아니라 다만 예수를 잡기 위해서였습니다. 여자는 하나의 미끼로 이용됐을 뿐입니다. 이렇게 거짓되고 간악한 마음에 대화가 될 리가 없습니다. 그렇기 때문에 예수는 잠잠하고 땅 위에 글자만 쓰고 있었습니다. 그들은 기세당당하게 네가 이번에는 걸렸구나 하는 듯 추궁했으나 예수는 그저 잠잠했습니다.

왜 잠잠합니까? 그들의 감정이 잔잔해지고 이성이 돌아오게 하기 위해 숨을 태우는 시간을 주기 위해서입니다. 그들이 제정신에 돌아오기를 기다리면서 예수는 땅 위에 글만 쓰고 있었습니다. 사실을 말한다면 그들의 가슴을 어루만진 것입니다. 마치 어머니의 보드라운 손이 앓는 아기의 가슴을 쓸어주듯이. 사람은 아무리 타락을 했다 하더라도 그 깊은 속에는 영혼이 있는 법입니다. 예수는 양쪽을 다 불쌍히 보았습니다. 남을 억누르는 사람이나 억누름을 당하는 사람이나 다 같이 그 잘못된 살림으로 영혼이 속에서 쭈그러지고 있기는 마찬가지입니다. 하나는 강한 서기관이요 하나는 약한 여자지만 그들 속 사람은 다 같이 죽고 있습니다. 그래 그 둘을 다 불쌍히 보았습니다. 손이 땅에 글자를 쓸 때 그의 마음은 그들의 가슴을 쓸어주고 있었습니다. 아마 첨에는 '죄' 하고 썼는지 모릅니다. 그담은 그것을 슬쩍 지워버렸습니다. 그리고 '영혼' 하고 썼습니다. 또 슬쩍 지워버리고 이번은 '용서' 하고 썼습니다.

그러는 동안에 시간은 차차 지나가고 마음들은 식기 시작했습니다. 벌벌 떨던 여인도 숨을 쉬고 눈에 예수의 얼굴이 들어오게 됐고, 노가 천정에 올랐던 서기관들도 차차 숨이 가라앉아 예수의 얼굴을 보게 됐을 때 어떤 거룩하고 거스를 수 없는 위엄이 있는 것을 보았습니다. 바로 그 순간 예수께서 고개를 들고 나지막한 목소리로 "누구든지 당신들 중에 죄 없는 사람이 먼저 돌을 던지시오" 했습니다. 거기는 비난하는 기색도, 타이르는 어조도 없었습니다. 다만 한없이 동정하고 불쌍히 여기는 빛뿐이었습니다.

사람들은 하나씩하나씩 빠져나갔습니다. 아무 말 없이. 침묵의 말씀에 대해서는 침묵으로 대답하는 수밖에 없었습니다. 그러고는 가만히 돌이켜 여자를 보고 "그들이 다 어디 갔소? 당신을 죄 주는 사람이 없소?" 했습니다. 여자가 말하기를 "없습니다" 했습니다. 놀라운 일입니다. 음행의 현장에서 잡힌 여인의 입에서 "나를 죄 주는 사람이 없습니다" 했으니 말입니다. 참으로 거룩한 용서를 받아 깨끗해진 양심의 입에서가 아니고는 나올 수 없는 말입니다. 예수도 "나도 당신을 죄 주지 않소, 가시오, 가서 다시는 죄를 짓지 마시오" 했습니다.

왜 예수는 그를 죄 주지 않았습니까? 그는 분명히 죄 속에 뒹군 사람입니다. 그러나 속을 본다면 그 여자의 속 사람은 목이 타서 사랑을 찾고 있었습니다. 그렇게 더러운 죄를 지은 것은 바로 사랑을 원했기 때문입니다. 그러나 어떻게 하면 그 사랑을 만나겠는지 그 방법을 몰랐습니다. 정신적인 사랑을 그는 육체 속에 찾았습니다.

예수는 그것을 뚫어보셨습니다. 그때 한 그 행동이 옳다는 것 아니지만 그 불쌍한 것의 속에 사랑과 아름다움을 찾아 더듬는 손을 보셨습니다. 그 더듬는 손을 잘못 나가게 해서 죄에 빠지게 한 것은 다만 그의 어리석은 자아입니다. 예수는 그것을 아시기 때문에, 이것을 인간에게 공동으로 있는 비참으로 보시고 일흔 번씩 일곱 번이라도 용서하라고 하시는 것입니다. 내 생각으로는 예수의 첫째 가르침은 용서입니다. 용서하는 심정이 없이는 대화는 절대로 될 수 없습니다. 동굴 속에 살던 이래 백만 년 동안 무지와 정욕으로 인해 막혔던 인간의 숨이 한 마디 대화로 열렸습니다.

말 없는 대화

세 번째 이야기는 저녁에 됩니다. 유대 사람에게는 새 날이 시작되는 시간입니다. 십자가에 못 박히기 바로 일주일 전입니다. 거기도 세 사람이 나옵니다. 자기가 죽을 것을 알고 그것을 제자에게 알려주려 애쓰는 예수의 몸에 값진 기름을 붓던 마리아, 그도 아마 천한 여자였습니다. 그리고 그것을 보고 불평을 품은 가룻 유다. 이번에는 셋이 다 말이 없습니다.

예수의 태도는 적극적으로 찾는 것도 아니고, 수동적으로 참는 것도 아니요, 조용히 사랑의 순간을 즐기시는 태도입니다. 마리아는 아무 말이 없습니다. 말로 할 수도 없고 말이 필요치도 않기 때문입니다. 예수는 이미 죽음을 당하기로 마지막 결심을 했고 그것을 제자들에게도 분명히 말해주었습니다. 그들은 그 뜻을 깨닫지 못했습니다. 그러나 마리아는 알았습니다. "이번은 평상시와 다르시다. 이번이 마지막이다" 하는 것을 그는 알았습니다. 직감으로 알았습니다. 사랑은 직감을 가집니다. 직감은 사랑에서 나옵니다. 그는 누구보다도 더 예수를 사랑했습니다.

예수는 일찍이 말한 적이 있습니다. "그 여자는 죄 사함을 받은 것이 더 많기 때문에 나를 더 사랑한다." 사랑했기 때문에 속 눈이 열렸고, 그랬기 때문에 남이 느끼지 못하는 것을 느꼈습니다. 겉으로 보면 예수는 천연하고 평상과 다른 것이 조금도 없지만, 마리아의 눈에는 그의 마지막이 임박해 있었습니다. 그는 예수께서 닥쳐오는 고난에 대해 말 아닌 말로 해주시는 것을 들었습니다. 그러나 거기 말로 뭐라 대답을 할 수는 없었습니다.

그럼 어떻게 하나? 사랑은 자기 할 것을 압니다. 사랑은 제 말을 가집니다. 사랑만이 사랑의 말을 알아듣습니다. 그 여자의 사랑의 표현이 곧 그 옥합을 깨고 값진 기름을 그의 발에 붓고 제 머리털로 그 발을 닦은 것입니다. 그 기름이 무엇입니까? 그것을 보던 제자에 의하면 그것은 쓸데없는 낭비였습니다. 그 여자는 아마 슬픈 일생을 두고 모아왔을 것입니다. 그것을 이제 쓰는 것입니다. 그럼 그것은 단순한 향기름이 아닙니다. 그의 사랑의 결정입니다. 이제 그것을 쓸 순간이 왔습니다. 이제 그때입니다. 두었다가 쓸 데가 없습니다. 그러므로 합을 깨쳐서 단번에 다 부어버린 것입니다.

공리주의의 눈으로 보면 이것은 낭비입니다. 그러나 그 여자에게는 이에서 더 중대한 순간이 없습니다. 이제 여기서 다 쓰지 않으면 아니 됩니다. 예수는 이것을 잘 아시기 때문에 유다의 그럴듯한 비난을 물리치고 "그 여자를 괴롭히지 말라. 그가 나를 위해 장사할 준비를 하는 것이다" 했습니다. 마리아가 그의 속을 알았기 때문에 그는 마리아의 속을 알아주셨습니다. 그런데 이것이, 이 사랑의 하나됨이 도리어 유다의 마음을 어둡게 했습니다. 사랑은 반동을 일으키는 때가 있습니다. 그것이 샘입니다.

이 대화는 여기서 끝난 듯하지만 사실은 엿새 후 마지막 만찬에서 계속됩니다. 이번에 비극의 주인공은 유다입니다. 『성경』에는 수수께끼가 많습니다마는 모든 수수께끼 중에서도 수수께끼는 유다의 성격입니다. 많은 주석가들이 그의 동기에 대해 여러 가지 추측을 합니다마는 추측뿐입니다. 아무도 이 비극의 주인공에 대해 환하게 납득이 가는 설명을 해주는 이는 없습니다.

깨어진 전체

그런데 11월 어느 저녁 나는 펜들힐에서 이상한 체험을 했습니다. 나뭇잎들은 누렇게 단풍이 들었습니다. 아직 떨어지지는 않았고, 비가 부슬부슬 오는 저녁이었습니다. 나는 내 방에 앉아 이 생각 저 생각에 잠겨 있었습니다. 쓸쓸했습니다. 내 일생은 실패다, 이제 마지막이 다가오고 있다, 죽기 전에 내 속을 열어야 하겠는데 어떻게 하면 그것을 할까, 누구에게다가 할까, 누구 하나라도 있어서 내 말을 들어주고 내 마음을 풀어주어야 하겠는데 누가 그것을 할까, 누구에게 내 마음을 열 수 있을까, 이런 생각을 하고 있었습니다.

사람들은 보통 일에 성공을 한 사람은 말할 자격이 있지만 실패한 사람은 아무 말할 자격이 없다고 합니다. 나는 반대로 생각합니다. 실패한 사람이야말로 할 말이 있습니다. 많습니다. 그런데 보통 들으려 하는 사람이 없습니다. 재판장은 말할 것도 없고, 선생·부모도 실패자의 심정을 참으로 이해하기는 어렵습니다. 그것은 혼자 골방에 갇힌 마음이요, 막다른 골목에 든 심정입니다. 그리고 실패한 사람이란, 한 사람만이라도 자기를 알아주고 귀를 기울여준다면 다시 살아난 마음으로 세상을 대할 수 있겠는데 하고 생각하는 법입니다. 그날 저녁 내 마음은 바로 그러했습니다. 예수님이 지금 이 땅 위에 계신다면 나는 달려가서 마리아처럼 그의 발밑에 앉아서 내 속을 다 털어 내놓을 것입니다. 그러나 세상에 그 같은 이는 하나도 없습니다.

나는 미다스 왕의 이발사같이 마음이 터질 듯했습니다. 임금의 귀가 당나귀 귀 같은 것을 보기는 했는데, 그 말을 하면 죽인다고 위협을 하고, 그렇다고 말하고 싶은 것을 참을 수도 없고. 그는 견디다 못해 빈 들에 나가 땅에 구멍을 파고 거기다 대고 "우리 임금의 귀는 당나귀 귀다" 했다고 합니다.

그럼 나도 땅에 구멍을 파고 내 모든 이야기를 할까? 그러고 있는데 웬일인지 창밖에 누가 있지 않나 하는 생각이 들었습니다. 나는 커튼을 젖히고 내다봤습니다. 아무도 없었습니다. 돌아와 앉았습니다. 다시 거기 누가 서 있는 것 같았습니다. 또 내다봤습니다. 물론 아무도 있을 이가 없습니다. 그러나 눈에는 아니 뵈는데 꼭 저기 나무 밑에 누가 쭈그리고 있는 것만 같았습니다. 문득 '가롯 유다'일까 하는 생각이 내 머리를 스쳤습니다. 나는 돌아와 앉아 명상에 잠겼습니다.

유다는 하고 싶은 말이 참 많았으리라고 생각합니다. 그는 자기를 이해해주는, 그에게다 자기 속을 다 이야기할 수 있는 사람이 하나만 있었으면 하고 바라지 않았을까. 마지막 저녁식사 때에 예수께서는 "내 마음이 참 괴롭다"고 했습니다. 나는 그의 그 고민은 분명히 유다 때문이라고 생각합니다. 그가 "당신들 중 한 사람이 나를 잡아주려 합니다" 했을 때 그는 그때라도 유다가 제발 마음을 돌이켰으면 하는 애끊는 생각을 하셨을 것입니다.

그런데 이상한 것은 모든 제자들이 다 "주님 그게 저입니까?" 하기만 했습니다. "내가 당신들 열둘을 택하지 않았소?" 하는 예수께는 한 사람의 배반으로 그 열둘의 전체 사귐이 깨지는 것이 문제였는데, 제자들은 다만 개인적인 생각만 하고 나만 아니면 다행이라는 생각에 "저입니까?" 했습니다. 그들은 분명 그가 준 헤매는 양의 비유의 가르침을 잊었습니다. 그는 우리에 있는 아흔아홉보다 잃어버린 하나가 더 중하다고 했습니다. 하나가 없음으로 전체가 깨지기 때문에. 그렇지 않다면 아흔아홉보다 하나가 더 중하다는 것은 논리가 서지 않습니다. 열두 제자는 순전히 개인주의였습니다. 그들이 정말 전체의식을 가졌다면 "저입니까?" 하고 묻지는 않았을 것입니다. 전체가 깨지는 것을 슬퍼했을 것입니다. 그러나 그들은 그러지 않았습니다. 선생을 참으로 이해 못한 것입니다.

한 사람의 실패는 결코 한 사람만의 실패가 아닙니다. 전체의 실패입니다. 그렇기에 요한이 베드로의 시킴을 받아 예수의 가슴에 기대어 그것이 누군가 물었을 때 예수는 포도주에 떡을 찍어주면서 그 사람이라고 했습니다. 예수는 그것을 지극히 불쌍히 여기는 사랑과 슬픔으로 "이제라도" 하는 마음에 했을 것입니다. 그런데 유다는 그 떡을 받아들고 먹을 새도 없이 어둠 속으로 나아갔습니다. 왜 그랬겠습니까? 아마 견딜 수 없는 무슨 실망, 역정이 있어서 그랬을 것입니다.

유다는 똑똑하고 이성적인 사람이었습니다. 그랬기에 회계를 맡겼을 것입니다. 그는 똑똑했고 이성적이었기에 아무래도 현실 문제에 대해 눈을 감을 수가 없었던 것입니다. 그러므로 열한 제자들이 항상 예수 옆에 가까이 돌고 마지막 장면이 임박한 때에 하늘나라에서도 윗자리를 차지하려고 다투는 것을 보았을 때 아마 구역질을 느끼지 않나. 크게 반발까지 느끼지 않았을까. 그래서 아마 따로 돌면서 생각하기를 시작했을 것입니다. 그래서 열한 친구와의 사이에 대화의 길이 막혀버렸을 것입니다.

대화는 정신생활의 호흡입니다. 대화가 한번 끊어지면 마치 통풍이 끊어진 것같이 곰팡이가 돋기 시작합니다. 사람과 사람 사이에 대화가 끊어지면 의심·억측·악의가 성해 그 공간을 채우게 됩니다. 예수는 그것을 아셨기 때문에 여러 번 주의를 주었습니다.

「요한복음」에 의하면 유다는 마리아가 향유 붓는 것을 보고 크게 자극을 받은 듯합니다. 이것은 이상주의에 대한 현실주의의 반발이라고 할 수 있습니다. 그가 "왜 이것을 3백 데나리온에 팔아 가난한 사람을 구제하지 않느냐?" 할 때 거기는 항의도 있고 빈정댐도 있습니다. 복음 기자는 유다를 도둑이라고 비난하지만 내 생각에는 동정은 조금도 없는 심정에서 나오는 말이요 너무 가혹한 판단인 듯합니다. 그래서 열하나가 제각기 "저입니까? 저입니까?" 하는 것을 들었을 때 유다의 마음은 그만 결정적으로 다시 돌이킬 수 없이 반발이 되어 예수께서까지 아주 멀어진 듯합니다. 그래서 주는 빵을 먹을 겨를도 없이 나가버렸습니다. 어둠 속으로 나갔을 때 그 마음이 어떠했을까?

이날까지 나는 유다를 배반자로만 알고 저주받아 마땅하다 생각했습니다. 그러나 이제는 좀 달리 생각하게 됐습니다. 유다가 밖으로 나갔을 때 그 가슴이 터질 듯했을 것입니다. 그런데 열하나 중 한 사람도 따라나가며 "무슨 일이냐, 왜 그렇게 달아나느냐?" 묻지 않았습니다. 스승을 저버리는 것이 하루아침에, 한때 기분에 될 수가 없습니다. 열둘이 같이 먹고 자고 고락을 같이 하며 같이 전도를 하며 가깝게 살아왔습니다. 스승이 가르치는 대로 한 포도나무의 여러 가지로 하나가 되어 한 몸으로 살아왔습니다. 그런데 이제 어떻게 잘못의 책임을 한 사람의 어깨에만 지웁니까?

유다는 사실 전 인류의 짐을 맡아 진 것입니다. 그의 행동은 마치 화산의 불이 지구의 깊은 속에서부터 전 지구의 압력으로 터져나오는 것과 같습니다. 이것은 인간의 깊은 바탈[4]의 알 수 없는 폭발입니다. 만일 열하나가 따라나가서 그를 위로하고 그 말을 들어주었더라면 일은 그렇게 비극으로 되지는 않았을 것입니다. 그런데 한 사람도 없습니다. 그렇게 생각해볼 때 예수는 죽을 수밖에 없었습니다. 어느 의미로는 예수를 죽인 것은 열한 제자입니다. 대화가 끊어질 때 얼마나 참

---

4) 바탈: 바탕의 옛말. '본래부터 있는 것'을 뜻하며 우주적 전체성을 드러내는 자연생명과 인간 얼을 나타낸다.

혹한 것입니까? 그때까지 예수는 대화의 길을 다시 트려고 애를 썼습니다. 그러나 이제부터 아주 죽음의 길로 나아가기로 결정했습니다.

유다를 따라가는 예수(친구여!)

나는 이런 생각을 해보았습니다. "예수는 지금 어디 계실까?" 어리석은 사람들은 그가 구름을 타고 오려니 하고 하늘을 쳐다봅니다마는 그러나 그것은 수증기와 대기오염이 쌓인 것뿐입니다. 그가 어디 계신다면 유다가 있는 곳일 것입니다. 모욕과 고뇌에 파묻혀 있는 유다 옆에 그는 가 있지 않을까? 왜? 지금도 그는 그와 대화를 열어보려 하기 때문입니다.

유다가 마음을 열어야 세계 구원은 옵니다. 사람들은 천당 지옥 소리를 하지만 유다가 지옥 밑바닥에서 이를 빠드득 빠드득 갈고 있는 한은 천당이 무사할 수 없습니다. 그 이빨 가는 소리에 천당이 흔들흔들할 것입니다. 악마의 마지막 아들이 놓여날 때, 그때에야 온 인류의 천국은 옵니다. 예수는 겟세마네 동산에서 잡히는 순간에도 유다를 "친구"라고 했습니다. 그것을 보면 예수는 유다를 영원히 버리지 않습니다. 예수가 십자가에 죽으신 것은 아마 유다를 만나시려고 그렇게 하신 것입니다. 왜? 예수는 유다의 갈 곳이 죽음밖에 없는 것을 알고 있었을 것입니다. 그렇기 때문에 그를 만나려면 자기도 죽는 수밖에 없습니다. 아무래도 유다의 마음은 열려야 합니다.

지금까지 우리는 선한 사람은 상을 주고 악한 사람은 벌을 줌으로써 이 세상을 이끌어갈 수가 있었습니다. 종교에서도, 정치에서도 마찬가지입니다. 그러나 이제는 그런 방법으로는 이 세상을 다스려갈 수가 없어졌습니다. 낡은 사고방식은 "못된 놈 집어치워라. 그럼 세상 잘 된다"였습니다. 이제 우리는 "형제 눈 속의 티를 빼려면 먼저 네 눈 속의 들보를 빼라" 하는 예수의 가르침을 참으로 이해할 수 있는 시대가 됐습니다.

선은 한 개인의 선이 아니라 전체의 선이요, 악도 한 개인의 악이 아니라 전체의 악입니다. 선악이 개인의 것이라면 문제가 간단합니다. 그러나 아닙니다. 전체의 것입니다. 성냥개비 하나를 훔쳤어도 인간 전체가 들러붙어서 한 일입니다. 전체를 동원하지 않고 악을 이길 수는 없습니다. 그렇기 때문에 이제는 전체로 생각을 해야 합니다. 전체로 생각을 해야 하기 때문에 서로서로의 대화, 더구나도 실패한 사람과의 대화가 필요합니다. 예수께서 유다의 손을 잡고 지옥 밑에서 올라오는 날은 언제일까? 그가 "내가 가서 있을 곳을 예비하면 다시 옵니다" 했을 때 그것은 아마 이것을 말한 것입니다.

나는 사마리아 여인입니다. 내 임이 다섯입니다. 고유 종교, 유교, 불교, 장로교, 또 무교회교, 그러나 그 어느 것도 내 영혼의 주인일 수는 없습니다. 지금 내가 같이 있는 퀘이커도 내 영혼의 주는 아닙니다. 나는 현장에서 잡힌 갈보입니다. 도덕과 종교로 비판을 받을 때 나는 한마디의 변명도 있을 수 없습니다. 나는 막달라 마리아입니다. 나는 내 속에 있는 일곱 악마를 그의 발 밑에서 고백해야 하고 내 마음의 옥합을 깨뜨려 단번에 부어버려야 합니다. 내가 유다입니다. 나는 내 마음을 열어야 합니다. 내 가족과 스승과 친구에게 못한 것을 그의 앞에는 내놔야 합니다. 나는 온 역사의 압력을 내 약한 등뼈 위에 느낍니다. 한국도 하나의 사마리아 계집이요 갈보요 마리아요 유다입니다.

아니오, 세계가 결국은 무지와 정욕과 부패와 불신의 겹친 실패 아니겠습니까? 나 하나이기 때문입니다. 우리는 어디에서 냉랭한 키스를 입에 받으면서도 "친구여!" 하는 그이를 만날 것입니까?

• 1971년 9월, 『씨올의 소리』 복간호[5]

5) 『씨올의 소리』는 1970년 5월 제2호를 펴낸 후 폐간당했다가 대법원에서 승소 판결을 받아 1971년 9월 제3호부터 복간했다.

예수의 비폭력 투쟁

통사람[全人] 예수

　예수는 통사람[全人]이지, 조각 사람이나 모의 사람이 아니다. 생명이지, 무슨 사상이나 어떤 운동이 아니다. 하나님의 외아들이란 말은 그런 뜻에서 알아들어야 할 것이다. 그러므로 우리가 그를 대하는 태도도 통사람적이어야지, 산 숨으로 하는 것이어야지, 어느 모에서나 무슨 주의에서 하는 봄이나, 들음이나, 만짐이나, 끌어댐, 맞춰봄, 본뜸, 내세움이어서는 안 될 것이다. 그것이 믿는다는 것 아닐까? 믿을 때 그는 우리가 몸·마음·혼을 다해 충성으로 섬겨야 하고, 그를 증거하는 것을 우리 일생의 사명으로 삼아야 하는 '생명 – 참 – 길'의 님이다.

　그렇기 때문에 예수의 비폭력 투쟁이라는 말은 마지못해 하는 말이다. 그는 비폭력주의자도 아니요, 투쟁을 한 쌈꾼도 아니다. 그렇게 부르기에는 너무도 통째로이신 이요, 산 숨이신 이다. 그는 그저 그뿐이므로, 그저 '그이'라고 부를 일이지 어떤 이름이 가 붙을 수 없는 이다. 그런데 그럼 그 거룩한 두루뭉수리[混沌]에다가 구멍을 뚫자고 손가락을 대는 것은 무엇 때문인가. 마지못해라니 그 마지못하는 것이 무엇인가. 우리 마음에 의심이 일어났기 때문이다. 무슨 의심인가. 싸울 것인가 싸우지 말 것인가 하는 의심, 또 싸우는 데 폭력을 쓰는 것이 옳으냐, 쓰지 않는 것이 옳으냐 하는 의심이다.

환하다면 첨부터 환한 것이다. 물결 없는 바다가 어디 있을까. 물결이 있는 이상 그것과 싸우지 않을 고기가 어디 있으며, 고기를 배운 것이 배인 이상 물결과 싸우지 않는 배가 어디 있을까. 바람 안 부는 허공이 어디 있을까. 바람이 있는 이상 그것을 타지 않을 새가 어디 있으며, 새를 배운 것이 비행기인 이상 바람 타지 않는 비행기가 어디 있을까. 맨 첨부터 숨이 있었고, 숨의 진동이 바람이고, 바람 있으니 물결 있고, 물결 속에 사는 것이 싸움 아닌가. 숨은 본래 볼 수도, 들을 수도, 만질 수도 없는 것이니, 폭력이란 것이 있을 수 없지 않은가. 환하다면 맨 첨부터 환한 것이다.

환한데 의심 왜 일어났을까. 생각하기 때문이다. 생각 없는 동물·식물에 의심이란 것 없다. 의심하면 했지, 싸우기는 왜. 너, 나 때문이다. 아담이 혼자일 때 싸움 없었다. 혼자던 것이 왜 너, 나로 갈라졌을까. 왜 혼자 있는 것을 좋지 않다고 했을까. 싫어서다. 고파서다. 무엇이 하고 싶어서, 어떤 것이 하고파서다. 알고 싶고, 사랑하고파서, 한 나가 너 나로 갈라졌다.

앎은 물건에 대한 사랑이요, 사랑은 나에 대한 앎인데, 그러고파서 한번 갈라지고 보니 세상이 달라지기 시작했다. 앎에는 모름이 따라왔고 사랑에는 미움이 따라왔다. 해 아래 있는 것이니 그림자가 없을 수 없지. 언제나 어딘지가 모를 것, 잘못된 것이 있어 보였다. 그래서 첨으로 주먹을 휘둘러 동생을 죽였다.

예수란, 본래 잘하잔 노릇이 잘못된 이것을, 이 근본적 잘못을 고치기 위해서 나타나신 이였다. 그런데 그 잘못된 것을 고치는 데 물질과 정신의 오고감이 없을 수 있을까? 그러나 그것은 싸우자는 것은 아니었다. 또 싸움이라 해도 좋다. 적어도 너는 죽고 내가 살아야 한다는 싸움, 너를 모르는 놈으로 만들고 나만을 옳은 사람으로 만들기 위한 싸움은 아니었다. 전체를 건지자는 것이 그의 싸움의 목적이었다. 그 일하다 십자가에 죽기까지 했으니 싸움이람 싸움이지만, 그것은 싸움 아닌 싸움이다. 인류 역사상에서 그것과 같은 종류의 싸움을 하나도 볼 수 없기 때문이다. 그러니 그것을 어찌 폭력으로 했을 리가 있겠는가?

다른 어떤 위대한 인물도 그의 마음속 깊은 동기를 알기 위해 내 심리를 미루어 짐작해볼 수 있지만, 이 사람, 이 통으로 산 생명의 사람, 하늘 숨의 사람은 내 심리를 미루어보는 방법으로는 못 가늠는 사람임을 알아야 한다. 그는 감정, 이성만으로는 이해 못 하는 인격이다. 사람인 이상 그도 감정 있고 이성 있었을 것은 사실이지만, 누구보다도 더 맑은 감정이요 뚫린 이성이었겠지만, 그것만이 그는 아니다. 그렇기에 그 자신이 바로 "새로 나지 않고는 영과 물로 나지 않고는 하늘나라에 들어가지 못한다" 하지 않았나. 육으로 난 것은 육이요, 영으로 난 것은 영이라고 분명히 구별해 말하지 않았던가?〔「요한복음」, 3: 5~6〕

혼의 용광로에 들어가서

현대는 학문이 발달한 시대이므로 무지가 많이 없어진 대신, 소박한 무지보다 더 무서운 지식적 무지가 사람들, 특히 정신적인 일을 다루는 사람들에게 많이 있을 수 있다. 높은 영적 체험은, 될 때는 이성의 경지를 초월한 데 가지 않고는 안 되지만, 그것을 인간 사이에 나눠주기 위해서는 말과 글로 써놓지 않으면 안 되기 때문에, 웬만큼 이성이 발달한 사람은 읽으면 다 알 수 있다. 그러나 그것이 정말 이해냐 하면 아니다. 이런 것은 정신세계에서는 초보적인 주의사항인데도 지금은 그것도 지키지 않는 일이 많다. 말하자면 남이 일생을 걸려서 가시덤불, 불꽃 속이라 형용해도 모자라는 정신적 시련 끝에 제 가졌던 인간적 지식 노력을 다 내버리고 나서 비로소 얻은 체험을, 몇 시간 몇 날 동안 읽어보고는 다 이해한 것처럼 옮긴다. 그것은 사실 영적 체험의 소매상인데, 그나마 그것이 그대로 있느냐 하면 아니다. 물질적인 것은 내가 만든 것 아니라도 그것을 팔아도 변질이 되지 않지만, 영적 체험은 그 본인의 입에서 일단 나오면 벌써 식어서 굳어버린 것이다.

그러므로 그것이 다시 생명적이 되려면 나 자신의 혼의 용광로에 들어가서 녹아 낸 것으로 다시 체험되지 않으면 안 된다. 그래서 예수께서 "나보다 먼저 온 것들은 다 절도요 강도라"는 지독한 말씀을 하신 것이다[「요한복음」, 10: 8]. 모르긴 모르지만 서점에 홍수처럼 넘치는 종교서류에 이 잘못에 빠지지 않은 것이 몇 개나 될까? 『성경』 그대로를 읽어주어도 절대로 그것이 하나님 말씀은 아닌데, 그것을 하나님 말씀이라 하니 잘못이 거기서부터 나온다. 그것만이라도 좋겠는데, 심지어 나아가서는 자기 생각을 뒷받침하기 위해 『성경』을 끌어낸다. 그런데 말하는 그 자신 예수의 표준으로 영으로 새로 난 사람이냐 하면 아니다. 백 중에 아흔아홉은 아마 아닐 것이다. 그러니 얼마나 혼란이 일어날 것인가.

물론 시대는 달라지는 것이고, 시대가 달라지면 종교의 경전도 고쳐 해석하여야 한다. 하지만 해석을 하기 전에 나 자신이 먼저 달라졌어야 한다. 그 달라짐은 시대적으로 달라지는 달라짐을 말하는 것이 아니다. 육에 속한 사람이 영의 사람으로 한번 고쳐났느냐 하는 것을 말하는 것이다. 그 영의 사람이 눈이 뜨이지 않고는 시대 변천을 당해도 뚫어볼 줄을 모른다. 제 나름대로 내가 물어본다 할지 몰라도 그것은 사탄의 무리도 하는 말이다. 그 어느 것이 옳으냐는 열매를 보아야 한다. 열매가 무엇이냐? 한 말로 선善인데, 그럼 선이 뭐냐? 현대 학자는 곧 선도 고정된 것 아니다 할 것이지만, 그렇기 때문에 잘못이 생긴다. 물론 변한다. 그러나 그 변하는 것은 겉에 속한 것, 날마다 하는 생활에 속한 것이고, 그 밑에 변하지 않는 것이 있다.

그 변하지 않는 것이 뭐냐? 보수적으로 죽은 종교를 믿는 사람은 곧 대답하기를 하나님이라 할 것이다. 그러나 그 하나님은 죽은 하나님이다. 절대계에 있는 하나님이요 우리가 그를 만나려면 그가 현실 속에 내려오셔야 한다. 현실계의 어디에 하나님이 계시냐? '전체'다.

부족에서 계급으로, 계급에서 민족으로, 민족에서 세계로. 그 수에서는 달라졌지만 언제나 그 전체가 나만도 아닌 너만도 아닌, 또 누구만도 아닌, 대다수만도 아닌, 전체인 성격에서는 변함이 없다. 거기 하나님의 뜻이 나타난다. 동서고금 할 것 없이 어떤 종교에서도 그 위대했던 예언자, 성자란 사람들은 다 자신의 사람인 동시에 전체에 살려는 사람들이었다. 그 의미에서 그들은 선했고 옳았다.

이러한 영만이 옳은 영인데, 그렇지 못하고 제가 스스로 새로 났고 뚫어본다 하면 그것은 협잡이거나 그렇지 않으면 사탄이다. 일러 말씀이 있기를 하나님은 하나되게 하시는 이지 분열하는 이 아니다.

진정한 해방자

폭력이 뭐냐? 나만 옳다는 것, 나만 살자는 것이다. 그러므로 이것은 근본에서 잘못 생각하는 것이다. 나도 그쪽이 잘못하는 것임을 모르는 것 아니나, 영의 눈으로 볼 때 그 저쪽도 남일 수 없다. 그를 위해서 하는 말이 아니라 내가 참 나이기 위해 그럴 수 없다. 형제를 보고 바보다 할 때 그에게 잘못이 생기는 것이 아니라 내가 잘못이다. "본시동근생本是同根生인데 상전하태급相煎何太急"이라고, 본래 한 뿌리에서 나온 것인데, 왜 이리도 뜨겁게 서로 지지느냐? 예수가 가르쳐주신 첫째 교훈은 사람이 다 형제라는 것이다. "하늘에 계신 우리 아버지" 할 때에 벌써 모든 것은 환해진 것이다. 모든 것이 그것이었다. 몰랐기 때문에 원수로 알았고 죽였다. 잘하고 잘못한 것이 형제의 관계를 변경시킬 수는 없다. 왜냐? 잘못은 내 마음으로 택하여서 한 것이고 형제 관계는 창조 당시부터 본래 한 영에서 만드신 것이기 때문이다. 생명은 유기물이다. 서로 한데 들어 하나로 있는 생명이다. 지극히 작은 어느 부분을 잘라도 전체는 상했다. 이 점이 어려운 점이다.

생각하는 인간에게 감정은 이 작은 나에 붙어 있는 것이므로 특별히 힘써 그 나의 갇힌 생각을 깨치지 않고는 우리 이성은 좁은 감정의 지배를 받기 쉽다. 그리하여 옳은 것을 위해서는 잘못된 놈은 죽여도 좋다는, 제법 옳은 것 같으면서 크게 잘못된 판단을 하게 된다. 여러 가지 까다로운 신학적 설명을 할 것 없이 예수는 이 창조의 첫날부터 인간의 영혼을 가두고 있는 무서운 이 잘못된 감정, 이 제 위신을 잃은 이성을 해방시켜 온전히 하나님께, 다른 말로 해서, 전체에 봉사하는 것이 멸망을 면하고 살아나는 길임을 가르쳐주기 위해, 특히 지배자들, 잘사는 것들에게 그것을 깨우쳐주기 위해 오셨던 이다.

예수는 간단명료하신 이였지, 복잡하여 넓은 지식 세세한 설명을 하지 않으면 모를 것을 가르쳐주신 것이 아니었다. 예수만 아니라 위대한 스승들은 간단명료했다. 세상이 복잡해진 것은 문명 때문인데, 문명의 목적이 뭐냐 하면 어떻게 하면 할 것을 아니 하고도 잘살 수 있을까 하는 꾀부림에서 나온 것이다. 그러므로 근본에 잘못이 들어 있다. 사람마다 제 할 것을 하는 것을 의무로 알고 정직히 그것을 했다면, 그래서 마땅히 할 것을 피할 생각을 아니 했더라면 인간 사회가 이렇게 까다로워지지는 않았을 것이다. 그렇기에 공중 나는 새 보라, 들에 피는 백합 보라 하시지 않았는가? 그것 지키지 않고 사치 향락을 위한 대규모 공장조직의 기업을 하면서 평화는 어렵다. 절대 안 될 것이다. 인간이 만일 사는 목적이 영의 사람에 이르는 데 있는 줄을 알아서 그것을 잊지 않았던들, 이런 복잡한, 행복을 약속함으로써 인류 전체를 지옥으로 끌어넣는 이런 문명병에 빠지게는 되지 않았을 것이다.

근본에서 보면 환한 것이다. 겸손하게 그런 생활 하고 싶지 않았기 때문에 기계 만들기 시작했고, 장자의 말대로 기계 있으면 기심機心, 깜찍한 마음 있고, 그 깜찍한 마음이 가슴에 한번 들면 진리 있을 자리 없다. 이러니저러니 여러 말 할 것 없이 비폭력 실행 못 하겠다는 것은 지배계급의 뒤에 세워놓은 그 어마어마한 무기와 군대를 보기 때문 아닌가. 만일 그런 것 없고 인간 대 인간으로 싸운다면 문제 아주 간단할 것이다. 누가 먼저 사람 죽이기 좋다 하겠나. 예수에게 대들던 바리새 사람들조차 누구나 자신 있는 사람 먼저 돌 던지라 하니다 도망가지 않았나. 그것이 인간이다.

예수께서 만일 칼이라도 뽑아들고 호령했다면, 거기까지 갈 것 없이 욕지거리라도 하면서 했다면 어찌 물러갔을까. 가만히 수그리고 무한히 불쌍히 여기는 얼굴에 조용한 목소리로 했으니 도망갔을 것 아닌가. 양심 하나만 깨면 무기가 문제 없다. 왜냐. 양심은 하나기 때문이다. 네 양심 내 양심 따로 없다. 아버지 아들에 차이가 없을 뿐 아니라 다른 인종 간, 말이 통하지 않아도 문제가 없다. 그런데 이 마음은 폭력 생각을 하면 사라져버린다.

예수는 해방자라는 말을 반대하지 않는다. 그러나 이 말은 주의하여 쓰지 않으면 도리어 큰 잘못을 일으킨다. 보라, 세상에 해방자로 자칭하는 혁명가가 얼마나 많은가. 그러나 그들이 정말 혁명가냐. 레닌·스탈린이 그렇게까지 해방 선전을 아니 했던들 세계가 오늘같이 어지러워지지는 않았을 것이다. 좌우익을 막론하고 모든 혁명가는 협잡꾼이었다. 하도 학대에 시달려서 행여 그가 바라던 해방자인가 했다면 동정할 만도 하지만, 크리스천도 그렇단 말이냐. 거기 속는단 말이냐. 그것도 뚫어보지 못한단 말인가. 그것을 못 뚫어본다면 눈이 아직 어두운 것이다. 그럼 예수한테 무엇을 배웠나. 가짜 혁명가 가짜 해방자 알아보아야 하는 것이 우리 의무다. 눈에 있는 들보와 티의 비유는 왜 하신 줄 아나. 너희 의가 바리새인의 의보다 높지 못하면 하늘나라 못 들어간다 하신 말은 뭘로 들었던가.

생명-참-길의 만남

해방이라니 그저 좋다는 것은 먹으라니 다 먹는 것이나 마찬가지다. 세상에 독을 넣은 음식이 얼마나 많은가. 독 든 사상은 더 많다. 글쎄 무엇이 부러워서 예수를 혁명가의 한 사람으로 보자는가. 그렇게 부러워 뵈나. 그렇다면 예수의 혁명은 아직 못 경험해본 것이 사실이다. 새 술은 새 부대에 넣는다. 묵은 술 마신 사람은 그것이 좋다 한다 한 말씀 무얼로 들었을까. 우리 예수의 가르침보다 더 높은 가르침이 어디 있단 말인가. 겉으로 들어가는 것이 사람을 더럽히는 것 아니라 속에서 나오는 거야말로 사람을 더럽힌다 했을 때 우리는 마음에 조금도 진동이 아니 일어났던가.

그럼 우리는 해방 바라는 마음 아니요 자유가 뭔지도 모르는 사람이다. 글쎄 어쩌면 우리 주 '생명 ─ 참 ─ 길'의 님을 레닌·스탈린·판초 빌라의 계열에 세우고 싶단 말이냐. 혁명·해방·승리에 미쳤는가. 미치지 않는 것이 해방이다. 종교조차도 미친 건 참 종교 아니다. 이성이 초롱초롱 살아나야 해. 그러나 이성은 스스로 자기를 깨울 능력이 없다. 하늘에서 온다고밖에 할 수 없는 빛에 접해야 한다. 이것이 패러독스다.

물어보자, 자아에서 해방 못 된 내가 누구를 해방시킨단 말인가. 역사 이래 오늘까지 되풀이되풀이한 이 악순환, 너는 그럼 인간은 그런 것 아니냐 하는가. 그렇다면 우리는 말이 끊어진다. 네 눈 속의 큰 들보를 먼저 뽑아내면 형제의 눈 속의 티를 뽑을 수 있다 했다. 티는 무엇이고 들보는 무엇인가. 나의 자아주장이야말로 전 세계와 그 역사를 못 보게 하는 대들보 같은 악이고, 강도 살인을 하는 온갖 무서운 죄란 것은 도리어 내 속에서 들보가 빠지기만 하면 문제도 아니 되는 작은 것이란 말 아닌가. 그대는 현실주의를 자랑하려나. 나는 영원한 실패자란 말을 들으면서도 예수의 발밑에 서서 이상주의자가 되련다. 이상주의가 뭔가. 사람은 다 하나님의 자녀요 다 영이다 하는 거지!

여직공들조차, 변변히 먹지 못하면서도 우리는 봉급을 위해 싸우는 것이 아니라 인권을 위해 싸운다 하지 않나. 그럼 내가 우선 내 인권은 지켜야 할 것 아닌가. 참으로 인권을 아는 사람은 내 인권을 지키기 위해 남의 인권을 무시하지는 않을 것이다. 그렇기 때문에 우리 싸움에서는 사람 죽이는 전쟁에서보다 더 엄격한 훈련이 있어야 한다. 사람은 감정으로 닫는 물건이므로 본래의 목적이 정당하면서도 어떤 해를 입을 때는 본능적으로 그것을 잊고 폭력적인 행동에 빠지기 쉽다. 그러므로 훈련이 있어야 한다. 그렇기 때문에 예수께서 전도하실 때는 제자를 골라 뽑아 자세히 일러주고 친히 데리고 다니면서 훈련시켰다. 그저 하신 줄 알면 크게 오해다. 공자의 말에 "가르치지도 않고 싸움시키는 것은 씨올을 버리는 일이다" 했다〔『논어』, 「자로」〕.

우리는 언제나 우리 싸움은 보통 사회혁명과 같은 계열의 것이 아님을 명심해야 한다. 당장의 목표는 같을 수 있다. 악제도를 고치자는 것이다. 그러나 우리는 인생관 역사관이 보통 사람들과 같을 수 없다. 만일 다를 것 없다 생각하거든 맘대로 일반이 하는 투쟁의 대열에 서는 것이 좋을 것이다. 하필 예수의 이름을 빌릴 필요 없다. 필요 없을 정도가 아니라, 차마 그럴 수가 없다.

자기 진리에 충성하여, 자기 뜻대로 할 수 없어, 혼 속에 내리는 그 절대자의 명령대로 하기 위해, 빌라도 앞에서 말 한 마디도 아니 하고 십자가 위에서 고스란히 죽는 그, 미안해서 어찌 그 이름을 도둑질할 수가 있을까? 욕지거리를 맘대로 하고 주먹질도 참지 못하는 이 내가. 그러니 내 말은 이것이다. 영이고 정신이고 없다면 모른다. 있다고 확신하고, 그렇기 때문에 예수의 길이야말로 참 길이라 믿어서 그 이름 밑에서 싸우려거든 우선 그의 뜻을 깊이 이해하도록 하자. 그리고 그것을 지킬 것을 서로 약속하고 나서자 그 말이다.

참과 등불을 찾아

그는 민족과 나라가 아주 형편없이 어지러워진 때에 났다. 그는 결코 오늘 보수주의 신자들이 믿는 것처럼 이 세상은 꿈 같은 곳이고 죽은 후에 무슨 환상같이 영혼이 가서 행복하게 사는 그런 따위 하늘나라 있어서, 그리로 사람들을 데려가기 위해 오신 것이 아니었다. 「주기도」에서 보는 대로 이 세상 나라 내놓고 하늘나라가 따로 있는 것 아니었다. 정치 주권은 벌써 망한 지 오래고, 당시는 로마의 식민지로 있어서, 그 밑에 있는 유대인의 괴뢰정권이나 종교의 지배자들이나 다 썩어 있어서, 그는 한마디로 그 백성을 목자 잃은 양이라 했다.

유대 역사의 등뼈가 되는 정신은 '메시아'라는 말로 표시되는 하나님과의 약속인데, 그들은 그 시대 시대에 그 메시아의 실현을 기다리다 못해 실망하고 지쳤다. 다른 어디서도 볼 수 없는 예언자란 오늘날 말로 한다면 자유사상가라고 할 것인데, 그들이 언제나 그 시대의 메시아의 산파역을 하곤 했는데, 이 때에 오면 예언자란 것조차 끊어진 지 4백 년이 넘는다고 하니 그 참혹함을 짐작할 수 있을 것이다.

아버지의 뜻대로

그런 때에 나서 그가 하려 하신 것은 결코 전에 모든 위대한 지도자들이 했던 것 같은 정치적 혁명이 아니었다. 근래에 학자 중에는 그를 하나의 정치혁명가로 보려 하기도 한다지만, 그것은 현대적인 학문적 연구의 잘못으로 나오는 것이고 결코 예수를 바로 알았다 할 수 없다. 그들의 주장은 『성경』을 역사적으로 분석해보는 데서 나온 것이지만 역사만이 결코 참은 아니다. 결과를 보아서 알 수 있듯이 그는 결코 정치적이라는 한 부류 속에 집어넣을 인물이 아니다. 참 의미에서는 나는 『성경』 안에 갇힌 예수도 믿고 싶지 않다. 또 『성경』 이라기보다 하나님의 계시라 한다면, 하나님의 계시는 결코 『성경』에 갇힌 것 아니다. 『성경』을 역사적으로 분석 비판하여서 예수의 사실을 다 밝힐 수도 없을 것이고, 또 밝힌다 해도 예수는 그것으로 다가 아니다. 예수라는 인격은 지금도 자라고 있다. 예수가 인류를 건지기도 했지만, 또 역사 건지는 생명이기 때문에, 역사는 또 예수의 인격을 키우고 있다.

이 세계에는 하나의 인격이 있다. 그것은 영원한 미완성이다. 역사적인 예수는 그것의 그때의 나타남뿐이다. 그러므로 죽었다고 했고, 죽은 가운데서 부활했다고 한다. 우리가 믿는다는 것은 그러한 영원한 한 사람을 믿는 것이다. 그렇기 때문에 예수를 하나의 정치혁명가로 본다는 것은 망발이다. 학자의 소린 될지 모르나 그는 예수 모르는 사람이다. 그 인격은 내 뜻대로 마옵시고 아버지 뜻대로라는 한 말에 단적으로 표시된다. 그러므로 폭력을 썼느냐 안 썼느냐 하는 차원에서는 이해할 수 없는 그다.

그러므로 예수를 따르는 사람은 무엇보다 그가 나타내준 진리를 증거하는 것이 사명이다. 나는 내 말을 할 수밖에 없지만, 내가 이 나라와 민주주의를 위해 싸우는 것은 민주주의가 구경의 목적이어서도, 이 나라가 구경의 목적이어서도 아니요, 예수가 보여주시고 앞으로도 보여주실 것이 진리라고 믿기 때문에, 그것을 위하는 것이 이 나라를 내놓고는 할 수 없고, 또 이 나라를 위하는 것이 이 시점에서 민주주의를 실현하는 것을 내놓고 할 수 없기 때문에 한다는 것을 밝히려 한다. 민주주의와 나라를 비교할 때 나라가 더 큰 개념이요, 나라와 진리를 비교할 때 진리가 더 큰 개념이다. 진리를 위해 나라를 부정하면 나라가 살아나지만, 나라를 위해 진리를 부정해서는 이것도 저것도 다 없어진다.

예수께서, 모든 사람과 권세 있는 자 앞에서 사람의 아들을 아노라 하면 사람의 아들도 하나님 앞에서 그를 아노라 하지만, 만일 사람들 앞에서 사람의 아들을 부인하면 자기도 그를 부인하겠다 한 것은 그가 어떤 권위를 가지신 것을 밝혀주는 말이다. 그러므로 그를 이용하려 했던 자는, 그 이용하는 목적이 아무리 큰 것이라도, 그래, 온 우주라 하더라도, 그는 그 돌 위에 떨어져 가루가 되고 말 것이다.

예수 말씀하시기를 "너희는 세상의 소금이요 등불이다" 하셨다〔「마태복음」, 5: 13~16〕. 소금은 뭐고 등불은 뭔가? 나는 이것을 우리가 지켜야 할 생활 원리를 밝히신 것이라 믿는다. 소금은 참이요, 등불은 사랑이다. 여러 가지 이치가 있지만 요약하면 이 둘에 그친다.

우리 투쟁의 원리도 이 둘에서 벗어나서는 아니 된다. 소금에 관하여는, 소금이 만일 그 맛을 잃으면 어찌 다시 짜게 할 수 있을까. 쓸데없어 밖에 버려져 사람의 밟힘이 될 거다 했고, 또 다른 데서는 너희도 소금을 치고 서로 화목하라 했다.

또 등불에 관해서는 누가 불을 켜서 말 아래 두겠느냐? 높이 대 위에 올려놓아 모든 사람을 비추도록 하지 않겠느냐 하셨다. 이것은 다 자명의 진리로 누구나 설명을 요치 않고 다 아는 것으로 말씀하신 것이다. 거짓으로 수단을 쓰고 비밀리에 계획을 꾸며 폭력으로 투쟁을 해 바른 사회를 만들겠다는 것이, 마치 짠 맛은 빼고 생선의 썩기를 방지하고 맛을 내며 등불을 발밑에 두고 방안이 밝고 서로서로 알아볼 수 있기를 바라는 것과 무엇이 다를까?

• 1978년 10월, 『씨올의 소리』 제77호

믿음의 내면화[*]
그리스도와 내면적 일체

씨올의 바닥살림

조용하게 가만히 명상을 하고 있으면 시간이 얼마나 갔나, 5분 됐을까, 10분 됐을까, 언제 끝날까 그런 생각이 자꾸 나요. 그러나 그런 생각을 아니 해야 돼요. 그런 생각이 날 때마다 꺾어버려야 돼. 시간이 얼마나 갔나 그런 생각을 하면 도대체 명상이 안 되니까. 명상을 하는 데 시간을 작정하고 한다는 것은 본래 우스운 일이지요. 5분 동안 합시다, 3분 동안 합시다, 하는 건 말이 안 되는 소리지요. 명상을 참 잘하는 분들은 턱 바로 들어가면 모른대요. 옛날 석가는 명상에 들어가서, 그 앞으로 수레가 5백 틀이나 지나갔는데도 몰랐다고 그러잖아요. 그리고 또 몇 시간씩을 그냥 앉아 있는 사람들도 있대요. 이런 것은 자기가 그런 경험이 있어야지, 남이 하는 걸 상상으로는 안 돼요.

좌우간 명상이 필요한 것만은 사실이에요. 그건 이제 오늘 우리가 이야기하는 제목이 그런 것이니까 말할 것도 없는 거고⋯⋯. '믿음의 내면화', 자세히 말하면 예수와의 내면적 일체란 말인데⋯⋯.

시간은 얼마간 하고 그건 내가 알려드릴 테니깐 염려마시고(한동안 전체가 명상한다).

내 경험을 말한다면 어려서부터 교회에 나갔지요. 내가 다녔던 학

---

[*] 1982년 7월 25~28일 부산 성공회수녀원에서 전한 말씀.

교가 예수교식대로 기도하고 『성경』 가르치고 그랬으니까 자연히 교회에 나가게 됐고, 그랬다가 뒤에 어느 정도 생각이 시작된 것은 나이 스물이 넘어서, 우치무라[1] 선생의 무교회에 가서야 그렇게 됐어요. 믿는다는 것은 이런 건가, 『성경』은 이렇게 보는 건가 생각하기 시작한 것이 그때에 가서야 된 것이지요. 한마디로 말한다면 어려서부터 교회 나가고, 또 충실하다고까지야 할 수 없지만 허튼 장난이야 비교적 하지 않는 편이니까 그런대로 그렇게 왔지요. 그때까지도 아직 몰랐어. 또 무슨 의심도 각별히 이거다 하고 난 것도 없고, 크게 의심이 나기 시작해야 깨침이 되잖아요.

그런데 그때 어른들이 말하고 생각하던 제일 주되는 문제는 이제 나라가 망하게 됐다 하는 거였어요. 그러다가 세는 나이로 열 살 때 나라 망했으니까 그다음 학교 다닐 때는 그런 공기 속에서 보냈지요. 요새 비긴다면 그래도 그렇게 소란 안 한 편이지요. 지금은 너무 어지러워 갈피를 잡을 수가 없잖아요. 그때는 나라가 망했다 그래도, 워낙 살림이 요즘처럼 복잡한 살림이 아니니까 다 그런 대로 그저 지났어요. 굉장히 들뜬다든지, 낙심을 한다든지 그러지도 않고 살았지요. 그건 왜 그랬던고 하면 내가 자랐던 데가 아주 시골이고 하니까 그랬어요. 서울 같았으면 아마 안 그랬을 거예요.

해방 후의 일은 여러분들도 다 경험했을 거예요. 해방 후에도 시골에선 비교적 괜찮았어요. 서울이란 데는 소란했어요. 지금 그러니까, 물론 시골에도 죄가 없는 거는 아니지만, 모든 잘못은 서울에 다 모여 있고, 또 세상의 뭐라 하는 것도 다 서울에 몰려 있고 그래요. 시골에 살다보면 나라 망한다는 게 어느 의미로는 그리 큰일이 아니에요. 왜 그런고 하면 본래 시골 변자리란 데가 나라의 덕택을 입은 것도 아니

---

1) 우치무라 간조(內村鑑三, 1861~1930): 일본 근대 그리스도교의 대표적인 지도자. 무교회주의 사상가를 배출해 현대 일본 문화에 큰 영향을 미쳤다. 김교신·함석헌 등을 통해 한국에도 영향을 주었다.

고, 또 지독하게 원수같이 여긴다거나 그런 것도 아니고 하니까. 시골의 낮춰 사는 사람들의 좋은 점이 거기 있어요. 그런데 서울이라는 데는 어느 의미로는 나무의 맨 꼭대기라 그럴 수 있고, 또 제일 밑둥이라 그럴 수도 있고 그러니까 문제가 난다면 거기에 늘 있잖아요. 좋은 것도 거기 다 모아놓고, 잘난 사람들도 다 거기 모여 있고, 또 잘산다는 것도 거기 가야 잘산다 그러고. 그러니 일단 일이 날 때는 그럴 수밖에.

바람이 불면 제일 흔들리는 게 윗가지야. 또 가지가 흔들리면 그다음엔 밑둥이 걱정스러워요. 그러다가 마지막엔 거꾸러져. 살림이란 게 그런 것인데, 그 살림을 주장하는 게 정치니까 정치에 관계되는 사람, 정치에 관심이 있는 사람일수록 좋을 때는 끝까지 올라간 것 같아서 좋다 그러고, 떨어질 때는 아주 망했다 그러고. 밑의 살림이 좋은 거는 화나 복이나 간에 그렇게는 안 와. 도무지 안 오는 것은 아니지만 심히는 안 와요. 그래 낮은 살림 하는 게 제일 좋은 거야. 낮으니까 낮으니만큼 본래 근본에 가까워요. 근본에서 잘 떨어지지 않아요.

그런데 잘살자는 사람, 문명하자는 사람일수록 높이 올라가는 것이니까 같은 바람이라도 거기서는 더 많고, 흔들림도 더 많아요. 꺾어질 때는 거기가 크게 꺾어지는 것이고, 바닥살림 하는 사람은 나무의 뿌리에 있는 것과 한가지니까 문제가 없지요. 아무리 밑둥이라 그래도 바람이 아주 심히 불면 밑둥에서부터 꺾어지지만 뿌리는 꺾어지는 법이 없어요.

생각해보면 오늘 우리가 이야기하려는 내면적 일체라는 것과 같이 볼 수 있어요. '내면적 일체'라 그러면 중요한 것은 '내면'이란 말이에요. 요점이 거기 있어요. 이건 옛날 사람들도 아는 이는 다 알았어요. 겉의 걸로 하면 지금은 아주 발달을 하고 옛날 사람들은 뒤떨어졌다 그러지만, 근본이 되는 데는 옛날에도 벌써 알 것은 알고 있었어. 지금이 아무리 발달을 했다고 그러지만 모르는 데에서는 역시 지금도 모르고 있고.

세상에, 요새 사람들 가운데서 무식하기로는 우리나라의 정치한다는 사람들보다 더 무식한 사람들이 어디 있어요? 인생이 뭔지, 역사가 뭔지, 살아가는 것이 뭔지, 그런 방면에 대해서 도대체 무식하지 않고서야 누가 주겠다고 하는 것도 아닌데 어떻게 나서서 맡아 하겠다 그래요. 또 어디 맡아 하겠다고만 그래요? 막 빼앗는 거지. 그건 어느 의미로는 화禍예요, 화. 주지도 않는 것을 빼앗아 하자니 자연 남에게 못할 짓을 하게 돼. 그러노라면 남만 못살게 되는 게 아니라 자신까지도 망쳐버려. 그러니 그거 화가 아니고 뭐예요. 이런 화를 입지 않는 사람은 일반 사람, 밑바닥에 있는 사람, 내가 씨올이라고 하는 사람들이에요.

내가 요샛말로 '민중'이라고 하는 거에 관심을 가지기 시작한 것은 비교적 오래예요. 『성서적 입장에서 본 조선역사』(이후 『뜻으로 본 한국역사』로 제목을 바꾸어 출간함 - 편집자)를 쓸 무렵인데, 그때 마치니[2]를 읽고 나서 그랬어요. 이탈리아가 찢어져 있다가 민족이 통일되어 근대국가가 된 것은 마치니의 덕이 크지요. 유럽에서 독일이나 프랑스 같은 나라는 비교적 일찍 근대국가가 됐지만, 로마가 멸망한 이후의 이탈리아는 형편이 없었단 말이야. 최근까지 서양사람들은 이탈리아라면 도둑놈robber을 연상한다고 그래. 그리고 욕하느라 이탈리아라고 그러면 토끼rabbit를 생각한다고 그래. 토끼는 다른 하는 것은 없고 새끼만 자꾸 치는 거야. 그래 이탈리아 놈들은 그런다는 거야. 그래서 R자만 보면 Robber, Rabbit 생각만 한다는 거예요. 모욕이라도 아주 그런 모욕이 없지요.

그랬는데, 그러던 이탈리아가 그래도 하나의 이탈리아로 토대가 잡혔다면 그건 다 마치니의 덕택으로 그렇게 됐단 말이야. 우리 어릴 적에는 온통 나라가 어지러워서 형편없이 되었는데, 그때 우리도 이

2) 마치니(Giuseppe Mazzini, 1805~72): 이탈리아의 통일운동 지도자. 1831년 망명지인 마르세유에서 청년 이탈리아당을 결성해 이탈리아를 공화정치로 통일할 것을 호소하고, 1849년에는 로마 공화국을 수립했으나 프랑스군의 간섭으로 실패한 후 망명했다.

탈리아를 본받아 나라를 바로잡아보자 해서 『이태리 건국 삼걸전』이란 책이 돌아다녔어. 삼걸이란 바로 마치니·카부르[3]·가리발디[4] 이렇게 삼걸인데, 어릴 적에는 멋모르고 그랬지만 그다음에 커서 가만히 생각해보면 그중에 제일 훌륭한 이가 마치니지요. 마치니는 철저한 민주주의자예요. 이탈리아를 정신적으로 그렇게까지 깨워놓고도 그 사람은 정치에 한자리를 못했댔어. 그럴 욕심이 없었으니까 그랬겠지만, 하여간 오랫동안 영국에 가서 피해 있고 그랬잖아요? 그런데 그 사람의 표어가 '하나님과 민중'God and People이야. 중요한 것은 이 둘밖에 없다 그랬어.

우리나라는 이때껏 그저 남이 하면 하는 그대로, 서양에서 오면 오는 그대로만 따라 해왔어. 믿는 데 있어서도 그러다가, 그래 기독교 들어온 지 백 년이 됐는데 그동안 토착화됐느니 못 됐느니 하다가, 이제 처음으로 우리 속에서 무슨 소리 나오기 시작했다면 '민중신학'이라는 소리예요. 이 '민중신학'도 다 『성경』에 근거를 두고 하는 말인데 앞으로 이것을 우리가 얼마나 발전을 시킬는지 아직 모르지만, 그래도 상당히 알려져서 유럽에 전파돼서 그쪽 신학계에서도 많이 토론이 되고 그러나봐요. 그런데 정부에 있는 사람들은 이것이 무슨 애비 죽인 큰 원수라도 되는 것처럼 저러고 있는데 어리석은 생각이에요.

그래 그 마치니가 『청년 이탈리아』란 잡지를 만들어선 국민들에게 옛날 로마의 역사를 가르치고 청년들을 교육하고 그랬어. 그 나라 아직도 한심하다면 한심하고 여러 가지 문제들이 많지만 그래도 우리보다는 낫다고 할 수 있잖아요?

---

3) 카부르(Camillo Benso Cavour, 1810~61) 이탈리아의 정치가통일운동 지도자.
4) 가리발디(Giuseppe Garibaldi, 1807~82): 19세기 이탈리아 통일운동에 헌신한 군인. 공화주의자였으나, 사르메냐 왕국에 의한 통일주의로 전향했다. 해방전쟁에서 알프스 의용대를 지휘하고 남이탈리아 왕국을 점령하는 등 이탈리아 통일에 기여했다.

그저 '어머니가 낳은 사람'

그럼 민중이란 말이 현대인에만 있느냐 하면 그건 그렇지 않아. 옛날에도 생각을 옳게 하는 분들은 다 이 바닥에 있는 사람들, 지위도 없고 돈도 없고, 아무것도 없는 그 사람들이 근본이라는 말을 했어. 벌써 수천 년 전에 공자님도 그 말 했고, 맹자도 그렇게 했어. 공자도 그 말을 하긴 했지만 맹자가 그 말을 좀더 발전시켜 분명히 하고 그랬어요. 내가 맹자를 좋아해서 읽어보고 중요하다, 이다음에 또 볼 필요가 있다 해서 빨간 줄을 쳐뒀었는데, 요새 『중앙일보』에서 맹자 강의를 해달라고 해서 읽다가 새삼 발견한 거예요.

뭐냐 하면 맹자 말씀이 '민위귀'民爲貴라고 했어〔『맹자』, 「진심 하」〕. '민'이라고 하는 것은 '백성 민'民 자로서, 그저 아무것도 없는 사람이다 그 말이야. 지금은 '民' 자로 쓰지만 옛날에는 '甲'로 썼어. 어미 모母 자에다 한 획을 더한 글자야. 그러니까 어머니가 낳은 그대로 있는, 아무것도 없는 사람이란 뜻이야. 임금이라면 '임금'이라기도 하고 '왕'이라고도 하지. 또 관리들은 '대부'라기도 하고 '신하'라고도 하지. 그런데 이건 뭐 갖다가 붙일 게 없어. 어떤 지위도 없고, 돈도 없고, 이렇다 할 이름도 없고 아무것도 없어서 그저 '어머니가 낳은 사람'이라고 해서 글자도 이렇게 썼다는 거야.

그런데 옛날에는 쓸데없는 생각이지만, 사람을 계급을 둬서 높고 낮고 구별을 뒀어요. 맨 위에 임금, 그다음 귀족, 그다음엔 대부大夫, 그다음에 선비. 민이라 그러면 맨 아랫사람이다 그랬어. 사회가 그렇게 되고 보니 위에 있는 사람들은 '민'을 사람으로도 안 봤어. 저것들은 그저 일이나 해주는 것들, 농사나 해서 먹을 것이나 해 바치고, 기술 있으면 그 기술대로 해다가 바치고 하는, 자기들과는 아주 딴사람들로 생각하고 그러지 않았어? 그래 놓으니 밑에 있는 사람들도 스스로 우리는 아무것도 아니지, 아무것도 모르는 백성들이지 하고 자처했어.

공자님이 『대학』이란 책에서 중용을 가지고 얘기했다고 그러지만,

그래도 그건 다 선비들보고 나라를 하는 것은 이렇게 하는 거다 하고 정치하는 것을 가르쳐준 것이지, 일반 백성을 보고 하는 소리는 아니에요. 그 책 안에 수신하는 얘기도 나오고 하지만 이것도 다 선비들에게 하는 소리지. 목적이 지금과는 달랐어요. 그러다가 차차 발달이 돼서 일반 백성을 보고도 "저것도 사람이지, 가르쳐야 되지" 해서 초등교육이니 뭐니 하여 일반 서민교육이 시작된 것은 나폴레옹 때부터야. 나폴레옹은 나쁜 점도 많지만, 좋은 점도 있어요. 『나폴레옹 법전』이라 해서 법전도 만들고 학자들을 시켜서 군인들이 쓰기 쉽고 가벼운 그릇을 만들라고 해서 나온 게 바로 알루미늄 그릇이고, 또 우리들이 잘 먹는 감자도 나폴레옹이 전해준 거예요.

얘기를 하다보니, 다 잊었던 것인데 생각나는 게 하나 있어. 감자를 어떻게 해서 먹게 되었나 하는 그 얘기, 감자를 일본 사람들은 자가이모じゃがいも라 그러잖아요. 이 말은 자바 섬에서 왔다 그 말이야. 그래 자바이모가 자가이모로 된 것이지요. 그런데 아마 그것도 본래 기원대로 하면 신대륙인지도 몰라. 나폴레옹이 황제 노릇 하면서 독재정치를 하고 그랬지만, 그 노릇도 백성이 있어야 할 수 있잖아요? 그러므로 이제 나라를 어떻게 하느냐 그 생각은 있었던 사람이지요.

나폴레옹이 감자를 처음 보고서는 이놈을 보급시키면 양식이 되겠다 해서 보급을 시켜야겠는데, 어떻게 보급을 시키지 하고 생각하다가 사람들의 나쁜 점을 이용했어. 감자를 가져온 다음에 그걸 보고는 좋다 싶어서, 연회를 하겠다고 신하들을 다 모았어. 그러고는 그걸 잘 삶아서 그릇에 내다놓고는 참 좋은 거라 하면서, 자기만 먹고는 남들에게는 주지 않는단 말야. 그리고 자기 옆에 있는 아주 중요한 신하 딱 한 사람에게만 그걸 주면서, 참 좋은 것이니 먹어보라 그랬어.

그러고 나서 그걸 궁성 안에다 재배를 하는데, 돌담을 쌓아놓고는 어느 놈이라도 들여다보지도 못하게 했어. 신하에게도 종자로 딱 한 알 정도 주고 심어보라면서 "당신도 남을 주면 안 돼. 참 귀한 것이니까 도둑놈이 못 들어오게 나처럼 돌담을 쌓고 재배해보라" 그랬단 말이야. 그랬는데 그 신하의 친한 친구가 "저렇게 귀한 것이라면" 친한 생각에 "나야 한 알쯤 가져가도 도둑질이 아니겠지" 하고는 슬쩍 해갔어. 그리고 또 그놈의 친구가 그러고. 사람의 심리라는 것은 귀한 것이라면 도둑질이라도 해서 가지려잖아요. 그리고 어떤 좋은 것도 하라면 안 해. 하던 지랄도 멍석 펴주면 안 한다고 말이지. 나도 이 얘기가 어느 정도 사실인지 몰라. 학교 다닐 때 박물선생한테서 들은 얘기야. 아무튼 이렇게 해서 그것이 단시일에 쫘악 퍼졌다는 거야. 유럽 사람 감자 먹고 살았지, 감자 없었더라면 살았겠어요? 지금도 러시아 사람들은 감자 먹고 살지, 다른 식량이 어디 있어요.

바닥에 사는 사람들이 근본이다

그건 그렇고 '민'이란 그렇게 밑바닥에 있는 사람들이에요. 그런데 맹자가 수천 년 전에 그런 생각한 것은 놀라운 거예요. 민이 제일 귀하고 사직이 다음으로 귀하며 임금이 제일 가벼운 것이다〔民爲貴 社稷次之 君爲輕〕. 그때 당시는 나라에서 귀한 것은 사직이었어. 누가 혁명을 해서 나라를 세웠다 그러면 제일 첫째로 하는 게 사직을 세우는 거였어. 나라의 텃신을 사社라 그러고 직稷이란 곡식신을 말하는 것인데, 사직이란 이 두 신을 한곳에 모셔 세우는 것으로 큰 나무를 세워요. 지금까지 사직동, 사직골 하는 이름이 있는데 옛날에 사직을 세웠던 곳이란 뜻에서 나온 말이에요.

내가 젊어서 유영모 선생님을 따라가서 구경하고 그럴 때도 팔도 송八道松이란 게 있었어. 스물대여섯 살 무렵이었지요.

그런데 왜 팔도송이라 그랬는가 하면 우리나라는 옛날에는 경기·강원·충청·전라·경상·평안·함경·황해도 따위 팔도로 나눴어요. 그래 한 도에 한 가지씩 배정을 해서 그 가지가 어느 만큼 성하나 하는 걸 봐서 그 도의 운세를 판단할 수 있다고 그랬어. 그 가지를 보면 그 도에서 농사가 잘 돼가는지, 사람 살기가 편안해졌는지 어떤지 안다고 그랬어. 그래 팔도송이라 그랬는데, 죽었는지 어쨌는지 지금은 없어졌어.

사직이란 이런 것인데 "사직을 지켜야 한다"느니 "사직이 없어졌다" 하면, 곧 나라라는 이름으로 통용이 됐지요. 그러나 본래는 나라의 텃신과 곡식신을 제사하는 것을 사직이라 그래요. 그러니 사직이란 굉장히 중요한 것으로 생각했어요, 옛날 사람들은. 그런데도 불구하고 지금부터 2천 2백 년이나 전쯤에 맹자가 민이 제일 귀하다고 했다는 것을 생각하셔야 돼요. 더구나 그 시절, 사람이란 것을 뭐 인생같이 알지도 않고 마구 잡아다가 군인을 만들고 그랬던 그 전국시절, 장군이란 것들은 임금이 벼슬을 주니까 사람들을 마구 잡아다가 닭이나 개 몰듯 전쟁을 하고 그랬지요. 그러니 일반 씨올이야 뭐 애국심이고 뭐고가 있겠어요? 죽지 못해서 싸웠지. 그렇게 하고 공로는 또 저희들끼리 다 나눠 먹어. 실제로 죽은 백성들에게는 뭐가 있어요?

옛날 사람 글에도 있잖아요. 당나라 사람 조송曹松의 글입니다. 전쟁을 하고 나니까 뭐 널편한 평야고 산골짜기고 따로 없어. 모두 전쟁터 다 됐지. 그래 산이고 들이고 할 것 없이 모두 싸움마당 됐구나〔澤國江山入戰圖〕. 일반 백성이 어떻게 살아갈 수 있나. 뭐 풀 베러 갈 수도 없고 밭 갈러 갈 수도 없고〔生民何計樂樵蘇〕. 그리고 다음 구절이 많이 얘기하는 거야. 그대에게 말하지만 전쟁해서 장군 됐다 훈장 탔다 봉후 됐다 말하지 말게〔憑君莫話封侯事〕. 장군 하나 되려면 뼈다귀가 만 개나 말라야 돼〔一將功成萬骨枯〕. 군인이 만 명이나 죽어야 된다 그 말이야.

옛적에도 이런 걸 아니까 생각을 많이 하는 사람들은 전쟁 반대하고 그랬어. 그러나 생각이 별로 없는 것들이야 어디 그랬어요? 백성을 어디 대접이나 해요? 그러니 공자님께서도 가르치지도 않고 전쟁시키는 것은 백성을 내다버리는 거다〔不敎而戰 是謂之棄也〕라고 그랬어『논어』,「자로」. 그런데 요새는 또 가르쳐줬더니 잘못 배워서 제가 하겠다고 그래서 그게 또 걱정이야. 물론 장성이나 그러지, 그 아래에 있는 군인이야 졸병 노릇이나 하며 심부름이나 해주고 이용이나 실컷 당하지 무슨 소용이 있어.

그러던 시대, 그 전국시대에 맹자가 민이 제일 귀하고, 사직도 그다음이요, 임금이란 아주 가벼운 것이라고 한 놀라운 사상이 있었다는 것을 알아야 돼요. 지금은 '임금' 소리를 안 해도 제일 높은 것은 임금이고, 지위라도 가진 사람은 큰 집이라도 가지고 살아야 하고 아랫놈들은 굶주리면서도 나라를 위해 바쳐야 한다 그러는데, 이때 이미 맹자가 그런 말 했다는 것은 놀라운 일이에요. 맹자의 생각에서 보면 누가 천자가 되느냐 그러면 그것은 바로 인심을 얻은 사람이 천자가 된다고 그랬어. 농사하는 사람들의 인심을 얻은 이가 천자가 되고, 천자의 눈에 잘 보인 자가 제후가 되며, 제후의 눈에 잘 보인 자가 대부가 된다〔是故 得乎丘民 而爲天子, 得乎天子 爲諸侯 得乎諸侯 爲大夫, 『맹자』,「진심 하」〕.

보통 천자라 그러면 하늘의 아들이라 그래서 아주 높은 사람 같지만 사실은 민심을 얻은 사람이 천자가 되는 것이고, 천자가 저놈 그래도 괜찮다 싶으면 그 사람은 또 제후가 되며, 제후의 눈에 또 좋게 든 사람이 대부, 요샛말로 하면 관리가 된다는 사실을 말한 거지요. 그러기에 그다음 말이 뭐고 하니 제후가 사직을 위태롭게 하면 곧장 갈아치워라. 제후의 하는 일 가운데서 제일 중요한 것이 뭐고 하니, 제후의 정치 가운데서 사직을 지키는 일 곧 나라의 텃신과 곡식신에게 제사를 받들어 모시고, 그걸 지키는 일이야. 나라의 신에 제사하는 일이니까 요즘 말로 한다면 아마 교회가 하는 일이라 그럴 수 있을 거예요. 하여간 이렇게 사社와 직稷의 신을 잘 섬겨서 짐승이 번식하고 곡식이 깨끗하게 잘 여물도록 해서 제사하고 하는 게 중요한 일인데, 제후가 그 노릇을 잘못하면 갈아치우라는 말이지요.

또 제나라 선왕이 맹자에게, 탕湯임금이 걸桀을 치고, 무武왕이 주紂를 멸했다고 했는데 신하로서 그럴 수 있느냐 하고 물으니까 맹자의 대답이, 어진 것을 해치는 것을 도적이라 그러고 옳은 것을 어지럽히는 것을 잔인하다고 한다, 도적과 잔인한 자를 한 지아비라 할 따름이며 듣기에 한 지아비에 지나지 않는 주를 벤 것이지, 임금을 죽였다는 소리는 듣지 못했다〔賊仁者 謂之賊, 賊義者 謂之殘, 殘賊之人 謂之一夫, 聞誅一夫紂矣, 未聞弑君也〕 그랬어〔『맹자』, 「양혜왕 하」〕.

이 말은 주가 아무리 천자의 자리에 있었다고 해도 인물이 흉포해서 천자 자격이 없단 뜻이야. 그러니 신하가 임금을 죽인 게 아니라, 한 어리석고 잔인한 사람을 어진 사람이 벌을 주었을 뿐이란 소리예요. 천자도 이렇거늘 하물며 제후이겠어? 제후가 제후 노릇을 못 하고 엉뚱한 짓을 하면 곧장 갈아치워버리는 게 잘못이 아니란 소리예요.

사직이라 그러면 참 대단한 것으로 알고 그랬지만 맹자에게는 사직도 마찬가지야. 희생에 쓸 제물이 이미 준비되어 있고 신전에 바칠 피를 담을 그릇인 자성이 깨끗하여 때에 맞게 제사를 지내도 가물들어 땅이 메마르고 홍수져서 범람하면 사직을 곧장 바꾸어라〔犧牲既成 粢盛既潔祭祀以時, 然而旱乾水溢則變置社稷〕 그랬어〔『맹자』, 「진심 하」〕. 사직이란 것은 나라의 제사를 받아먹으니 나라를 돌보고 살펴서 나라 살림이 잘되게 해야 하는데도 불구하고, 제사나 받아먹고 천재지변이 그치지 아니 하면 이미 그놈의 사직은 사직으로서 자격이 없다는 말이야. 그러니 갈아치우라는 것이지. 혁명하란 소리야.

이만하면, 그때 그 옛날에 이만하게 그랬으면 맹자의 사상이 어떠했는지 알 수 있잖아요. 옛날이나 지금이나 옳게 생각을 하는 사람들은 이렇게 바닥에 사는 사람들이 근본이라 그랬어요.

내면화에 이르는 길

그건 그렇고 오늘 우리가 얘기하려는 데서 근본 되는 얘기는 내면적 일체, 내면화라는 그 문제인데, 내면화니 뭐니 그러면 결국은 우리가 믿는 데 있어서 어떻게 그 근본 되는 자리에까지 가느냐 하는 문제예요. 달리 말하면 성령을 받았느냐 하는 말로도 할 수가 있어요. 성령에 관한 얘기는 『성경』의 여기저기에 참 많이 나와요. 오늘 아침에 노 선생님이 말씀하신 「로마서」 같은 것도 물론 좋아요. 하여 간 성령에 관한 그런 데를 보시려면 「사도행전」 19장에 있는 바울의 얘기 같은 것도 좋아요.

바울이 에베소 교회 신도들에게 "당신들은 신도가 되었을 때 성령 을 받았습니까" 하고 물었지요. 그들의 대답이 성령에 관해서는 말 조차 들은 일이 없다고 하니까, 그럼 세례는 받았느냐 했어요. 그러 자 "요한은 죄를 회개한 사람들에게 그 표시로써 세례를 베풀었습니 다. 그러나 요한은 사람들에게 자기 뒤에 오실 분 곧 예수를 믿으라 고 가르쳤습니다" 하면서 예수의 이름으로 다시 세례를 줬다고 그 러잖았어요. 그래 그들이 예수의 이름으로 세례를 받고 나서 바울이 손을 그들에게 얹자 성령이 내려서 이상한 말 즉 방언도 하고 예언 도 했다고 그러잖아요. 그럼 이건 뭐냐? 우리가 예수님과 일체가 되 려면 성령을 받아야 한다 그 말이에요. 성령을 받아서 우리가 변해야 한다 그 말입니다.

이제 「로마서」 12장에 있는 말씀, 이 말씀은 우리가 오늘 얘기의 마 지막에 가서 결론으로 생각할 문제입니다.

> 그러므로 형제 여러분, 하나님의 자비가 이토록 크시니 나는 여러 분에게 권고합니다. 여러분 자신을 하나님께서 기쁘게 받아주실 거룩한 산 제물로 바치십시오.
> • 「로마서」, 12:1

'내면화'란 말은 결국 이걸 말하는 겁니다. 예수와 내가 내면적 일 체가 되려고 한다면, 『성경』에 있는 말로 하면 산 제사를 드려야 한 다 그것이고, 비유로 말씀하신 걸 들으려면 「누가복음」 15장에 있는 탕자의 비유가 그거예요. 물론 그건 개인적으로 사람이 죄를 범했다 가 돌아오는 것으로도 말할 수 있지만 『성경』이란 전체 따로 개인 따로 구별을 지어서 개인 혼자만 갈라서 생각하지 않아요. 전체를 다 두고 하는 거예요.

아버지에게 두 아들이 있는데 둘째아들이 아버지보고 "아버지, 제게 줄 분깃(유산을 한 몫 나누어 줌. 또는 그 몫 - 편집자)을 주시오" 하고 말했잖아요. 아들이니까 으레 가산을 나누어줄 것 아닙니까? 그러니 자기에게 줄 것을 달라는 것입니다. "나도 사람이니까 사람 노릇 해보겠습니다" 하고, 아들이니까 받을 권리가 있는 줄을 알고 아주 당당히 달라고 그랬어. 그런데 옳으면서 틀려먹은 생각이야. 왜 그런고 하니, 우선 내가 내 노릇 해야지 하는 것은 옳은 생각이지만 그러나 내가 스스로 나서서 노력해서 내 노릇 해야지 하는 것은 좋은 생각이면서도 잘못된 거야.

태초에 아담과 이브가 왜 하나님께서 이 선악을 알게 하는 나무열매는 먹지 말라고 하셨지 하고 알려고 하는 생각은 좋은 생각이지 나쁜 생각은 아니야. 하지만 "우리가 이걸 먹으면 선악을 알고 하나님과 같아질까봐 그랬다. 이걸 먹으면 하나님과 같아질 거다" 하는 것은 잘못이라 그럴 수 있어. 물론 우리가 가기는 하나님께로 가야지요. 그러니 하나님과 같아지겠다는 것은 잘못이랄 수는 없잖아요? 그렇지만 거길 가고, 하나님과 같아지고 하는 데 있어 제가 제 노릇 해서 그렇게 된다는 거기에 잘못이 있어요. 그걸 표시한 게 둘째아들이에요.

그래 그렇게 해서 나간 결과가 어찌 됐어? 잘살겠다고, 저는 제 노릇 하겠다고 나가서 실컷 했던 게, 있던 것 다 털어먹고 말았잖아요. 그래 할 수 없어서 남의 돼지 치는 것을 맡아 했다는 것 아니야. 이걸 요샛말로 한다면 소위 현대의 정치란 것이 뭐냐? 남의 집 돼지 쳐주는 것 아니냐. 제가 했으면서도 제가 주인이 되는 것도 아니고 돼지란 것은 쳐서는 언제라도 잡아서 팔아먹으려면 팔아먹고 잡아먹으려면 잡아먹고 그러는 것인데, 이건 남의 돼지를 쳐준 것이니 실컷 쳐주고도 저는 그럴 수가 없어. 현대의 우리 살림이 그렇게 되지 않았나.

그러니 여기 비유에서 나도 내 노릇 해야겠으니 내 것을 주시오 해서 타가지고 나갔던 탕자의 모양이 본래 하나님에게서 받았던 자기 밑천 다 털어먹고는 살 수가 없으니 돼지가 먹는 쥐엄열매 껍질이라도 먹어야 했던 것처럼 우리 살림이 꼭 그렇다는 거야. 그래 이 탕자가 그런 극점에 가서야 비로소 지난날 아버지 집에 있을 때는 어땠었지 하는 인간의 새싹이 돋아나오는 거예요. 돌이켜서, 속으로 찾을 때, "그전 내 아버지 집에 있을 때, 아버지 집에는 무한한 것이 있는데 이게 무슨 일이냐" 하는 회개하는 마음이 나서 "아들로서 자격이 없으니 그저 문간에 두는 종으로라도 있게 해달래야지" 해서 돌아오기 시작했다는 거야.

그리고 집에서 아버지 심부름을 잘하고 있던 맏아들은 하기는 하면서도 모르기는 마찬가지야. 나가서 다 털어먹어서 된 잘못이나, 집에 있으면서도 "나는 이게 뭐냐? 그저 아버지 심부름이나 하고 있지" 그러는 것이나, 비록 겉에 드러난 잘잘못은 서로 정반대되는 것 같지만 잘못하긴 마찬가지야. 그래 아버지가 동생을 맞아들이는 것에 불평을 품게 되는 거야.

이 비유가 가르치는 것은 결국은 다 아버지에게로 돌아가야 한다는 것을 말하는 거예요. 그게 사람이 살아가는 길이야. 일체가 되려면 내면화가 되어야 하는데 그걸 그렇게 알기가 어려워요. 우리 세상에 있는 얘기들, 잘못 알아서 그렇게 되었다는 점에서 보면 다 그런 얘기들 아니오?

속에 있는 진실, 고갱이의 힘

이런 것은 기독교에서만 그런가 하면 그건 그렇지가 않아. 공자의 '예의'도 따지고 보면 다 이거예요. 군자는 근본을 힘쓴다〔君子務本〕고 그러잖아요. 근본이란 요샛말로 하면 밑뿌리, 뿌리야. 그럼 그 밑뿌리가 누구겠어. 그걸 생각해보면 누군 누구겠어. 바로 하나님이지.

하나님이 아닌 뿌리가 어디 있어. 그래 그걸 옛날에는 이걸로도 보고 저걸로도 보고 그랬는데, 좌우간 어떻게 봤든 우리 뿌리가 되는 걸 찾아야 돼.

요즘 한참 읽었다던 책, 그 『뿌리』라는 책도 보니까 거 놀랍던데. 그 사람들이나 우리나 마찬가지던데. 그 사람들은 글자도 없고, 우리나라는 그래도 글자라도 있는 민족이지만, 여기 있는 것 거기도 있고, 생각하는 것도 꼭 마찬가지야. 그 사람들, 아프리카에서 붙들려와서 몇 대를 두고 내려오면서 종살이를 하고 그랬지만, 그래도 나도 난 데가 있을 게 아니냐 해서 몇 해를 두고 연구를 해서 가봤다는 거. 그것도 찾아서 돌아가는 데는 마찬가지, 뿌리 되는 곳이야. 그런데 그 자릴 찾아간다는 게 그렇게도 어려워요. 제 딴에는 잘한다고 하는 노릇이 헤매어나왔어요.

이것 말고도 훌륭한 글이 있어요. 옛날 당나라 때 났던 훌륭한 중이에요. 한산[5]이라는 중인데 사람이 나기는 참 훌륭하게 났어. 그런데 이 사람이 겉의 살림은 그리 중요하게 생각을 하지 않았어요. 잘난 척도 안 하고 절간에 가서 그저 불이나 때주고 그러니 사람들 모두 바보로 알고 그랬어. 또 사람들이 그러면 그냥 바보인 척 그랬어. 그러면서 혼자서 자꾸 생각을 했어. 그러다가 속에서 솟아나는 뭐가 있으면 길을 가다가도 글을 지어서는 바위에도 쓰고 나뭇가지에도 써서 붙이고 차곡차곡 모아두는 법이 없어. 그래 다 없어지고 그랬는데, 곁에 있던 사람들이 그걸 주워 모아 『한산시집』이란 것이 전해 내려와요. 일본 사람들이 그를 좋아해서 번역을 하고 그랬는데, 이제 우리나라에서도 번역이 나왔는데, 보니까 아마 일본 번역을 보고 번역한 것 같아요.

---

5) 한산(寒山, ?~?): 이론에 두루 통해 문수보살의 화신(化身)이라 일컬어진다. 시와 선(禪)을 일치시켜 당시(唐詩)의 독특한 경지를 이루었다.

지금 얘기하려고 하는 시6)도 결국 우리가 뿌리를 찾아가는 것과 관련이 있어요. 나무가 있는데 숲보다 앞서서 났더라[有樹先林生]. 숲이 있는데 그 가운데 언제부터 있었는지는 모르지만 다른 것보다 굉장히 쑥 자란 나무가 있더라. 만일 우리가 이걸 사람에 비겨본다면, 예수님을 생각한다면 이 말과 꼭 맞아요. 숲에서 숲보다 먼저 난 나무처럼 사람들 가운데서도 다른 사람들보다 먼저 난 사람들이 있더라, 그렇게 말할 수 있을 거예요. 나이를 계산해보니 일 배가 넘어[計年逾一倍]. 사람으로 치면 한 백 년 산다면 이이는 백 년도 더 넘어. 그러니 언제 났는지도 몰라. 영원 전에 나신 그런 분이야.

뿌리는 능곡의 변을 만났더라[根遭陵谷變]. 비가 와서 등성이가 패어 골짜기로 되기도 하고 그랬어. 가지에 붙은 잎은 바람과 서리를 입어서 이미 다 달라졌어[葉被風霜改]. 나무가 여러 천 년 살면서 바람 맞지 비를 맞지, 그러다 보니 잎이 떨어지고 가지가 찢어지고, 꼴이 영 말이 아니야. 말하자면 별별 가지 다 겪었어. 이걸 생각해보면 사람의 일생, 혹은 인간의 역사가 오늘까지 오는 동안에 얼마나 많은 변동이 있었다고 하는 거, 나긴 참 훌륭히 잘난 나무인데 이제 겉이 다 상처가 났어. 바깥에 드러난 떨어지고 부러지고 한 것을 보고 조롱하며 웃을 뿐이야[咸笑外凋零].

나이 늙으면 사람들도 다 이 꼴이 돼. 지식이 있다 해도 그것도 아무짝에도 쓸모가 없이 돼. 한민족도 옛날에는 훌륭하다고 했지만 역사가 내려오는 동안에 꼴이 말이 아니게 됐어. 겉에 드러난 형편없는 꼴을 보고는 웃기만 할 뿐 속에 있는 문채를 사랑할 줄은 몰라[不憐內紋彩]7) 겉으로 보기에는 가지 다 부러지고 잎도 다 떨어지고 볼 것도 없고 그렇지만, 그 속을 보면, 켜보면 그 속에 나뭇결이 아주 훌륭해. 사람들이 그걸 아낄 줄은 도대체 몰라. 겉만 보고는 하는 소리가

---

6) 한산, 「시삼백삼수」(詩三百三首).
7) 不憐內紋彩: 한산의 시 원문은 '不憐內文采'로 표기되어 있다.

그 나무 덩치만 덩그렇게 컸지, 벼락 맞아 다 못쓰게 됐구나 하고 흉만 보지 그 속에 문채가 있는 줄은 몰라.

이건 물론 사람을 두고 보면 개인으로 보면 일생을 두고 살아가는 것을 말하는 거예요. 한민족의 역사도 그렇고. 겉의 가죽과 살은 다 떨어져나가고〔皮膚脫落盡〕 속에는 오직 진실한 그것만 있다〔唯有眞實存〕.[8] 이 시는 결국 이걸 말하려고 한 거야. 피부는 탈락진이나 유유진실존이라. 나무는 큰 나무인데 겉의 훌륭하던 잎사귀나 꽃은 이제 다 떨어져나가고 요 속에 있는 고갱이, 속에 있는 진실 그것만 남았어. 그러니까 안을 못 보고 사람들은 겉의 것만 보고 웃으면서 속의 것은 모르는구나. 이건 물론 속에 있는 무늬라는 걸 비유해서 속에 있는 보이지 않는 그걸 말하는 것이지만, 우리 믿는 살림도 그런 것 아닌가.

이런 걸 골라보려면 많아요. 「사도행전」 17장에도 보면 바울이 아테네에 가서 하는 유명한 연설이 나와요.

내가 아테네 시를 돌아다니며 여러분이 예배하는 곳을 살펴보았더니 '알지 못하는 신에게'라고 새겨진 제단까지 있었습니다. 여러분이 미처 알지 못한 채 예배해온 그분에 관해서 나는 이제 여러분에게 알려드리겠습니다. 그분은 이 세상과 그 속에 있는 모든 것을 만드신 하나님입니다. 그분은 하늘과 땅의 주인이시므로 인간의 손으로 만든 신전에는 사시지 않습니다. 또 하나님께서는 인간의 손으로 채워드려야 할 부족이라곤 하나도 없으십니다. 오히려 하나님께서 친히 생명과 호흡과 모든 것을 주시는 것입니다. 하나님께서는 한 조상에게서 세계 온 인류를 만드셔서 온 땅 위에서 살게 하시고 또 그들이 살 시대와 영토를 미리 정해주셨습니다. 하나님께서 이 모든 일을 해주신 것은 사람들로 하여금 당신을 찾아 더듬

---

8) 唯有眞實存: 한산의 시 원문은 '唯有眞實在'로 표기되어 있다.

어서 당신을 만나게 하시려는 것이었습니다.

사실 하나님께서는 누구에게나 가까이 계십니다. "우리는 그분 안에서 숨 쉬고 움직이며 살아간다"는 말도 있지 않습니까? 또 여러분의 어떤 그레샤 시인마저도 "우리 또한 그분의 자녀"라고 말하지 않았습니까? 하나님의 자녀인 우리는 하나님을 인간의 기술과 재간으로 금이나 은이나 돌을 가지고 만들어낸 우상에 비겨서는 안 될 것입니다.

•「사도행전」, 17: 23~29

이것도 같은 뜻에서 말하는 것이라 볼 수 있어요.

습관화된 신앙

그런데 우리가 내면화에 대한 얘길 하려면 사람에게는 습관성이란 것이 있다는 걸 알아야 돼. 습관성, 말하자면 버릇인데 그거는 생명의 신비지요. 왜 그런가는 알 수 없고, 사람에게만 있는 것이 아니라 짐승에게도 있어요. 이건 생명의 법칙의 하나에요.

심리학자들이 개를 가지고 한 실험으로 그걸 잘 표현해주잖아요. 개란 놈에게 종을 치면서 먹이를 줘 버릇을 하면 나중에는 먹이도 없이 종소리를 울리면 그래도 침을 흘린대요. 그건 버릇이 돼서 그런 것인데 이 버릇은 좋은 점도 있고 나쁜 점도 있어요. 습관, 습관이 있지 않고는 살아갈 수가 없어요. 그런데 거기에 나쁜 점이 또 있어요. '내면화' 소리도 그래서 나오는 거예요. 버릇이 돼서 하는 것 그것은 밖이에요. 안이 아니에요. 그래서 문제가 되지요.

그런데 좋은 점은 한두 번 해보면 그담에는 자연히 내가 머리를 쓰지 않아도 그걸 해낼 수가 있어. 그러니까 퍽 경제적이지요. 사람이 발달할 수가 있었던 것도 이것이 있었으니까 됐지, 없었으면 안 됐을 거야. 가령 아르키메데스의 원리를 공부하는 데 있어서도 이러한 습관성이 없었다면 안 될 거예요. 아마 지금은 중학교만 들어가도 이것을 가르칠 것인데, 그게 습관적으로 기억되지 않고 필요할 때마다 아르키메데스처럼 연구해야만 된다면 아무것도 못하고 말 거예요.

아르키메데스가 그걸 찾아내느라 얼마나 고생을 했어요. 임금의 명령으로 왕관을 만들었는데, 그 왕관에 든 금이 임금이 내려준 그대로인지 아니면 다른 잡것을 섞어서 무게만 같게 만들고 나머지는 어쨌는지 알아내야 하는데, 참 어렵단 말이야. 녹여서 알아내라면 쉽지만 그럴 수는 없고. 그래 고민하는데 목욕탕에 목욕하러 들어갔다가 물이 넘치는 것을 보고 왜 그렇지 하다가 마침내 발견한 것이 아르키메데스의 원리라 그러잖아요. 비중의 법칙, 모든 물체는 그 물체만이 갖는 고유한 비중이 있다. 그래 그걸 알아내고는 너무도 기뻐서 옷도 입지 않은 채 왕궁으로 달려가면서 "발견했다! 발견했다!" 하고 외쳤다잖아요. 이 이야기를 듣고 그냥 웃지만 말고 진리를 찾기 위해 얼마나 애썼던가 하는 걸 알아야 돼요.

아르키메데스의 원리, 이걸 모르고는 아무것도 못할 거야. 가령 큰 다리를 놓는다고 하더라도 이걸 알아야만 공사를 할 수가 있어. 그런데 이걸 우리더러 연구해서 다리를 놓아라 그러면 다리는 고사하고 이것 알아내려고 하다가 세월이 다 가버리고 말 거야. 그 사람은 그래도 천재니까 그랬지 우리 보통 사람들로서야 연구하다가, 찾아내지도 못하고 그만 늙어죽고 말 거야.

그래 이런 것인데도 우리가 학교에 가서 그걸 한번 배우면, 그게 어느만큼 귀한 것인지도 모른 채 우리의 버릇에 의해서 내 것이 되고 말잖아요. 그래서 『논어』 첫머리에 배우고 익히면 참 좋잖아〔學而時習之不亦悅乎〕 그랬어. 글을 따라 외어보지 못한 사람은 모를 거야. 좋은 글을 배워서 외어보려고 할 때, 가령 유수선림생 계년유일배有樹先林生 計年逾一倍라 그러면 내가 여기 이렇게 척척 써놓으니 "야 잘 쓴다" 그럴는지 모르지만, 이걸 외려고 내가 몇 번이나 애썼는지는 모를 거예요.

습관이란 이런 것인데 이게 처음 버릇이 붙을 때는 몇 번 하면 곧 잘 버릇이 되지만, 어쩌다가 한번 든 버릇이 우리가 살아가는 데 방해물이 될 때 그걸 나가게 하려면 그게 또 그렇게 잘 나가지지 않아.

우리가 종교생활 하는 데도 그래요. 믿는다는 것도 몇 번을 하고 나면 그만 이젠 버릇이 돼버려. 내 귀로도 들은 소리지만, 김활란 박사가 살아계실 적에 예배시간에도 출석을 불렀다는 거야. 그것도 그이는 생각이 있어서 한 거야. 뭣고 하니 학생들이 학문은 하겠다고 그러지만 예배를 보자면 싫어하거든. 학생들이 예배시간에 수선거리고 빠지기도 하고 그런단 말이야. 그래서 김 박사가 학생들에게 예배보는 습관을 길러주려고 그랬다는 거야. 이건 좋긴 좋은데 또 거기에 문제가 있잖아요. 믿음이 습관이 돼서는 안 돼. 옛날 초기에는 교회에서 출석을 불렀어요. 아마 서양 목사들이 "아직도 잘 모르는 민족이니까 가르쳐야지" 하는 생각에서 시작했는지도 모르지요.

그러나 그냥 습관화되어서 주일날 예배당에 나가 찬송도 하고 기도도 하고 그러지만 속으로만 생각하면서 열심히 한다고 해야 그건 잘못이야. 습관화돼서라도 교회에 나오는 것은 고마운데, 그저 멍하니 앉아 있어 "저 사람도 믿는 사람인가" 하는 생각이 들도록 생활한다면 교회 열심히 나가니 우선 겉보기에는 좋을지 몰라도 차라리 안 나오느니만 못해요. 차라리 싫으면 싫다고 한다면 목사님들이 그럼 어떻게 하면 이 사람들을 이끌 수 있을까 하고 생각이라도 하겠는데, 그 사람들 데리고 무슨 일을 하겠나.

이런 뜻을 깊이 생각하면 바울이 말하는 "믿음으로 구원을 얻는 게 아니다" 하는 말이 무슨 뜻인가 이해가 될 거예요. 믿는 내 마음이 자나깨나 예수에게서 떨어지지 않는 그 마음으로 해서 구원을 얻지, 교회에 나오는 그 습관적인 행동으로는 구원 얻을 수 없다는 거예요. 교회 나오는 걸로 한다면 "누구보다 빠지지 않고 나왔습니다. 또 헌금도 했습니다. 목사님 심방 다닐 때 누구보다 잘 대접했습니다" 하면서 속으로 딴 생각 하고 있으면 결국 잘못이 생기잖아요.

내면화란 소리가 나오게 된 것도 따지고 보면 이래서 나온 거예요. 신앙이라 그러면 그건 벌써 정신적인 것이지 행동이 아니에요. 돈을 낸다든지, 뭘 줬다든지, 절을 한다든지 그러면 이건 육체로 하는 걸 말하는데, 그걸 해야 한다고 하면 그건 또 잘하지. 하지만 그것도 습관이 돼서 돼. 그러니까 행동으로만 돼, 행동이란 내 마음과 유리돼서도 곧잘 해낼 수 있어.

행하기는 쉽고 알기는 어렵다

언행일치라고 그러는데 언행이야말로 일치되기가 어려워요. 생각나는 사람이 있는데, 중국의 손문[9]이라는 사람. 중국의 오늘이 저렇게 혁명하고 저런 것이 다 손문에게서 나온 거잖아요? 이 사람은 배우기는 의사 노릇을 배운 사람인데 의사 노릇보다도 어떻게 하면 이 뒤떨어진 중국을 고쳐보느냐 하는 데 힘을 많이 쓴 사람이야. 이 사람의 말 가운데 중요한 게 행하기는 쉽고 알기는 어렵다[行易知難]는 말이야. 우리가 보통 말로 하면 알기는 쉬워도 행하기는 어렵다[知易行難]하고 하는데, 이 사람은 이 말을 뒤집었어. 실례를 들어서 두부를 만들어 먹는 얘기를 했어.

인류가 두부를 만들어 먹을 줄 알게 된 것은 벌써 오래 전이야. 몇천 년이 됐는지도 몰라요. 그러나 그 이치는 아무나 잘 몰라요. 처음에는 아무도 그 이치를 몰랐을 것이고, 요즈음도 모르는 사람이 더많아요. 처음엔 우연히 그랬을 거예요. 콩을 삶아놓으니 시어버리기도 해서 갈아먹었더니 그런대로 또 괜찮아. 그래 차차 지내오면서 두부가 나왔겠는데, 단백질이 어떻게 어떻고 하는 것은 모르면서도 두

---

9) 손문(孫文, 1866~1925): 중화민국의 정치가. 삼민주의를 제창하고 신해혁명 후 임시 대총통으로 추대되었다. 원세개에게 정권을 양보했다가, 중국 국민 당을 조직해 혁명을 추진했다.

부는 곧잘 해먹잖아요. 그래 행이지난行易知難이라 그랬어요.

사람이 살아간다는 게 그렇잖아요. 살아가기는 옛날부터 잘 알고 그렇지만 그 이치를 알고 하게 돼야 정말 할 수 있고 발달도 할 수 있고 그래. 우리가 모르고도 할 수 있지만, 법칙을 알고 해야 바로 될 수 있다. 그러니 혁명을 하려거든 혁명의식, 그 이치를 가르쳐줘야 하지 그랬어요. 참 놀라운 사람이에요. 그저 한자리 해먹으려는 욕심만 있는 사람에게는 무식한 놈이 더 좋을는지 몰라요.

우리나라 군대를 보면 군대 간 다음에는 공부한 것을 잊어버려야 돼요. 대학생이 군에 간다면 "이 새끼 너 대학 졸업했다고 해서 우리 다 깔보고 있지" 하면서 때린다고 하잖아요. 그리고 그냥은 때릴 수 없고, 또 이치로 한다면 맞지 않을 테니까 될수록은 이치에 안 맞는 것을 하라고 해서는 그걸 거역하면 그대로 때린다고 해요. 그래서 무조건 복종하게 돼야 이제 됐다 그런단 말이야. 그것도 다 일본 사람들한테 배운 거예요.

그러니 처음의 그 때를 못 벗어서 "몬쿠나시"(もんくなし: 이유 없음 – 편집자) 하면서 때려요. 해도 번역이라도 해서 그러면 그나마 좋겠는데, 번역도 안 하고 그대로 쓰잖아요. 또 그냥 쓰는 말이 있잖아요. 자동차를 "싹 꺾어라" 할 때 "잇빠이 꺾어라" 그러잖아요. "한껏"이라든지 "힘껏" 하면 될 것을 그저 "잇빠이, 잇빠이" 그러잖아요. 그러니 이거 정신이 없는 민족 아니오.

얘기가 딴 얘기로 왔습니다만, 행이지난行易知難이 무슨 뜻이냐 하면 "알기를 바로 알아야 한다. 알지 못하고도 모방이야 할 수 있지만, 참말로는 못한다" 그 말이에요. 그래 자기가 알지 못하니까 "뭣을 하더라" 또는 "뭣을 한다"가 아니고 "뭣을 하더란다" "뭣을 한다더라" 하잖아요. 무슨 일을 하면 "천당 간다더라" 하는 꼴이니까, 연보만 잘 내면 꾸벅꾸벅 졸아도 다 되는 줄 알아.

물론 무조건 하는 것도 좋아요. 안 하는 것보다는 좋아요. 좋긴 좋지만 또 그것 때문에 잘못되는 점이 있잖아요. 만약 우리가 "행함으로 구원 얻는 것이 아니라 믿음으로 구원 얻는다"는 말을 좀 깊이 생각했더라면 좀 달라졌을 거예요. 그저 "한다더라. 세상에 그렇게 하는 게 좋다더라" 해요. 그러니 좋아서 하는 것이지, 옳아서 하는 것은 아니야. 믿는다는 것은 그 믿는 것이 옳기 때문에 믿는 것이지, 좋다거나 복 받는다 해서 믿는 것만은 아니에요. 우리는 아직도 어떻게 하면 상을 받는다라는 그런 정도를 초월하지 못했어.

그럼 왜 예수님은 산상수훈에서 "복이 있다. 복이 있다" 그랬습니까 할는지 모르지만 그걸 주의해서 보면 그건 뭐 세상에서 그리 신통한 복은 아니에요. 세상에서 '가난한 자' '주린 자' '목마르고' '애통하는' 게 어디 복이겠어요. 세상에서 복이라 그러면 그저 맨날 허허 허 웃고, 세상이 이런 거다 하며 장단을 치는 것, 그런 것이 복이지.

그런데 예수님은 세상과는 정반대로 복을 말했어요. 세상에서는 웃고 즐기는 게 복인 줄 알고, 하나님이 그렇게 해주신 것이다 그랬어요. 물론 그런 면도 있긴 하지요. 선한 사람에 비를 주듯 악인의 밭에도 비를 주시는 하나님이시니까. 그러나 그것만 가지고는, 이렇게 알아서는 하나님을 참으로 아는 자리에는 갈 수가 없어요. 예수님은 그런 것을 가르쳐주자는 뜻이었어요. 십자가의 공로로 내가 구원 얻는다고 할 때, 그게 어째서 그런 것인가 참 이치를 알아야 하겠는데 모르고 그냥 말로만 그러는 수가 많아요. 또 가르쳐달라면 그건 말하기 어려운 거지 하면서 목사님들이 피하는 수도 있어요. 우치무라 선생님도 그런 면은 있어요. 선생님도 어느 면에서 감정이 퍽 강하고 그런 분이니까.

하긴 또 그것이 이치로 다 설명이 되냐 하면 그렇지만도 않아요. 비약이 있게 마련이에요. 그런데 아무리 그렇더라도 이치로 되는 게 아니다 하는 걸 강조해놓으면 나중에 문제가 날 때는 감당해내기 어려워요. 그래 결국은 '속죄표' 속여 팔아먹게까지 되는 거예요. 루터가 "행함으로 되는 게 아니라 신앙만으로 된다" 그러면서 '만' 자를 강조한 것은 그런 마음을 깨우자고 해서 그랬던 거예요.

습관이 되면 이미 껍데기가 된다

사람이 "좋다" 싶어서 그걸 늘 해오면 습관이 되고, 습관이 되면 이미 껍데기가 돼버려요. 그래 '내면화'라는 말이 나오게 되는 거예요. 습관은 본래는 죄라고까진 할 수 없을는지는 몰라도 별 생각도 없이 습관적으로 되면, 믿기를 어디 나만 믿나, 애들도 있는데, 애들은 어릴 땐 무심코 따라오지요. 그러나 좀 자라서 뭘 좀 알게 되면 반발을 해요. 습관화된 신앙에 대한 반발은 지식이 발달하면 할수록 더 심해져요. 온순해서 어른들 말에 고분고분한 애들은 안 그렇겠지만, 사람이 사람 노릇하는 데는 고분고분만 해서 되냐 하면 안 그래요. 그래서 안다는 게 중요한데, 안다는 것은 '내면'이지 껍데기가 아니야. 겉에 나타나는, 돼가는, 이렇게 하는 일이 아니야. 내면적 일체라는 말은 겉으로 일체해도 소용없단 뜻이야.

겉으로 본다면 "교회는 그리스도의 지체" 그러는 것은 그렇지요. 그리고 겉으로는 해방 이후 교회도 늘고 신도도 늘어서 "다른 종교는 문제도 안 된다" 하리만큼 커졌는데, 이게 다 사회적으로 반드시 좋은 이익을 끼치고 있냐 하면 그렇지 못한 점이 많이 있어요. 습관이 생명의 본래의 생명 되기 위한 것이지만, 이것이 겉껍데기로 기울기가 참 쉬워요. 그래서 해방 이후 우리 교회에 일어나는 현상을 보고서 생각이 깊은 사람들에게서 이거 교회에 무슨 개혁이 있어야 하겠는데 하는 말이 나오게 된 거예요.

습관성이란 거, 이건 생명이 생명되기 위해서 본래부터 있는 거야. 한데 문제는 어디 있느냐 하면 생명이 어떤 걸 몇 번 하게 되면 자동적으로 되는 그런 것이 없으면 생명이 생명으로 될 수 없기는 하지만, 그럼 이렇게 되면 그게 곧 생명이 되느냐 하면 그렇게는 또 안 돼. 한번 습관화되고 나면 그다음에는 또 그걸로 인해서 반드시 폐단이 오는 게 있어. 그러니까 기독교, 우리 피차 믿고 있는 기독교 신앙을 놓고 봐도 다분히 이것이 굳어져서, 하나의 형식화해서 속에 산 생명이 살아 있지 못해. 그런 점들이 교계가 오늘날 이렇게 잘못돼가는 원인들이 되지는 않았을까?

그래 퀘이커들이 침묵을 자꾸 강조하는 거는 그 때문이에요. 될수록은 형식을 없애고 이미 제도란 게 있으면, 목사란 직이 있고 장로란 직이 있고 그러면 자연적으로 목사 노릇—하나의 노릇이지, 목사 노릇—을 하고 그러다보면 이제 굳어져요. '목사 노릇은 이러는 거다' 하게 되면 벌써 내부, 속과 밖이 달라지게 돼. 하나라도 달라지게 되면 어느 날 가서는 그 밖에 있는 것들을 크게 해를 입히고 만단 말이야.

이건 기독교만이 아니고 모든 종교의 역사가 다 증명하고 있지 않아요? 우리나라는 유교적인 풍이 아직도 남아 있어. 가령 관혼상제冠婚喪祭 같은 거. 이제 관冠은 없어졌지만, 옛날엔 나이 열다섯이 되면 장가를 갔거나 어쨌거나 간에 이제 어른이고 대장부니까 너도 하나의 사나이로서 책임을 해야 된다 해서 성관례成冠禮를 했어요. 그리고 혼婚은 결혼하는 것, 상喪은 부모 죽은 뒤 장례 지내는 것, 제祭는 제사 지내는 것을 말하는 것인데, 이게 다 뜻이 그 속에 들어 있어요. 그런데 지금은 그 뜻은 소용도 없어지고, 생각도 할 필요가 없어졌어. 그러니 가다가는 심지어 정치권을 발동해서 상제에게 상복을 입으라고 한다든지 입지 말아야 한다든지 하는 문제가 나오게 되는 거예요.

그런데 이런 걸 기독교와 관계된 것을 가지고 말해본다면 기독교는 종교인데, 종교라면 종교대로 알아서 할 것이지, 그런데도 국가에서 무슨 간섭을 해요. 이게 왜 이렇게 됐냐 하면 다른 게 아니고 믿음이 하나의 형식화되고 습관화돼서 그래요. 믿음이, 믿는 일이 참 내 마음에서 내 영혼이 살고 죽는 일이 돼서 믿을 때는 국가에서 무슨 간섭을 하려고 하지도 않아요. 그리고 설사 간섭을 한다고 해도 그게 문제가 아니에요. 그래 순교라는 게 있을 수 있는 거예요. 믿는 일이 참으로 살아 있는 때는 이 몸이 죽으면서까지도 믿으려고 할 때야. 그래야 산 신앙이 돼.

그러니 어떤 면에서 본다면 신교의 자유를 허락해놓으니까 믿는 일에 잘못이 되기 시작해요. 기독교가 잘못되기 시작한 것은 콘스탄티누스 대제[10] 때부터야. 처음 기독교를 못 믿게 해서 자꾸 핍박을 할 때는 탄압을 뚫고 나가려니까 죽음도 두려워하지 않는 생생한 믿음이 있었는데 이젠 맘대로 믿어도 좋다 그래놓으니까 잘못되기 시작한 거야. 그러니까 정치로서는 종교 신앙의 자유를 허락했다는 대신에 나중에는 종교를 문제 속으로 잡아넣고 만 꼴이 돼버렸어. 그건 오늘날 우리들에게도 마찬가지야.

한 10년 전입니다만, 춘천에 가서 얘기를 할 땐데, 젊은 학생들이 뭐 선생님 지금 우리 정치 이거 어떻게 된 겁니까 해서 묻고 대답하다가 나오게 된 말인데, 그때 난 그랬어요. 국가 있고야 종교 있지 않습니까 하는 그런 따위 기독교 난 안 믿는다. 그런 소리가 다 어디 있을 수 있나. 국가야말로 종교가 있은 뒤에 있는 것이지 그랬어요. 그런데 이런 점에 관해서는 아직도 모르는 분들이 있어요. 국가라는 게 아무리 크다고 하더라도, 사람의 양심을 사랑하는 사람은 믿고 안 믿고 하는 것이 이 몸이 사느냐 죽느냐 하는 것보다 중요한 일이야. 왠고 하니 사람이란 걸에 있는 것이 아니라 속에 있는 거니까. 어디까지나 우리들 정신에 있는 것이니까.

사람이란 동물들 가운데서 물건의 지경에서 초월하여 정신의 살림을 하게 되는 것이 사람다운 데에요. 걸으로 보이는 것으로야 일어서는 게 좀 다르고, 털이 좀 빠져서 없고, 옷이란 걸 입었을 뿐이지 다른 점에서는 다를 게 없어. 먹는 거, 자는 거, 새끼치는 거 따위는 다른 짐승들과 다 같이 하니까, 별다른 게 없어. 하지만 사람이 사람다운 점은 속에 뭘 좀 알아서, 손문의 말대로 '행이지난'—행하는 건 쉽고 아는 게 어렵다—을 알게 된 점에 있는 거예요.

<hr>

10) 콘스탄티누스 대제(Flavius Valerius Aurelius Constantinus, 272~337): 고대 로마의 황제. 313년 밀라노 칙령을 선포해 기독교에 대한 박해를 끝내고, 교회의 사법권·재산권 등을 보장했다.

그래 생명이 중요하지만 생명이 하나의 습관적인 행동으로 돼버리면 안 돼. 종교는 더구나 그래서는 안 돼. 그러니까 이제 '내면'이라고 그래. 그런 점에서 말하면 예수님은 참 크게 깨우침을 주신 거야, "하늘나라는 너희 속에 있다" 하신 말씀은 바로 이걸 가르치시기 위한 말씀이야.

스스로 껍질을 벗기는 힘

보세요. 오늘날 유대인들의 하는 걸. 나는 물론 개인적으로는 유대 민족을 미워하지는 않아요. 그런데 그들을 한번 보세요. 지금 팔레스타인 사람들을 이스라엘 사람들이 살해를 하고 그러잖아요. 그건 아주 잘못된 일이야. 다른 분들도 그건 그럴 겁니다만, 난 아주 그건 싫은 사람이에요. 그건 그렇고, 이스라엘 민족 그 사람들 아직도 못 고치고 있는 게 있잖아요. 세계에서 자기들이 제일 우수한 백성들이다 해서 모든 걸 자기들 식으로만 하려고 하는 것 말입니다. 미국에 가보니 만나는 교포들 얘기로는 유대 민족들 아주 대단하대요. 유대 여자가 다른 민족의 남자와 결혼을 하게 될 때는 그 남자가 반드시 유대식으로 개종을 하겠다는 약속을 받고야 한다는 거예요. 할례를 받고, 성을 유대식으로 고치고. 시집가서도 다른 민족이 되는 법이 없다고 그래요.

그래 이건 왜 그런고 하니 유대 민족 대대로 내려오는 "우리는 하나님의 뺀 백성이다" 하는 생각에서 나오게 된 것들이에요. 하나님의 뺀 백성이란 것, 그건 좋지요. 그러나 하나님이 뺐다고 할 때 어디 그런 의미로 그러셨나요? 그런데 그 말의 의미는 생각지 않고, 그냥 할아버지는 아들에게, 아들은 또 손자에게 하는 식으로 말만 전해줬어. 이렇게 되지만 않았던들, 그 말의 속뜻을 제대로 생각할 수 있었던들 오늘날 이스라엘 사람들이 저렇게 나쁜 죄는 짓지도 않았을 거예요.

그래 바울이 그걸, 그 말을 타파하려고 얼마나 애를 썼어요? "너희

는 하나님의 뺀 백성이다. 아브라함의 자손이다 그러지 말아라" 그
랬어. 그러니 아브라함의 자손으로 났다는 게 뭐 그리 대견스러운 거
아니다. 그것보다는 아브라함의 자손이 어떻게 해서 됐느냐 하는 그
걸 내 속에서 아는 것이 중요하지, 그 자손으로 났다는 게 뭐 그리 큰
자랑거리냐 그 말이야.

그래 마음으로 할례를 받은 것이 하나님의 참 백성이란 말이에요.
할례란 것은 하나의 약속의 표적이야. 처음 하나님이 유대 민족, 아
브라함에게 약속을 하시면서 주신 표적인데, 이게 내려오면서 약속
으로서의 의미, 또 약속하는 그 약속의 뜻은 잊어먹고 할례하는 일만
남았어. 그래 그걸 했느냐 안 했느냐로 인종차별을 해서 그걸 받지
않은 남자는 모조리 죽여버려라 그러기도 했어. 심지어는 전쟁이 났
을 때 상대방에게 너희가 만약 할례를 받는다면 우리는 이유 없이 친
하겠다 하고 약속을 해놓고는 그들이 할례를 받고 미처 아물기도 전
에 가장 아플 때인 사흘 만에 습격을 해서 다 죽이고 그래요. 그래 악
독해도 세상에 이런 악독한 일이 어디 있어요. 이건 『성경』에 있기도
한 일이지만, 『성경』이야 물론 하나님에게서 나왔지만 『성경』에도
순리대로 된 것만 아니라 나쁘게 된 것도 있어요. 진리야 참 좋은 진
리인데, 그걸 악용하면 이렇게 나쁠 수도 있다, 하나님의 진리를 악
용하면 이렇게 역사를 그르칠 수도 있다 하는 단적인 실례예요.

하나님이 이스라엘 민족을 뺀다고 그러고, 그 약속으로 할례를 받
으라 한 것은 다 하나님의 뜻이 있어서 한 것이에요. 그것이 결코 너
만이 높은 백성이고, 내가 너만을 특별히 사랑하겠다고 다른 것들은
다 짐승으로 여기겠다 그런 뜻은 절대 아니에요. 사람으로서야 블레
셋 민족[11]이나 유대 민족이나 하나님이 다 똑같은 인간으로 냈지, 어

---

11) 블레셋 민족: 고대 팔레스타인 민족 가운데 하나. 기원전 13세기 말 에게 해에
서 팔레스타인의 서쪽 해안으로 침입해 정착한 비셈계 민족으로 이스라엘인
을 압박했다.

느 하나를 보고 너는 죽어도 좋다 그런 건 아니에요.

그건 그들을 특별히 뺀 것은 산 그들을 통해서 할 것이 있기 때문에 하나님이 그렇게 빼고 한 것인데, 그걸 잘못 알아서 그냥 자자손손 반드시 전해주라면서도, 그 속뜻은 전해주지 못하고 말았어. 지금도 유대 사람들을 보고 물으면 자기네들은 무슨 특권이라도 지닌 민족으로 알고, 다른 민족들은 사람으로도 안 보는지 몰라요. 우리가 다 아는 대로 그들은 팔레스타인 사람들을 그 이치를 내세워 다 내쫓고, 죽이고 그러지 않았어요?

인도적으로 봐서 도저히 허용할 수가 없는 일인데도 이런 일들이 생기는 것은 처음의 그 좋던 의미는 다 잊어버리고 그냥 엉뚱하게 써 먹은 탓이에요. 그래 바울이나 세례 요한은 겉으로 난 이 몸뚱아리 유대 민족, 핏줄로서의 아브라함의 자손인 것은 그리 대단치 못하다, 마음의 할례를 받는 것이, 아브라함의 자손이 어떻게 해서 됐느냐 하는 걸 내 속에서 아는 것이 중요하다고 그런 거예요. 이걸 기독교인들에게 적용을 해서 말해도 그래요. 기독교인이라면 다 좋은 거냐? 그렇지 않다. 마음의 할례를 받아서 예수님과 일체를 이룬 교인만이 참 기독교인이다. 그럴 수가 있을 거예요.

종교라는 건 한번 굳어지면, 첨에는 아무리 참 하나님의 종교였다고 하더라도 그 굳어진 것 때문에 나쁜 해독을 세계적으로 어떻게 끼치느냐 하는 실례를 유대 민족에서 볼 수 있는 거예요. 그러니까 무슨 말이 나오느냐 하면 "안 되겠다. 이건 우리가 정신적인 면을 강조해야 되겠다" 하게 되는 거예요. 육신으로 난 것이 아브라함의 자손이 아니라 정신적으로 아브라함의 자손이 돼야지 그래. 그런데 이렇게 되면 또 우리나라 목사님들도 우리는 다 아브라함의 정신적인 자손이다 하는 점을 강조하는 나머지, 우리가 마치 한국 백성이 아닌 것처럼 생각하는 폐단이 나와.

그러니 내면화는 한 번만이 아니라 또 있고 또 있고 해야 돼. 한 번만 하고 나면 그건 또 어느새 굳어져. 마치 모든 살이 속에 있을 때는

다 만만하다가도 껍데기로 나오기만 하면 이내 굳어져버리는 것과 같아요. 우리 피부를 보면 우리도 모르는 동안에 이 껍데기가 자꾸 부슬부슬 자동적으로 떨어져나가니까 우리가 살 수 있지 만약 이놈이 딱 굳어져서 두고두고 쌓이면 부스럼 나고 땀구멍 막히고 해서 나쁘게 되잖아요? 또 그렇다고 씻어야 좋다더라 하고 자꾸 씻기만 하면 되느냐 하면 그건 또 그렇지 않대요. 의사들 말로는 이틀이나 사흘에 한 번씩 목욕해야지, 매일 해서는 못쓴다. 피부가 손상된다 그래요. 이런 말 나왔으니 하는 말이지만, 화장을 자꾸하면 도리어 손해나는 거 다들 알지요? 그런데 이런 줄은 알면서도 또 그 습관이란 것이 고치기가 어려워서 그럭저럭 지나갔지만, 그런데 중요한 얘기가 있어요.

사람 몸 속의 생명은 스스로 껍질을 벗기는 힘이 있어요. 말하자면 습관을 만드는 버릇도 있지만 또 습관을 깨쳐버리려는 버릇도 있다 그 말입니다. 잘못해서 병이 나기도 하지만 또 그 병을 낫게 하는 힘도 우리 속에 있어요. 여기 장 박사님도 계시지만, 장 박사님 얘기가 그렇잖아요. 약이 병 고치는 거 아니라고. 아마 의사로서 이런 말 하는 사람은 별로 없을 거예요. 하지만 그거 옳게 본 것이지, 만약 우리 몸 속에 부스럼을 아물게 하는 힘이 없다면 약을 아무리 발라도 낫지 않을 거예요. 약이야 어디까지나 보조적인 수단이지. 뭐 소독작용을 조금 한다든지. 주사 자꾸 맞고, 약을 많이 쓰고 그러면 우리 몸 속에 있는 그 힘을 약화시킨다고 그러잖아요. 지금도 저 남양지방 같은 데를 가면 상처가 나면 그냥 맹물로 한 번 잘 씻어주면 그만이라잖아요. 그런데 우리는 그 동안 문화살림 한다고 하는 사이에 지나치게 우리 몸을 보호했기 때문에 그 힘이 그만 약화돼버리고 말았어. 보약을 먹으면 먹을수록 사람이 약화된다고 그러잖아요.

요새는 미국 사람들도 그런다는 거예요. 될수록 적게 먹어야 한다고. 그 사람들 원래 풍부한 천연자원을 타고나서 많이 먹다가 저 꼴이 된 것이니까. 이건 동양에서 옛날부터 알고 있었어. 소식장생小食長生이라고 말이지.

이것도 뜻으로 말해본다면 '내면화'야. 겉에 있는 건 자꾸 내버려라 그 말이지. 오늘은 필요한 피부지만 내일이면 이미 못쓰게 되는 피부야. 자꾸 씻어내서 속의 살이 자꾸 살도록 해야 해. 그래야만 사람 노릇 할 수 있는 것이지, 아까우니까 떨어지지 마 그런다면 이건 뭐 자랄 수도 없거니와 신진대사도 안 돼. 그러니까 그래서야 어찌 살 수가 있겠어. 이 우주, 물질로 된 이 우주에선 그건 불가항력이야. 겉껍데기는 자꾸 떨어지게 돼 있는 데가 있어.

하나님이 천지를 창조하셨다고 그러지만, 천지창조하신 이 우주에는 근본적인 그 무엇에 잘못이 있어. 그저 에덴동산 얘기로밖에는 발표되지 않았지만, 이 우주에는 근본 되는 결함이 있어. 이대로는 영원할 수가 없어. 그렇기 때문에 이 우주 안의 법칙에 대해서 우리들이 우리의 옅은 지식을 가지고 질문을 한다면 "하나님, 거 왜 사람을 죽게 만들었습니까? 왜 병나게 만들었습니까? 병도 없고, 죽지도 않는다면 얼마나 좋겠습니까" 할 수도 있을 거예요. 하지만 병이 만약 안 났다고 그래보시오. 그랬더라면 아마 큰일났을 거야. 사람들이 만약 병이 없고, 죽음이 없었더라면 다 악해지고 말았지. 선한 사람이 어디 있었겠어. 병나고 죽고 그런 것 때문에 생각도 하고 뉘우치기도 하고 그랬지.

그러니 이렇게 결함이 있는 속에 하나님의 지혜가 들어 있다면 들어 있어요. 물론 그런 걸 이 속에 조목조목 넣어주셨다, 그런 것보다는, 그런 것 속에서 우리가 그걸 깨달아야 돼. 이 물질로 된 것으론 하나님의 형상대로 만들었다고 그러지만, 이것이 하나님 형상의 다라 그럴 순 없지요. 꽃이 아무리 아름답다 그래도, 어린애들이 아무리 사랑스럽다 그래도 그게 바로 하나님 자리라 그럴 순 없어. 세상에 진선미가 있다는 건 엄연한 현실이야. 하지만 그것은 어딘가 가면 한계가 있어. 누가 뭐래도 이 물질로 된 우주는 어느 날 가서는 낡아 떨어질 수밖에 없는 거야.

샤르댕의 내면적 발전

아까 『성경』 말씀대로 하나님이 천지를 만드시고, 한 조상에 나게 하시어 말과 민족의 특징을 결정하고 국경을 작정해서 있게 한 것은 이것들이 살아가는 동안에 차차 하나님을 찾아가는 것을 알게 하시도록 하기 위해서였다 하는 것이 바울의 철학이잖아요. 이 말은 인간에 있어서 혼이 무엇인지도 모르고, 인간의 아름다움만 믿고 그것만 노래하는 그리스에 가서—아리스토텔레스의 나라, 플라톤의 나라, 소크라테스의 나라—아레오바고에 가서 바울이 그들에게 들려준 말이에요.

아닌 게 아니라 우리가 있는 이 가운데 있는 것은 하나도 영원한 것이 없어. 산이 있지만 그게 영원할 수 없고, 물이 있지만 그것 또한 영원할 수는 없어. 세상에서 꽃이 아무리 아름답다고 그러지만, 그걸 재배하고, 그걸 그리고 하지만 그것도 영원치는 않아. 이 세상에서는 낳고 죽고 하는 걸 피할 수가 없어. 자꾸 되풀이가 되는 게 세상이야. 그럼 이런 되풀이 가운데서 생겨나는 게 무엇인가? 남는 건, 그거는 정신 하나밖에 없어. 내면화한다 그 말이야. 이런 것들을 프랑스의 신부 테야르 드 샤르댕은 『인간현상』이라는 책에서 아주 쉽게 설명을 했어요.

인류는 이제 지구에서는 더 발전을 하려고 해도 발전을 할 수가 없다. 그러니까 앞으로는 점점 내면화하게 될 것이다 그랬어. 발전한다는 것이 지금까지처럼 밥이나 잘 먹고, 좋은 옷이나 입고, 자식새끼나 잘 두고, 좋은 집에서 살고 하는 것을 말하지는 않는다. 앞으로 인류가 멸망하지 않고 살아남는다면 그때는 모든 게 정신적인 데로 발전하게 된다는 말이야.

샤르댕에 의하면 생물이란 것은 한참 발달이 되다가 멸종이 돼서 없어지곤 한다고 그래요. 그런데 멸종이 되려고 할 때는 그것들의 생식력이 후퇴한다고 그래요. 이건 옳게 한 말이에요. 왜 그런고 하니 이미 생물체 자체 내에 그런 것이 있어요. 사람으로 보면 애들 때는 그새 무한히 자랄 것 같지만 그렇지는 않아. 인간의 세포란 한 50번 정도 분열하고 나면 그만이라잖아요. 또 사람의 세포 가운데서 생식 세포와 뇌세포 신경세포 같은 것들은 다른 세포와 달라서 일정한 수가 되면 더 이상 재생이 되진 않는다잖아요. 그러니 생명의 법칙이란 게 얼마나 오묘한 거예요? 괜히 그런 것도 모르고 장생불사하겠다고 그러지만, 그렇게는 안 되게 되어 있어. 만약 인간들이 장생불사하는 법을 발견했다면 세상 그만 끝장나고 말 거야.

지구는 이제 한 덩어리에 불과해졌어. 나 같은 사람도 이미 몇 번 일주를 할 수 있으리만큼 됐으니 한 덩어리가 아니고 뭐예요? 육신으로는 그렇게는 못하겠지만 맘으로 한다면 지구는 이제 손바닥 위에 올려놓은 구슬이나 마찬가지야. 한 바퀴 뺑 돌아서 이제 어디 더 갈 데가 없어졌어. 우주선이 발달을 해서 외계로 간다고 그러지만 갔다가는 도로 돌아오지, 거기서 안 돌아오는 놈이 어디 있어? 또 간다고 그래도 몇 놈이나 가면 갔지, 지구 사람 다 데리고 이민 가거나 그럴 순 없잖아. 천상 이 지구에서 살게 돼 있어.

그래 하나님이 사람들에게 생육하고 번성하라고 축복을 해주셨다지만 이젠 도리어 축복해주실까봐 걱정이 났단 말이야. 이거 참 어떻게 하지요? 하나님의 말씀을 안 믿는다면 모르지만 믿는 사람이라면 이건 심각한 문제예요. 생육하고 번성하면 할수록 점점 인심만 사나워지고, 싸움만 하게 되는 쪽이지. 그럼 이거 어떻게 하느냐. 지금도 이미 인구는 폭발단계에 접어들었다고 하는데. 이런 모든 것들을 생각하다가 보니 자연 샤르댕의 그런 말이 나오게 된 거예요. 인간은 앞으론 내면적인 세계, 정신적인 면으로 발전을 하게 될 것이다 하고 말이지. 샤르댕의 얘기도 다른 말로 한다면 곧 내면화를 말한다 그럴 수도 있어. 내면화. 내면적 발전……

하늘나라는 너희 '안에' 있다

이제 우리가 그리스도와 생활에서의 '내면적 일체'라고 말하게 될 때 그 말 하기 앞서 그럼 '내면화'란 무엇이냐 하는 걸 생각해봐야 돼. 현재 우리가 가지고 있는 과학적 지식을 가지고 생각을 하게 될 때 내면화란 무엇을 의미하는 것이냐 하는 걸 좀 생각해봐야 한단 말입니다. 물론 우리가 그걸 지금은 그대로 행할 수는 없겠지만 그렇다고 생각조차 하지 않아서는 안 돼. 뭐, 이런 말은 이제 그만 하기로 하고, 그리스도와 '내면적 일체'란 무엇인가 하는 걸 좀더 구체적으로 생각을 해봅시다.

먼저 이런 얘기를 한다고 하면 우리는 『성경』에서 그 말을 끄집어내야 하겠는데, 예수님은 뭐라고 하셨는가 하면 "하늘나라는 너희 안에 있다" 그랬어요. 여기서 "너희 안에" 하는 그 '안'이라고 하는 말, 메소스^{μέσα}의 의미를 알아야 돼. 우리말로 한다면 그걸 영어의 Among You 하는 것과 In You 하는 두 가지를 생각해볼 수 있어. 그건 이미 그전에 글로 쓰기도 했어요.

요새 교회가 지금 사회문제로 싸움하느라, 안병무 박사 같은 이는 이걸 Among You로 취해야 한다고 그래요. 물론 두 가지 다 취해야 해요. 그러나 종국에 가서는 In You라고 봐요. "하늘나라가 너희 안에 있다" 그건 바로 하늘나라는 우리 정신, 영적인 데 있다 그 말이야. 그런데 그 '안'이란 말을 among이라고 그러는 것은 이젠 인류의 관계가 나만의 문제가 아니라, 이 사회적인 관계가 중요하다 해서 그걸 강조하느라 하는 말이에요.

하지만 지금 우리나라 기독교에서 정통적으로 잘 믿는다고 하는 돈독한 신앙자라는 이들을 보면 거의 모두가 '개인구원'을 믿는 것이 중요하다 그래요. 그야 물론 옳은 말이지. 옳은 말은 옳은 말이지만 그것 가지고는 부족한 점이 확실히 많이 있어요. 개인구원이라고 그러는데 지금 개인이란 게 어디 있어요? 옛날에는 개인이란 게 있을 수도 있었지. 너는 너고, 나는 나다 그럴 수도 있었어. 자기가 필요한 대로 벼 심고, 콩 심고, 심을 거 다 심고, 삼 삼아 옷 해입고 그랬으니 자급자족하여 개인적으로 살아갈 수 있었어. 하지만 요즘은 우리들 지식 때문에, 우리들 살아가는 기술 때문에 그럴 수가 없어졌어. 어쩔 수 없이 남과 얽혀서 살게 마련이야.

그런데 우리나라는, 말이 조금 빗나가지만, 이 개인이 죽어버리는 소위 산업사회란 게 너무 갑자기 와서 문제가 아주 많아요. 물론 언제 와도 오기는 올 것이었지만 박정희 씨가 잘못해서 그게 와도 너무 갑자기 왔어. 나라 살림을 맡아 하면서 우리도 남들 따라 가자면 근대화해야 한다, 그래서 자꾸만 근대화, 근대화 그랬는데, 난 그때부터 그걸 반대했어. 한다고 해도 그렇게 해서는 안 된다고 그랬어. 어제까지만 해도 농업을 주로 하고 살아가던 사람들이 갑자기 농업을 버려두고 공업화한다고 하는 것은 잘못이 있어. 왜 그런고 하면 사람이란, 생명이란 요렇게 지속해가는 것이지, 싹 잘라내고 갑자기 사는 법을 고쳐버리는 법은 없어. 언덕을 내려갈 때는 서서히 내려가야지, 갑자기 폭 내려가면 내려는 갔지만 그만 죽고 말아. 그러니까 갑자기 문명을 바꾸려고 하면 거기 도덕적으로 반드시 크게 타락이 된단 말이야.

이런 걸 박정희 씨가 좀 생각했더라면, 갑자기 산업을 확 일으키면 노사관계에 어떤 문제가 생기게 될까, 농촌과 도시 관계가 어떻게 합해질 수 있을까, 그런 걸 구체적으로 생각을 했어야만 했는데 그러질 못했어. 우리가 그것 때문에 지금 이렇게 고생을 하고 있는데 이런 건 또 한번 해놓으면 그걸 그냥 놓아버릴 수도 없어. 그러니 이거 문제 아니에요. 다른 건 다 두고라도 서울을 한 번 보세요. 사람들이 얼마나 몰려서 바글거리는지, 공해문제, 주거문제, 교통문제 뭐 문제투성이 아니오. 지하도를 판다 어쩐다 하지만 도무지 사람 살기가 어렵게 된 도시예요. 이게 다 서서히, 자연적으로 된 게 아니라 무리를 해서 하루아침에 얼렁뚱땅 해치우려고 하다보니 그렇게 된 거예요.

그럼 그런 무리는 어째서 나오게 된 거냐? 그건 제가 영원히 뭘 해먹겠다고 생각하니까 그렇게 됐어. 뭘 해먹자면 그래도 국민들 앞에 내놓을 게 있어야지, 그러니 억지로 무리를 해가면서 하게 되는 거야. 그것 때문에 죽어나는 건 국민들이고. 인생에서 나라를 하겠다는 게 그리 큰일도 아닌데. 못난 일은 못난 일이지만, 그러나 나라를 하겠으면 정상으로 하란 말이야. 괜히 제 욕심 때문에 무리를 해놓으면 그 짐이 다 어디로 가겠어. 갈 데가 따로 없어요. 다 국민들에게 씨올들에게 가게 되지. 그건 지금의 정치도 마찬가지야. 제 생각에는 언제까지나 해먹고 싶을는지 몰라도, 천지 법칙이 그렇게는 되질 않아. 인간이 어디 제가 언제까지나 살 수가 있어?

겉으로 난 것은 무엇이든 영원한 게 있을 수 없단 말이야. 그건 생명의 법칙이야. 그걸 알아야 돼. 아무튼 지금은 어디 뚝 동떨어진 개인이란 있을 수 없이 된 시대니까 그걸 우리가 알아야 해요.

영과 참의 지도자

이제 문제는 '내면화' 그 말인데, 그걸 예수님 하신 일에서 보면 어딘가 좀 분명해지는 데가 있어요. 물론 겉으로 일어나는 무슨 일도 그나마 속에 뭔가가 있어서 되기는 하는 거지만, 그러나 "아, 이번에 우리 무슨 일을 어떻게 합니다" 하고 그것만 강조해서 그러고 나면 아무래도 믿음의 깊은 자리까지 가기는 어렵단 말이야. 그래, 예수님께서는 어떻게 하셨어요? 제자들보고 묻지 않았어요? "사람들이 나를 누구라 그러더냐?" 사람들이 예수님을 보고 "아, 저 사람이 메시아니까 저 사람을 임금으로 모셔야 하늘나라 회복이 되고, 우리나라도 잘될 거다" 해서, 그를 임금으로 삼으려고 했을 때 몰래 도망가고 그러잖아요. 그렇게 도망은 가면서도 몰려오는 사람들이 불쌍은 하니까 고쳐주기는 많이 고쳐주면서도, 그 힘을 이용해서 정치적이거나 겉껍데기의 그런 일을 하려 하지는 않았어요.

몰라요. 요새, 예수님을 사회방면의 지도자로 보는 사람들은 어떻게 생각하는지 몰라도, 나는 그건 아주 반대예요. 예수님이 뭐 사회 혁명한다든지, 정치혁명한다든지 그런 건 아니다. 이건 순전히 정신적인 면에서 하신 거다. 그래 사람들이 오해하면 큰일나니까 사람들을 고쳐주면서도 될수록 "나가서 말하지 말라"고 하셨잖아요?

베드로에게 "사람들이 나를 뭐라고 그러더냐?"하고 물었을 때, 베드로가 대답하기를 "사람들은 세례 요한이라 그럽디다. 혹은 예언자라 그럽디다" 하고 말했잖아요. 그래 예수님께서 베드로에게 "그럼 너는 나를 누구라고 생각하느냐?" 하고 다시 물었고 그때 베드로가 "하나님의 아들이요, 영원하신 그리스도입니다" 하고 고백을 했어요. 예수님께서 "맞다. 네 말이 옳다" 그러면서도 나가서 그런 말 하지 말라고 단단히 경계를 하시지 않았어요?

그런데 베드로는 또 그렇게 고백은 하면서도, 예수님을 확실히 알았느냐 하면, 물론 우리가 그다음의 역사를 알기 때문에 하는 말이긴 하지만, 확실히 알았다고는 할 수가 없어요. 그러나 그의 말이 맞았다면 맞았는데도 그런 말을 하지 말라고 엄히 경계를 했어. 왜 그렇게 엄히 경계를 했어? 잘못되면 틀림없이 오해를 해서 겉으로 보이는 무슨 일을 저지를까 싶어서 그랬어. 저희들이 알 때가 되면 저절로 알도록 하지, 미리 나가서 하지 말라는 거예요.

사람이란 앞서가지고 전파하려고 해. 운동이 다 그런 건데, 그런 건 안하신다고 하는 생각이 꽉 들어 있기 때문에 아마 그러셨을 거야. 그러니 다 고쳐주시고도 집으로 바로 가라고 그랬어. 남들에게 선전 못하게 하고 그러지 않았어? 이런 걸 볼 때 예수님은 왜 이러셨을까 하는 걸 될수록 주의를 해서 보셔야 돼. 그렇게 되면 "하늘나라는 네 마음속에 있다" 한 것은 바로 정신면을 강조해서 그런 것이다 한 걸 알 수 있어요.

너희 개인구원만 얻으면 되는 것이 아니라, 하늘나라가 너희 안에 있다. 그래서 열둘을 택해서 특별교육을 시키셨고 그랬던 것도 그다음을 생각해서, 그 정신적인 운동이 번져나갈 것을 알고 그런 것이지만, 너희 안에 있다 하는 그 '안'이란 말도 영어로는 Among You라 그럴 수도 있고, In You라 그럴 수도 있어요. 우리말로 하면 '사이'라 할 수도 있고, '속'이라 할 수도 있지만, 나는 어느 편이냐 하면, 두 가지 의미를 물론 다 취해야 하지만, 속이 중요하다고 봐요. 왜 그런고 하니 '속'이 있지 않고는 '사이'가 있을 수가 없어. 사람이 사람을 대접하는 사이, 사회적인 관련이 성립되려면 사람의 정신에서 나와야지 다른 데서는 나올 수가 없는 거예요. 호랑이와 호랑이를 한 우리에 갖다넣어도 그게 호랑이 사회는 안 된다 그 말이야.

사람이 만일 이 속에 하나님의 모습대로 빚어놓은 그 생명이 체험되는 것이 있지 않다면 이건 짐승의 사회이지, 사람의 사회라 그럴 수가 어디 있나. 그러니까 그건 당연히 'In' '속', 쉽게 말해서 정신적인 나라다 그 말이야. 그래, 오늘 뽑아 읽은 「요한복음」 4장에 있는 '영의 나라'라고 하는 거, 그거 의미를 알아야 돼요.

우물가에 있는 여자와 문답하다가, 여자가 못 알아듣잖아요. 그 여자 아주 형편이 없는 여자인데도 예수님은 사람을 최고로 대접하지, 보통 아녀자란 정도만으로 보진 않아요. 그러니까 너더러 물을 달라 그랬지만, 사실은 내가 네게 주고 싶은 물이 있다. 그건 네 것같이 그런 것이 아니고 속에 들어가 생수가 되는 물이다, 그런 말이잖아요? 그러니 이름은 물이지만, 실제로 물이 아니란 것을 우리가 다 알 수 있지만, 그래도 잘 못 알아듣잖아요. 우리 같으면 "에이 거 모르는데 할 수 없군" 그러고 그냥 갈 것 같은데도 예수님은 기어이 놓지를 않고 마지막까지 해서 그 여자의 속을 깨치고야 말아.

그렇게 깨치기 위해서 하신 말씀이 바로 "네 남편 데리고 와" 그런 거야. 이 말은 그 사람의 속에 있는 주인을 발동시키자는 거야. 속의 주인을 잃어버렸기 때문에 그렇게 된 것이니까 그런 걸 말하는 거야. 이렇게 되니까 그 여자가 그 이상은 알 수가 없어서 거짓말로 해요. 남편이 없다고……. 그래 그 말을 되잡아 마침내 그 여자의 마음을 깨쳐주잖아요. 그제서야 할 수 없이 항복을 하고 토론이 되잖아요.

나는 이걸 『성경』의 최고봉이라고 해요. 예배 장소에 대한 것을 묻는 것부터 시작되지요. 그때 대답하신 말씀이, "때가 오겠지만, 이 산에서도 저 산에서도 예루살렘에서도 아니고, 여기서도 아니고, 장소를 가리지 않아도 될 때가 올 거다" 하셨잖아요? 이건 뭐냐 하면 영적으로, 정신적으로 한다는 뜻이에요. 이런 의미로 본다면 요새 우리나라 교회는 아직도 옛날 깍지가 채 없어지지가 않았어. 큰 교회가 자꾸 일어난다는 건 때가 밀려도 아주 큰 덩치 때가 밀린 셈이에요. 조금 밀릴 때는 때가 그렇게 있는 줄 몰랐는데. 때 덩어리가 클수록 그걸 그냥 뒀다는 게 바로 잘못이란 말 아니에요? 그때, 예수님 때도 그게 아닌데.

이 산도 아니고 저 산도 아니고, "하나님은 영이시니까 영과 참으로 예배해야 한다. 하나님이 그런 사람을 찾고 있다. 그러기 때문에 이제 때가 올 거다" 한 것은 앞으로의 역사가 정신적인 발달이라고 하는 걸 분명하게 보여주는 거예요. 육신의 이것이 어떻게 될지 하는 것보다는, 속에 새로운 시대가 열려서 역사가 된다고 하는 의미로 봐야 하는 거예요.

미래의 역사는 정신 속에 있다

『구약』을 보면 지금 우리들 마음에도 저건 잘못이다 싶은 데가 있는 게 많은데도 불구하고 그것을 하나님의 말씀이라고 보게 되는 데는 예수님이 미리 말씀하신 이쪽 미래가 살아나야만, 아 그때는 이런 관계로 그런 것이 있었구나 하고 해석이 되지, 만일 미래가 살아나는 것이 없다면 과거는 온통 죽어버리게 되잖아요. 그러니까 사람의 사는 것은 미래에 있지, 지난날에 있는 것은 아니에요. 앞을 생각하면서 봐야만 지나갔던 고난도 의미 있는 걸로 살아나게 되는 건데, 이 세계의 오늘날 정치는 미래에 대한 생각은 없단 말입니다.

제1차 세계대전 때만 해도 그래도 그 생각은 있었어요. "이러다간 인류가 멸망하고 말 거다. 그러니 어떡하든 군축을 해야지” 해서 비록 실패는 했지만, 국제연맹이라도 해봤는데, 지금은 어느 나라도 이 문제를 도덕적으로 종교적으로 생각하는 나라가 없잖아요? 이렇게 지금 핵문제가 심각한데도 별 생각이 없이 그저 군비경쟁만 하고 있으니 이거 야단 아니오.

이대로만 간다면 미래가 있을 수 없어요. 세계의 정치가들이 미래에 인류가 살아남으려면 어떻게 해야 한다고 도덕적으로 정신적으로 신중하게 생각을 해야겠는데, 그런 건 하려고 하지 않아요. 하기야 정치하는 사람들도 머리가 아프긴 할 겁니다. 그리고 미래에 대한 생각이 영 없지는 않아, 어느 정도는 그런 게 있을지도 모르지만, 지금 우리가 보고 듣는 바로는 미래에 대한 그런 차원 있는 내용들은 별로 없어요. 그러니 이게 아주 절망적인 것인데.

그런데 이런 가운데서 종교까지도 덩달아서 그래. 우리나라 종교는 더구나 세계 구원을 어떻게 한다든지, 세계 문제를 어떻게 한다든지 그런 얘기는 별로 안 해요. 그래서 내가 민족주의에 반대하고, 어쨌든지 세계가 하나돼야 하는 걸 강조해 말을 하면, 젊은이들이 선생님 말 들으면 알다가도 모를 일이라고 그래요. 하지만 젊은이들이 아무리 반대를 하고 그래도 그건 내 생각이 옳아. 지금 젊은이들이 아직도 헤매는 데가 있으니까 그걸 모르고 있는 겁니다. 이제 미래, 이 문제가 점점 내면화하는 거예요. 인류의 소망이 있다면 정신면으로 발달을 해야 하는 것인데……. 본래 있던 정신이 죽어가고 있으니까 정신면으로 다시 고쳐나지 않고는, 이걸로는, 이 몸뚱아리로는 소망이 없다고 하는 걸 강조해야 돼.

그런데 일본 사람들은 그래도 전쟁을 겪어봤으니까, 지은 죄도 많지만, 자기네는 자기네로서의 무슨 사명을 말해요. 이 미래에 있어서 어떻게 해야 될 것인가 하는 사명을 말을 하는데, 우리는 별 이유도 없이—물론 깊이 말한다면 이유가 없는 건 아니지만—세계에서 이 고생을 하고도 정치한다는 사람들이 미래에 있어서 우리의 사명의 '사'자도 말하는 거 없지 않아요. 그러니 세상에 이런 무식쟁이들이 어디 있어? 이게 어디? ……큰일난 겁니다.

그런데 이런 건 정치한다는 사람들이 안 한다면, 민중이 제 스스로 해야 돼. 왜? 그건 아까, 맹자도 말했지만 민중이 최고이기 때문에. 사직을 높이는 것도 민중을 위해서야. 나라터가 있어야 민중이 먹고 살 양식이 날 테니까. 세상에서 천자쯤이야 제일 마지막이야. 민중이 맘에 있다면 그까짓 천자 따위야 얼마든지 누구를 골라낼 수 있어. 천자 따위는 문제도 아니야. 천자가 아니라 사직을 높이는 것인데, 그렇지만 사직이 잘못되면 그것도 내쫓고 갈아치워야 하는 거야. 구체적으로 돈이 있고, 즉 사직이 다 있다고 해도 천재지변이 있어서 경제가 잘못되고 그런다면 그놈의 관리는 그냥 둬서는 안 돼. 그놈의 관리는 갈아치우고 혁명을 해야 한다 그 말인데, 그건 왜 그러냐 하면 바로 '민'이 귀해서야. 나라의 기본이 민이니까.

나라에 있어서 근본은 민이야. 사직이 있어야 하고, 임금이 있어야 하는 것도 다 민이 바로 살기 위해서야. 세상에 이 '사람'만 있다면 임금 따위야 얼마든지 갈아치울 수 있단 말이야. 대통령이 없어 나라가 못 되는 그런 법은 없단 말이야. 정치가 잘못되니까 문제가 생기지. 또 정치 잘못해도 나라 못 되는 법 없어. 민중이 먹지 못하고 살지 못해서 나라가 어지러워지는 것이지. 그러니 어떻게 해서라도 이 민중을 살려내는 것, 살려내되 미래의 역사는 정신면에 있다, 옛날, 우리들이 어리석었을 때는 임금이 우리를 지도한다고 그랬지만, 이제 사람이라면 누구나 다 하나님의 모습대로 지은 것임을 아는 이때에 각자의 속에서 "하늘나라가 우리들 속에 있다. 정신에 있다" 하는 것을 아는 우리 생각 속에, 우리 정신 속에 미래의 역사가 있다는 것을 깨우쳐줘야 돼.

우리가 '내면적 일체'라고 그랬지만 일체란 속에 들어가지 않고는 결코 일체가 안 돼. 부부끼리 꼭 껴안고 잔다고 그러지만, 그건 별수 없이 딴 몸이야. 나는 꿈을 꾼다면 부부끼리도 서로 다른 꿈을 꾸지 똑같은 꿈 꾸는 법은 없다고 그래. 일체라고 했을 때 둘이 한 몸이라고 하는 건 잘못 해석한 거야. 이 썩어질 몸이 하나가 되면 뭘 하겠어. 그러니까 살다가 이혼도 하고 그러잖아요. 일체란 것은 어디까지나 이 정신 속에서 오는 거예요.

너와 내가 '너' '나' 따로 있지 않아. 너가 곧 나고, 나가 곧 너다. 내가 나간 것이 너고, 너가 들어온 것이 나이기 때문에 너와 내가 하나이다, 하는 걸 알아야 하는데, 이 점을 알려주시는 분이 예수님이십니다. 그래 십자가의 의미는 바로 이 일체가 뭣인가를 알려주시는 겁니다. 여기서 우리가 하나 알아야 할 건 뭐고 하면 "나는 아무것도 못하고, 모르는 거지만 '예수님 십자가 공로 때문에 이담에 우리가 그렇게 될 거다' 하고 그저 알기만 하고 가만 있어도 틀림없이 거기 갈 거다" 하는 식이어서는 안 될 거란 겁니다. 나는 그런 것 가지고는 이 세계를 못 건진다고 그럽니다. 이런 따위 생각보다는 훨씬 높아지지 않고는 안 될 겁니다.

이런 걸 세계 다른 민족은 못하더라도, 우리는 그 동안 고생을 당해본 것이 많기 때문에 물질엔 소망이 없고, 더구나 우린 밑천이 순전히 마음밖에는 없는 민족이고 하니까 우리가 살아남기 위해서라도 훨씬 더 높은 정신적인 세계로 가야 하는 거예요. 이제 우리가 할 것이 있다면 뭐겠어요. 무슨 큰 발명할 거예요? 무얼 어떻게 할 거예요? 우리가 우리 형편을 솔직하고 냉정하게 바라본다면 그건 안 될 것이란 걸 좀 알 수 있을 거야.

우리가 할 수 있는 게 있다면 그건 우리는 '생각한다'는 앞선 생각을 해서 인류의 갈 길을 밝히는 그런 일은 할 수도 있잖겠나 하는 거예요. 그리고 앞으로의 우리는 내면적으로 발달하는 데 우리의 사명이 있다 하는 그런 생각이 들기 전에는 교회도 아마 제대로 살아나진 못할 거예요. 만약 교회가 못 살아난다면 이 나라, 남·북이고 뭐고 될 수가 없을 겁니다. 행여나 하고 남들이 하는 정치적인 방식대로 목전의 그런 생각을 하지 마시오.

전체의 구원

『성경』에서 우리가 좋은 것을 배운 것은 고생을 하지만 그 고생이란 다 하나님의 뜻이 있어서 우리에게 알려주시려고 그런다 하는 겁니다. 이건 기독교 믿는 우리만이 아니고 맹자도 벌써 수천 년 전에다 알고 있었단 말이에요. 하늘이 어떤 사람을 뽑아 쓰려고 할 때는 그 사람을 특별히 고생을 시킨다는 거야. 그렇게 해야 그 마음의 부족하던 것이 차차 자라나고 해서 자격이 생기지 않느냐 하는 것이 맹자의 아주 유명한 말이에요〔天將降大任於是人也 必先苦其心志, 勞其筋骨, 餓其體膚, 空乏其身, 行拂亂其所爲, 所以動心忍性, 曾益其所不能, 『맹자』,「고자 하」〕. 이런 걸 여기저기서 끌어들여 생각하려고 하면, 이런 것은 세계에 공통적으로 있다는 것을 알 수가 있어요.

그러니까 지금의 고생이 심하다고 낙심하시지 마시고——본래 이거는 아무 때 가도 마찬가지예요. 나는 이만큼 오래 살았으니까 비교적 분명해요. 오래 살 생각은 정말 없어요. 오래 살아봐야 이제 잘못할 가능성이 남았지, 뭘 잘할 것이 있어요? 왜 그런고 하니 이제 정신도 몽롱해졌고, 아는 사람들은 잡지도 또 새로 하라고 그러지만 그것도 하게 될는지 어떨는지도, 아무튼 여기 이 몸에 관한 거라면 이제 소망이 없잖아요? 그래도 마지막까지 만약 정신이 흐리지만 않는다면, 정신이란 무슨 한마디만 해도 좋으니까, 이제 미래를 위해서 필요한 말을 받기만 하면 되지요. 뭐 살아간다면 그래서 살아가는데.

나는 나이 많은 사람으로서 그렇지만, 젊은이들은 아닌 게 아니라 그런 점에 생각을 해야 돼요. 구원이라고 그래서 개인의 구원에만 머무르지 말고, 전체를 생각해야 돼. 뭐 개인구원이 나쁘다는 말은 아니에요. 그러나 개인이란 걸 쉽게 겉으로만 보지 마시오. 그 속을 들여다봐서, 개인이라고 하지만 너가 없는 내가 있을 수 없다는 것을 아셔야 됩니다. 이제 인간이 여기 이 몸뚱이 세계에 있으면서 키가 쑥 저 위로 자라 올라가서, 여기 보통으로는 보이지도 않지만, 키가 쑥 위로 자라 올라간 사람은 저 위에 정신이 있는 것을 알 수가 있으니까, 정신적인 이 점에 우리의 정말 사명이 있는 곳이다 하는 걸 아 셔야 됩니다.

이거는 그리스도와는 일체가 되지 않고는 될 수가 없습니다. 아까 말하다가 만 말 때문에 그랬지만, 젊어서 그래도 우치무라 밑에 있고 그래왔으면서도 의심이 나기 시작했어요. 뭔고 하니 '속죄'란 거예요. 말로 듣기에 속죄란 게 좋기는 좋아. 우리 죄를 속해주신다니까 좋기는 좋지만, 예수님이 어떻게 내 죄를 속해주시나? 노상 무지해서 아무것도 모르는 것이 아니고 이치를 조금 아니까 그게 문제가 돼. 왠고 하니 사람이란 거는 도덕적이기 때문에, 자기가 하는 행동에 대해서는 자기가 책임을 질 수 있기 때문에 사람이라고 그러는 건데, 만일 내가 한 잘못을 나대로 처분을 받지 않고 누가 그 처분을 대신 해준다면, 대신해줄 수도 없거니와, 또 대신해줄 수 있다 하더라도 그게 뭐 그리 고맙겠느냐? 그러니까 사람으로서는 빚을 지고도 그걸 못 물어주면, 누가 그걸 대신 물어주겠다 그러면 "아니, 아니 괜찮아. 그건 내가 물 거요" 그러지, "그래? 그거 참 고맙다" 할 사람이 누가 있어요. 그런 모양으로 이 정신적인 면에 있어서도 그런 것인데⋯⋯.

그런 생각에 번민을 하다가 그게 내 나름대로 해결이 되었다는 것은 바로 그거예요. "그렇다. 속죄를 믿는다고 하는 것은 예수님이 내 죄를 대신해서 죽으셨다 하는 그 신앙이 확실히 체험이 돼서 성립이 되려면, 그러기 전에 예수님의 인격과 내가 딴 사람이 아니다" 하는 자격엘 가야 할 거다. 이 현실세계에서는 예수님은 예수님이고 나는 나지 하는 건 물론이야. 사람들이 "그래, 그럼 너 따위가 예수란 말이냐" 하고 대들면 그건 무슨 말로도 대답을 할 수가 없지. 그러니 그걸 몰라서 "예수와 내가 서로 딴 인격이 아니다" 하는 말을 하는 게 아니라, 여기 이 부산 앞 바다의 물과 하와이('태평양 중심의 오염되지 않은 곳'이라는 뜻으로 쓴 말 – 편집자) 물이 같은 물이란 뜻에서 하는 말이에요.

그렇잖아요? 부산 앞 바다의 물, 더러운 물, 나쁜 찌꺼기란 찌꺼긴 다 섞인 이 물이 태평양 중심의 물과 같단 말이냐? 그 더러운 물과 나와 같단 말이냐 하고—태평양 중심의 물이 항의할지는 모르지만 그러나 한물인 것을 어떻게 해. 그래 이것이 한물이 아니에요? 이 부산 앞 바다 물이 더러워진 것은 뭣 때문이냐? 인간 골짜기에 너무 깊숙이 들어와서 시궁창에서 나오는 물이 많이 섞여서 그렇지, 물은 다 같은 한물이란 말이야. 그러니까 이제 나도 이 더러운 물을 내게서 몰아내야지. 내가 넓어져서 들어오고 나가고가 없이 한바다가 된다면 세상이 다 한물이 아니오?

그런 모양으로 생명이란 다 한생명이지 여러 생명이 있는 것은 아니야. 하나님이란 데가 그런 데야. 이걸, 이 세계를 하나님이 자기 모습대로 창조를 하셨지만 그렇다고 이것만으로 하나님의 다가 아니에요. 이 현실세계에 이 생명이란 걸 이렇게 나타내보시고 싶은 게 있어서 이렇게 된 것이지. 그러니까 이건 한 단계이지, 나로선 이것이 하나님의 전부인 것처럼 알고 싶지는 않아요.

아, 이게, 이 세계가 없어지더라도 얼마든지 새 세계가 날 수 있지. 인도 사람들은 뭐 수천 년 전부터 그런 생각을 했는데. 그 사람들은 이 세계만이 다가 아니다, 이 세계는 수미세계須彌世界에 속한 하나의 세계이며, 이 수미세계 말고도 얼마나 많은 세계가 있는지 모른다 그래요. 그때 사람들이 고도로 발달한 천문학이 있어서 그걸로 탐색을 해서 그렇게 생각한 것은 아니에요. 순전히 정신적으로 생각하는 가운데서 말을 한 거예요. 그래도 그 사람의 생각이 훨씬 낫잖아요? 그러니 요걸 뭐 다라 해서, 여길 정탐을 하고 전부라 그러질 마시오.

에덴동산의 얘기는 참 풀기 어려운 거지만 그걸로 인해서 하나님의 영이 창조하시는 운동을 하시는데, 깊은 혼돈 속에 있었다 그러잖아요? 그게 무슨 말이냐 그러면 근본을 따져올라가면 설명을 할 수가 없다 그 말이에요. 그건 노자도 그랬고, 장자도 그랬어요. 따지고 따져서 올라가면 거긴 뭐라고 말할 수가 없다고 그래. 그러니 그저

'혼돈'이라 그러고, 막막하다 그러고, 어둡다 그러고, 뭐라고 말할 수 없다고 그래요. 밑뿌리를 찾아가는 사람들은 다 그렇게 말했어. 왜냐하면 감히 우리가 우리들 말로 해서 이것이 다라 하고 그럴 수는 없었으니까.

그랬는데 서양식의 학문을 하는 데서 우리가 보는 이게 다인 것처럼, 우리가 연구하고 탐색할 수 있는 이게 다인 것처럼, 우주란 게 이것밖에는 없는 것처럼 말을 했어. 그 동안 그런 학문 속에서 자라왔기 때문에 도리어 우리가 하나님의 부활을 잊어버렸어. 그리고 '요거다' 그러면서 "기독교도 별거 아닙니다" "기독교도 모순이 많이 있습니다" 하는 별별 소리가 다 나오는 거예요.

그러면서 심지어 종교배척운동까지 나오고 그랬어. 그런데 사실 따지고 보면 가톨릭을 배척했다고 하면 가톨릭을 배척한 것이고, 교회에 대해서 혁명을 했다면 교회에 대해 혁명한 것이지, 하나님에 대해서 혁명을 한 것은 아니잖아요? 그럴 수는, 하나님에 대해서 그럴 수는 없지. 그런데도 그런 소리를 하게 되는 것은 인간역사에서 사람들이 오해를 해서 그러는 것인데.

깨끗한 장작을 많이 해두는 마음의 공부

이런 문제, 우리 인류가 살아나가야 될 앞날에 대한 크나큰 문제가 우리들 앞에 놓여 있는데, 이 문제가 이제 우리들 민중들이 해나가야 될 문제란 말이에요. 왜냐면 이젠 민중의 시대니까. 종교에서조차 무슨 무슨 평신도회니 평신도교회니 그러는 때가 됐으니까 "예수와 일체가 된다는 것이 어떤 것이냐" 하는 것들을 민중들이 체험을 해야 돼. 결코 "그렇게 말하는 것 나도 믿습니다" 그랬다고 해서 다 되는 게 아니야.

지금까지는 우리가 선생님을 잘못 만났고, 목사님들도 잘 모르셨기 때문에 우리가 단순히 십자가의 공로를 말로만 인정을 한다면 다 되는 것처럼 잘못 가르쳤기 때문에 그런 줄로만 알아왔지만 이젠 그럴 수는 없어. 우리가 말을 믿는 것이 아니라, 우리의 마음이 그리스도를 받아들일 수 있을 만큼 돼야 해. 이렇게 더럽던 이 물도 태평양 중심의 수질과 같아지도록 맑아지는 자리에 가도록 힘을 써야지. 같기는 틀림없이 같은 한물인데, 하나인데, 딴 물이 결코 아닌데 이것이 어쩌다 깊숙이 들어왔기 때문에, 내 욕심이란 것이 들어왔기 때문에 더러워졌어.

이걸 어떻게 하면 우리가 흐리지 않은 원물 그대로 가느냐 하는 모양으로 힘을 써야 돼. 그러면 그리스도가 내 속에 들어와서 나와 그리스도가 따로 있지 않고, 하나가 되는, 일체라 하는 그 자리 그걸 우리가 체험을 해야 한다는 걸 자연히 알게 될 거예요. 우리가 그리스도와 일체가 되는 체험을 하기 전에는 '새사람'이 된다는 말도 모르고 하는 말이에요.

일체가 된 담에야만 '새사람'의 '새'라 그럴 수 있고, 하나가 됐다는 말도 그걸 말씀을 좀 드리렵니다. 성령이란 얘기에 대한 것인데 그걸 내가 아는 한까지, 내 본 것까지를 말씀드릴 겁니다.

비유로 하면 '장작'과 '불'로 할 수가 있을 겁니다. 믿음에 있어 중요한 것은 '경험했다'는 단순한 정도만이 아니라, '내 몸으로 직접 경험했다' 하는 그 자리에 가려면 장작을 충분히 준비해야 됩니다. 그 동안 내가 가만 경험을 해왔기 때문에 드리는 말입니다. 물론 절대로 그렇다고까지는 할 수가 없겠지만 아는 데까지만 말을 한다면 장작을 충분히 많이 준비해둬야 불이 일어나도 옳게 일어나지, 장작이 없이는 불이 못 일어난다 그 말이야.

장작이란 무슨 말인가 하면, 『성경』을 많이 보셔요. 『성경』을 많이 보지 않고는 안 돼요. 그리고 『성경』을 보되 그저 죽죽 그러지만 말고 내용을 깊이 이해해야 돼. 『성경』을 깊이 이해한다는 거 하고, 소위 요즘 말하는 성신을 받았다고 하는 거 하고는 별개 문제예요. 성신 받았다고 하는 것이 마음에서 무슨 이상한 소리가 들린다고 해서 그게 다 성신이라 그럴 순 없어요. 그건 여러분들도 다 잘 아실 거예요. 그건 심리적으로 오는 무슨 현상이에요.

그런 거는 물론 참 성령이 올 때도 그럴 수 있고 무당이 열심으로 하다가 그럴 수도 있고 한 것이니까. 그러니까 소위 성신 받았다고 하는 사람들끼리 다툼이 생기는 거예요. 쉽게 말해서 "성신 받았다고 해도 욕심은 그대로 있더라"하고 자기네들끼리 서로 싸우면서 하는 말을 나도 들었어요. 이런 것을 보면 성령이란 말을 하기가 그리 쉽지 않은 것인데, 그걸 비유로 해서 말해본다면 장작에 불이 붙는 것과 같다고 할 수 있어요.

장작에 불이 붙는데 그게 슬슬 붙는 것이 아니라 불길이 확 일어나서 붙게 되는 자리라야 돼. 그게 바로 베드로가 체험했다, 바울이 체험했다, 예수님께서 세례받을 때 물에서 올라오실 때 어떠했다 하는 지경일 겁니다. 그러려면 장작을 준비하지 않고는 안 돼. 탈 물건이, 자료가 있어야 돼. 그건 평상시에 『성경』을 공부하고, 또 『성경』 이외의 다른 참고서를 공부하고 해서 옳은 거, 나쁜 냄새가 안 나는 깨끗한 장작을 준비해놓지 않고는 일단 불이 일어날 때 옳게 일어나지는 못할 거다.

그러니까 그런 점이 열심히 기도한다고 하기는 하는데도 불구하고 잘못 들어가는 걸 보고 내가 하는 말입니다. 왜 열심히 기도했는데 잘못 들어가느냐 하면 그건 잘못 봤기 때문이야. 옳게 이해를 못 했기 때문이야. 『성경』을 옳게 이해하려면 다른 참고서도 필요로 하지 않고서는 안 돼.

또 한 가지는 어느 목사님이 성령을 통해서 그런다든지 하는 일이 있을 때에는 거기 가까이 가면 그 사람을 닮게 되는 점도 있어요. 예언자라고 해서 다 믿지 말고 너희가 잘 골라서 믿어라 하는 『성경』의 말은 바로 '예수 그리스도의 영'이라고 하는 그 영을 내가 접하도록 해야 한다 그 말이야. 그러려면 평상시에 마음의 공부를 해둬야 하지요. 그런데 우리가 그저 열심히 뭣을 하노라면 정신통일이 됩니다.

정신통일이 되면 무슨 이상한 현상이 있는 것은 사실이야. 하나 그게 하나님의 영은 아니란 말이야.

옛날에 박영효가 한창 갑신정변을 하고 다닐 때인데, 그때 개화파에 가담한 어떤 사람의 신부 이야기가 있어. 마침 갑신정변도 실패하고 해서 개화파 사람들이 다 숨어들었단 말이야. 그때 이 사람도 갓 결혼한 신부를 두고 아무도 몰래 숨었어. 그래서 신부가 자기 남편을 한 번 만나보려고 일단 정신으로 밤마다 마당 한가운데 물을 떠다 놓고 빌었다는 거야. 그랬더니 남편이 있는 곳이 환히 보이더란 말이야. 그래 남편을 찾아가 만났다는데, 이 신부가 기독교인은 물론 아니었어요. 그냥 우리나라 옛날부터 내려오는 풍습에 있는 거예요.

이제 이런 실례를 드는 것은, 사람의 정신이란 잡념을 없애고 일단 정신을 모으면 무슨 현상이 일어난다고 하는 걸 말씀드리려는 거예요. 그래 이런 현상 가운데서 그럼 성령이란 무엇이냐 하는 걸 가려내기 위해서는 평상시에 내 마음이 한 공부가 사람이 살아가는 옳은 도리는 무엇이냐 하는 옳은 이치대로 배운 것이 있어야 하는 것이지. 인간의 도덕 법칙도 무시하고 사회생활의 법칙도 무시한 그런 걸로는 그 사람으로서는 비록 그것이 성령이라고 할는지는 모르지만 다른 사람들에게까지도 환한 것이 못 될 염려가 있어.

그걸 가려내려면 평상시에 『성경』을 되도록 많이 보시오. 많이 보되 또 될수록은 옳게 봐야 돼. 옳게 본다는 것은 마음에 잡념이 없어야 돼. 자신이 알지 못하는 사이에라도 "이렇게 하면 남들이 칭찬하지 않을까? 『성경』 공부 열심히 잘해서 은혜받았다 그러면 남들이 기뻐하지 않을까" 하는 이런 마음이 생기기 쉬운데, 이런 따위는 꺾어 버리시오. 몹쓸 마음이에요. 내 마음속에서 그 객기가 나오는 것을 가차 없이 꺾어버려야 돼. 그래서 "모든 영광은 하나님에게……" 하던 그 예수님과는 달리, 쓸데없는 것이 일어나면 꺾어버려야 돼. 그런데 그게 하기가 어렵습니다. 그러나 그건 사정없이 꺾어야 돼. 내가 아는 건 그 이상은 말할 수가 없는데, 마음이 깨끗하다고 하는 그런 마음으로 책을 놓고,『성경』을 봐서 될수록은 올바른 지식을 넣어야 돼. 그래야 일단 하나님께서 성령을 주실 때 은혜스럽게 말이 나갈 수 있지, 그렇지 못하면 그게 잘못될 우려가 많습니다. 이거는 내가 참고로 말씀을 드리는 겁니다.

그저 이치로만 알면 다 되는 것이 아니라, 장작에 불이 슬슬 피는 것도 불은 불이지만, 그걸로는 세상을 밝힐 수가 없어. 세상을 밝히는 하나님의 말씀이 될 수 있으려면 확 불길이 일어서야 돼. 한번 크게 불붙고 나면 그다음에는 몇 번이고 몇 번이고 번져야 하는데, 그러려면 마음의 공부를 평소 게을리 하지 말아야 해요. 나는 그런 체험을 했다고 그럴 순 없지만 다른 사람들의 그런 걸 보면 어느 한때에 낡은 이 옷을 벗어버리면─그래 예수님께서도 다시 나지 않으면 안 된다고 하신 것이 아닐까. 바울도 자기가 한 것을 예수님이 말한 것에 비춰보고, 베드로도 그렇게 한 것을 비춰보고 하면 그게 바로 그런 말 한 게 아닐까?

그러니까 내면으로 일체라고 하는 것은 시인들이 상상으로 하는 "내가 꽃을 보는지 꽃이 나를 보는지……" 어쩌구 하는 그런 정도 따위만은 아니란 거예요. 글재주 있는 사람은 다 그런 정도는 말할 수 있어요. 그러나 성령을 받았다고 하는 것은 그보다 훨씬 높은 차원이에요. 뭐 또 그걸 거짓말로 하는 수도 많이 있습니다. 그런데 다른 사람에게는 그럴 수 있을는지 몰라도 나 자신에게는 거짓말을 할 수가, 그리고 다른 사람들은 거짓말을 할는지 몰라도 나 스스로가 할 때는 그럴 수가 없잖아요. 그런 데에 속아넘어가서는 안 돼요.

'성령'이란 말씀은 그러니 참 어려운 말씀이에요. 평상시에 준비를 잘해둬야, 깨끗한 장작을 많이 준비해두셔야 한다는 것을 아까 잊었기에 말씀을 드립니다.

• 1982년,『친우회보』가을·겨울호

제3부

죄는 참말로는 없다

대중 앞에 연설하는 함석헌

"죄가 실재하지 않으면
죄인이란 인종이 없을 것입니다.
다 한 가지 하나님의 자녀지.
그러면 세계가 하나될 것입니다.
……현대인을 구원하는 새 인생관은 여기 있습니다.
인종을 하나로 만들지 못하고
세계의 통일이 있을 수 없고,
세계를 하나로 만들지 못하고
세계의 구원은 있을 수 없습니다.
……만인이 구원되려면
"죄란 없다" 선언하지 않고 될 수 없습니다"
-『죄는 참말로는 없다』

홍동으로 보내는 글

주 형, 어제 글월 받았습니다. 참 이번엔 기다리고 기다렸던 소식입니다. 소식이 아니 온다 해도 내가 형을 믿지, 걱정은 아니합니다. 까딱없습니다. 나 인간으로서 인간인 형을 대해서야 어찌 절대 믿을 수 있어요? 우리 주로 인해 아는 아버지 하나님 안에서 하는 말입니다. 내가 알거나 모르거나, 만나거나 못 만나거나, 나와 생각을 같이하시거나 달리하시거나, 그 어떠했거나 말할 것 없이, 아버지 맘은 형의 혼 위에 절대로 임하시고 계실 것입니다. 형은 어디서나 어느 때나 어떤 모양으로나, 아버지 손 안에 계실 것입니다. 형은 아버지의 품으로 들어가고야 말 것입니다.

그러나 어련히 튼튼히 계신 줄을 믿으면서도 역시 궁금함이 있지, 없지 않습니다. 이번 궁금함은 더구나 나 자신 때문입니다. 나 자신 때문이라지만 내가 형 없이 살 수 없다는 말은 아닙니다. 나는 누구를 붙들어 버틸 수 있으리만큼 힘이 있는 것도 아니요 그것을 하려 하지도 않지만, 또 누가 나를 버텨주기를 원치도 않습니다. 솔직한 말로 내가 형 없어, 또 형만 아니라 그 밖의 어떤 열심인 친구나 어진 선생님들이라도, 그들이 없어서 못 살 나는 아닙니다. 소식을 궁금히 기다린다는 것은 그런 맘에서는 아닙니다. 형 없이 내가 살 수 없어서, 나 없이 형이 못 살 것 같아서 하는 것은 아닙니다.

그러나 그러면서도 궁금합니다. 마치 길을 가는 사람처럼. 길을 가는 사람은 한 목숨을 하늘에 맡기고 나선 것입니다. 한 목숨을 하늘에 맡기고 나선 이상 불안이 무슨 불안이며, 적적이 무슨 적적이겠습니까? 그러나 그래도 깊은 산 험한 골짜기에 다닥친다든가 급한 물빠른 여울을 만날 때, 또 하필 그런 어려움만 아니라 좋은 경치를 만나고 평안히 한때를 쉬게 되는 때라도 길동무 생각이 나는 것입니다. 인생의 길도 그렇지 않습니까? 내가 형 없이 못 살 것 아니라 했지만 또 소식 없이 이 인생을 어찌 살겠습니까? 하늘을 우러르는 혼인 한 나는 홀로 서고 홀로 갑니다. 상대세계에 사는 사람인 한 나는 친구가 그립습니다.

주 형! 나는 지금 전보다 더 긴장합니다. 내 발로 건너 선 루비콘 강 때문에 벌어지는 전장을 내다보며 스스로 하늘을 우러러 정신을 가다듬습니다. 그러고 보면 역시 알고도 몰랐습니다. 역시 내 한 것이 내 한 것이 아니요, 내 하는 것이 아니건만 내가 해야 할 것입니다. 그저 이것 아니야요? 이겁니다. 내가 분명한 것이건만 내가 한 것이 아니요, 내 힘으로 하는 것이 아니건만 또 내가 힘쓰지 않을 수 없는 것. 내가 '나'라 할 때는 그런 '나'인 줄 알고 들으셔요. 하여간 보는 사람이 설명이야 뭐라거나, 내가 인위적 노력을 한다거나 하나님의 시키심에 순종한다거나, 무어라 말하거나 나 자신 스스로 긴장됨을 느끼는 것만은 사실입니다.

루비콘을 건넜고, 점 채는 떨어졌습니다. 건너왔던 강을 도로 건널 수는 없습니다. 이때까지 내가 뉘게 한 말이나 무심코 한 것이 없습니다. 말을 하기 위해 말을 하지도 않았습니다. 내 딴으론 두 번 세 번 생각해서 하노라 한 것입니다. 안팎이 다르게 한 것도 아닙니다. 나로서는 참을 하노라 한 것입니다. 나 표준을 하고 내 주장, 내 의견을 선전하자, 내세우자, 내 좋아하는 선생 편을 들자, 따르자 해서 말한 것도 없습니다. 그 대신 누구를 반대하거나 헐기 위해 말하지도 않았습니다. 내가 위대한 체하자 해서 한 것도 없습니다. 정말 없습니다. 내가 언제나 시원치 않은 것을 말하는 것 같았어도, 나 자신으로선 지내본 것이 있어서 했고, 늘 말을 많이 했지만 나는 두려운 맘으로 했습니다.

말을 하러 나설 때마다 "또 무슨 말을 할까 할까" 하며 마치 출발신호는 다 내리게 급박했는데 뛸 준비는 하지 못하고, 경주장으로 나가는 선수처럼 늘 한탄하는 맘, 두려운 맘을 가지고 나갔습니다. 믿지 못했담 믿지 못한 것입니다. 그러나 그러면서도 권에 못 이겨서, 시간 때움으로, 명예를 위해서, 체면에 못 이겨, 안면에 못 벗어나서 억지로 힘써 한 것은 아닙니다. 맘에 스스로 허락이 있어서 한 것입니다. 그러니 그 심경을 누가 알아요? 나 자신과 하나님이나 알지, 아무도 알 수가 없을 것입니다.

내가 돌이켜 내 생활을 보면 부끄럽고 죄송스럽고 구멍에라도 들어가고 싶은 맘뿐이지요. 그래요, 양심이 날카롭지 못한 것이 죄지요. 양심이 참 날카롭다면야, 내 생활을 내가 아는 처지에 어디 감히 말을 한다고 나섰겠어요? 아무래도 양심이 둔한 거지, 철면피인 거지. 그러나 또 그것도 모르리만큼 노상 둔감한 것은 아닙니다. 거기 역시 말로는 못 할 하나님과 나만이 서로 의논한 지경이 있습니다. 그래서 모순이람 모순이지만, 양심의 아픔을 느끼면서도 또 한편 나서게 되는 것이 있어서 나섰지, 협잡을 하거나 노름을 하기 위해서 한 것은 아니었습니다.

나는 그래도 공公을 생각했지 사私에서 한 것이 아닙니다. 누가 와서 네 생활이 왜 그러냐 하면 나는 유구무언입니다. 그러나 뜻을 말하자면 나도 한 조각의 뜻이 있지 없긴 않습니다. 나도 하늘로 머리 둔 사람이지, 그래도 아버지를 찾아 섬기잔 말이지, 내가 보잘것없어도 내 맘이 이 말라빠진 염소 같은 '나'란 것을 위하잔 것은 아닙니다. 나보다는 그래도 이 나라, 이 인생 전체를 보자는 것이요, 이제보다는 그래도 영원을 보자는 것입니다. 그래요, 나는 정말 앞에 올 것만이 생각됩니다. 장차가 문제입니다. 내 마음을 점령하는 것은 이따가 올 것입니다. 이따가 오는 세계의 그림이 내 가슴을 떠밀어 넓힙니다. 그 때문에 나도 불안·공포가 없지는 않습니다. 그러나 아니 그럴 수 없습니다. 또 거기에 쾌한 것이 있습니다. 참말 지금 있는 고난은 이따가 올 영광에 비하면 족히 비할 바가 아닙니다. 그래서 내가 좀 어리석은 말을 하는 것입니다.

내가 내 선생을 배반하잔 것도 아니요, 선생보다 위대하잔 것도 아닙니다. 나도 나를 좀 압니다. 내가 그럴 인물이 못 됩니다. 나는 그런 것을 엄두도 못 냅니다. 나를 이때까지 아는 사람은 알지만 맘이 극히 둔하고, 약하고, 우유부단, 감히 냅뜨지를 못 하는 위인입니다. 누가 가르쳐주면 그대로 하나 보잔 맘, 그나마도 나 혼자서 뒤에서나 해보자는 맘입니다. 앞장 설 줄은 모릅니다. 위대한 체할 생각은 털끝만큼도 없습니다. 지금 있는 것은 다 쓸데없다고 큰소리하는 혁명가처럼 선동할 줄은 참 모릅니다. 나는 소심익익(小心翼翼: 조심스럽고 겸손함 – 편집자)의 소인이지, 큰 것을 스스로 맡는 영웅이 아닙니다. 아닐 뿐 아니라 싫습니다.

또 남보다 동뜬 생각을 할 줄도 모릅니다. 그런데, 그런 위인인데 어쩐지 앞을 보고 싶지 지금 여기를 보고 싶지 않습니다. 이따가 올 것을 꿈으로 내 가슴에 미리 가지고 싶습니다. 지금 그런 꿈을 꾸는 죄로 끌려나가 돌창에 구겨박힘을 입더라도 차라리 미래의 그림을 안고 죽고 싶습니다. 얼싸안고 죽자고 내가 그러지 않아요? 현재에 들러붙을 생각은 없습니다.

나 따위로서도 만들자면 내 무리를 약간 만들 수 없는 것도 아님을 압니다. 이제라도 어느 선생이냐 어느 주의냐를. 그래요, 우치무라의 무교회주의라 합시다. 무교회의 깃발을 내걸고 나서면 따라오는 사람이 있을 것입니다. 사람이란 참 더럽게 생겨먹은 것이어서 따르는 자가 반드시 있게 마련입니다만, 나는 그것이 싫습니다. 내 양심이 그것을 싫다 합니다. 너는 너대로 서서 앞을 봐라 합니다. 그러면 또 희미하게나마 뵈는 것이 있습니다. 내가 공부를 게을리 한 죄로 내가 본 것을 분명히 표시하지 못합니다.

그러나 조금이라도 있기는 있습니다. 이것만은 참 내 것이요 아버지가 내게 주신 것입니다. 그렇게 말하는 것은 내가 큰 것을 다 봤다는 것도 아니요 나만이 봤다는 것도 아닙니다. 다만 나는 본 것이 있다는 것입니다. 다른 사람들도 다 저로서 보는 것이 있을 것입니다. 나 따위가 보는 것을 누가 못 볼 사람이 있어요? 다만 찾아보자는 맘이 있나 없나 그것이 문제입니다. 눈이 앞으로 향했나, 선 자리 주위를 돌아보고 있나? 아버지 몸에는 나만이 아닙니다. 진리의 산에 오르는 길이 하나만일 리가 없습니다. 만방이 만방에서 하나님을 찾아 모여들 것입니다. 나만이 전부를 다 안 것도 아닙니다.

　게다가 다 알 수 있는 것이라면 참 것, 영원한 것, 절대적인 것이 될 수 없습니다. 우주는 우주의 우주요, 진리는 전체의 진리지, 누구의 것이 아닐 것입니다. 아버지는 우리 아버지입니다. 우리가 알 아버지지, 나 홀로만 알 수 있는 아버지가 아닙니다. 걸어가는 자신에겐 이 길밖에 딴 길이 없다는 말이지, 객관적으로 다만 한 길만이란 말은 아닙니다. 걷는 사람으로서는 길이 여럿이라면 그것은 길이 아닙니다. 자체 모순입니다. 그래서는 목적지에 못 갑니다.

　그러나 오라 부르시는 편에서 하면 길은 얼마든지 있습니다. 무한한 인격을 무한한 개성으로 지으시는 하나님이 얼마든지 올 길을 만드셨겠지, 단 한 길을 놓고 그리로 오는 자만을 만나시고 그 밖의 것은 다 모른다 하실 리가 없습니다. 심판이 하나님의 목적이 아닙니다. 절대의 자리에서 하면 하나밖에 없습니다. 길은 오직 한 길입니다. 하나, 곧 도道이기 때문입니다. 하지만 상대의 자리에서 하면 무한한 길입니다. 그래서 자유입니다. 이것을 이해하지 못하기 때문에 말썽이 생깁니다. 말로는 이해 못 시킵니다.

　'종교'란 것은 상대계의 일이지 절대가 아닙니다. 기독교도 여러 종교 중의 하나입니다. 그렇기 때문에 내가 기독교 가지고는 안 된다는 것입니다. 길이 얼마든지 있다는 말을 어떻게 들으셔요? 아무 종교나 믿어도 다 좋다는 말로 들으셔요? 그것은 잘못 들으신 것입니다. 길이 얼마든지 있단 말은 그 길이 다 길이 아니란 말입니다. 종교는 아무 종교나 다 못 쓴단 말입니다. 허다한 길로 볼 수 있는 길은 길이 아닙니다. 종교로 인정할 수 있는 종교는 종교가 아닙니다. 종교는 아무 종교일 수도 없습니다. 기독교를 오직 하나의 참 종교라 하여 모든 종교를 물리치고 세계를 기독교국화하자는 사람은 상대에 집착해 그것을 절대로 만들려는 것입니다. 좁은 소견에 잡힌 것입니다. 그것이 곧 교파심입니다. 교파 아닌 종교는 없습니다. 그러니 만일 종교라 한다면, 기독교도 겸손히 한개 종교로 스스로 인정해야만 사람을 교도할 수가 있을 것입니다. 그렇게 말하는 사람은 유일 절대가 무엇인지를 아는 사람입니다.

예수는 종교는 아닙니다. 개성을 가지고 나타나신 인격입니다. 종교의 지경에 계셨다면 십자가는 아니 왔을 것입니다. 12명도 더 되는 천사를 부리려 하시기만 하면 부릴 수 있는 이가 그것을 아니 부리시고, 잠잠히 십자가의 길을 가신 것은 종교라는 엉터리를 만들 생각이 없으셨기 때문입니다. 종교라 이름하고 나오는 것은 엉터리입니다. 엉터리 가운데 가장 나은 엉터리인지는 몰라도 엉터리는 틀림없는 엉터리입니다. 인격이 아닌 엉터리입니다. 가장 나은 로봇 같은 엉터리이기 때문에 가장 나쁜 엉터리입니다. 종교만이겠어요? 사람이 하는 일 중 엉터리 아닌 것이 없지. 이것이 중요한 일입니다. 일체를 엉터리로 깨닫는 일, 그것을 하느냐 못 하느냐 하는 데서 갈립니다. 만일 엉터리가 아니라면 왜 모든 것을 버리고 나를 따르라 했겠어요?

엉터리는 엉터리지만 또 우연한 것은 아닙니다. 있을 필연성이 있어서 있는 것입니다. 교파 없는 세계를 생각할 수는 없습니다. 그렇기 때문에 엉터리를 이용하는 것입니다. 쓸 때까지 쓰고는 버리는 것입니다. 집착해선 못씁니다. 사랑은 사랑이 아닙니다. 종교 아니고는 사람을 가르칠 수가 없습니다. 그러나 거기 말라붙어서는 죽습니다. 종교를 살리기 위해 사람을 죽여서는 안 됩니다. 사람이 죽는 시간 그 종교도 죽습니다. 종교는 바라크(막사 - 편집자)지 영원한 집, 아버지를 뫼시고 있을 참 집이 아닙니다.

정말 집이라면 왜 그것을 내버리고 아버지한테 가신다 했으며, 가서 있을 곳을 준비하신다 하셨겠어요? 아무리 위대한 종파라도 하나님을 그 속에 영원히 가두어두리만큼 위대할 수는 없습니다.

그렇기 때문에 예수께서도 남이 하는 대로 세상 계실 동안 엉터리를 이용하시기는 했습니다. 제자도 뽑고 사도도 택하시고 세례도 주자면 주게 두시고, 그러나 거기 애착은 아니 했습니다. 자기 간 후는 성령이 오신다 했지 자기 계실 동안의 그 엉터리를 꼭 유지해라 하지 않았습니다. 그것이 참 아니야요? 자유 아니야요? 다른 이는 몰라도 나는 예수 믿는 것이 이 때문입니다.

그를 믿어 그의 생명에 들어가서 나도 어떤 엉터리에도 붙잡히지 말고 자유의 영으로 살고 자라자는 것입니다. 기독교신자란 사람들 어때요? 예수를 교조라 할 때 듣기 좋아요, 싫어요? 싫지, 분명 싫어하지. 왜 그래요? 기독교를 종교라 하는 것이 싫어서 하는 것 아니야요?

옳습니다. 예수는 교조가 아니요, 기독교는 종교가 아닙니다. 만일 예수를 교조라는 명예로 더럽히고 싶지 않거든, 기독교를 유일의 종교라는 특권주장으로 죽이지 마셔요. 기독교가 만일 종교가 아니라면 정통이니 이단이니 하지 말라 해요.

기독교를 가지고는 하늘나라 못 갑니다. 하늘나라는 그것까지도 버린 알영이 아니고는 못 들어갑니다. 학교에서 학문을 하지만 학문에는 학교를 가지고는 못 들어갑니다. 학파·학벌 때문에 진리가 가려지는 것을 잘 보시지요? 이렇게 말하면 기독교도들은 크게 낙심할 터이요 열심파는 이를 갈고 달려들겠지만, 기독교를 가지고는 하늘나라 못 들어갑니다. 보셔요, 이제 지금은 미친 듯한 이 내 말이 이따가는 그대로 당연한 진리로 인정되는 때가 오나, 아니 오나.

이것은 나만 하는 말이 아닙니다. 내 말이 아닙니다. 모든 참된 양심은 다 품고 있고 하면 다 알아듣는 말입니다. 그런데 무교회가 무슨 무교회야요? 교회가 아니라면 무교회도 아닙니다. 나는 지금도 무교회입니다. 이담도 무교회일 것입니다. 영원히 무교회일 것입니다.

그러나 영원히 무교회이기 위해서 무교회가 아니렵니다. 참 무교회라면 자유일 것 아니야요? 누가 자유야? 누가 뭐라거나 나도 까딱 않고 남도 미워 않는 것이 자유지. 아버지는 무한하신 아버지이기 때문에 그에게 나아가는 길이 무한히 있을 것입니다. 무한을 어떤 길로만 간다는 그런 모순이 어디 있어요?

사람의 맘이란 자유롭게 생긴 것입니다. 맘은 무한한 것입니다. 무한하기 때문에 하나입니다. 맘은 하나입니다. 하나가 무엇인지 아셔요? 천하 인간에 다른 이름으로 구원을 얻을 수 없고 오직 이 이름으로야만 된다 하지만, 그들은 정말 하나가 어떤 것임을 알았나? 하나란 이 이름이 저 이름 중에 가장 잘난 이름인가? 그것이 하나인가? 아니 아니, 그것은 하나가 아닙니다. 하나가 무엇인지 모르고 오직이란 말을 해서는 안 됩니다.

밑에는 저를 옳다 하는 자기 주장의 근본 버릇이 제대로 있어서 내 선생을 지지하고 내 교파를 옹호하는 것입니다. 선생을 지지함은 내 입장을 지지함이요 교파를 옹호함은 내 안전을 옹호하는 것입니다. 그러나 나는 나를 긍정할 터무니를 잃은 사람입니다. 그래서 아무래도 열심나는 것이 없습니다. 열심이 무엇 위해 나요? 내가 주먹 쥐어 지켜질 정의야요? 내가 눈물 흘려서 갈 교회야요? 내가 목에 핏대 돋워 밝혀질 진리야요?

그만두세요, 너도 나도, 기독교도도 이교도도, 다 같이 더듬어가는 길 아니야요? 찾아가는 아버지 아니야요. 나만이 아들이란 법이 어디 있어요. 그것은 우리가 어릴 때 어린 소견에 분발하는 맘을 내게 하시노라고 내가 너만을 사랑한다 하신 것이지, 자라난 담에 보면 나만 아들이 아닌 줄을 알지 않아요? 그래야 참 아들 아니야요? 유대인이 실패한 것이 무엇 때문이오? 바로 이것 때문이지. 그런데 이제 우리가 또 그래! 안 될 말입니다.

우리가 어릴 때엔 담 안에서 보호를 받았습니다. 그러나 담을 헐어버리는 날이 옵니다. 둘려 있던 담을 헐어버리면 허전허전해 못 살 것 같지. 그것이 어린 맘입니다. 무얼 그래요? 이따가는 그 담을, 기독교라는 그 담을 다 헐어젖히는 날이 올 터인데. 담을 헐어버리면 특권이 다 없어집니다. 네 집 내 집의 막힌 것이 다 없어져 더러운 꼴이 드러나고, 이때껏 내 집을 정결하게 지켜왔던 것이 손해인 것처럼 뵐 것입니다.

그러나 그것이 정말 손해요? 생각해보면 집과 집이 서로 환히 내다뵈는 날, 서로서로 청결('청소'의 북한어 - 편집자)을 하고 한 집이 될 것 아닙니까? 이때껏 깨끗하게 산 유산자는 정결을 잃는 것 같아 반대할 것이지만, 그야말로 더러운 맘 아니야요? 그것은 가난한 집의 쓰레기보다 더 더러운 맘입니다. 그렇게 정결을 지키자는 것은 작은 지킴이지 큰 지킴이 아닙니다.

정말 정결은 어떤 집만 아니라 세상 전체가 맑아져야 하는 것이며 집보다는 맘이 맑아져야 하는 것입니다. 그리고 보면 지금 당장 지키는 것은 도리어 허는 일이요, 지금 허는 것은 사실은 세우는 일이며, 나만을 깨끗하게 하려는 것은 도리어 더럽히는 일이요, 내 집의 담을 헤치고 옆집의 더러움에 한데 드는 일은 정말은 크게 깨끗해지는 일입니다. 왜, 좀 잘사는 그 사람들이 희생할 생각을 아니해요? 잘사는 사람들이 희생을 바쳐야 합니다. 옛날엔 물질의 희생을 했지만 이제부터의 희생은 맘의 희생입니다. 옛날 사람이 살진 송아지나 양을 잡아 번제를 드린 것같이 오늘날 사람은 내 두터운 신앙의 희생을 드려야 합니다. 내 믿는 신조의 희생입니다.

그래요, 이 정신적인 유산자들이 이 정통신앙자들이 자기네의 살진 어린양 같은 신조를 눈물로 잡아 번제를 드리며, 전체의 사죄를 비는 날이 와야 할 것입니다. 올 것입니다. 오고 있습니다. 지금 오고 있습니다.

주 형! 내 맘이 이렇습니다. 그래서 소식이 궁금하다는 것입니다. 형은 그 눈물의 번제를 드릴 맘이 있습니까? 나는 좋습니다. 내가 믿느냐 아니 믿느냐 하는 것은 내가 알 일이지 남이 알 일 아닙니다. 교회주의에서는 바깥 표준으로 믿고 믿지 않음을 판단하지만 적어도 무교회신자는 그럴 수 없습니다. 내가 바로 믿는 거냐, 미신이냐는 나와 하나님 사이에서 알 일입니다. 내 행동만을 보고는 모릅니다. 믿음으로만 구원 얻는 것을 주장하는 복음주의자는 이것을 알 것입니다. 내 말만으로도 모릅니다. 내 속은 내 영만이 알 것입니다. 만일 정말 내 친구라면 나를 신용해주시오.

내가 믿노라면 믿거니 믿어주셔요. 나를 믿어주고 아니 믿어주는 것이 내게는 조금도 더하고 덜해짐이 될 것이 없습니다. 내 친구 되는 저 자신을 위해 하는 말입니다. 나야 생명력이 넉넉지 못한 책임을 져야지요. 그러나 그는 내게서 미끄러져서는 아니 됩니다. 예수께서 나로 인해 미끄러지지 않는 자는 복이 있다 하셨지만, 그와는 뜻이 다르게 우리도 나로 인해서 네가 미끄러져서는 아니 된다고 우리 친구에게 말할 수 있습니다. 미끄러짐이란 무엇입니까? 미끄러짐이란 곧 다른 것 아니요, 밖으로 판단하는 것입니다. 참 속을 못 보고 겉으로 판단을 해버리면 미끄러집니다.

겉이란 미끄러운 것입니다. 겉으로 서로 매끄러운 판단을 하면 교파심이 되고 교파심이 생기면 영이 어두워집니다. 내가 두려워하고 슬퍼하는 것은 이것입니다. 내가 왜 생명력이 넉넉지 못해가지고 형제들의 가슴에 의심을 일으키느냐? 내가 만일 산 화산 같은 절대 강한 힘의 생명을 가졌다면 저들로 하여금 미끄러운 눈 위에서 미친 부르짖음을 하며 어지러이 오르내리는 스키꾼 모양으로, 내 생활의 겉을 가로 바로 금 그어놓으며 한가한 비판을 하고 있게는 못 했을 것입니다. 그러나 내 잘못만도 아닙니다.

말이야 서로 달라도 좋지 않아요? 다를 수밖에 없지 않아요? 서로 개성을 가지고 살아가는데 말이 다를 수밖에 없지. 내가 우치무라에게 배웠다 하더라도 나는 나대로 사람 노릇을 하노라면 내 소리가 나올 것 아닙니까? 그것이 바로 가르친 증거요 잘 배운 증거 아니겠습니까? 내가 백발이 돼도 우치무라의 소리판 노릇밖에 못 한다면 좋겠소? 그런데 이제 겨우 내 소리가 좀 나오려는데, 그런다고 놀라면 어디 될 일이야요?

속죄가 문제라니, 그래 속죄가 무어야요? 분명히 말할 수 있어요? 생명의 지성소 안에서 된 일은 생명의 일이기 때문에, 맘에는 다시 없이 분명합니다. 그러나 말이 끊어진 지성소 안의 일이기 때문에 맘에는 분명하지만 말로 할 수는 없습니다. 그런데 분명히 말을 할 수 있는 것이라면 내 말을 듣고 곧 시비판단을 내려도 좋지만, 그 일 자체가 그렇게 한마디로 말할 수 없는 것이라면 내 말도 좀 두고 봐야 하지 않아요? 지성소 안에서 말로 할 수 없는 일을 겪고 나온 사가랴에게서 자세한 것을 알기 위해, 사람들은 몇 달을 기다리지 않으면 안 됐습니다.

말은 말이요 그대로 곧 영이 아니기 때문에 말은 서로 반대되는 일이 있습니다. 반대되기 때문에 말이 있지 반대가 없다면 말이 없습니다. 반대되는 말에서 능히 일치되는 뜻을 드러내는 것이 말하는 목적입니다. 그것이 귀 가진 사람입니다. 그리고 인생이 뭐야요? 귀 연습하러 온 것이지. 잡소리 많은 이 세상에서 참을 알아듣는 힘을 가지도록 되라는 것이 우리를 세상에 내신 목적 아니겠어요? 속죄라는 말로 표시된 생명의 자리가 있습니다. 생명의 그 자리가 문제지 속죄론이 무슨 일 있어요? 생명의 어떤 상태를 어떤 때, 어떤 사람은 죄라는 명사로 붙잡을 것입니다.

그러나 언제나 누구나 늘 그것으로 붙잡으라 할 것은 아닙니다. 죄라는 그 사실을 붙잡는 것은 반드시 죄라는 명사로만 될 것은 아닙니다. 그 이유는 우리 역사가 자꾸 변하기 때문입니다. 2천 년 전 속죄론 그대로 불변이란 법이 어디 있어요? 이렇게 말하는 것은 내가 지금 다른 속죄론을 가졌다는 것은 아닙니다. 달리할 수 있다는 것을 인정은 하여 옳다는 말입니다. 어쨌거나 먼저 사람들이 밝힌 교리 때문에 겁을 집어먹어서는 아니 됩니다. 일체의 교훈은 씹어 삭일 것입니다. 살이 되고 피가 되려면 자취는 사라져야 합니다.

그래서 소화라 합니다. 사라지지 않고는 살아지지 않습니다. 예수께서는 자기조차도 먹어치우라 했습니다. 자기를 소화해버려달라는 것입니다. 그것은 우리를 살리고 싶어서도 그런 것이고, 자기가 살고 싶어서도 그런 것입니다. 예수가 소화되지 못하고 그대로 있다면 그것은 예수의 미라지 생명이 아닙니다. 예수 자신이 영원한 생명이 되시려면 우리에게 먹혀버려야 합니다. 우리 속에서 사라져 자취조차 없어져야 합니다. 바울의 죄를 속한 예수는 바울이 벌써 다 먹어 소화해버렸습니다. 오늘 내 생명이 될 예수는 따로 있어 내게 먹히기를 기다립니다. 나는 내게 주어진 오늘의 예수를 먹습니다. 후에는 남길 생각도 없이 오늘에 다 먹어치우렵니다. 이다음 사람들의 생명이 될 예수는 또 우리에게서 나올 것입니다.

그래요, 나도 인생에 변치 아니하는 면이 있는 것을 모르지 않습니다. 내가 그것을 모르겠어요? 그러나 인생은 또 변하지 않아요? 생명인 고로 변합니다. 동양의 맘이 본 생명의 근본 모양도 역易 아닙니까? 역이란 변이란 말입니다. 인생은 변합니다. 인생이 변하는 것이라면 불변하는 교리란 있을 수 없습니다. 속죄론은 변해야 합니다. 변할 필요가 없다 할진댄 2천 년간의 역사를 거꾸로 돌려놓으라 하셔요. 나는 지금 낙동강가에 있는데 태백산 골짜기 시냇물 소리를 들으라 하면 어떻게 해요? 안 됩니다.

시냇물 소리가 아까워서 그래요? 그런 것도 아닙니다. 시냇물 소리가 좋다면 바닷물 소리도 좋습니다. 어느 것만 좋단 것이 어디 있어요? 제대로 다 좋습니다. 시냇물 소리 들을 때도 있고 바닷물 소리 들을 때도 있습니다. 나는 지금 맑고 그윽한 시냇물 소리는 못 들어도 그 대신 노한 물결 부르짖는 허허바다의 울림은 들을 수 있습니다. 내가 산골에 산다고 골짜기 시냇물 소리만 좋달 것도 아니고 내가 바닷가에 산다고 푸른 바다 소리만이 좋달 것도 아닙니다.

그 어느 것을 들든지 그때 그 자리에서 들어서 높이 일어나는 혼의 노래, 그것만이 문제입니다.

내가 보기엔 믿음은 터져야 합니다. 사람들이 이렇듯 터진 맘, 뚫린 신앙을 가지지 않고는 장차 오는 세계의 문에 들어갈 수가 없습니다. 터지지 못하고 뚫리지 못한 것은, 아무리 튼튼하고 확실한 것 같아도 힘이 없습니다. 굳을수록 더 쉬이 부서지고 뜨거울수록 더 빨리 식습니다. 시대를 이기는 믿음은 터진 맘속에서 나오는 뚫린 믿음입니다. 터지지 못하고 뚫리지 못한 것은 사사입니다.

사사는 더럽습니다. 더러움은 참도 아니요 착한 것도 아니요 아름다운 것도 아닙니다. 진·선·미를 결정하는 것은 전체입니다. 공공한 것입니다. 하나님이 향기롭게 받으시는 제물은 옹근 제물입니다. 옹글게 드리는 전체의 번제가 참 제사요, 옳은 제사요, 아름다운 제사입니다. 내가 변을 말하는 것은 전체를 살리기 위해섭니다. 옹근 제물을 드리기 위해서입니다. 나만 들어가면 된다는 신앙은 낡은 신앙입니다.

나는 그것은 싫습니다. 그것은 신앙이 아니고 욕심이요 교만입니다. 자기 의를 주장하는 귀족주의는 하늘나라에는 못 들어갑니다. 이 세계가 온통 들어가야 할 것입니다. 공산주의자도 무신론자도 그 나라에는 다 들어가야 합니다. 이리 말하는 나나, 반대하는 복음주의자나, 무신론자나, 광신자나 다 들어가야 합니다. 이 몸으로 말하면, 믿고 아니 믿는 것을 말할 것 없이 다 문 밖에서 죽을 것입니다. 별수 없이 죽을 것입니다. 육신으로 말한다면 하늘나라를 볼 사람이 없습니다. 열심인 신자들은 말세가 가깝다고 하지만, 그들도 다 공중에서 주를 영접한다던 기대는 봄철 밤 꿈처럼 깨지고 어쩔 수 없이 환멸의 설움을 먹고 죽을 것입니다.

그들의 신앙은 반드시 자기가 들어갈 것을 확신했기 때문에 믿은 신앙입니다. 그것은 현금주의의 신앙입니다. 나는 그런 신앙은 싫습니다. 그것은 신앙이 아닙니다. 내가 반드시 들어갈 수 있어야 믿는 신앙, 신자는 특별히 뺀 자라는 데 어깨가 으쓱해서 믿는 신앙, 그런 따위 현금주의는 신앙이 아닙니다. 내 신앙은 우리가 다 같이 들어가기를 목표하는 신앙입니다. 특별히 뺀 사람이란 없습니다. 뺐다면 다 특별히 뺀 것입니다. 있음 그것이 이미 보통 아닌 사실입니다. 생명일 때, 인격일 때, 있음일 때 벌써 특별입니다. 그때 벌써 아버지의 전적 사랑을 독점한 것입니다.

그런데 그중에서도 무슨 뽑아냄이란 무의미한 말입니다. 무의미한 말을 새삼스레 의미 있는 듯 강조하는 것은 사사요 협잡입니다. 신앙이란 전체의 신앙이요, 하늘나라란 전체의 하늘나라입니다. 내가 살기 위해서가 아니라 인생이 살기 위해서, 내 나라가 서기 위해서가 아니라 하늘나라가 서기 위해서 믿는 그 신앙을 주장해서만, 나는 비록 믿다가 결과를 보지 못하고 죽더라도 이다음 오는 인류 앞에 그 문이 열릴 것입니다.

이제 나는 나를 위해 믿어야 하지 않고 남을 위해 믿어야 하겠습니다. 전에 우리가 듣기에는 너만은 믿어서 구원을 얻으라 했지만 이제 그 공과는 벌써 지나갔습니다. 이젠 '나만'이란 없습니다. 이 세계, 이 인생, 이 생명, 이 우주입니다. 경제·정치에서도 벌써 없어진 '나만'을 교회당 안에서는 수사학적인 말투로 외치고 눈물로 간구하니 이게 무슨 시대에 뒤떨어진 희극입니까? 우리는 후에 오는 사람이 상을 타도록 먼저 내가 뛰어야 하겠습니다.

인류는 지금 이 정도까지는 자랐습니다. 내가 보기엔 이것이 올바른 믿음입니다. 남 속에 나를 보는 것, 미래 속에 지금을 보는 것, 나를 위해 믿는 신앙은 나도 구원하지 못했습니다. 장차 올 세대를 위해 믿는 신앙이 정말 나를 구원할 것입니다. 이미 했습니다. 나는 내 안에 있지 않고 장차 오는 세대 안에 있어서 이미 오지도 않은 죽음의 선을 벌써 오기 전에 넘었기 때문입니다. '나'란 요 현재의 세계 안에 있지 않습니다. 그렇게 하는 것이야 신앙이라 할 것 없지 않아요? 나는 과거 속에도 있었고 미래 속에도 있습니다. 만일 그렇지 않다면 우리가 그리스도와 하나가 될 수 없습니다.

사실 생명이란 이런 것이기 때문에 그리스도를 믿습니다. 믿음은 사실이지 생각이 아닙니다. 만일 내가 과거에도 없었고 미래에도 없고 다만 소위 현재라는 요것만이라면 믿음이란 한개 생각에 지나지 않습니다. 우리가 믿는 신앙은 그런 것이 아니고 실지로 살리는 힘입니다. 믿음으로 나는 아브라함 속에 들어갑니다. 그는 나를 위해 믿었습니다. 그에게서 모든 민족이 축복을 받는다는 말은 이 뜻입니다. 그가 나를 위해 믿었습니다. 나는 그 안에 있었습니다. 마찬가지로 우리는 또 장차 오는 인류 안에 있습니다. 우리 속에 그들이 있기 때문입니다. 전에 듣기엔 멸망할 자들이 있다 했지만, 이제 내가 생각하기엔 멸망할 자는 없습니다. 하나도 없습니다. 하늘 아버지가 죽으시면 몰라도 그렇지 않은 한 망할 자는 하나도 없습니다.

그러면 멸망받을 자를 말한 『성경』은 거짓말이냐? 천만에, 그럴 리는 없습니다. 말은 들을 줄을 알아야 합니다. 말대로 들은 자가 반드시 들은 자가 아니요, 말대로 지킨 자는 반드시 지킨 자가 아닙니다. 멸망할 자가 있다 하는 고로, 그것을 위해 지옥을 짓고 거기에 보낼 자를 고르는 자가 글자로는 『성경』을 믿었는지 모르나, 하늘 아버지의 맘을 안 자는 아닙니다. 하나님의 맘은 아흔 아홉 마리를 내버려두고 한 마리를 찾아 헤매어본 자, 간음하는 내 딸을 하는 당장에 잡아본 자만이 짐작할 수 있을 것이요, 하나님의 맘을 짐작해본 후가 아니면 『성경』을 말할 자격이 없습니다.

나는 이렇게 믿습니다. 이것이 내 신앙입니다. 나는 주님 어서 오십시사 파가 아닙니다. 좀더 좀더 참으십시사 하겠습니다. 불러도 불러도 아니 돌아오는 완악한 세상에, 기다려도 참아도 그저 느릿느릿하는 무지몽매한 인생에 마지막 한 사람을 누구를 되라 하겠어요? 그 때문에, 아버지가 열두 번 일어나는 벨을 누르고 참으시는 그 때문에, 일흔 번씩 일곱 번 눈물을 닦으시는 그 마지막의 원수스런 한 사람은 누굴 거야요? 부득이 있다면 내가 돼야 옳은 일 아니야요? 그런데 어떻게 망할 자가 있을 수 있어요?

이런 말이 다 속죄설에 반대되는 것같이 들린 것입니다. 그러나 아닙니다. 알아주셔요. 내 맘을 알아주셔요. 내 맘을 나와 한가지로 가지면 문제 없을 것입니다. 내 말만 듣고 의심하지들 말라 하셔요. 내가 그것을 모르지 않으면서 그렇게 말하지 않고는 못 견디는 데는 까닭이 있을 것입니다. 그 까닭만은 나도 지금은 스스로 밝히 말하지 못합니다. 다만 그렇게 말하고 싶습니다. 이담 가면 자연 아는 때가 있을 것입니다.

큰일이 난 듯이 겁내고 분내는 것은 우리 맘이 좁기 때문입니다. 맘이 좁은 것은 내가 옳다, 내가 기다 하는 버릇이 없어지지 않기 때문입니다. 나부터 있습니다. 내가 그 맘이 있는 고로 저쪽의 가슴에 그런 생각을 일으키는 것입니다. 이것이 우리의 커짐을 방해합니다. 어렵습니다. 말로는 가장 자기부정을 하는 그 맘이 가장 자기긍정 아니야요? 그러니 힘 아니 쓰고 어찌 되겠어요? 내가 힘써야 된다는 말을 잘못 알아듣지 마셔요. 내 중심을 형의 맘으로 들여다보셔요. 그러면 교리 때문에 싸움날 리는 없습니다.

나는 엉터리를 깨치자는 것입니다. 조금이라도 그것이 깨져나가는 것이 좋지 걱정되지 않습니다. 이러다가는 교회가 어찌 될까 봐서, 이러다가는 기독교가 어찌 될까 봐서, 무엇이 어찌 될까 봐서, 걱정 걱정하지만 그럴 것 없지 않아요? 그야말로 불신 아니야요? 말하는 동안 말 아니 하는 동안 무교회신자로 엉터리를 가졌고, 거기 달라붙는 생각이 있지 없지 않습니다. 겉으로 뵈지 않느니만큼 누구보다도 더 깨치기 어려운 엉터리를 가졌는지도 모릅니다.

모든 것을 부정한다 하느니만큼 자기도 모르게 제일 자기에게 잡혔는지도 모릅니다. 그것이 싫어서 그럽니다. 될수록 벗자는 것입니다. 될수록 깨치자는 것입니다. 벗어야 자유요 깨쳐야 커집니다. 교회만 아니라 기독교에조차도, 기독교만 아니라 종교란 데부터 잡히지 말자, 갇히지 말자는 것입니다.

보셔요, 아니 벗고는 못 배겨날 것입니다. 우리가 벗기 전 남이 먼저 벗을 것입니다. 소위 복음주의자가 벗기 전에 불신자란 사람들이 먼저 낡은 껍질을 벗고 나설 것입니다. 그러기에 예수 당시에도 고법사 서기관은 아니 받았어도 세리 갈보는 받았습니다. 그들이 먼저 벗었기 때문입니다. 새 시대의 준비는 늘 거꾸로 되는 것입니다.

이제 보셔요. 새 시대가 옵니다. 새 시대가 온다는 말은 누구나 합니다. 그러나 새 시대의 주인이 되려 하지는 않습니다. 그것은 이 시대의 주인 되길 바라기를 즐겨하지 않기 때문입니다. 두 주인을 못 섬긴다고요. 이 시대도 섬기고, 오는 시대도 섬기고 그렇게는 아니 됩니다. 이 참혹한 전쟁은 무어야요? 우리에게 바로 그거 하나 가르쳐주자는 것이지. 두 시대 다 주인을 겸하지는 못한다, 새 시대의 주인이 되기 위해서 너는 이 시대를 버려라, 그것이 이 전쟁으로 주시는 말씀이지 무어야요? 새 시대의 여왕으로 뽑힌 계집이 낡은 시대의 사랑에 연연해 못 버리니깐 부득이 버리도록 강박을 하는 것이 전쟁이지 무어야요? 우리의 못 놔하는 연인에게서 모든 부귀와 영화를 뺏어가지 않아요? 우리 맘에 싫어하는 맘이 일어날 때까지 하려고. 그런데 부득부득 달라붙자는 것은 무어야요? 낡은 관념, 낡은 철학, 낡은 신학, 낡은 신조, 낡은 종교, 낡은 신, 모든 것아 잘 가거라 할 거지.

있는 것이 깨지는 것이 그리 한탄스러워요? 속화하는 것 같아요? 모든 보수주의자가 다 그렇게 역사의 달리는 바퀴에 브레이크를 대면서 가려다 타서 죽었답니다. 무엇이 슬퍼요? 무엇이 아까워요? 무엇이 겁나요? 그렇게 근시들이야요? 새 시대가 옵니다. 새 시대의 혼인 새 종교가 나옵니다. 양심의 탯집 속에서 벌써 생겨나고 있습니다.

그것이 나오면 자본주의와 공산주의의 대립, 민족주의·민주주의·독재주의의 대립을 어리석은 일로, 정치의 무대에서 몰아낼 것입니다. 인본주의·신본주의를 지껄이는 종교가들을 스스로 깨달으라고 성전 밖으로 내몰 것입니다.

그 나라에 가보셔요, 개개가 영웅이요 개개가 왕이요 개개가 나라요 개개가 제사장이요 개개가 교회일 터인데, 곳마다 성전이요, 일마다 예배일 터인데, 종교가 무슨 종교며, 교회가 무슨 교회고, 정통이 무슨 말라빠진 정통이야요?

잘난 사람들 때문에 큰일났습니다. 단테가 그리 잘나지 않았더라면 그 맹신자들이 그의 그림을 실지로 만들려고 어리석음을 부리지는 않았을 터인데. 루터가 그리 위대하지 않았더라면, 그 따르는 자들이 그를 곧 영원화하려고 망령을 부리지는 않았을 터인데. 장로교는 칼뱅 때문에 일어났고, 감리교는 웨슬리 때문에 일어났고, 무교회는 우치무라 때문에 일어났습니다.

걱정할 것 없습니다. 그들은 본래 일 내자고 왔던 말썽꾼들입니다. 누구보다도 예수 자신이 애당초에 일 내러 오셨던 말썽꾼 아니야요? 불을 던지러 왔노라, 병기를 일으키러 왔노라, 한 집의 식구를 원수로 쌈 붙이러 왔노라고 하지 않았어요? 말썽이라면 하나님이 원래 말썽꾼이지, 왜 당초에 창조를 하셔서 문제인 거야요?

빛이라고 만들어놓으니 눈이 어둡고, 천지라고 만들어놓으니 정말 있을 곳이 있나 보다 하며 다투고, 삶을 내고 죽음을 내니 정말 살았나보다 붙들고, 맘이란 것을 주니 정말 알 것처럼 혹하는 것 아니야요? 그러고는 보아도 보지 못하게 하고, 들어도 듣지 못하게 하며, 생각해 깨닫지 못하게 한다고 하지.

그러니 못생긴 저만 문제입니다. 그러나 못생겼어도 죽을 수는 없습니다. 죽을 수 없는데 못생긴 까닭이 있습니다. 못생긴 것의 할 일은 뜻 하나 지키는 일입니다. 그래도 살자, 그래도 놓지 말자, 그래도 믿자, 지옥엘 차 넣어도 그래도 기도는 하자 하는, 그 뜻 하나만입니다. 이것은 하나님도 어떻게 못하는 것입니다. 하나님은 저들에게 장차 오는 세계를 내주시기로 했답니다.

고인 물을 터놓듯, 맘속에 있으면서 누구보고 말할 곳 없던 것을 붓을 드니 급해져서 글씨를 되는 대로 끄적였습니다. 내 맘이 그렇게 급한 줄을 아세요. 그러나 쓰는 사람이 급히 썼을수록 읽는 사람은 더욱 더 더디 읽게 만드니, 여기도 역리가 있고 배울 것이 또 있군요. 급할수록 천천히 할 것. 내가 천천히 썼더라면 형이 빨리 보시지. 내가 급히 한 고로, 도리어 빨리를 잃었으니. 급한 것은 믿음이 아닙니다.

그럼 형, 맘 놓고 천천히 읽으세요. 이제 형도 급히 읽었으면 잘못에 다시 잘못을 더했습니다.

요즘은 가을에 바쁘시지. 그것도 천천히 가라앉은 맘으로 하셔요.

여러분께 문안해주시고 나로 인해 잘못됨이 있지 않도록 잘 들어 말씀해주십시오.

• 1953년 10월 17일, 주옥로 님께 보내는 글

죄는 참말로는 없다

'죄는 실재하지 않는다'는 문제에 대한 물음에 대답하는 글

『말씀』을 읽으시고 주신 글월 감사히 읽었습니다. 그처럼 정독하시고 꺼림 없는 가르침을 주시는 것은 참 고맙습니다. 부족한 우리 맘으로 진리를 단번에 밝힐 수는 없고, 피차 너, 나의 잡힌 생각 없이 서로 도와서만 할 수 있는 일입니다. 다시 제 생각을 말합니다.

'죄가 실재하지 않는다'는 말이 위험한 말인 줄은 알면서 일부러 썼고, 한편 죄의 의식意識은 설명만으로는 없어지지 않는 사실이라 한 말과 서로 모순되는 것인 줄도 알고 한 말입니다. 먼저 제가 하는 말씀 전반에 관해 미리 아셔야 할 것은, 제 목적은 완전무결한 논論을 하자는 데 있지 않다는 것입니다. 모든 말은 다 불완전한 것이어서 한 면을 밝히는 동시에 다른 면을 가리는 것이 반드시 있는 것이니, 차라리 불완전하면서라도 어느 찌를 점을 강하게 찌르자는 것이 제 생각입니다. 마치 노한 아버지가 "이 죽일 자식!" 하는 것과 일반입니다.

죄가 실재람 실재지, 왜 실재 아닐 수 있겠습니까? 사람의 맘에서 모든 것을 다 빼버린다 하더라도 죄만은 같을 것입니다. 죽기 전에 죄를 모를 수는 없을 것입니다. 그러나 또 다른 면이 있습니다. 죄에 대하여 "네 쏘는 살이 어디 있느냐" 하고 꾸짖지 않으면 안 되는 면이 있습니다. 죄를 이기는 데는 "우리가 속았었다" 하고 일어나는 산 정신이 필요합니다. 이기는 것은 참인데, 참에 서서 볼 때 그전에 나

를 지배하던 것은 거짓입니다. 거짓이기 때문에 실재는 아니요, 실재하지 못하는 것이기 때문에 패한 것입니다.

우리가 예수라는 인격을 만나서 경험하는 사실은 "본래 우리를 영원히 속박해둘 죄란 없는 것을 우리가 스스로 속아서 이날껏 그 지배하에 고민을 했구나, 이제 알고 보니 죄니 죽음이니 하는 것은 실로 허망한 것이구나" 하는 실감입니다. 허망한 것이라 느끼지 않고는 이겼다 할 수 없습니다. 아직도 저 윗목 어느 구석에 숨어 있는 '어비'란 놈이 어느 순간에 또 나올지 모르지 하는 어린아이는, 아직 어비의 지배를 떠나지 못한 것입니다. 완전히 떠났다면 그것은 벌써 어머니가 창문을 긁어서 내는 소리인 줄을 다 아리만큼 철이 든 때입니다.

없어진 것은 허망한 것입니다. 있지 못하는 것이 있는 체했던 것입니다. 허망이기 때문에 없어져야 하는 것이고, 없어질 수 있습니다. 예수가 죄를 없애셨다는 것은, 그 허망의 진상을 폭로한 것입니다. 그 가장假裝이 너무 절묘하고 강했기 때문에 그것을 폭파하는 데 자기 몸을 육탄으로 쓰지 않으면 안 됐을 뿐입니다. 죽음으로까지 한 것이니 무서운 실재 아니냐 하겠지만, 죽음 그것부터 허망인 터에 그 죽음으로 인해 부서진 죄가 실재가 될 수는 없습니다. 예수란 다른 이 아니요, "죽음이란 없다" 하신 이입니다. 죄의 열매는 죽음이라고. 이제 죽음이 없어진 날에 죄가 깊어('남다'라는 뜻의 평안도 방언-편집자) 있을 수는 없습니다. 이렇게 깨달아서만 죄를 이길 수 있습니다. 죄가 도망한 어비처럼 어느 구석에 숨어 있는 사람은 아직 속죄를 얻은 사람이 아닙니다.

실재實在란 말도 두 가지 뜻으로 해석해야 할 것입니다. 하나는 절대적인 의미에서, 또 하나는 상대적인 의미에서. 상대적인 의미에서 하면 죄는 실재입니다. 죽음도 사실입니다. 현실의 인간에서 "죄는 없다" "죽음은 없다" 하면 위험한 소리요 미친 소리일 것입니다. 사람의 말로는 죄는 분명히 확실히 있습니다. 그러나 상대계 이 자체가, 사람의 말 자체가 허망한 것입니다. 물론 이 인생을 허망한 것으로 알아서는 아니 될 것이지만, 동시에 허망한 것으로 알지 않으면 안 되는 점이 있습니다. 사람의 말은 그것을 허망한 것으로 만드는 참 말씀이 있어야만 의미가 있습니다. 상대적인 것을 덮어놓고 허망하다 할 수는 없습니다. 상대적으로 존재하게 되는 필연성이 있습니다. 다른 말로 하면 이 세계는 하나님이 짓고 축복한 세계입니다.

그러나 또 영원히 이대로 두시자는 세계는 아닙니다. 옷과 같이 낡아갈 것이라 하지 않아요? 그것은 이 세계의 비실재성非實在性·허망성虛妄性을 말하는 것입니다. 인생이란 무어며 정신이란 무어요? 이 속에서 나서 이것을 허망으로 느끼고 영원 실재인 것에 오르자 힘쓰는 것이지. 그러니 이 세계에서 느끼는 것, 경험하는 것, 생각하는 것이 망상 아닌 것이 없습니다. 실재하는 것은 오직 이 모든 것을 '아니'라고 부정하는 그 자체만입니다. 참 말씀, 곧 하나님의 말씀입니다. 그 말씀이 생명입니다. 그 말씀에서 볼 때 생과 사는 도시 허망입니다.

의義와 죄罪는 한 가지로 붙잡힌 생각입니다. 하나님과 사탄을 대립시켜 생각하는 것은 부득이한 불완전한 생각입니다. 그것으로 하나님을 정말 안 것은 아닙니다. 참 말씀에서 말하면 오직 하나님이 계실 뿐이지, 오직 생명이 계실 뿐이지, 오직 사랑일 뿐이지, 하나님에 대항할 사탄이 있을 리 없습니다. 이미 생명이라면 그저 영원한 생명일 것입니다. 사랑인 담엔 다시 잘못이고 죄고 있을 여지가 없습니다. 사랑이요 죽음이요 죄요 하는 것은 다 우리 욕심 때문에 일어나는 망상입니다. 내 착각으로 일어난 도깨비에게 지배를 받는 것이 인간입니다.

그래서 미망迷妄, 홀렸다는 것입니다. 없는 것을 있다고 생각한 것입니다. '있다' 하기 때문에 있어진 것입니다. 실재로 뵈는 것입니다. 이 '있다' 하자는 데서부터 잘못입니다. 그런데 이것이 곧 허망한 망상입니다. '있다'는 한 분뿐입니다. 나는 '있는 자다' 하시는 하나님입니다. 인간은 '있다' 할 수 없는 것인데, 하나님이 자기 형상대로 곧 자기 바탈(性)대로 사람을 지으셨기 때문에, 인간이 저도 '있다' 해보고 싶어 하는 것입니다. 그것이 욕심입니다. 그런고로 욕심은 망상입니다. 그 속에서 나왔기 때문에 일체는 망상입니다.

상대계에 서는 인간은 이 말을 듣고 부르르 떨 것입니다. 존재가 토대에서부터 흔들리는 듯해서입니다. 상대적으로 우리의 모든 경험은 분명한 사실이기 때문입니다. 더구나 인간은 또 절대에 지향한 것입니다. 절대를 바랄새 사람이지 그것이 없으면 사람이 아닙니다. 그런데 그 절대의 입장에서 볼 때에는 우주를 꿰뚫는 사랑의 생명이 있을 뿐이지, 거기에 무슨 죽음이니 죄가 따로 있을 수 없습니다. 이것을 내가 모른 때에 죄란 놈이 나의 왕 노릇을 했습니다.

그러나 예수의 드러내신 일로 인해 이제 내가 그것이 생명에 대해 아무 실권이 없는 것을 알았습니다. 그래서 죄는 실재하지 않는다 한 것입니다. 이런 말을 하면 실재에서 도덕의식이 약화되지 않을까, 무책임한 살림을 하게 되지 않을까 하고 걱정하지요. 그러나 염려 없습니다.

사실 회개란 무서워서 하는 것이 아니라 감격해서 하는 것이요, 선한 행실은 벌을 피하려고 하는 것이 아니라 즐거워서 하는 것입니다. 두려워서 하는 것은 참 회개도, 참 선善도 아닙니다. 그렇기 때문에 감시의 눈이 없어지고 상賞의 약속이 없어지면 다시 옛날 죄로 돌아가는 것입니다. 정말 선善은 하나님은 아버지시오 심판자는 아니다, 아버지 앞에 잘못은 있을지언정 죄는 있을 리 없다, 낙심하지 말자 하게 되는 때에 제 손·발이 하는 줄을 모르게 하는 것입니다.

그런데 죄인이니 죽을 것이니 하던 것은 저를 속이는 자의 한 소리지 우리 아버지의 본심에서 나온 말씀이 아니라고 감격하기 때문에 억제할 수 없이 터져 나오는 것입니다. 논論보다도 사실로, 죄의식이 강하고 율법을 강조하는 바리새인은 회개치 못하고, 도리어 세리, 창기娼妓는 회개하지 않았습니까?

설명이란 이렇게 해도 무방하고 저렇게 해도 무방합니다. 그때 그 사람의 심령을 움직이는 것이 문제입니다. 죄를 책망한 예언자의 일이 물론 옳지만, 그들은 구원을 완성하지 못하고 "나는 죄인의 친구다" "하나님은 아버지시다" 하신 예수가 인류의 구주가 되신 것은 죄란 결코 무서워해서만 벗어날 수 있는 것이 아니요, 죄를 무시해서만 이길 수 있다는 것을 증거하는 일입니다. 죄를 무시한다니 위험한 말이라 하겠지만, 사실입니다. 믿음이란 무엇입니까? 죄인이란 생각할 겨를도 없이 그저 하나님의 부친애에 끌려서 달음질하는 것 아닙니까? 거기 죄가 실재할 수가 없습니다. 먼저 말씀한 대로 저도 죄의 실재를 알지 모르지 않습니다.

그러나 죄의 실재를 인정하는 것으로 내가 구원되지는 못합니다. 죄를 무시한 자는 도리어 이겼습니다. 신학·교리·속죄론으로 이 썩어지고 파렴치가 되고 지친 백성을 구할 수는 없습니다. 도덕적인 책망, 설교만으로도 안 됩니다. 오늘날 사실이 증거하고 있지 않습니까. 될 수 있는 길이 있다면 그것은 그들의 가슴에 온기가 돌게 하는 일입니다. 가슴이 뜨거워져야만 잃어진 본성을 살려낼 수 있습니다. 가슴은 설론說論으로는 뜨거워지지 않습니다. 시詩여야 하지. 참말은 시이기 때문입니다.

"죄는 없다"란 말은, 설론이 아니고 한마디 시입니다. 시로 들어주셔요. 나는 그 말에 반드시 따뜻한 것을 느끼는 사람이 다소 있을 것을 믿습니다. 우리가 만일 교사의 버릇만 가지지 말고, 예수의 심정을 가지고 이 백성을 대한다면 "걱정 없어, 하나님이 계신 우주에 죽을 걱정은 절대 없으니, 안심하고 어서 살기를 힘써라!" 하지 않을까요? 나는 이 나라에 그 인격이 오기를 바랍니다. 그가 그리워서 하는 말입니다. 교파와 교파끼리 서로 이단이라고 가혹한 비평만 하지 말고, 서로 공통으로 가지는 선하고 참된 것을 발견하여 널리 용납하는 그 맘이 있어야 하지 않습니까? 그 맘이 있으면 죽어가던 참도 살아날 것이고 부끄러워 숨던 선도 나서게 될 것입니다.

죄가 실재하는 것을 예수께서 없이 했다 하는 거나, 실재하지 않는 죄이기 때문에 예수께서 쓸어버리셨다거나, 한 말입니다. 다를 것이 없습니다. 다른 것은 논에서 다르지, 사실에서는 하나님입니다. 다만 이런 말을 일부러 하는 것은 예수께서 대신했다는 소리만 밤낮 불러서 그야말로 도덕력은 약하게만 하고, 떨치고 일어날 생각은 하지도 않는 오늘의 기독신자에게는 그렇게나 말해야 다소 깨우침이 될까 하는 생각에 하는 소리입니다.

그러니 모순되는 두 가지 말을 할 수밖에 없지. 정말 바로 살아보잔 성의 있는 사람이면 그 모순되는 말로 맘이 열릴지언정 결코 잘못될 염려는 없을 줄 저는 자신합니다. 반대로 그 말을 이해 못하고 잘못되는 사람이라면, 그는 그 말을 듣거나 말거나 잘못됐을 인물이고, 그에게 아무리 홍로지옥설을 말했다 해도 소용이 없을 것입니다.

예수는 무엇입니까? 근본대로 있는 인격 아닙니까? 아담의 계통을 밟지 않는, 하나님의 모습 그대로 가진, 홀로 난 아들 아닙니까? 맨 첨부터 하나님과 같이 계신 말씀 아닙니까? 다시 말하면 그야말로 실존 아닙니까? 그는 "참말로 계신" 이인데 그에게 죄가 실재했습니까? 그는 죄를 모른 인격입니다. 죄를 무시하고 아버지의 사랑만을 본 아들입니다. 예수를 역사상에 나게 하신 것은 우리의 본 면목, 죄를 모르는 본래의 면목을 도로 찾기 위해서 아닙니까? 그러니 도로 찾고 나면, 자연히 "그동안 공연히 헤맸구나!" 하는 느낌이 있을 게 아닙니까? 그것이 곧 죄의 실재성實在性 부정입니다. 죄는 실존하는 것 아니요 일개 망상입니다.

즉 불신입니다. 불신이 곧 죄입니다. 믿지 않는 맘 외에 또 다른 무슨 죄란 것이 존재하는 게 아닙니다. 죄가 분명히 눈앞에 서 있는 것을 보면서도 그것을 무서워 말고, 믿기만 하면 죄는 없어집니다. 무엇을 믿는단 말입니까? 하나님은 아버지인 것, 이 우주엔 생명이 있을 뿐이란 것, 사랑이 있을 뿐이란 것을 믿는단 말입니다.

왜 믿는다 합니까? 사실로는 죄가 뵈고 생명의 하나님의 사랑은 뵈지 않기 때문입니다. 눈앞에 뵈는 사실로는 분명 죽음이 있고 죄가 있습니다. 그러나 참말을 믿음으로써 죄는 없어지고 사랑의 생명만이 있습니다. 사실로 죄가 존재하기 때문에 그것을 이기려고 그 실재성을 빼앗으려고 "죄는 없다" 믿습니다. 그것은 곧 하나님의 절대애絶對愛를 믿고 들어가는 일입니다. 그래서 아들이 되는 심정입니다. 그 아들 심정 앞에 죄는 유령처럼 사라져버립니다. 죄는 참말로는 없습니다.

죄가 실재하지 않으면 죄인이란 인종이 없을 것입니다. 다 한 가지 하나님의 자녀지. 그러면 세계가 하나될 것입니다. 만인이 구원될 것입니다. 현대인을 구원하는 새 인생관은 여기 있습니다. 인종을 하나로 만들지 못하고 세계의 통일이 있을 수 없고, 세계를 하나로 만들지 못하고 세계의 구원은 있을 수 없습니다.

세계를 한 인종으로 만드는 것은 만인구원의 신앙에서는 가능할 것이요, 만인이 구원되려면 "죄란 없다" 선언하지 않고 될 수 없습니다.

죄가 실재하지 않는다는 말은, 현 교회를 이기기 위해, 신학을 이기기 위해 하는 말입니다. 예수께서 일껏 해방해주신 인생을 제가 보기엔 교회가 다시 얽어맸습니다. 죄와 의義, 생과 사, 구원과 멸망의 차별을 하는 상대적인 교리, 신학의 사슬로 얽어놓았습니다. 차별은 얽어매는 것입니다. 그리하여 인간은 계급적으로 대립합니다. 이것이 세계혼란의 원인입니다. 정치·경제 대립은 도덕적인 대립이 있어야만 있는 것입니다.

대립이 되면 생명은 아닙니다. 현대는 선고를 받은 사형수입니다. 이제 이것이 구원되려면 일대 특사特赦가 내리는 것 외에는 방도가 없습니다. 그것을 이 행정관 같은 현대 종교가·신학자·도덕가는 하지 않을 터요, 또 하지 못할 것입니다. 그러면 세계질서가 파괴될 듯이 저들에게는 보일 것입니다. 그들은 상대적인 차별도덕에 얽혀 자유를 잃었습니다.

그러나 절대능력을 가지는 임금이 오시면 폐일언蔽一言하고 "사赦해라!" 할 것입니다. 능력이란 다른 게 아니요 사랑입니다. 사랑만이 능력입니다. 생명이 이기는 것은 사랑이기 때문입니다. 사랑은 일시동인一視同仁입니다. 한 가지로, 하나로, 사랑으로 봐주는 어버이 맘입니다. 그 앞에 맞설 놈이 없습니다. 예수로 나타난 속죄란 곧 그것이지, 결코 외교적·상업적 교섭이 아닙니다. 일대사一大敎란 무엇입니까? 이때까지의 모든 도덕적 판단의 전폐全廢 아닙니까. 그것을 다른 말로 하면 "죄는 실재하지 않는다"입니다. 죄는 참말로는 없습니다.

그것은 무모無謀요 위험입니다. 그러나 사랑은 무모한 것이요 무시하는 것입니다. 언제나 차대次代의 복음은 금대今代에는 무모요 위험이었습니다. 복음은 믿어서만 복음이 되지요. 우리가 죄는 실재하지 않는 것을 철저히 믿는다면 도리어 살아날 것입니다. 저 자신을 고백하면 죄를 몰라서 걱정보다는 알아서 걱정입니다. 아무 선도 행하지 못하는 것은 죄가 늘 눈앞에 있기 때문입니다. 죄를 알기 때문에 죄가 권위를 가지고 나를 지배해서 내 생명력을 죽여버립니다. 그만큼 믿음이 없습니다.

루터가 츠빙글리를 보고 "너는 왜 담대히 죄를 짓지 못하느냐" 했다는 것은 그 뜻을 말하는 것인 줄 압니다. 죄를 인정하면서 죄를 지을 수는 없을 것이지요. 담대히 죄를 짓는 자는 죄보다는 절대한, 죄를 삼켜 형적도 없게 하는 절대로 위대한 생명력을 가졌기 때문일 것입니다. 이것이 역리입니다.

신앙이란 공중폭격전인 줄 압니다. 지상에서 서로 전선을 버리고 진지를 쌓고 다투는 한, 일승일패지, 절대의 승리가 있을 수 없습니다. 그러나 공중에서 내려다보고 폭격을 할 때 참호요, 대포요, 전차요, 전부가 실력을 잃어버리지 않아요? 현대전이 공군세력으로 결정이 되는 것은 우리의 생명전의 상징입니다.

이제 유죄·무죄의 지상전을 근절시켜 영구평화를 가져올 것은 그 차별신학을 초월하는 절대신앙입니다. 죄가 실재성을 자연 잃게 되는 새 종교입니다. 참 말씀의 종교입니다. 예수는 그 작전계획을 세우고 그것을 일정한 구역 내에서 시작하고 가셨습니다. 이제 그 연습전이 세계사적으로 실전에 옮겨져야 하는 때가 왔습니다. 그가 "네 죄를 사했다" 하신 것은 궁극에 있어서 "죄란 것은 없다" 하는 말입니다. 이제 이것이, 생명의 총사령관의 입에서 나온 이 참말이, 전全 전선의 한 졸병에 이르기까지 다 알도록 전달되어야 합니다.

인류의 비참이 결코 죄를 잊어버린 데 있지 않습니다. 죄를 의식하는 것이야말로 죄를 짓게 하는 원동력입니다. 인간인 이상 죄를 모르지는 않습니다. 모르려 해도 모르지 못합니다. 그것이 인간 불행의 원인입니다. 보통 말로 하면 물론 종교는 죄를 깨닫게 해야 하는 것이지만, 죄를 깨닫게 하는 것은 종교가 아니고라도 합니다. 종교 없이도 인간은 도덕적입니다. 예수 아니 오셨다 해도 인류의 도덕이 있을 것이고, 죄 무서운 줄 아는 맘이 있었겠지 없지 않았을 것입니다. 예수는 도덕을 일층 더 고조하신 것 아닙니다. 복음을 믿는다는 우리가 그것을 잘 알지 않아요?

그러나 알면서도 모릅니다. 우리가 믿지 못합니다. 정말 믿는 자는 선악의 물길이 일고 꺼지는 도덕의 바다를 내려다보지 않고, '된다' '못 된다'는 생각도 나지 않게 하는 절대생명의 원천인 주님의 얼굴만 우러러보는 것입니다. 거기는 '의'義가 없는 대신 '죄'도 없습니다.

복음주의가 주 앞에 '우리 의'가 없다는 것은 주장하면서, 동시에 죄도 없다는 것을 주장하지 않는 것은 이상한 일입니다. 그들은 일단 죄를 실재시켜놓고 그것을, 사람으로는 할 수 없는 것을 주께서 하셨다 하여, 그의 능력을 찬양하려 하지만 그것은 불철저한 일입니다. 참이 아닙니다. 그것은 상대계, 인간이 서로 영광을 취하는 이 인간계에서 하는 버릇입니다. 사사私事 은혜에 감격하는 노예의 버릇이 빠지지 못한 것입니다. 정말 참에는 사은이 없습니다.

좀 어려운 말이지만 참에는 감사가 없습니다. 주고받고 고맙다, 감사하다 할 지경이 아닙니다. 모든 것을 초월해 하나된 생명이 있을 뿐입니다. 복음주의는 여기까지 순화·철저화 되어서 옛 찌꺼기를 청산해야 할 것입니다. 십자가, 십자가 하며 우는데 사실 거기는 알지 못하는 동안에 영웅숭배적인 것이 들어 있습니다. 그것은 낡은 찌꺼기입니다. 그것으로는 새 세계를 짓지 못합니다.

예수는 영웅이 아닙니다. 세상에서 쓰는 명사대로 "내가 왕이다" 하셨지만, 그는 옛날 왕이 아닙니다. 마지막에는 '주'主도 '선생'도 만족하지 않고 버리셨습니다. '친구'라 하셨지. 하나된다 하셨지. 복음신앙은 여기까지 추진돼야 합니다. 이 세상에 임금이 있었습니다. 그러나 이제 거의 지나갔습니다. 이 세상에 선생이 있었습니다. 앞으로도 얼마 동안 있을 것이나 그것도 지나갈 것입니다.

역사가 아무리 나아가도 아마 아버지는 영원히 있을 것이요 친구는 영원히 있을 것입니다. 이것이 생명의 역사의 상징입니다. 인류사회가 진보하는 것처럼 종교도 진보될 것입니다. 그리하여 인간 대 하나님의 관계도 보다 더 완전히 표현될 것입니다. 얼굴과 얼굴을 대하는 날이 올 것을 생각하면 "죄란 실재하는 것 아니다" 할 것 아닙니까?

위험 때문에 겁을 내지 말고 생명의 보다 높은 봉을 향해 모험을 해야 할 것입니다. 우리 안에 순종하는 양을 지키기 위해 일시를 못 떠나고 울타리 변두리를 돌지만 말고 헤매어 나가 사망의 골짜기에 울다 꺼꾸러지는, 보다 더 많은 양을 생각하고 원정을 떠나야 옳은 일입니다. 그보다도 울타리를 차라리 집어치우고 전 세계를 한 울타리로 여겨 양과 이리, 소와 사자, 어린이와 독사가 한데 놀도록, 더 맹렬한 활동을 해서 일대 모험을 해야 할 것입니다. 양이 따로 있고 이리가 따로 있다던 것은 옛날이야기이고, 마지막 날엔 양과 이리가 하나라고 했습니다. 그 지경을 무엇으로 실현합니까? 그것은 그저 하나님이 공중에서 보낼까요? 결코 아닙니다. 은혜는 우리가 실현해서만 받아집니다.

그러면 무엇으로 양과 이리를 하나로 만들어요? 인간이란 그 이하의 사명을 맡은 것 아닙니다. 우주완성을 맡은 것이지. 그것은 둘을 차별시키지 않는 인격이 나와서만 될 수 있습니다. 양은 순하고 이리는 사나운 것으로 보는 인간이 있는 한, 그것은 안 될 일입니다. 인간 자기 내부에 양과 이리가 대립·존재하지 않아야 할 것입니다. 맹수에서 맹수성을 빼서 한 우리에 넣는 것이 아닙니다. 그런 일은 영원히 불가능할 것입니다. 그것은 이상理想뿐입니다. 이상이 실현되는 데는 언제나 모험이 있고 희생을 바쳐서만 됐습니다.

십자가가 있고야 됩니다. 양과 이리를 동일시하는 모험을 할 수 있는 인격이 있어야만, 그 인격 안에서만 양과 이리는 화목하고 하나가 될 것입니다. 만물이 하나님의 아들들이 나타나기를 기다린다는 것입니다. 그 인격은 무슨 인격일까요? 곧 죄를 없이 하는 인격이지. 죄를 없는 것으로 봄으로써 죄를 없이 합니다. 죄는 참말로는 없습니다. 죄가 실재하지 않는다 하는 신앙은 파괴적이어서 국가를 잃을는지는 모릅니다.

그러나 세계를 얻을 것입니다. 교회는 잃을는지 모릅니다. 그러나 하나님은 찾아 얻을 것입니다. 이 상대세계는 잃을는지 모릅니다. 그러나 절대의 생명은 한데 들어 얻을 것입니다.

그러나 잃는 자는 얻을 것이요, 가지는 자는 잃을 것입니다.

• 1955년 6월, 『말씀』 제2호

어떻게 하는 것이 버리는 것이냐

참 기다리던 글월 받았습니다. 정성으로 주신 형께 감사하고, 그런 맘 우리 속에 일으키시어, 이 육肉의 담을 뚫고 서로 통케 하는 영으로 오시는 아버지 하나님께 감사를 드립니다.

좋습니다. 서로 다르다 생각되는 말을 아무 꺼림도, 아무 다툼질 기분도 없이, 오직 진리가 밝아졌으면 하는 맘으로 할 수 있다면 그보다 더한 은혜가 어디 있습니까? 동同·부동不同이 문제가 아니고 화和·불화不和가 문제인걸, 지知·부지不知보다는 신信·불신不信이 정말 밑뿌리인 문제인걸, 우리가 늘 바꾸어 잘못하지 않습니까? 동同에서 좋아 놀고, 지知에서 다 된 듯 만족하잔 것은, 아무래도 썩어질 것을 한때 지키라는 직임을 맡은, 옅고 작은 감정의 버릇이지, 영원 무한을 뜻하고 올라가고 번져나가는 커다란 맘의 일은 아닙니다.

"군자는 화이부동和而不同하고 소인은 동이불화同而不和"[1]라 한 것은 공자님의 말씀이고, "부동동지지위대"不同同之之謂大[2]라 한 것은 장자의 말씀이고, "동야자同也者는 이야異也"라 한 것은 누구의 말인지 모릅니다마는, 참 옳은 말씀입니다(유영모). 내가 이것을 가지고 남을 책망하지

---

1) 君子和而不同 小人同而不和: "군자는 화합하고 뇌동하지 아니하고, 소인은 뇌동
하고 화합하지 않는다." 『논어』, 「자로」.
2) 不同同之之謂大: "같지 않은 것을 같도록 하는 데 위대함이 있다." 『장자』, 「천지」.

만, 우선 나 자신 속에 그것이 많이 있음을 고백합니다. 사실은 신앙에 대한 견해가 같다, 다르다의 문제라기보다는, 그것으로 인해 조금 소식이 막혔던 것을, 저번에 다시 소식 주신 것이 고마워서, 또 내 맘속에 아무래도 힘은 써도 막히는 것이 있었는데, 그것이 좀 빠져나간 것이 기뻐서, 좀더 쑥 빠져나가라고, 자세한 것을 써 보내달라 했던 것입니다. 말씀은 영원한 것이지만, 모든 말이란 없어지는 게 아닙니까?

> 모든 육체는 풀이요 모든 아름다움은 들꽃 같으니, 풀이 마르고 꽃이 시듦은 여호와의 기운이 그 위에 붊이라. 이 백성은 실로 풀이로다. 풀은 마르고 꽃은 시드나 우리 하나님의 말씀은 영영 서리라.
> • 「이사야」, 40 : 6~8

인생의 말처럼, 더구나 신앙의 말처럼 아름다운 것이 어디 있겠습니까? 그러나 하나님의 영원한 말씀이 불어오면 다 시들어 떨어질 것입니다. 『성경』책조차 버리고 가야 할 하늘나라에 누구의 말을 금이나 옥같이 변할 수 없는 것으로 끼고 가며, 더구나 우리의 말 따위를 고집해, 그 때문에 금이나 옥을 주고도 살 수 없는 사귐을 깨뜨릴 것입니까? 사람은 내 맘에 그럴듯하면 감격하고, 내게 좋으면 열심히 합니다. 그리고 감격하고 열심히 하는 것이 있는 사람일수록, 남에게는 냉정하고 남의 일을 무시하기가 쉽습니다. 감격이 생명에서 나오나 그것이 생명이 솟아나는 샘구멍을 막는 찌끼가 되고, 열심이 뜻에서 나오나 그것이 서로서로의 뜻을 통하지 못하게 하는 성이 됩니다. 감격은 어리석게 하고 열심은 좁게 합니다.

주의 집을 위한 열심이 나를 삼켜 멸한다.

정말 주님보다도 주님의 껍질을 위한 열심 때문에 자기를 잃어버리는 일이 얼마나 많습니까? 무엇이 그리스도입니까? 우리의 하나됨이 곧 그리스도지.

중요한 것, 목적이 되는 것은 아무래도 '하나됨'에 있습니다. 알아 듣도록 해서 하나가 되는 게 아니라, 알아듣지 못하는 것과 먼저 하 나가 되어서 같음을 알게 되는 것이요, 다 알아서 믿는 것이 아니라, 먼저 믿고 들어가서 알게 되는 것 아닙니까? 그리고 하나됨, 믿음은 관념에 있지 않고, 실천에 있습니다. 사람과 하나되지 못하고, 적어 도 되려고 힘쓰지 않고 하나님과 하나됐다는 것은 빈말이요, 친구를 믿지 않고, 미쁨으로 친구를 대하지 않고, 그리스도를 믿는다는 것은 거짓입니다. 우리도 그 잘못을 다 하고 있습니다.

은혜와 진리는 예수 그리스도로 쫓아왔다.

참과 은혜가 다 있어서만 은혜요 참이지, 하나가 없어서는 다른 하 나도 없는데, 은혜를 구하면서도 참은 찾지 않습니다. 참을 하는 것 이 참을 찾는 것입니다. 무엇이 참입니까? 하나가 참입니다. 하나되 지 못한 것은 다 가짜입니다. 하나되지 못한 인격 가짜 인격이고, 하 나되지 못한 종교 가짜 종교입니다. 먼저 하나되고 그다음이 은혜입 니다. 하나됨이 곧 은혜 받음입니다.

예물을 제단에 드리다가 거기서 네 형제에게 원망 들을 만한 일이 있는 줄 생각나거든, 예물을 제단 앞에 두고 먼저 가서 형제와 화 목하고, 그 후에 와서 예물을 드리라.
• 「마태복음」, 5: 23, 24

너희가 사람의 과실을 용서하면 너희 아버지께서도 너희 과실을 용서하시려니와, 너희가 사람의 과실을 용서하지 아니하면 너희 아버지께서도 너희 과실을 용서하지 아니하시리라.
• 「마태복음」, 6: 14, 15

하신 것은 이 때문입니다. 진리를 위해서는 부모 친척도 내버려야 한다 하지만, 부모 친척을 사랑하는 외에 또 무슨 진리가 있는 것은 아님도 알아야 할 것입니다. 신앙을 위해서는 우정이라도 끊고 단연 싸워야 한다 하지만, 사귐 이외에 또 다른 복음이 있는 것은 아닌 것 아니야요? 진리를 위해 싸운다는 이름은 좋지만, 대개의 경우 자아주장·자기숭배가 알지 못하는 사이에 들어 있습니다. 순교라면 무조건 숭배를 하려 하지만 영웅심이 가장을 한 경우도 많이 있을 수 있습니다.

어렵습니다. 신앙이 정말 문제라면 입이 저절로 닫길 것입니다. 논쟁이 나올 수 있습니까?

아는 이는 말하지 않는 것이요, 말하는 이는 아는 이가 아니다.[3]

이 노자의 말은 하나님의 말씀입니다. 말싸움을 하는 자는 자기를 놓지 못한 자니, 그 말이 비록 '은총의 속죄'라도 그는 은혜를 모르는 사람입니다. 나는 나 자신 속에 이것이 있음을 알기 때문에 이것이 사실임을 단언합니다. 루터도 칼뱅도 그 잘못은 있었습니다. 큰말을 누가 합니까? 더구나 그들의 그런 점조차도 옳다 하고 칭찬하고 숭배하려는 것은 어림없는 일입니다.

말은 말씀이 못 됩니다. 그리고 모든 표현된 말은 다 말입니다. 말씀이 아닙니다. 말 아니고 말씀에 갈 수는 없습니다. 그러나 말은 말씀이 아닙니다. 내가 말하는 것은 한개 말이지 말씀이 아닌 것을 내붙입니다. 그것을 가지고 말씀이 되게 하는 것은 길가의 돌로 아브라함 자손을 만드는 하나님이지 내가 아닙니다. 내가 하는 말을 나의 전부로 알아서도 아니 되고, 그곳이 곧 말씀을 하잔 것이거니 해도 아니 됩니다. 그러니 말에 잡혀서 산 사람과 산 진리를 놓쳐서는 안

---

3) 원문은 "知者弗言, 言者弗知", 『도덕경』, 제56장.

됩니다. 말에 잡히지 않으려면 말의 자유, 말의 상대성을 허해야 합니다. 말은 들어줘야 말이 됩니다. 말 때문에 친구를 버리면 대를 잃고 소를 취한 것이요, 밑둥을 버리고 끄트머리에 붙은 것입니다.

무슨 말을 했기로서, 믿는 맘이 있으면, 걱정이 없지 않습니까? 대신이람 어떻고 내가 한담 어떻습니까. 대신이 아니란다고 얼굴이 파랗게 질린다면 여러 말 할 것 없이, 속죄를 못 얻은 사람 아닙니까. "너 지옥에 가라!" 한대도 까딱 아니 해야 하는 우리 믿음인데, 이때까지 듣던 설명과 좀 다르다고 그렇게 흥분한다면 그것은 말에 붙잡혔던 증거입니다.

깨어 기도하라, 기도하라 일러주어도 꾸벅꾸벅 잠만 자는 물건들, 간사하게 뻔뻔하게 입맞춤으로 자기를 잡아주는 놈, 살아난 것을 경험까지 하고도, "이스라엘 회복 이제 하시렵니까?" 묻는 답답한 사람들, 그런 것들을 보고도 까딱도 아니 하는 사랑과 믿음으로 대해주는 그 예수가, 정말 나를 대신(내가 돼주심)하신 것을 체험한 사람이라면, 대代가 아니고 하나라 한다 해도 그 때문에 신앙의 본성에 폭격이라도 맞은 것처럼 대경실색하지는 않을 것입니다.

대속代贖이란 '내가 돼가지고' 십자가에 달리셨다는 말인데, 내가 되신 이가 나와 하나겠지, 무슨 딴 세계에 있겠어요? 대代라면 왜 눈물이 나고 내가 됐다면 왜 말라버릴까? 같은 말 아닙니까? 역시 말에 붙잡힌 것입니다. 말에 붙잡힌 것은, 소위 어감이라니, 결국 감정에 붙잡힌 것입니다. 감정에 붙잡히는 것은 깊은 이적理的으로 파지 않기 때문 아닐까요? 이질異質, 이차원異次元이라 해도 역시 그렇게 느낀 것이지, 정말 변질을 하고 새 차원에 사는 것은 못 되기 때문일 것입니다.

내가 속죄에 관해 그런 소리를 하는 데는 까닭이 있습니다. 하나는 나 자신에서 오는 일이고, 또 하나는 밖에서 오는 것입니다. 부끄러운 말이지만(부끄러울 것도 없지요, 대우주에 내놓고 한 일, 부끄럽다는 것은 상대계 인사 말입니다), 나는 한동안 우치무라 선생님께 들어

서 신앙을 조금 가졌다 생각했고 조금 열심히 증거도 하고 가르치기
도 했습니다. 그러나 내가 나로서 독립을 하려 할 때, 예수는 나에 대
해 잠잠히 있지는 않았습니다.

네가 나더러 주님이라니, 역사적으로 났던 나를 어떤 의미에서 네
가 주라 하느냐? 네 맘이 그 까닭과 뜻을 알고 부르면이거니와, 만
일 조금이라도 분명치 않은 것이 있다면 그것은 나를 속임이요, 내
게 아첨을 함이다. 내 앞에 네 인격을 내던진다 할 때 네가 정말 인
격을 내던졌느냐? 그렇지 않으면 빈말을 내던진 것이냐? 아주 하
는 것이냐, 한때 기분으로 하는 것이냐? 나는 참이니 이름에는 속
고 싶지 않고, 사랑이니 남의 자유를 억지로 속여 빼앗고 싶지 않
다. 이제 네 얼굴 말고 네 창자를 내놓아라. 네 말 말고 네 맘을 내
놓아보아라. "십자가!"라고 고마운 듯이 말하지만, 내가 십자가 진
뜻을 정말 아나? 다 알았나? 나를 믿은 것인가, 남의 말을 믿은 것
인가.
다시 한 번 깊이 생각해보아라. 구원은 그리 급한 것이 아니다, 먼
저 참이 문제지. 정말 너는 깬 양심을 가지고 역사적 예수인 나를
네 주라 할 터이냐. 너는 주란 말의 뜻을 아나? 어디까지 너를 너
로 주장하는 것이 네 본 바탈이요, 그것을 내놓고 너도 세계도 있
을 수 없는 네가, 정말로 온전한 맘을 가지고, "주 예수의 이름으로
비옵나이다" 할 수 있나? 나는 생명이니, 주라면 산 자의 주지 죽은
자의 주가 아니다. 네 인격을 내버리고 너는 죽은 것 아니냐? 죽은
자에게 주가 무슨 주냐? 내 이름으로 빈다니 정말 너는 이제부터
네 이름을 쓰지 않고 내 이름으로 살 터이냐? 나는 거룩이다. 망령
된 데 있을 수 없다. 네가 네 이름을 그냥 두고 내 이름을 부름은 망
령되게 부르는 것 아니냐. 나더러 주여, 주여, 하기 전 너는 우선 내
앞에 똑바로 서봐라.

이렇게 말씀하시는 듯했습니다. 그 말을 아니 들을 수 없고 듣고는 잊을 수 없었습니다. 그리하여 밖으로는 천연히 신앙생활을 하는 것 같이 하고 있는 동안에 속은 타고 답답하지 않을 수 없었습니다. 그 때도 선생님들의 말이 다 맘속에 기억되어 있었지, 없지 않았습니다. 그러나 그들에게 다시 물어보아도 "나도 몰라"〔우치무라〕 하고 스 멋없이 말했습니다. 전날 강의에서 듣던 것과 달랐습니다. 그러고는 "그런 것은 일생을 두고 배워가는 거다" 했습니다. 어쩔 수 없이 나 로서는 혼자 찾게 되었습니다. 그때부터 차차 풀려나오는 것이 있었 습니다. 그리하여 다른 소리가 좀 나오게 됐습니다.

이런 문제는 정도의 다름이야 물론 있겠지만 오늘날 사람, 더구나 지식인에게는 뉘에게나 반드시 있는 것인 줄 압니다. 그런데 이미 믿 는다는 사람들은 거기에 대해 대개 교리적으로 내리누르려고만 하 고, 자기가 먹던 돌같이 다 굳어버린 부스러기를 줄 뿐이지, 그 고민 하는 이성인을 조금이라도 동정해 먹을 만한 것을 주잔 성의를 가지 는 사람은 퍽 적습니다. 나는 내가 쓰라렸던 것만큼 거기에 동정하지 않을 수 없습니다.

선배들이 "요새 청년들은……" 할 때마다 "어찌 저럴 수 있을까?" 하는 생각이 나고, 설교에서 현대의 불신을 책망하는 것을 들을 때마 다 "현대인이라고 딴 인종이냐, 아니지. 그들이 들을 수 있게 말해줄 수는 없을까?" 하고 항의할 생각이 났습니다. 이것이 또 내가 다른 소리를 하게 된 이유입니다.

나는 비록 '무교회'나 '순복음'이라도 그것으로 높은 탑을 쌓고 거 기서 내다보고 있고 싶지는 않습니다. 내가 본 것이 있어도 본 것이 있을수록 그것이 전부는 아닙니다. 내가 경험한 것이 인생의 전부는 아닙니다. 내가 아는 것이 세계 전체는 아닙니다. 내가 본 것 외에 또 다른 세계가 있을 것이고, 내가 지나온 것 밖에 또 얼마든지 길이 있 을 것입니다.

이것은 내가 본 것이 분명치 않아서 하는 말이 아닙니다. 선생들을 의심해서가 아닙니다. 내가 내 신앙의 산성山城을 부수고 좀 자란 것이 있기 때문입니다. 신앙이 생각으로 굳어질 때 세상을 내려다보는 산성이 되나, 그것은 한편 나를 가두는 감옥이 됩니다. 내가 이런 말을 하면 이때껏 같이 있던 신앙의 형제들이 보기엔 신앙의 퇴각 같을지도 모르겠습니다. 그러나 나 자신으로서는 아니 그렇습니다. 나아가는 것입니다. 나는 나아가다 죽더라도 나아가고 싶지 신앙의 농성을 하고 싶지는 않습니다. 그것은 나 자신이 알지 다른 사람이 알 수 있는 것은 아닙니다. 그것은 신앙이란 맘에 있지, 표시된 형식에 있지 않기 때문입니다.

먹어도 신앙이 아니요, 아니 먹어도 신앙이 아니요, 그 어떤 맘으로 했나가 문제지요. 내가 의심을 하고 다른 소리를 한다 해도 그것이 내 영광을 위한 것이냐, 주의 영광을 위한 것이냐는 나와 주만이 알 일입니다. 나를 참 사랑하는 사람은 내 그 맘을 알 터이요, 맘을 열면 말로 인해 의심하지는 않을 것입니다. 그렇지 못한 사람은 내 말을 신용하고 결과를 기다리는 것이 옳을 것입니다. 교리로 싸움을 하는 것은 그리스도의 생명이 아닙니다. 그리스도는 하나되게 하는 생명이지 갈라지게 하는 의견이 아닙니다.

나는 논論의 이동異同보다도 우리의 사귐을 위해 슬픈 맘이 좀 있습니다. "역시 말의 종교였구나" 하고 먼저 나 자신을 슬퍼하고, 또 저들을 슬퍼합니다. 아무 일 없다면 없다고도 하겠지만 내가 '흰 손'을 내밀고, '대선언'⁴⁾을 내붙인 다음부터 우리 친구들 사이에 조금 틈이 간 것은 숨길 수 없는 사실입니다. 불평하면서도 만나면 불평 없는 척하려는 데 무한한 고민이 있지 않아요? 외식外飾인가? 적어도 의식적으로 외식을 하잔 심사가 아닌 것은 압니다. 그럼 무엇이요? 말로 하기 어려운, 그러나 그렇지 않고는 못 견디는 무엇이 속에 들엎디어 있지요.

4) 1953년에 발표한 시집 「수평선 너머」에 수록한 시 「흰 손」 「대선언」을 말함.

그래서 거북함이 있고 어색함이 있지요. 그럼 그것이 무엇이요? 다른 것 아닙니다. 하나돼야 한다는 것이 범할 수 없는 진리여서 그렇습니다. 거북하단 것은 하나님이 "나는 하나 아니 된 데는 있을 수 없다" 하시는 말씀입니다. 그 말할 수 없는 감정은 그리스도의 프로테스트입니다. 의견 차이로 서로 담쌓는 우리 안에서 감금당한 예수가 고민을 하는 것입니다. 그것을 들으면 은혜 있을진저, 그러나 그것을 듣지 않으면 불행할진저!

나는 이젠 위에서 말한 대로, 한 말로 진리 전체를 덮잔 생각을 아니 합니다. 내 말은 절대 진리다 하지도, 내 말만이 옳다 하지도 않습니다. 내가 하는 어느 말도 그것이 "기독교는 이런 것이다"는 아닙니다. 내가 본 어느 면만을 말합니다. 그리고 이미 어느 면만을 말하는 이상, 다른 면은 남겨두고 거기는 어느 정도 가려지는 것이 있어도 관계치 않고, 그 면만을 그때는 말합니다. '하나됨'이나 '알아주는 맘'도 그렇습니다. 그것으로 그리스도를 있다는 듯이, 본 듯이 말하잔 것이 아닙니다. 전엔 그런 욕심에 어리석은 생각을 한 일도 있습니다. 허나 지금은 아니 그렇습니다.

그러니 내 말을 그런 줄 알고 들으셔야 합니다. 말씀은 무한한 것, 말은 일면적인 것임을 알기 때문에 한마디 말에 내 목숨을 걸지는 않습니다. "그렇게도 말해본다"는 것입니다. 이것이 불철저, 무책임한 것같이 들려 불쾌한 이도 있을 것입니다. 나도 전엔 그랬습니다.

그러나 지금은 이 지경이 참 좋습니다. 활활 벗고 바다에 뛰어들어 맘대로 헤엄을 치는 것 같습니다. 내 몸이 커서, 내 재주가 높아서 좋은 것이 아니라, 내가 작기 때문에, 맘대로 놀 수 있어 좋단 말입니다. 내 말이 남의 말과 달라도 겁낼 것 없고, 남의 말이 내 말과 달라도 미워할 것 없고, 세상이 결딴이 날까 봐 걱정이 나지도 않고, 그저 무한한 바다에 자유가 좋습니다. 서로서로 맘껏 살고 말해봅시다.

요긴한 점은 이것입니다. 인격의 자주성을 살려야 하느냐, 죽여야 하느냐? 나는 살려야 한다는 것입니다. 이것이 내 말이 전에 정통적인 신앙의 입장이라는 데서 하던 말과 다른 것입니다. 나도 십자가에서 자기 인격을 내버려야 한다는 것을 지금도 부인하지는 않습니다. 영적인 생명은 은총으로 오는 것이라는 것도 그대로 믿습니다. 이질적인, 이차원적인, 비약적인 관계가 있는 것도 알고 있습니다. 그 어느 것도 잊지 않았고 반대도 아니 합니다. 그러나 버린다는 말의 뜻이 달라졌습니다. 버리는 것은 버림으로 될 것이 아니요, 도리어 할 것을 다함으로써만 버려진다는 것입니다.

말이란 어려운 것입니다. 인생을 버린다 하지만, 버리란다고 정말 사람 노릇 하기를 내버리면 되느냐 하면 그렇지 않습니다. 인생은 버릴 수 있는 것이 아닙니다. 자유를 버리는 그것이 곧 자유의 주장 아니야요? 시간은 제 할 것을 다하지 않고는 물러서지 않는 것이요, 다하면 물러서지 않을 수 없습니다.

사람 노릇을 철저히 해야만 인생은 버려지는 것이지, 사람 노릇 하잔 참된 각오와 힘씀 없이는, 인생을 버리지 못하긴 고사하고 동물성도 버리지 못하는 것입니다. 그래서는, 동물대로 있어서는, 속죄고 신생新生이고 어림도 없습니다. 내 속에 있는 짐승을 잡아야 제사가 됩니다. 잡는 것은 내가 해야 합니다. 예수께서 "생명을 잃는 자는 얻는다" "자기를 이기고 제 십자가를 지고 나를 따르라" "부모와 형제와 처자와 있는 모든 것을 다 버리고 나를 따르라" 하시기도 했고, "네 맘을 다하고 뜻을 다하고 성품을 다해 주 너희 하나님을 사랑하고" "이웃 사랑하기를 네 몸과 같이 하라" 하시지만, 그 두 말씀은 서로 다른 말입니다. 하나는 일체 부정이고, 하나는 일체 긍정입니다. 그러나 이것은 둘이 아니요, 한 말씀입니다.

이 두 말씀을 하나로 듣는 사람이 바로 들은 사람입니다. 버리는 것은 철저히 완전을 기하고 살아야만 될 수 있는 일입니다. 다하지 않고 내버린 것은 게을리함이요, 잊어버림이요, 업신여김입니다.

인생을 게을리하고 잊어버리고 업신여기면, 그것이 버려지긴 고사하고, 그것이 바짝 달라붙어 나를 가두는 지옥이 되어 털끝만치도 갚기 전엔 그 속에서 빠져나올 수 없어 영원한 고통을 당하지 않으면 안 됩니다. 지옥이란 다른 게 아니고 다하지 않은 책임입니다.

그런데 버린다는 말을 그대로 곧이들어서 잘못하는 사람이 얼마나 많습니까? 우리 자신들도 그것이 아닙니까? 예수는 결코 인생 면제를 해준 이가 아닙니다. 우리에게 짐을 지우신 이지. 지워주시고 질 수 있게 해주신 것이지. 베드로, 바울이 그리스도의 남은 고난을 몸에 채우는 것이 기쁨이라 했은즉, 예수는 우리에게 짐을 남겨두고 가신 이입니다. 남겨두고 간 그리스도의 남은 고난이란 무엇입니까? 세상의 죄를 제거한다는 그리스도가 짐을 남길 리 없습니다. 그것은 곧 인생, 자기의 고난입니다. 자기 것인데 그것을 그리스도가 지고 남은 것으로 받아 지게 되는 데, 새 생명의 비밀이 있습니다. 예수의 인격이 내게까지 연장됐습니다.

내가 예수에게까지 갔습니다. 생명의 교류입니다. 예수가 나를 대신했다면, 내가 또 예수를 대신하지 않으면 안 됩니다. 이것을 동차원적이라겠는지 이차원적이라겠는지, 동질이라겠는지 이질이라겠는지, 평면이라겠는지 입체라겠는지, 그것은 기분대로 표시해서 할 말이지만, 어쨌거나 이 사실이 있는 것은, 그리스도가 내 것을 지고 내가 그리스도의 것을 지는 이 사실이 있는 것은 설명 여하로 이동될 수 없는 사실입니다.

이것이 하나 아니고 무엇입니까? 하나란 것은 일단 높아진 것을 말하는 것입니다. 교류로 인해서 새 생명이 나왔습니다. 교만인지 외복畏服인지 나는 모릅니다. 기쁨인지 슬픔인지 나는 모릅니다. 그것이 지나간 후에는 내가 이러구저러구 말을 할 것이나, 그 시간엔 그저 내가 살았을 뿐입니다. 난지 누군지 모르는 생명이 살았습니다.

그런데 교만은 누구를 향해 교만하겠습니까? 그 생각을 할수록 나는 점점 내 할 것을 하고 싶습니다. 나는 그전에 십자가 지잔 생각은 아니 하고 골고다 십자가 밑에서 정성이나 있는 듯이, 감격이나 한 듯이, 울던 내가 밉고 어리석어 보일 뿐입니다. 그때에 운 것은 '그저'라는 것이 좋아서 한 것입니다. 그것은 어릴 때의 일입니다. 거지 근성이 남아 있습니다. 자란 맘은, 그저 받은 줄 알면, 그저 줄 생각이 나는 것입니다. 십자가를 정말 믿는 것은 십자가를 지는 일입니다. 예수는 우리에게 십자가 지우셨지 면제해주지 않았습니다.

인격은 인격을 발휘해야만 버려집니다. 인간성은 고갈을 시켜야 끊어집니다. 이성은 완전히 사용해야만 물러섭니다. 그것이 정말 인간의 파산이요, 인격의 손기損棄요, 이성의 항복이요, 죽음입니다. 자살은 죽음이 아니요, 생각으로 하는 인생 포기는 사치입니다. 나는 인생을 소모시키지 않고, 죄가 화장火葬된다는 것을 알 수가 없습니다. 화장하는 불은 생명입니다. 생명만이 불길입니다.

나 없이 생명은 없습니다. 죄란 인격의 자주성을 완전히 발휘해야만 없어질 것입니다. 자유를 완전히 행하는 아들에게 순종이 있지, 자유권을 내버리는 종에게는 비굴이 있지, 순종이 아닙니다. 나는 내 생각으로 인생을 바치자는 게 아니라, 내 노릇 하라 보낸 나를 완전히 내 노릇을 하자 힘쓰고 애써 인생을 갈진渴盡, 소모시켜 어쩔 수 없는 사실로 바치잔 것입니다. 그러기 전엔 거짓이니깐. 잘못해서 탕자가 될지는 몰라도, 아버지가 내게 주시는 분깃을 받아서 내 노릇을 해보자 힘써보고 싶습니다. 나는 순종하는 체하면서도 그 실實 아버지도 동생도 모르는 맏아들이 되고 싶지는 않습니다. 내가 잘못하더라도 그것이 제구실을 하려다가 된 것인 줄 아는 아버지가, 내 맘을 알아주실 줄 믿습니다.

나는 안심을 얻잔 종교, 위로를 얻잔 종교가 싫습니다. 그것은 어릴 적의 일입니다. 이젠 법열法悅이 아니 와도, 위로를 못 얻어도, 일생 불안해도, 아버지에 대해 마땅히 할 의무를 다 했으면, 다 하려고 노력했으면, 노력을 하다가 아무것도 못 이루고 죽더라도 했으면 좋겠다는 것입니다. 그것이 지금 나의 종교입니다. 복의 종교가 아니고 노력의 종교입니다. 안식의 종교가 아니고 삶의 종교입니다. 올라가는 종교입니다. 그러면 그저 올라가고 올라가는 그것이 곧 위로요,

안식이요, 상급 아니겠습니까?

　내게는 인격적으로 자주함이 신뢰요 순종이지, '그저' 있는 것은 신앙이 아닙니다. 같은 말이지만 구원 구원, 하기보다는 더 자라고 자라기를 말하고 싶습니다. 인간이 앞으로는 상벌이나 생사에 매여 있는 종교에서 더 나아가, 그저 영원히 살아 올라가는 속에 하늘나라를 보는 종교를 가지게 되리라고 믿습니다. 이것이 기성 신앙의 입장에서 보면 교만처럼 보일 것입니다.

　그러나 아닙니다. 인본주의 같으나 아닙니다. 하나님의 장막이 사람들과 함께 있다 한 그대로, 앞날의 종교는 점점 더 인적人的이 될 것입니다. 하나님은 점점 더 인간 안에서 일하실 것입니다. 기적보다는 자각이 더 많아질 것입니다. 제사보다는 더욱더 평민의 종교가 되고, 제도보다는 더 생활의 종교가 될 것입니다. 이 말이 기성 신앙에 교만처럼 들린다 해도, 할 수 없습니다. 언제나 새 시대의 혁명군은 낡은 시대의 지도자 눈엔 건방진 자식으로 뵈는 것입니다.

　우리가 우리 자신에 대해 날카로운 비판의 칼을 넣어야 합니다. 나는 스스로 생각하매, 무교회 신앙을 가진다는 사람들이 자기비판을 하는 데 퍽 약하지 않은가 합니다. 다시 말하면 우리가 늙고 있단 말입니다. 본래 그것이 프로테스트라는 항의하는 정신에서 나온 것이기 때문에, 교회의 경화硬化를 책망하기에 급하고 자기 자신이 변화되어가고 있는 것에는 주의를 기울이지 못한 게 아닌가 합니다.

　그러나 모든 해방군은 다 그만 압박자로 늙었습니다. 늙음은 타락입니다. 우리 자신이 그 인간의 하나님을 잊어서는 아니 됩니다. 우리가 프로테스트를 한 것은 형식화된, 사업화된 교회에 대해서였습니다. '믿음으로만'이 그 표어입니다. 그러나 언제나 장점이 단점으로, 무교회의 약점도 신앙만이라는 거기에 숨어 자라게 됐습니다. 『성경』 연구를 하는 것이 좋고, 높은 이상을 말하는 것이 좋고, 절대 신뢰하는 태도를 고조하는 것은 마땅히 옳은 일입니다.

　그 대신 실천하자는 정신이 부족하고, 잘못하면 인생을 높은 탑에서 내려다보려는 경향이 있고, 심하면 남이 하는 실천적인 태도를 행동주의·사업주의에 떨어져서 신앙에 반대나 되는 것처럼 보려는 버릇이 있는 것은 아니라 할 수 없는 사실입니다.

그런데 무교회 신앙이 일어나던 때와 지금과는 시대가 다르고, 일본과 우리는 또 사정이 다릅니다. 그런데 제자가 선생만 못하다고, 선생에게서 받던 그 체 밖을 나가기란 대단히 어렵습니다. 그래 모든 신앙운동은 다 늙어버립니다. 나는 이 점을 잘 생각해 늙어버리는 데 빠지지 말자는 것입니다.

바울도 지나가고 루터도 지나가고, 우치무라도 지나갑니다. 거기 주저앉아서는 안 됩니다. 새것을 우리가 지금 받은 것이 없어도 괜찮습니다. 적어도 새것이 올 거라는 예기 속에 그것을 기다리는 기도를 하잔 것입니다. 말하는 것이 선생님께서 듣던 것과 좀 다르면 곧 큰일난 것처럼, 아는 것은 선생에게 붙잡힌 것이지 자유로운 생명의 신앙이 아닙니다. 얼마든지 새 말씀이 나올 것입니다. 속죄에 대해 전에 아니 하던 말을 하게 된 것은 그러한 심경에서 나온 것입니다.

어떤 사상이나 정신이나 신앙도, 실지 인생에서 유리해서, 인생을 관념적으로 대해서 자라나갈 수는 없습니다. 종교야말로 파수꾼 아니야요? 자지 않는 눈을 가져야 하고, 따뜻한 심정을 가져야 낡기를 면할 것입니다. 우리가 찹니다. 차서 뚫린 것이 있습니다. 그러나 생은 따뜻한 것입니다. 내 손이 휩니다. 내가 벗어버린 껍질인 교회는 도리어 문제가 아니 됩니다. 굳어가는 나 자신이 문제지. 진실을 다 하자는 힘씀 없이 하나되잔 노력은 없이 생각으로만, 책 안에서만 인격 포기를 하고 있는, 또는 그렇게 하자고 주장하는 나 자신이 밉습니다. 내맡긴단 말은 우리가 제일 많이 할 것이야요. 옳기야 옳은 말이지만, 인생을 내맡겨서 어떻게 할 것입니까? 내맡기다니 뉘에게 맡기는 것입니까? '하나님께'라고 그러겠지요.

그렇습니다. 그러나 거기도 위에서 말한 것같이 모순이 있습니다. 하나님은 우리의 짐을 맡는 용달사는 아닙니다. 진리는 중심이 둘이

어서 타원형이란 것은 우치무라 선생의 말씀입니다. 여기도 중심이 둘입니다. 내맡기는 것도 진리지만 내맡길 수 없는 것도 진리입니다. 하나님이 중심이지만, 나도 한 중심입니다.

인생이란 하나님이 살아보라고 내보내신 것입니다. 살아라 하는 명령입니다. 그리하여 상대계에 살 만한 자유를 주셨습니다. 그러면 힘껏 살아보여 드리는 것이 옳은 일입니다. 그런데 받자마자 도로 하나님께 "나는 살 수 없습니다" 하고 돌려버리면 어떻게 합니까? 그것은 순종이 아니라 불순이요, 참이 아니라 하나님을 거짓말쟁이로 만드는 일이지요. 그러면 내맡긴다는 것은 인생을 살지 않고 손을 묶고 앉는다는 말은 아닐 것입니다. 그것은 살라는 명령의 한개 변형일 것입니다.

그리하여 내가 보기엔 인생을 힘껏 진실히 자유롭게 사는 것이 곧 하나님한테 내맡기는 일입니다. 맡기는 것은 내 생사, 내 영을 맡기는 것이지 내 일을 맡기는 것은 아닙니다. 아들은 내맡기기 때문에 맘대로 뛰놉니다. 종의 자식은 아버지로 믿지 못하기 때문에 맘대로 동작을 못 하고 가만 앉았습니다. 이제 우리 신앙이 우리로 하여금 인생으로서 자유로 활동하는 것이 무섭게 생각되게 하는 것이 있다면, 그것은 잘못된 신앙입니다. 나는 여기에 우리가 반성할 점이 있다 봅니다. 아마 우리 친구들에게도 나의 이런 말이 불순인 것처럼 들릴는지 모르겠습니다.

그러나 불순이 아닙니다, 충실이지. 하나님이 다 해주시는 이라면 나를 이 세상에 냈을 리가 없어요. 그리고 인류 역사가 이렇게 파란 곡절을 지을 리도 없습니다. 어디까지나 우리더러 해보라는 것이기 때문에 이런 것입니다. 책임 전가는 믿음이 아닙니다. 믿음은 내가 할 수 있는 윤리적인 책임을 완전을 기하고 진실히 하고, 그담에 그 위에 있는 영적인 지경에 미칠 때 그것을 내맡기는 것입니다. 제단을 쌓아야 제물을 드리지 않아요? 윤리적인 것으로 쌓는 제단을 쌓아야 제물을 드리지 않아요? 윤리적인 것으로 쌓는 제단에 선 자만이 그

다음에 해야 하는 비약을 위해 하나님한테 내맡기고 일대 모험을 할 것입니다.

동물에게 복음이란 없습니다. 내맡기는 것으로 하면 본능에 사는 동물이야말로 참 완전히 내맡기는 것이라 하겠지만, 그것이 믿음은 아니지요. 예수께서 "공중에 나는 새를 보라……. 들에 백합꽃을 보라……" 하셨다고, 농업·공업을 그만둬버리지는 않지요. 염려 말라 하셨지, '그저' 살아라 하시지는 않았습니다. 정말 직업을 그만두고 그저 사는 전도자도 있습니다만, 그것은 하나님을 믿어서 된 것이 아니고 자본주의를 믿어서 된 것입니다. "하나님의 은혜로 그저 어떻게 되는 건지 모르고 살아갑니다" 하고 얼굴에 웃음을 띠고 말을 하지만, 사실 저는 맘몬의 봉급으로 산 것이고, 맘몬에 감사하고 있는 것입니다.

개인적으로는 일 아니 하고 살 수도 있습니다. 그러나 전체로는 이마에 땀 흘려야 사람 노릇을 하게 생긴 것이고, 나 개인으로는 인생 수고에서 면제가 되면 될수록 '하나되는' 믿음을 가지지 않으면 한 개 기계요 기생충이지 사람이 아닙니다. 극도로 분업화한 인류를 구원하기 위해 하나되는 신앙은 필요합니다. 나는 지금 나 자신을 들여다보면서 하는 말입니다.

말하기 참 어렵습니다. 말로 할 때가 다 좋지 않아요? '내맡긴다'는 것도, '그저'란 것도, '죽는다'는 것도, '비약하다'는 것도, '하나된다'는 것도 다 좋고, 다 눈물 나는 말입니다. 기도를 하고 설교를 할 때는 다 된 것 같습니다. 의의擬議 있을 것이 없습니다. 그저 '아멘'입니다.

그러나 한번 그 말을 그만두고 고개를 번쩍 들어 실세계를 내다볼 때 어떻습니까? 딴 세계가 열리지 않아요? 그때는 모든 말이 쑥 들어가버리고 무겁고도 답답한 공기가 핑 돌아 모든 입이 다 잠잠해지지요. 순복음 신앙자도 거기서는 마찬가지 아니야요? 우리가 다 일종의 약속 밑에 말의 세계에서 믿고 있습니다.

초대 신자들은 세상에 내놓고 믿지 못하고 카타콤베에서 모였습니다. 그때 로마 제국에는 세계 밑에 또 딴 세계가 있었습니다. 오늘 우리 종교는 지하가 아니고 공중에 떠 있는 세계입니다. 이중으로 된 점은 같으나 그 성질이 다릅니다. 저는 이 세계를 버리고 들어간 세계 밑의 세계였고, 이는 이 세계를 누리는 세계 위의 세계입니다.

거기에 초대 신자와 우리와 신앙이 다른 것이 드러나 있습니다. 그들은 왜 세계 밑의 세계를 택했나? 실實, 참 때문입니다. 참말로 믿으려니깐 믿는 것은 노름도 취미도 사상도 아니요, 진짜 사는 일이니깐 세계의 밑으로 들어갈 수밖에 없었습니다. 거기서는 지상에 올라가서는 가지각색의 가지와 꽃이 되는 것이 다 하나로 뿌리로 되어 있는 곳입니다. 그렇기 때문에 그 밑의 세계가 자라서 쑥 올라오는 날, 장중한 듯하던 로마 건축이 우루루 다 무너졌습니다.

오늘의 기독교는 그와 반대입니다. 저들은 이 세계 위에 그 자리를 택했습니다. 이 세계를 버리기 싫기 때문에 그 위에 화려경청華麗輕淸한 또 한 층의 세계를 지었습니다. 저들이야말로 공중에 권세 잡은 자입니다. 말의 세계는 공중의 세계입니다. 말의 성전은 돌로 된 예루살렘 성전보다도 더 아름답습니다. 이것은 카타콤베처럼 이 세계를 버린 것이 아니고 이 세계를 토대로 하고 거기서 뽑아내고 붙여 올린 것입니다.

그러나 모든 말은 이 세계의 말입니다. 그렇기 때문에 공중에서 말을 할 때는 다 된 것 같은데 아무래도 그것은 공중누각입니다. 그 어떤 신선이라도 마침내 지상에 내려와야 합니다. 그렇기 때문에 어떤 정제된 교리의 종교도 마침내 실 인생의 문제에 부대끼지 않을 수 없고, 부대끼는 날은 여지없이 무너지는 것입니다. 산 돌인 그리스도는 공중에 떠 있지 않고 밑에, 우리 중 가장 낮은 자 속에 있습니다. 순복음 신앙이라 하는 신앙도 실 인생의 문제에 어떻게 힘이 없다는 것을 우리 눈으로, 눈으로가 아니라 우리 몸으로 잘 알고 있지 않습니까?

왜 그런가? 문제는 이 세계를 버리는 데 있는데, 어떻게 하는 것이

버리는 거냐? 세계를 버리고 공중에 올라가 말의 세계에 들 때 그것은 이 세계를 버린 것입니다. 그러나 그 버림으로 버린 버림, 또는 떠남으로 버린 버림은 참 버림이 못 됐습니다. 못 된 증거는 일시 떠 있다가도 다시 착륙을 하지 않으면 안 되는 것입니다. 정말 버리는 것은 떠오름으로 될 것이 아니라, 도리어 거기 있어서 파고듦으로야 될 것입니다. 카다콤베를 파듯이 이 세계를 무시할 수 없는 것으로 두려워함으로써야, 가이사에게 돌릴 것은 돌려야 버려집니다. 그러니 말하기 어렵지 않습니까? 버려야 할 것이기 때문에 "버려라" 하는 것인데, 말대로 버리면 도리어 달라붙음이 되고 참되게 거기서 할 것을 다 해서야 도리어 버려지니, 말이란 듣기 어려운 것입니다.

그럼 우리가 알 것은 말은 말이 아니오, 삶이 말이라는 것입니다. 근본은 말씀 때문인데, 하나님의 영원한 말씀을 먹자는 것인데, 그것이 나타나는 것이 말인데, 그러나 말은 말대로 들어서 되는 것이 아니고, 바꾸어 들어야 하니 어렵습니다. '내맡김'은 '힘껏 함'이요, '그저'는 '네 마음을 다'요, '자기를 죽인다'는 것은 '자기를 살림'이요, '비약'은 '꾸준히 걸어감'입니다.

말의 세계에서 말을 듣기란 쉽습니다. 그러나 늘 변화의 산 위에 있을 수는 없고, 정말 살림은 산에서 내려와 "선생의 제자들에게 내쫓아달라 했으나 저희가 능히 하지 못하더이다" 하고 몰려드는 인간의 무리 가운데 들어가는 데 있습니다. 기도 시간의 눈물이 세상을 건지는 것은 아니고, 냉수 한 잔을 떠주는 생활이 건지는 것입니다. 그러면 "너는 네 힘으로 하려는 불신이다. 세상을 건지는 것은 네가 아니고 하나님이다. 너는 기도할 뿐이다" 하고 책망을 하는 이가 있을 것입니다.

누구를 기다릴 것 없이 나 자신 속에 그 소리가 있습니다. 그러나 구원하는 하나님의 손은 허공에 있지도 않고, 짐승에 있지도 않고, 오직 실행하는 사람의 손에만 있습니다. 우리가 바칠 것은 눈물뿐인 줄 압니다. 그러나 하나님이 불쌍히 여기시는 참 눈물은 냉수 한 잔을 떠주려다가 떠줄 힘이 없음을 스스로 경험한 자의 눈에서만 나올 것입니다. 성당에서 흐르는 눈물 성당을 더럽힐 뿐이요, 책 보다가 흐르는 눈물 책을 공연히 상할 뿐입니다.

이런 말을 하면 형제들의 귀에 많이 거슬리는 것이 있을 줄 압니다. 그러나 형제들의 귀에 아프다면 나 자신은 먼저 더 아픕니다. 이런 말을 하기 좋아서 하는 말은 아닙니다. 하지 않으면 안 되는 나는 저주를 받았는지도 모르겠습니다. 그러나 저주를 받았거나 축복을 받았거나, 누가 하든지 하기는 해야 할 말입니다. 형제들을 섭섭하게 하는 말을 할 때 나는 나 자신에게 칼을 넣는 것입니다. 제물로 잡히자는 것입니다. 제사에 참여하고 은혜를 받는 것이 좋은 줄은 나도 압니다만, 다 예복만 입고 기다리고 섰으면 언제 제사를 드려요? 새로 속죄제贖罪祭를 드릴 새해는 왔는데. 다 제사장뿐이면 어떻게 해요? 어느 놈 하나는 짐승이 돼야 하지 않아요? 무지막지한 어리석은 짐승이오. 십자가의 대속代贖으로 그저 구원 얻는다는 판박아놓은 진리에 이러구저러구 반대를 하는 것은(반대도 아니지만) 스스로 짐승이 되는 일이요, 그 짐승의 배를 갈라 속을 쪼개놓는 일입니다. 그건 왜 하나? 예복을 입고 서 있는 제사장들도 속에는 그와 마찬가지 것이 있기 때문입니다.

못 할 소리는 언제나 못난 것이 하는 법입니다. 나 스스로 못난 줄을 아니, 나는 이런 데밖에 쓸데가 없는 줄, 아니, 감히라기보다도 할 수 없이 칼을 대는 것입니다. 속에는 다 문제가 되어 있습니다. 역사적인 예수를 어떻게 믿느냐? 속죄를 어떻게 믿느냐? 현대에 나서 이것이 문제 아니 된다면 벌써 천사가 다 됐든지, 그렇지 않으면 생각 없는 바보든지 둘 중 어느 하나일 것입니다. 인생을 참으로 살아보잔 생각이 조금 있다면 반드시 이것이 문제될 것입니다. 그것은 현대가 잘못돼서만 일어나는 의문이 아닙니다. 자라기 때문에 오는 문제지. 생명은 앓는 아이 모양으로 병이 들면서도 자라는 것입니다. 이 문제는 인격적인 생명의 자람으로 인해 필연적으로 오는 문제입니다.

그런데 신자는 그런 것은 문제가 아니 되는 척하고 경건하게 있습니다. 그들은 지난해에 지낸 속죄제의 기억이 있어 그것으로 살아갑니다. 그러나 오늘 만난 이방인은 그것을 모르지 않아요? 오늘의 불신자에게는 상당한 설명을 하지 않고는 그것을 믿을 수가 없습니다. 그러면, 적어도 그들을 불쌍히 여긴다면, 양 한 마리쯤 아끼지 않고 새 제사를 드려야 할 것입니다. 말라빠진 말의 제사 설명만 말고. 누구나 제 양이야 다 아깝지요. 제 신앙이야 다 건드리고 싶지 않지요. 그러나 그것으로는, 제 신앙의 비판을 하지 않고는 세계가 죽습니다. 세계가 죽는 것을 묵은 제사의 기록을 읽으면서 안연晏然히 보고 지나갈 수 있다는 것은, 제 양심이 굳어진 증거입니다.

　믿어 구원 얻자던 것은 옛날일 것입니다. '하나'돼가는 이 세계에 세계가 구원되지 않은 내 구원이란 없습니다. 이제 내가 세계 안에 있고 세계가 내 안에 있습니다. 그런데 이 세계가 믿음에 이르기 위해서 기독교는, 그중에서도 속죄 이야기는, 새 말로 붙잡아져야 합니다.

　그럴 필요가 무어냐 하는 것은 교회당의 상좌上座에 앉은 교법사敎法師의 맘이고, 문 밖에서 들어갈까 말까 어정거리는 현대인의 심리를 모르는 말입니다. 그들의 종교는 고전화·골동화한 종교입니다. 과거에는 살았으나 지금은 죽은 종교입니다. 종교의 껍질입니다. 하나님의 뺀 백성만을 아는 것은 죽은 종교, 산 종교는 이방 마케도니아 사람의 속 부르짖음을 들어 알고 그리로 끌려가는 종교입니다. 현대의 마케도니아 사람의 소리가 있지, 없지 않습니다. 그리고 그 소리를 듣는다면 예루살렘 성전에 그냥 있을 수는 없을 것입니다.

　모든 거룩한 것, 모든 경건한 것, 우아한 것, 고상한 것, 깨끗한 것을 다 내버리고, 배로 하나님을 삼고, 음란과 방탕과 잔인 속에 짐승처럼 살고 허탄한 말, 쓸데없는 학문에 취하는, 그러나 속에는 저도 모르는 힘이 발효하는 술처럼, 설엉키는 불처럼, 소용돌이치는 물처럼, 장차 일어나면 세계를 뒤덮어 한통칠 기세로 부풀어 오르고 있어, 그 때문에 미쳐 돌아가는 이방인에게로 갈 것입니다.

내가 위에서 스스로 어리석다 하고, 못났다 하고, 짐승이 된다 했지만 그것은 성전 안에서 하는 말입니다. 이미 있는 신앙에서 하면 이것은 못 할 소리요, 교만이요, 불손이요, 불교건不敎虔이요, 불순이요, 미혹입니다. 그러나 문을 나와 이방인의 무리에 들어가면 그렇지 않습니다. 짐승같이 우물거리는, 그러나 짐승은 아닌, 답답한 심정을 가지는 그들은 내게서 자기네의 한개 동정자, 대신자를 볼 것입니다. 짐승 같다고 버리지 않고 자기네를 위해 제물로 소중히 여겨 쓸 것입니다.

그러면 밖에서 새 제사가 시작됩니다. 그것은 성전 안에서 하는 제사에 비하면 참되지 못한 것입니다. 그러나 그 힘은 안에서 하는 것에 비할 유가 아닙니다. 예배의 힘은 바치는 물건이나 읽는 경문에나 주장하는 제사장의 입은 예복에 있지 않고, 서로 알아줌으로 인해 하나되는 맘에 있기 때문입니다. 나는 생각만 해도 좋습니다.

낡은 종교와 새 종교. 하나는 어디까지 고상하고 깨끗하고 정돈되고, 하나는 어디까지 조야하고 더럽고 어수선하고. 하나는 고요한 성당에서, 하나는 허전허전한 대우주의 전당에서. 촛불도 없다 하지 마시오. 이제 동이 틀 것입니다. 저희끼리 그런다 흉보지 마시오. 이제 전체가 다 모입니다. 거룩하지 못하다 하지 마시오. 거룩은 다른 게 아니요 하나됨입니다. 몸에 붙었으면 살이고, 떨어지면 때입니다. 밖에 있을 땐 벌레요, 먹어서 내 살이 되면 귀합니다. 하나님은 하나인 님, 하나님 안에 하나되면 거룩이고 떨어지면 죄요 더러움입니다.

종교의 역사는 속화俗化의 역사입니다. 고대일수록 거룩했고 현대에 올수록 속화되었습니다. 참 거룩인 하나에 들기 위해 모든 거룩을 버려야 합니다. 이제 밖에서 지내는 제사에는 성소가 없습니다. 개신교는 벌써 거룩을 버리고 나온 것인데 아직도 거룩한 체하여 가톨릭의 흉내내려는 꼴은 차마 못 보겠고, 무교회는 거기서도 뛰어나온 것인데 무엇을 아직도 잃을 것이 있는 듯, 고수할 것이 있는 듯 기웃기웃하는 까닭을 나는 알 수가 없습니다. 무교회 형제들이 내 말에 걸려할 줄은 나는 참 몰랐습니다.

내 말이야 물론 부족하지만 말하게 되는 그 정신이야 몰라요? 무교회 정신을 내밀면 무종교입니다. 하나님이 계신 우주에 못 할 생각이 어디 있고 못 할 말이 어디 있어요? 그 대신 다 된 말이 어디 있고, 다 된 교리가 어디 있어요? 꿀 찍어먹고 난 젓가락에 개미떼가 붙어 있듯이, 골고다의 십자가 썩어져가는 밑둥에만 붙어 있을 우주역사가 아닙니다. 하나님의 말씀은 『성경』에 있지 않고, 예수는 기독교에 있지 않고, 속죄는 십자가에 있지 않고, 구원은 믿음에 있지 않고, 하나님은 하늘에 계시지 않습니다. "그럼 어떻게 됩니까" 하셔요? 어떻게 될 것이 없습니다. 있기는 무엇이 있고, 되기는 무엇이 된단 말입니까? 없습니다. 그것을 '허무주의'라 합니까. 허무가 그렇게 무섭습니까.

　믿는 자는 무서운 것이 없습니다. 허무가 싫으면 왜 무교회라 합니까. 무교회란 말이야말로 참 허무한 것입니다. 무교회라 할 때 벌써 교회를 세워놓는 것 아니야요? 악을 하지 않고는 선을 할 수 없는 세계입니다. 교회가 없다면 무교회도 없습니다. 무교회가 있다면 교회도 있습니다. 있는 것은 교회도 아니요, 무교회도 아닙니다.

　속죄란 것이 어디 있습니까? '있다'면 보여주시오! 아버지를 보여달라는데, 나를 본 자가 아버지를 본 것이라고 하시고 마는 터에, 예수를 보여줍소서 하면 어떻게 할 터요? 팔레스타인엘 갈 터인가? 하늘 위에 올라갈 수가 있는가? 역시 나를 본 자가 예수를 본 것이라 할 수밖에, 글쎄 그밖에 도리가 없지 않아요.

　나를 교만하다 마시오. 제 처지도 모르고 스스로 예수가 다 됐다고 도취하리만큼 어리석지는 않습니다. 그러나 구더기 같은 나라도 사는 이상 역시 나를 본 자가 예수를 본 것이라 할 수밖에 없지 않아요? 교만이니 겸손이니 인본人本이니 신본神本이니, 그까짓 소리 다 한가한 소리요, 배꼽 같은 데 끼우고, 거풀같이 엷은 데 가린 생각이지, 진리를 보는 맘이라면 그럴 수밖에, 그밖에 대답이 없지 않아요? 예수란 다른 것 아닙니다. 나를 본 자가 곧 예수를 본 것이요 아버지를 본 것이다 할 수 있는 그것이지, 그 정신 그 생명이지.

사람이 하나님의 뜻을 '행하려면' 이 교훈이 하나님에게서 왔는지, 내가 스스로 함인지 알리라. 너희가 내 말에 '거'하면 참 내 제자가 되고 진리를 알지니, 진리가 너희를 자유롭게 하리라.

진리는 자유롭게 하는 것입니다. 자유란 이 상대적인 몸을 두고 하신 말씀이 아닙니다. 영을 두고, 정신을 두고, 생명을 두고 하신 말씀입니다. 무엇이 '있어서' 제 맘대로 한다는 것이 아닙니다. 이 상대적인 세계를 벗어나 자유롭게 생각하고 자유롭게 말하는 그 정신이 곧 진리요 생명이란 말입니다. 하나님의 뜻을 '행하려는' 사람끼리는 못 할 말이 없습니다. 못 알아들을 말이 없습니다. 서로 반대되는 말도 없습니다. 대적이 없습니다. 의심할 것도, 성낼 것도, 싸울 것도 없습니다. 싸운다면 일체 만물, 만사, 만상萬想이 다 싸울 것입니다.

그렇기 때문에 아무것과도 싸울 것이 없습니다. 동同이 있고 이異가 있으며, 지知가 있고 부지不知가 있는 세계는 참 세계가 아닙니다. 차별의 종교, 교파의 종교는 참 종교가 아닙니다. 하나만이 계십니다. 생명은 하나요, 진리는 하나요, 그렇기 때문에 길도 하나입니다.

말로는 못 할 말을 공연히 길게 했습니다. 그래도 좋아서, 좋아서 한 말입니다.

• 1955년 10월, 『말씀』 제3호

하나님의 발길에 채여서 1

내가 길이요 진리요 생명이다

내가 퀘이커 모임의 회원이 된 이후 옛날의 신앙 친구들로부터 "왜 퀘이커가 됐느냐?" "정말 됐느냐?" 하는 질문을 종종 받습니다. 나는 그럴 때마다 싱긋이 웃고 맙니다. 옛날 중국 시인 이백李白은 다음과 같은 시구를 남겼습니다.

問汝何事栖碧山
笑而不答心自閑[1]

서울을 마다하고 두메산골에 와 사는 시인을 보고 너는 어째서 번화한 서울을 버리고 이런 궁벽한 산골에 와 사느냐 묻지만, 자기는 싱긋이 웃을 뿐이지 아무 대답을 하지 않는다. 대답 아니 하는 것은 내 마음이 스스로 한가하기 때문이다. 무엇에 끌려서 이래야겠다 저래야겠다 하는 것이 없다, 그저 그러고 싶으니 그렇게 하는 것뿐이라는 말입니다.

내 심정도 말하자면 그러하단 말입니다. 퀘이커가 됐음 어떻고 아니 됐음 어떻습니까? 문제될 것이 없습니다. 대답 아니 하는 것 혹은

---

1) 이백(李白)의 시 「산중답속인」(山中答俗人)의 한 구절.

못하는 것이 정말 내 대답입니다.

　그러나 그래도 내 그 심정을 몰라보고 계속 추궁해 묻는다면 내 대답은 "됐담 된 것이고 아니 됐담 아니 된 것이고"입니다. 됐다 할 수도 없고 아니 됐다 할 수도 없습니다. 왜냐하면 내가 "됐다" 해도 그들은 오해할 것이고 "아니 됐다" 해도 그들은 오해할 것입니다. 그렇기 때문에 나는 "됐다" 해도 거짓말쟁이가 되고 "아니 됐다" 해도 거짓말쟁이가 됩니다. 혹은 반드시 한 가지 모양으로만 나타나는 것은 아닙니다. 그런 것을 스스로 좀 아는 나이기 때문에 구태여 밝혀 설명을 하지 않습니다. 어차피 오해받게만 마련이기 때문에 받아도 좋다 하는 것입니다. 거기가 마음이 한가하다는 데입니다.

　"정말 됐느냐?" 하고 묻는 것은 됐다면 큰일이라 생각하기 때문입니다. 그러나 되기는 새삼 무엇이 됩니까? 사람들은 겉에 나타나는 현상을 보고 됐다 아니 됐다 해서 기뻐했다 슬퍼했다 하지만, 소위 된다는 것은 무엇입니까? 내가 퀘이커가 됐다 해도 내가 나 이상이 될 것 없습니다. 내가 퀘이커가 아니 됐다 해도 내가 나 이하가 될 것 없습니다. 이래도 나요, 저래도 나입니다. 내가 나이기 때문에 이렇게 할 수도 저렇게 할 수도 있습니다. 그럼 내가 나대로인데 무슨 문제가 될 것 있습니까? 나는 무엇이 돼서 된 것이 아니라, 됨이 없이 되어진 것입니다. 그러므로 소위 된다는 것이 그리 크게 문제될 것 없습니다.

　그러나 또 나는 되자는 것이지 되자는 목적과 그것을 위해 하는 힘씀이 없다면 나는 사람이 아닙니다. 되고 되고 한없이 끝없이 되자는 것이야말로 사람입니다. 돼도 돼도 참으로 될 수는 없는 것을 돼보자고 시시각각으로 기를 쓰고 애를 쓰는 것이 삶이란 것입니다. 내가 퀘이커 모임의 회원이 된 것은 사실입니다. 그러나 나는 퀘이커가 된 것은 아닙니다. 사실事實이라 하지만 사事는 결코 실實은 아닙니다. 나타나 뵈는 것이 참은 아닙니다. 도대체 퀘이커는(퀘이커만 아니라 모든 참이 다 그렇지만) 돼서 될 수 있는 것입니까? 만일 돼서 될

수 있는 것이 퀘이커라면 나는 퀘이커는 되지 않았을 것입니다. 돼서
될 수 있는 것이라면 그것은 돼서 무얼 합니까? 될 수 있는 것보다 될
수 없는 것이 참으로 문제입니다. 될 수 없기 때문에 되자고 애를 쓰
지 않으면 아니 됩니다. 될 수 없는 것이 되자고 애를 쓰는 동안에 되
어진 것이 나라는 것이요, 또 퀘이커일 것입니다.

　나는 퀘이커가 되자고 이 세상에 온 것은 아닙니다. 퀘이커만 아니
라 무엇이 되자고 온 것도 아닙니다. 종교가 나 위해 있지 내가 종교
위해 있는 것이 아닙니다. "내가 길이요, 진리요, 생명입니다"〔「요한
복음」, 14: 6〕. 예수가 길이요, 진리요, 생명이라 하면 알고도 모른 말
입니다. 옳고도 잘못입니다. 예수가 아닙니다. '나'입니다. 누구의 나
란 말입니까? 아니, 아니, 누구의 나도 아닙니다. 나의 나, 너의 나 하
는 나는 작은 나, 거짓 나입니다. 누구의 나도 아니요, 그저 "나는 나
다" 하는 그 나가 큰 나요, 참 나입니다. 그 나가 곧 길이요, 진리요,
생명입니다.

　이 나는 그 나를 위해 그 나로 인해 있습니다. 나는 그 나 안에 있습
니다. 혹은 그 나는 내 안에 있습니다. 그렇기 때문에 나는 무엇이 되
자는 것이 아닙니다. 무엇은 비록 그것이 지극히 큰 종교의 체계라
하더라도 그것이 내 목적이 될 수는 없습니다. 사람이 온 우주를 얻
고도 제 생명을 잃으면 무슨 소용이 있으리오? 나는 그저 살리시기
때문에 살았습니다. 누가 살리셨습니까? 그 자체가 살리신 것입니
다. 그가 살렸기 때문에 내가 살았고, 내가 살았기 때문에 살려고 하
고, 살려고 하기 때문에 그를 찾습니다. "찾으라, 그러면 만난다" 했
습니다. 누구를 만난다고 하지 않았습니다. 그저 만난다고 했습니다.
퀘이커들은 하나의 조직적인 운동이 되기 전에 맨 첨부터 누가 지어
준 것 없이 스스로 자기네를 '찾는 자'라고 불렀답니다마는 나도 퀘
이커의 일을 알기 전 나 스스로를 역시 찾는 자라고 했습니다.

나는 실패한 사람

왜 퀘이커가 됐느냐고. '왜'를 묻지만 왜란 것이 없습니다. 물론 생각하는 인간에 까닭이 없을 리 있습니까. 까닭을 묻는 것이야말로 사람입니다. 하지만, 까닭을 물으면 누가 능히 대답을 합니까? 또 대답할 수 있는 것이 까닭이 될 수 있습니까? 참 까닭이 되는 것, 즉 모든 물건 모든 일의 밑뿌리가 되는 것은 대답으로 보여줄 수는 없습니다. 보여줄 수 없기 때문에 바로 까닭이 됩니다. 삶의 까닭을 누가 압니까. 죽음의 까닭을 누가 압니까. 남의 삶 남의 죽음, 즉 참 죽음이 아니고 추상적인 삶·죽음의 까닭은 설명할 수 있지만 내 삶 내 죽음의 까닭은 알 수 없습니다. 그럼 그 첨이 그렇고 나중이 그런데 중간을 말해서 무엇합니까. 왜 됐느냐 물어도 소용없습니다.

그럼 까닭은 아예 묻지 말아야 합니까? 아닙니다. 아니 물을래도 아니 물을 수가 없습니다. 까닭은 있기 때문입니다. 그러나 까닭을 묻는다고 꼭 대답을 해야 하는 것은 아닙니다. 또 대답하되 반드시 말로 해야 하는 것 아닙니다. 싱긋이 웃고 대답 아니 하는 것이 참 대답 아니었습니까. 그와 마찬가지로 또 대답을 하는 것은 꼭 물어서만 하는 것이 아닙니다. 물음 없이 하는 대답이 있습니다. 대답 못 할 물음이야말로 참 물음이요, 물음 없이 하는 대답이야말로 참 대답입니다. 아닙니다, 물음으로 대답하고 대답으로 묻는 것이 참입니다. 하나님과의 대화는 그런 것입니다.

하나님의 발길에 채여

이날까지 걸어온 내 생애를 돌아보며 스스로 내린 하나의 판단이 있습니다. '나는 실패의 사람'이라는 것입니다. 이날껏 해본 일은 여러 가지입니다. 그러나 이루어놓은 것은 하나도 없습니다. 생각이 없던 어릴 적은 말할 것도 없고, 스스로 나라는 생각을 할 줄 알게 된 때부터라도 이렇게만 되자는 것은 아니었습니다.

되자던 나와 된 나와의 사이에는 너무도 거리가 있습니다. 그래서 실패의 사람이라는 것입니다. 그러나 그러는 나이면서도 또 나는 역시 나였습니다. 나 스스로 나를 버리고 싶지는 않습니다. 이상理想은 내게 반드시 없지 않습니다. 어떤 때는 어리석은 줄을 알면서도 스스로 나는 이상주의다 하기까지 합니다. 그러나 그 이상을 실지로 실현하려면 어떻게 해야 할지를 모르겠습니다. 모른다기보다도 어느 의미로는 도리어 너무 알아서라고도 할 수 있습니다. 안과 밖이 어떻게 먼 것, 나와 남 사이가 어떻게 떨어진 것, 앞이 어떻게 될 것이 너무도 빤히 뵈어 주저주저하게 됩니다. 그러노라면 주위의 사정이 나를 몰아쳐서 가야 할 데로 가고야 말게 합니다. 가놓고 보면 역시 그럴 수밖에 없었구나 하게 되지만 그것은 결코 내가 한 것이 아닙니다.

생각했던 것은 하나도 실현해본 것이 없고 나간 것은 한 발걸음도 내가 내켜 디디었다 할 수가 없습니다. 그래서 나를 "이날껏 하나님의 발길에 채여오는 사람"이라고 합니다. 퀘이커가 된 것도 아마 잘 돼서 됐다기보다는 잘못돼서 된 것이라 해야 할 것입니다. 분명히 피할 수 없는 발길에 채인 느낌이 거기 있습니다. 두려움과 화평, 슬픔과 감사, 부끄러움과 자랑 뒤섞인 것이.

까닭이 있다면 있습니다. 그러나 설명은 못 합니다. 할 필요도 없습니다. 까닭은 내 까닭이지 누구의 까닭이 될 수 없습니다. 그것은 나와 하나님 사이의 일이지 누가 알 수 있는 일이 아닙니다. 나와 너는 믿을 사이지 알 사이가 아닙니다. 믿으면 알 수 있을 것입니다. 그러나 믿기 위해 알자는 것은 거꾸로입니다. 믿음은 영혼의 지성소(至聖所: 구약 시대에 성전 또는 막 안의, 하나님이 있는 가장 거룩한 곳 - 편집자) 안에서의 일입니다. 거기는 말이 있을 수 없습니다. 침묵 속에 하는 생명의 불사름이 있을 뿐입니다. 나는 생명의 지성소 안에는 시詩조차도 없다고 합니다. 하물며 질문·설명이 있을 수 있습니까. 설명은 현상계의 일입니다. 하나님의 발길은 지성소 휘장 안에 있지 휘장 밖 현상계에 뚫고 나오지는 않습니다. 그러니 그 발길에 채인 사람이 어떻게 말이 있을 수 있습니까. 그것을 말하는 것은 죽음보다 더 부끄러운 일입니다.

나는 어려서 장난을 하다 손가락을 다쳐서 피를 내고는 싸매주려는 어머니한테 보지 말고 싸매달라고 했다고 어머니가 말해주었습니다. 내 영혼도 그럴 것입니다. 나를 발길로 차는 것도 하나님이지만 또 그는 눈을 감고 싸매주기도 합니다. 어디 보자 하고 바르집는 것은 싸맬 줄을 모르는 사람입니다.

그러나 나는 지성소에도 들어가지마는 또 이웃 속에서도 사는 인간입니다. 어떻게 말을 아니할 수 있습니까? 지성소에서 하나님의 말씀을 아니 믿으려다가 벙어리가 되어 나온 스가랴처럼, 나는 부끄럼을 무릅쓰고 서투른 시늉으로라도 내가 지난 것을 말하지 않을 수 없습니다. 그렇게 해서만 나는, 조지 폭스[2]가 말하는, "각 사람의 속에 있는 하나님의 것에 응답"할 수가 있습니다.

바닷가 감탕물 먹던 어린 시절

나는 1901년 3월 13일 평안북도 용천군의 황해 바닷가 조그만 농촌에서 태어났습니다. 그때 우리나라는 정치적·경제적으로 파산상태에 있었고 정신적으로도 극도로 타락해 있었습니다. 그런 어려운 때일수록 민중을 건져줄 종교가 필요하건만 그것이 없었습니다. 예로부터 오는 유교도 불교도 선도도 있기는 있었으나 모두 굳어진 의식, 비뚤어진 전통뿐이지 산 믿음 건전한 도덕은 하나도 없었습니다.

그러므로 사회에는 무지와 미신과 가난과 부패가 가득 차 있었습니다. 상류계급은 지위·권력·지식을 이용하여 민중을 억누르고 짜

---

2) 조지 폭스(George Fox, 1624~91): 퀘이커교 창시자. '내면으로부터의 빛'에 의한 구제를 주창하며 '진리의 빛'이라는 조직을 만들어 웨일스 등지에서 전도했다. 이 그룹들은 열광하면 몸을 마구 떨어 '퀘이커'(떠는 무리들이라는 뜻)라고 불렸다.

먹기만 일삼았고 무지·무력한 민중은 모든 것을 운명 팔자로 체념하고 자포자기에 빠져 있었습니다. 희망을 가지고 생활을 개조해보려는 의욕은 어디 가도 없었습니다. 불교는 목탁을 들고 동냥을 다니는 '중놈'으로 표시가 되었고, 유교는 고린내나는 상투의 썩은 선비로 표시되었고, 선도는 산간 주막의 요술쟁이로 표시가 되었습니다. 산엣사람은 호랑이 승냥이 때문에 떨고, 저자 사람은 보다 더 사나운 양반 벼슬아치 때문에 떨었으며, 낮에는 얼굴과 손바닥에 박혀 있는 팔자에 얽매여 우는 백성이요, 밤에는 구석마다 골짜기마다 씨글거리는 귀신에 눌려 떠는 나라였습니다.

그런데, 일반이 다 그런데 나는 이상하게도 첨부터 활발한 새 교육을 받으며 자랄 수가 있었습니다. 그 첫째 이유는 내가 났던 그 지방에 있었습니다. 본래 평안도는 한국의 '이방 갈릴리'여서 여러 백 년 두고 '상놈'이라 차별대우를 받아왔습니다. 고장으로 하면 우리나라 역사가 시작된 밑터라고 할 곳이요, 사람의 기질로도 '푸른 산 날쌘 호랑이'〔靑山猛虎〕라는 이름이 표시하듯이 조상의 옛 모습을 더 많이 물려가지고 있다고 할 것인데 이상하게도 버림을 받아왔습니다.

우리 역사에 인간 이성을 가지고 이해하기 어려운 일들이 많지만 그중에서도 모를 일은 이것입니다. 어쨌거나 그렇듯 천대받아온 곳인데 그중에서도 용천, 용천에서도 내가 났던 마을은 더 심했습니다. 그야말로 '스불론, 납달리' 같아서 '바닷가 감탕물 먹는 놈들'이라 해서 머리도 못 들고 살았습니다. 그런데 그 불행이 도리어 복이 됐습니다. 밑바닥이니만큼 그 심한 정치적 혼란의 망국 시기에도 거기는 탐낼 것이 없는 곳이니 평화가 있었습니다. 너도 나도 다 상놈이니 계급 싸움이 있을 리 없습니다.

나는 양반·상놈이란 말은 들었지만 양반도 상놈도 보지는 못했습니다. 종이 어떤 것인지 몰랐습니다. 이리해서 나는 타고난 민주주의자가 됐습니다. 한 70호 되는 마을 안에 기와집은 꼭 둘이 있었는데 하나는 우리 종가집이요, 또 하나는 서당이었습니다. 열세 살까지 나는 우리 동리 안에서 술집을 못 보았고 갈보란 것은 열다섯이 지난 후에 장거리에 가서야 보았습니다.

그러나 가난하고 업신여김을 받았으니만큼 새로워지는 데는 앞장을 섰습니다. 그것이 둘째 조건인 기독교의 들어옴입니다. 이 '죽음의 그늘진 땅에 앉은 사람들' 속에 일찍부터 '큰 빛'이 들어왔습니다. 이 무식한 마을 사람들이 얼마나 진보적이었던가를 나는 지금도 기억합니다. 내가 일곱이나 여덟 살 때라 생각합니다. 그러니 한일합방이 되기 전입니다. 마을 사람이 많이 기독교 신자가 됐는데 그들은 옛날의 '구습'舊習을 타파하기 위하여 그중 하나로 정초에 세배 온 아이들을 보고, 옛날처럼 장가를 갔답네, 아들을 봤답네 해서 축복을 하는 대신, "우리나라 독립을 했답네" 하기로 했습니다. 그러므로 이 감탕물 먹는 곳의 청소년은 난 곳의 이름이 '사자섬'이었던 것같이 가장 씩씩한 기운을 가졌습니다. 나는 그 대열 속에서 자랐습니다.

셋째는 우리 집입니다. 할아버지 할머니는 글자를 하나도 모르는 소작농이었습니다. 그러나 글은 몰라도 무식하지는 않았습니다. 농사 이치에도 밝았고 사람 사귐에도 밝았고 의리에도 밝았다고 나는 생각합니다. 러일전쟁 때 일본군 한 부대가 이 마을에 적전상륙을 했는데 마을 사람들은 그때 벌써 바닷가에 나가 손을 잡고 일자진一字陣을 쳐서 비폭력 반항을 했고, 그 군인들이 여자를 겁탈하려 들자 혼자서 몽둥이를 들고 나서 가엾은 양들을 위기일발에서 구한 것은 우리 할아버지라고 들었습니다.

아버지는 한의업을 했고 말년에는 어머니와 같이 마을에 교회와 학교를 세워 전도와 교육에 힘썼는데 나는 장성할 때까지 그들이 누구에게서나 한 마디 시비 듣는 것을 보지 못했고 우리 집안에서는 다툼소리가 난 일 없습니다. 우리 집에서는 굿을 한 일도 점을 치러 다닌 일도 없었습니다.

민족주의를 타고 온 희망의 기독교

그때 내가 받은 교육은 한마디로 하나님과 민족이라 할 수 있습니다. 우리는 그때 그것을 '신학문'이라고 했습니다. 이 신학문이 가르쳐준 '신문명'은 두 개의 얼굴을 가지는 스핑크스였습니다. 기독교와 민족주의입니다. 이것은 그때, 적어도 세속적으로는, 꼭 요구에 알맞은 것이었습니다. 그때에 서양 사람이 '은둔자의 나라'라고 부르던 이 나라는 봉건제도의 낡은 껍질을 벗고 새 시대에 들어가야 하는 때였기 때문입니다.

한국에 기독교가 빨리 번져나간 원인은 여러 가지로 설명할 수 있으나 그중에서 잊을 수 없는 하나는 그것이 민족주의를 타고 왔다는 사실입니다. 유교·불교의 썩은 웅덩이에 빠져 있던 사람들에게 영혼의 구원이라는 소식은 듣고 가만 있을 수 없는 자극을 주는 소리였지만, 일본의 압박을 물리치고 나라를 독립시키려면 그들의 선진국인 서양 여러 강국이 믿는 기독교를 믿어야 한다는 생각이 너무나도 강해서 그 때문에 교회에 들어왔던 사람이 많았습니다.

그 교회는 장로파였으므로 나는 거의 청교도적인 엄격한 신조의 교육을 받았습니다. 그것을 지금도 고맙게 생각합니다. 사실 그 썩은 망국 시기에 그러한 기독교 교육을 받은 사람들이 아니었더라면 사회적 양심은 완전히 파멸되고 말았을 것입니다. 그때에 교회는 정말 희망의 등대였습니다. 그러므로 극히 적은 수의 사람을 제하고는 기독교를 믿지 않는 사람까지도 반드시 교회에 대해 악의를 가지지 않았습니다. 그러나 그 대신 후에 끼친 폐단도 없지 않습니다.

오늘날까지도 이상하게 우리나라 기독교는 전쟁에 참여하는 것을 조금도 이상하게 생각하지 않습니다마는, 그 유래는 당초부터 기독교와 민족주의 내지 군국주의가 함께 왔던 데 있다고 해야 할 것입니다. 나는 열세 살까지, 그때 일본 사람의 간척사업회사가 들어옴으로써 이 순박한 농촌의 평화와 순결이 깨지게 될 때까지는, 지금까지 스스로 생각하기에도 순진한 기독교 소년이었습니다.

그러므로 나는 하나님을 섬기는 것과 민족과 국가를 사랑하는 것 밖에 다른 것을 생각할 수 없었습니다. 옛날같이 글공부하여 과거급 제하고 입신출세한다는 것을 나는 몰랐습니다. 학문이나 예술이란 것도 후에 가서야 생각하게 됐지 그때는 몰랐습니다. 그러나 잘못된 종교 교육이 어떻게 자라나는 마음에 해가 있다는 것도 생각하지 않을 수 없습니다. 주일을 지키지 않으면 아니 된다, 제사 음식이나 피를 먹어서는 아니 된다 해서 무섭고 걱정되던 것은 지금도 잊혀지지 않고, 부흥회를 하여 사람들이 모두 죄를 회개한다고 울고 가슴을 치고 하는데 나는 눈물도 아니 나오고 맹맹해서 괴롭던 생각, 억지로 울어보려 해도 아니 되어서 어쩔 줄 몰라 했던 것이 지금도 생생하게 기억됩니다.

그때만 아니라 장성한 다음에도 나는 남이 하는 것같이 산에 올라가 밝혀가며 기도해보려 애쓴 적도 있으나 잘 되지 않았고, 통성기도라 해서 벌집 쑤셔놓은 듯이 떠드는 것을 들으면 불안한 생각만 났고 손뼉치며 할렐루야 찬송하는 것을 보면 연극같이만 보였습니다. 아마 그런 점으로 보면 나는 타고난 천성이 퀘이커로 되어 있는지도 모릅니다.

아마 어려서 받은 충격 중에 가장 큰 것은 열 살 때 나라가 망했을 때 받은 것일 겁니다. 우리는 소학교에서부터 '대한제국 독립만세'를 부르며 나무총을 메고 군사교육을 받았습니다. 나는 행진할 때는 북을 치는 고수였습니다. 그때는 지금 같은 동화·만화는 없었고 아이들은 모여 앉으면 서로 얻어들은 민족 영웅들의 이야기를 하는 것이었습니다. 대운동회라 해서 몇십 리 안팎의 학교가 모두 모여 나팔을 불고 북 치며 연합 운동을 할 때는 정말 춤이 으쓱으쓱 나왔습니다. 먹지 않아도 기운이 났고 입은 것이 없어도 자랑스러웠습니다. 오늘에 비하면 기술적으로는 퍽 유치해도 훨씬 더 교육적이었습니다. 오늘같이 정치가 학생을 원수같이 아는 것은 꿈에도 생각 못 할 일입니다. '학도생'이라면 네 자식 내 자식의 구별이 없이 그저 눈의 동자같이 귀여워 했고 산신당의 나무같이 위했습니다. 세상이 참 달라졌습니다.

망국의 설움과 3·1운동이라는 희망

그런데 그렇게 자라나던 희망의 어린 순에 하루 아침 서리가 내렸습니다. 나라가 망했다는 것입니다. 예배당 안에 어른들이 모여들어 엉엉 울며 하나님을 부르던 광경을 나는 지금도 잊을 수 없고 이 글을 쓰는 이 순간에도 눈물을 닦아야 합니다. 그때부터 공포심이 마음을 덮게 됐습니다.

이때까지 서울서 사다가 아껴가며 읽던 교과서를 감추어야 했습니다. 순사가 와서 빼앗아가기 때문입니다. 날마다 듣는 것은 월남이 어떻게 망했다는 이야기, 일본 사람이 우리나라 노동자를 속여서 멕시코에 팔아서 우리나라 사람이 거기서 쇠사슬에 매여 밤낮 울며 짐승 대우를 받으며 일한다는 이야기, 이제 일본이 우리를 모두 화륜선에 싣고 저 태평양 복판에 가져다가 빠뜨려 죽인다는 이야기 그런 소리뿐입니다. 밤이 되어 자려고 불을 끄면 그 그림이 자꾸 눈에 보여 잘 수가 없었습니다. 그러나 믿음으로 우리는 낙망하지는 않았습니다. 예배 시간이면 누구나 으레 잊지 않고 "나라 위해 일하다가 철창에 들어가 있는 동포"와 "해외에 나가 있는 지사들"을 보호해달라 빌었습니다.

나라가 망한 뒤에는 사람들의 생각도 풀이 죽었습니다. 우리 아버지도 나를 장래에 의사로 만들기로 생각했습니다. 그러려면 일본말로 교육하는 공립학교에 가야 합니다. 나는 이때까지 사립 기독교 학교에 다니는 자존심을 꺾고 공립학교에 가야 했습니다. 현실주의가 내 천성을 억누르기 시작한 것은 이것이 처음입니다. 장거리에 가니 순진성도 깨졌습니다. 『성경』 보는 기회도 줄었습니다. 보통학교를 마치고 평양에 고등보통학교로 간즉 점점 더 달라졌습니다. 그래서 어떤 때는 기독교를 아니 믿는 척도 하고, 속으로는 그것이 가책이었고 이제는 일본의 지배를 벗어나기는 도저히 불가능하고 부득이 학문 길로나 나가는 수밖에 없다는 생각을 하게 되었습니다.

이대로 만일 갔다면 나는 의사가 됐던지 그렇지 않으면 다른 무슨 공부를 하여 일본 사람 밑에서 심부름을 하는 한편 나보다는 못한 동포를 짜먹는 구차한 지식노예가 되고 말았을 것입니다. 그러나 3·1운동이 일어나 크게 달라졌습니다. 민족의 자각운동이 일어나기 시작했습니다. 그때의 젊은이로서 그 운동의 영향을 입지 않은 사람은 아마 하나도 없을 것입니다. 운동은 물론 표면으로는 실패로 돌아갔습니다. 세계 큰 나라들의 정의감을 믿고, 일어나 만세만 부르면 독립이 될 줄 믿었던 것이, 되지 않았으니 실패라 할밖에 없습니다. 본래 그 이리떼에 정의가 있을 리가 없었습니다. 그것을 믿었던 것이 잘못이었습니다.

그러나 기대했던 독립은 비록 얻지 못하였어도 깨기 시작한 민중은 낙심하지 않았습니다. 운동은 속으로 파고들기 시작했습니다. 신문·잡지·책·강연회를 통해 문화운동이 맹렬한 형세로 일어났습니다. 그러므로 당초에는 한국 사람은 북만주로 몰아내고 사람 살 만한 이 반도 안에는 자기네 민족을 이주시키자는 소위 무단정책을 세웠던 일본이 날로 깨어가는 이 힘을 칼만으로는 누르지 못할 줄을 알고 정책을 다소 완화시켜 소위 문화정치를 하게 됐습니다. 민족의 정신은 어느 정도 올라가는 것이 있었습니다. 나도 그 영향을 입었습니다.

중학교 3학년 끝에 그 운동에 참여하고 학교를 그만두고 집에 돌아온 나는 운동이 가라앉아 학생들이 다시 제자리로 돌아가는 때에도 다시 갈 수가 없었습니다. 어제 뿌리치고 나왔던 일본 사람 앞에 다시 가서 잘못됐다고 빌고 들어가기가 차마 할 수 없어서였습니다. 그래 다시 봇짐을 싸서 집으로 돌아온 나는 수리조합의 사무원이 됐다, 마을 소학교의 선생이 됐다 하며 이태를 지나는 동안에 속이 썩을 대로 썩었습니다. 뭔지 모르는 문제 때문에 번민하기를 시작했습니다. 나는 그보다 전에 열일곱 살 때에 부모가 시키는 대로 나보다 한 살 아래인 아내와 결혼했고, 시집을 오는 날은 나는 공부에 결석하기가 싫어서 자기 혼자 우리 집으로 오라 했었는데, 이 두 해 동안 우리는 잠자리에서 같이 운 적이 많았습니다. 그래도 앞에 어떤 길이 나를 기다리고 있었는지 몰랐습니다.

참 교육의 장, 오산학교로

1921년 봄에 입학 시기도 벌써 지난 때에 가서, 아버지는 집안 형편이 어려운 줄을 알기 때문에 감히 다시 공부 계속하겠다는 말은 내지도 못하고 있는 나에게 갑자기 다시 학교에 가라는 허락을 했습니다. 준비도 아무것도 없이 서울로 올라왔으나 벌써 개학날은 다 지났고 평생에 떼쓸 줄 모르는 나는, 사무실 접수계에 가서 물어보고 안 된다면 그래도 물러나오기를 몇 학교 하다가 결국 멋없이 집으로 내려가는 수밖에 없이 됐습니다. 그때 뜻밖에 내 집안 형님이 되는 석규 목사를 만나게 됐습니다.

그는 우리 마을에서 맨 처음으로 서울 배재학당에 올라와 신학문을 공부했던 이요, 우리 마을에 기독교를 맨 처음으로 끌어들인 이요, 나를 특별히 보고 규칙으로 하면 열두 살이 되어야 서는 학습을 아홉 살에 서게 했던 사람입니다. 재주가 썩 있는 이는 아니지만 성격이 곧았습니다. 그래서 한학자인 그이 아버지가 아들을 평해서 우직愚直이라, 어리석은 것이 곧 법이라 했습니다. 그 일형一亨이 아저씨는 인물로 났던 이입니다. 그런 시골 구석에 났으면서도 글 잘 알고 글씨 명필이고 체통 크고 기백 있어 농민혁명에 지도자 노릇 했습니다. 그때 남들이 다 잠자고 있는 때에 그는 신학문을 공부시키기 위해 가산을 팔아 큰아들은 서울에, 작은아들은 일본 동경에, 사촌은 노령, 미국에 보냈습니다. 나는 글의 귀한 것을 그에게서 알았고 점잖은 것이 어떤 것임을 그에게서 보았습니다. 우리 가문이 온통 그 지방에서 민족주의 애국운동의 중심이 된 것은 주로 그의 영향이었습니다.

그 석규 목사를 뜻밖에 서울서 만났는데 내 이야기를 듣고는 그의 우직愚直식으로 여러 말 할 것 없이 정주 오산학교로 내려가자는 것입니다. 그래서 나는 늦게늦게 스물한 살에 남 같으면 대학 졸업을 할 때에 중학교 3학년엘 들어갔습니다. 사람 많은 데는 무서워서 가지도 못 하고, 어른보고 인사하고 싶은 마음은 있어도 부끄러워 못하며, 바닷가에서 자랐으면서도 물에 들어가면 돌이요, 서울에서 늙으면서도 아직도 으리으리한 상점엔 들어가 물건도 못 사는 나에게 어느 것은 하나님의 발길 아닌 것이 있으리오만, 이 오산학교에 간 것이야말로 하나님의 발길에 채여서 된 일입니다. 그때까지 오산학교 있는 줄 알지도 못했습니다. 그러나 이제부터의 내 나가는 길은 지금까지 뜻하지 않았던 곳으로 가게 됩니다.

오산학교는 남강 이승훈 선생이 세우신 학교입니다. 처음부터 이 학교는 글을 가르치기 위해, 입신출세하는 길을 닦기 위해 세운 것이 아니었습니다. 학문을 위한 것도 아니었습니다. 당시에 얻을 수 있는 학문을 앞장서서 가르치기도 했습니다마는, 그것은 보다 높은 목적을 위한 수단이었지 그 자체가 목적이 아니었습니다. 이것은 오로지 사람을 만들고 나라를 건지기 위해 세운 학교였습니다. 물론 이것은 시대의 물결에 따라서 된 것이었습니다. 남강 선생은 전 반생을 장사로 지내다가 사업에 실패한 후 평양에서 도산 안창호 선생의 연설을 듣고 깨닫는 바 있어 뜻을 결정하고 이 학교를 세워 세상을 떠날 때까지 몸과 마음을 바쳐 이것을 경영하며 교육에 힘썼습니다.

도산의 연설이 무엇입니까? 태평양을 끊고 건너오는 새 시대의 사조였습니다. 도산은 그때 민족주의·민주주의가 한창인 미국에서 돌아와 넘어지기 직전인 나라를 보고 가슴이 타서 그 연설을 한 것입니다. 시대의 부르짖음이었기 때문에 그것은 힘이 있었습니다. 그러나 시대의 대세만 가지고는 일은 되지 않습니다. 거기 반드시 인격이 있어야 참 창조적인 운동이 일어납니다. 시대를 말하면 물결 높고 바람 강한 바다 같습니다. 인격을 말하면 거기 뜨는 배입니다. 바다는 힘 있지만 그 힘은 반드시 사람을 살리기만 하는 것은 아닙니다. 죽이기도 합니다. 그 힘이 정말 사람을 살리는 힘이 되려면 튼튼하고 정밀

한 기계를 가진 배가 있어야 합니다.

시대의 바람이 어떻게 사람을 죽이고 나라를 망치나 알려면 오늘의 사회를 보십시오. 근대화라는 거센 시대 물결에 죽고 병신되는 혼은 얼마나 많으며 나라의 정신은 얼마나 망가지고 있습니까. 인격이 없기 때문입니다. 인격이 무엇입니까? 역사를 바로 이해하고 시대를 바로 이용할 줄 아는 지혜와 능력을 가진 심정입니다. 그 심정이 어디서 나옵니까? 공公에 살자는 정성에서 나옵니다. 서양을 보고 온 사람이 안창호만이 아니로되 어째서 안창호의 연설만이 감동적이었습니까? 그의 인격 때문입니다.

그러므로 오산학교가 된 것도 시대의 영향이지만 그것은 남강의 인격 아니고는 될 수 없습니다. 그것은 그때에 비 뒤에 버섯처럼 또 쓰러져버린 많은 학교의 역사가 그것을 증명합니다. 오산학교는 남강의 인격이 나타난 것이었습니다. 그렇기 때문에 단순한 학문만이 아니요, 정신이었기 때문에 그것은 힘이 있었습니다. 그는 오산학교를 경영한 것이 아니라 오산을 살았습니다. 학생을 가르친 것이 아니라 학생과 같이 자랐습니다. 선생과 학생이 조밥 된장국에 한 가족이 되어 같이 울고 웃던 창초의 그 오산학교는 그때 민족운동·문화운동·신앙운동의 산 불도가니였습니다. 그때 그 교육은 민족주의·인도주의·기독교 신앙이 한데 녹아든 정신교육이었습니다.

그가 "이승훈이 와석종신臥席終身할 줄 알았더니 이제 죽을 자리 얻었다" 하며 무릎을 치고 일어서서 동서남북으로 분주하여 3·1운동을 일으키자 일본 사람은 그를 잡아 감옥에 넣었고 학교에 불을 질렀습니다. 그러나 정신은 칼에 찍히고 불에 타는 법은 아닙니다. 정신은 불사조不死鳥입니다. 오산학교는 잿더미 속에서 다시 일어났습니다. 내가 갔던 때는 옛 모습은 거의 없었습니다. 집도 옛집이 아니고 임시로 지은 초라한 초가에 책상도 걸상도 없는 마룻바닥에 학생들이 모여 있고 선생도 옛날 선생이 아니요 새로 모아온 사람들이었습니다. 그러니 오산의 전통이 붙어 있을 데가 없었습니다. 그렇지만 그래도 그 흙 속에 냄새가 남아 있었고 뒷산 솔바람 속에 그 울림이 깃들여 있었습니다. 나는 이때까지 어디서도 맛보지 못하던 무엇이 거기 있음을 느꼈습니다. 이것이 정말 참 교육인가 했습니다.

생각하는 삶의 시작

나는 어느 사인지 모르게 이담에 의사가 되겠다는 생각을 버렸습니다. 어려서부터 국문을 배웠지만 한글의 의미를 이때까지 몰랐는데 여기서 처음으로 그것을 알기 시작했습니다. 『초등소학』初等小學 『유년필독』幼年必讀에서 을지문덕·강감찬·이순신 하는 민족의 영웅 이야기를 들었지만 이날껏 한국·한국 민중·한국 문화·한국의 마음을 생각해본 적은 없었습니다. 이제 한국의 모습이 어렴풋이 어른거리는 것 같음을 느꼈습니다. 찾기 시작했습니다. 나는 이때까지 관립학교에 다닌다고 자부하던 것이 부끄러웠습니다. 무슨 죄라도 진 것 같았습니다.

오산 2년 동안에 가장 중요한 것이 있다면 그것은 내가 '생각하는 인생'을 뒤늦게나마라도 시작한 것입니다. 생각하는 소질이 내게 없었던 것은 아닙니다. 10살이나 된 때인지 사랑에 오셨던 일형一亨이 아저씨가 일러주던 말씀에서 힌트를 얻어 사람이 하는 것 없이 썩어서는 못 쓴다는 글을 지어 바쳤더니 선생이 굉장히 칭찬을 해주던 기억이 있고, 『구약』「창세기」의 천지창조 이야기를 배웠는데 그럼 하늘 땅 있기 전엔 무엇이 있었을까? 허공일 것이다. 그럼 허공도 있기 전에 어떤 것일까 생각해도 생각해도 알 수 없어서 하다가 만 기억이 있습니다. 후에 와서 생각하면 내가 왜 더 파고들지 못했던가 하는 생각도 있지만 나는 그 정도밖에 못 되었습니다. 그래도 날뛰기보다는 생각하는 편이었는데 키워줌을 받을 기회가 별로 없었습니다. 공부를 중단하고 두 해 동안 번민할 때에 포플라에 기대고 서는 밤도 많았고 숲 속으로 바다로 지향없이 헤매던 날도 많았지만 무언지 아직 꼬집어 문제를 잡지는 못했습니다.

　그런데 이제 오산에 오니 거기 유영모[3] 선생이 교장으로 오셨습니다. 말로 하기는 어렵습니다마는 '인생'이란 생각, '생명'이란 생각, '참' 이런 것이 모두 다 그때에 시작됐습니다. 톨스토이 이야기, 노자의 이야기를 선생님에게서 첨으로 들었습니다. 일본말은 보는 때이므로 일본 책으로 로맹 롤랑[4]·베르그송·입센·블레이크 등을 깊이 알지도 못하면서 읽은 것도 이때였고 타고르의 『기탄잘리』를 보는 동시에 웰스의 『세계문화사대계』를 학생 경제에도 맞지 않게 사서 읽었습니다. 이들이 다 오늘까지 잊지 못하는 스승이요 벗이 됐습니다. 더구나 이 나중 것은 내게 큰 영향을 주어서 역사에 취미를 가지게 됐고 세계국가주의와 과학주의 사상을 가지게 했습니다.

　이 오산 시절부터 옛날같이 남을 따라서 미리 마련된 종교를 믿기보다는 좀더 깊고 참된 믿음이 있어야겠다는 생각이 시작됐습니다. 거기서 유 선생님의 영향이 크고 또 그 시대의 까닭도 있습니다. 기독교와 민족주의가 한데 든 것은 첨에는 좋은 듯했으나 나중에 그 폐단이 차차 나타났습니다. 독립의 희망이 있을 때 그것은 놀라운 형세로 올라갔지만 일본의 통치가 아주 어쩔 수 없는 것으로 굳어지면서 겉으로 보기에 어느 정도 부드러운 문화정책을 쓰게 되자 지난날의 지사志士라던 사람들이 많이 변절 타협을 하게 됐습니다. 그러는 반면 종교는 점점 현실에서는 멀어져 오는 세상주의로 굳어지기 시작했습니다. 다른 젊은이도 많이 그랬지만 나는 그것이 싫어서 교회에 차차 가기가 싫었고 점점 비판적이 되어갔습니다.

3) 유영모(柳永模, 1890~1981): 오산학교 교사와 교장을 지낸 교육자·종교인. 노자의 『도덕경』을 번역했고, 톨스토이에게 영향을 받아 무교회주의적인 입장을 취했다.
4) 로맹 롤랑(Romain Rolland, 1866~1944): 프랑스의 소설가·극작가·평론가. 대하소설의 선구인 『장 크리스토프』로 1915년 노벨 문학상을 수상했다. 평화운동에 진력하고, 국제주의 입장에서 애국주의를 비판했다. 동양사상에도 관심을 기울여 『간디전』을 발간, 비폭력과 혁명의 일치를 희구했다.

동경 유학시절과 우치무라

그러다가 1923년 봄 나는 대학 공부를 하러 일본 동경으로 갔는데 그해 9월 초하룻날 큰 지진이 일어나 동경시의 3분의 2가 하룻밤 사이에 다 타버렸습니다. 그때 일본은 전쟁 이후의 불경기에 빠져 있었는데, 이 틈을 타서 사회주의자들의 혁명이 일어날까 두려워하는 일본 제국주의자들은 민심 수습책으로 무죄한 한국 사람들을 희생시키기로 간악한 결정을 내렸습니다. 일부러 떠도는 말을 만들어 퍼뜨려서 한국 사람이 폭동을 계획하며 강도·방화를 하며 우물에 독약을 친다고 했습니다.

한일합방이 된 후 생활고에 몰리는 우리 노동자는 일본으로 많이 갔습니다. 성질이 단기短氣한 일본 민중은 그 책략에 속아 흥분했습니다. 일본도와, 대창과 몽둥이를 들고 한국 사람을 닥치는 대로 죽였습니다. 여름방학이라 학생은 많이 고향으로 돌아갔고 주로 희생된 것은 불쌍한 노동자였습니다. 못하도록 금하는 것을 우리 사람들의 손으로 조사한 것만도 5천 명에 달했습니다. 나는 한 주일 동안을 꼬박 문밖에도 못 나갔고 방 안에 있었습니다.

그 피비린내나는 회오리바람이 지나간 뒤에도 몇 달 동안은 한국 학생은 하숙을 들기도 어려웠습니다. 길가에 나가노라면 장난하는 어린이들의 놀음소리도 한국 사람 사냥을 하고 있으리만큼 살벌한 기분이었고, 학교 선생이 교실에서 한국 학생이 있는데도 내놓고 나도 조선 사람 사냥을 했노라고 자랑삼아 이야기를 했습니다.

일본은 불살생을 강조하는 불교의 나라요 동경 안에는 기독교도가 상당히 있었습니다. 상당한 신학교도 여럿 있었습니다. 나는 하룻밤을 경찰서에 잡혀가서 새고 왔습니다. 그것이 내 감옥 길의 입학식이었습니다. 하룻밤 지나고 나오기는 했지만 이제 일본 민족이란 어떤 민족인지 알았다기보다는 인간이란 어떤 것인지를 보았고, 종교도 도덕도 어떤 것인지 눈앞에 똑바로 나타났습니다.

나는 번민하기 시작했습니다. 기독교를 가지고 정말 우리 민족을 건질 수 있느냐고. 정치란 것이 이런 것일진대, 지식인·상류사회란 것이 이런 것일진대, 그 악당을 물리치는 것은 종교·도덕으론 도저히 될 수 없는 것이 분명했습니다. 나라를 해방시키려면 혁명밖에는 길이 없고 혁명을 한다면 사회주의 혁명 이외에 길이 없는 것으로 보였습니다. 민족주의 진영이 썩어가는 것을 보면 혁명은 어림도 없는 일이었습니다. 그러나 그렇다고 내 신앙을 버리고 도덕이니 인도주의니 하는 것은 전혀 무시해버리는 사회주의에 들어갈 수는 차마 없었습니다.

나는 이러지도 저러지도 못했습니다. 많은 우리나라 학생이 사회주의로 기울어져 머리를 길다랗게 기르고 스데기(지팡이-편집자)라기보다는 몽둥이를 들고 거리를 활보했습니다. 그리고 그 사회주의자들끼리는 민족의 차별 없이 일본 사람 조선 사람이 서로 동지 노릇을 하는 듯이 보였습니다. 내 친구도 나를 설득시켜 사회주의로 끌어가려고 기회만 있으면 힘을 썼습니다. 나는 오래 고민했습니다. 그러던 때에 뜻하지 못했던 빛을 만났습니다.

1924년 나는 동경고등사범학교에 들어갔습니다. 오산서 떠날 때는 한때 미술을 해볼까 하는 생각을 했던 때도 있습니다. 나는 거기 상당히 취미를 가졌었습니다. 그러나 우리나라 형편을 살펴볼 때 교육이 가장 시급하다는 생각에 교육으로 결정했었습니다. 조선 사람이라면 하숙도 잘 아니 주려 해서 얼굴도 못 들고 다니던 겨울도 지나가고, 새로 입학한 기쁨에 교회를 찾아가려 나섰던 어느 일요일, 나는 나보다 한 반 위인 김교신[5]이 우치무라의 성경연구회에 나간다는 것을 알게 됐습니다. 우치무라선생의 이름은 오산 있을 때 유 선생님에게서 이미 들어 알았습니다. 어느 날 우치무라 선생의 시를 소개해주시

5) 김교신(金敎臣, 1901~45): 동경고등사범학교를 졸업하고, 무교회주의자인 우치무라 간조에게 가르침을 받았다. 귀국 뒤 함석헌·송두용 등과 함께 『성서조선』을 창간, 교리전파와 민족혼 고취에 심혈을 기울였다.

다가 그의 유명한 백치원白痴院에서의 일화를 이야기하셨습니다.

우치무라 선생이 펜실베이니아 주 어느 백치원에 있었던 적이 있는데, 거기 아주 악질적인 백치인 대니라는 아이가 어느 일요일 잘못을 많이 저질러 규칙으로 하면 마땅히 저녁 아니 주는 벌을 세워야 했으나, 거룩한 날에 차마 그리할 수 없음을 생각해 선생 밥을 대신 그에게 주고 자기는 굶었다고 합니다. 그것이 그 백치원의 전 학생을 감동시켰고 할 수 없던 대니로 하여금 해가 가도 아니 잊고 "그는 위대한 사람입니다" 하게 했다는 것이었는데, 나도 그것을 듣고 감명 깊어 잊지 못했습니다. 그러나 그때는 그가 살아 있는 인물인지 아닌지도 몰랐습니다.

그 우치무라가 살아 있어 『성경』 강의를 하고 있다는 이야기를 들었을 때의 나의 놀람, 또 기쁨! 물론 위대하다고만 들었지 그의 신앙사상이 어떤 것인지는 알지도 못했고, 다만 존경하는 선생님이 소개해주신고로 무조건 믿고 존경하는 것이었습니다. 그래서 그 후 곧 김교신의 소개로 그 모임에 나가게 됐습니다.

세상에서는 그를 무교회주의라고 했습니다. 그는 홋카이도 대학 출신으로 저 "얘들아 야심을 가져라"Boys be ambitious로 유명한 윌리엄 클라크William S. Clark의 영향으로 기독교 신자가 된 사람입니다. 미국 앰허스트 대학에서 신학공부를 한 일이 있었고, 그의 『나는 어떻게 크리스천이 됐는가』 하는 책은 여러 나라 말로 번역이 되었습니다. 일본으로 돌아와서 처음에는 교회에서 일도 했으나 강직한 사무라이 기질에 자유독립의 정신이 강했던 그는 교회 안에 있는 형식과 거짓에 견딜 수 없어서 뛰쳐나와 독립 전도를 시작했는데, 교회 아니고도 믿을 수 있다 한다고 해서 무교회란 이름이 붙었습니다. 아무 형식·의식 없이 단순히 모여서 하는 예배인데, 그 특색은 『성경』을 중심으로 삼고 십자가에 의한 속죄를 강조하는 아주 전통적인 신앙인데 있습니다.

한때는 신문기자로 이름을 날린 일도 있고 천황의 칙어에 대해 경례를 정중히 하지 않았다 해서 국적으로 몰렸던 일도 있습니다. 저서도 꽤 많고 지금 일본의 정신적 지도층에 그의 제자가 많아 우리나라에서도 표면으로 무교회라고 시비는 하면서도 그의 책을 읽는 사람은 상당히 많습니다.

내가 처음으로 갔던 날 그는 「예레미야」 강의를 하고 있었습니다. 본래 애국심이 강한 그는 "이것이 참말 애국이다" 하면서 신앙을 강조하고 있었습니다. 당장 그 자리에서라고는 할 수 없으나 나는 지금도 그날의 인상을 잊지 못하며 계속해나가는 동안 오랜 번민이 해결되고 나는 아주 크리스천으로 서서 나갈 것을 결심했습니다. 신앙이란 이런 것이다, 『성경』이란 이렇게 읽을 것이다 하는 확신이 생겼습니다. 나는 이따금은 우리가 일본에게 36년간 종살이를 했더라도, 적어도 내게는, 우치무라 하나만을 가지고도 바꾸고 남음이 있다고 생각하기도 합니다.

고난의 역사가 영광의 역사 될 수는 없겠느냐

동경고등사범을 졸업하고 곧 오산에 돌아와 선생 노릇을 시작해서 1938년 봄 그만둘 때까지 만 10년을 있었는데 그때가 내 인생에서 황금시대라 할 만한 시절입니다. 취임하는 날 나는 「요한복음」 10장의 선한 목자의 구절을 읽고 시작했습니다. 있는 정성을 다 붓고 싶은 생각에서였습니다. 그러나 몇 날이 못 되어 나는 역사 교사가 된 것을 후회했습니다. 소위 역사란 것은 온통 거짓말이기 때문입니다. 우리 역사를 정직하게 볼 때 비참과 부끄럼의 연속인 것을 부인할 수 없는데 그것을 어떻게 가르쳐야 옳은가 하는 생각에서였습니다. 사실대로 말하자니 어린 마음에 자멸감·자포심만 날 터이요, 남이 하는 식대로 과장하고 꾸미자니 양심이 허락치 않고, 나는 이럴 수도 저럴 수도 없었습니다. 나는 생각하고 생각했습니다.

내게 버리지 못할 것이 셋이 있었습니다. 첫째는 민족이요, 둘째는 신앙이요, 셋째는 과학입니다. 민족 없이는 나 없으니 나는 민족적 전통을 지킬 의무가 있습니다. 하나님을 믿으니 내 신앙적 양심을 짓밟을 수 없습니다. 나는 또 현대인으로서 실험을 토대로 하는 과학을 존중하지 않을 수 없습니다. 신앙이나 민족 전통을 위해 과학적 진리를 구부리는 것은 비겁한 일로 보였습니다. 사사 생각 없이 진리 그 자체를 위해서 연구에 몰두한 과학자가 낡은 전통이나 교회 신조에 복종하지 않았다는 이유로 만일 지옥엘 가야 한다면 나는 그까짓 종교나 민족은 버려도 좋다고까지 생각했습니다. 그러니 그 세 가지 조건을 다 만족시키면서 어떻게 하면 역사 교육을 할 수 있을까? 나를 가르쳐줄 이는 아무도 없었습니다. 나 스스로 해결해야 했습니다.

그런데 어떤 날 어떻게 된 것인지도 모르게 문득 이런 생각이 떠올랐습니다. "고난의 메시아가 만일 영광의 메시아라면 고난의 역사가 영광의 역사 될 수는 어찌 없겠느냐?" 나는 십자가의 원리를 민족에 적용하기로 했습니다. 그러고 보니 십자가의 의미는 훨씬 더 깊어지고 커지는 것 같았습니다. 그래서 사건마다에서 전체에 대한 의미를 찾아보기로 했습니다. 그리고 다시 용기를 얻어 교수를 계속 했습니다. 그렇게 해서 나온 것이 나의『고난의 역사』입니다. 나는 우리 역사의 기조基調를 고난으로 잡고 그 견지에서 모든 사건을 해석해보기로 했습니다.

우치무라의 영향을 벗어나서

우치무라 모임에 다닐 때 한국 학생이 여섯 사람이 있었습니다. 그래서 여섯이 선생의 모임 후에는 우리끼리 또 모여서 우리말로『성경』을 읽고 기도하는 모임을 시작했습니다. 그것이 몇 해 계속되다가 다들 졸업을 하고 본국으로 나오게 되려 할 때에 여섯이 의논하고 동인제의 잡지를 내기로 했습니다. 이름은『성서조선』聖書朝鮮이라고 했습니다. 여섯이 다 귀국한 후 첨에는 경비와 글을 분담해가면서 내다가 나중에는 김교신이 전담하여 거의 개인 잡지처럼 됐습니다. 중학교 선생 노릇을 하면서 한 것이지만 김은 본업보다 부업이 더 크다고 하면서 전력을 기울여서 했습니다. 나중에 일본 관헌에게 발행금지를 당하고야 말았습니다.

오산 10년 동안 나는 대체로 십자가 중심 신앙에 충실한 무교회 신자였습니다. 그러나 차차 변동이 오기 시작했습니다. 본래 여섯이 신앙동지였을 때 우리는 다 교파적인 것을 싫어하여 무교회주의란 말도 잘 쓰려 하지 않았습니다. 그러나 무교회도 어느덧 자기 주장을 너무 하여 하나의 교파 아닌 교파가 되어가는 경향이 있었습니다. 다른 사람은 어쨌는지 적어도 내게는 그렇게 느껴졌습니다. 나는 그것이 싫었습니다. 우리는 아니 그러노라고 해도 밖으로부터 '신앙교만이라, 고답주의高踏主義라' 하는 평을 받는 일이 있었습니다. 또 차차 사람 수가 늘어감에 따라 그중에는 우치무라를 존경하는 나머지 아주 그 숭배자가 되어버리는 경향이 있었습니다. 나는 거기 반동을 느꼈습니다. 나는 내가 그러고 싶지 않은 것은 물론 남이 그러는 꼴을 보아도 견딜 수가 없습니다.

나는 차차 의식적으로 선생 모방을 피하고 나는 나대로 서는 자리에 가려고 힘을 썼습니다. 첨에는 모임의 형식, 예배 절차,『성경』해석하는 태도, 회비 받는 주머니의 모양까지도 우치무라 식을 본땄는데, 하는 줄도 모르게 그렇게 했는데, 후에 가서 생각해보니 도무지 사람답지 못한 것 같았습니다. 그래서 선생의 책을 참고하는 태도조차도 고쳤습니다. 덮어놓고 참고하기를 그만두고,『성경』본문을 놓고 씨름을 하여서 일단 내 생각의 초점이 잡힌 후에야 그 책을 열기로 했습니다.『성경』해석의 참 맛을 조금 알고 어느 정도 확신이 서기 시작한 것은 그 후부터였습니다. 그러고 나면 "나는 모든 것에 있어서 우치무라가 표준이다" 하는 사람보다는 나 자신이 선생에 더 친근하다는 자신이 생겼습니다.

또 한편 독서의 범위를 넓혀가도록 힘썼습니다. 언젠가 우치무라 선생이 자기 제자들보고 "자네들은 밤낮 『성서』 『성서』, 하기만 하지만 나처럼 이렇게 넓게 보지 않으면 안 돼" 하던 말이 늘 잊혀지지 않았습니다. 사실 그는 넓게 독서하는 분이었습니다. 그러므로 그의 『성경』 해석은 깊이가 있었습니다. 기독교에 말라붙는 사람은 기독교도 깊이 모르고 말며, 『성경』에 목을 매는 사람은 『성경』도 바로 알지 못하고 맙니다.

그러노라니 의문이 차차 생겼습니다. 전에는 문제 없는 것 같던 것들이 문제가 됐습니다. 그중 중요한 것을 말한다면 그 하나는 나도 자주하는 인격을 가지는 이상 어떻게 역사적 인간인 예수를 신앙의 대상으로 삼고 "주여!" 할 수 있느냐 하는 것입니다. 그담은 자유의지를 가지는 도덕 인간에게 대속代贖은 어떻게 이루어지는 것이냐 하는 것입니다.

복음주의 신앙의 대답을 몰라서가 아닙니다. 그전에 선생이 해주었던 말을 잊어서가 아닙니다. 다 알고 있습니다. 알고 있지만 내 마음이 달라졌습니다. 거기 아무래도 논리의 비약이 있는 것 같습니다. 깊은 체험보다는 감상의 도취인 것같이 뵈는 것이 있었습니다. 사실과 상징을 혼동하는 것이 있다고 보았습니다. 자기를 완전히 부정한다느니, 그리스도에게 완전히 항복한다느니, 자기가 죽는다느니, 완전히 새로 났다느니, 하는 말을 지금도 모르는 것 아닙니다. 그렇지만 어딘지 거기 서로 분명치 않으면서도 서로 묻지 않기로 말없이 약속한 묵계가 있어 슬쩍슬쩍 넘어가는 것 같은 것이 있습니다.

감정형으로 된 사람들은 감격한 나머지 그대로 넘어갈 수가 있겠지만 파고드는 사색형의 사람에겐 그것만으로 아니 됩니다. 그러면 사색하는 것은 신앙적 태도가 아니라고 정죄합니까? 그렇다면 가장 좋은 신앙은 아무것도 비판할 줄 모르는 어린이의 것일 것입니다. 체험은 이성 이상이지만, 모든 체험은 반드시 이성으로 해석이 돼야 합니다. 해석 못 된 체험은 소용이 없습니다. 사람은 이 세계에서는 행동하는 도덕 인간인데 이성에 의한 해석으로 파악되지 않고는 실천이 될 수는 없기 때문입니다. 해석을 거부하는 신비주의는 모두 미신에 떨어져버리고 맙니다.

남은 모르지만 나는 대속은 이해할 수가 없었습니다. 대속이란 말은 인격의 자주가 없던 노예시대에 한 말입니다. 대신은 못하는 것이 인격입니다. 그러므로 인격 없는 자에게는 대속이란 말이 고맙게 들릴 것이나 자유하는 인격에는 대신해주겠다는 것이 도리어 모욕으로 들릴 것입니다.

대속이 되려면 예수와 내가 딴 인격이 아니란 체험엘 들어가고야 됩니다. 그러면 그것은 벌써 역사적 예수가 아닙니다. 그런데 대속을 감정적으로 강조하면 그 체험에 들어감이 없이 대신해주었다는 감정에만 그치기 때문에 인격의 개변이 못 일어나고 맙니다. 그렇기 때문에 대속에 감격하는 사람은 대개는 인격의 개변, 곧 죄의 소멸은 없이 그저 기분으로만 감사하다 하고 있는 것입니다. 그렇기 때문에 사실에 있어서 그러한 감상적인 대속 신앙은 아무 실효가 없습니다.

대속이 참 대속이면 지난날의 진 빚을 물어주는 것만이 아니라, 앞으로 빚을 아니 질 능력 곧 새 인격을 주어야 할 터인데, 죄를 아니 짓게 돼야 할 터인데, 실지에 있어서 그런 사람 없습니다. 그러므로 그것은 하나의 주관적 도취에 지나지 않습니다.

말하자면 끝이 없는 문제지만, 나는 생각하다 생각하다 내 딴으로 풀어버렸습니다. 나는 역사적 예수를 믿는 것은 아니다, 믿는 것은 그리스도다, 그 그리스도는 영원한 그리스도가 아니면 아니 된다, 그는 예수에게만 아니라 본질적으로는 내 속에도 있다. 그 그리스도를 통하여 예수와 나는 서로 딴 인격이 아니라 하나라는 체험에 들어갈 수 있다. 그때에 비로소 그의 죽음은 곧 내 육의 죽음이요, 그의 부활은 곧 내 영의 부활이 된다, 속죄는 이렇게 해서만 성립이 된다. 그러므로 역사적 예수가 내 죄를 대신해 죽었다 해서 감사하게 여기는 것은 하나의 자기중심적인 감정뿐이요, 도덕적으로는 높은 지경이 되지 못한다. 그것으로는 죄 곧 죄성罪性이 없어질 수 없기 때문이다……. 나는 대체로 이러한 판단을 내려버렸습니다.

이것이 우치무라의 신앙과 다른 것은 물론입니다. 이렇게 생각하는 것이 어쩐지 선생에 대한 반역 같아서 미안한 마음이 없지 않았습니다. 그러나 그보다 더 강한 것이 내 속에서 나를 몰아치고 있었습니다. 차라리 선생을 배반할 수는 있어도 나는 나 자신을 배반할 수는 없었습니다.

나는 사제의 의리라는 감정에 몰려 내 양심을 속일 수는 없습니다. 그러나 그렇다고 나는 그것을 구태여 남에게까지 요구하고 싶지는 않았습니다. 새삼스러이 나는 무교회는 아니라, 우치무라의 제자는 아니라 하고 싶지도 않았습니다. 제자는 생각이 반드시 선생과 같아야만 되는 것이라고 생각하고 싶지도 않았습니다. 생각이 아무리 달라졌더라도 나는 아무 사사로운 마음에서 한 것은 아니었습니다. 이담 가서 다시 달라질지는 몰라도 적어도 지금은 진리에 충실하고자 하는 데서 나온 변화였습니다. 그럴 뿐 아니라 내 믿는 바로는 이렇게 나는 나에 충실하는 것이 도리어 우치무라의 정신이요, 그를 스승으로 대접하는 도리라고 생각했습니다. 그대로 몇 해가 지나갔습니다.

• 1970년 4월, 『씨올의 소리』 창간호

하나님의 발길에 채여서 2

때늦은 항일무장투쟁

교사 노릇을 하고 있는 10년 동안 나는 나 개인의 장래와 나라의 장래를 생각할 때 언제나 교육·종교·농촌, 이 셋을 하나로 붙여서 생각했습니다. 일본의 압력 밑에서 모든 자유를 잃고 있는 우리에게 살길은 오직 두터운 신앙을 밑바닥 또는 마지막 목적으로 삼는 교육으로 씨울을 깨워내는 데만 있다고 생각했기 때문입니다.

그때 형편에서 우리의 첫째 할 일은 민족의 해방이었습니다. 남들이 다 봉건제도의 낡은 껍질을 벗어제치고 근대식의 민주국가로 민족문화로 발전을 하고 있는 때에 우리만이 그것을 이루지 못해 남의 식민지가 돼버리고 말았으니, 우선 그 종의 멍에부터 벗지 않고는 아무런 발달도 제대로 할 수가 없습니다. 그때 누구나 뜻이 있는 사람은 다 그렇게 생각했을 것입니다. 그러나 그 민족 해방을 어떻게 하면 이룰 수 있느냐가 문제였습니다.

나라가 망하던 전후에 사람들이 가장 많이 한 것은 무력혁명이었습니다. 그러나 생각은 그렇게 하면서도 실력은 없었습니다. 참 이상한 일입니다. 몇천 년을 줄곧 밖에서 쳐들어오는 대적 때문에 부대껴온 나라요, 그때는 또 서양서 오는 군국주의·침략주의 때문에 참 어려운 때였는데 어쩌면 그렇게도 국방 생각을 아니 했을까? 나라가 망해도 참 더럽게 망했습니다. 별로 반항다운 반항 하나 못 해보고 썩은 담 무너지듯 소리도 없이 폭삭했습니다. 그 망국은 싸우다가 힘이 모자라서 망한 것이 아니고 씨올과는 완전히 떨어진 벼슬아치 놈들이 흥정해서 팔아먹음으로 망한 것입니다.

이 글을 쓰는 오늘 영친왕의 장례라고 신문·라디오가 떠듭니다마는 영친왕이 무슨 빌어먹을 영친왕입니까? 그것이 이 땅과 씨올을 온통 일본 손에 팔아넘기는 대신 받았던 것입니다. 사실 우리 대적은 쳐들어온 놈보다 구차한 돈과 지위를 받고 우리를 종으로 부릴 도둑을 불러들였던 그놈들입니다. 그러나 팔아먹는 놈은 벼슬아치여도 고생하는 것은 팔려 넘어가는 씨올인데 그 씨올이 멍청하고 있었습니다. 왜 그랬나? 나라는 자기네 것이라 생각하지 못했기 때문이었습니다.

그것이 아직 깨지 못한 데입니다. 다 팔려 넘어간 다음에야 비로소 깨기 시작했습니다. 이미 늦었습니다. 늦었지만 옳습니다. 늦었지만 아주 틀린 것 아닙니다. 어려울 뿐입니다. 곳곳에서 의병이 일어났습니다. 하다가 나라 안에서 할 수 없으니 만주·시베리아로 가서 계속하려 했습니다. 산업으로만 아니라 정치적으로도 황무지였던 거기서 마음대로 땅을 갈아먹으며 실력을 기르고 중국·러시아의 힘을 빌려 일본과 한번 맞서보자는 생각이었습니다.

비장이람 비장한 생각이지만 어림없는 일이었습니다. 청·일, 러·일의 두 큰 전쟁에 이기고 난 일본 군대를 동양에서는 당할 놈이 없었고, 또 씨올을 기를 생각은 아니하고 군인으로 그나마도 남의 군인을 빌려서 나라를 찾자는 것은 결코 역사의 앞뒤를 살펴서 하는 깊은 것이 못 됩니다. 그때는 사실 지사志士라는 사람들, 오늘말로 하면 지도적인 엘리트들의 대부분이 그렇게 생각했고, 나라 안의 일반 사람들도 목을 늘여 그 '해외'海外를 바라보고 있었지만 이것은 잘못된 생각이었습니다. 잘못된 것이었기 때문에, 그때는 나라사랑으로 알고 했어도 후에는 민족의 비극이 여기서 인연이 되어 오게 됩니다.

오늘의 민족의 허리를 조르는 죽음의 38선은 사실 이때부터 금이

가기 시작한 것이라 할 수 있습니다. 외국 군대 힘을 빌리자는 생각이 아니었던들 중국과 러시아파가 갈리지는 않았을 것이고, 러시아에 갔던 사람들이 없었던들 이북 괴뢰정권이라는 소리는 나오지 않았을 것입니다.

세계의 열강은 정의의 사도들이 아니다

무력혁명에 희망이 없는 줄 깨달은 다음에 한 것은 국제정세에 타보려는 노력이었습니다. 3·1운동이 그것입니다. 이것은 단순한 무력혁명이 아니고 정치적이었다는 데서, 더구나 씨올이 그 주체가 됐다는 점에서 전보다 한 걸음 나간 것입니다. 그러나 그것도 실패했습니다. 씨올이 주체는 됐으나 그것은 올이 든 씨올이 되지 못했습니다. 일본의 제국주의를 무너뜨릴 만한 혁명의 이론도 조직도 가진 것이 없이 다만 세계의 정의감에 호소를 했을 뿐입니다. 우리 속에 힘의 가능성이 있는 것은 알았습니다. 그것은 큰 수확입니다. 그러나 가능성은 길러내서만 실지의 힘이 될 수 있습니다. 정의의 법칙을 믿은 것은 옳습니다. 잘한 것입니다.

그러나 거기 속은 것이 있습니다. 세계의 열강이라는 나라가 결코 정의의 사도들이 아닙니다. 그들은 다 우리의 압박자인 일본의 선생인 군국주의·제국주의의 나라들입니다. 세계대전은 그 제국주의 실행의 결과였습니다. 세계를 서로 제각기 제가 다 먹으려다가 충돌이 돼서 너도 못 먹고 나도 못 먹게 된 것입니다. 그러나 그들은 그 제국주의를 결코 버린 것은 아닙니다.

이상주의 월슨의 말은 옳습니다. 유럽의 씨올들은 그를 환영했습니다. 그러나 지배자들은 결코 그렇지 않았습니다. 그러므로 월슨 자신 실패하고 멋없이 돌아가는 판입니다. 월슨을 손아귀에 넣고 주무른 제국주의자들은 서로 타협하고 나는 이것을 먹는 대신 너는 그것 먹어 좋다 식으로 세계 몇 억의 약소 민족을 자신들은 얼굴 하나 말한 마디 내놓을 기회 없이 지도 위에서 갈라먹고 말았습니다. 그것이 파리강화회의였습니다. 도둑이 존경하는 것은 정의가 아니고 도둑질하는 실력입니다. 동양의 모든 민족이 석가를 내고 공자·노자를 냈건만 존경받은 것은 인도·중국이 아니고 자기네게서 강도질을 배워 상당한 실력을 발휘한 일본 하나뿐이었습니다. 죽을 땅으로 끌려가는 양인 한국의 비명을 아는 척할 리가 없었습니다. 일본은 이제 조선·만주를 맘대로 먹어도 좋다는 승낙을 얻었습니다.

그보다도 더 속은 것이 있습니다. "대한독립 만세!" 하는 것은 우리는 결코 일본의 지배를 원치 않는다 하는 말인데, 그렇다면 그것을 실천했어야 할 것입니다. 만세 부르는 그날은 물론 그만큼 실천한 것이지만 실천은 거기 그쳐서는 아니 됩니다. 그 부르짖음이 정말 참 부르짖음이 되려면 그날로 일본 관청에 출석하기를 그만두고, 일본 사람이 가르치는 학교에 가기를 그만두고, 세금 바치기를 그만두었어야 할 것입니다. 그랬다면 만세가 만세로만 끝나지 않았을 것입니다.

문명한 나라에 정의가 없지 않습니다. 그 지배자에게는 없습니다. 그러나 그 씨올에게는 있습니다. 사실 문명한 나라의 힘 있는 것은, 그 군대에 있지 않습니다. 그렇게 보이지만 사실 아닌 것이 전쟁으로 증거됐습니다. 정말 정의는 일하는 씨올에 있습니다. 그것이 전쟁 동안의 참혹에서 견딤과 전쟁 후의 부흥에서 증명됐습니다. 우리는 그 지배자를 보고 호소할 것이 아니라 그 씨올에 대해 했어야 할 것입니다. 씨올은 일하는 씨올, 참의 씨올이므로 말만 아니라 사실로만 호소할 수 있습니다. 우리가 공연히 우상의 표시인 깃발만 흔들지 말고 실지로 정의를 지킴으로써 오는 피와 땀으로 계속 부르짖었던들 세계의 씨올은 가만 있지 않았을 것입니다. 그런데 우리는 거꾸로 씨올은 내놓고 그들을 짜먹는 지배자들을 보고 했으니 될 리가 없었습니다.

교육은 하나님의 발길질

실패는 섭섭하지만 실패처럼 값어치 있는 것은 없습니다. 사람으로 하여금 생각하게 합니다. 만세를 부르면 독립이 될 줄 알았다가 그대로 아니 되는 것을 본 다음에야 한국의 씨올은 생각하기 시작했습니다. 생각함은 곧 올듦입니다. 3·1운동 이후 우리 민족이 허탈감에 빠지지 않고 자라기 시작한 것은 깊이 생각했기 때문입니다. 이점은 오늘의 씨올들이 깊이 반성할 점입니다. 국민투표 이후 왜 이렇게 맥이 빠집니까?

생각해 얻은 결과는 한마디로 표시해서 교육입니다. 살길을 가르치는 데 있다 하는 것입니다. 전에 무력으로 반항함으로, 세계 대세에 주목하여 정치적으로 활동함으로 살 수 있을 줄 알았던 데 비해 훨씬 깊이 들어간 것입니다. 가르쳐야 한다 할 때 폭력보다는 정신의 힘 있는 것을 안 것입니다. 정치보다 문화에 더 생명이 있는 것을 안 것입니다. 내 발등의 불부터 끄려 할 것이 아니라 모두가 다 같이 쓰고 사는 집에 댕긴 불부터 꺼야 하는 것을 안 것입니다. 사람이 있어 역사를 낳는 것이 아니라 역사를 내다보고 거기 참여하는 데서 사람의 살림이 나오는 것을 안 것입니다. 나라 팔아먹은 것이 이완용·송병준이가 아니라 우리 자신들인 것을 안 것입니다.

나라가 어느 한 놈 두 놈, 어떤 계급의 것이었을 때 그들이 팔아 먹을 수 있었을는지 모르나, 나라가 우리 것인 담에 우리가 아니 파는데 누가 팔 수 있느냐. 일본이 뺏은 것 아니라 우리가 도둑을 불러들인 것이다. 스스로 불러들이지 않는데 들어오는 도둑이 어디 있느냐. 설혹 있다손 치더라도 지킨 채로 죽었음 죽었지 어찌 빼앗긴다는 법이 있느냐. 뺏을 수 없는 것이 나라다. 나라는 정신이기 때문이다—이렇게 알게 된 것입니다. 분명히 그렇게가 아니라도 적어도 어렴풋이 그 짐작이라도 하게 된 것입니다.

넓고 깊은 의미에서 생각할 때 사람이 하는 모든 일이 결국 교육입니다. 사람의 일만 아니라 생명의 전 과정이 곧 교육입니다. 진화는 곧 생명의 자기 키움이요 자기 고쳐감입니다. 정신을 곧 생명의 저 돌아봄이란다면 하나님은 자기 교육을 영원히 하시는 이라 할 수 있습니다. 그러므로 3·1운동 이후 교육열이 올라간 것은 결국 씨올이 스스로 깨고 스스로 자기를 키우기 시작한 것입니다. 당연한 과정이요 바로 된 일입니다. 그런데 그 교육을 하기가 어려워졌습니다. 당연이람 당연한 일이지만 이것이 마지막 일이니만큼 하지도 못하고 아니 하지도 못하고 그 어려움을 말로 할 수 없습니다.

무기를 뺏으면 그것은 내놔도 좋습니다. 정치를 못 하게 하면 그것을 못 하고도 살 수 있습니다. 그러나 교육을 못 하게 한다면 어찌합니까? 아니 하면 짐승도 못 됩니다. 짐승도 제 새끼를 가르치기는 합니다. 하자니 그 정치와 그 폭력에 맞서야 합니다. 그러면 죽음을 의미하는 것뿐입니다. 그러고 보면 일제 마지막에 성을 일본식으로 고쳐라 했을 때 거의 모든 사람이 다 그 명령에 복종하면서 자녀의 교육 때문이라 했던 것은 그럴 만한 일입니다.

성을 갈다니, 사람으로선 할 수 없는 일인데, 사람은커녕 짐승 버러지는 더구나도 아니 하는 일인데, 죽지 못해 그 비겁한 짓을 하면서 그 구실을 교육에 가져다 댔습니다. 그런 때에 쓰는 것은 절대적인 것일 터인데 교육은 그만큼 중대하단 말입니다. 그것 때문이라면 짐승도 아니 하는 짓을 하고도 용서를 받을 법하다 해서 한 말입니다. 그들도 성 값이 곧 그렇게 시키는 교육인 줄 모르지 않았겠는데 그 모순을 하리만큼 교육은 무서운 것입니다.

교육이야말로 하나님의 발길질입니다. 절대입니다. 하는 줄 알면서도 하고 하는 줄 모르면서도 합니다. 찬성하면서도 하고 반대하면서 하게 되는 것이 교육입니다. "나는 바담풍 해도 너는 바람풍 해라" 하는 말이 얼마나 그것을 잘 표시합니까? 금하려 해도 금할 수 없습니다. 살림 그 자체, 정신 그 자체가 가르치는 것이요 또 배우는 것이기 때문입니다. 이래서 교육은 누구나 할 수 있고, 어디서도 할 수 있는 것이요, 또 아무도 할 수 없고 어디서도 할 수 없는 것입니다.

씨올들의 교사가 되기 위해

나는 교육자가 되려고 사범학교 갔을 때 그런 생각은 하지도 못 하고 갔습니다. 못 했으니 갔지 했다면 가지 못했을 것입니다. 나이 20이 넘었고 이미 남의 아비가 된 때이니 생각이 없을 수는 없었습니다. 생각을 하고 갔기에 지금도 직업심리에서 교사가 된 것은 아니란 말은 할 수 있습니다.

시대의 다름도 있겠지만 그래도 인생으로서의 내 앞날 또 씨올의 하나로서의 책임을 생각하면서 골랐지요. 새처럼 먹고 살아갈 일을 위해 하지는 않았습니다. 쉽게 한 것도 아니었습니다. 나는 취미가 비교적 여러 방면이람 여러 방면입니다. 알지도 못하는 사람은 멀리서 영문과를 했느니 철학과를 했느니 추측을 하리만큼 그런 데도 생각이 있었담 있었고, 미술은 더구나도 해봤으면 하는 생각이 있었습니다.

여럿 중에서 가장 흥미의 점수가 적은 것부터 떼버리는 방법으로 목적을 결정했는데, 내가 내 개성을 정말 바로 알았던가 몰랐던가 그것은 별문제로 하고, 마지막까지 아쉴 정도로 남아 있었던 것은 미술, 곧 서양 그림이었습니다. 이제 와서 공정히 생각해보면 그럴 만큼 그림에 소질이 있었나 하면 그렇지도 못합니다. 그러나 그때는 하고 싶은 개인의 취미대로 하란다면 아마 미술로 갔을는지도 모릅니다. 그러나 그때 생각에 당시의 우리나라 형편으로 보아 시급한 것은 교육이라 생각됐기 때문에 그 길을 택했습니다.

물론 무슨 깊은 설명이 있다거나 누구의 지도 조언을 들어서 한 것은 아닙니다. 아버지도 어렸을 때 나를 의사로 만들려고 공립학교에 보냈다가 후에 자기가 지내보니 의사 직업이 반드시 좋지 않다 해서 그것 할 것 없다는, 그나마도 꼭 명령은 아니고, 말을 한 다음에는 제 할 일 제가 어련히 알아서 하려니 모든 일에서 믿어주셨기 때문에, 나도 별로 의논도 하지 않았고 그 밖에 어느 선생이나 친구에게 의견을 물은 것도 없이 결정한 것이었습니다. 다만 사회 일반의 생각 돌아가는 형편은 상당히 작용했다고 생각합니다.

지금도 이따금은 차라리 의사, 더구나 한의라도 됐더라면 하는 생각을 하는 때가 있고, 옥에서 나와서 명의라고 소문 듣던 주인 없는 약국에 앉아, 교사 노릇은 이미 할 수 없이 된 자신과 물러가는 날 있을 것 같지 않은 일본 세력을 보며 장래를 생각할 때, 이제라도 한의를 배워야겠다 하는 생각에 『의학입문』『동의보감』『맥경』『본초』를 읽기까지 했고, 사실로 어떤 때는 한의사이십니까 하고 묻는 것을 당해도 보지만, 소질로 하면 의사가 될 수 있었던지도 모릅니다. 또 하면 어지간히 할 것도 같습니다.

전체적인 감격 없이 교육은 아니 됩니다

그것은 실없는 이야기고, 하여간 그러면서도 지금도 역시 중요한 것은 교육이라 하는 생각에는 변함이 없습니다. 그렇기 때문에 교사가 되는 데 노상 생각없이 된 것은 아니었습니다. 그런데 막상 교단에 서니 어떻게 해야 할지 몰랐습니다. 오래는 못 되지만 그래도 남강 선생의 말년 두 해를 모셨는데 그 남강으로도 어떻게 할 수 없는데 어찌합니까? 지금도 잊히지 않습니다. "어려워" 하고는 한숨을 쉬시곤 했습니다. 왜 그렇게 어려웠던가? 그 설명을 좀 해보기로 합니다.

돌이켜 생각해보면 내가 어려서 받던 교육처럼 효과적인 교육은 없었습니다. 교육 시설이 좋아서가 아닙니다. 교재가 잘 정돈돼서도 아닙니다. 교사가 훌륭해서조차도 아닙니다. 그때에 무슨 시설이나 교재가 있으며 그런 시골구석에 무슨 훌륭한 교사가 있습니까? 그래도 선생과 학생이 하나가 되어 산 교육이 되어갔습니다. 그 까닭이 어디 있나 하면 그 시대 공기에 있습니다. 선생이 가르치고 아이들이 배운 것 아닙니다. 역사 자신이 가르치고 역사 자신이 배웠습니다. 잘 가르쳐도 나라요 못 가르쳐도 나라입니다. 교육은 되게만 되어 있었습니다. 그때도 시설 부족 교재 부족 교사의 부족을 알지, 모르지 않습니다. 그러나 그것이 문제되지 않습니다. 모든 것을 살아 있는 전체 그 자체가 하고 있기 때문입니다.

아이가 내 집 자식이 아닙니다. 우리 '학도생'이지. 누가 잘해 상을 타도 시기하는 사람이 없습니다. 잘못해 벌을 받아도 업신여기거나 아주 몹쓸 놈으로 버리지 않습니다. 나는 지금도 다른 것엔 몰라도 거기는 향수를 느낍니다. 그런 시대의 분위기, 민족이 하나로 감격하던 그런 시대정신이 또 한 번 왔으면! 그때에 잘해서 민족의 성격을 틀 잡지 못한 것이 한입니다. 전체적인 감격 없이 교육은 아니 됩니다.

교육의 비극, 일제와 공산주의

그것이 깨지고 교육이 잘못되기 시작한 것은 합병하고 일본 사람의 손으로 교육을 하게 되던 때부터입니다. 벌써 전체는 없습니다. 교사도 그것을 알고 아이들도 그것을 알고 있습니다. 그렇기 때문에 그것은 거짓입니다. 교육이 될 리 없습니다. 그러나 그래도 아주 아니 된 것은 아닙니다. 그 전체, 혹은 나라, 혹은 역사가 적어도 아이들 편에는 깨지지 않고 살아 있었기 때문입니다.

일본 교사(혹은 일본 노릇을 하는 조선 사람 교사)가 일부러 우리에게는 해로운 것을 가르쳐도 아이들이 그 근본 천성, 혹은 속에 있는 전체의 명령에 의해 자동적으로 바꾸어놓기 때문에 아무 지장이 없습니다. 어떻게 어린아이도 그것은 합니다. 그렇기 때문에 부모는 원수로 아는 일본 사람에게 아이들을 보내면서도 안심할 수가 있었습니다. 말하자면 닭한테서 오리 알을 까내는 셈입니다. 어리석은 암탉이 아무리 불러도 소용이 없습니다. 부르면 부를수록 오리새끼는 물로 갑니다. 그럼 일본 사람은 그것을 모르나? 모를 리가 없습니다. 하지만 아니 가르칠 수가 없습니다. 모이를 아니 주고는 알을 빼앗아 먹을 수 없듯이 교육 아니 하고는 지배할 수 없습니다.

그러나 가르쳐놓으면 지배를 벗어버릴 힘이 자동적으로 생깁니다.

선한 것이 마지막에 이기고 마는 것은 이 때문입니다. 그래서 일본시대 초기의 교육도 효과가 없지 않았습니다. 지배자를 심판할 지혜와 그것을 쳐부술 능력을 다른 사람 아닌 지배자 자신이 가르쳐줍니다. 그것이 또 그들에게 손해 아닙니다. 남을 지배하는 것이 잘난 것이 아니라 아니 하는 것이 잘난 것입니다. 악한 자가 악을 해도 제 악으로 인해 악이 없는 자리에 가도록 마련이 되어 있는 것이 하나님 있는 증거입니다.

교육이 정말 하기 어려워진 것은 공산주의가 들어오면서부터입니다. 공산주의가 나빠서 아닙니다. 물론 나쁘지만 나쁜 것만 가지고 내가 잘못되지는 않습니다. 공산주의 사상 때문이 아니라 그로 인해 민족 분열이 생긴 때문입니다. 그럼 일본 제국주의는 못 했던 민족 분열을 공산주의는 어떻게 하게 됐나? 일제도 전연 아니 한 것 아닙니다. 그들도 '갈라놓고 지배한다'는 것을 모를 리 없습니다. 될수록 갈라놔서 개인의 무리로 만들어서 전체를 없이 해놓고 다스리려고 애를 썼습니다. 한국역사를 일부러 비뚤어지게 써서 가르친 것도 그것이요 교육이랍시고 실업 교육만을 한 것도 그것입니다. 사람이 살려면 일해야 하는데 일은 결과에 매달리는 것이기 때문에 일에 열심하면 할수록 전체는 잊어버리기 쉽습니다. 전체는 나와 남이 하는 모든 일을 묶어 한 의미로 살리는 생각 속에만 삽니다. 그렇기 때문에 그들은 될수록 기술, 그나마도 고등한 것은 아니고 낮은 기술을 가르쳐서 자기네의 심부름하는 자격을 가지게 하는 한편 생각하는 기회를 없이 하려 했습니다. 그러고는 더구나 나쁜 것은 중류 이상의 일부 사람에게는 약간의 지위도 사업도 할 수 있는 길을 열어 출세할 수 있게 만든 것입니다. 그때 일본은 고도의 자본주의로 들어가려 하는 때이므로 어느 정도 그렇게 하는 것이 자기네에게 유리했습니다. 그렇게 한 결과 어떤 현상이 나타났느냐 하면 전에 지사志士라 민족주의 지도자라 하던 많은 사람이 약해져서 타협을 하고 일본 세력 밑으로 들어가게 되고 사회에 유산자·무산자 하는 계급 현상이 일어나게 됐습니다. 이리해서 전에 총칼 앞에서는 하나로 서던 민족이 이제 돈과 세력 앞에서는 갈라지게 됐습니다. 그렇게 되면 공산주의를 부르지 않아도 들어오게 되는 것입니다. 그래도 이때까지는, 대체로 민족주의 시대기 때문에 그 민족감정이 지배적이어서 분열이 그리 심하지 않았고 교육도 그리 어렵지 않았습니다.

참 이상한 일입니다. 당초에 지사들이 북만주, 시베리아 눈바람 속을 헤맸을 때 다 사랑하는 한배 나라 건지자는 생각에서 그랬지 다른 야심이 없었을 것입니다. 그러나 씨울을 주인으로 삼고 그것을 길러서 하잔 생각보다도 급한 마음에 정신보다는 방법으로 기울어져 밖의 힘을 빌려서 일을 해보잔 생각을 했을 때 전체는 깨지고 분열이 일기 시작했습니다. 중국 힘을 빌리느냐? 러시아 힘을 빌리느냐?

이것이 비극의 시작입니다. 러시아 힘을 빌려 할 때 그들은 그 러시아가 레닌·스탈린의 공산주의 나라 될 줄 몰랐는지 모릅니다. 또 공산 러시아가 된 후에라도 사상적으로 공명해 한국을 공산화하자는 생각보다는 한때 그 힘을 빌리자는 생각에서만 했는지 모릅니다. 사실 일본을 제어할 힘은 그밖에 없었으니, 또 설혹 공산화시킬 생각이었다 하더라도 그 때문에 오늘같이 이렇게 남북으로 분열이 될 줄은, 꿈도 꾸지 못했을 것입니다.

그러나 후에 와서 역사를 돌아보는 사람은 그 당시 사람의 맘속에 생각했던 것만 보아서는 아니 됩니다. 생각 못 했더라도 그 속에 숨어 있던 것을 집어내야 합니다. 그렇게 볼 때 밖의 세력을 전략적으로 이용하려 했던 이들 지사들의 일은 많이 비판을 받아야 합니다. 힘을 빌리려는 사람은 벌써 전체를 어느 정도 잊은 것입니다. 그렇기 때문에 자기본위로 빠지지 않을 수 없습니다. 흥정을 하는 김에는 흥정 맡은 내가 거기서 먹는 것이 있고 싶습니다. 그러면 파가 갈리지 않을 수 없습니다. 순전히 전체를 위하는 마음에서 남의 힘 의지란 있을 수 없습니다. 뒤집어 생각하면 환합니다. 한국 독립을 위해 원조를 하는 중국이나 러시아가 정말 우리 위해 희생적으로 의용군을 줄까? 있을 수 없는 일입니다. 서로서로 흥정이요 이용해먹자는 것입니다. 그렇다면 결과는 첨부터 뻔한 것입니다. 외국 세력으로 독립이란 논리가 서지 않는 말입니다. 설혹 됐다 해도 그것은 나라의 독립이 아닙니다. 어느 정권이 선 것뿐입니다. 반드시 그 후에 그 국민은 그 정권과 싸워 정말 독립을 다시 싸워 얻어야 할 것입니다. 동쪽의 일본 역사를 보면 잘 알 수 있습니다. 남의 이야기를 하려고 이 말을 하는 줄 압니까. 오늘 우리 일이 그것 아닙니까?

역사에 건너뜀은 없다

하여간 그것이 인연이 되어 해방 후 38선이 생겼습니다. 물론 국제 정세 때문이지만 국제정세만 따져서는 역사는 없습니다. 인격의 본질이 도덕적인 데 있는 이상 환경에 펑계가 성립되지 않는 모양으로, 역사를 국제관계에만 밀 수 없습니다. 아무리 미·소 두 세력이 왔더라도 우리가 정권을 잡는 것보다도 전체를 건지는 것을 더 중하게 생각했더라면 차라리 공동 신탁통치 밑에 있으면서라도, 두 정권으로 갈라지지는 않았을 것입니다. 그러나 정치론을 하잔 것 아닙니다. 문제의 초점이 전체의 분열에 있는데 그 분열의 쫓아온 유래를 찾는다면 공산주의를 끌어들인 데 있습니다. 일본시대는 강제로 억눌러도 민족이 하나로 통일되어 있기 때문에 고통이면서도 어지럽지는 않았는데 이제 공산주의가 들어온 후는 민족이 정신적으로 분열됐습니다.

그것이 신간회[1] 만들던 무렵부터 시작입니다. 물론 시대적인 까닭이 있습니다. 벌써 민족주의 시대는 지나서 사회혁명 단계에 들어왔

1) 신간회(新幹會):1920년대 후반 좌우 세력이 협력해 만든 대표적인 항일단체. 근검절약운동을 펼치고 청년운동을 뒷받침했다. 그러나 실질적인 조직 주도권을 민족주의 진영이 쥐고 있어 사회주의 진영의 불만이 높았다. 결국 사회주의자들이 해산운동을 벌여, 1941년 발족한 지 4년 만에 해산했다.

기 때문에 그렇게 되는 것입니다. 그러나 잊어서 아니되는 것은 우리는 민족해방을 못한 채 사회혁명 단계에 들어왔기 때문에 남의 나라와 사정이 다르다는 것입니다. 둘을 겸해서 치러야 합니다. 역사에서 건너뜀은 허락 아니 됩니다. 그런데 초기에 들어온 공산주의자들은 '조국 러시아'라고 내놓고 부르리만큼 얼빠지고 무식한 사람들이었습니다. 그들더러 오늘의 중공·소련 관계를 좀 보라 했으면 좋겠습니다. 그들은 민족진영을 무너뜨리려 갖은 수단을 다 썼습니다. 물론 민족시대는 지나갔습니다. 그러나 민족해방을 못하고는 사회해방은 아니 됩니다. 오늘까지도 그 문제가 남아 있습니다.

일본의 지배를 못 면한다면 나라 안의 사회문제를 해결하고 싶어도 아니 됩니다. 지금도 그런데 하물며 총독정치시대에 있어서겠습니까? 물론 민족주의 지도자들 밉습니다. 썩었습니다. 그들이 썩지 않았던들 공산주의자들이 그렇게 무책임하게 굴지는 않았을 것입니다. 민족의 분열이 그렇게 일어나고 보니 교육을 도저히 할 수가 없었습니다. 선생 선생끼리도 학생 학생끼리도 믿을 수 없습니다. 압박하는 일본에 대해 그전같이 대항할 수가 없습니다. 이를 본 것은 일본 제국주의뿐이었습니다. 시대가 이렇게 바뀌었으니 말이지 만일 그대로 나갔다면 공산주의 자신도 망해버렸을 것입니다.

교육과 종교와 농촌을 하나로

사람은 죽으면 다 좋은 사람이 돼버리고 역사는 지나가면 다 빛나는 투쟁이 돼버리는 경향이 있습니다. 그래서 좋기도 하지만 또 그래서만은 아니 되는 점이 있습니다. 3·1운동 찬양하는 사람은 많아도 거기 어떻게 잘못이 있었던 것은 말하려 하지 않습니다. 광주학생 사건은 더구나도 그렇습니다. 오늘 와서 말하니 다 용감한 투쟁이라 하지만 그때에는 교육하려는 사람은 참 애먹었습니다. 민족적인 차별에 분개하여 일어섰던 학생의 일은 장하지만, 공산주의자들은 그것을 이용해서 사회질서를 온통 파괴하려 했습니다. 정말 무산계급을 해방시키려면 한국이 일본의 종살이에서 전체로 해방되는 일 없이는 될 수도 없고 된다 해도 의미가 없습니다. 그런데 그들은 계급투쟁이란 이름 아래 민족의 전통도, 사회의 질서도, 도덕도 온통 부수자는 것입니다. 또 지도자는 무슨 이데올로기의 이론이 있고 방침이 있어 그런다 가정을 하더라도 그 선전을 듣고 움직이는 학생은 아무것도 모르고 그저 반항하는 것입니다. 그렇다면 그 이론이 설혹 옳다 하더라도 그 움직인 학생들은 이용당한 것이지 혁명을 한 것 아닙니다. 하지만 그들은 정말 살부회殺父會를 꾸미라 하고 선생들을 없애 버리라 했습니다. 나는 자본가의 착취를 반대하고 눌린 씨올을 해방하자는 데서는 누구보다 뒤지고 싶지 않지만 그들이 도덕을 무시하고 시기와 미움과 싸움과 원수 갚음과 파괴만을 일삼는 데는 따라갈 수 없었습니다. 유물론도 털어놓고 반대하지 않았습니다. 어느 면의 진리가 있는 것을 인정했습니다. 계급 없는 사회 건설하자는 데 반대 있을 까닭 없습니다. 계급투쟁까지도 어느 정도 용납할 수가 있습니다. 그러나 그 투쟁방법은 악인 것을 말하기에 주저하지 않습니다. 그들은 내 사랑하는 학생들을 부추겨 내게 반항시켰습니다.

나는 또 좋습니다. 남강 선생에까지 맞었습니다. 그것이 어디만 아니라 전국적인 현상입니다. 대세라 할 것입니다. 그러나 나는 대세에 못 견디어 비겁해지고 싶지는 않았습니다. 나는 싸워야 했습니다. 교사 노릇을 그만두고 싶은 생각도 그때는 하지 않았습니다. 난동 치는 학생한테 매도 맞었습니다. 하지만 학생들이 나를 미워하지 않는 것은 뻔합니다. 미워할 리가 없습니다. 선전에 넘어가서 그렇습니다. 그러니 나도 그들을 미워할 수는 없습니다. 그러나 그렇다고 그들을 설득시킬 확신이 있나 하면 없습니다. 그런 때에 남강 선생님은 배울 만했습니다. 동맹휴교 뒷처리를 하게 되면 그 처벌에 있어서 젊은 교사들은 대개 강경론인데 선생님은 그때에 "안 돼, 그렇게 하면 아니 돼. 말을 먹여도 물고 차는 상사말(길들이지 아니한 거친 말 - 편집자)

을 먹여야 멕일 맛이 있지, 시리죽은 것을 멕여 뭘 해!"했습니다.

그래서 교육을 그만둘 생각은 아니 하지만 하고 있는 그 교육에는 확실히 근본적으로 잘못이 있다는 것을 느꼈습니다. 공산주의를 극복 못하는 것이 교육일까? 근본적으로 고쳐 생각해야 한다는 생각이 들기 시작했습니다. 그 점에서는 남강 선생님도 마찬가지입니다. 옛날에 선생·학생이 하나로 어울려 울고 웃고를 같이하는 오산학교를 세웠던 그가 몰라서 그럴 리는 없지만 3·1운동 결과 징역을 마치고 감옥에서 나온 후는 대체로 총독부 교육방침에 순응을 하면서라도 하자는 생각에 반대도 있는 것을 무릅쓰고 관청 거래를 하며 승격운동을 했습니다.

그러고 누가 조언을 해드렸는지 영국 옥스퍼드 말씀을 해드려서 장차 오산을 옥스퍼드 같은 교육도시로 만들 꿈도 꾸었습니다. 그러나 세상이 그렇게 되는 것을 보고는 아주 새로운, 새 교육을 설계해보려고 생각을 시작했는데 갑자기 돌아가셨습니다. 선생님을 잃고 난 나는 어머니 잃은 아기 심정이었습니다. 나의 둔한 것을 스스로 책망했습니다. 왜 일찍부터 좀 선생님을 힘써 배울 생각을 못 했던가. 정신이 조금 들어 배워야겠다 하는 때에 훌쩍 가버리셨습니다. 바로 이 글을 쓰는 5월 9일입니다. 1930년.

나 혼자서 하는 수밖에 없었습니다. 그래서 미지근하게나마 한 생각이 교육과 종교와 농촌을 하나로 연결한 것입니다. 말하자면 하나의 삼각추三角錐와 같습니다. 이 셋이 서로 손을 잡고 서서 하나의 바닥을 이루고 그것이 점점 자라 한 점으로 초점을 이루는 곳에 창조적인 생명의 불꽃이 섭니다.

• 1970년 5월,『씨올의 소리』제2호

제4부
진리는 더 위대합니다

1988년 진행한 『노자』 강연

"이제 역사는 크게 변하려 하고 있다.
……서구 문명이 차차 사양길에 들었고,
사람들은 그 산업방법, 그 학문, 그 종교를
근본에서 고쳐 생각하지 않으면 아니 되는 때를 당했다.
……"내 말은 아주 알기 쉽고
아주 행하기 쉬운 거다"[吾言甚易知 吾言甚易行]라는 노자에게
한번 겸손히 귀를 기울여보지 않으려나.
그는……하늘이 구해주려 할 때는
사랑으로 지켜준다고 했다"
ー「노장老莊을 말한다」

옛글 고쳐 씹기

버려진 유산을 찾아서

새로운 가치체계 새로운 마음

오늘날 씨올이 씨올 노릇을 하기 위하여 반드시 해야 하는 중요한 일 가운데 하나는 옛글, 곧 고전을 고쳐 읽는 일이다. 그중에서도 특히 동양의 옛글이다. 이날까지 서양 문명, 더구나 물질주의적인 문명이 주가 되어 인류를 이끌어왔다.

그래서 동양은 오랜 정신적인 특색을 드러내는 문명을 가지고 있으면서도 거기 눌려서 거의 그 값을 인정받지 못했고, 동양 사람 자신까지 동양의 생각을 업신여겨왔다. 더구나 종교에서 그러했다. 그러나 이제 그 서양 문명이 막다른 골목에 들었고, 인류의 장래를 위해 참되게 걱정하는 사람들이 많이 동양 소리를 하게 됐다.

동양 사람 자신이 도리어, 등잔 밑이 어둡다고, 그런 생각을 못한다면 우스운 일이다. 이제 우리는 이 버려진 유산을 다시 찾아서 새로운 마음으로 고쳐 씹어서 거기서 새 뜻을 찾아내야 한다.

그 이유는, 첫째 우리는 문명의 새 방향을 찾을 필요가 있다. 이날까지 서양적인 것이 모든 방면에서 오직 하나의 옳은 길인 것처럼, 그 길은 자동적으로 행복에 이르는 것처럼 생각해왔지만, 이제 그렇지 않다는 것이 알려졌다. 서양 사람 자신이 당황하고 있다. 심지어 비관하는 사람까지 있다.

깊은 생각은 없이, '자, 벌어라. 벌어서 먹고 마시고 유쾌하게 놀자'

하는 식이라면 말할 것 없지만, 적어도 생각하는 사람에게는 엄숙한 문제다. 덮어놓고 하는 낙관주의는 허락 안 된다는 것이 부인할 수 없는 대세다. 만일 그렇다면, 이때껏 달리던 길을 멈추고 방향을 한 번 바꾸어 찾아볼 필요가 있지 않을까.

그런데 서양이 만일 아니라면 찾아볼 길은 동양밖에 없다. 물론 동양, 서양을 분명히 금을 긋기는 어렵지마는, 토론을 위해 토론을 하는 사람이 아닌 다음에는, 대체로 동양은 동양이요, 서양은 서양으로 구별되는 점이 있음을 잘 알고 있다. 또 모르면 모를수록 우리는 동양의 옛것을 찾는 수밖에 없다.

둘째로 좀더 분명히 말하자면, 새로운 가치체계를 세우기 위해 동양의 옛글을 연구할 필요가 있다. 사람들은 이구동성으로 지금이 위기라, 전환기라 한다.

왜 위기인가. 위기인 까닭이 무엇인가. 한마디로 이날까지 써오던 가치의 체계를 쓸 수가 없어졌기 때문이다. 원인은 하나로 말하기 어렵지만, 오늘날은 사람의 살림이 갑자기 심하게 달라졌다. 그렇기 때문에 옛날 그대로 살 수가 없다.

사람은 어떤 '의미'에 사는 것인데, 그 점이 짐승과 다른 점인데, 의미는 보람을 느낄 때에만 있다. 보람을 느끼려면 행동에 어떤 목적이 서고 표준이 있어야 한다. 그것이 가치다.

시대가 이상적으로 잘 나간다는 것은 모든 사람의 행동의 목표와 표준이 분명히 서 있어서 누구나 따르기만 하면 개인과 전체의 발전을 볼 수 있다는 것이다. 위기라는 것은 그것이 깨진 때다.

달리는 차가 급커브를 돌면 탄 사람이 제자리에 가만히 서 있을 수 없듯이 시대가 갑자기 변하면 옛날에 있던 전통적인 교훈을 가지고는 살아나갈 수가 없어진다. 가치체계가 무너진 것이다.

사람의 욕망은 가지가지이므로 행동을 지시하는 가르침도 여러 가지일 수밖에 없다. 그런 여러 가지가 서로 충돌되지 않고 조화를 이루도록 종교와 철학과 도덕과 예술과 경제와 정치 사이에 하나의 체계가 서 있어야 사람들은 안심하고 살아갈 수가 있다. 그런데 지금은 그것이 깨졌다.

그렇기 때문에 사람들은 마치 급커브를 도는 차 안에서 미처 자리를 잡지 못한 사람 모양으로 어쩔 줄 모르고 왔다갔다하며 서로 맞부딪친다. 그렇기 때문에 이 시대를 건져서 사람들로 하여금 안심하고 창조적인 살림을 해갈 수 있게 하려면 우선 새로운 가치체계를 세워야 한다. 그러면 어디서 그것이 나올 것이냐. 빈 들에서 길을 잃은 사람 모양으로 모든 방면에서 찾아야 한다.

그러나 그중에서도 가장 희망 있는 곳은 동양이 아닐까. 서양은, 이때껏 서양의 학문·종교가 있는 힘을 다해 자랑하며 나가다가 이렇게 됐으니 거기서는 거의 찾을 필요가 없다. 물론 거기도 절대 희망이 없다 할 수는 없다. 사람의 지혜는 완전한 것이 아니므로 늘 남겨놓는 것이 있다. 기독교도 다 써먹었다 할 수 없고, 그리스 철학, 중세 사상도 다 써먹었다 할 수는 없다. 아직 미처 알아내서 써보지 못한 보물이 남아 있을 수 있다.

그러니 서양의 유산 속을 더 더듬을 필요도 있다. 그러나 동양은 훨씬 더 우선권을 가진다. 이때껏 거의 전적으로 내버려두었고, 또 방향이 거의 정반대로 다른 점이 있으니만큼 우선 여기서 찾아볼 필요가 있다.

셋째로는 새 마음을 위해서다. 나가는 방향도 고쳐야 하고 행동의 표준이 되는 가치체계도 새로 세워야 하지만, 그것들을 하기 위해 무엇보다도 새 마음이 필요하다. 물론 이 셋은 서로서로 작용하는 것이다.

마음이 새로워서 새 방향 새 행동이 나오기도 하지만, 또 새 방향을 더듬고 새 행동을 시험해보는 동안에 새 마음을 얻게도 된다. 그러나 이러한 위기에는 지난날의 것이 거의 전적으로 소용이 없어졌으니만큼, 말하자면 기적이 일어나야 하는데, 기적이란 바꾸어 말하면 가진 밑천이 아무것도 없이, 단지 마음 하나 가지고 새 창조를 한단 말이다.

그렇기 때문에 이런 때에는 자연 마음에 그 우선권이 가게 된다. 마음이야말로 무無에서 나오는 유有다. 마음이야말로 스스로 하는 것이다. 새 일이 있기 전에 새 마음이 필요하다.

무에서 나온다 했지마는 아무것도 없는 무일 수는 없다. 마음을 부정否定함으로써만 있을 수 있다. 있음에 대해 부정을 하는 것이 마음이다. 부정하는 무 속에서 다른 하나, 곧 새 있음(有)이 나온다. 그렇기 때문에 이제 이 막다른 골목에 든 서양적인 것에서 살아나려면 그것을 전적으로 부정해봄에 의해서만 새 마음에 들어갈 수 있다. 잃은 자는 얻고 얻은 자는 잃는다는 말은 이러한 뜻에서도 이해할 수 있다. 작용은 곧 반작용이다. 서양이라는 현재를 박차려면 동양의 언덕에 등을 댈 수밖에 없다.

이 박혀버린 역사의 배를 서양이라는 죽음의 진탕에서 빼내려면 죽은 듯이 서 있는 저 언덕의 동양바위를 한사코 박찰 필요가 있다. 이것은 이론이 아니다. 하나의 감정, 감정이라기보다 하나의 체험적인 직감이다. 이론에 말라붙은 사람은 결국 못할 것이다. 고기 잡자는 낚시꾼이 사실은 도리어 고기에게 잡히듯이 이론도 그러할 것이다.

케케묵은 듯한 옛글을 되씹고 앉은 것은 서양적인 학문 방법에서 보면 이해가 아니 갈는지 모른다. 그러나 진화는 언제나 논리적으로 나간 것은 아니다. 가장 중요한 돌변화는 늘 직감으로 이루어진 것이다.

우리를 살리는 길

이런 생각을 할 때에 우리가 깊이 반성해야 하는 것은 소위 '근대화'라는 것이다. 이 근대화란 결코 국민적인 지혜에서 나온 것은 아니다. 일부 지배계급이 씨을의 인권을 짓밟고 씨을을 몰아 자기네의 권력과 향락을 위한 짐승 같은 일로 몰아치면서 그것을 속이기 위해 내건 구호다. 물론 모든 구호는 그럴듯이 뵈는 점이 있기 때문에 내

거는 것이다. 하지만 생각해보면 거기 속이는 것이 있음을 곧 알 수 있다.

말로는 설명을 이리저리 할 수 있지만, 사실상 근대화는 곧 서구화다. 동양은 동양으로서의, 한국은 한국으로서의 역사가 있고 개성이 있고, 환경도 제 환경이 있는 것을 알기 때문에 서구화라 하면 말부터 잘못된 것을 알기 때문에 근대화라고 붙였지만, 서구의 모방이나 추종이 아니고 동양이나 한국의 제자리에서 내다본 무엇이 있나 하면 아무것도 없다.

그 정치방식에 서양 것 아닌 것 있는가. 그 교육으로 서양 것 아닌 것이 있는가. 그 생활 내용에 무엇이 우리 자리에서 근대적이려 하는 것이 있는가. 아무것도 없다. 그들에게 머리가 없다. 머리가 없는 것은 정성이 없기 때문이다.

목적이 한국을 살리자는 데 있는 것이 아니라, 무슨 보람 있는 문화창조를 하자는 데 있는 것 아니라, 다만 권세와 재물에만 있다. 그렇기 때문에 타가지고 나오기는 마찬가지로 단군 할아버지 이래의 유전에서 타가지고 나온 역사요 유전인자지만, 그것이 작용을 제대로 못하고 만다. 그렇기 때문에 하는 짓마다 어리석다.

백보 천보 양보하여 나라 생각, 문화 생각을 했다 하더라도 서양의 뒤를 따르는 것이 잘하는 일인가. '잘'이라는 것은 그 목적이 바로 놓였을 때의 말이다. 살 곳으로 향했을 때 빠른 것이 자랑이지, 죽을 데로 향했는데 빠른 것이 무슨 공이요 자랑인가.

오늘 서양 사람더러 말하라면 서양 자신이 죽게 됐다는 것이다. 신문 보지 않는가. 미국이 우리보다 나은 것이 무엇인가. 데모 학생에게 총을 쏘는 것을 우리에게서 배워가는 처지다. 그럼 돈, 기계, 핵무기, 비행기에서 우리보다 앞선 것이 무슨 소용이 있는가. 데모크라시의 챔피언인 것을 자랑해오던 미국이 학생에 대해 총을 쏘게 된 원인이 어디 있는가. 바로 핵무기, 비행기, 돈에 있다. 그럼 선진국인 것이 어디 있는가. 그렇다. 이날까지 앞섰다. 그러나 그중에 우리보다 뒤진 부분이 있어서 이때껏 싸워왔는데 이제 그 악한 부분이 선한 부분을 누르게 됨으로 거꾸로 서게 되었다. 워싱턴·제퍼슨·해밀턴·링컨·에머슨·소로·에디슨의 미국, 그런 미국을 배우겠다면 반대할 이유 하나 없다. 그러나 그것은 근대화라는 이름 안에는 들어가지 않는다.

근대화라는 이름으로 표시되는 서양 문명은 이제 서로를 미워하고 싸우고 죽이는 감각의 문명, 망하게 된 문명이다. 미래에 대해 감수성이 예민한 젊은이가 무조건 반항을 하는 것은 살기 위해 미국만 아니라 인류를 건지기 위해 하는 반항이다. 그런데 그 멸망의 근대화를 부르짖으면서 민족중흥이다! 이 나라에는 사람의 자식은 하나도 없고 몰아치면 도살장으로 달려가는 송아지 새끼만 있는 줄 아는 모양이다.

씨올이 분명히 알아야 할 것은 근대화가 결코 사는 길이 아니라는 것이다. 민족도 나라도 모르고 일본의 종노릇, 미국·독일의 종노릇을 해서라도 살기만하면 그만이라는, 동족을 죽여서라도 부귀를 하면 그만이라는 것들에는 근대화가 살 길이겠지만 씨올에게는 아니 그렇다. 사실을 보자. 근대화를 부르짖어서 농민은 살았는가 죽었는가. 노동자는 살았는가 죽었는가. 설혹 당장에 이익이 난다 가정을 해도 역사의 달리는 방향을 볼 때 이것은 멸망으로 우리만 아니라 전 인류가 멸망으로 놓여 있다. 한강의 인도교가 끊어져서 앞에 가던 사람은 한강에 빠지는데 뒤에서는 그것이 살길이라 내밀어서 얼마나 많은 사람이 죽었는가.

발 앞에 뵈는 것이 반드시 사실은 아니다. 전체를 내다봐야지. 제1차 세계대전도 제2차 세계대전도 근대화 정신의 결과로 온 세계 심판이었다. 그런데 그것을 민족중흥이라면서 한다?

지배자들은 또 본래 씨올 생각 소홀히 하는 것이니 말할 것 없다. 신문·잡지까지 그대로 하는 것은 무엇인가. 그러므로 씨올은 이제 신문·잡지를 믿을 수 없다. 남의 나라에서, 세계에서 무엇이 돼가고 있나, 거기 주의해야 한다.

지배자는 향락주의, 생존경쟁에 근거를 두는 서양식 살림이 좋아서 그럴 것이지만, 또 거기 붙어먹는 정신 썩은 지식인도 그럴는지 모르지만, 얻어먹는 것이 없는 씨올은 파리하기 때문에, 지방질에 눈이 어두워지지 않았기 때문에 사실을 바로 볼 수 있다. 서양 말고 동양에야말로 좋은 것이 있었다. 그것을 다시 찾아낼 필요가 있다.

호랑이 털이 아무리 아름다워도 그놈의 발톱·이빨이 남을 잡아먹는 담에는 그 아름다움이 소용이 없다. 서양에 좋은 점이 있지, 없지 않다. 그러나 그 철학, 과학은 그 군국주의·제국주의·상업주의 때문에 가치를 발휘할 수 없게 되었다. 눈물을 아니 흘리고 고추를 먹을 수 없듯이 씨올을 죽이지 않고 서양 문명을 배울 수 없다.

동양은 힘을 표준으로 하여 사람을 보지 않는다. 그 때문에 한동안 전쟁 방법을 발달시킨 서양에 깔려 종살이를 했지만, 이제 그 의미가 드러나는 날이 왔다. 전쟁 잘못하는 것이 결코 후진국 아니다. 과학 떨어진 것이 결코 야만 아니다. 여러 십 년을 속았다. 그러나 이제 근본적으로 고쳐 생각해봐야 하는 때가 왔다.

근대화라 떠들어대던 사람들은 우리에게 어떤 고상한 것이 있었던지 우리의 문화 유산은 알지도 못하고, 알려고도 않고, 다만 몇몇 선진국 사람들에게서 전쟁 기술과 소위 정치랍시고 사람을 어떻게 하면, 속일 수 있고 얽을 수 있는지, 죄악을 어떻게 하면 하고도 아니 한 척 교묘하게 할 수 있는지, 그것만을 배운 사람들이다.

그들은 육신으로만 우리 민족일 뿐이다. 우리의 원수다. 그 소리를 들어서는 안 된다. 너, 나만 아니라 '우리'를 살리는 길을 우리 조상들은 어질게 찾아왔다. 이제 시대가 달라져 그대로 그냥 쓸 수는 없지만 우리가 그것을 다시 찾아보노라면 오늘의 길이 스스로 밝아질 것이다.

젊은이의 반항과 어른된 세대의 생각할 점

그다음 또 하나 생각할 문제는 젊은이의 반항이다. 옛글을 고쳐 쓰자는 데 젊은이는 아마 반대할지 모른다. 그러나 거기 깊이 생각할 점이 있다.

우선 먼저 잊어서 아니 되는 것은 사람은 역사적 존재라는 점이다. 엄정하게 말하면 사람만 아니다. 생명의 진화가 역사적이다. 진화는 두 큰 힘, 곧 유전과 변화로 이루어진다. 예 없이는 이제 없다. 모든 새것은 옛 것을 토대로 하고 나온다. 생각하는 인간에게는 더구나 그렇다.

먼저 사람이 생각한 것 없이 새것이란 있을 수 없다. 물론 역사는 새것을 찾는 데서 발전을 하지만, 역사를 전적으로 무시하고는 자람은 있을 수 없다. 그저 반대를 위한 반대, 단순한 호기심의 만족을 위한 변천이라면 모르지만, 모든 건설적·창조적인 사상은 반드시 과거를 존경하고 그것을 밑천으로 해서만 있을 수 있다. 소위 온고지신溫故知新이다.

옛글의 예는 결코 죽어버린, 지나가버린 것이 아니다. 시간이 지나감에 따라 낡아버리는 것 있고 낡아버리지 않는 것이 있다. 낡아버리는 것은 우연적인 것이요, 낡아버리지 않는 것은 근본적이며 본질적인 것이다. 길게 몇백만 몇천만 년을 두고 하면 근본이니 본질이니 하는 것은 없는지도 모른다. 그러나 설혹 그것도 변하는 것이라 하더라도 극히 천천히, 다른 말로 하면, 극히 큰 규모로 되어간다. 그렇기 때문에 역사에서는 그 근본되는 것을 붙잡는 것이 가장 중요하다.

예란 시간을 뚫고 살아 있는 생명이다. 수천 년 동안에 변동이 많은데, 그것을 뚫고 오늘까지 와서 사람이 그것을 찾지 않으면 아니 될 때는 상당한 까닭이 있다.

미국 캘리포니아에 가면 세콰이어라는 나무가 있는데, 그 나이 3천 년 넘는 것이 있다. 다른 나무는 불과 몇백 년 살다 죽어버리는데 그 나무만이 그렇게 장수하는 데는 까닭이 있을 것이다.

마찬가지로 인간 있은 후 여러 사람이 여러 가지 생각을 했는데, 그리고 다 잊혀져버렸는데, 그중에 석가, 공자, 노자, 예수 하는 분들의 말만이 오늘도 사람 입에 오르내리고 있다. 거기 반드시 까닭이 있을 것이다. 그것이 무엇인가. 옛것, 고古란 그런 것이다. 그렇기 때문에 반드시 깊이 연구할 필요가 있다.

고전古典이라 할 때 전典 자는 책을 말하는 것이다. 책冊 자는 옛날 종이가 발명되지 않았을 때, 대나무를 쪼개서 가죽오리로 엮고 그 위에다 옻으로 글자를 썼는데, 그 대쪽을 엮은 모양을 그린 것이다. 그것을 두루마리로 말아두었기 때문에 책을 헬 때에 한 편編, 한 권卷 한다. 전典 자는 그 책을 상 위에 올려논 모양이다. 책 중에도 보통 책이 아니고 귀중한 것이라는 뜻이다. 그래서 전 자는 경전經典, 법전法典 하는 존중하는 책에만 붙여 쓴다.

경經이라는 자는 날이란 말이다. 천을 낳을 때에 먼저 날이 있고 거기다 씨를 쓴다. 어진 이의 말씀은 천의 날같이 첨부터 끝까지 언제나 있어서 끊어져서는 아니 된다는 뜻으로 그렇게 쓴 것이다. 그것이 고전이 뭐냐 하는 뜻을 잘 나타내고 있다.

생각이 허다하지만 그 허다한 생각 중에서 고르고 정돈된 것이 말이요, 말 중에서 또 고르고 정돈된 것이 글인데, 글도 크게 둘로 나눌 수 있다. 한때 쓰일 글, 길게 두고두고 쓰일 글이다.

그때그때에 관한 글, 개개의 물건과 일에 관한 글은 한동안 쓰이고 그 시기가 지나가면 잊혀져버린다.

고전이란 주로 사람의 사람 관계에 대한, 지혜와 행동에 관한 것으로, 오래 두고두고 소용이 될 글들이다. 자라나는 세대는 그것을 통해 전에 살았던 사람들의 정신적 유산을 받아 살게 된다.

만일 옛글이 없이 새로 나는 사람마다 제각기 새로 출발해서 자기로서 하지 않으면 아니 된다 한다면 문화 발달은 있을 수 없다. 물론 글이 아니고 말이나 행동을 통해서도 될 수 있지만 그것만으로는 부족하다.

사람이 지어낸 것을 문화라 글월이라 하리만큼 글은 중요하다. 아프리카의 역사를 보면 잘 이해할 수 있다. 한때 흑인은 아주 바탕이 떨어진 인종인 줄 알았지만, 이제는 과학적인 실험에 의해 그들이 결코 바탕이 떨어진 것 아님이 밝혀졌다. 사실 오늘날 위대한 흑인 종교가·철학가·예술가·정치가가 있는 것을 우리는 잘 안다.

그런데 그런 흑인이 왜 이때껏 문화에서 뒤졌던가. 자연의 여러 조건도 생각할 수 있지마는 아마 그중 가장 큰 원인은 글자가 없었기 때문일 것이다. 어째 그랬는지 그들은 글자를 발명하지 못했다. 따라서 글이 없다. 그러면 씨올의 교육은 힘들 수밖에 없다. 천재가 나도 소용이 없다.

하여간 그래서 글 중에서도 글인 고전은 반드시 모든 지식에 앞서 이해할 필요가 있다.

그런데 지금 이 시대엔 세계적으로 젊은 세대가 어른 세대에 대해 반항을 하고 있다. 아마 이 문제가 핵무기의 문제보다 중요할 것이다. 시대가 갑자기 변해서 전 세대까지 그 가치를 발휘해왔던 가치체계의 의미가 없어졌다. 이것이 그들이 격분한 까닭이다.

그러나 과연 그렇게 전 세대와 단절을 하고 앞날의 문제를 해결할 수 있을까. 여기 어른된 세대가 생각할 점이 있다. 갑자기 변한 것을 어느 개인이 책임질 수 있는 것은 아니지만, 역시 늙은 세대 전체가 힘을 쓰는 수밖에 없을 것이다. 그밖에 다른 길이 없다.

그런데 그렇다면 그중에서 가장 먼저 할 것이 옛글을 오늘 사람이 이해할 수 있도록 고쳐 해석하는 일 아닐까. 옛날 하던 식대로는 아니 된다. 가령 예를 든다면, 옛날에는 청년시기에 들면 대개 한번은 죄 문제 때문에 고민을 했다. 그러나 지금 젊은이에게는 죄를 부르짖어가지고는 날카롭게 느껴지지 않는다. 이는 반드시 타락이 돼서가 아니다.

기성세대는 물론 그렇게 생각하려고 한다. 그러나 보다 동정하는 생각으로 보면, 그들의 생각하는 방식이 달라져서 그렇다. 그들도 종교적 요구가 있지, 없지 않다. 그 증거로는 환각제를 먹어서까지 전의 사람이 이르렀던 종교적 체험에 가고자 한다. 그 방법은 물론 잘못 됐다. 그러나 그렇다고 그것을 못하게 하는 것만으로 문제가 해결되느냐.

절대로 아니 될 것이다. 그 겨누는 지경은 같다. 그 방식이 다를 뿐이다. 시험해 생각해보라. 지금으로부터 만 년, 수만 년 전의 인간도 문제를 죄라는 것으로 제출했을까. 아닐 것이다. 그럼 우리도 변천하는 도중에 우리의 종교의식에 이르렀다. 그러므로 지금 사람을 타락이라고만 보지 말고, 또 타락이면 타락일수록 그들의 병에 맞는 처방을 주어야 할 것이다.

영원히 맞는 처방이란 없다. 종교를 만병통치약인 듯 생각했던 것은 구식이다. 그것으로 세상 건지지 못할 것이다. 반항하는 젊은이를 알 수 있도록 대화가 이루어지도록 해야 할 것이다.

그런 점에서 보면, 생명이란 본래 불효자다. 집 나가는 아들이다. 젊은 세대가 제 말을 버리고 낡은 세대로 돌아오지는 않을 것이다. 역시 아버지가 아들의 말을 배우는 수밖에 없다.

씨올의 할 일이 여기 있다. 중류 이상 귀족주의의 맛을 아는 사람들은 어려울 것이다. 젊은 세대의 이해는 역시 무식하다는 씨올의 층이 할 수 있지 않을까. 사실 이날까지 옛글에 대한 모든 해석은 권위주의, 절대주의, 귀족주의, 고정주의에 사로잡혀 있다. 그것에서 해방되기 전에는 젊은 세대에게 가까이 갈 수 없을 것이다.

동양 경전을 고쳐 씹어볼 필요

마지막으로 옛글을 고쳐 씹는 데 하나 더 생각할 것은 지금 있는 종교로부터 올 반대이다. 종교 경전의 말은 옳다. 글자 그대로 하나님 말씀이라 잘못이 없다 하는 말조차도 그대로 인정할 수 있다. 다만 어떤 마음으로 대하느냐가 문제다.

그럴 때 제일 문제되는 것은 권위문제일 것이다. 예로부터 그래서 보수주의가 늘 정통으로 온다.

　그러나 그 점에서는 석가나 예수의 태도를 배우는 것이 옳을 것이다. 결코 형식에 거리끼지 않았다. 또 저쪽을 승인시키자는 것이 목적 아니었다. 그들에게 권위는 영靈에 있었지 글이나 제도에 있지 않았다. 깨쳤다면 잘 깨쳤다. 일부러 깨쳤다. 그러나 그 깨치는 목적이 종교제도나 교리를 지키는 데 있지 않고 사람의 영혼을 살리는 데 있었다. 그렇기 때문에 자유자재로 새 해석을 하고 깨쳤다. 그러고는 옛날의 전통을 한 점 한 획도 무시하지 않노라고 했다. 눈으로 경전을 읽는 것 아니라 마음으로 읽었다. 혼자서 읽는 것 아니라 그 시대 전체의 자리에서 읽었다.

　오늘날은 어느 의미로는 몇천 년 전 그이들이 나섰던 때보다 더 심한 변동의 시대다. 그때보다 사람들 헤매임의 규모가 더 크고 더 복잡하고 더 심각하다. 그때도 그랬지만 지금도 종교나 도덕은 중류 이상의 것이지, 정말 일하는 씨을의 것이 아니다. 한마디로 "예수도 돈 있어야 믿겠더라" 하는 말이 우리를 도망의 여지없이 심판하고 있다. 마르크스의 말이 다는 아니더라도 어느 부분 옳다. 의식이 존재를 결정하는 것 아니라 존재가 의식을 결정한다. 깊은 종교적 체험에 들어가면 아니 그렇지만, 적어도 보통 말하는 생각이니 사상이니 하는 정도에서는 존재야말로 의식을 결정한다. 돈이 있는 사람은 아무래도 없는 사람과는 생각이 다르다.

　맹자孟子는 "항산(恒産: 살아갈 수 있는 일정한 재산이나 생업 – 편집자)이 없고서도 항심(恒心: 늘 지니고 있는 떳떳한 마음 – 편집자)을 가지는 것은 군자뿐이고, 보통 사람은 항산이 없으면 항심도 없다"고 했다. 그 말은 옳다. 그러나 나는 차라리 뒤집어 말하고 싶다. "돈이 있으면 양심이 없어지고, 돈이 없으면 양심이 살아난다"고. 하여간 돈이나 세력이 있고 없는 것을 따라, 절대는 아니지만, 사람의 생각이 달라진다.

그럴 때『성경』에 대한 생각이 같을 수 있을까.『성경』은 하나가 아니다. 둘이다. 부자의『성경』과 가난한 사람의『성경』이 그것이다. 하나에는 사업의 성공은 하나님의 축복이라고 적혀 있지만 다른 하나에는 하나님의 벌로 적혀 있다. 다 같이 모세와 예언자에게서 받은『성경』이지만 바리새 교인의『성경』과 예수의『성경』과는 같은『성경』이 아니었던 것을 우리는 너무도 잘 알고 있다.

예수를 살린 것도『성경』이지만, 십자가 위에서 무참히 죽인 것도『성경』이었다. 그리고 그 까닭이 어디 있느냐 하면, 부자냐 가난한 사람이냐 하는 데 있었다. 산상수훈 첫머리에 "가난한 사람에게 복이 있다. 하늘나라가 저희 것이다"〔「마태복음」, 5: 3〕 하는 말씀을 하고, "부자가 하늘나라 들어가기는 약대가 바늘 구멍으로 나가기보다 어렵다"〔「마가복음」, 10: 25〕 한 것은 결코 그저 한 말이 아니었다. 그러나 교회가 또 한번 부자의 자리에 섰다. 그들과는 달리 가난한 사람을 위해 하늘나라 문을 여는 새로운『성경』해석이 나와야 할 것이다.

오늘날 씨올도 2천 년 전 씨올 중의 으뜸 씨올인 그가 그랬던 것같이, 전체를 살리기 위해『성경』을 제멋대로 고쳐 씹어 읽고, 그 때문에 십자가에 달려야 할 것이다. 어느 의미론 벌써 시작됐다 할 수도 있다.

• 1970년 5월,『씨올의 소리』제2호

진리는 더 위대합니다

믿음이지 앎이 아니다

부처님 오신 날에 붙여서 무슨 말을 하라는 부탁을 받았지만, 내게는 부처님 오신 날은 없습니다. 내가 아는 부처님은 오신 날도, 가신 날도 없는, 영원하신 부처님입니다.

나는 물론 불교도가 아니기 때문에 감히 불교에 대해 무엇을 아는 것처럼 말할 수는 없습니다. 그러나 부처님은 압니다. 알아서 아는 것이 아니라, 모르면서도 압니다. 부처님은 영원하신 분이기 때문입니다. 그것을 나는 예수를 통해서 압니다.

영원하신 이는 마치 소금과 같습니다. 지극히 작은 한 알을 먹으면 무한한 전체를 알 수 있습니다. 또 그것은 마치 빛과 같습니다. 지극히 가는 한 가닥을 받아들이면 무한한 전체를 밝힐 수 있습니다. 또 그것은 마치 바람 같습니다. 지극히 연약한 한 숨결을 쐬어봤으면 영원한 전체의 운동을 알 수 있습니다.

소금이 어떤 것이냐를 알기 위해 7대양의 물을 다 마실 필요는 없습니다. 7대양의 물을 다 마신 후에야 소금이 짠 것임을 알 수 있다면 소금이 귀할 것이 조금도 없고 그것을 해보는 것같이 쓸데없는 일은 없을 것입니다. 빛의 경우도, 바람의 경우도 마찬가지입니다. 그 지극히 작은 것을 체험함으로 인하여 영원 무한한 전체를 능히 알 수 있게 되는 데 그 귀한 것이 있습니다.

그러므로 그것은 믿음이지 앎이 아닙니다. 그럼 믿게 하는 그 자체는 무엇입니까? 믿게 하는 이가 있지 않고는 내가 믿을 수는 없습니다. 알 수 있는 것은 믿지 않고는 알 수 없습니다.

믿게 하는 것은 참입니다. 이랬다저랬다 하는 것으로는 나를 믿게 할 수 없습니다. 소금 한 알을 입에 집어 넣고, "아, 짜다!" 했을 때 나는 그 잘 뵈지도 않는 한 알에 내 전신을 들어 항복한 것입니다. 흉악한 독재군주의 권력과 무기는 다 거부할 수 있어도 소금 한 알의 짠 맛을 짜지 않다 할 놈은 없습니다. 그것이 참입니다. 그러나 그 짬은 내 속에 본래부터 짬이 들어 있지 않고는 받아들일 수 없었을 것입니다.

믿게 하는 것은 사랑입니다. 나를 두렵고 겁나게 하며 슬프고 낙심나게 하는 것으로는 나를 믿게 할 수 없습니다. 빛 한 가닥이 어둠 속에 들어오는 순간 "아, 밝다. 아 따뜻해!" 했을 때 나는 내 전신을 들어 감사, 찬송한 것입니다. 부부애, 동포애는 잊을 수 있어도 빛의 사랑은 잊을 수가 없을 것입니다. 그렇지만 이 사랑도 생명 속에 본래 밝고 따뜻함이 들어 있지 않고는 알아볼 수 없었을 것입니다.

믿게 하는 것은 또 스스로 함입니다. 물질계에서같이 무자비한 법칙만이 다스린다면 나는 믿을 수 없습니다. 가벼운 바람이 스치고 지나감을 당하고 저도 모르게 "아 시원해!" 했을 때 나는 내가 바람인지 바람이 나인지 모르리만큼 자유한 것입니다. 그것이 스스로 함입니다. 그러나 스스로 하는 이 우주의 숨결은 또 내 속에도 본래부터 들어 있었습니다. 그러므로 그것을 알아보고 하나가 된 것입니다.

그저 믿음이 있을 뿐

내가 불교를 모르면서도 부처님은 감히 아노라 한 것은 부처님을 믿기 때문입니다. 부처님을 믿는 것은 내 속에 본래 부처님이 계시기 때문입니다. 그리고 내 속에 본래부터 부처님이 계신 것을 알려준 것은 예수요, 공자요, 노자요, 장자입니다. 그들은, 온 때와 곳, 말씀하시는 식양式樣은 달라도 참인 데서 사랑인 데서 스스로 함인 데서 하나인 것은 마치 소금이 구워낸 곳이 지중해냐 황해냐 인도양이냐 하는 데서는 달라도 짠 맛에서는 조금도 다를 것이 없음과 같고, 빛이 들어온 것이 창문을 통해서냐 산에서냐 바닷가에서냐 하는 데서는 달라도 따뜻하고 밝음에는 다름이 없는 것과 같으며, 바람이 그 통해서 온 곳이 숲 사이냐 물결 위냐 감옥 창살 틈에서냐 하는 데서는 달라도 시원한 데서는 추호도 다를 것이 없는 것과 마찬가지입니다.

나는 기독교인입니다. 그러나 나는 제도적인 데, 교리적인 데 얽매이지는 않습니다. 어느 종교도 사람을 상대하는 이상 제도나 교리를 전혀 쓰지 않을 수는 없습니다. 그러나 거기 집착해서는 아니 됩니다. 집착해버리면 그 안에 진리가 있어도 못 봅니다. 언젠가 이런 일이 있었습니다. 내가 아리스토텔레스의 "플라톤은 위대하다. 그러나 진리는 플라톤보다도 더 위대하다" 한 말을 빌려서, "기독교는 위대하다. 그러나 진리는 기독교보다도 더 위대하다" 했더니, 열심 있는 친구가 거기 반대해서, "아닙니다. 진리는 위대하다, 그러나 기독교는 진리보다도 더 위대하다 해야 합니다" 했습니다. 그 어느 개념이 더 큰 것이냐 하는 것은 어린 학생도 알 만한 것인데, 열심이 나면 그런 잘못을 하게 됩니다.

나는 아는 것은 적습니다. 그러나 내 하는 것이 제일이라고 집착하는 마음은 가지지 않으려 애씁니다. 또 진리는 끊임없이 자라는 것이라는 점을 생각해서 낡은 허울을 아낌없이 버리려고 힘씁니다. 이제 어떤 종교도 자기를 절대화할 수는 없습니다. 우리는 다 그 어느 부분, 어떤 나타냄을 보고 있습니다. 그러나 그것은 불완전한 나타냄 속에서 완전을 믿게 해주고 있습니다. 나는 믿음에는 주격도 목적격도 붙을 수 없다고 합니다. 하나님을, 혹은 부처님을 믿는 것이 아니라, 또 내가 믿고, 네가 믿는 것이 아니라, 그저 믿음이 있을 뿐이라고 합니다. 믿으면 우주도 있고 부처님도 있고 하나님도 있습니다. 믿음 없으면 아무것도 없습니다.

불교는 철학이지 종교가 아니라고도 합니다. 그러나 역사가 보여주는 것은 믿음에 이르지 않는 철학이 참 철학일 수 없고, 철학 없는 종교가 참 종교일 수 없습니다.

믿는 날이 오시는 날

한마디로, 우리나라 종교의 결점은 체험적이 못 되는 데 있습니다. 즉 내 종교가 아니고 남의 종교를 따르고 있습니다. 그러므로 종교의 기초적인 것만 강조하고 있고 날마다 변하는 역사에 적응해나갈 줄을 모릅니다. 그러므로 세상을 건질 능력이 없고 세속적인 세력에 뒤따라가며 그 심부름을 할 뿐입니다. 심부름인 이상, 부끄러운 것입니다.

불교에서 석가탄신일을 국정 공휴일로 하자고 불교도들이 시위운동하는 것을 보고 섭섭했습니다. 기독교인으로서 예수가 크리스마스에 팔려 다니는 것만 해도 슬픈데 불교까지 그 쓸데없는 것을 세속 세력에 청원하고 있다! 그런 것이 무엇이 부처님께 영광이 됩니까. 있던 영광도 내버리고 진리에만 나서서 마침내 구경 자리에 오르심을 나타내 보여주신 이인데, 거기다 무엇을 다시 더 붙입니까. 이 더럽고 소란한 문명을 향해 정말 적멸을 한번 실지로 보여줄 용기는 없으십니까?

나는 본래 불교에 대해 아무것도 몰랐는데 일제 때 감옥에 들어가서 책이라고는 그것밖에 없어서 『무량수경』을 읽다가 기독교 신앙과 불교 신앙은 본질에서 다를 것이 없다는 것을 알게 됐습니다. 이상하지 않습니까, 본래 선도대사[1]가 깨달음을 못 얻고 번민하다가 눈을 싸매고 책 곳간에 들어가 손에 잡히는 책에 운명을 걸고 찾아 뽑은 것이 『무량수경』이어서 거기서 도를 깨쳤고, 일본의 호넨[2]쇼닌이 또 젊어서 번민하다가 선도대사의 『무량수경』 해석을 읽어서 도를 깨쳤다는데, 나는 그러한 정성이 있었던 것도 아니지만, 또 그 호넨의 제자인 신란[3]의 글을 통해 『무량수경』을 알게 됐으니 참 이상한 인연이라 할 수 있습니다. 그런데 그『무량수경』이 가르치는 염불이란 무엇입니까? 아미타불에 대한 신앙 아닙니까. 그것은 중생을 건지기 위해서는 무한겁에 이르는 고통 시련도 사양 아니 하는 놀라운 신앙의 열매입니다.

오신 날 찾아서는 뭣합니까. 언제나 믿는 순간이 오시는 순간입니다. 기독교『성경』에는 "너는 내 아들이다. 오늘날 내가 너를 낳았다" 하는 말이 있습니다〔「시편」, 2: 7〕. 오시는 것도 오늘에 있고 가는 것도 오늘에 있습니다.

부처님 오늘 우리 마음속에 나십시샤!

• 1978년 6월,『불광』제44호

---

1) 선도(善導, 613~681): 중국 당(唐)의 승려. 정토종의 대성자로, 정토종에서는 제3조, 진언종(眞言宗)에서는 제5조로 친다. 저서에『관무량수경』을 주석한『관무량수경소』(觀無量壽經疏) 4권을 비롯하여『법사찬』(法事讚) 2권,『관념법문』(觀念法門) 등 5부 9권이 있다.
2) 호넨(法然, 1133~1212): 일본 정토종을 개창한 승려. 호넨쇼닌(法然上人)이라고도 한다. 계율 · 관행 · 예불 등 전통적인 수행법을 버리고, 아미타불의 명호만 외워도 극락왕생할 수 있다고 설법했다.
3) 신란(親鸞, 1173~1262): 일본의 불교철학자 · 종교개혁가. 호넨의 설법을 듣고 금욕생활을 포기. 아미타의 본원(本願)에서 구원을 찾았다. 행동과 깨달음 사이에 신앙을 끼워 넣어 불교철학에 독창적인 기여를 했다. 오늘날 일본에서 가장 큰 불교 종파인 정토진종을 창시했다.

내가 불교인에게 바라는 것

믿음은 하나

'불교인'이라고, 그렇게 일반 사람들이 부르는 대로 따라 부릅니다. 내 믿는 대로 한다면 '불교인' '기독교인' 그런 것은 없다고 합니다. 나는 '종교' 믿다가는 객사한다고 그럽니다. 다시 말한다면, 제집에 가지 못하고 길바닥에서 죽고 만다는 말입니다. 믿는다는 것은 구경의 자리에 가잔 것인데, 자리도 아닌 자리인데, 그 자리에 가려면 이때까지 타고 오던 물건은 버려야 할 터인데(아무리 크고 편히 탈것—대승大乘이라도), 못 버리고 그 속에서 죽었다면, 정말 내 자리엔 못 들어간 것입니다. 그래서 참 의미로는 종교인이란 것은 없습니다. 믿고 산 사람이 있을 뿐입니다.

또 말을 하려면 내 선 자리를 먼저 밝혀야 옳은 일이라고 생각합니다. 나는 보편적인 자리에 섭니다. 모든 참된 종교의 알짬은 하나라고 믿습니다. 그러므로 종파, 교파는 하나의 편의지 목적이 될 수 없습니다. 그러므로 종파주의는 내버려야 한다고 믿습니다.

또 나는 믿음에는 목적격도 주격도 붙을 수 없다 합니다. '부처님'을 믿는 것도 '하나님'을 믿는 것도 아닙니다. 있음도 아니고 없음도 아닌, 이름할 수 없는 데 믿음이 있습니다. 또 내가 믿는다, 네가 믿는다도 없다고 합니다. 하나도 아닌 하나에 하나인 믿음이 있을 뿐입니다.

그러나 말을 하자면 할 수 없이 하나님이라 하고, 아미타불·관음

보살이라 할 것입니다. 그러나 그렇게 말할 때에 내가 생각하는 것은 다른 누구의 생각하는 것과도 같지 않을 것입니다. 제각기 다 저만이 아는 독특한 체험입니다. 그 한없이 독특한 것들이 독특한 채로 하나인 자리가 믿음으로 알려집니다.

그러므로, 그렇게 아시고 마음을 열고 싶으시면 읽으시고, 그렇지 않고 믿음에 방해된다 생각하시거든 읽지 마시기 바랍니다. 믿음은 서로 해치잔 것이 아니기 때문입니다. 믿음은 서로 반대되어도 저 무한에 가서 하나될 것이고, 서로 꼬여도 이 가다리가 저 가다리를 엎누르지 않고 서로서로 도와줄 것입니다.

첨부터 씨을의 종교로 안 왔다

불교만은 아니지만, 불교는 이날까지 우리 민족을 건져왔습니다. 우리 살 속, 뼛속에 부처님의 길이 흐르고 있습니다. 사실 불교는 들어올 때부터 씨을의 종교는 아니었습니다. 정치의 길을 타고 지배계급 속에 들어온 것입니다. 그렇지만 진리는 언제나 넘치는 법입니다. 이용하려는 자를 도리어 정복하는 법입니다. 민족통일을 지향하는 삼국시대에 세 나라에 다 들어오면서도 종시 그 통일을 완성시키지 못하고 만 것은 국가를 초월하는 고등종교로서 불교의 실패라고 해야 할 것이지만 그래도 아주 멸망을 면하고 기형적으로나마 통일이 된 데는 역시 씨을 속에 들어간 불교의 힘이 클 것입니다. 그것 없이는 소위 통일문화라고 하는 것은 없었을 것입니다.

남의 것 뺏어 먹고 자랑하기 좋아하는 속알 없는 사람들은 지금도 세상은 마치 김춘추·김유신이 다 만들고, 불국사·석굴암은 정치 잘해서 된 것처럼만 말하지만, 채찍만 무서워하고 약탈물만 생각하는 군졸만 가지고 전쟁을 어떻게 하며, 건축가·조각가만 가지고 어찌 절을 짓고 부처님을 아로새길 수 있습니까. 꽃이 흙에서 나오듯이, 쇠가 바위에서 나오듯이, 모든 재주, 모든 힘은 씨을과 그 믿는, 믿는 줄도 모르게 믿는, 흙같이 부드러우면서도 바위같이 굳은 그 신념에서 나옵니다. 씨올은 성도 이름도 없던 그 시대입니다. 인간 대접을 못 받으면서도 나라를 나라로 사랑했고, 일한 값을 받지도 못하면서 사람은 사람 노릇해야 한다는 양심이 있었기 때문에 그것이 될 수 있었지, 그것 없이 짐승만 가지고 어찌 가능합니까. 여러분, 대웅전의 뒷구석에 무너져가면서 아직도 아니 무너진 초초한 칠성각 산신령은 눈물 한숨 섞인 가난한 신앙의 상징이 아니겠습니까. 그 죽은 재 밑에 한번 지팡이를 넣어 불길을 올려볼 생각은 없습니까.

내려가는 길을 걸은 불교

대체로 우리나라 불교는 삼국시대 이래 올라가는 길을 걷지 못하고 내려가는 길을 걸었습니다. 물론 그렇게 된 데는 여러 가지 원인이 있을 것입니다. 그렇지만 불교는 죽은 학문이나 습관이 아니고 산 믿음입니다. 믿음에는 능치 못한 것이 없다고 모든 종교가 다 증거합니다. 불교 자체가, 무엇보다도 먼저 스스로 그 책임을 져야 할 것입니다. 『불교통사』의 저자 이능화[1] 선생은 그것을, 언제나 중국에 의존했기 때문이라고 했습니다. 일본은 '불교의 일본적인 전개'를 말하는데, 만일 한국적인 전개를 찾는다면 어떻게 말해야겠습니까? 조선조에 와서는 유교가 성해 정치적으로 누른 점도 있기는 합니다만 종교는 반드시 탄압에 못 견디는 것만은 아닙니다. 도리어 순교정신이야말로 역사를 빛내는 것입니다.

우리나라가 작았기 때문이라 할 수도, 국제관계가 험악했기 때문이라고 할 수도 없을 것입니다. 기독교의 역사를 보면 알 수 있습니

1) 이능화(李能和, 1869~1943): 한국의 역사학자 · 민속학자. 조선총독부가 식민지 통치 방안의 하나로 수행한 조선사편찬위원회의 위원이었다. 분류사(分類史)를 중심으로 나름의 학문세계를 개척했으나 민족사에 대한 역사의식이 철저하지 못했다는 평을 받는다.

다. 유대 나라는 우리보다도 훨씬 더 작고, 더 참혹한 역사인데 거기서 세계를 휩쓰는 종교가 나왔으니 말입니다. 너무 혹독한 말이 될지 모르지만 고려시대까지를 지배적인 종교로 내려왔으니만큼 최근 오륙백 년 동안 우리나라가 쇠약해진 것은 불교인이 책임져야 하지 않을까. 더구나 유교는 엄정한 의미의 종교도 아닙니다. 그렇기 때문에 주자학 일변도의 조선조에 있어서도 상층 하층 할 것 없이 사회의 종교적 요구는 불교가 당해 나갔습니다. 19세기에 들면서 기독교가 처음으로 왔을 때 잔혹한 탄압을 받으면서도 맹렬한 형세로 번져나간 것은 정치적·사회적인 까닭도 있지만, 또 불교의 약점을 반증하는 사실이라고 할 수도 있습니다. 이 점은 불교 자체에서 깊이 반성해서 밝혀주었으면 앞날을 위해 큰 힘이 될 것으로 믿습니다.

국가주의의 극복과 종교의 사명

이 점에 관해서 더구나 안타까운 것은 월남 참전 이래 세계에서 들려오는 우리 민족이 아주 잔인하다는 평입니다. 우리는 이날까지 스스로를 평화민족이라 주장해옵니다. 단군의 건국 이야기에서부터 평화적이요, 또 우리의 고유 종교사상도 평화주의입니다. 나는, 도교道敎는 사실은 우리나라에서 시작되어 중국으로 번졌다가 고구려시대에 다시 역수입한 것이라는, 이능화 선생의 주장이 상당히 이유 있다고 봅니다. 그런데 그 도교에 본래 평화주의가 들어 있습니다. 그래서 나는 고구려의 온달, 신라의 처용, 백제의 검도령을 우리 민족의 세 전형적인 인물이라 합니다.

그 밖에도 예를 들자면 많을 것입니다마는, 하여간 이날까지 우리는 스스로 착한 민족으로 자부해왔는데, 월남전에 가서 하는 짓을 보고 세계 사람들이 눈을 찌푸리는 것만은 사실입니다. 그러면 불살생을 강조하는 불교로서는 누구보다도 더 깊은 반성을 해야 할 것입니다. 나 자신은 마음 아프게 생각은 하고, 또 기회 있는 대로 그것은 한

때의 현상이거나, 혹은 오해로 온 것일 거라고 설명은 하지만 천하의 입을 내 짝손으로 가릴 수도 없고 구태여 설명을 해본다면 일제 말년에 일본군이 중국 처처에서 저질렀다는 잔인으로 미루어서, 오늘 우리나라 군대의 간부가 일군에서 교육을 받은 데서 오게 된 것 아닌가 하는 생각을 해보기도 합니다.

하여간 민족으로서는 한 큰 문제입니다. 그런 성격적인 결함을 가지고서는 세계가 하나인 이 시대에 도저히 옳게 서 나갈 수가 없을 것입니다. 자비의 종교로서 깊이 반성해보아주시기 바랍니다.

새 불교적 인생관을 제시하라!

나는 오늘날은 어느 종교를 막론하고 기성 종교는 다 크게 반성해서 큰 개혁이 일어나야 된다고 합니다. 왜냐하면 제2차 세계대전을 기점으로 인류는 큰 전환기에 들어간다고 봅니다. 그 중점은 국가관에 있습니다. 이날까지 국가는 인간 사회의 후견인 역할을 해왔습니다. 그러나 이제 인간은 그 후견인을 지나쳐 자랐습니다. 이제 인류는 성인기에 들었습니다. 그러므로 과거 모양으로 국가가 국가지상주의를 휘두르면 인간의 성장을 해치게 될 것입니다.

지금 시대의 고민은 거기 있다고 나는 봅니다. 동·서의 구별 없이 지나가버리려는 국가지상주의를 단말마적으로 강조하고 있습니다. 그렇기 때문에 근자에 와서는 이데올로기 싸움도 퇴색되어가고 있습니다. 이것은 싸움이 그 종국에 가까이 간 것을 의미합니다. 인류가 일대 반성을 하고 그 대국가주의를 서로 버리지 않는 한 장래는 비관적일 수밖에 없습니다.

제2차 세계대전 후 시대의 대세가 당연히 나가야 하는 권력분산의 방향으로 나가지 못하고, 거꾸로 중앙집권적으로 나간 것은 이날까지의 국가관을 탈피할 용기를 내지 못하고 옅은 이기주의에 제각기 현상유지주의로 나가려 했기 때문입니다. 그러나 진화의 방향이 '물질에서 정신으로'로 되어 있는 이상 이 시대착오의 현상은 일시적인 것이지 결코 영구적일 수 없습니다.

그래서 여기서 종교의 사명이 나옵니다. 이러한 인류 사회구조의 근본적인 변천은 종교의 지도 없이는 될 수 없습니다. 사상의 새 종합을 하는 것이 종교기 때문입니다. 그렇기 때문에 이것은 불교에만 한한 문제가 아니고 모든 종교가 다같이 당하는 문제이기 때문에 이 나라의 불교도 자기 사명을 다할 생각을 해서 우선 자체의 혁신을 이루도록 해야 할 것입니다.

그런데 그 점에서 감히 기탄없이 말한다면 불교가 누구보다도 더 뒤지지 않았나 합니다. 반드시 불교의 철학 자체가 꼭 그렇다고까지 단언할 자신은 없습니다마는, 통속적으로 불교라면 이 세상은 허망한 것이라는 생각과 사람을 개개로만 보는 개인주의적인 사상이 농후하기 때문입니다. 지금의 사회는 유기적인 사회여서 전체에서 독립한 개인이란 없습니다. 이것이 위에서 말한 인류가 성인기에 들었다는 말입니다. 그런데 불교에서는 아직도 인간은 철두철미 개인적인 것으로 보고 있지 않나 하는 것입니다. 새로운 불교적인 인생관을 제시해주기를 바랍니다.

오늘까지의 불교 참 답답하다

마지막으로 하나 더 말할 것은 동양적인 것을 다시 음미해보자는 것입니다. '빛은 동방에서'라는 말은 난 지가 오랩니다. 그렇지만 근래에 와서는 서양 사람들은, 특히 미국 사람들은, 거의 신경질적이라고 하리만큼 동양을 찾습니다.

그리고 그것은 이유 있는 일입니다. 근대라는 것은 엄정한 의미에서 서양적 근대인데, 그 시작은 다 아는 대로 문예부흥에 있습니다. 그것으로 학문의 풍이 달라진 것입니다. 그래 그것이 시작이 되어 종교개혁에까지 이르게 됐고, 이어서 산업혁명이 생기면서 현대가 됐습니다. 그런데 그 문명이 자신만만하게 낙관주의를 가지고 내민 결과가 제1차 세계대전이요 제2차 세계대전입니다. 그러고 나서 위에서 말한 대로 서양은 당황하기 시작했습니다. 물론 그전부터 벌써 서양문명을 비평하는 말들이 있었지만, 지난번 대전을 겪고 나서야 정말 심각히 생각하기 시작했습니다.

불행히도 우리는 일제시대에 자주민 노릇 못했던 죗값으로 남북이 분단됐고, 그 때문에 지나치게 정치적인 관심만이 강해져서 미처 인류 역사의 대세를 한눈에 굽어볼 겨를 없이 정치·군사에만 주의를 뺏겨서 정말 중요한 인류의 생각이 어떻게 돌고 있는가는 미처 보지 못하고 넘어가고 있는 점이 있지만, 사실은 서양 자체 안에서는 상당히 진지하게 앞을 내다보고 있는 사람들이 많은 듯합니다.

그래서 서양적인 것만으로는 어딘지 크게 잘못된 점이 있으니 옛날에는 미개라고 멸시했던 동양을 새삼 눈을 씻고 보자는 열심이 강하게 일어나고 있습니다. 그런데 동양이라면 어디보다도 먼저 인도를 보아야 할 것이고, 인도라면 응당 무엇보다도 불교를 먼저 들어야 할 것입니다.

나는 이 점에서는 서양 사람보다는 우리가 더 유리한 처지에 있다고 봅니다. 이제 새로 연구를 한다 하여도 서양 사람이 하는 것보다는 우리가 그래도 나을 것입니다. 전에는 동양이라 아시아라 멸시하는 바람에 정말 가치없는 것인 줄 알고 내버려두고 있을 수가 있었지만, 이제는 그래서는 안 됩니다. 그런데 같은 동양인 중에서도 인도인들은 상당히 자부심을 가지고 있는데, 웬일인지 우리는 그렇지 못합니다. 인도는 자기네 인도만을 알지만 우리는 인도와는 별개로 발달한 동아시아 문화를 가지고 있으므로 새로운 종합을 하는 데는 더 유리하다 할 수 있는데, 여전히 서양 숭배 속에만 살고 있으니 한심한 일입니다.

이것이 큰 문제입니다. 자신 없는 민족이 어떻게 이 맹렬한 소용돌이 속에서 살아나올 수 있습니까. 큰 눈으로 보면 핵무기보다도 이것이 더 급한 것입니다. 세계사적 사명감 없는 민족이 어떻게 자신을 가지며, 자신 없는 민족이 누구를 이기며, 그보다도 누구와 협동할 수 있습니까. 불교는 일천만 신도를 자랑합니다마는 민족적·정신적 지도에 사명을 느끼지 못하는 종교가 일천만 아니라 이천만 삼천만이면 무얼합니까. 있나 없나 의심할 여지도 없습니다. 저쪽에서 도리어 우리의 묵은 고전 속에 보배가 들어 있다는데 우리 스스로 아니 찾는 것은 참말 통탄할 일입니다.

한 종교에 생명이 있느냐 없느냐는 정치에 대한 태도를 보면 압니다. 정치와 밀착하고 썩지 않은 종교 없고, 발전을 위해 정치세력에 굽히고 들어가는 종교, 고등한 도덕적인 것 하나도 없습니다. 그런 생각을 하면서 해방 후 오늘까지의 불교를 보면서 참말 답답한 마음을 금치 못합니다. 5백 년을 학대받아왔다면 한 번 고개를 틀만 하지 않습니까?

그와 관련해서 한 가지 더 첨부해 말씀드리고 싶은 것은 어째서 우리나라 불교는 교육·학문에 힘을 쓰지 않는가 하는 것입니다. 좋은 전통은 물론 귀합니다. 그러나 역사는 변하는 것이고 인간은 자라는 것입니다. 오늘날 교육이 다 옳고 지금의 학문이 다 좋다는 말 아닙니다. 잘못되고 고칠 것, 버릴 것 많습니다. 그러나 고치는 것도 교육으로야 고칠 수 있고, 버리는 것도 학문해서만 버릴 수 있습니다.

1천만 교도라면 어느 교단보다도 큽니다. 큰 사업을 할 수 있을 것입니다. 원조를 청해도 정치에 청할 것이 아니라 내 신도에게 성의로 한다면 정치 세력에서 나오는 유가 아닐 것입니다. 삼국시대에 그 문화 창조를 했던 민족을 오늘 동원을 못 시킨단 말입니까? 그때는 강제로 했겠지만 지금은 자진해서 할 것입니다. 다른 것을 다 치우고 인류 종교개혁에 앞장서려고 한번 힘써보시기 바랍니다.

함부로 한 말을 용서하시기 바랍니다.

• 1978년 12월, 『씨올의 소리』 제79호

노장老莊을 말한다

사이불망자死而不亡者

노자·장자의 인생관에 관한 것을 써보라는 요구를 들었을 때 이미 두려운 생각이 들었는데, 내 마음이 약해 분명히 거절을 못했고, 그 때문에 한 달을 두고 생각을 하면서도 글이 되지 않았다. 그랬으면 그때라도 용기를 내어 분명한 말을 했어야 할 것인데, 연기할 터이니 이제라도 쓰라는 간청에 다시 약해져서 이 시간까지 왔는데, 글은 되지 않고 생각나는 것은 『사기』史記가 전해주는 젊은 공자의 말뿐이니, 가슴이 무겁기만 하다.

이랬다는 것이다.

공자가 주周나라로 노자를 찾아가서 예禮를 물었더니, 노자가 말했다.

"그대가 말하는 그것은 말한 그 사람들과 그 뼈다귀가 이미 다 썩었고, 이제 그 말이 남아 있을 뿐이다. 또 군자란 것이 제때를 만나면 수레 타고 다니지만, 때 얻지 못하면 허줄한 꼴로 다니는 법이다. 나는 들으니 잘하는 장사치는 잘 간수한다는 것이 도리어 슬쩍 묻어둔다고 하더라. 군자도 깊은 속을이 있으면 그 모양이 도리어 어리석어 보인다. 그대의 교만한 기운과 욕심 많은 것, 꾸민 꼴, 지나친 생각, 그것이 다 그대에게 좋지 못한 것이다. 내가 그대에게 하고 싶은 말은 이것뿐이다."

공자는 돌아가서 제자들을 보고 말했다.

"새는 날 줄 아는 놈인 것을 내 알고, 물고기는 헤엄칠 줄 아는 놈인 것을 내 알고, 짐승은 달음질할 줄 아는 놈인 것을 내 안다. 달음질하는 놈은 그물이면 잡을 수 있고, 헤엄치는 놈은 낚시면 잡을 수 있고, 나는 놈은 활로 쏠 수 있는 줄을 알지만, 용이란 놈은 바람·구름을 타고 하늘 위에 나니 내 그 어떻게 할지를 알 수 없다. 내 오늘 노자를 보니 그는 용 같다고나 할까."

공자도 어떻게 할지 모르는 것을 나더러 어떻게 하란 말일까. 그러나 그러면서도 지금 이렇게 붓을 드는 것은 내가 노자·장자를 좋아하기 때문이다.

'천지의 정正을 타고 6기六氣의 변화를 부려 무궁에 노니는'〔『장자』, 「소요유편」〕 그들을 논리적으로 분석하고 철학적으로 음미해, 인생관이니 사상이니 하고 큰소리를 하라면 겁이 나지 않을 수 없지만, 내 좋아하는 스승 혹은 친구에 대해 두더지가 백두산 천지 가에 갔다온 뒤나 같이 보고 들은 것을 이야기도 못하겠다면, 그것은 우선 그들에 대한 도리가 아니라고 생각된다.

나는 노자·장자를 좋아하는 것이 아니라, '깊은 숲에 깃들인 뱁새'같이 '시냇가에서 물 마시는 두더지'같이 날마다 그들을 만나고 대화를 하면서 살아가는 사람이다.

어떤 사람들은 혹 그들이 어느 시대의 사람들이냐, 정말 생존했던 사람이냐 아니냐 하는 것을 토론하기도 하고, 그들의 이름으로 전해 오는 글은 사실 그들이 쓴 것이 아니라 후대의 사람이 지은 것이라 하기도 하지만, 내게는 그런 것은 조금도 문제가 되지 않는다. 나는 내가 앉을 한 가지를 찾고 마른 내 목을 축이면 그만이다.

그러면 혹 그래도 역사적으로 사실을 밝혀야 그것을 참으로 이해할 수 있지 않느냐 할지 모르지만, 2천 년 이상을 이만큼 시간·공간을 뚫고 내려왔으면 그것이 곧 역사적 존재지 그 이상 무엇을 더 밝힐 것이 있을까. 어디에 누구의 아들딸로 났던 것이 분명하면서도 무슨 생각을 했으며 무슨 일을 했던지 전혀 알 수 없게 된 사람들이 얼마나 많은가.

인격은 결코 한 육체 속에만 갇혀 있으면서 한때만 사는 것이 아니다. 무한히 자란다. 소위 죽었다는 후에도 계속 살고 자라고 있는 것이다. 만일 그것을 믿지 못한다면 예수, 석가, 노자, 장자는 영 알 수 없을 것이다. 바로 그것을 말해주는 것이 노자요, 장자다. 그렇기 때문에 노자는, "죽어도 없어지지 않는 것이 오래 삶"〔死而不亡者壽, 『도덕경』 제33장; 이하에선 책명 생략〕이라 했다.

나는 일제시대에 『구약』의 「이사야」 「예레미야」를 많이 읽었다. 그 압박 밑에서 낙심이 나려 하다가도 그들의 굳센 믿음과 위대한 사상에 접하면 모든 시름을 잊고 다시 하늘을 향해 일어설 수가 있었다. 그들은 나에게 말을 해주는 산 영靈이었지 결코 죽은 글이 아니었다. 내가 그들을 다 알지 못해도 좋다.

마찬가지로 이 몇십 년의 더러운 정치 속에서도 내가 살아올 수 있는 것은 날마다 노자·장자와 대화를 할 수 있었기 때문이다. 내가 만일, "썩 잘함은 물과 같다. 물은 모든 것을 좋게 해주면서도 다투지 않고 누구나 싫어하는 (낮은) 곳에 있으려 한다. 그러므로 거의 도에 가깝다"〔上善若水 水善利萬物而不爭 處衆人之所惡 故幾于道, 제8장〕 하는 노자의 말을 듣지 못했던들 씨올을 잊어버리고 낙심을 했을지도 모른다. 아침 저녁으로 장자를 따라 무용無用의 대수大樹를 아무도 없는 동리나 넓은 광야〔無何有之鄕 廣莫之野〕에 심어놓고 그 옆을 한가로이 서성이며, 또 누워 잘 줄 몰랐던들〔『장자』, 「소요유편」〕, 이 약육강식과 물량 퇴폐의 독한 공기 속에서 벌써 질식이 되어 죽었을지도 모른다.

현실 초월

노자·장자는 한마디로 이 현상계를 초월해 살자는 것이다. 초월한다는 말은 결코 내버린다는 말이 아니다. 이 현상계는 어떤 사람들이 생각하는 모양으로 꿈도 아니요, 허망한 것도 아니요, 내버려야 하는 악한 것도 아니다. 노자·장자는 그렇게 생각하지도 않았고 그렇게 살지도 않았다. 이 현상의 세계는, 그 안에 태어난 우리의 삶은, 우리의 선택으로 되는 것도 아니요, 피해버릴 수 있는 것도 아니다. 스스로 그런 것, 자연적인 것이다. 자연이므로 필연이다. 그럴 수밖에 없는 것이다.

그럴 수밖에 없는 것이라면, 우리가 어떻게 대하느냐, 그 태도가 문제다. 왜냐하면 사람은 생각하는 존재기 때문이다. 생각을 하면 생각하는 나 자체와 마주 서는 세계를 알게 되고, 알면 좋다 언짢다 하는 감정이 붙게 되고, 좋다 언짢다가 생기면 그 좋은 것을 취하고 언짢은 것을 버리자는 의지가 발동하게 된다. 소위 지知, 정情, 의意다.

그럴 때 이 생각하는 나와 나를 둘러싸는 세계 또는 그 안에 있는 나와 마찬가지로 생각하는 사람과의 사이에 복잡한 문제가 생긴다. 이 세계는 문제를 가진 세계라, 인간은 그 자체가 문제라 하는 말은 이래서 나온다. 장자도 말했다. "나의 삶은 한이 있으나 나의 앎은 한이 없다. 한이 있는 것을 가지고 한없는 것을 좇으려 하니 어렵지 않은가"〔吾生也有涯 而知也無涯 以有涯隨無涯 殆已, 『장자』, 「양생편」〕. 여기 지知라 한 것은 지각, 지식만을 말하는 것이 아니고, 차라리 의식적으로 하는 모든 욕망의 뜻으로 해석하여야 할 것이다.

우리 생명은 한이 있는데 우리 욕망은 한이 없다. 그러니 문제 아니냐 하는 뜻이다. 이 말은 「양생편」養生篇 첫머리에 나오는데, 여기서 보면 알 수 있는 것같이 노자·장자는 삶을 아주 귀중하게 여긴다. 그리하여 그 생을 받아서 났으면 잘 쳐서, 제 타가지고 나온 목숨, 곧 천년天年을 다하도록 하는 것이 사람의 도리라고 한다. 그런데 그렇게 내걸어놓은 문제에 대한 장자의 대답은 무엇이라 했느냐 하면 이렇다. "독督을 따라 올로 삼으면 몸을 보존할 수가 있고, 삶을 온전히 할 수 있으며, 어버이를 칠 수 있고, 해를 다할 수 있다"〔緣督以爲經

可以保身 可以全生 可以養親 可以盡年〕.

독督은 등골이란 뜻이다. 기경팔맥奇經八脈 중 중맥中脈을 독맥督脈이라 하고, 옷의 잔등으로 가는 등골의 혼〔縫〕 것을 독이라 한다. 그러므로 독은 중中의 뜻으로 해석한다. 즉,『중용』에서 "기쁨, 노여움, 슬픔, 즐거움이 아직 나타나지 않은 것〔喜怒哀樂之未發〕을 중이라〔謂之中〕"〔제1장〕 할 때의 그 중이다. 그러고 보면 '연독이위경'緣督以爲經이란 사람의 생각으로 하는 그 감정 이전에 올라가서 아직도 어느 편에 치우치지 않은 중정中正의 근본 지경을 올로 삼아 살아가도록 하라는 말이다.

중中은 다른 말로 하면 영원 무한의 구경 원리다. 노자는 그것을 상常이라고 했다.『도덕경』제1장에 있는 "길 길 할 수 있으면 늘 길 아니고, 이름 이름 할 수 있으면 늘 이름 아니다"〔道可道非常道 名可名非常名〕 할 때의 상도常道 상명常名이 곧 그것이다. 도란 우주의 궁극의 자리, 모든 것의 근본이 되는 원리 혹은 실제를 말하는 것인데, 그것은 성질상 공간 이전, 시간 이전, 인식 이전의 절대적인 자리가 아니면 안 된다. 그래서 상이라고 했다.

그러나 상常의 지경은 우리 감각으로는 파악 못하는 절대의 지경이요, 우리가 아는 것은 상대적인 현상계뿐이다. 이 상대의 세계도 그 절대의 세계에서 나왔을 것만은 틀림없는 일이다. 우리는 그것을 증명할 수는 없지만 그렇게 말할 수밖에 없다. 그래서 이어서 이렇게 말한다. "이름 없음이 하늘 땅의 비롯, 이름 있음이 모든 것의 어미"〔無名天地之始 有名萬物之母〕.

그러나 그것을 말로 증명할 수는 없기 때문에, "그러므로 늘 하고자 함 없어 그로써 그 아득함을 보고, 늘 하고자 함 있어 그로써 그 끝을 본다"〔故常無欲以觀其妙 常有欲以觀其徼〕라고 한다. 묘妙는 직관으로 느껴 알 수 있으나 말로 설명은 못하는 것이다. 절대·상대가 서로 따로 있는 것은 아니다. 그러므로 "이 둘은 같이 나와서 이름은 다르나 같이 일러 까맣다. 까맘의 또 까맘이 모든 묘의 문이다"〔此兩者同

出而異名 同謂之玄 玄之又玄 衆妙之門]라고 한다.

상대에서 절대를 보아 절대에서 상대가 나왔음을 안다. 그렇게 함이 현실을 초월함이다. 절대도 영원 무한, 상대도 영원 무한, 상대에 살면서 절대에 하나되기 때문에 '현지우현'玄之又玄이라 하고 그렇게 함으로써 상대 속에서 그대로 절대와 하나되기 때문에 '중묘지문'衆妙之門이다. 노자·장자의 삶은 도에서 시작되고 도에서 끝난다. 끝이 시작이요, 시작이 끝이다.

도道

그러므로 노자·장자의 도는 공자·맹자가 말하는 도와는 다르다. 공자가 『대학』에서 말하는 "대학의 길은 밝은 속을 밝힘에 있으며, 씨을 사랑함에 있으며, 지극한 선에 머무는 데 있다"[大學之道 在明明德 在親民 在止於至善]는 도나 『중용』에서 말하는 "하늘이 말씀하신 것을 이른 바탈이요, 바탈 따름을 이른 길이요, 길 닦음을 이른 가르침이다"[天命之謂性 率性之謂道 修道之謂教]의 도는 길, 곧 목적에 이르는 방법을 말하는 것이지만, 노자·장자의 도는 길이 아니라 목적 그 자체다. 그렇기 때문에 한없이 크고 넓고 깊은 것이다. 삶의 근본, 있음의 밑바닥이다. 영원 무한이다.

이것은 공자·맹자와 노자·장자의 그 시대를 보는 눈이 서로 다른 데서 나온 것일 것이다. 하나는 보다 현실적이요, 하나는 보다 이상적이다. 유교는 실천도덕으로 단계적으로 지도하자는 것이요, 노·장의 가르침은 궁극의 자리를 뚫어 단번에 현실을 초월하는 자리에 가자는 것이다.

이 관계를 생각하면 자연 예수가 밤에 찾아와서 "선생님은 하늘에서 오신 분인 줄 압니다" 한 니고데모에 대해, "새로 나지 않으면 하늘나라를 볼 수 없다"[「요한복음」, 3: 2~3] 하여 첫머리에서부터 까버리던 장면을 생각하지 않을 수 없다. 그래서 그 후에도 두고두고 논쟁이 있었다.

예수가 바리새적인 길로 구원이 될 수 있는 것을 알았던 것같이 노자·장자도 유교의 가르침으로 춘추전국시대가 건져질 수 없는 것을 알고 있었다. 그래서 예수가 자기의 길은 좁고 험하다고 했던 것같이, 노자는 자기의 길은 따져서 알 수 있는 것이 아니라고 했다.

"보아도 못 보니 그 이름이 어릿, 들어도 못 들으니 그 이름이 흐릿, 잡아도 못 얻으니 그 이름이 야릇, 이 셋은 따져 될 것이 아니다"〔視之不見 名曰夷 聽之不聞 名曰希 搏之不得 名曰微 此三者不可致詰, 제14장〕 했고, 또 "몬이 있어 두루뭉수리로 되어 하늘 땅보다 먼저 낳으니 괴괴하고 고요하여 홀로 서서도 고치지 않고, 두루 다녀도 위태롭지 않으니 천하의 어미로 삼을 만하더라. 내 그 이름을 모르니 불러서 도라 하자"〔有物混成 先天地生 寂兮寥兮 獨立不改 周行而不殆 可以爲天下母 吾不知其名 字之曰道, 제25장〕 하기도 했다.

따져서 될 수 없는 것은 이상으로는 알 수 없는 것이요, 무엇이라 이름할 수도 없으나 그렇기 때문에 하늘 땅 이전이요, 그렇기 때문에 천하의 어미가 될 수 있다.

모든 것의 근본이기 때문에 그것은 원인 없는 원인이다. 스스로 그런 것, 곧 자연이라고 하기도 하고 아무것도 없음, 곧 무라고 하기도 한다.

학學과 도道

그러면 그 도를 깨달으려면 어떻게 하면 될까. 노자는 지적으로는 허무虛無, 적막寂寞, 염담恬淡을 강조했고, 실행으로는 무위無爲, 유약柔弱, 부쟁不爭, 복귀復歸를 말했다.

"비임을 이루게 하기 다시 없이 하고, 고요를 지키기 도타이 하면 모든 것이 아울러 일어나나, 나는 거기서 돌아감을 본다. 모든 것이 무럭무럭 자라지만 저마다 그 뿌리로 찾아 돌아가는 것이니, 뿌리로 돌아감을 고요라 하고, 고요를 말씀에 돌아감이라 하고, 말씀에 돌아감을 떳떳이라 하고, 떳떳을 앎은 밝음이라 한다. 떳떳을 알지 못하면 함부로 짓을 하여 언짢고, 떳떳을 앎은 받아들임이요, 받아들임은 번듯이 내놓음이요, 번듯이 내놓음은 임금이요, 임금은 하늘이요, 하늘은 도요, 도는 오래 있어 몸이 꺼져도 죽지 않느니라"〔致虛極 守靜篤 萬物竝作 吾以觀其復 夫物芸芸 各復歸其根 歸根曰靜 是謂復命 復命曰常 知常曰明 不知常 妄作凶 知常容 容乃公 公乃王 王乃天 天乃道 道乃久 沒身不殆, 제16장〕.

비인다는 것은 곧 자기 부정이요, 고요히 함은 무한히 기다리는 태도다. 그러면 하나님의 모습대로의 나로 돌아가 우주의 근본 의미를 알게 된다. 『주역』에서 말하는 '적연부동 감이수통천하지고'寂然不動 感而遂通天下之故다〔「계사상전」〕. 그러면 그것이 명命 곧 말씀에 돌아간 것이기 때문에 상常 곧 영원 무한에 하나됨을 얻으니 자연 밝다. 「요한복음」에, "말씀으로 모든 것이 지어졌고, 그 말씀이 생명이요, 생명이 사람에게 빛이더라"〔1: 4〕 하는 것과 잘 맞는 말이다. 그러므로 '몰신불태'沒身不殆, 곧 영원한 생명에 든다는 말이다.

그렇기 때문에, "배움은 날로 더함이요, 도를 함은 날로 덞이다. 덜고 또 덜어서 안함에 이르면 하지 않는 것이 없을 것이다"〔爲學日益 爲道日損 損之又損以至於無爲 無爲而無不爲, 제48장〕 한다. 학學은 적극주의요, 도道는 소극주의다. 앞의 것은 서양식이요, 뒤의 것은 동양식이다. 적극주의는 얻는 것 같은데 결국은 모르는 것이고, 소극주의는 밑지는 것 같은데 결국에 가서는 버린 것을 다 찾는다. 그래서 장자는, "날로 계산하면 모자라는데, 해로 계산하면 남는다"〔日計之而不足 歲計之而有餘〕라고 한다.

그의 「제물론」齊物論은 이 적극주의, 유위주의有爲主義, 학문주의가 진리에 이르게 할 수 없다는 것을 밝히기 위하여서 한 말이다. 세상에서는 시비 토론으로 사리를 밝히려 하지만 시비로는 밝혀지지 않는다. 시비란 따지고 보면 없다. 이 상대의 세계에 객관적 표준이란 있을 수 없기 때문이다. 그래서 "하늘땅은 한 손가락이요, 만물은 한 마리 말이다"〔天地一指也 萬物一馬也〕해서 그 한 소리에 모든 학문이 그만 바벨탑처럼 무너지고 만다. 그럼 장자는 어떻게 하자는 것인가.

"하늘 고름에 쉬어 고르기를 시비로써 한다"〔休乎天鈞 和之以是非〕.

상대에 집착하니 옳다 그르다 크다 작다 하지, 절대의 자리에 서서 볼 때 다 하나 아니냐, 그것을 천균天鈞 혹은 天均, 즉 천예天倪라 하고, 그 자리에 선 것을 명(밝음)이라 한다. 장자가 이 말을 한 것은 전국시대에 우후죽순처럼 일어나 서로 싸우던 제자백가諸子百家를 향해 던진 것이었으니, 그 시원함을 무엇으로 형용할까. 하물며 아인슈타인 이후 한때 확고부동한 진리인 줄 알았던 과학이 토대에서부터 흔들리고 이제 불확론不確論을 말하는 이때에서일까.

평화주의의 첫째 사람

나는 노자를 평화주의의 첫째 사람이라고 한다. 물론 그전에 이미 이사야가 있어 "칼을 쳐서 보습을 만들 것"을 외친 일을 모르는 바 아니지만, 노자처럼 시종일관 순수한 평화주의를 부르짖은 사람은 없다. 더구나 살벌한 부국강병주의의 춘추전국시대였다. 그리고 장자는 그것을 우주적인 나팔로써 외쳤다.

중국 역사에서 하夏·은殷·주周를 3대라 해서 그 발달했던 문물을 예찬한다. 그것은 원시의 부족시대로부터 나와서 첨으로 통일문화를 건설했던 때다. 그런데 주나라 말기에 와서 무너지기 시작했다. 공자가 난 것은 그때였다. 그는 정치로써 할 수 있다면 해보려고 "공자가 앉은 자리는 따뜻할 새가 없다"는 소리를 들을 만큼 천하를 두루 다니며 정치의 길을 찾았으나 아니 되므로 물러가서 그 말년을 교육과 문필에 맡겨 정성을 다했다. 공자가 간 후 그 제자들은 가지가지 의견과 이론으로 갈라졌고 그가 바라던 천하 통일은 멀어져 갔다.

노자는 공자의 선배라는 것이 전통적인 기록이나, 근래에 고증을 하는 사람들은 도리어 공자보다 후의 인물이라고 하기도 한다. 선후의 차이가 있을지는 몰라도 어쨌거나 혼란기에 나서 세상을 건져보려고 애를 썼던 점에서는 같다. 그 의견은 위에서 이미 말한 대로 서로 다르다.

노자가 유위有爲의 방법으로 안 될 것을 첨부터 밝히 안 점에서 우리는 공자에게보다도 그에게 더 귀를 기울이지 않을 수 없다. 실제적인 입장에서 가능한 것을 해보자고 했던 점에서 공자의 생각은 찬성자를 얻기 쉬웠고, 중국 역사 수천 년에 늘 정치 지침을 제공해오기도 했지만, 또 피해도 많았다.

우리가 노자·장자를 높이 평가하는 것은 그들은 애당초 정치하잔 생각은 없었고 이상론을 펼친 것이니 크게 정치에 영향을 끼쳤다 할 수는 없지만, 우주 근본의 깊은 데를 파고 들어간 말이었던 만큼 앞으로도 오히려 생명을 가지고 있다고 볼 수밖에 없다.

이상이 높은 사람은 언제나 그런 것이다. 노자도 외로웠고 장자도 외로웠다. 『도덕경』 제20장에서 노자는 이렇게 말한다.

"배움 끊어라, 근심 없을 거다. 예함 아함이 그 서로 먼 것이 얼마며, 어질다 모질다가 서로 다른 것이 무언가. 사람이 두려워하는 것 나도 두려워 않을 수 없으니, 허허 헌출해 다할 길 없어라. 뭇사람 히히 하하 해 큰 잔치라도 지내는 듯 봄 돈대에 오르기라도 한 듯. 나 홀로 고요해 낌새도 뵈지 않아 어린이 해죽할 줄도 모르는 듯 둥둥 떠다니며 돌아갈 데 없는 것 같고 뭇사람 다 남았는데 나 홀로 잃은 듯. 나 어리석은 사람 마음인 듯 명명하고나. 세상 사람 또렷또렷, 나 홀로 어득. 세상 사람 깔끔깔끔, 나 홀로 멍청. 가물가물 그믐바다인 듯. 괴괴해 끊일 줄 없는 듯. 뭇사람 다 씀 있는데 나 홀로 굳고 더러운 듯하니, 나 홀로 남과 달라 어머니 먹기 좋아"〔絶學無憂 唯之與阿 相去幾何 善之與惡 相去若何 人之所畏 不可不畏 荒兮其未央哉 衆人熙熙 如享太牢 如春登臺 我獨泊兮其未兆 如嬰兒之未孩 儽儽兮若無所歸 衆人皆有餘 而我獨若遺 我愚人之心也哉 沌沌兮 俗人昭昭 我獨昏昏 俗人察察 我獨悶悶 澹兮

其若海 飂兮若無止 衆人皆有以 而我獨頑似鄙 我獨異於人 而貴食母〕.

이것은 동양식 「이사야」 53장 아닌가. 그렇지만 노자는 결코 우울하거나 원망하지 않았다. 직업이라고 조그만 나라 도서관 사무원으로 있었다 하니 누가 크게 알아주었을 리 없고, 그래도 자기 믿는 바에 스스로 평안히 하고 즐거워함이 있다가 오랜 후에야 그 빛을 세상이 알게 되니 그때는 벌써 백발이라. 그래서 세상에서 부르기를, '저 늙으신 선생님'이라 해서 아마 노자老子라는 이름이 붙었을 것이라고 한다. 본래, "아는 사람 말 아니하는 것이고, 말하는 사람 아는 이가 아니다"〔知者不言 言者不知〕라 하는 이니 말과 글을 많이 했을 리 없고, 후에 전하는 것이 소위 『도덕경』이라는 5천여 자 되는 글뿐이다. 그 5천 자 속에는 무한 영원으로 살아 움직이는 생명이 들어 있다.

장자의 이야기는 더 기막히다. 그 난 곳을 송宋이라 하는데 송이 어떤 곳이냐. 중국 옛날 글들을 보면 송나라 사람은 언제나 어리석다는 것이다. 누구나 잘 아는 맹자의 이야기가 그 좋은 실례다.

어떤 사람이 처·첩을 데리고 사는데 날마다 나가면 취해서 늦게야 들어온다. 그 어디서 그렇게 먹었나 물으면 늘 누구누구하는 잘난 사람이라는데 한 번도 찾아오는 사람은 없다. 그래 그 처·첩 두 사람이 의심이 나서 몰래 뒤따라가 보았더니 공동묘지에 가서 남들이 제사하고 남은 퇴잔을 여기저기 다니며 얻어먹고 오더라〔宋人有一妻一妾 而處室者……〕는 것이다.

이것은 맹자가 당시에 소위 정치운동 다닌다는 것들을 비웃노라고 한 말이어서 "천하에 정치한다는 것들, 이 송나라 놈같이 제 처·첩들이 몰래 울지 않을 것들 없지" 했다.

다음 이야기도 같이 정치 비판하는 이야기다. 어떤 사람이 제 곡식이 잘 자라지 않는 것 같아 애태우다 못해 하루는 나가서 그 고갱이를 모두 죽죽 뽑아 올렸다. 그러고는 아들보고 그 자랑을 해 나가보니 햇볕에 다 말라죽었다〔宋人有閔其苗之不長而揠之者……〕는 것이다. 맹자는 "세상 정치가 곡식고갱이 뽑는 짓 아닌 것이 없지" 했다.

송나라 사람은 그렇게 바보라는 것이다. 사실을 알고 보면 눈물나는 이야기다. 송이 어디냐 하면 옛날 은나라 땅이다. 중국 고대의 은나라 문화가 발달했던 것은 소위 은시대의 갑골문자甲骨文字라는 것으로 알 수 있다. 글자를 처음으로 발명해 쓴 것이 그 은나라다. 후에 다른 민족인 주周한테 망해버렸다.

예나 이제나 지배자의 심리는 고약한 것이어서, 싸워서 나라가 망한 것만 해도 분한데, 또 영구히 두고두고 지배 착취해먹기 위해 계획적으로 그 피지배 피압박의 은나라 백성을 바보다 바보다 하고 멸시했다. 그것이 유전이 되어서 후대 송나라 사람을 세상이 바보 대접을 해서 그런 이름이 생겼다는 것이다.

그러면 이제 우리가 장자의 그 자유분방하면서도 칼 같은 익살이 들어 있는 『장자』의 십만 자의 문장이 어디서 나온 것임을 짐작할 수 있다. 더구나 우리로서는 요새 정사正史 문제로 말이 많지만, 그 은 문화가 우리와 깊은 관계가 있다는 것을 생각할 때 남의 이야기가 아니라는 느낌이 든다.

『장자』는 그저 단순히 시원한 문학만이 아니다. 피눈물이 결정된 저항의 문학이요, 삶의 부르짖음이다. 그렇지 않아도 사람의 영대를 흔드는 글이지만, 그 내막을 알고 읽을 때 가슴이 끓는 물처럼 솟음치는 것을 느낀다. 그렇게 볼 때 그 평화주의란 결코 평안에서 오는 한가한 말이 아니요, 뼛속에서 우러나오는 비폭력의 부르짖음임을 알 수 있다.

자세한 기록은 없지만 그 글 안에 보면 어떤 때는 끼니 양식이 떨어져 꾸러 갔다 하고, 직업이라고는 미투리를 삼아 파는 것이라고 했다. 아내가 죽으매 두 다리를 벌리고 앉아 노래를 불렀다고 하는 구절도 있다. 그렇게 가난한 살림을 하면서도 임금들이 사람을 보내 불렀을 때는 한마디로 차버렸고, 포악한 지배자들 밑에 허덕이는 씨올들을 건져주기 위해 애를 태웠던 사람이요, 그것을 위해 불 같은 믿음을 가졌던 사람이다. 그렇기 때문에 전국시대에 사람들이 부국강

병이라 하여 짐승보다 더 잔악한 전쟁을 하며, 또 생각없는 씨올이 거기 휘말려 그저 살겠다는 옅은 생각에 올 줄 갈 줄을 모르고, 지식 있는 놈은 시비 싸움에, 없는 놈은 남이 먹다 남은 찌꺼기 다투기에 여념이 없는 것을 보고는 "또한 슬픈 일 아니냐"〔不亦悲乎〕라고 자주자주 탄식했다.

제사 돼지로 팔리기보다는 진창 속에서 절벅거리며 살기를 택했고, 들사람〔野人〕의 살림에 만족하면서 스스로는 영원 무한 속에 소요유逍遙遊를 하고 붓을 들면 천하의 임금이라 영웅이라 호걸이라 학자라 하는 것들이 하나도 그 붓끝에 휘말려 돌아가기를 면한 자가 없다. 그러나 그 재주 때문에 뜻을 놓쳐서는 안 되고 그 기운 때문에 그 믿음을 얕봐서는 안 된다. 그는 천하를 건지자고 부귀영화를 다 초월해 절대의 세계를 개척하기에 일생을 바친 사람이었다.

천장구지天將救之

이제 역사는 크게 변하려 하고 있다. 물질주의, 지식주의, 권력주의, 적극주의의 서구 문명이 차차 사양길에 들었고, 사람들은 그 산업방법, 그 학문, 그 종교를 근본에서 고쳐 생각하지 않으면 아니 되는 때를 당했다. 세상에서는 공연히 어렵게만 알지만, 자기로서는 "내 말은 아주 알기 쉽고 아주 행하기 쉬운 거다"〔吾言甚易知 吾言甚易行〕라는 노자에게 한번 겸손히 귀를 기울여보지 않으려나. 그는 자기는 세 가지 보배를 가졌노라 했고, 하늘이 구해주려 할 때는 사랑으로 지켜준다고 했다.

"내게 세 가지 보배 있어 보배로이 지닌다. 첫째는 사랑, 둘째는 수수함, 셋째는 감히 천하에 앞장 못 섬이다. 그저 사랑하므로 날랠 수 있고, 덜 쓰므로 넓을 수 있고, 감히 천하에 앞장서지 않으므로 그릇의 어른될 수 있다. 이제 그 사랑은 버리고 날래려만 하고, 덜 씀은 버리고 넓으려만 하며, 뒤 서기는 버리고 앞 서기만 하면 죽는다. 그저 사랑은 가지고 싸우면 이기고, 가지고 지키면 굳는다. 하늘이 건져주려 할 때는 사랑으로 돌려준다"〔我有三寶 持而持之 一曰慈 二曰儉 三曰不敢爲天下先 慈故能勇 儉故能廣 不敢爲天下先 故能成器長 今舍慈且勇 舍儉且廣 舍後且先 死矣夫慈以戰則勝 以守則固 天將救之 以慈衛之, 제67장〕.

지금같이 살림이 곧 정치, 정치가 곧 전쟁이 돼버려 죽음의 문명이 돼버린 때에 한번 깊이 귀를 기울여볼 말 아닐까.

• 『하늘 땅에 바른숨 있어』(삼민사, 1982)

예와 이제

　이렇게 모든 것이 급작스레 변해 돌아가므로, 시시각각 새로 쏟아져 나오는 물건에 대한 광고와 날마다 곳곳에서 터져 일어나는 사건에 대한 뉴스조차 미처 눈을 돌릴 겨를이 없는데, 거기다 또 먼지가 앉은 케케묵은 옛글까지 읽어야 한다고 책을 내는 것은 무슨 생각 없는 짓이냐고 트집을 잡는다. 그러나 바로 그렇기 때문에 한다.

　물건이라지만, 물건이 무엇인가. 결국 따지고 들어가면 사람이 살기 위한 의식주의 자료밖에 되는 것 없지 않은가. 일이라지만 일이 무엇인가. 결국 따지고 들어가면 생사의 문제밖에 다른 것 없지 않은가.

　그렇게 볼 때 문제는 지극히 간단한 것이다. 문제의 근본은 그렇게 지극 간단한 것을 복잡하게 만든 데 있다. 그 잘못을 만든 범인이 누구냐 하면 소위 문명이란 것이다. 문명이라는 이름 아래 살고, 죽고, 뜻을 드러내는 데 반드시 없어서는 아니 되는 거슴과 지음 이외에 군더더기를 너무 많이 붙이기 시작했다. 그리고 군살이란 본래 커지는 법이라 갈수록 더 커져 군더더기에 또 군더더기가 붙기 시작해서, 이제는 생명을 위협하는 지경에 이르렀다.

　오늘날 인류는 홍수에 빠져 있다. 홍수는 난물이다. 물과 불은 사람이 사는 데는 절대로 필요한 것이다. 그러나 그 물 불이 필요의 정도를 벗어나서 사람의 힘과 재주로 억제할 수 없는 지경에 이르면 물불이 났다고 한다. 그래서 난물이요, 난불이다. 사람의 힘과 지혜를 벗어난 물과 불은 난(亂)물이요 난(亂)불이다. 죽이는 일이다.

인류가 어렸을 때는 자연의 물 불과 싸워야 했다. 그것을 어느 정도 손아귀에 넣은 때가 문명의 시작이다. 그러나 오늘은 그러한 자연의 물 불보다는 문명으로 인해 인조된 물 불이 나서 그 난물 속에 빠졌다. 이제라도 살고, 죽고, 자녀를 낳아 인간답게 교육하는 데 실질적으로 필요한 것을 제하고는, 모든 사치스러운 군더더기를 뽑아버리면 살 수 있지만, 그렇지 못하면 인류는 제가 만든 이 물질의 홍수에서 멸망하고 말 것이다.

그 인조의 난물 난불이 무엇인가. 첫째, 가장 알기 쉬운 것이 전쟁과 대기업이라는 것이다. 이 문명은 사치문명이라고 했지만 사치 중에도 사치가 전쟁이다. 나라마다 가장 많은 돈을 쓰는 것이 전쟁비용 아닌가. 그러면 나더러 현실을 몰라 그런다고 하겠지만, 나야말로 왜 현실을 모르느냐고 반문하고 싶다.

소위 문명국, 그중에서도 선진국이라는 나라들이 살고 죽고 교육하고 뜻을 실현하는 데 필요한 것을 제하고 그 밖의 모든 사치품과 사치 행동을 버릴 각오만 하면 전쟁은 사실 필요치 않은 것을 곧 알 것이요, 이 문명시대를 비웃듯이 있는 많은 약소민족이 넉넉히 먹고 입지도 못해 허덕이는 비참한 현상에서 자연 해방될 수 있을 것이다.

그런 길을 찾기 위해 나는 옛글을 다시 읽어보자는 것이다. 왜? 그 안에야말로 인간의 인간다운 기본적인 모습, 그리고 그렇게 살고 죽는 길이 들어 있기 때문이다. 그때야말로 초창기이기 때문에 사치 생각은 할 겨를이 없었고, 비교적 간사한 지혜가 없이 순진하게, 너도 살고 나도 살며 나도 인간답게 죽고 너도 인간답게 죽어 이 인생을, 이 생명을, 이 하늘을 한뜻 속에 실현해보려고 애썼던 것이 드러나 있기 때문이다.

보통 사람의 삶은 언덕길을 내리닫는 것과 마찬가지여서, 한번 내리닫기 시작하면 그 걸음을 억제하기 어렵다. 오직 특별히 둘러보고 스스로 억제할 줄 아는, 소위 성인이라고 했던 이들만이 능히 그것을 할 수 있었다. 사람의 귀함도 생각하는 데 있지만 또 사람의 불행하고 부끄러운 것도 생각하는 데 있다.

옛글이란 역사의 초창기에 하기 어려운 일을 능히 스스로 하여서 정신적 미지의 지경을 개척했던 이들의 체험이 들어 있다. 보통 지식 기술에 관한 것은 배우기가 쉽지만, 그런 일은 사실 힘이 든다. 다행히 교육이 보급되지 못했던 옛날에는 일반 사람이 능히 알거나 하지는 못하더라도, 뛰어난 이가 가르쳐주면 순종하는 겸손은 있었는데, 지금처럼 지식 기술을 어려움 없이 배울 수 있는 때는 인간 본래의 약점으로 쉬운 길만을 택하고 어려운 길이 옳은 것을 인정은 하면서도 자연 내버리기 쉽다.

오늘날 사회상은 이렇게 해서 오게 된 것이다. 그러므로 지금 시대는 어느 사이에 버려져 먼지 속에 묻혀 있는 옛 지혜를 다시 찾아 씹어보는 데서만 살길을 찾을 수 있다.

세상 풍조는 새것만을 좋아하고 옛것을 존중할 줄 모르지만 뜻있는 이는 그렇지 않다. 옛날에 위대했던 이들은 예외 없이 옛길을 찾았다. 모든 종교, 모든 철학이 그것을 증거한다. 제2차 세계대전 이래 고등기술의 갑작스런 발달에 따라 모든 사람들이 날마다 변하는 새 풍조만을 따르고 옛 정신을 거의 무시하게 됐지만, 이대로 오래갈 수는 없을 것이다.

회리바람의 변두리에서 떠도는 낙엽은 굉장한 운동을 하는 듯하지만 조만간 어느 돌창에 떨어지고 말 것이요, 도리어 그 중심의 움직이지 않는 자리에 있던 미꾸라지는 푸른 하늘로 용오름을 할 수 있다. 큰 세계혁명의 회리바람이 부는데, 그 낙엽은 누구요, 그 미꾸라지는 누구일까.

예를 찾는 것이 인간이다. 옛날 옛적이라는 말이 그것을 증명한다. '옛날'은 본래 '옌날'이었을 것이다. 예는 간다는 뜻이다. 내가 났던 평북지방에서는 '넨날'이라고 발음했는데, 어려서 천자문을 배울 때 行 자를 '넬 행' 하고 불렀고, 어린아이더러 저리 가라고 할 때는 "니거라" 하고 명령을 했다. 또 함경도 지방서는 길 가는 나그네를

'길넘아비'라고 했다. 그것으로 보면 옛날은 간 날, 즉, 가고 가고 해서 저 먼 시대가 된 때라는 말로서 인생사회의 뿌리, 그 시작을 찾는 뜻이 거기 들어 있음을 알 수 있다.

한문의 고古 자도 마찬가지다. 열 십十 자와 입 구口 자를 합해서 만든 것인데, 여러 사람이 말해 일러오는 것이 예라는 뜻이다. 거기 대해 이제라는 금今 자는 또 재미있다. 그것은 ㅅ자와 ㄱ자를 합한 것인데, ㅅ은 합合 자에서 보듯이 모았다는 뜻, ㄱ은 급及의 옛 글자인데, 그 두 글자를 합한 뜻은 지나간 날이 모이고 모여서 오늘에 미친 것[及]이 곧 이제란 말이다. 그러면 거기서 옛날의 인생철학을 알 수 있다. 옌날, 언제부터인지 알 수 없이 먼 옌, 지나간 날, 거기서 자기네의 뿌리를 본 것이다. 그러면 옛날을 높이는 이유를 알 수 있다.

그러기에 노자老子는 "옌날부터 있는 길(곧 진리)을 붙잡아 이제 있는 있음[有]을 부린다"[執古之道 以御今之有]라고 했다. 마치 고삐를 잘 잡아야 사나운 말을 잘 부려서 차를 몰아갈 수 있듯이, 이제 있는 이 천지만물과 인생 역사를 올바르게 이끌어가려면 예로부터 지금까지 뚫려 있어 변함이 없는 그 진리를 알아야 한다는 뜻이다.

삼민사三民社의 한승헌 님은 뜻이 있는 이다. 변호사를 하셔서 모르는 씨올의 억울한 일을 바로잡아주려 하셨는데, 1975년 이후 뜻하지 않았던 옥고를 두 번 치렀고, 변호사 일도 못하게 되자 책 출판을 시작하셨는데, 한동안 『씨올의 소리』에 이따금 냈던 옛글 풀이 몇 편을 모아 책으로 내자 하니, 그 또한 뜻이 있는 일이다 생각됨으로 여기 책머리에 몇 줄을 써서 부치는 터이다.

1982년 3월 15일
함석헌

• 『하늘 땅에 바른숨 있어』(삼민사, 1982)

노자 공부를 왜 하나

이 시대에 안 맞는 노자

노자老子를 한다고 그러게 됐는데, 그러지 않아도 대개 아시겠지요. 그래도 요새 우리 사는 사회를 보면 이게 잘 맞지 않는 겁니다. 왜 노자 공부를 하나. 나는 물론 좋아하지만 이렇게 여러분이 많이 오신다는 건 좀 의아해요. 어떻게 알고 오지? 오는 거 나쁘다는 말은 아니에요. 좋긴 좋게 생각이 되지만, 글쎄. 왜 그런고 하니 이 시대하고 맞지 않아요. 맞지 않기 때문에 나는 기어이 또 읽어가고. 나는 책 중에 주로 이걸 많이 봐요.

또 시간을 맡아 한다고 하니까 책임 있게 해야지, 무책임하게 할 수도 없고 해서 자연히 그럽니다. 그러는 게 한 해 두 해만이 아니고 이제는 수십 년이 돼오는데, 나는 그렇지만 여러분까지 이 시대의 형편을 본다면 어떤 의미로는 잘 맞지 않는 것 같습니다. 좋게 생각을 한다면 무언가를 찾아보는 생각이 아무래도 상당히 계신 분들인가 보다 그렇게 생각이 돼요. 그건 좋아요.

그렇지만 과연 마지막까지 놓지 않고 흥미를 가지고 찾아나가실까? 사람은 많은 편이 좋지요. 좋기는 하지만 언제든 좋다는 건 아니에요. 너무 그런 때도 많아요. 지금 한국의 기독교는 너무 왕성해져요. 일 년에 얼마만큼씩 늘어가지요? 굉장히 좋은 것 같지만 까닭이 있어요. 이것도 좀 그런 의미로 걱정이 있군요.

또 하나는 지금으로서는 할 수 없는 거지만, 힘을 단단히 쓰셔야 될 거예요. 이게 한문인데 한문 중에서도 어렵단 말이야. 장자莊子는 더 어렵구요. 노자는 비교적 쉬운 글자를 썼지만 그래도 역시 고문古文인지라 글자가 잘못된 것도 있고 현대문 같지 않아서 어려워요. 또 사상적으로는 이걸 순서로 한다면 유교의 사서四書라는 거,『논어』『맹자』『중용』『대학』, 적어도 이거는 봤어야 얘기가 되지요. 아주 깊이는 못 되더라도 그저 보통 상식으로라도, 대개로라도 알았어야 이걸 이해하기가 쉽겠는데, 그것도 못한 분이 아마 있지 않나 이런 걱정이 좀 있군요. 내가 썩 잘한다면 아주 초심자라도 알아들을 수 있게 할 수 있지만. 그러나 본래 자기가 하고자 해야 되는 거 아닌가. 어떻게 되서 그런 준비가 못 되어 있다면 참 어려운 일이에요.

그러니까 이왕 오셨으니까. "아이, 그럼 나는 틀렸지" 하고 물러갈 게 아니라 이왕 오셨으니까 단단히 주의하고. 이 한문, 이것 때문에 아까도 변증법 얘기했지만, 보통 말이 이건 본래 유교 생각이 있어서 거기에 대한 반대로 나온 사상이라고 말하는 사람이 많은데, 그 말이야 맞든지 안 맞든지 별개의 문제이고, 하여간 그런 지식이 있어야 해요. 유교에서 말하는 인仁·의義·예禮·지智 같은 가르침은 상식적으로 아는 걸로 알고, 자연히 알아야 할 거니까. 지금 사는 데 옛날 것을 다 알 필요가 없지 않습니까. 그럴는지도 모르지만 그건 아니 그래요.

적어도 이 나라, 동양, 여길 다시 봐야 해. 동양이라는 나무에 한 가지라는 거. 동양 전체가 하나인, 큰 동양문화라고 하는 거는 하나의 큰 거목이에요. 그 거목에 두 가지인지 세 가지인지 모르지만, 그 어느 큰 가지에 속하는 거니까, 그 밑둥을 모르고는 다음에 꽃이 핀다든지, 가지에 잎이 핀다든지 할 수 없지 않아요. 그래서 그건 알아야 돼요. 노자를 하지 않더라도 사서가 어떤 건지, 다는 몰라도 그중에 중요한 어느 거는 알아둬야지요. 지금까지 못하셨거든 그것도 겸해 생각하셨다가 언제 아무래도 해야 될 거예요.

그리고 왜 고전 얘기를 이렇게 하느냐 하면, 어제 저녁에도 했는데 안 오셨던 분도 있어서 하는 말이오. 그러니까 될수록 간략하게 중복이 되지 않을 정도로 다시 할랍니다.

"빛은 동방으로부터"

지금 우리는 대체로 말하면 서양 문명을 주로 하고, 동양은 동양대로 옛날 17세기 더러는 했지만 일반적으로 도대체 이렇게 교통이 편리하지도 않았지만 동서의 교통이 없어서 동양은 동양대로 가고 서양은 서양대로 갔고 그렇지 않았소? 인도에 와서 산 어느 영국 시인이 "동양은 동양이고 서양은 서양이니까 두 쌍둥이는 영원히 만날 길이 없다" 그랬는데 지금은 상당히 달라져서 쌍둥이가 만난 셈이에요.

서양 사람들이 처음 와서 오해를 해서 그랬지. 자기 표준으로 하니까. 이제 동양에서는 인도의 종교, 중국의 종교나 철학, 이런 데 깊은 관심을 가지고 연구를 하는 사람들이 늘었어요. 미국에도 많아요. 『노자』만 해도 독문獨文으로는 몇 개가 있는지 모르지만 영문으로 나온 것만 해도 몇 해 전에 서른 몇 가지라 그랬어요. 요새는 더 많이 났는지 몰라요.

그러면 얼마나 관심이 많은지 알 수 있지 않아요? 그 사람들이 왜 그렇게 동양에 대해서 흥미를 느끼게 되었냐면, 기독교가 중심이 되어서, 또 다음에 자기 민족 내에 고래로부터 전해 내려오던 무슨 그런 거 합해서 이루어진 문화인데, 그중에서도 세계적으로 한다면 앵글로색슨족이 중심이 되었어. 라틴족도 있고 슬라브족도 있지만, 요새 슬라브 민족이야 차별할 필요가 없지 해도 요새 러시아로 저러는 거는 공산주의 밖에는, 그건 슬라브 민족의 전통은 아니지. 주로 앵글로색슨족의 문화인데, 그 사람 자신들이 이거 이러다가는 이젠 안 되겠다, 가다가 막다른 골목에 든다, 그래 지금으로부터 수십 년 전부터 뜻있는 사람들 속에서는 "빛은 동방으로부터"라고 했어요. 옛날에도 빛은 동방에서 시작되었어.

종교란 종교는 다 동쪽에서 나서 서쪽으로 갔어요. 우리가 역사적으로 제일 낡은 종교로 아는 조로아스터교, 조로아스터교 경전은 잘 알지도 못해요. 처음에는 굉장한 뭣이 있었다는데, 그만 옛날 페르시아가 망하는 바람에 경전이 타버렸어요. 그중에 일부만이 남아 있는 것이 지금 배화교拜火敎라고도 하고 조로아스터교라고도 하는 것이지요. 뿌리로 한다면 그게 시작이 돼서 아마 인도의 것도 거기서 나오지 않았나 그러지요. 그러는데, 그다음 희랍에서 있었고 로마에 전했고, 그를 통해서 서양으로 퍼진 것이 서양문화라는 거 아니오? 웨스턴 컬처western culture라 하는 거. 웨스턴이라 그럴 때는 미국까지도 넣지요. 그중의 특색이 철학도 있고 종교도 있지만 과학이 발달돼서 과학적인 문명으로 갔지.

거기서 모순이 드러나는 것 때문에 이렇게 됐지요. 새로운 뭣이 나오기 전에는 건져지지 않을 거라고 생각을 하게 됐는데. 그렇기 때문에 그 사람들이 동양에 대해서 처음에는 몰라 깔보고, 동양에 참 의미의 역사나 종교가 있으랴, 철학이 있으랴 했지요. 참 의미의 철학, 종교가 있다면 서양에 있지 동양에는 없다 그랬던 거요. 자기네가 식민지로 만들고 착취를 해먹기는 해먹으면서도, 개중에 뜻있는 사람들이 보니까, 아니 그렇다, 새로 눈을 비비고 동양 걸 연구하게 됐지요.

지금처럼 이렇게 제2차 세계대전 이후처럼 서양 문명의 모순이 지독하게 폭로되기 전에 이미 슈펭글러라는 사람이 "서양의 몰락"이라고 했어요. 내가 젊어서 20대에 서양의 몰락이라는 소리가 나오게 됐으니까 그런 쪽에 주의를 하고 그랬고, 그 후에 토인비 같은 사람은 더욱 범위를 넓혔어요. 그런 영향도 있고 해서 동양의 고전을 찾는 사람들이 많아요.

그런데 동양 사람은 등하불명燈下不明이라고, 옛날 동양 사람은 과학적인 점에 결함이 있어서 이 현실사회에 있어 지식이 너무 없었지요. 정신면에서는 상당히 높았지만 이제 그런 면은 없어요. 그랬다가 이렇게 참혹한 운명을 당해서 수천 년 역사를 가진 나라가 서양 사람의 식민지로 전락이 되고 말았지요. 그러니까 서양 문명 배워야지, 내가 어렸을 때는 그거 일색이었지요. 될수록 우리도 개명해야 돼요. 개명해야 된다는 건 서양식으로 해야 된다, 옷도 이제는 다 그렇게 돼서 양복도 우리 옷이 됐소만, 나는 일부러 그런 것 아니고 이때까지 입던 거니까 그렇지. 지금 이렇게 있는 사람이야 어디 입게 됐어요?

그것도 하나의 심볼이지만, 생각도 역시 종래 거를 내버리는 거보다는 찾아볼 필요가 있지 않나, 그런 생각에 이렇게 됐어요. 그 생각은 제2차 세계대전 전부터 했더랬는데, 세계대전 이후로는 더구나 그런 생각이 나서 동양고전을 찾아볼 필요가 있다고 생각했어요.

인포메이션과 트랜스포메이션

그 얘기는 내가 하는 것보다 서양 사람의 말을 빌리면, 재미있게 읽고도 이름이 잘 생각이 안 나는데, 인도 철학을 연구한 독일 사람이 첫 머리에 이런 얘기를 했어요. "동양적인 것과 서양적인 것은 다르다. 서양 사람은 동양 사람이 아주 옛날에 했던 것을 이제부터 배워야 한다."

각 특색을 말하면 뭔고 하니 서양 문명이란 인포메이션information이다, 넓은 의미로는 교육이니까 인포메이션이 목적이다. 우리나라 말로 하면 문견聞見이라 그러지요. 사람은 문견이 넓어야 해. 듣고 보는 게 많아야 해요. 왜 그런고 하니 안다는 거, 남에게 배우지 않고 알아요? 그러니까 서양 사람은 그저 인포메이션, 어디 가나 인포메이션이 잘 돼 있나 없나 해요.

동양 사람은 인포메이션이 목적이 아니다. 지식이 왜 필요한고 하니, 사방에서 나를 향해 오는, 토인비의 말을 빌리면 챌린지challenge, 도전해오는 것에 대해 어떻게 리스펀스response, 응전를 하느냐. 도전해오는 환경에 사람이 어떻게 대처해가느냐, 그걸 알아야지. 그러니까 이 사람들은 과학적으로 그걸 찾고 분석해보고 종합해보고 여러 가지를 하지 않아요? 그거 나온 게 인포메이션이에요. 지멜[1]인가 하는 사람 말이 동양 사람은 태도가 근본부터 달라서 이걸 가지고 내가 어떡하면 저 환경을 극복해갈 수가 있을까 생각한대요. 저쪽에 됐나, 이쪽에 됐나에 따라서 달라요.

그러니까 그걸 재미있게 트랜스포메이션transformation이라고 그랬어. 인포메이션이라는 말 대신에 트랜스포메이션이라고 그랬어. 변화, 동양에서는 그걸 기질의 변화라고 그랬어. 기질이 변화해야 된다. 기질은 타고나는데, 육신, 몸과 마음, 이것을 기질이라고 해. 육신은 타고나는 거지만 사람은 언젠가는 이것이 한번 변화해. 마치 누에란 놈이 뽕잎을 먹고 번데기가 됐다가 나비가 되어 날아가는 것처럼. 번데기가 되기 전에는 땅에서 기어다니는 버러지에 지나지 않지만, 한 번 번데기가 돼서 변화하면 누가 그게 누에에서 나왔으리라고 생각하겠어요. 그게 정말 트랜스포메이션인데, 그렇게 공중에 자유자재로 날아다니는 것처럼 사람도 그래야 돼.

그러니까 부족하고 유한有限한 나이지만, 날 때 본래 무한無限이 아니에요? 우리는 어느 특수한 시간에, 어느 특수한 곳에, 어느 특수한 전통 속에, 어느 민족으로 나지 않아요? 그러니까 내 마음대로 어디 돼요?

유한한 이걸 어떻게 극복해가느냐. 밖에서 오는 여러 가지 자극을 어떡하면 변경해 빨리 가도록 하는가. 사람의 다리로 부족하면 짐승이라도 잡아 타야지. 짐승이 안 된다면 수레라도 만들어봐야지. 수레로 부족하다면 자동차라도 만들어야지. 증기차라도 만들어야지. 그 사람들은 저쪽에다 대고 그걸 고쳐가는데, 그것도 거의 무한이지 않아요? 우리는 그걸 생각 안 하고 어느 정도는 그럭하지만, 중점이 어

---

1) 지멜(Georg Simmel, 1858~1918): 독일의 사회학자 · 철학자. 형식사회학의 창시자로, 생철학(生哲學)에 인식론적 구성주의를 결합하여 상대주의 철학을 수립했다. 저서에 『사회학의 근본 문제』 『예술 철학』 등이 있다.

디 있는고 하니, 그러면 이 유한한 다리를 가지고 가면 어떡하지? 어떡하면 내가 거기 적응해가지? 그게 그 사람들과 다른 것인데, 서양 문명이 이렇게 나가면 자동적으로 문제가 해결이 돼. 문명이 발달해서 인간이 아주 자동적으로 완전한 지경에까지 가는 걸로 그렇게 생각을 했는데, 그거는 하나의 착각이지. 그렇게 될 수 없다는 건 다 알고 있지 않아요?

쩔쩔매는 서양

그러니까 사람들이 그럼 어떡하지, 동양 한번 찾아보면 어떠냐 그런 생각을 하고 동양 얘기를 자꾸 해요. 그러니까 우리는 서양 사람은 문예부흥 때 자기네 고전을 찾아서 교회라는 제도 밑에서 과학, 그중에서도 화학이 먼저 발달했소. 화약도 교회에서 연구하는 사람들이 만들어내고 그렇게 되지 않았어요? 그래서 이렇게 됐지만.

우리는 우리 고전에 대해 옛날에는 자부심을 가지고 있었는데, 서양 사람들한테 현실적인 것 때문에 눌려서 그만 자신을 잃은 다음에는 "우리 동양은 형편이 없어" 그렇게 알고 있었어요. 그러니까 그러질 말고 수천 년 긴 역사를 가지고 온 전통이니 옛날의 지혜가 있고, 우리 선조들은 이것대로 살아 부족을 느끼지 않았어요. 서양 사람 기운에 너무 눌려서 밖의 것만, 인포메이션만 목적으로 하는 문명에 미쳐서 그러질 말아야 해요. 그것도 지금은 또 어느 한계에 가 부딪쳐서 자기네도 어쩔 줄 모르고 그러니까 우리 이편을 좀, 서양 것을 버리진 않아야지. 그 사람들은 속의 것을 무시했던 까닭에 쩔쩔매게 됐으니까, 우리는 이제 우리 선조들이 남겨놓은 지혜를 찾는 것이 옳지 않은가 그런 생각이에요.

그래서 그 사람들이 하는 것보다는 우리가 하는 것이 낫지 않을까. 그런데 좀더 자세하게 말을 한다면, 나는 어렸을 때부터 교회에서 자라났으니까 그런데, 기독교를 믿는 사람도 "동양적인 것 가지고는

안 된다" 그래. 거기에 반발이 조금 있었어요. "그렇지 않지?" 종교라
는 건 밑뿌리가 하나, 발표 형식이 다를 뿐이지요. 그러니까 여기서
우리가 내버리고 도리어 먼지 속에 묻혀 있던 우리의 옛 종교를 찾
아들어가노라면 거기에 이 시대의 병을 고칠 방법이 나오지 않을까?
다야 할 수 있소? 나이도 들고 그러니까. 하지만 그중에서도 사람들
이 자주 말하는 것이 『노자』『장자』라, 그래서 읽게 됐던 거요.

그러니까 아까 말대로 공자라는 이는 가르쳐도 중류 이하, 사람으
로 한다면 태어나기를 상上으로 태어난 사람, 중中으로 태어난 사람,
하下로 태어난 사람, 그렇게 구별할 수 있지 않소? 상·중·하란다고
우열감優劣感을 가지진 마세요. 그거는 못쓰는 생각이고. 정도의 차이
가 있는 것만은 사실이에요. 그거는 알아야 돼요. 잘 태어났다고 자
기 자랑일 건 없지. 그렇게 낳아줬으니까. 낳아줬다는 거야 어머니
아버지의 재간으로 된 거 아니지. 어머니 아버지의 살점을 조금 빌려
줘서 났을 뿐이지. 아인슈타인이면 아인슈타인의 두뇌라, 뉴턴이면
뉴턴의 두뇌라, 그 정신이 어디서 났나? 반드시 부모가 낳았다고 그
러겠어요? 그거는 종교적인 말로 하면 참 어떻게 오는지, 하나님이
라고 그럴까.

공자와 노자

그보다 알아듣기 쉽게 말하면, 내려오는 역사에서 받은 유산이 통
장에 들어가 있는 저금 모양으로 돼 있는 거지. 그 선이 나에게 닿아
서 그걸 쓸 수 있는 자리에 간 거지요. 전체의 소유지, 나 혼자 독점해
서 마음대로 누릴 것이 아니지요. 그러니까 상·중·하라고 그럴 때
상류사람, 중류사람, 하류사람 그렇게 생각을 하지 마세요.

소질을 아주 특별히 타고 태어나는 사람, 중쯤 타고 태어나는 사람,
하쯤 타고 태어나는 사람 있는 것만은 사실이오. 그러니까 그러면 그
걸로 해서 높다고 스스로 자랑을 한다든지, 낮다고 자멸감에 빠진다

든지 그러질 말고, 내가 가장 높이 탔으면 높이 탄 이것도 전체의 명령이요, 전체가 내게 주는 거니까. 떨어진 사람을 이끌어갈 책임이 내게 있다 그렇게 보는 거지요.

또 떨어졌으면 떨어진 걸 부끄럽게 알 것이 아니라 하나님이 이렇게 낸 것이니까 나는 나 할 노릇을 하면 된다, 나보다 잘 아는 사람이 있으면 그걸 배워가면 그만이지, 그렇게 생각을 해가는 거지요. 종교란 바로 그 점을 겨누는 것일 텐데, 종교에서까지 그렇게 잘되지 못합니다만, 하여간 자기를 아는 게 중요해요.

적어도 우리는 이만하면 중中은 되지 않소? 중 이상 가는 사람도 있겠지만 많지는 않을 것이오. 세상의 대부분을 차지하고 역사를 이끌어가는 사람은 중되는 사람이지. 아주 현실적인 생각이에요.

공자님은 높고 심오한 체험이 있지, 없는 이 아니오. 공자님을 본다면 그런 이지만 일반 사람 이걸 볼 때 가르쳐줘야지. 그러니까 아주 실제 실천 도덕을, 실천 지식을 그 사람들에게. 그때는 도덕만이 아니오. 그게 전부니까 과학도 거기 있고, 예술도 거기 있고. 공자님은 음악에 얼마나 취미가 있었던지 아시오? 좋은 음악 들은 다음에 그게 너무 좋아서 석 달 동안 고기맛을 몰랐대. 삼월부지육미三月不知肉味라, 그러면 공자님이 얼마나 음악에 뭣이 있었던지 알 수가 있을 거예요. 하여간 공자의 가르침이란 그런 거예요.

그런데 그러나 중류사람을 가르친다 해도 중류사람이 실살림에 필요한 뿌리는 어디 있냐. 뿌리는 역시 보이지 않는, 보다 깊다면 깊고 높다면 높은, 형이상적形而上的인 거예요. 동양 말로는 형이상形而上 형이하形而下, 서양말로 하면 메타피직metaphysics이라고 그러지? 피직physic 다음에 와서 메타피직이라고 그러는데, 한문으로 번역하면 형이상形而上. 형形 위에 있는 거지. 그런데 그게 뿌리가 돼야 알 건데, 그걸 말해주려면 언제 이걸 실제로 훈도訓導를 해요? 실제로 필요한 일을 우선 줘야지.

노자님은 그중에서도 어려운 시대에 났어요. 공자님도 어려운 시대에 났지만 공자님은 그리 심하지는 않아. 주周나라 때가 옛날 봉건 시대에서 아주 전형적으로 발달된 문화란 말이야. 통일문화로 모든 것이 완전하지는 않지만 비교적 짜임새 있게 조화가 돼서 살아가던 그 문화가 한 4, 5백 년 계속되었는데, 그게 어느 정도 지나니까 부패하고 잘못되어서 어지러워졌어. 그럴 때 나서 공자님은 어떡하면 잘못된 것을 전 시대 모양으로 다시 한번 통일을 해서 그런 시대에 가볼까, 그런 노력을 하시던 이예요. 같은 걸 놓고 노자님도 같은 시대에 난 것 같은데 전통으로 내려오는, 여기서 하면 공자님보다 한 50년, 적어도 한 30년은 앞서 난 이가 아닌가 그렇게 추산이 되는데, 그거는 분명한 게 없어요.

참 아는 사람은 말 많이 안 한다

옛날 기록이 없으니까 근래 학자들이 동양 사람, 서양 사람 다 연구하지요. 서양 사람들은 글이 이렇긴 이렇지만 사상적으로 봐서 노자는 공자 후에 된 책이다, 공자 후에 난 사람이다 그렇게 이야기를 하지요. 아까도 변증론 얘기했지만 데시스thesis가 있고서야 안티데시스antithesis가 있지 않냐? 노자는 안티anti, 본래 있던 생각에 대해서 강하게 비평하는 안티데시스로 나온 거니까, 그전에 있던 유교가 있어야 되는 거니까 연대가 후일 거다, 이런 근거 밑에서 이걸 공자보다 후에 사람이 쓴 거고, 노자란 실존하는 인물이 아니다 그렇게 보기도 하지요.

중국 사람으로서는 자기 문화가 오래됐다고 하는 그 편을 생각해 그러는지, 이런 사람 저런 사람이 있지만 대체로 공자보다 먼저 있다고 하는 전통적인 생각을 그래도 받아들이려고 그래요.

그래서 생각을 하면 그런 문제는 나는 상관은 안 하는 사람이지만, 역사적으로 있기는 있었던 인물이겠지 없었지 않을 거예요. 그리고 이 책을 노자라고 하는 한 사람이 다 쓴 거냐? 불과 5천 자밖에 안 되는데, 어떤 사람은 한 사람의 것이 아니고 여러 사람 걸 모은 거다, 그런 의견도 있어요. 그런데 모은 거라면 물론 고증을 할 수 없겠지만, 분명하게 그럴 수는 없고.

그런데 첫 장부터 81장이라고 그랬는데, 1장, 2장 하는 것도 후에 와서 붙은 거지 본래는 없었다는 거요. 그다음에 우여곡절을 거쳐서 다 고문古文이 되어 모르게 됐던 거를 찾아내고, 지금은 고전이 되었지요.

그런데 81장 전체를 놓고 봐도 그게 다, 노자의 특색은 어느 장을 쳐들어도 그 소리야요. 81장이 새 소리가 없어요. 이걸 봐도 저걸 봐도. 그러니까 소금 집어먹기 같애. 여기서 집어먹어도 짜고 저기서 집어먹어도 짜고, 한 숟가락 먹어도 짜고 한 알 먹어도 짜고. 그러니까 노자의 1장을 잘 이해한다면 그 다음 거는 저절로 돼요. 그 소리가 그 소리. 그런데 그게 그렇게 똑같은 하나의 소리인데, 이렇게 쓰고 저렇게 써서 지루한 맛이 없고, 그것은 또 그것대로. 그래 사상이라는 거는 재미있잖아요? 깊은 사상일수록, 깊지 않고는 그럴 수는 없는데, 여러 가지가 있어요. 복잡한, 그런데 그런 것이 81장의 성격이에요.

본래 노자 자신이 말 많이 하자는 사람이 아니야. 잘 알지 못하니 많이 하지. 잘 아는 사람은 말 안 한다. 또 듣는 사람을 위해서 말 많이 해주는 게 반드시 필요하다고 생각도 아니해요. 읽어가면 알겠지만 그래서 된 요건데, 차이가 그렇게 있어.

노자가 공자보다 전인지 후인지 모르지만 어쨌든 춘추시대는 혼란의 시작이지. 춘추시대가 한 2백 년 지나가고 후에 오는 3백 년이, 맹자가 나서 살았던 그 시대가 더 혼란해졌어. 요새 우리 사는 이 전환기에, 아주 전적으로 새로워지려고 해서 어지럽게 된 이때니까 통일이 없어. 제각기 제각기 그러고 나라끼리 부국강병주의를 가지고 피나게, 문자 그대로 참 전쟁을 해가는 시대였지. 장자는 물론 그 시대에 난 사람이고 노자는 그 시대나 그전에 났습니다. 같은 걸 놓고 공자는 이런 어려운 때니까 앞길을 찾아갈 수 있도록 실제로 지도를 해주는 것이 중요한 것이 아니냐, 그런 생각에 실천도덕을 중심으로 실제 지식을 가르쳐주는 거지요. 그러나 노자의 생각은 그것이 그렇게 해서 어찌 되느냐? 근본에서 잘못돼서 그러는데 이제 그 근본을 다시 찾아 돌아가기 전에는 어찌 그럴 수가 없지 않느냐? 생각은 보다더 깊은 거요. 그러니까 말을 많이 할 필요가 없어.

심오한 높은 지경을 직역하면 그만이니까 말수도 적지 않아? 그렇지만 후에 보면 유교가 한때는, 한때가 아니지, 마지막까지 중국 정치·역사에서 늘 등뼈 노릇을 했지요. 그런데 중국 역사에서 노자 사상 없었더라면 못 내려왔을 거예요. 물론 이 노자 사상이 있고, 불교들어왔지요. 불교와 노자가 통하는 데 많이 있잖아요? 그런 데다가 참의미의 고등종교라고 할 수 없지만, 노자, 장자의 영향을 입어서, 또그걸 고약하게 잘못된 편으로 만들어서 도교道教라는 거 생겨났지요. 그래서 지금까지 중국 역사를 이루어오니까 이거 없이는 이룰 수 없는 거지요. 중국 역사가 있을 수 없다, 그렇게 말할 수 있어요.

깊은 의미에서 하면 역사의 교훈을 주는 공자보다 어떤 의미로는 이게 더 깊다고 그럴 수 있지 않나? 그래서 지금은 도리어 중국은 가보지 않으니까 모르겠소만, 서양 사람들이 찾는 거를 보면 공자도 중요하게 알지만 노자나 장자를 더 흥미를 가지고 찾고 있는 거요.

영적·정신적으로 해석한다

교재는 내가 하는 이거는 원체 그러니까 노자에 대해서 주석이 많아요. 많은데 그중에서는 고래로 옛날 사람은 요새와는 또 달라서는 『노자익』老子翼이라는 걸 제일 편리하다 하지요. 왜 그런고 하니 각 사람의 주註를 다 보려면, 전문적으로 연구하는 사람은 그렇겠지만, 그럴 새가 있어요? 그런데 초횡焦竑이라는 사람이, 상당히 재주도 있고 깊이 생각하는 사람인데, 모든 걸 골라서, 자기 말도 이따금 나오긴 나오지만, 자기만이 아니고 남들의 좋은 주를 모아서 냈어요.

　이 책의 특색은 본문이 있을 뿐만 아니라, 본문을 한 사람이 해석하는 것이 아니고 개중에 그래도 누가 누가 했던 주로 좋은 걸로 몇 개 골라서 그 요점되는 거를 같이 실었어요. 이 사람 저 사람의 해석을 볼 수가 있어 편리한 거야. 이름도 『노자익』이라 하는데 왜 익翼이라 그랬는고 하니, 새에게 나래가 있으면 잘 날 수 있는 모양으로 이런 주가 있으면 좋다는 거지요. '덕을 우익羽翼한다' '호랑이에 나래 붙은 사람'이라 그러잖아요? 노자를 잘 활용할 수 있도록 좋은 주를 붙였다 그런 의미로 『노자익』이라 그래요. 익翼은 날개란 말인데, 우익도덕羽翼道德이라, 도덕을 날개 붙여서 도와간다, 그런 의미로 한거야요.

　세세한 거는 읽어가면서 할 건데, 미리 얘기하는 건 나는 고증考證하는 거는 취미도 없거니와 하려도 할 수 없어. 이제는 나이도 그렇고 일일이 다할 수 없어요. 그러니까 그런 거는 상관 안하니까 그런 점에 흥미가 있는 이는 다른 데서 그걸 찾는 게 좋겠고. 쉽게 말하면, 그저 우리 마음에 정신의 양식으로 삼도록 하세요. 노자가 먼저 났냐, 공자가 먼저 났냐 물론 알아서 밝히면 좋겠지만 그거 못하더라도 괜찮고.

　또 본문에 다소 차이도 있으니 어떻게 해석할 거냐. 기독교 신학의 말을 빌리면 코멘터리commentary라 합니다. 이런 고전이 있으면 주석책이 있잖아요? 코멘터리가 있으면 어떤 주류로 하느냐에 따라 어원적으로 본문 텍스트를 문법적으로 연구하는 걸 텍스추얼크리티시즘textual criticism, 문헌 비평이라고 합니다. 그중에서도 기독교에서는 하이어 크리티시즘higher criticism이라고 해요. 우리 젊었을 때 한창 했어요. 이제는 하이어higher라는 말도 빠지고 말았습니다만, 고대 영감들이 하던 것만이 아니고 아주 신식 어학적으로 역사적으로 비판하는 걸 하이어 크리티시즘이라고 그랬는데 지금은 그게 곧 신앙인 것처럼 그렇게 됐소만.

물론 그런 것을 해도 좋지만, 하지 않는 대신에 번역이면 번역본, 부족하면 부족한 줄 알면서 그대로 이걸 보면서 하지요. 그걸 그대로 정신적으로 해석을 해서 우리 마음의 양식으로 하지요. 그걸 디보셔 널devotional이라고 그러지. 영적으로 해석한다 할까 정신적으로 해석한다 할까. 그런 견지에서 하는 거니까 학문적인 그런 거는 다른 데서 참작을 하세요. 그걸 해가는 데 필요한 건 물론 내가 아는 한은 말하겠소만, 혹 부족하더라도 그런 줄 아시고 하자는 말만 해둡니다.

• 1990년 8월, 『씨올의 소리』 제115호

도道

'도'에 깃든 깊은 뜻

『노자』를 공부하려면 한자가 문제 아닌가. 그러니 한자에 대해 먼저 짚고 지나가자.

『노자』는 도道란 글자로 시작된다.

繇 = 道

한자를 왼쪽과 같이 쓰는 것을 전자篆字라 한다. 川이것은 사람의 머리털을, 囟이것은 사람의 머리를 나타낸다. 自이것은 본래 사람의 코를 그린 것이다. 숨을 쉬는 것이 가장 중요하니까 그 위에 한 획을 더해서 머리〔首〕를 나타낸다. 머리털을 川이렇게 그리고는 彳이것은 두인 변彳 갈 행行. 간다는 뜻이다. 그다음의 止는 사람의 발꿈치를 그린 것이다. 辶이것은 간다는 뜻이고 止는 멎는다는 뜻이다.

이제 도道 자가 어떻게 시작되었는지 알았을 것이다. 노자는 '도'를 굉장히 중요하게 썼다. 우리말로는 '길'이라고 번역하면 좋겠다. 우리나라에는 『노자』 번역본이 여럿 나와 있다. 그중에서 돌아가신 유영모 선생님의 번역은 제일 참고가 될 것이다. 왜 그런고 하니 순수하게 우리말로 써보려고 애를 쓰셨기 때문이다.

우리나라 사람의 결점이 천지天地를 그대로 천지라 번역하지 하늘 땅이라 하지 않는다. 오랜 세월 한문을 쓰는 게 버릇이 되어서다. 그렇지만 왜 우리말로 옮겨보려고 힘을 쓰지 않는단 말인가. 나는 될수록 그렇게 하려고 한다. 선생님은 90에 돌아가셨는데 서울에 나서 서울에서 살았으니까 우리말을 잘 안다고 할 수 있다. 나는 지방에서 났지만 나이 관계로 옛날 말을 갖고 있다. 옛말이 점점 사라져서 아쉽다. 선생님은 될수록 살려보려고 하셨는데, 깊은 뜻을 해석하려면 자연히 그럴 수밖에 없다.

도란 무어냐. 물론 『노자』를 다 읽고 나야, 한 번만이 아니고 여러 번 읽고 난 다음에야 내 나름대로 우리말로 무어라 쓰는 게 좋을지 파악이 될 것이다. 선생님은 그렇게 한 결과 길이라고 번역하셨고, 다른 분들도 그에 따른 것으로 안다.

노자는 의미를 부여해 도를 '도'라고 했으니까 서양 사람들조차 '웨이'way라고 번역했다. 중국 발음 그대로 '다오'道. tao로 번역한 사람도 있다. 도라는 글자가 내포하는 의미가 얼마나 넓고 깊은지를 증명하는 것이다. 웨이라고만 해도 폭넓은 의미를 가진다고 할 수 있지만 그것만으로는 부족함을 느꼈을 것이다. 우리말도 그럴지 모르겠다.

이 번역에서는 우선, 다음엔 몰라도, 나도 도라고 해 내려가야겠다. 유 선생님이 길이라고 번역한 건 물론 생각을 많이 하셨을 것이고, 여러분은 원한다면 더 만들 수도 있을 것이다.

갈 길 할 수 있으면 늘 길 아니요〔道可道非常道〕, 이름 이름 할 수 있으면 늘 이름 아니라〔名可名非常名〕. 이름 없음이 하늘땅의 비롯이요〔無名天地之始〕, 이름 있음이 모든 것의 어미다〔有名萬物之母〕.
• 『도덕경』 제1장

이렇게만 하는 것보다는 우리말로 더 잘 옮겨보려고, 우리말로 더 적당한 게 무엇일까 생각해본다. 죽어가는 말이라도 살려낼 만한 것이 있고, 죽었어도 그 의미를 살려 부활을 시켜볼 수도 있을 것이다.

늘 써오는 씨올도 그런 말 중의 하나다. 씨올은 잡지제목이 되었다 (『씨올의 소리』 - 편집자). 요새는 끊어졌지만, 계속해가면 보급이 늘어날 가능성이 많다.

실례되는 말이지만, 기탄없이 말한다면 선생님으로서도 벽癖이 좀 있다. 그래도 참고해볼 만하다. 남 하는 대로 따른 것이 아니라 독특하게 해석하셨다. 독창성이 강한 분인데,『장자』는 한 것이 없고 이거는 해놓고 돌아가셨다. 알 것도 있고 모를 것도 있지만 참고가 많이 된다.

훌륭한 자전이 없다, 참 문제다

한문을 잘하려면 훌륭한 자전字典을 구해서 공부를 하면 좋다. 그런데 우리나라에는 제대로 된 자전이 없다. 참 문제다. 이다음에 자전을 하나 잘 내면 문화에 큰 공이 될 것이다. 나도 못 하면서 남만 탓하는 것 같지만, 우리나라에서 나온 자전은 어원語源을 밝혀주지 않는다. 한 단어가 어떻게 해서 나왔는지 알 수 있는 어원이 없다. 우리나라 사람의 깊이가 부족해 그런가. 한자의 어원을 캐다보면 중국 사상, 동양 사상의 뿌리를 알 수 있다.

영어도 영국만이 아니라 희랍에서 시작된 게 있고 로마에서 시작된 게 있어 그걸 찾아 올라가면 얼마나 의미가 깊어지는가. 그런데 우리말은 그렇게 해놓은 게 없다.

한자를 만드는 데 육서의 원칙이 있다.

첫째, 상형象形. 물체의 모양을 본떠서 글자를 만드는 방법이다.

둘째, 지사指事. 사물의 추상적인 개념을 본떠 글자를 만드는 방법이다.

셋째, 회의會意. 둘 이상의 한자를 합하고 그 뜻도 합성하여 글자를 만드는 방법이다.

넷째, 형성形聲. 두 글자를 합해 새 글자를 만드는 방법이다 다섯째, 전주轉注. 이미 있는 한자의 뜻을 확대·발전시켜 다른 뜻으로 쓰는 방법이다.

여섯째, 가차假借. 어떤 뜻을 나타내는 한자가 없을 때 뜻은 다르나 음이 같은 글자를 빌려 쓰는 방법이다.

서양에서도 고대 글자는 여러 군데서 생겨났다. 이집트에서 생긴 그림글자, 즉 상형문자象形文字는 표음문자다.

또 표음문자로 설형문자楔形文字가 있다. 메소포타미아를 중심으로 오리엔트에서 쓰인 문자로, 점토 위에 갈대나 금속으로 새겨 썼기 때문에 문자의 선이 쐐기 모양으로 보인다. 그 밖에 인도의 산스크리트어, 그리고 아라비아어. 우리는 지금으로부터 4, 5백 년 전에야 비로소 글자가 만들어졌는데, 상형인 만큼 많은 생각이 들어 있다.

여러분도 흥미를 가지라고 말하고 싶은데, 아까 말한 대로 훌륭한 자전이 없다. 조그만 옥편이라도 찾게 되면 글자의 음이 뭔지만 알고 그만두지 말고 어째서 이런 이름이 되었나 알아보는 게 좋겠다.

중국 사람이 편찬한 『설문해자』說問解字는 육서의 원칙에 따라 글자의 모양을 분석하고 해설한 자전이다. 나무 목木은 나무의 모양을, 날 일日은 해를, 달 월月은 달을 나타낸 것이다. 동녘 동東자는 나무에 아침 해日가 올라오는 모습을, 울 명鳴은 새가 입을 벌려 우는 모습을 나타낸 것이다.

일본에서는 모로하시諸橋가 만든 13권으로 된 『대한화사전』大漢和辭典이 널리 알려졌다. 우리나라에서 해적판으로 사려면 살 수 있을까. 요새는 사기 어려울까. 몇 해 전까지만 해도 샀는데, 돈이 좀 많이 든다. 그걸로도 못 찾는 것이 있을는지 모르지만 대개는 나올 것이다.

우리 문화의 뿌리

어원은 꼭 찾아보라고 권하고 싶다. 그래야 어째서 그런 글자가 생겼는지 알 수 있을 테니까. 한 중국학자가 이런 말을 한 적이 있단다.

"한자는 사실 한국 사람이 만든 것이다."

『한국도교사』를 쓴 이능화李能和 씨는 그런 말을 직접 들었다는 얘기도 했다. 노상 헛말은 아닐 것이다.

중국 문화는 북부 황하 연안에서 발달하기 시작했다. 황하 연안 산동 반도 부근에서 공자도 맹자도 나섰다. 거기서 서남쪽으로 가면 한동안 은殷나라가 있다가 뒤에 주周나라가 일어났다. 은나라 시대의 문자는 가장 오래된 문자로 알려져 있다. 은나라는 우리나라와 관계가 깊다. 어떤 사람들은 우리 민족이 들어가서 세웠다고도 한다. 한동안 소송까지 있었는데, 요새는 어떻게 됐는지 모르겠다. 좁은 의미의 국수주의國粹主義가 들어간 것 같아 찬성은 안 하지만 아무려나 고대 것을 찾아보자는 노력은 좋다.

한동안 말썽이 된 기자조선 이야기도 있다. 후대에 와서 평양에서 찾으려니까 안 된다. 나는 평양에 어렸을 때 살았으니까 잘 아는데, 기자가 정주했다는 말도 있고 기자의 능도 있지만 그건 후대에 조작한 것이다. 중국의 사신이 나오니까 보이기 위해 만든 것이다. 그런데 전혀 기자라는 가상인물이 없다면 그런 말이 나오겠는가.

옛날 우리 글자라든지 문화의 근원을 찾아보면 생각할 점이 많을 것이다. 우리글을 중국이 가져다 썼고, 다시 중국에서 역수입해서 우리는 한자를 쓰게 됐다. 한자를 쓰는 바람에 우리나라 말이 많이 사라졌고, 몇 백 년 전에야 한글을 다시 쓰게 되었다. 국수주의 같은 좁은 생각은 아니지만 어쨌거나 역사는 근원이 있어서 나오지 아무것도 없는 데서 갑자기 나오는 게 있겠는가. 그러니까 그걸 찾지 않고는 본래 모습을 알기가 어려울 것이다. 아는 데까지만 알아보노라면 직접 간접으로 생기는 것이 많다.

『노자』는 중국에서도 어려운 고전 중의 하나고, 보통 쓰는 한문보다 어려운 축에 속한다. 그러니까 뜻만 알고 지나간다 하지 말고, 한문을 볼 때는 어원을 찾는 버릇을 붙이기 바란다. 영어도 단어가 나오면 희랍어에 뿌리가 있는지, 라틴어에 뿌리가 있는지 찾아보라. 공부에 깊이가 더해질 것이다.

이왕 여러분이 오셨으니까 나도 찾을 수 있는 데까지 찾고, 아는 데까지는 여러분에게 소개할 생각이다. 여러분 자신이 찾으면 더 좋은 거고. 내가 잘 모르는 게 있더라도 서로 알려주면 된다. 이왕 하는 거 뿌리 깊이 해보자고 마음을 먹으면 좋다.

이왕 말이 나왔으니까 한자에 흥미가 나도록 『노자』제1장을 가지고 얘기를 해보겠다.

도가도道可道의 도道 자에 대해 살펴보자.

길이라는 뜻의 道는 사람에게서 주되는 머리를 그리고, 다음에 가다가 멎다가. 가기도 하고 멎기도 한다. 책받침〔辶〕은 그것을 표시한 것이다. 그냥 도道라 할 때보다는 재미있지 않은가.

노자老子의 늙을 노老 자는 어떻게 된 글자인가.

맨 위에는 터럭〔毛〕을, 그 다음은 사람 인人을 그렸다. 사람 인은 본래 人. 그 다음엔 비匕. 이것 셋을 합했던 게 늙을 노老 자가 되었다.

도가도道可道의 가可 자를 보자.

옳을 가는 본래 哥이렇게 썼다. 옳다 그르다는 입으로 하니까 입〔口〕을 그렸다. 哥이것이 무어냐 하면 본래는 哥이렇게 쓴 글자다. 哥이렇게 된 것을 뒤집은 것이다. 그러니까 哥이건 뭐냐 하면 입에서 기운이 나가는 것이 막혔음을 그린 것이다. 막힌 것에 반대하니까 쑥쑥 잘 나간다. 그러니까 옳은 것을 옳다고 표시한다는 뜻으로 가可 자를 만들었다는 것이다.

도가도비상도道可道非常道의 비非 자를 보자. 이것은 새털을 非이렇게 그린 것이다. 새란 놈이 하늘에서 날다가 땅에 내려앉으려고 할 때는 날개를 非이렇게 했다. 그게 아니라는, 날다가 그만두고 모양이 달라진다는 의미에서 아닐 비非라 했다.

명가명名可名의 명名 자를 보자.

위는 저녁 석夕, 아래는 입 구口. 옛날에 불이 없을 때 밤이 되어 굴 속에 들어가면 얼굴이 보이지 않는다. 무슨 일이 생기면 부득이 서로 이름을 부를 수밖에 없다. 그래서 이름 명名이 되었다.

차양자此兩者는 동출이명同出異名이라 할 때의 이異 자를 보자.

본래 이 글자는 畀이렇게 썼다. 줄 비畀 자인데, 준다는 뜻의 글자 사이에 ψ이런 손이 둘 들어갔다. 갈라서 여기 하나 주고 저기 하나 준다. 거기서 다를 이異 자가 만들어졌다.

다음 동同 자를 보자.

冃이런 글자에 입 구口를 그렸다. 같다 다르다 할 때는 입으로 하니까. 그래서 같을 동同 자가 되었다.

이 정도만 해도 재미가 나지 않을까. 옛날 사람들이 글자 하나도 얼마나 고심해 만들었는지 알았을 것이다.

• 1990년 9월, 『씨올의 소리』 제116호

제5부

생활철학

1960년대 방문한 강화도

"철학 없었으면 이제부터 새 철학 만들면 그만입니다.
지금의 선진국이라는 나라들을 이끌어갈 수 있는
새 인생관, 새 믿음을 우리가 발견해내면 됩니다.
다만 생각 아니 해서는 아니 됩니다.
철학하는 마음, 믿으려는 뜻 하나만은 있어야 합니다.
철학하는 마음, 그것이 곧 참 되살아나는 자신自新하는 철학이요,
믿으려는 의지 그것이 곧 죽지 않고 부활하는 종교입니다"
-「생활철학」

열두 바구니

1

떡 다섯 덩이와 물고기 두 마리를 가지고 5천 명을 먹이면서도 떨어진 부스러기를 주우라 하셨지. 일은 배가 부르는 데만 있지 않은 모양이지. 능력에만도 있지 않고.

그 열두 바구니는 어떻게 됐을까? 열두 사도가 가지고 열두 방향으로 나갔나?

고요한 산 옆 잔잔한 밤 바다 배 위, 혹은 길을 가면서 그 부스러기를 끄집어내어 슬슬 씹는 맛이 5천 명이 놀라며 먹던 때보다 더 맛이 있었을 것이다. 아니, 풀포기 사이에서 모래 틈에서 그 부스러기를 줍던 때가 더 좋았을 것이다.

하물며 이방 여인이 아이들이 먹는 떡을 침을 뜰꺽뜰꺽 삼키며, 바라던 개가 상 아래 떨어지는 부스러기를 주워먹는 광경을 생각하며, 그 부스러기를 얻어먹었을 때 어떠했을까?

2

밖에서 속으로 들어가는 종교, 속에서 밖으로 나오는 종교, 생명에 원래 나오는 법칙이 있을 뿐이지 들어가는 법칙이 없다면 밖으로부터 들어가는 종교는 가짜다.

3

백백교[1], 보천교[2] 하는 가짜 종교가 본래 많던 우리나라에, 요새 그런 것이 흔히 뵈지 않는 것은 사람의 맘이 밝아져서라기보다는, 이미 있는 종교들이 해주던 것을 대신 해주기 때문이다.

4

참의 종교──힘씀

은혜의 종교──감사

힘써야 감사를 알고 감사하는 데서야 참 힘씀이 나오고.

5

병은 병을 미워해서는 낫는 것 아니요, 죄는 죄인을 싫어함으로 없어지는 것 아니요,

노동은 노동을 천히 여김으로 없어지는 것 아니요,

빨리 가는 것은 마찰이 없어서는 되는 것 아니다.

네 원수를 사랑하라.

6

신라, 고려에 절간이 자꾸 늘어가더니 불교 망했고,

이조시대에 서원을 자꾸 짓더니 유교 망했고,

예배당, 성당이 자꾸만 늘어가면 기독교 망한다 단정 못 할까?

7

말에는 새 말이 없고 새로이 말씀을 받는 새 맘이 있을 뿐이다.

---

1) 백백교(白白教): 동학 계통의 백도교(白道教)에서 파생된 유사종교. 교주 전용해(全龍海)는 신도들의 재물을 편취하고 여신도들을 속여 간음을 일삼았다.
2) 보천교(普天教): 차경석(車京錫)이 일제시기에 세운 증산교 계통의 종교.

같은 햇빛, 같은 물, 같은 거름이나 싹은 시시각각 자라는 새싹이다.

도리道理는 영원히 변치 않는 도리나 정신은 그 도리로 날마다 날마다 새롭는 정신이다.

8

역사의 첫째 장 사람

역사의 둘째 장 나라

역사의 셋째 장 인격

역사의 넷째 장 문화

역사의 다섯째 장 하나

9

이따간 무슨 일이 있을 것이다. 있어야 하는 일이다. 일 일어나지 않으면 일난 것이다. 그러나 이따가 무슨 일이 일어나더라도 맘엔 일이 없어야 한다. 일이 올 때 맘의 평안을 잃지 않도록 차려두는 것이 예언자, 선견자다. 차려둠은 미리 앎이다.

이따가 있을 것은 알 수 없다. 알아서는 무엇하느냐. 시간의 흐름 위에 저도 뜨는 한 물결, 나도 뜨는 한 물결. 제가 나를 어떻게도 못하고 내가 저를 어떻게도 못한다. 내가 일이 있는 것은 '있는 자'와다. 있는 것들이 있기 전에도, 있을 때에도, 있다 없어진 다음에도 '있는 자'다. 그가 무섭다. 그 속을 알 수 없다. 어디서 입을 벌리려는지, 어디서 머리를 들려는지, 무슨 괴물을 내놓으려는지, 무슨 바람을 일으키려는지 알 수 없다. 그 속을 알기만 하면 늘 있는 그요, 늘 보는 그 얼굴이요, 늘 당해 아는 그 속이지만 늘 알 수 없는 그 속을 알기만 하면 인생과 역사는 바닷속을 들여다보듯이 환한 것일 것이다.

억만 사람을 다 만나볼 수도 없고, 억만 시대를 다 살아볼 수도 없고 또 다 만나보고 다 살아본 다음에 알았노라 한들 그것이 무슨 지혜냐? 쓴맛, 단맛, 비린 것, 누린 것을 맛볼 대로 다 본 다음에 인생은 이렇더라 하는 것은 지혜도 어젊도 아니다. 만나보지 않고 앞이 환한 것이 예언자지. 이따가 볼 사람은 벌써 본 사람이요, 이따가 있을 일은 벌써 다 지난 일이다. 그것을 알아서 무슨 지혜냐? 지혜는 한 번밖에 없을 그것을 단번에 바로 붙잡는 일이다.

10

사탄은 속이는 자요, 하나님은 참이신 이다. 속이는 자는 밖에서 속으로 들어오는 자요, 참이신 이는 속에서 나가 밖을 채우는 이다. 그러므로 속이는 자는 가리고 감추고 참을 주시는 이는 헤치고 뚫고, 유한有限한 것을 다시금 가르치며 "있지 않으냐?" 하는 것은 빤하기 때문에 거짓말이다. 현실을 새삼스러이 손가락질하며 "뵈지 않느냐?" 하는 것은 반듯한 말, 반듯하기 때문에 속이는 말이다.

무한한 것을 두고도 있다는 말도 아니 하는 것은 답답한 일이요, 진실하면서도 이렇다 변명도 아니 하는 것은 의심나는 일이다. 그러나 답답하고 의심스럽기 때문에 그것은 참말이다

실實은 같은 실이지만 현실이 문제냐? 진실이 문제지.

사탄을 사랑하면 빤하고 반듯한 데 속을 것이다. 하나님을 사랑하면 답답하고 의심나는 가운데 참을 볼 것이다.

11

믿음이 온통이다. 옹근 사람의 일이다. 알기만 하는 것은 믿음 아니다.

知〔believe〕　　知之者 信念
情〔trust〕　　好之者 信賴
意〔faith〕　　樂之者 信仰

믿음은 먼저 사귐에서〔人格接觸〕맡김〔信賴〕으로, 맡김에서 앎으로—이것은 믿음에 들어가는 과정.

그다음 앎에서 맡김으로, 맡김에서 사귐에까지—이것은 믿음의 자라는 과정.

사람에 대한 관계는 특수적에서 일반적으로, trust에서 knowledge로.

하나님에 대한 관계는 일반적 지知에서 특수적 체험으로, knowledge
에서 faith로.

12

사람은 원래 하나님에까지 자랄 것이다. 그런 것을 그 길에 무슨
고장이 있는 것처럼 속삭이고, 거기 가는데 무슨 밖으로서 하는 조건
〔外的 條件〕이 있는 것처럼 말한 것이 사탄이다.

13

참〔眞〕, 어짊〔善〕, 아름다움〔美〕을 찾아 얻자던 것은 잘못이었다.
참도 어짊도 아름다움도 어디 있는 것을 따라가 붙잡을 것은 아니고,
내게서 내가 드러내야 하는 것이다.

참을 하는 자만이 참되고,

어짊을 하는 자만이 어질고,

아름다움을 하는 자만이 아름답다.

보람 있는 것은 내게 바탈로, 명命으로, 할 수 있음〔可能性〕으로 주
어진 것이다. 하나님은 그것을 우리 속에 씨로 감추셨다. 그것을 나
와 남이 볼 수 있게 나타내는 것이 일이다.

참, 어짊, 아름다움이 속들어〔內在〕 있다면 하나님도 속들어〔內在〕
계신다. 하나님 믿음은 하나님 나타냄이다.

속들어 계신 하나님은 말씀이다.

우리의 하나님 찾음은 하나님의 저 드러내심이다. 말씀이다. 그 말
씀을 가리우는 것은 우리 살〔肉〕이다.

하나님을 온누리 사이에 찾는 동안에 맘은 하나님의 자취(참·어
짊·아름다움)를, 간 곳마다에서 본다. 스스로 남긴 제 발자국을.

제 자국이기 때문에 그것은 참 참, 참 어짊, 참 아름다움은 아니다.
하나님은 아무 데도 안 계신다.

계시지 않은 하나님이 어떻게 내 안에 오셨을까? 하나님은 계신다. 내가 가 닿지 못하게〔超越〕계신다.

속들어〔內在〕계시기 때문에 계신〔超越〕하나님이다. 말씀이 하나님이다.

14

나는 중간에 서는 자다. 하나님과 세계 둘 사이에 서는 것이 사람이다.

하나님께 대하여는 세계를 지고, 세계에 대하여는 하나님을 대신하고. 절대자에 대하여 제 겨레를 책임지지 않고 사람됨〔人格〕은 있을 수 없고 또 제 겨레에 대하여 절대적인 것을 말하지 못하면서도 사람됨은 있을 수 없다.

사람됨은 곧 그리스도다. 이쪽저쪽의 책임을 다하는 나는 십자가의 그리스도일 수밖에 없다.

15

양은 길러 잡아먹고
아들은 길러 바치고
나는 길러 내버리고

16

말씀은 내게 내린다〔人格〕.
말씀은 교회에 내린다〔人格은 關係에 있다〕.
서로 저를 내놓는 자에게만 주신다.
말씀은 사랑에다만 자기를 여신다.
가장 신비적이요 시적인 「요한복음」은
사랑의 사도의 받은 것이다.

17

삶은 늘 천국 지옥 둘 사이를 오르내린다. 교류전기다. 그러면서 역사가 나간다.

18

옳은 사람 하나도 없다 = 역사 부정
죄(벌·죽음)는 없다 = 미래 부정
현재는 과거와 미래에 붙어 있는 것인데, 과거·미래를 다 부정하
면 스스로 있는 있음〔自存在〕이다.
영원.

19

이 말을 통째로 믿는 자는 불행
이 말을 뜯어보는 자는 불행
이 말을 내 말이라는 자는 불행
이 말을 하나님 말씀이라는 자는 불행.

20

예수는 내게 수수께끼다. 풀어야 한다. 풀리기 위해 예수는 십자가
에 죽어야 한다.
네가 그냐? 내가 그냐?
"내가 그다" 하면 너는 하나님을 더럽힌 놈.
예수가 그이라면 내가 죽어야 하고 내가 사람이라면 그가 죽어야 하고

21

하나를 하나 아니라 함이 죄다. 죄는 딴 생각이다. 믿음은 딴 생각
을 그만두고 하나로 돌아옴이다.

22

하나님을 앎은 두 길로

그 근본 바탈을 찾음으로 …… 참

그를 실지로 삶으로 …… 사랑

23

예수께서 가난한 자 보고 복 있다, 하늘나라 네 것이다, 하실 때 그 하늘나라는 저 먼 이상향이 아니었다. 이상향은 하나님께서 돌아선 현대 사람이 지어낸 물건이다. 그래 그것은 어디도 없는 곳〔Utopia〕이다. 예수의 하늘나라는 곧 선 자리〔at hand〕에 있는, 속에 있는 것이었다.

24

제자를 전도에 보내실 때 표적을 행하는 능력은 주어 보냈으나 참 깊은 깨달음의 믿음은 주어 보내실 수 없었다. 그것은 후에 가서 다 자기네 스스로가 하지 않으면 안 됐다.

25

처음 된 자가 나중이 되고, 나중 된 자가 처음이 된다. 하늘나라엔 앞섬도 뒤떨어짐도 없다.

26

믿음으로 구원 얻는다는 믿음은 예수의 죽음에서 나왔고

예수의 죽음이 그런 힘을 가지게 되는 것은 죽음이 죽음으로 끝나지 않고 다시 살아났기 때문이요, 예수의 다시 살아남은 제자들의 믿음으로 지내본 것이요,

제자들의 그 지내봄은 살았을 적 예수께서 그것을 미리 가르쳤기 때문이요, 예수께서 그것을 가르치신 것은 그것이 그의 믿음이었기 때문이다.

예수는 자기가 죽어도 죽지 않을 것을 꽉 믿었다.

예수가 그것을 믿으신 것은, 하나님은 참이요 사랑이라 믿으셨기 때문이다.

예수가 그렇게 믿고 사실로 그렇게 나타난 것은 하나님이 정말로 참이요, 사랑이신 것을 스스로 보여주신 것이다.

27

사람들이 서로 자기를 주장해 맞부딪침이 되는 것은 그것이 참이 아닌 증거다.

참은 여럿이면서 하나다.

나는 참

세계는 참 } 셋이 하나

하나님은 참

이 셋은 다 의심할 수 없는 것이다.

28

대개의 경우에 믿음은 기합이다. 기합에 놀라는 인격은 제 노릇하는 인격이 아니다.

29

예수는 하나님의 기계는 아니다. 아들이지.

30

무대 뒤를 아니 뵈려는 것, 준비 없이 그 자리에서 나오는 대로 하는 것같이 뵈려는 것은 자기를 우상으로 만들어 절을 받자는 맘이다.

준비 없이 하는 이는 하나님만이다.

그의 하신 것을 자연이라 한다.

자연에 비하면 사람의 짓(art)은 형편없는 것이다.

31

아름다움이 꼴에 있나? 힘씀에 있나? 맘씨에 있나?

32

십자가가 진리이나, 그것을 예수 한 사람에만 금 긋고 인류 전체에 대 쓰지 않으면 진리가 아니다. 십자가의 진리된 까닭은 지는 데 있지 져달라는 데 있지 않다.

33

영은 끊임없이 저를 아니라 하지 않고는 못 받는다. 그 점에서 도덕적이다.

34

믿음에 형용사가 붙으면 우상 숭배다.

35

믿음에 한 가지 나타냄을 너무 주장하면 믿음이 늙어버린다.

36

내쫓기는 것이 좋지 않은가? 내쫓을수록 큰 집으로 가지 않나? 집에서 내쫓기면 동리로, 동리에서 내쫓기면 나라로, 나라에서 내쫓기면 세계로, 가다가다 정말 마지막 큰 집에까지 가면 그다음은 내쫓기려 해도 내쫓길 곳이 없지 않은가? 내쫓기는 일이야말로 가장 안전한 일이다. 천하天下는 천하에 감춘다.

37

동양은 태평양 같고
서양은 알프스 같고.

38

나도 아니요, 하나님도 아니다. 있는 건 산 생명뿐이다. 서로 맞서는 나와 하나님은 다 가짜다.

39

늙지 않으려면

흠집을 아니 내야 …… 전체를 안고야

너무 쓰지 아니 해야 …… 깨달아야

흥분 아니 해야 …… 고요해야

40

세례 요한과 예수의 대조는 두드러진다. 제자들은 그것을 잘 알았다. 그들 사이에 관련이 있다.

요한도 예수를 증거했고

예수도 요한을 증거했다.

요한은 『구약』의 마감이면서 『신약』의 들어가는 문.

요한의 예수 증거의 요점은, 그는 영적이라는 것이다. 그것은 바로 안 것이다.

예수의 종교는 영의 종교다.

41

사도들이 자기를 '예수 그리스도의 종'이라 하여 역사적 개인에게 종교적 예배를 드리게 된 것은 종교 역사에 한 큰 개혁이었다. 지난 날에 인간에 향하여 그런 요구를 한 자가 없지 않았으나 그런 자는 얼마가 못 가서 그 거짓이 드러나고 망해버렸다. 모든 종교는 다 어떤 힘, 혹은 도리, 혹은 전체, 혹은 초자연적인 영적 존재자를 예배하는 것이지 현실로 자기네와 같은 어떤 사람을 "주여" 하고 섬기지는 않았다. 동물 숭배까지 했으나 그것은 다 나타나는 그림으로 본 것이지 정말 그 물건을 섬긴 것은 아니다. 사도들이 예수를 주로 부른 것은 나타내는 그림으로는 아니다. 여기 예수란 인격의 수수께끼인 거침돌(거추장스럽게 걸리거나 막히는 것을 비유적으로 이르는 말 – 편집자)인 점이 있다.

42

거룩한 절대자와 저와의 사이에 절대로 이어닿음이 있을 수 없는 것을 느낌을 뜻한다. 그러나 절대자가 제게서 떨어져 절대 먼 거리에 있음을 알 때 이상하게도 이미 절대자가 제 안에 와 있음을 또 알게 된다. 절대로 먼 곳은 곧 절대로 가까운 곳이기 때문이다. 그리고 또 이상한 것은 저와 절대자 사이에 넘을 수 없는 떨어짐이 있는 줄을 아는 자는 또 그때의 세상이 저와 떨어진 거리에 있음을 깨닫는 일이다. 초월신을 섬기는 백성은 스스로 뺀 백성이란 자각을 가진다.

43

산속 무너질 듯한 낭떠러지 밑과 덮어지려는 칡넝쿨 사이에서 한 간 암자가 넘어지지 않고 백천 년 가게 지키는 것은 목수의 재주나 부자의 돈이 아니다. 석가의 인격 그것이 곧 살아 있어 지킨 것이다. 그보다도 누리를 꿰뚫는 얼 그것이 바로 하는 일이다. 불단 앞에 팔락거리는 촛불 그것이 곧 죄악과 싸우는 인류의 맘이요, 어둠을 뚫고 들려오는 목탁 소리 그것이 바로 인생을 어리석음에서 깨우는 진리의 외침이다.

44

새벽 하늘에 들려오는 '꼬꼬' 하는 닭의 울음은 언제부터나 울어오는 소릴까. 언제까지나 울어갈까. 영원 그것의 울음 아닌가.

45

푸른 잎새는 땅의 찬송

하늘 땅 흔드는 우레는 번개의 얼굴

노래하는 빛

빛을 쏘는 음악

46

예수께서 사흘 만에 살아나신 것을 사도들이 경험한 것은 생전에 그것을 미리 말씀하셨기 때문이요, 생전에 그것을 말씀하신 것은 예수 자신이 그것을 믿으셨기 때문이요, 그것을 믿으신 것은 요나의 생애에서 자기를 보셨기 때문이었을 것이다.

　요나가 죽어서 온 배가 구원됐고

　요나가 전체의 불행을 제 책임으로 스스로 짊어졌고

　요나가 인격적으로는 옳으면서 하나님의 버림을 당했고

　요나의 버림당함이 니느웨의 구원이 됐다.

47

예수 이후 현실적으로는 역사나 인생에 달라진 것 없다. 예수가 그리스도라는 믿음은 현실에서는 증거되지 않는다. 그러나 예수 자신이 현실에서 그것을 주장한 것은 아니었다. 그의 종교는 맨 얼의 종교다. 그가 그리스도인 것은 정신적인 뜻에서다.

48

베드로나 바울이나 요한의 위대는 그 인격의 뚫려 비침에 있다. 그들은 놀랍게 위대하건만 그것이 조금도 그들 뒤에 서서 비쳐주는 인격을 가리지 않는다. 『신약』을 읽어서 조금도 베드로나 바울이나 요한을 숭배할 마음이 나지 않는다. 그저 예수라는 한 인격이 뚫고 비쳐나올 뿐이지. 그러나 그렇다고 사도들이 낮아지고 작아지는 것은 아니다. 분명히 그 커다란 형상이 뵈건만 그것은 마치 환상같이 뚫려 비친다. 여기 예수의 절대 위대한 것이 있다.

49

사람이 세상에 온 것은 만유의 후사로다. 그러므로 첫째 할 일은 맡은 재산의 조사다. 제 집을 완전히 알기부터 해야 할 일이다. 그리하여 잊어버리지 않고, 잃지 않고 잘 쓸 수 있다.

우주의 구조와, 인간의 역사와, 모든 문화와, 정신·물질의 가지가지의 것을 다 알아야, 그리고 그것을 다스리고 달리 쓰는 기술을 가져야 한다.

그다음은 그것을 더 발달시키고 창조하여야 할 것이다.

50

사람이 빵으로만 살 것 아니요
하나님의 입으로 나오는 모든 말씀으로 살리라.
나는 하늘에서 내려온 빵이다.
사람이 나를 먹으면 영원히 살리라.
너희는 내 살을 먹으라.
내 피를 마시라.
너희가 『성경』을 연구하느냐?
그것은 나를 말한 것이니라.
나는 내 살로 되고 피로 되어 말씀을 하노라.
그러므로 너희는 나를 먹으라, 마시라.

51

"나라가 임하옵시며"는 기다리고 있으라는 뜻으로 알 것이 아니다. 그 기도가 곧 그리 들어가는 동작이다. 내가 들어가야 한다, 이미 이루어져 있는 나라에.

52

참 말 먹으면 먹기 싫고

참 말 보면 보기 싫고

참 말 알면 다시 생각 아니 난다.

53

나라로서 가장 굳세던 도이칠란트가 갈라지고, 나라로서 가장 약했던 한국이 갈라지고, 정신적인 힘씀으로 나온 새 인도가 갈라지고. 그 셋은 새 시대를 위한 하나님의 물음인가?

54

간디같이 위대한 혼이 크리스천이 못 된 것은 기독교의 부끄러움이다. 그러나 그 때문에 인도의 정신문화가 살아났고 새로 나올 하나된 인도를 세움에는 그것이 반드시 필요했다.

55

새 종교의 힘은 새 도덕에 있다. 『신약』 모든 편지에 나타난 그 새 도덕이 당시 세계를 정복했다.

56

기적을 바라는 것은 믿음이 아니다. 생명에는 기적은 없다. 기적은 죽은 자에게만 있다. 죽은 자의 눈으로 보면 생명은 온통 그 자체가 기적이다.

기적은 또 결과만을 존중하는 데서 바라게 된다. 생명의 산 과정에 빈틈을 지우는 장님만이 기적을 본다.

기적은 밖에 있는 것이지 안에는 없다.

57

어떤 곳에나 하나님이 계신 줄 알아라. 그러나 예배는 될수록 거룩한 곳에서 하라.

58

삶이 곧 기도가 되게 하라. 그러나 기도는 될수록 살림방에서는 하지 말라.

59

인류가 절망적인 건 위대한 지도자도 마찬가지로 죄를 지음이요, 내가 절망적인 것은 내가 지상선地上善을 알면서도 행치 못함이다.

60

말은 말한 사람이 죽어야 영원히 산 말씀이 된다. 반드시 십자가에 죽는 것 아니라도 일생 지켜서 죽어도 변치 않은 것이 참 말이다.

죽음은 도장을 찍음이다. 도장이 찍히기 전은 늘 고칠 수가 있다.

61

나라는 나의 진리 위한 싸움에 있어서 내가 붙어 있는 부대 이름이다. 그 부대가 곧 내 목숨을 바치는 목적은 아니다. 그러나 그 부대에 충성 않고 그 싸움을 할 수는 없다.

62

이날 날
마음씨 씨
아버지 옷 올바로 짓자.

63

고민은 중심이 둘이기 때문에 있다. 이러지도 못하고 저러지도 못하는 것이 고민이다. 옳은 것이 둘이 있어서 나를 각각 제 편으로 붙이려 하기 때문에 '내'가 찢어지려는 느낌 그것이 곧 고민이다. 평안은 옳은 것이 하나인 때. 그것에 나를 완전히 바친 때 혹은 내가 그것을 완전히 가진 때, 아주 완전하기 때문에 바쳤다·가졌다·옳다를 스스로 느끼지도 못하는 때에 있다. 그러므로 정말 옳은 것은 부정에만 있다. 이것도 아니요 저것도 아니요 일체 부정이 되는 때에만 자기가 긍정의 자리에 있다. 즉 의롭다 함을 얻은 것이다. 의는 의인이 하나도 없는 때에만 있다.

64

마음의 왕국은 없음의 왕국이다. 아무것도 아니 가진 때가 마음이요 그때가 왕이요, 마음이 완전히 왕 노릇, 즉 제 노릇 하는 그때가 평안이다.

불평은 내 마음대로 아니 되기 때문이다. 마음대로 아니 되는 것은 마음이 주장하는 것이 있기 때문이다. 주장하는 것이 있는 한 마음대로 되지는 않는다. 주장함은 곧 잡힘이다.

마음대로는 마음이 모든 주장을 내버린 때에야 있다. 그것이 자유다. 무엇을 하는 것은 내 마음대로 하기 위해서이나 무엇을 하면 나를 잃는 것이다. 내 마음대로 즐겁기 위해 사과를 먹으나 먹으면 내가 사과에 혹은 맛에 먹히우고 있는 것이다. 그때 나는 그 사과라는 국한된 안에만 있다. 그러므로 그때 즐거운 것 같으나 아니다. 그것은 나의 즐거움이 아니요 사과의 혹은 맛의 승리다. 그러므로 그 즐거움은 곧 없어지고 나는 다시 불안에 돌아온다.

그러니 모든 것을 내버린다는 것은 무슨 물건을 내버려서 되는 것이 아니다. 인생이라 해도 그것도 한 물건이다. 인생을 버린다 할 때 나는 인생에 달라붙어 잡힌 것이다. 내버린다는 것은 나의 주장을 내버려야 되는 것이다. 버린다 하는 생각조차 버린 지경, 순수한 부정, 아무것도 없는 지경이다.

그러기 위하여는 행동하는 내가 돼야 한다. 무엇을 원하고 있는 시간 나는 가장 나를 주장하고 있다. 360 방향을 향해 벼릿줄을 늘이고 끊는다. 그런 한 자유·평안은 없다. 어떤 일에 나를 던져야 한다. 무엇을 한다는 의식을 가지지 말고 완전히 하는 시간, 하나님을 위한 태도로 하는 시간, 나는 없고 따라서 나는 완전히 평안·자유를 가지는 왕이다.

하나님을 위해 모든 것을 하는 순간 비로소 모든 것이 버려진 것이다. 하는 때 나는 거의 잡히기 때문이다.

65

하나님의 형상을 만들지 말라. 대체 형상 없는 하나님이 있을까? 우리 생각은 어쩔 수 없이 형상의 종이다. 어떤 형상으로나 형상을 그리지 않고는 생각을 할 수 없다. 그런 의미에서 순수한 사상은 없다.

생각 그 자체로 아무 유한한 형상에 붙지 않은 절대의 생각이란 없다. 인간이 마음으로 한 모든 생각은 참 생각이 아니요 생각의 그림자다. 그 의미에서 모든 종교는 우상 종교다. 어떤 신앙도 이미 신앙이라 하는 이상 무슨 형상이나 형상을 가진 하나님에 붙어 있지 정말 스스로 계신 하나님은 아니다. 우리는 절대로 하나님을 볼 수 없다. 그러므로 하나님은 쉴새없는 우상 파괴로만, 즉 자꾸 부정함에 의해서만 섬길 수 있다.

66

작은 부자는 곳간에 쌓고, 큰 부자는 노적勞績을 가린다. 내버려두는 것이 많을수록 큰 부자다. 하나님은 온 우주를 내버려두고 잊어버리고 계신다.

67

모든 이론은 저를 판 밖(局外)에 세우려고 애씀이다. 저는 삶의 사슬(連鎖)에서 빠져나와 산 듯이 생각하는 것이 이론을 펴는 때의 심리다. 그것은 자유를 바라는 생명의 바탕에서 나오는 일이다. 그러나 작은 자유, 작은 평안은 판 밖에 섬으로 될 수 있지만 정말 큰, 참 자유, 참 평안은 삶의 사슬, 역사의 판 밖에 서서는 아니 된다. 그것은 될 수 없는 일이다. 그러므로 저를 거기 던져넣어서만, 틈을 메우는 볼개로 끊어진 데를 잇는 고리로 집어넣어서만 될 수 있다. 논리는 윤리를 가지고만 구원된다.

68

믿음은 사슬이다. 혹은 구슬 꿰임이다. 믿는 순간 문제는 완전히 다 풀리지만, 그다음 순간 현실에 아니 들어갈 수 없고, 현실에 뛰어들어만 가면 믿음은 믿음대로, 한 올 혹은 한 고리가 되어 따로 돌고 현실은 현실대로 흐른다. 그러면 믿음은 또다시 그 현실 속에 뛰어들어 그것과 싸워 이긴다. 그러나 그것은 또 한 올, 한 고리로 돼버리고 현실은 삐져나간다. 그리하여 삶은 바다처럼 끝이 없이 벌어져 나가고 믿음은 줄섬(列島)처럼 뻗어나가는 연꽃송이처럼 그 위에 선다. 현실에서 보면 아무리 봐도 외로운 떨어짐이지만, 그 밑에는 뵈지 않는 줄이 잇닿아 있다.

그것이 믿음이다.

69

있음의 세계는 어쩔 수 없이 둘의 세계다. 있음과 없음, 삶과 죽음, 앎과 모름, 고움과 미움, 빛과 어둠, 음과 양. 그러므로 하나만이려 하면 잘못이다. 아무리 알아도 모르는 것이 없이 알 수는 없고, 아무리 아름다워도 흠이 조금도 없이 아름다울 수는 없고, 아무리 힘있게 살아도 죽지 않을 수는 없다. 그러나 또 둘대로 두려 해도 잘못이다. 있음 아닌 없음도 없고, 없음 아닌 있음도 없으며, 빛 없이 어둠도 없고, 어둠 없이 빛도 없다. 그러므로 하나면서 둘, 둘이면서 하나, 그래서 셋. 그러나 셋이라면 또 잘못이다. 셋이 하나. 삼위일체다.

70

귀는 소리를 듣고, 말씀은 마음이 듣는다. 마음은 생각하는 것. 교회는 귀요 마음이 아니다. 생각하는 마음 낱사람〔個人〕이다.

71

인생은 속는 것, 종교는 더구나 속는 것, 속 넣은 것, 속은 어디까지 속이지 겉이 못 된다. 말씀은 속이고 종교는 겉들었다.

72

살과 피로 난 것은 새끼, 얼과 뜻으로 난 것은 아들. 새끼는 물리, 아들은 윤리, 물리 윤리 하나로 밝히잔 논리.

73

속는 것은 삶과 죽음을 서로 떼어놓기 때문이다. 삶에서 죽음을 떼어 저만큼 놓고, 그동안에 해본 말·생각·일·눈물·콧물은 다 거짓이다. 나기 전에 그것들이 있었을까, 죽은 후에 그것들이 있을까?

74

예수께서 십자가에서 기적으로 살아나지 않은 것은,
첫째 모든 것을 하나님의 뜻으로 순종하기 위해서요,
둘째 본래 십자가를 자기가 스스로 취한 것이기 때문에 피하지 않기 위해서요,
셋째 기적으로 사람 마음을 고치게 할 수 없는 줄 알기 때문이었다.
사람의 됨은 억만 년을 가다가도 제가 돼야 되는 것이다.

75

물음〔疑問〕은 대답의 첫마디
하고자 함〔欲求〕은 만족의 시작
생각〔想像〕은 있음〔實在〕의 목소리.

76

그래서 그랬다는 인과관계를 밝혀서 역사의 진보는 있을 수 없다. 억만 리를 걸어도 지구 위에서 한 것은 돌아간 것이지 나감이 아니다. 나감은 올라감에만 있다. 물질의 세계에서 영의 세계로 올라가서만 역사는 진보다. 그것은 은혜로 봄〔恩惠觀〕, 곧 윤리적 세계관으로만 될 수 있다. 물결이 이는 하늘에서 바람이 내려오기 때문이다.

77

영원의 말씀이 무한의 허공을 스치고 지나간다.
한 사람이 그 까만 그림자를 능히 보므로 여러 사람이 그 가르침을 따라 다시 보고 다시 본다.
억만 사람의 시선과 마음을 싣고 까만 하늘 밖으로 날아가는 영원의 접시비행기!

78

믿음에서 믿음으로!
'수가'성 샘터에서 영원의 샘터로
선생님에서 주님께로
교회에서 가슴으로
증거에서 뜻으로
상대에서 절대로
믿자에서 믿어짐으로.

79

말은 마지못해 하는 말이다. 그러므로 말은 말잖 말이다.

교회〔에클레시아 ─ 불러냄〕란 할 수 없어 한 일이다. 원틀을 말하면 온통 그대로 하고 싶지, 누구누구 몇만 겨우 불러내잖 하나님의 심정이실 리가 없다. 그런 것을 무슨 특권처럼, 자랑처럼 알 것이 무엇인가?

무교회란 것도 할 수 없어 한 소리다. 그것을 좋아서 그것만이 다인 것처럼 알면 가엾은 생각이다.

80

골리앗을 때려 넘겼기로서 조약돌을 비단에 싸서 제단에 둘 거야 없지 않은가? 위대한 것은 다윗이지 돌이 아니다. 그것쯤은 다 알면서, 또 다윗은 하나님의 손이 역사의 냇가에서 되는 대로 주워든 한 개 조약돌임을 왜 모르나.

세상에 조약돌 섬기는 자 어찌 그리 많은고! 바울 바울, 아우구스티누스 아우구스티누스, 루터 루터, 칼뱅 칼뱅, 우치무라 우치무라, 그게 다 조약돌 비단에 싸두는 것 아닌가?

천만 년 갈 무교회던가?

곰팡이 돋은 가톨릭 같은 것은 말할 것도 없다.

골리앗 죽였거든 돌을 집어 내던져라! 다음 싸움은 그것으론 못한다.

81

내 믿음엔 천당 지옥이 없다.

천당과 지옥이 있지 않다는 말이 아니다. 그거야 내가 알 수도 없고 알 바도 아니다.

내 믿음엔 천당 지옥이 있거나 말거나 관계가 없다는 말뿐이다. 우리 아버지는 천당의 재판장도 아니요, 지옥의 형무소장도 아니다.

이제 내 정도도 복이 좋아서 믿는 것도, 벌이 무서워 하나님을 공경하는 것도 아닌 데쯤은 왔다.

나는 1세기 사람보다는 좀 자랐다.

그리고 나는 오늘날 사람의 하나지 누구보다 앞선 것은 아니다.

82

하나님 아들 찾았더니 인자ㅅ구로 '살피'〔살과 피〕어 주시더라.

인자 잡아먹었더니 하나님 아들 맞나〔만나〕더라.

83

"우는 소리 듣기 싫다, 울지 말라."

"듣기 싫으라고 우는 거야요."

"듣기 싫긴 왜 듣기 싫으라고?"

"그래야, 듣기가 싫어 견딜 수가 없어야 나를 불쌍히 여기시는 마음이 나시든지, 내 마음을 알아 이 고통을 없애주시든지 하시지 않아요?"

"그렇기는 그렇다. 때려도 울지도 않는 것을 보면 더 밉고 화가 나더라!"

84

네 집은 많은 것을 네게 주리라. 그러나 자연은 보다 더 많은 것을 일러주리라.

자연을 거닌 마음 골방으로 들어가라. 거기서 너는 무한을 대하리라.

85

나는 길이요, 참이요, 삶이다.

저〔自我〕를 내놓고 저를 모르고, 저를 살리지 않고(사랑하지 않고) 하나님께 갈 수는 없다.

내가 나를 바로 가지면 나를 쓴〔使用〕 것이요, 먹은 것이다. 나는 없어졌다.

내가 나를 바로 알면 나를 버린 것이다. 나는 죽어버렸다.

내가 나를 바로 사랑하면 나는 죽어버려졌다. 나는 죽었다.

그럼 내가 그리스도다.

86

원수에서 해방되기는 차라리 쉬우나, 사랑에서 해방되기는 더 어렵지 않은가?

엎누르는 자에게서 자유되기는 차라리 쉬우나, 선생에게서 자유되기는 더 어렵지 않은가?

원수는 사랑해야지만, 사랑은 미워해야지.

엎누름은 참아야지만, 이끌어줌은 끊어버려야지.

87

역사 아니고는 인생은 모른다. 역사는 거울이다. 잠자리 눈이 수많은 눈이 모인 겹친눈〔複眼〕인 것처럼 역사는 억만의 마음이 한데 겹쳐진 입체거울〔立體鏡〕이다.

나를 안다 하지만 나는 나에 있지는 않다. 나는 남 속에 가 있다. 남도 한 남이 아니고, 수없는 남, 사람만 아니라 만물인 남 속에 들어 있다. 나를 알려고 골방에 들어앉아도 소용없다. 거기서 보는 나는 형편없는 평면의 나다.

88

하나된 마음은 참 위대하다.

하나됨은 일함에만 있다. 살려면 하지 않을 수 없고, 하면 모든 나들이 다 한다. 모든 마음들이 다 한마음이다. 하는 일이 없어지면 마음은 이럼저럼으로 갈라지고, 나는 이러나저러나로 나뉘어 서로 토론 시비를 시작한다.

89

역사의 처음엔 자연이 사람의 대적,

그다음엔 피가 다른 것이 대적,

그다음엔 계급이 다른 것이 대적,

그다음엔 생각이 다른 것이 대적.

문명은 발달하고 나라는 점점 커갈수록 대적은 안으로 들어왔다.

정치는 이제야 그것을 깨닫게 되는데, 종교는 벌써부터 "대적은 네 안에 있느니라"고 가르쳐왔다.

이제 정말 생각을 하고 나 보면 한 생각밖에 없을 것이니 대적은 없어지고 말 것이다.

90

성한 배에 모든 음식은 다 먹을 거다.

성한 마음에 모든 사람은 다 사람이다.

성한 혼에 모든 종교는 다 하나님 말씀이다.

91

하나님은 알파요 오메가다.

종교는 바닥도 되고 꼭대기도 된다.

사랑이 뿌리요, 사랑이 열매다.

92

뜨기는 마찬가지로 뜨나, 낙하산이냐? 경기구냐?

93

신앙과 이성이 서로 맞부딪치거든 이성을 살리라. 그리고 그것을 거느릴 보다 높은 믿음을 새로 세우도록 하라.

94

하나님의 입으로 나오는 말씀. 사람의 입에서 나오는 말이 아니란 말이다. 된 말씀. 일로 나타난 말씀. 사람에게서는 말과 생각과 함이 서로서로 갈라서지만, 하나님껜 그런 것이 없다. 하나님 말씀이 사람에게서는 일이다. 입에서 썩 떨어지자, 그보다도 속에서 일어나자, 그대로 될 수밖에 없는 것이 하나님의 말씀이다. 새가 보면 곧 집어먹고, 먹으면 곧 노래가 되는, 밀알은 하나님 말씀이어도, 하고 난 다음 다른 사람은 그만두고, 한 제가 곧 짓밟는 신부·목사의 말은 하나님의 말씀이 아니다.

95

기쁨이 삶의 본래 얼굴이다. 그러므로 얼굴과 얼굴을 마주 대하려는 인생의 역사가 영원히 슬픔을 느낄 것은 정한 일이다. 슬픔이 참이다.

96

삶은 바라봄이다. 그러므로 바람 끊어짐〔絶望的〕에 가야 비로소 참 삶의 움직임을 볼 수 있다. 애통하는 이 봄이 있다.

97

삶은 옹글기를 요구한다. 잘, 참, 좋다. 제일, 첫째, 고작으로 만족하잔 것이 아니다. 그것은 사탄이 "하늘에 계신 너희 아버지의 옹글〔安全〕같이 너희도 옹글어라" 하신 하나님 말씀을 꺾으려 사람을 속이기 위해 하는 꾀임이다. "온통이냐, 그렇지 않으면 없음이다" 하고 모든 상 줌을 물리치고 '한'을 바라고 나가야 한다.

98

거룩은 빈 것. 무엇이 있으면 속(俗)되다. 더럽다. 빔〔虛·無·空〕은 하나님의 모습, 뵘은 사람의 꼴, 빈 산, 빈 들, 끊어진 바다에서 두렵고

조심스러운 생각이 일어나는 것은 사람의 타고난 버릇이다.

99
생의 법칙성
통일과 발전,
수렴과 확산,
거룩과 사랑.

100
된〔强烈〕 맞섬〔antithesis〕이 있어서만 삶이다. 그러므로 삶의 꿈틀거림이 있으려 할 때는 반드시 켕김〔緊張〕이 있다. 잘 켕기면 어떻게 크고 복잡한 운동도 할 수 있어도—천체나 전자電子의 경우와 같이—늘어지면 그만 얽혀버린다. 분규. 꺾어 맞춤〔折衷·折衝〕, 서로 좋게〔妥協·妥帖〕, 어루만짐〔撫摩〕, 둥그스럼히〔婉曲〕가 다 역사를 썩히는 누룩이다.

101
하나님은 직선直線을 긋고, 인생은 원주圓周를 그린다. 믿음이 곧 이 곧장이요, 사랑은 둥글게다. 그러나 또 어떻게 보면 하나님은 둘레〔圓周〕요, 인생은 금〔直線〕이다. 인지생야직人之生也直3)이요, 천운순환 무왕불복天運循環 無往不復4)이다.

---

3) 人之生也直: "사람의 삶은 곧다." 공자는 곧지 않은 삶은 요행에 불과하다며 곧은 삶의 가치를 강조했다. 『논어』, 「옹야」.
4) 天運循環 無往不復: "하늘의 운행은 순환하는 것. 가서 되돌아오지 않는 것이 없다." 『대학』, 「서」.

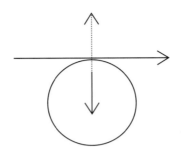

102

생명은 조직적이다. 그러나 조직은 생명 아니다. 조직이 필요하다는 것은 사람에겐 자유와 구속이 다 있어야 한다는 말이다. 그것은 또다시 말하면 사람은 흙과 영으로 됐단 말이다. 눈엔 보이지 않는 섬유가 수없이 얽혀서〔維〕실이 되고, 그 실이 혹 씨가 되고 혹 날이 되어 엮어 짜인〔組織〕것이 헝겊이요, 헝겊을 또 이리저리 무어 대인 것이 옷인 것같이, 지식으로는 알 수 없는 생명의 한없는 물결침〔波動〕이 얽힌 것이 영이요, 물질이요, 그 영과 물질이 섞여서 자연이요, 인생이요, 그 자연과 인생이 또 엮이고 짜이어서 살림이니 역사니 한다. 그러므로 조직은 생명의 본뜸〔模倣〕이다. 인격의 제 얼굴 그림이다. 그러나 본뜸은 어디까지나 본뜸이며 그림은 어디까지나 그림이지, 생명 그것일 수는 없다. 그러므로 섬유가 될수록 가늘어야 섬유인 것같이, 조직은 될수록 무형에 가까워야 산 힘을 낼 수가 있다. 유형한 것의 얽맴을 받으면 그것은 기계요, 종이다.

103

맨 처음의 교회의 힘은 어디서 나왔을까? 하나는 예수의 인격적인 생명의 힘에서요, 또 하나는 밖에 대해서 자기네가 절대로 힘없음을 스스로 느낀 데서일 것이다.

104

이성은 자치自治다. 모든 자치는 다 절대에서 주어진 자치지, 절대 완전한 자치란 없다. 이성은 하나님의 우주의 제후諸侯다. 그러나 하나님이 제후 나라의 내정간섭은 아니 하신다. 제후와 제후 사이에는 서로 자유가 있어 교섭할 수가 있고, 따라서 어느 정도의 양보·견제·타협이 있을 수밖에 없고, 정말 문제 되는 것이면 천자天子에 가서야 해결이 된다. 지식·도덕·예술의 관계도 그렇다.

105

이 악하고 음란한 세대가 표적을 구하나, 선지자 요나의 표적밖엔 보여줄 것이 없다.

첫째 제 몸이 곧 표적이 됐다.

둘째 한 번 죽어 다시 살아 새 계기가 됐다.

셋째 제 의義가 죽어버려야 했다.

106

"생명은 속에 있다" 함은 속에 있는 생명을 겉에 나타내는 일이다. 그러므로 속사리〔內面化〕가 겉사리〔外面化〕요, 겉살림〔外的 生〕이 안살림〔內的 生〕이다. 그렇다면 안팎은 없다. 종교는 안팎이 따로 없다 함이다. 하나 만듦이다.

107

삶의 슬픔.

삶은 바람이요, 삶은 또 나타냄〔實現〕이다. 참이면서 또 됨이다. 그러니 아니 슬플 수 있나!

참은 영원히 감추는 것.

참은 보이면서 안 보이는 것, 할 수 있으면서 할 수 없는 것. 그러니 아니 슬플 수 있나!

슬픔이 있으니 기쁨이 있다.

기쁨 때문에 슬픈 것이다. 기쁨은 찰나적이고 슬픔은 영원이다. 슬픔은 부분이고 기쁨은 전체다. 끝이 없어야 할 기쁨을 시간의 칼로 썰어주는 데 영원한 슬픔이 있다. 슬픔은 현실이고 기쁨은 이상이고, 어버이 마음처럼 슬픈 것이 있을까?

108

절대종교.

절대·상대를 구별하여 절대로 그것을 섞지 않는 데 절대에 대한 복종이 있다. 가이사의 것을 가이사에게 돌리는 것은 하나님을 하나님이라 하기 위해서다.

정신은 정신이라 하고 물질은 물질이라 해라. 시간은 시간이라 하고 영원은 영원이라 해라. 물질에 물질의 법칙을 허하고, 시간에 시간의 권위를 줌은 정신과 시간에다 절대권을 돌리기 위해서다. 가이사(카이사르)는 저 받을 것을 받아먹으면 죽는다. 시간을 보고 너는 시간이다 하는 순간 시간은 죽어버린다. 그다음 나는 하나님 아들이다.

상대가 절대 노릇은 절대 못한다. 교회는 절대로 그리스도는 아니다. 그리스도는 누구를 대신 시키지 않는다. 누구를 대신 내세우지도 않고 누구의 대신 노릇을 하지도 않고 하나님 앞에 바로 서는 인격, 그것이 그리스도. 역사적 교회를 통해서만 구원이 있다는 그런 도둑놈의 소리가 어디 있나.

"땅에 있는 자를 아버지라 하지 말라" "이 세상 임금이 오겠음이라. 그러나 저는 내게 상관할 것이 없다" 하신 예수의 종교는 절대의 종교이다.

109

너는 단번에 고쳐 만들어 달라느냐? 나는 네가 힘써 자라서 되는 것을 보고 싶어서 하는데.

110

예수께서 병자를 고쳐주시고는 흔히 아무에게도 말하지 말라 하셨다. 그것은 자기를 위해서만 하신 말이 아니요, 그 사람들을 위해서도 하신 말이다. 몸보다도 마음을 살리자. 결과보다도 하는 말씀을 소중히 여기자 해서.

111

믿음과 앎.

앎도 기쁨을 주고 믿음도 기쁨을 준다. 그러나 그다음이 현실에 부닥칠 때 나타난다. 현실이란 무한의 바다와 유한의 냇물이 만나는 단물 짠물의 섞이는 사품이므로 모순이 없을 수 없다. 그러나 하나로 보자〔單一化〕는 앎에서 오는 기쁨이 그냥 있을 리가 없다. 그런 줄로 알자 했던 생각이〔諦念〕 다 거품처럼 꺼져버리고 만다.

믿음은 본래 현실의 모순에서 부대끼면서 몸으로 얻은 기쁨이므로 변함이 없다.

112

앎과 함은 하나다. 또 다르다. 앎과 함이 서로 하나되지 않는다고 아는 것까지 버리지는 말라.

함은 영웅의 일(위대는 모르고 함)

앎은 시인의 일.

영웅의 한 일을 참으로 알아 그것을 기뻐하는 시인이 없으면 영웅은 소용없다. 시인의 마음은 너 나의 다름을 모르는 넓음이 있어야 한다.

그러나 영웅도 시인도 있을 수 있게 만드는 것은 민중이다. 영웅을 영웅으로 내세우고 시인을 시인으로 따르는 겸손한 민중이 있어서만 그것들은 있을 수 있다.

자기를 자랑하는 것은 영웅이 아니고 영웅을 시기하는 것은 시인이 아니고 남의 잘남과 기쁨을 내 것으로 함께하지 않는 것은 민중이 아니다.

그것은 다 하나이신 임금인 하나님을 믿어서만 될 수 있는 일이다.

113

제물.

죽여 바쳐라! 죽인 제물 산 제사로 받으시고 살은 살 받아 도로 살려주신다.

불살라라! 보이는 것은 나는 못 받는다. 물건은 나는 싫다. 정신화돼야만 내 코에 향기로 맡을 수 있다.

114

임금이 우리 집에 오신다.

초막이라도 깨끗이 쓸면 된다.

변변치는 못해도 옹근 과일을 드려야 하고,

미명 거라도 다른 사람이 써보지 않은 자리를 드려야 한다.

깨끗이, 옹글게, 숫으로.

나는 벗고 문 밖에 서서 굶으면서라도, 내 집, 내 것을 다 바쳐야지, 나와 한 집에서 끼살이(머슴살이 - 편집자)를 할 수는 없는 일이다.

배운 것이 없이 모든 절차 방식을 몰라도 지성이면 되겠지. 마음을 다해 몸을 다해 혼을 다해 하기만 하면 부족한 것이 있어도 허물하시지 않겠지. 온통, 내 모든 것을 다 참 마음으로 즐겁게.

115

내가 비록 작으나, 나 하나 잡아놓으면 천하가 배부를 수 있고 천지가 아무리 커도 죽은 천지라면 내 한 몸을 둘 수 없다.

• 1956년 3월,『말씀』제4~6호

생활철학*

암담한 세계

지금 여기에 막 오려 하면서 일본서 온 잡지를 들춰보는 가운데 이런 이야기가 있었습니다. 저 유명한 미국의 물리학자요 지금 프린스턴 고등연구소 소장으로 있는 로버트 오펜하이머 박사[1]에 대한 이야기입니다. 그는 세상에서 잘 알고 있듯이 일본 히로시마에 떨어뜨렸던 원자탄을 만들 때 그 기초 연구를 했던 사람 중의 하나입니다. 그 연구를 할 때까지는 몰랐다가 정작 실제로 많은 목숨을 빼앗을 수 있는 가능성이 확실해진 것을 보았을 때, 그는 크게 충격을 느껴 '죽음' 하고 소리를 냈다고 합니다. 그리고 그 후 수소탄 연구에는 참여하기를 거절했기 때문에 사상조사를 당하기까지 했다고 합니다.

그런데 그가 지난해 일본에 왔을 때, 전에 동대東大 총장으로 있었던 야나이하라[2] 박사를 만나 서로 이야기하는 중에 "2, 3년 후 세계

---

* 1961년 국토건설요원에게 한 강연.
1) 로버트 오펜하이머(Julius R. Oppenheimer, 1904~67): 미국의 이론물리학자. 원자폭탄을 만들기 위한 맨해튼 계획을 수행했다. 1950년 수소폭탄 제조에 반대했다가 공직에서 쫓겨난 것으로 유명하다.
2) 야나이하라 다다오(矢內原忠雄, 1893~1961): 일본의 경제학자, 교육가. 우치무라 간조에게 사상적 영향을 받은 기독교적 평화주의자로, 일본의 식민정책을 인권적 입장에서 지속적으로 비판했다. 1951~58년 2차례에 걸쳐 동경대학 총장을 역임했다.

는 어떻게 될지 몰라요" 하고 말을 하고는, 뒤이어서 혼자 입속에 중얼거리는 말로 "Dark, dark" 하면서 암담해하더라는 것입니다. 우리가 그런 말을 들을 때, 그의 인격이 훌륭한 것을 칭찬하고도 싶지만, 또 세계의 장래에 대하여 놀라지 않을 수 없습니다. 그런 말은 보통 길거리에서 돌아가는 말과는 다릅니다. 이제 인류는 세계적 권위를 갖는 과학자가 그 장래를 암담하다 하게 됐으니 큰일입니다.

그러나 내가 하고 싶은 말은, 그렇다고 비관을 해서는 안 된다는 말입니다. 나는 그런 과학적 연구는 없는 사람이니 거기에 대해 이러고저러고 할 자격은 없습니다. 과학적으로 볼 때 그렇게 비관이 되는 것은 사실입니다. 그러나 사실은 사실이고 그에 대하는 사람의 정신은 정신입니다. 어려운 것을 알기는 해야 하지만 비관을 해서는 아니 됩니다. 나는 비록 지금 현상으로는 그렇더라도 인간성을 믿고 싶습니다. 인류는 제가 끄집어낸 문제를 제가 해결하고야 말 것입니다. 인류는 스스로 제 손으로 멸망하지는 않을 것입니다.

인간성, 곧 사람의 정신을 믿는다는 말은 종교적인 말로 하면 하나님을 믿는단 말입니다. 사람의 정신이 곧 하나님의 정신입니다. 하나님 없이 사람에게 정신이 있을 리 없고, 사람에게 정신이 있는 이상은 그 정신의 근본인 하나님이 없을 리 없습니다. 하나님이란 곧 절대정신입니다. 사람에게는 짐승의 성질이 있는 것도 사실이지만, 또 사람 스스로 생각하기에도 제 것이라고는 할 수 없는(지금 순수한 상태로 있는 것은 아니지만), 말할 수 없이 크고 거룩한 성질이 제 속에 깊이 들어 있는 것도 사실입니다. 그리고 그것은 어떤 날 가서는 완전한 지경에 갈 것을 스스로 믿으려 합니다. 제 이익밖에 모르는 짐승의 성질로 하면 인류의 앞은 비관이겠지요. 그러나 이 거룩한 정신으로 하면 결코 비관 아닐 것입니다. 인간은 제가 스스로 만들어낸 문제를 제가 해결하고야 말 것입니다.

물론 정신은 자유로운 것이니, 믿을 사람은 믿고 아니 믿을 사람은 아니 믿을 것입니다. 믿음은 강제하지 않습니다. 그러나 그렇기 때문에 이길 것입니다. 믿음은 창조하는 힘입니다. 없다가 또 믿으면 있어집니다. 아닙니다, 믿음이 곧 있음입니다. "인간은 제 문제를 해결할 것이다, 세계는 비관 아니다" 하는 말은, 그렇게 만들기를 결심하는 말입니다. 그렇게 만들기를 시작하는 일입니다.

비관이 아니기 때문에 확신하고, 확신하기 때문에 즐거서 힘쓰고, 그렇게 확신과 즐거움으로 힘쓰면 비관하고 의심하며 하는 것보다 훨씬 더 큰 결과를 얻는 법입니다. 학자가 학자대로 이 세계가 암담한 것을 경고해주면 우리는 정신을 가다듬어 더 굳센 믿음으로 힘을 써야 할 것입니다. 하나님 계십니다.

사람이 살아가는 데 첫째 필요한 것은 믿음입니다. 이유 물을 것 없이 긍정하는 것입니다. 생은 그 이유를 물어도 소용없습니다. 모릅니다. 그것은 우리 할 일이 아닙니다. 우리는 다만 사람으로 살라는 명령을 받았을 뿐입니다. 생은 명命입니다. 생명입니다. 테니슨[3]이 부른 대로입니다.

저들의 할 일 이유 캠 아니더라,
저들의 할 일 오직 하고 죽음이더라

그러므로 덮어놓고 긍정해야 합니다. 의심하고 비관하고 낙심할 사람들은 하라 하시오. 우리는 살렵니다. 힘이 들어도 살렵니다. 그리고 살면 살아질 것입니다. 세상에 살자는 뜻보다, 덮어놓고 긍정하고 들어가는 믿음보다 더 무서운 것이 있는 줄 아세요? 없습니다. 생은 절대입니다.

그러므로 학자들이 하는, 잘못 보고 듣고 비관하는 말을 마구 해

---

3) 테니슨(Alfred Tennyson, 1809~92): 영국 빅토리아 시대 대표적인 시인. 본문에 인용한 시는 그의 작품 「라이트브리게이드 경기병대」(The Charge of the Light Brigade)의 일부.

뿌려서는 못씁니다. 그리하여 그것이 일반 사람의 공기처럼 되어버리면 정말 큰일입니다. 사람의 정신이 위대하니만큼, 한다 하면 못할 것이 없느니만큼, 그 정신이 스스로 의심을 하게 되면 정말 망해버리고 맙니다. 스스로 믿지 않는 마음은 하나님도 어떻게 못합니다.

사람이 살아가노라면 무슨 느낌이 따라나옵니다. 그러나 그 느낌이 한번 나오면 또 그것이 우리 살림을 지배하게도 됩니다. 내 입에서 뱉은 가스가 나를 해害하는 셈입니다. 유심론唯心論에서는 의식이 존재를 결정한다 하고, 유물론을 말하는 카를 마르크스는 존재야말로 의식을 결정한다 하지만 그것은 마치 닭과 달걀 어느 것이 먼저냐 하는 것과 마찬가지입니다. 생명현상에 먼저도 없고 나중도 없습니다. 처음부터 다 있었고 서로서로 작용하는 것입니다. 삶에서 사상이 나오지만 또 사상이 삶을 지배하는 것은 사실입니다. 비관사상 못씁니다.

중간에 이야기를 하나 하겠습니다. 옛날 어떤 선사禪師가 제자를 모아놓고 참선을 가르치는데, 언제나 늙은 중이 하나, 다른 사람 눈에는 아니 뵈는데 그 선사 눈에는 뵈게, 와서 앉았다가는 가곤 했습니다. 그러더니 하루는 다른 제자가 다 간 뒤에 남아 있다 하는 말이 "저는 사람이 아닙니다. 그러나 일찍이 가샤파 부처가 설법을 하시던 때에는 사람이었습니다. 그때 저도 선사였는데 어떤 제자가, '해탈解脫을 얻은 사람도 인과율因果律에 속해 있습니까?' 하는 질문을 한 데 대해서 '해탈자는 인과율에 속해 있지 않다' 한 까닭으로, 그것은 절대에 집착한 거라 해서, 떨어져 여우가 되어 5백 번 다시 태어나 아직도 이대로 여우입니다. 제발 스님의 선어禪語로 이것을 벗겨주시기 바랍니다. 어떻습니까? 정말 해탈자는 인과율에 속해 있습니까?" 하고 물었습니다. 그 선사는 대답하기를 "해탈자는 인과율 자체다" 했습니다. 그 말을 듣고 그 늙은 여우는 깨닫고 "이젠 알았습니다" 하고는 어디론지 없어져버렸다는 것입니다.

해탈을 얻은 자는 인과율의 지배를 받는 것도 아니고 아니 받는 것도 아니고, "인과율과 하나다" 하는 말은 참 깊은 말입니다. 하나님이 우주를 창조했다 하면, 흔히 듣는 질문이, 그럼 하나님은 또 누가 만들었어? 하는 것이지만, 그것도 이와 같이 대답할 것입니다. 하나님이 무엇을 만든 것도 아니고, 무엇에게 만들어줌을 입은 것도 아닙니다. 하나님은 '있음' 그 자체입니다.

야곱이 하나님더러 이름을 물으니 하나님이 대답하시기를 "네가 왜 내 이름을 묻느냐?" 했다 하고, 모세가 물을 때에 "나는 스스로 있는 자다" 했다는 것은 이 뜻입니다. 〔『구약』, 「출애굽기」, 3: 14〕 하나님은 이름을 물을 이가 아닙니다. 누구가 아닙니다. 물을 필요 있는 자면 하나님이 아닙니다. 그러므로 스스로 있다 한 것입니다.

요새 실존주의가 유행한답니다마는 실존을 누가 알아요? 주의主義로 할 수 있는 것이 실존일까요? 우리가 위에서 말한 의식과 존재의 관계는 그런 것일 것입니다. 존재가 의식을 결정하는 것도 아니고 의식이 존재를 결정하는 것도 아니고, 또 그 대신 존재가 의식을 결정하는 것도 사실이고 의식이 존재를 결정하는 것도 사실입니다.

중간 이야기가 길어졌습니다마는, 어쨌건 살림에서 사상이 나오기도 하지만 사상에서 또 살림이 나오기도 하는 것이니 힘써 비관적인 생각을 몰아내고 굳센 믿음을 가져야 할 것입니다. 세계는 캄캄하지만, 우리가 밝혀나간다, 하십시오. 밝혀질 것이다, 하면 광명이 옵니다. 믿음으로만 밝아질 것입니다.

세계관

그러한 믿음 그것을 세계관이라 합니다. 사상도 여러 가지지만 그 여러 가지 생각이 종합이 되어 우주 인생에 대한 따짐은 해석이 되고 거기서 우리 살아가는 태도가 나오게 되면 그것이 세계관입니다. 우리 살아가는 데 세계관은 중요한 문제입니다. 그것은 반드시 이유 설명이 다 되는 것은 아닙니다. 그보다도 대개의 경우는 막연한 믿음입니다. 막연하다고 나쁜 것 아닙니다. 도리어 참으로 산 것, 지극한 것은 말로 할 수 없는 것입니다.

가장 자세하고 분명한 것은 실험대 위에 있지만, 실험대 위에는 산 것은 없습니다. 살림의 근본은 믿음인데, 믿음은 언제나 성운星雲 같은 것입니다. 어릿합니다. 그러나 믿으면 알게 됩니다. 알고야 믿겠다는 것이 보통 하는 말이지만, 반대입니다. 믿어서 아는 지경에 갑니다. 거기 믿음의 어려운 점이 있지만, 그렇기 때문에 또 믿음에 힘이 있는 것입니다. 지식은 힘이라 하지만, 작은 힘은 지식에서 나오지만 정말 큰 힘은 모르고 믿는 데서 나옵니다.

그러나 믿으라는 말은 영 끝까지 이유를 묻지도 말고 알지 않는 것이 좋다는 말은 아닙니다. 믿을 때는 이유 없이 뭔지 모르게 믿었어도 믿음이 생긴 다음엔 그 이유를 캐어 설명하도록 돼야 합니다. 믿으면서도 이유도 설명 못하면 그것은 미신입니다. 그러나 또 꼭 이유를 안 다음에야 믿겠다는 사람은 영원히 믿을 수 없습니다.

오펜하이머는 세계적으로 권위 있는 학자니 나는 세계의 앞날이 암담하단 그의 말을 믿습니다. 그러나 그저 암담하더라 하고만 있을 수는 없습니다. 기성의 모든 종교에서는 "……하다더라" 하는 신조란 것을 강요하고, 앵무새처럼 교리문답만 외면 천당에 간다고 하지만, 나는 아무리 천당이라 하더라도 "하다더라"의 천당은 아니 가렵니다. 암담하다면 암담한 이유를 내가 찾아내야지, 그러면 그 암담을 이길 수 있을 것입니다.

그럼 우주 정복을 한다 뽐내는 이 과학의 세계가 왜 앞길이 캄캄해졌느냐? 찾으면 여러 가지 이유가 있을 것입니다마는, 나는 적어도 그중 가장 큰 것은 이 세계관이 아주 피상적으로 되어버린 데 있다고 봅니다.

지금 우리를 지배하고 있는 사상은 대단히 과학적이라고 할 수 있습니다. 저번에도 요새 미국서 돌아온 친구를 만났는데 그의 말도 미국은 그저 간 곳마다 '사이언스'더라고 했습니다. 가 있은 지 몇 해

동안에 각별히 맛있는 음식을 먹었다는 기억이 없노라고, 어디 가나 그저 영양이요 칼로리요 비타민 소리뿐이지, 맛은 별로 숭상하는 것 같지 않더라고. 그래 학교 기숙사 같은 데서도 으레 전문학자가 있어서 매일매일의 식사를 칼로리를 꼭 따져서 만들더라는 것입니다.

그러나 미국뿐이겠습니까? 세계 어디나 지금은 과학의 세계입니다. 그 점은 참 진보됐다 할 것입니다. 그러나 언제나 장점이 단점입니다. 과학이 이 문명의 자랑거리라면 이 문명의 폐허도 그 과학에 있습니다. 자랑 끝에 불 난다고, 오늘의 암담은 너무 과학 과학 하다가 터져나온 불행입니다.

과학이 많은 문제를 해결해주지만 인생은 과학적인 것이 전부는 아닙니다. 더구나 그 가장 깊은 근본 바탈 되는 문제는 과학으로 될 것이 아닙니다. 적어도 오늘의 과학으로는 아니 될 것입니다. 과학이 앞으로 더 발달하면 그런 문제도 다루게 되리라고 나는 믿습니다. 그러나 지금의 과학은 그 힘이 없습니다. 그러므로 똑바로 말한다면 과학 그것에 잘못이 있는 것은 아닙니다. 사람들이 과학하는 그 태도가 잘못된 것입니다. 한마디로 너무 지나치게 믿었습니다. 또다시 바꾸어 말하면 인생을 너무 얕게 보았습니다.

과학이 발달하기 전엔 아니 그랬습니다. 그때는 또 너무 신비롭게 보아서 걱정이었습니다. 구름도 하나님이요 바람도 하나님이었습니다. 다 예배의 대상이었습니다. 그때 인생엔 경건한 것이 있었습니다. 경건한 것은 좋았으나, 그 대신 너무 힘이 없었습니다. 그랬던 반동으로 지금 이 업신여김이 왔습니다. 과학은 현상, 곧 나타난 꼴만을 다루지 그 꼴 뒤에 숨은 뜻을 다루지는 못합니다. 물론 꼴보다는 뜻이 중요합니다.

일이 늘 이럴 수는 없습니다. 과학은 인생을 순전히 과학의 대상으로만, 다시 말하면 기계로만 보려 했습니다. 그러나 사람의 정신은 말을 하는 것입니다. 그리고 말은 미리 짐작할 수가 없습니다. 오늘의 암담이라는 것은 말 못하는 기계로 알고 업신여겼던 우주 인생이 말을 하기 시작한 데서 나오는 놀람입니다.

미국은 물자가 넉넉한 나라요 소련은 힘이 강한 나라니 아직 어느 정도 그대로 나갈 수가 있을 것입니다. 그러나 늘 그럴 수는 없습니다. 진화론이 우리에게 가르쳐주는 것은 환경은 늘 변하는 것이고, 변하면 지나간 환경에서 너무 지나치게 발달했던 생물은 새 환경에 맞추기가 어려워서 망해버린다는 것입니다. 6·25 때에 작전이 이롭지 못해 후퇴를 하게 될 때에 본 사실인데, 평소에 기계만을 믿고 살던 미군은 어쩔 줄을 몰랐고 간단하게 살아서 힘을 믿을 줄 아는 국군이나 터키, 희랍의 군인은 비교적 괜찮았습니다. 과학만을 믿었다가 해를 입은 좋은 실례입니다.

과학이 잘못은 아닙니다. 지나치게 믿은 사람이 잘못이지. 과학을 연구하면서도 겸손한 정신이 있어야 할 것입니다. 과학이 아는 것은 생명의 겉의 부분이기 때문에, 만일의 경우를 위해서 늘 준비해두는 겸손이 있고서야 과학을 제값답게 쓸 수 있을 것입니다. 지금까지는 잔잔한 날씨에 매질하는 것같이 과학은 큰소리를 하며 왔습니다. 과학으로 해결 못할 문제 없다, 과학이 발달하면 인류의 행복은 저절로 더해질 것이라 했습니다. 그러나 태평양이 그리 약히 볼 것이 아닙니다. 사라호 태풍만 한 번 불어도 기선이나 비행기가 꼼짝을 못합니다.

역사도 마찬가지입니다. 첫 번째, 두 번째 세계대전은 역사상의 사라호 태풍입니다. 그러나 어찌 사라호가 다겠습니까? 그보다 얼마나 더한 것이 있을지를 미리 알 수 없습니다. 우주 비행을 한다면서도 몇십 년만 있으면 지구 위에 설 자리가 없어진다는 인구문제를 어떻게 하겠다는 방안이 없지 않아요? 과학의 예측이 어그러져나가는 한 실례입니다.

이 문제를 과학으로만 해결하려 하는 한 또 큰코를 다칠 것입니다. 사람들은 이제서야, 이렇게 암담한 골짜기에 빠지고 나서야 비로소 과학에 대해 의심을 품고 생각을 다시 하기 시작했습니다. 그리하여

저 유명한 과학주의 철학자 러셀[4]로 하여금, "인간은 행복을 추구하지만 행복은 과학으론 직접 오지 않는다" "행복은 지식이 아니고 지혜에서 얻을 수 있는 것인데, 과학에서 지혜가 나오는 것은 아니다" 하게 했습니다.

이제 먼저 한 말을 다시 한번 되씹는다면, 이 세계가 이렇게 암담해진 것은 사람들이 지혜는 줄 수 없는 과학적 지식만을 치우쳐 따라간 결과, 인생과 세계를 보기를 대단히 피상적으로 하고 근본되는 정신적 원리를 무시한 데 그 원인이 있는 것입니다.

지식과 지혜

나더러 생활철학을 말하라지만 나는 철학자는 아닙니다. 철학이라면 플라톤·아리스토텔레스·헤겔·칸트처럼 모두 어렵고 까다로운 토론만 하고, 더구나 머리가 퍽 좋아야 하는 줄 압니다. 하필이면 왜 그런 것을 한 번도 읽어본 일 없는 나더러 그 어려운 것을 말하라고 여기 끌어왔는지 알 수 없습니다. 아마 그런 것을 요구하지는 않으려나보지요. 그런 것 가지고, 어려운 학문 가지고 해결 아니 되는 무엇이 있어 그러나보지요. 더구나 우리나라 이 형편에서, 또 무엇보다도 이제 여러분이 하려는 국토건설에서 그렇다 생각하나보지요. 그럼 그렇게 알고, 내가 모르는 학문적인 것 말할 생각은 하지 않고, 이야기하기로 해봅시다.

철학이라는 말을 본래의 뜻으로 하면 지혜를 사랑한다는 말이지요. 그런 뜻으로 한다면 나도 60이 되도록 이 파란 많은 세상에 살았으니, 나는 나로서 얻은 지혜가 있을 것입니다. 그것은 말할 수

---

4) 러셀(Bertrand Arthur William Russell, 1872~1970): 영국의 철학자·수학자·사회평론가. 수리철학과 기호논리학을 집대성하여 분석철학의 기초를 쌓았다. 제1차 세계대전과 나치스에 반대한 평화주의자로 1950년 노벨 문학상을 수상했다. 『정신의 분석』 『의미와 진리의 탐구』 등 많은 저서를 남겼다.

있습니다. 물론 학문적은 아닙니다. 그러나 학문만이 지혜는 아니요, 지혜가 반드시 학문적은 아닙니다. 지혜는 지식과는 다릅니다. knowledge가 아닙니다. wisdom입니다. 사람이 살아가는 데 지식은 없어도 될 수 있지만 지혜는 없어서는 아니 됩니다. 언덕으로 올라갈 때 힘이 드는 것은 지구의 중력 때문이다, 하는 것은 지식입니다. 그러나 허리를 앞으로 수그리는 것은 지식이 있어야만 하는 것은 아닙니다. 생 자체의 지혜로 합니다.

사람이 학문 공부를 하지 않아도 아버지 노릇을 어떻게 할지, 아들 노릇을 어떻게 할지, 그러한 인생의 기본이 되는 지혜는 실살림에 참여함에 의하여 다 알고 있습니다. 물론 지식이 필요하지 않다는 말 아닙니다. 지금같이 모든 것이 복잡해지고 기술적으로 점점 전문화해가는 이 문명에서 지식 없이는 아니 될 것입니다. 그러나 그것은 살림의 내용을 풍부하게 하기 위한 것이고, 모든 지식의 기본이 되는 것은 지혜라는 말입니다. 지혜라 함은 보통 꾀라는 뜻으로 알기 쉬우나, 지혜는 꾀는 아닙니다. 슬기입니다. 혹은 어젊이라 해도 좋습니다. 기술적이나 지식적인 것이 아니고 마음의 태도, 맘씨입니다.

그럼 그 슬기는 어디서 오느냐? 여러 가지로 말할 수 있습니다마는 한마디로 묶어 말하면, 저를 아는 데서 온다 할 수 있습니다. 옛날 말로 하면 제 분分을 안다, 혹은 분을 지킨다 할 수 있습니다. 분이라니, 하늘이 갈라준 것이란 말입니다. 이것은 너다, 네 것이다, 하고 하늘이 갈라준 것, 곧 타고난 것이란 말입니다. 타고난 것이므로 우리 뜻대로 더하고 덜하고 할 수 없습니다. 어떤 지식도 이것을 정해놓은 밑천으로 알고, 그 한정 안에서 이러고 저러고 할 수밖에 없습니다.

가령 그중 알기 쉬운 것을 말한다면 사람의 목숨은 한정이 있습니다. 소위 천명天命입니다. 그러나 사람의 살고자 하는 욕심은 한이 없습니다. 그럼 한정 있는 것을 목숨으로 한정 없는 것을 어떻게 구하나, 거기 지혜가 필요하게 됩니다. 닥쳐오는 죽음을 어길 수 없는 명命으로 알아, 욕심을 스스로 억제하여 마음의 평안을 얻도록 해야 할 것입니다. 지혜는 명을 아는 일입니다. 내 마땅히 할 것은 무엇이고, 할 수 없는 것은 무엇인지를 알아, 해야만 할 것에 대해서는 힘을 다하지만 할 수 없는 것에는 맘을 쓰지 않는 일입니다.

우리가 살려면 매양 법칙이란 것에 부닥칩니다. 법칙은 지켜야 하는 것, 범하지 못하는 것, 거기는 내 손을 대서는 아니 되는 것, 내 욕심을 넣을 수 없는 것입니다. 이 세계는 법칙을 가진 세계입니다. 물리적 법칙, 생리적 법칙, 심리적 법칙, 도덕적 법칙, 역사적 법칙들입니다. 사람은 이 모든 법칙을 지키지 않을 수 없습니다.

그럼 그 법칙이란 무엇이냐? 법칙이란 다른 것 아니고 우리 힘의 한계입니다. 우리 몸의 힘, 마음의 힘, 정신의 힘이 한정이 없는 것이라면 이 세계에 법칙이란 것이 있을 리 없습니다. 하나님이란 법칙을 넘은 존재입니다. 맘대로 하는 이, 전능한 이입니다. 법칙이 그이 안에 있습니다. 그 자체가 법칙입니다. 법칙 안에 사는 사람은 그를 알리가 없습니다. 그러나 제가 법칙에 매여 살고 법칙을 벗어보잔 것이 평생에 맘속 깊은 데서 움직이는 소원입니다. 그러므로 자연 그 반대로 법칙을 쥐고 있는 그를 생각하게 됐습니다.

법칙 없는 데가 자유입니다. 사람의 구경 소원은 자유에 있습니다. 물리 공부하는 것도 자유 얻자는 것이 목적이요, 심리 공부를 하는 것도, 윤리 공부 하는 것도 자유 얻자는 것이 목적입니다. 그러나 간데마다에서 이 어떻게 할 수 없는 법칙에 부딪쳐버립니다. 과학 지식이 사람을 행복하게 못하는 것은 이 때문입니다. 과학은 법칙을 밝힐뿐이지 그 법칙을 어떻게는 못합니다. 과학이 발달할수록, 법칙을 더 분명히 알수록 자유는 점점 더 없을 것입니다.

그럼 어떻게 하나? 그래서 나온 것이 종교입니다. 종교는 지혜를 찾는 일입니다. 법칙을 넘어보려 하던 태도를 그만두고 정반대로 내가 아주 법칙이 돼버림으로써, 법칙이 오기 전에 내 스스로가 나를 억제함으로써 자유를 얻으려 했습니다. 완전한 억제는 곧 내가 없어지는 일입니다. 하나님을 믿는다는 것은 절대자 속에 나를 아주 잃어버리는 일입니다. 성경에 "여호와를 두려워하는 것이 지혜의 근본" 이라 한 것은 이것입니다.

가장 어리석은 것은 법칙 혹은 이치를 무시하는 일입니다. 아무리 힘이 있어도 지구와 싸우려는 사람은 없습니다. 지구 위에 난 이상, 아무리 커도 지구보다는 작을 수밖에 없음을 알기 때문입니다. 지구보다는 작은 줄, 지구의 한 부분인 줄 아는 것이 지혜입니다. 육체에서 그렇다면 정신에서도 그렇습니다. 아무리 생각을 해도 생각 그 자체, 절대의 생각 밖으로 나갈 수는 없을 것입니다.

절대의 생각을 하나님이라 합니다. 생각으로는 알 수 없습니다. 그러나 사람은 스스로 생각하는 이상 어느 순간이나 하나님에 부닥치고 있습니다. 마치 감옥 안에서 난 자가 감옥을 보지는 못했지만, 시시각각으로 감옥에 접촉하고 감옥에 살고 있는 것과 마찬가지입니다. 어떤 무신론자도 하나님에 부닥치고 하나님에 살지 않는 자는 없습니다. 그러므로 모든 지혜, 지식의 근본, 모든 자유의 근본이 되는 첫째 지혜는 스스로 사람임을 아는 일입니다. 다시 말하면 자기는 하나님은 아닌, 전능자는 아닌, 절대는 아닌, 피조물·상대·사람인 것을 아는 일입니다. 이 안다는 것은 지식으로 안다는 말이 아니라 삶으로 안단 말, 곧 순종한다는 말입니다. 그것을 과학에서 말하면 법칙을 인정하고 그것을 찾아 지키는 일입니다. 곧 진리탐구입니다. 이 의미에서는 과학과 종교가 하나입니다.

진眞은 참입니다. 참을 찾는 것이 지혜입니다. 참이 아닌 것은 거짓입니다. 참은 변하지 않는 것입니다. 변하는 것은 거짓입니다. 사람의 경험하는 것은 변하지 않는 것이 없습니다. 이 우주는 변동하는 우주입니다. 그 변동하는 가운데서 영원히 변하지 않는 것을 찾는 것이 사람의 마음입니다. 그것은 왜 그러냐 물어도 소용없습니다. 그저 그런 것입니다. 그것이 바탈입니다. 천성天性입니다. 본질입니다. 그것 내놓고 사람이 따로 있는 것 아닙니다. 변하는 가운데서 변하지 않는 것을 찾는 것, 거짓에서 참을 찾아 마지않는 것, 이것이 사람입니다.

동양에서 옛날부터 말하는 역易은 이것입니다. 역은 바뀐단 말입니다. 한순간도 하나도 변치 않는 것 없는 이 우주에서 변치 않는 모든 변함의 근본이 되는 참을 찾다 찾다 마지막에 찾아 얻은 것이, 모든 것은 변한다, 쉬지 않고 변하는 이거야말로 변함 없는 참이다 하는 것입니다. 영원을 찾는 사람의 마음이 현상에 부딪쳐서 얻은 진리입니다. 영원히 변하지 않고 싶지만 변하지 않는 재주가 없어서, 그 변함 속에서 변하지 않으려는, 변變이 됨으로써 불변不變에 참여하려는 믿음입니다. 석가의 제행무상(諸行無常: 우주의 모든 사물은 늘 돌고 변해 한 모양으로 머물러 있지 않는다는 뜻의 불교용어 – 편집자)도 마찬가지입니다.

내가 이제 여러분께 질문을 한다면 어떻습니까? 여러분은 이제 나이도 서른이 됐고, 대학을 마쳤고, 직업도 얻어, 이 앞으로 나가 무슨 일을 하자는 것인데, 그러면 인생관이 선 것 있느냐 하면 무엇이라 대답을 하겠습니까? 이론으로 한다면 민중을 지도하는 일을 하겠다는 사람들은 벌써 그것이 서 있어야 할 것입니다. 그러나 실지 그러냐? 모르기는 하지만 아마 여러분 중에 자신있게 대답할 사람이 별로 없을 것입니다.

내가 여러분을 깔보아서 하는 말 아닙니다. 여러분이 받은 교육, 우리가 사는 이 세대를 생각할 때에 사실이니깐 하는 말입니다. 옛날은 그렇지 않았습니다. 옛날엔 학문이라면 으레 인생관을 넣어주잔 것이 그 목적이었습니다. 그러나 지금은 그렇지 않습니다.

지금 교육은 사람 만들잔 것이 목적 아닙니다. 능률 있게 일할 기계를 만들어내잔 것이 목적입니다. 여러분이 공부한 그 학교는 참 의미의 학교가 아니라 공장입니다. 여러분은 그 제품입니다. 졸업이란 그 규격 시험에 합격한 것입니다. 그러므로 인생관이니 뭐니 그런 것은 문제도 되지 않습니다. 그런 것을 문제 삼아서는 이 상품경제의 문명에서 능률적이 될 수 없습니다. 여기서는 인격이란 것을 잊을 수 있는 데까지 잊는 것이 효과적입니다. 인격과는 반대되는 물질이, 뜻과는 반대되는 행복이 문제되는 살림이기 때문입니다. 그러므로 여러분이 최고학부를 나왔다 해도 인생관이 없는 것은 당연한 일입니다.

그러나 사람이 도대체 인생을 어떻게 보느냐 하는 근본 태도의 결정 없이, 위에서 말한 지혜 없이 살 수 있느냐 하면 절대로 그렇지 않습니다. 그렇기 때문에, 이 무시할 수 없는 진리를 무시했기 때문에, 지혜는 버리고 지식만 찾았기 때문에 오늘의 암담이 온 것입니다. 이 학문, 잘못된 학문입니다.

새 문예부흥

그럼 이 학문은 어디서 시작이 됐느냐? 문예부흥에서 시작입니다. 여러분이 아시다시피 문예부흥은 중세기의 제도화한 교회의 교권주의에 반항하여 인간의 자유를 찾은 운동이라고 합니다. 인간이 자기 발견을 한 시대라 합니다. 그런데 그 운동을 무엇으로써 했느냐 하면 고전연구로 시작했습니다. 고전이라면, 희랍 사람의 사상은 기독교와는 다릅니다.

기독교는 인간의 속에 뿌리 깊게 들어 있는 모순인 선과 악의 대립, 영원과 시간의 대립, 이런 심각하고 엄숙한 문제를 출발점으로 하는 셈 인종의 종교에서 나온 것입니다. 그런데 희랍 사람은 그와 달라서 아주 감수성 많은 낙천적인 사람들이므로 늘 자연과 그 자연을 대하는 인간의 몸과 감정이 문제였습니다. 그러므로 그들에게서는 일찍부터 과학·예술이 발달했습니다. 오늘의 학문이나 예술에 그들의 내림을 받지 않은 것이 별로 없습니다.

그러나 철학·종교의 면은 그들의 장기가 아닙니다. 소위 올림포스 신들이란 윤리·도덕과는 관계가 없는 자연력, 인간의 향락享樂을 바라는 감정이 인격화한 것에 지나지 않습니다. 철학은, 최근까지 서양에서 철학이라면 희랍에만 있었다고 생각을 했으리만큼 그들에게서 시작이 됐고 발달한 적이 있었습니다. 그러나 그것은 위에서 말한 지식적인, 학문적인 철학이지 우리가 여기서 말하는 인생철학 혹은 생활철학은 아니었습니다. 희랍에서도 소크라테스·피타고라스 이전엔 아니 그랬습니다. 그러나 플라톤·아리스토텔레스 이후를 내려오면 아무래도 학문적인 철학이지, 종교·도덕과 살아 있는 관련을 가진 철학이 아닙니다.

그런데 사람들이 중세 교회의 압박 밑에서 고민하다가 거기서 벗어나려 할 때 찾은 것은 이 희랍의 고전이었습니다. 그러므로 자연히 그것은 지식적인 태도가 많이 들어 있을 수밖에 없었습니다. 그런 데다가 경제적인 변천, 지리상의 발견, 새로운 과학상의 발명, 민족적인 생각의 일어남, 그런 여러 가지 요소가 합하여서 학풍은 점점 더 지식주의로 흘러갔습니다. 그래 이 학풍이 원인이 되어 자연과학이 발달됐고, 그것이 원인이 되어 기계 발달이 됐습니다. 그것이 원인이 되어 공장제 생산이 시작됐고, 그것이 또 원인이 되어 산업혁명이 일어났습니다. 그리고 군국주의가 생기고, 민족주의·제국주의가 생기고, 사회주의·공산주의·전체주의에까지 이르게 되었습니다.

그러는 반면에 사상적으로는 인간 발견이라, 인도주의라 떠들었지만, 그것은 다 인간의 깊은 혼 속에 있는 모순부터 해결하잔 태도는 아니었습니다. 말하자면 이른 봄 꺾어다가 화병에 꽂은 꽃이었습니다. 피기는 일찍 피었으나 마를 수밖에 없습니다. 지금 오늘은 그 문예부흥 이후의 사상이 필 대로 다 피고 마르기 시작한 것입니다. 그래서 새삼스러이 '빛은 동방에서' 하는 소리를 하고, 미국 사람이 선불교禪佛敎를 배우노라 야단을 하게 된 것입니다.

이제 다시 한번 문예부흥 운동을 할 필요가 있게 되었습니다. 어떻게 하나? 천생 역사적인 인간이니, 역시 고전을 다시 보는 수밖에 없을 것입니다. 찾는 것은 새것이지만, 자료는 옛것밖에 없습니다. 그래 온고지신溫故知新입니다. 그러나 또다시 희랍 고전에 돌아갈 수는 없습니다. 그것은 벌써 다 썼습니다. 그러므로 이제 찾는다면 동양의 옛 살림으로 돌아가잔 말 아닙니다. 역사는 거꾸로 가는 법은 없습니다. 그러나 시대가 바뀌려니, 학풍이 한번 변해야 하니, 자연 복고다 부흥이다 하는 형식을 갖게 될 수밖에 없습니다. 옛날로 돌아가는 것이 아니라 지금 자리에서 새것을 찾는 것입니다.

사람은 역사를 떠나서 살지는 못하는 것이기 때문에 옛것을 발판으로 해서만 새것에 이를 수 있습니다. 그러므로 모든 혁신운동은 다 원시에 돌아가자는 운동으로 시작됩니다. 동양고전 찾자는 말도 그래서 하는 것입니다. 인도나 중국이나 히브리 옛날 사람들이 우주와 인생을 대하는 태도는 오늘의 그것과는 아주 달랐습니다. 그것을 좀 배우자는 것입니다.

인도를 연구한 철학자 지멜은 그것을 한마디로 이렇게 말했습니다. 서양의 학문은 문견聞見, information을 목표로 하는데, 동양의 학문은 기질변화transformation를 목표로 한다고. 현대의 이 피상적인, 분석적이고 지리멸렬한, 시체해부실에서 나온 주검 같은 인생관을 고치려면 동양 옛 어진이들이 생각했던 것을 듣는 수밖에 없습니다. 그 생각은 소박한 대신 옹근 대로 있는 인간을 보여줍니다.

지금 인류 역사는 근본적인 변동을 하려는 시기에 이르렀습니다. 이번의 변동은 문예부흥이나 1세기의 유가 아닙니다. 기독교가 일어난 것을 인류 역사 위의 큰일이라 하여서 그것으로 기紀를 삼지만, 이제 있으려는 시대는 그 정도만이 아닐 것입니다. 인간의 길고 긴 역사라고들 하지만, 어떤 면으로 보면 이 문화 이 역사는 실로 형편이 없는 것입니다.

종교 도덕의 환한 틀거지가 잡힌 것은 지금부터 겨우 2천 년 정도밖에 아니 됩니다. 동·서양을 통해 인류의 참 큰 스승들이 나타난 것은 그 시대입니다. 석가·공자·조로아스터·인도 『베다』5)의 성자들·이사야·예레미야 하는 모든 위대한 정신적 지도자들이 참말 우

---

5) 『베다』(Veda): 고어체 산스크리트어로 쓰였으며, 이란 지역에서 인도로 들어온 인도유럽어족 사이에 유행한 성스러운 찬가 또는 시.

후죽순처럼 일어났습니다. 그것은 정신적 화산시대입니다.

그러던 것이 몇백 년 내려오는 동안, 마치 여러 가지 광석을 용광로에 집어넣고 마구 끓여 녹여서 금은을 제련해내듯이, 기원 초에 들어와 모든 고목古木의 사상이 로마제국이라는 큰 가마 속에 들어가 뒤끓어서 나온 것이 기독교란 것입니다. 옛날에 제각기 나서 자란 이집트·바빌론·인도·희랍 하는 여러 문화들이 한데 녹아서 비로소 한 새 문화, 그 앞으로 2천 년 동안 인류를 이끌어올 운명을 가진 문화가 틀이 잡힌 것입니다.

그러나 거기까지 이르기에는 어지러움이 많았습니다. 그 어지러움 속에서 싸운 위대한 혼들이 많았습니다. 그 결과로 그 위대한 정신적 통일이 온 것입니다. 어느 한 사람의 힘씀으로 된 것이 아닙니다. 또 인간 양심의 힘씀 없이 하늘에서 뚝 떨어진 것은 더구나 아닙니다. 진리는 하나님의 계시로 된다는 말은 옳은 말입니다. 그러나 깨달아서 하는 사람의 마음이 노력 없이 된다는 뜻이어서는 아니 됩니다.

그런데 그렇게 싸워온 여러 혼 중에서도 지금 우리가 한번 더 생각해보고 싶은 것은 소크라테스입니다. 아테네의 통일문화가 깨지고 사상이 혼란에 빠져 사람들이 갈 바를 모르고 모처럼 켰던 문화의 등불이 꺼무러지려 하던 때에 나서, 어떻게든지 사람들의 마음을 밝혀 그 갈 길을 지도해주자고 꾸준히 힘을 쓰다가, 그 때문에 참혹한 죽음을 당했어도 태연히 받은 것이 그였습니다.

그때에 그가 맞잡고 열심히 싸웠던 소피스트들도 지식은 굉장히 많은 사람들이었습니다. 그러나 그들을 궤변학파라고 부르는 것은 그 지식이 실학實學, 즉 실지 인생을 위한 학문이 아니고, 한낱 지식을 위한 지식, 치우친 지식이었으므로 하는 말입니다. 그들에게는 긍정적 신념에서 오는 성의가 부족했습니다. 실인생을 잊어버린 지식은 아무리 넓고 높은 것이 있어도 한 조각 궤변에 지나지 않습니다. 교묘할수록 무서운 독입니다. 그것은 시대를 어지럽히고 사람 마음을 거꾸러칠 뿐입니다.

그런 가운데서 그는 맨발을 벗고 아테네의 길거리를 두루 싸다니며 젊은이를 보면 만나는 대로 붙잡고 미혹迷惑을 깨쳐주기에 여념이 없었습니다. 그러다가 반대자에게 몰려 죽게 되어도 원망하는 빛 하나 없이 어엿이 독배를 삼키던 그 모습을 생각해보십시오. 거룩하지 않습니까. 이 인생이 살 만하지 않습니까. 어느 전쟁의 고함소리보다도 어느 향락적인 음악의 곡조보다도 우리 혼을 불러일으키는 모습 아닙니까. 우리는 이 암담한 현실에서도 낙심 말고 새 시대를 낳기 위해 힘을 써야 할 것입니다. 그런 생각으로 옛날 고전이라도 다시 들춰야 할 것입니다.

진화하는 종교

종교는 통일입니다. 하나됨입니다. 개인으로는 몸과 마음의 하나됨, 하나로는 국민이 하나됨, 우주적으로는 만물과 하나님이 하나됨을 이루자는 것이 종교입니다. 어지럽다는 것은 이 하나됨이 깨진 것입니다. 어지러운 시대가 나타나는 꼴은 전쟁인데 그것이 참혹하다기보다는 이 통일이 깨진 것이 걱정입니다.

죽은 사람보다 맘의 통일을 잃은 산 사람이 더 무섭고 끔찍하고 불쌍합니다. 전쟁이 나서 사람이 사람을 한번 죽이면 그만 맘의 통일을 잃어, 제가 저를 못 믿고, 사람이 자연을 못 믿게 됩니다. 그러면 인간사회를 이루어 가지고 있는 뵈지 않는 끈이 왼통('온통'의 평안도 방언 - 편집자) 끊어집니다. 양심도 의무도 이성도 다 없어지게 됩니다. 그렇게 되면 점점 더 싸우고 더 사나워집니다. 그렇게 되면 법도 소용없고 강제도 소용없습니다. 그대로 두면 사람은 망하는 수밖에 없을 것입니다.

위에서 말한 기원전 6, 7세기나 기원후 1세기는 다 그런 어지러움의 시대입니다. 그때에 나서 세상을 건진 것이 석가요 공자요 예수입니다. 그들은 인류사상에 새로운 통일을 준 이들입니다. 그런 시대의 변동이 오는 원인은 유물사관을 주장하는 사람들의 말과 같이 생산 방법의 개량으로 말미암는 경제조직의 변동에 있습니다. 그러나 그 것은 나타나뵈는 현상이고 그보다도 더 깊은 까닭을 찾으면 그것은 무한히 발전하자는 정신 그 자체의 바탈에 있습니다.

그러므로 인류는 늘 어지러운 시기를 기회로 삼아 보다 높은 통일에 이르곤 했습니다. 마치 높은 산을 올라가는 것 같아서 한 봉우리를 추어오르면 오를수록 그 내다뵈는 세계가 넓어져나가는 것이 인류 역사입니다. 우리가 물질계와 정신계의 두 세계를 아울러 지금 우리가 살고 있는 이 우주의 테두리를 짐작하게 된 것은 이들 위대한 스승 때문입니다. 그러므로 인간은 그들을 구세주라 세상을 건져준 이라 불러 공경하고, 혹은 하나님의 아들이라 하늘이 보내신 이라 믿습니다. 인간의 정신 역사는 구세주 기다리는 역사입니다. 그러므로 인도 사상으로는 세상이 어지러울 때마다 크리슈나[6]가 다시 나오고 다시 나오고 한다는 것이고, 중국에서도 성인을 때때로 계속하여 내신다는 것이고, 기독교에서도 그리스도가 다시 오신다는 것입니다. 올 것입니다. 인류는 또 자기를 지도해갈 위대한 혼을 낳을 것입니다.

지금 세계는 큰 변동을 하려 하고 있습니다. 이번에는 1세기나 15세기의 유가 아닐 것입니다. 아마 근본적인 변동일 것입니다. 우리가 지금 상상하는 이상으로 달라질 것입니다. 나는 그렇게 믿습니다. 신경 과민이라 할지 모르지만, 나는 그렇게 생각하고 싶습니다. 그 이유는 교통 통신의 급작스럽고도 복잡한 발달로 사람은 겉모양만 이전 같을 뿐이지 속을 말하면 전과 아주 달라져가고 있어서입니다.

전에는 여러 종족이 서로 나라를 세우고 그 나라를 지상으로 알고 경쟁하는 것이 문명이었으나, 이제는 지역적인 대립이 될 수 없이 됐

---

6) 크리슈나(Krishna): 힌두교 신화에 나오는 영웅신. 악한 왕을 죽이고 많은 악귀 와 용왕을 퇴치했으며, 농업과 목축을 관장했다. 비슈누 신의 여덟 번째 아바타 라, 최고신이라 숭배되기도 했다.

습니다. 지구가 하나로 됐습니다. 국가관이 아주 달라질 것이요, 달라져야 할 것입니다. 그만 아니라 과학의 발달로 우주시대에 들어갔습니다. 벌써 한 사람이 갔다 오지 않았습니까? 이제 그 정도만이 아니고 지난날에 서로 많은 지역을 가지겠다 서로 찢어가지려던 이 지구를 이제는 한개 부두로 삼고 넓고 넓은 우주에 활동을 하게 될 것입니다. 그러노라면 제일에 진화론적으로 무슨 큰 변화를 입을 것이고, 인간의 몸과 정신에 큰 변동이 올 것입니다. 그러면 지금의 이 도덕, 이 종교로는 도저히 사람의 마음을 거느리고 지도해갈 수 없을 것입니다.

지금 세계적으로 사상이 혼란기에 빠져든 것은 천하가 다 아는 일입니다. 우리 사회를 한심하다지만 그것은 인류 전체가 붙잡힌 열로 인해 생기는 부분적인 염증에 지나지 않습니다. 인간의 살림에는 전연 새 방식, 새 생각이 나올 것입니다. 그러지 않고는 문명이 계속될 수 없을 것입니다. 우리 지금의 사상은 점점 극한점에 가까워오고 있습니다. 한번 껍질을 벗어야 우주인이 될 것입니다. 지금 이런 정도를 가지고는 아직 우주인이라 할 수 없습니다. 우주여행을 한다고 지금 떠들지만 그것은 마치 옛날 사람들이 장생불사를 해보겠다고 혹은 금을 쉽게 만들어보겠다고 화학 장난을 하던 것과, 중세기의 수도원에서 호기심으로 장난하는 중들이 화약을 만들어냈던 것과 같습니다. 그것으로 인하여 무엇이 나올지 저들은 알지도 못하고 떠듭니다.

소련이 앞섰거나 미국이 앞섰거나 무슨 무기를 만들었거나 그것이 문제가 아닙니다. 그것으로 인해 새로 벌어질 새 세계는 굉장한 것일 것입니다. 우주에 여행을 한다고 왔다갔다하다가 무슨 방사放射를 만나서, 무슨 파동을 만나서 어떤 정신이 튀어나오게 될지 누가 알아요? 무슨 물리적인 파동일지, 혹은 무슨 영파靈波일지 모르지만 하여간 무슨 알 수 없는 파동에 부딪쳐 새 인류, 새 진화의 시작이 될지 모릅니다. 지난날의 진화도 그렇게 되어서 됐을 것입니다.

이번엔 인류가 자진해 자각적으로 해나가는 데 더 큰 의미가 있습니다. 무슨 큰 변동이 오고야 말 것입니다. 이때껏 사람들은 이성을 자랑하면서도 어느 이성으로도 알 수 없는 터무니없는 생각을 하는 사람들이 있었습니다. 삼천三千 대천大千 세계라느니, 하늘나라라느니, 새 개벽이라느니, 그런 것은 모두 알 수 없는 직관으로 한 것인데, 그것이 막연한 직관이니 그대로는 아니겠지만 노상 허튼 말도 아닌 것으로 증명이 되는, 과학적으로 실현을 하는 날이 올지 누가 압니까? 올 듯하지 않습니까?

종교·도덕·철학이 달라질 것입니다. 마치 오늘 우리가 남양이나 아프리카 토인들의 종교를 보고 이상한 생각을 하듯이 미래의 인류는 오늘 우리의 종교·도덕·철학을 역사나 고고학적 유물에서 읽으며 지구인들은 일찍이 이런 생각을 한 시대가 있었다고 대단한 호기심과 가엾이 여기는 생각으로 말을 할는지 모릅니다. 더구나 이 전쟁을 뼉다구로 삼는 이 문명을 그리 생각할 것입니다. 이 생명, 이 우주는 진화하는 우주요 생명입니다. 어떤 종교에서는 아직도 진화론을 반대하는 데도 있습니다.

제수이트파의 신부로 있다가 세상 떠난 유명한 고생물학자 테야르 드 샤르댕[7]의 『인간현상』을 읽고 그 넓고 높은 사상에 참 놀란 바가 많습니다마는, 학계에서는 그렇게 이름이 높고 인간의 정신사 위에서 기념할 만한 저작인데도 불구하고 가톨릭에서는 그의 대학 강의를 금지하고 그 책을 출판하기를 금지했습니다. 눈 가리고 도둑질하는 셈입니다. 가톨릭이 금지하면 인간이 할 말을 못하고 할 생각을 못합니까?

바닷가에 가면 소라가 있습니다. 모든 고기가 자유롭게 헤엄치며 넓은 바다에 왔다갔다하며 사는데 그놈은 아직 태고시절의 껍질 속

---

7) 테야르 드 샤르댕(Pierre Teilhard de Chardin, 1881~1955): 프랑스의 신학자·고고학자·인류학자. 인류의 아프리카 기원설을 주장했으며, 종교적·진화론적 문명론을 전개했다.

에 스스로 갇혀 돌 위에 붙어 있지 않아요? 문명에도 소라가 있습니다. 그런 따위 종교는 지나간 역사의 증거로는 쓰이는 데가 있겠지만, 생명이 달려나가는 일선에는 아무 자격이 없습니다. 생명의 진화를 부인하는 종교는 소라종교입니다.

진화론은 한개 학설이니 반대해도 관계없습니다. 즉 진화에 대한 설명은 이렇게나 저렇게나 맘대로 할 수 있습니다. 그러나 진화의 사실에 대하여 눈을 감을 수는 없습니다. 생명이 간단한 것에서부터 점점 복잡한 것으로 변천해왔다는 것, 그리고 그러는 동안에 의식작용이 차차 발달하여 인류의 정신에까지 이르렀다는 사실을 부인할 수 없습니다.

소련에서는 천하가 다 아는 멘델의 법칙을 자기네의 정치사상을 위하여 일부러 부인했습니다. 그렇듯이, 천하 사람의 과학적인 양심이 다 승인 아니 할 수 없는 사실을 어떤 인위적인 세력으로 막으려하는 것은 그렇게 하지 않으면 위태해지는 자기네의 특권과 이익 때문입니다. 갈릴레오를 박해할 때도 그래서 했던 것입니다. 그러나 돌아가는 지구 자체가 인류의 사상을 돌려놓은 것을 한개 특권계급이 어떻게 할 수 없습니다. 이번에도 또 그럴 것입니다. 보수적인 종교는 내리닫는 차의 브레이크입니다. 어느 정도 브레이크가 있기도 해야지요. 하지만 브레이크는 닳아 없어지고야 말 것입니다.

그렇듯 쉬지 않고 진화해가는 원인이 어디 있나. 다윈이 맨 첨으로 한 설명은 생존경쟁이었습니다. 오늘 와서 보면 그것은 완전한 설명이 아닙니다. 그러므로 그 학설은 많이 수정되었습니다. 그러나 생물의 살림에 경쟁이라는 사실이 있는 것은 사실입니다. 그러므로 그것을 전연 부인할 수는 없습니다. 더구나 교권주의에 눌려 사람 같은 살림을 하지도 못하던 그때 사람의 귀에 이것은 과연 놀라운 소리였고, 그 후 과학적인 발명에 따라 물질적인 문명이 급속도로 발달되어갈수록 이것은 점점 움직일 수 없는 진리가 되었습니다. 그리하여 이 철학은 현대인의 생활의 등뼈가 되고 그 운동을 몰아내는 힘이 되었습니다. 그것은 확실히 한개 힘 있는 생활철학입니다.

　그러나 이제는 달라졌습니다. 진리는 언제나 전체에 있습니다. 지
상명령 혹은 기본적인 조건을 내보여주는 것은 전체입니다. 골짜기
에 살던 때는 가족이 전체였으므로 진도 선도 미도 가족에 있었습니
다. 큰 강과 바다를 터전으로 하고 사는 때는 민족이 전체였습니다.
그러므로 종교도 철학도 민족의 지상명령을 받았습니다. 민족은 사
실상 한동안 하나님 노릇을 했습니다. 그때에 민족의 발전을 위한 전
쟁은 정의의 발동이었습니다.

　이제 인간은 좀더 높은 봉우리에 올랐고 전체의 모습은 좀더 크게
좀더 분명하게 넓어져서, 돌아가는 지구를 그 발밑에 내려다보는 때
가 왔습니다. 히틀러, 로젠베르크[8] 따위가 20세기의 신화를 부르짖
었던들 피의 종교를 외쳤던들 소용이 없습니다. 마르크스, 레닌의 계
급철학도 소용이 없습니다. 이제 정신·물질의 대립조차 문제가 아니
되려 하고 있는데, 유산·무산이 무슨 근본적인 문제가 될 나위가 없
습니다.

　이제 인생과 자연을 합한 전체 우주를 볼 때 거기는 싸움이 아니고
대립이 아니고 큰 조화, 깊은 협동이 있는 것을 봅니다. 이제 철학은
하나됨이 철학일 것입니다. 그것이 절망 전체를 살리는 진리일 것입
니다. 현대는 학문이 매우 전문적으로 발달하는 때이므로 공부하는
사람의 생각이 부분적인 관찰에 붙잡혀버리기가 쉽습니다.

　그러나 지혜는 전체에만 있습니다. 흔히 듣는 말이 아무개는 학자
로는 훌륭하지만 인간으로는 형편이 없다고 합니다. 그것은 그가 상
식이 없기 때문에 듣는 비평입니다. 상식은 부분적인 연구에서 오는
것이 아니고 전체적인 종합을 하는 데서, 인생을 조감하는 데서 오는

---

8) 로젠베르크(Alfred Rosenberg, 1893~1946): 독일의 정치가. 1918년에 나치당에
　입당하여 기관지 주필로 활동하면서 초기 나치스 운동을 지도했다. 종전 후 뉘
　른베르크 국제재판에서 전범으로 교수형을 선고받았다.

것입니다. 혹은 통찰이라 해도 좋고 혹은 달관이라 해도 좋습니다. 사람 노릇을 하려면 상식이 있어야 합니다. 그것이 정말 철학입니다.

상식의 요점은 남의 인격 존중입니다. 곧 사랑입니다. 그러므로 그것이 정말 종교입니다. 종교의 신앙이 아주 깊다면서도 상식이 아주 부족한 사람이 있을 수 있습니다. 광신입니다. 사랑을 모르는 사람입니다. 그러므로 사회가 그런 종교를 오래 허락해두지 않습니다.

현대 사상의 큰 잘못은 분석만을 할 줄 알고 종합·통일을 못하는 데 있습니다. 그러므로 기계는 발달했으나, 그 기계가 차륜 속에 사람까지 차고 들어갔으므로 인간은 없어져버렸습니다. 현대의 고민은 그것입니다. 기계바퀴에 낀 인간의 고민. 종교는 또 한 번 고쳐나 인간을 건져야 하게 됐습니다.

인간구원은 철학·종교의 임무입니다. 그러나 이 한가지로 기계에 낀 종교로는 아니 될 것입니다. 문예부흥운동이 남유럽에서는 일찍부터 썩어버리고 그것이 북유럽에서 종교개혁운동에까지 전개되어서 근세 사람을 만들어낼 수 있었듯이 이번에도 고전부흥만으로는 아니 될 것입니다.

본래 동양은 철학과 종교가 떨어진 것이 아니요 하나입니다. 인도나 중국의 사상은 철학이람 철학이고 종교람 종교입니다. 그러므로 이 운동은 자연 종교개혁으로 될 것입니다. 참 철학은 생명현상을 현상으로만 연구하는 것입니다. 서로 떨어진 현상 밑을 흐르며 그것을 가능하게 하는 숨어 있는 뜻을 찾는 것입니다. 현상은 많으나 뜻은 하나입니다. 몸의 지체는 여럿이나 인격은 하나입니다. 그러므로 학문 연구를 하면서도 철학·종교에 관심이 없는 사람은 인간미가 없습니다.

아인슈타인이나 오펜하이머가 위대한 학자가 된 것은 그들이 수학·물리학만 연구할 뿐 아니라 인간 노릇 하기에 늘 힘썼고 깊은 인생관과 원만한 인격을 가졌기 때문입니다. 부분적이고 분석적인 연구도 참으로 하려면 전체적인 입장에서만 할 수 있습니다. 그러므로 놀랍게 발달해가는 오늘의 과학이 참 인류와 우주의 역사에 공헌을 하게 되려면 새 종교의 개혁이 필요합니다. 필요하다기보다 이미 되어가고 있습니다. 다만 눈을 뜨면 됩니다.

기술과 뜻

우리가 과학을 연구하는 것은 공리를 위하여서입니다. 그러나 모든 공리는 다 그 때가 있고 곳이 있습니다. 길이길이 무한정으로 쓰이는 공리는 없습니다. 쓰이는 때까지는 보람이 있지만 그것이 지나가면 아무 보람이 없습니다. 과학 기술만 아니라, 천지 만물이 다 그렇습니다. 그것이 상대적인 세계의 법칙입니다. 이것이 변이變移하는 우주이기 때문입니다. "저 할 일 한 다음엔 간다"〔成功者去〕는 것은 이것입니다.

天地不仁 以萬物爲芻狗
聖人不仁 以百姓爲芻狗

이런 말이 있습니다〔『도덕경』, 제5장〕. 추구芻狗란 풀을 묶어 만든 허재비('허수아비'의 평안도 방언 – 편집자)입니다. 옛날에 제사를 지낼 때에 제 받는 이의 표시로 그것을 만들어 상 위에 올려놓고 제를 지낸 것입니다. 제사 지낼 때까지는 정성스러이 그것을 만들어서 쓰고, 지내고 나면 아낌없이 내다버립니다. 천지의 이치가 그렇다는 것입니다. 쓸 때는 쓰지만 그때가 지나가면 버립니다. 그 공변된 뜻입니다. 만일 쓰인 일이 있다고 해서 그 할 일이 다 지나간 다음에도 붙어 있으려니 귀히 여긴다면 그것은 다 사사로운 욕심이란 말입니다. 그것을 경계해서 한 말입니다.

나더러 이 시간에 강연을 하라니까 여기 모셔다 세운 것입니다. 다 지나간 다음에도 강연한 것이 무슨 공로나 되는 듯이 자리를 달라면 그것은 더러운 생각입니다. 그러기에 저번에도 누가 와서 강연해달라 청하는 말을 듣고 내가 말하기를 왜 나를 꽃분으로 아느냐 했습니다. 지금 말하는 나나 이 상 위에 놓인 이 꽃분이나 한때 쓰이고 말기는 마찬가지입니다. 사실 사람들이 다 한때 쓰이는 꽃분의 정신을 가지면 세상은 훨씬 더 깨끗해질 것입니다. 한번 붙잡은 담엔 영 놓지 않고 해먹으려는 데서 온갖 더러운 것이 나옵니다.

그러나 또 사람은 꽃은 아닙니다. 꽃과 같이 쓰인 담엔 아낌없이 떨어져나가야 하는 면도 있지만 그와는 반대의 면이 있습니다. 사람은 할 일을 다 마친 후에도 사람 대접을 길이 받아야 합니다. 그런데 서양사상은 사람의 공리적인 면만을 보고 인격적인 면을 잊어버리는 폐가 있습니다. 물건에 대하여 과학적인 연구를 하는 것은 좋으나 사람까지 과학의 대상으로 삼아버리는 것은 잘못입니다.

사람도 물론 과학적으로 다루어야 하지요. 하지만 과학적인 것으로 다 될 것이 아닙니다. 그것은 인간의 전부, 더구나 그 본질적인 사람 된 점은 과학적으로 다룰 수 없는 바로 거기 있습니다. 사람도 생리학·심리학·사회학의 대상으로 다루게 된 데가 현재의 진보가 있는 곳이지만, 그것을 인간의 전부로 안 데에 크게 잘못이 있습니다. 과학으로 건드리지 못할, 따라서 건드려서는 아니 되는 부분이 확실히 있습니다. 그것은 기술의 세계가 아니고 뜻의 세계입니다.

사람은 무엇을 하잔 것만이 아닙니다. 하기도 하지만 해서 나오는 그 공리公利, 그 보람은 뜻 없이는 아니 나옵니다. 보람을 결정하는 것은 육체적 생존이 아니고 뜻을 드러내는 데 있습니다. 그 뜻은 과학이 다룰 것 아닙니다. 그러므로 사람은 과학의 대상도 되지만 보다 더 철학의 대상, 종교의 대상입니다. 그것은 맛봄의 세계, 감동·감응의 세계입니다. 감동·감응이란 뵈지 않는 전체에 하나됨입니다. 옛말에 '군자불기'君子不器라는 말이 있습니다. 참 사람은 그릇이 되려 하지 않는단 말입니다. 어디에나 쓰이는 데가 있어야 사람이지. 그렇지만 뜻을 잃고 쓰이기만 힘쓰면 짐승이요, 기계입니다. '인재배양'

'유위有爲한 인물' 주의의 교육처럼 사람을 못쓰게 만든 것은 없습니다. 역리적逆理的인 말이지만, 쓰면 못쓰게 됩니다. 아무 데도 쓸 수 없는 사람이야말로 참말 꼭 있어야 하는 사람입니다.

자본주의·공산주의가 서로 반대되어도 사람을 그 이용가치에서만 보려는 점에서는 꼭 같습니다. 다 물질주의 세속주의입니다. 거기서 인격이나 사람 값은 아니 나옵니다. 공산주의는 물질주의니만큼 그 점은 철저합니다. 애들이 호박꽃을 따 빨아먹고는 버리듯이 사람을 이용해먹을 대로 먹은 다음엔 참 무자비하게 버립니다. 공산주의라는 그 제도가 문제지 개인의 인격이니 개성이니 혼이니 그런 것이 문제 아닙니다. 거기 인간은 없습니다. 기계가 있을 뿐입니다.

그들이 저렇듯 강력한 국가를 가지면서도 철의 장막을 두르고 밖의 다른 나라와 교통을 아니 하는 것은 그 때문입니다. 그 기계는 굉장하지만 그것은 인정의 영점 아래 내려가 인간성을 얼려가지고만 된 기계입니다. 그러므로 인정의 김, 사랑의 태양을 접하는 날, 맥없이도 풀려 없어질 것을 알므로 사람들을 늘 냉동기 속에 넣어두기 위해 하는 것입니다. 철의 장막이라지만 철이 아니라 얼음장막입니다.

그러나 공산주의만 아닙니다. 여러분을 나라의 공무원으로 채용하는 이 제도도 정도의 차이는 있지만 역시 사람 값은 보지 않는 자본주의입니다. 시험 치르고 합격됐다지만 그 격格은 인격이 아니고 기계 규격의 격格입니다.

여러분은 인간시험을 치른 것이 아니고 기계시험을 치른 것입니다. 그 시험은 인격이나 양심은 문제삼지 않습니다. 인격이나 양심은 문제삼지 않는다는 조건으로 모집했고, 또 그 조건으로 시험에 응한 것입니다. 그러므로 합격했다 해도 사람으로서의 값이 높다는 것은 아닙니다. 재주나 기술이 있다는 말이지. 그런데 모집은 그렇게 해놓고 시키는 일은 인격의 힘, 지혜로야 할 일을 시키겠다니 모순입니다. 시키는 정부도 딱하고 해보겠다는 여러분도 참 딱합니다.

국민 지도는 인격과 양심으로 할 일이지, 감화·감동으로 될 일이지, 기계적인 기술 방법으로 되는 일 아닙니다. 이제라도 그 일을 하려거든 공부해야 합니다. 지금까지 받은 교육이 잘못됐다는 것, 그것 가지고는 아니 된다는 것부터 알아야 합니다.

군자불기君子不器란 말이 옳은 말이면 여러분이 받은 교육은 그 목적이 기계 만드는 데 있었습니다. 그렇기 때문에 나는 벌써부터 오늘의 학교는 "학교가 아니고 공장이다" 그럽니다. 여러분은 그 공장에서 나온 제품입니다. 쓰일 때까지는 대접을 받지만, 다 쓰인 담에는 제사상에 났던 허재비처럼 버림을 받을 것입니다. 만일 그렇게 되지 않기를 원하거든 민중의 가슴속에 여러분의 한 자리를 얻어야 할 것입니다. 민중의 가슴속을 뚫으려면 그것은 기계 기술로는 아니 됩니다. 뜻을 캐내는 믿음, 지혜로야 될 것입니다.

사람은 아무리 무식하고 가난하고 타락했다 해도 역시 사람이지, 정신적 존재지, 짐승이나 기계는 아닙니다. 살아가는 뜻을 생각하지 않고, 욕심의 만족을 맞추어서 옳은 사람이 될 수는 없습니다. 민중은 공리적·직업적으로만 지도해서는 될 수 없습니다. 같은 먹을 것을 주어도 어떤 맘씨로 주느냐 하는 것에 따라 그 받은 사람이 짐승처럼 될 수 있고 사람답게 될 수 있습니다. 이 점에서 생각할 때 우리는 미국과 만나서 크게 해를 입고 있습니다. 주는 미국은 내가 알 바 아닙니다. 받는 우리를 말하는 것입니다. 물론 도움이 많이 됩니다. 그러나 정신적으로는 손해가 더 크다고 생각합니다.

그중의 하나는 소위 직업심리라는 것입니다. 그저 사람과 사람이 만나면 먼저 묻는 것이 잡job입니다. 직업이라고도 아니 하고 잡이라 합니다. 무슨 직업이냐, 수입 얼마냐, 그것이 인사입니다. 물론 이렇게 살기 어려운 때니 그럴 만도 할 것입니다. 그러나 반드시 생활을 개척해나가는 정신에서 나오는 소리가 아닙니다. 그저 일종 들뜬 풍이지.

미국이 미국 된 원인은 뉴잉글랜드 개척정신에 있다 할 것인데, 그 정신의 등뼈는 프로테스탄트 종교 신앙에 있습니다. 미국은 그것으로 틀이 서고, 자리가 잡힌 사회니 잡을 찾아도 괜찮겠지만, 우리는 그래서는 아니 됩니다. 나라는 뜻으로 섭니다. 민지民志가 문제입니다. 모든 것이 직업으로 되고 나라가 될 리 없습니다. 오늘은 대통령도 직업이요, 신부도, 목사도, 교사도 직업입니다. 이것은 한 생산기계지 나라가 아닙니다.

그런 뜻으로 볼 때 여러분은 불행합니다. 보통으로 말하면 행복이지요. 대학 졸업해, 병역 무사히 마쳐, 경쟁시험에 합격하고 취직 결정돼, 그랬으니 행복이라 할 것입니다. 그런데 왜 불행이냐? 보시오, 사람이 젊어서는 이상을 가지지. 그리고 이상이 높을수록 사람이지. 그런데 결혼하고 직업 가지고 세간 살림 해가노라면 언젠지 그 이상 다 잃어버리고 한개 세속 인간으로 늙고 맙니다. 그것이 생각하면 슬픈 일입니다.

그런데 여러분은 이제 학교 문을 나오자마자 곧 직업이 결정됐으니, 이상이고 뭐고 가져볼 겨를이 없어졌습니다. 직업을 못 얻어 한동안 실업자로 헤매어보았대도, 그 때문에 현실에 대해 의심이라도 품고 새로운 것을 찾아볼 기회라도 있었을지 모르고, 개혁의 꿈이라도 한번 꾸어보았을지 모릅니다. 그런데 졸업하자마자 곧 직업인이 되어버렸으니, 만사태평으로 한개 직업인으로 늙고 말게 되지 않을까. 세속적으로는 행복이지만, 정신적으로는 산문産門에서 묘문墓門으로 직행을 한 셈이니 불행 아닌가.

이렇게 가면 여러분은 인생 문제, 사회 문제 생각도 못해보고 관리로만 늙어버릴지 모릅니다. 젊어서 관리 되는 것은 참 불행입니다. 그렇기에 벼슬을 그렇게 귀하게 아는 중국 사람도, 옛날엔 벼슬은 마흔이 지나서 한다 했습니다. 즉 인간으로 자라리만큼 자라고 나서 한단 말입니다. 젊어서 등용문登龍門을 했다는 수재들이 대개 인간으로는 낙제자인 경우가 많습니다.

옛날같이 한 집에서 제 소용되는 모든 것을 다 만들어내는 자급자작自給自作의 경제일 수는 없고, 지금은 고도로 발달된 분업적인 사회에 사는 것이므로 사람이 전문기술 없이는 살아갈 수 없이 됐습니다. 그러나 그러니만큼 사람의 사람된 본질은 그 공통된 인간성에 있다는 것을 잊어서는 아니 될 것입니다. 살기 위한 기술 때문에 도리어 인간성을 잃는다면 그것은 큰 잘못입니다. 이 점에서는 나도 마찬가지지만 여러분은 나보다도 더 잘못된 사람들입니다. 생각을 깊이 하여 고치지 않으면 아니 될 것입니다. 군자불기란 말 잊어서는 아니 됩니다. 그와 아울러 기억할 것은 『성경』에 있는 이 말씀입니다〔「마태복음」, 4:4〕.

사람이 밥으로만 살 것 아니요, 하나님의 입으로 나오는 모든 말씀으로 사느니라.

맹자보고 어느 제자가 "공부하는 목적은 무엇입니까" 하고 물었습니다. 맹자는 거기 대답해 "상지尙志니라" 곧 뜻을 높이는 것이니라 했습니다. 하나님은 뜻의 뜻, 마지막 가장 높은 뜻입니다. 그 뜻에까지 가잔 것이 학문의 목적입니다.

여러분은 맡은 일을 단순히 직업심리로만 해서는 아니 됩니다. 직업을 준 것은 누구인지 아십니까? 대통령? 국무총리? 사회? 아닙니다, 천지를 왼통 하나로 통일해가는 하나님입니다. 소위 "천생만민 필수기직"天生萬民 必授其職9)이라는 것입니다. 그러므로 모든 직업은 전체에 봉사하는 정신으로 하나님 섬기는 맘으로 해야 합니다.

그중에서도 지금 여러분이 맡은 이 국토건설이란 일은 민족 구원에 관한 일입니다. 그러므로 사람의 정신을 깊이 생각하지 않고는 될 수 없습니다. 더구나 앞으로 세계는 대단히 어려운 대목에 들어갈 것이요, 따라서 우리 민족의 장래는 매우 어렵다는 것을 생각할 때 비

9) 天生萬民 必授其職: "하늘이 온 백성을 내면 반드시 그의 직업을 준다." 『용담유사』, 「교훈가」 제1절.

상한 각오를 하지 않을 수 없습니다. 여러분 자신부터, 우선 이때껏 받은 교육과, 이 세상 풍조 때문에 병든 성격을 스스로 고치기를 힘써야 할 것입니다. 그것을 하기 위해 옛날 어진 이들의 말을 깊이 찾아보기를 권하는 바입니다.

철학 없는 민족

일반으로 동양고전도 고전이려니와, 우리 고전을 연구할 필요가 있습니다. 순서로도 그렇습니다. 중국·인도의 고전을 연구하려면 우선 우리 고전부터 연구해야 할 것입니다. 우리 고전은 곧 우리 자신입니다. 우리 자신의 마음입니다. 우리 조상의 혼들이 자연과 역사와 인생에 대하여 어떻게 생각했나, 남의 문화에 대하여 어떻게 작용했나, 그것들을 어떻게 이해했으며 그것들을 통하여 자기네의 바탈, 곧 우리 바탈을 어떻게 실현하여갔던가, 그것이 곧 우리 고전입니다. 곧 우리 혼의 자기 나타냄입니다. 그러므로 우리가 우리 스스로를 발전시키려면 반드시 먼저 고전연구부터 할 필요가 있습니다. 외국의 앞선 문화를 배우기 전, 그것을 배우려 하면 할수록, 어서 우리 옛것을 찾아 밝힐 필요가 있습니다.

사실 지금 우리나라의 어려움의 근본 원인은 저를 모르고, 제 것을 연구하지 않고, 남의 것부터 배우려 하는 데 있습니다. 제 고전 모르고는 제 역사를 이루는 전통을 알 수 없고, 전통을 이해 못하는 것은 국민으로서의 성격이 서지 않은 것이니, 어린 아이를 큰 도회지의 번화한 데 가져다놓은 것 같습니다. 본다 하여도 피상적으로 오해를 할 것밖에 없고, 반드시 자기를 잃고 헤매일 수밖에 없을 것입니다. 우리나라 일은 바로 이렇게 된 것입니다.

자기를 찾지 못하고 남의 나라 앞선 문화에 눌리고 휩쓸려들어가, 제 정신을 왼통 잃고, 제 가졌던 모든 보배를 도둑당한 것이 우리 역사입니다. 엄청난 뜻으로는, 우리는 문화의 말을 가지지 못한 민족이

라 할 것입니다. 전연 없다고는 할 수 없을지 모르나, 있다 하여도 참
으로 빈약합니다. 철학·종교·인생·역사, 이것이 모두 남의 말이지
우리말이 아닙니다. 우리말이 없었을 까닭이 없습니다. 문화란 말없
이 지을 수 없는데, 5천 년 문화의 역사를 가졌으니 말이 없었을 까닭
없습니다. 또 철학이요, 종교요, 인생이요, 역사요 하는 것도 사실은
다 있지 없지 않습니다.

이것은 분명 본래 있던 것을 남의 앞선 문화에 눌려서 그것으로 대
신 써버리고 그만 제 것을 잃어버린 것입니다. 오늘이란 말이 있고,
어제, 그제, 모레, 글피가 다 있는데, 내일이란 우리말이 없었을 까닭
없건만 지금은 찾을 길이 없습니다. 내일이란 말을 잃어버린 민족은
내일이 없는 민족, 앞이 없는 민족 아닐까요? 내 일을 못하고 남의 일
만 한 사람, 곧 종 아닐까요? 부끄런 일입니다.

물론 인간에게는 다 하나로 통하는 성질이 있으니 남의 말로도 못
할 것 아니요, 더구나 본래 우리 게 없고 남의 것을 받아들일 때는 아
무래도 우리말에 꼭 맞은 것이 없으니, 그냥 밖에서 온 말대로 쓰는
것이 좋은 듯한 점도 있습니다. 그러나 절대로 그래서는 아니 됩니다.
반드시 제 말로 써야 합니다. 그래야 문화는 발전하지 그러지 않으면
자라지 못하고 맙니다. 뜻은 곧 혼이고, 혼은 곧 말이기 때문입니다.

우리말이란 곧 우리 혼이 나타난 것입니다. 말을 하지 않고 혼이
발전할 수 없습니다. 옆에 있는 중국 민족을 보시오, 어떻게 자주성
이 강한가. 그들은 외국 것을 받을 때는 꼭 번역을 하고, 번역해도 자
기네의 뜻을 넣어서 합니다. 그래 같은 불경이라도 한문으로 된 것은
그것으로서의 독특한 값이 있다고 합니다. 또 아메리카를 미국이라,
도이치를 덕국德國이라 번역하는 데 그들의 특성이 있습니다.

일본 사람만 해도 이름을 한자로 쓰기는 해도 산밭[山田]이니, 언
덕밑[坂本]이니, 제 말로 옮겨 부릅니다. 우리만은 김金이요, 이李요,
그대로 중국이 돼버리고 말지 않았어요? 그기에 이제까지는 긴상,
리상 하더니 그 입에 침도 채 마르기 전에, 이젠 미스 김, 미스터 리가

돼버리고 말았습니다. 망해, 천만 번 망해 마땅한 민족입니다. 학자도, 문인도, 종교가도, 무식쟁이도, 미스터, 미스로 미쳐 돌아가는데 참 살 마음 없어집니다. 영어 모르는 내 집 늙은이는 돼지거나 썩어지거나 문제가 아닌가보지요. 제발 그러지 맙시다!

몇 해 전엔 웃지 못할 일을 당한 일이 있습니다. 어느 친구 말이, 어떤 미국 사람에게 "너희 나라의 본판 내려오는 철학이 뭐냐" 하는 질문을 당하고, 모른다기는 부끄럽고, 그렇다고 대답할 것도 없고 해서, "그런 어려운 문제, 나 같은 것이 알겠느냐" 하는 말로 대답을 흐려 한때 부끄럼을 면하기는 했으나, "대체 우리나라의 철학이라면 뭐라 하겠느냐" 하고 묻는 것이었습니다. 나도 딱했습니다. 지금도 딱합니다. 없으면 없다고 솔직히 말할 것이지만, 없다고 말하기 부끄러운 것은 사실이었습니다. 또 없다는 것은 말이 아니 되기도 하고, 그렇다고 이거라고 설명해 내놓을 만한 것이 없기도 하고 참 딱합니다.

여러분, 우리는 철학 없는 민족입니다. 혹은 제 철학을 말할 줄 모르는 민족입니다. 사람인 담엔 아무리 간단하더라도 철학이 없을 리 없습니다. 문화는 자기 나타냄인데, 몇천 년 문화를 갖는 민족이 철학이 없다니 말이 됩니까? 하지만 사실인 것을 어찌합니까? 있겠지요. 있는 것을 내가 모르겠지요. 그러나 아무리 내가 잘못해 모른다 하더라도, 나도 우리나라에서는 지식인에 속한다 할 터인데, 보통 상식으로 알리만큼 연구되어 있지 못한 것은 민족의 부끄럼일 수밖에 없습니다.

여러분, 이제라도 부끄럼 면하려면 어서 우리 고전 연구하시오. 우리 고전이란 것이 빈약은 합니다. 인도나 중국에 비할 때 부끄럽기 짝이 없습니다. 그러나 우리 것은 작거나 크거나 우리 것이지, 우리만의 우리 보배지, 이제라도 피워내면 얼마든지 크게 될 수 있습니다. 그러니 비관할 것은 아닐 것입니다. 우리나라에서도 이 참혹한 역사에도, 자각 운동이 있었지, 없지는 않았습니다. 늦게나마 글자 만들어냈고 이조의 중간 이후에 들어서는 우리의 고전 전통을 연구하는 운동이 일어났습니다. 실학파라던 것이 그것입니다.

그런데 그것이 그만 자라지 못하고 말아서, 오늘의 모양이 되고 말았습니다. 정치 잘못했던 까닭입니다. 슬프지 않을 수 없습니다. 우리는 어쩌면 이리도 가난한, 정신적으로 거지인 백성입니까? 아테네는 한개 도시국가로서 겨우 사반세기밖에 아니 되는 동안에 서양 수천 년 문화의 기초가 되는 문화를 낳았는데, 자연조건으로 볼 때 그들보다 못할 것이 없는 우리가 왜 이 모양일까? 옆에 큰 민족 있던 것을 핑계할지 모르지만, 그들의 로마는 우리의 중국만 못하다 할 것 없는 적이었는데도, 그들은 능히 문화의 전통을 남겼습니다.

이제는 시대가 달라졌습니다. 자유롭게 연구하려면 얼마든지 할 수 있습니다. 아직 연구 못 되었으니만큼 매력 있는 처녀지입니다. 참말 우리는 처녀지입니다. 아직 우리 문화 연구에는 본격적으로 손을 댄 이가 없습니다. 그러므로 나는 몇 해 전부터 젊은이들께 권합니다. 학문적으로도 우리 고전 연구는 장래가 크니 해보라고. 우리가 서양문화, 서양철학 한댔자 그들보다 낫기는 어려울 것입니다. 그러나 반대로 우리 고전에는 아무래도 우리가 나을 것입니다. 우리 속에는 아직 밝혀지지 못한 우리 혼이 기다리고 있습니다. 갇혀서 꾸부러지고 병신이 된 지 5천 년 동안 펴주기를 기다리고 있는 우리 혼이 우리 속에 졸고, 울고, 어룹쓸고('어루만지고'의 평안도 방언 – 편집자) 있습니다.

이제라도 조금만 들여다보고 귀를 기울이면 곧 그 음성을 들을 수 있을 것입니다. 그것은 우리만이 알 수 있고, 또 그것이야말로 우리 사명 아니겠습니까? 고신도古神道니, 화랑이니, 국선國仙이니 하는 것은 그만두고라도 비교적 근세에 있었던 퇴계니, 율곡이니, 다산이니, 연암이니 하는 학자들이라도 똑똑히 연구한다면, 우리의 정신사를 좀더 잘 알 수 있을 터이고, 세계 문화사에도 적지 않은 공헌이 될 것입니다. 그러나 무엇보다도 소득은 우리 혼이 살아나는 것입니다.

우리 불행의 근본 원인은 우리 자신을 모른 것입니다. 자기를 찾으려 하지 않았습니다. 스스로 우리 자신을 업신여겼습니다. 내버렸습니다. 그러므로 우리 철학이 없습니다. 우리의 인생관·세계관이 없고, 있다면 남의 것을 빌어온 것이니 우리말로 발표할 필요를 느끼지 못했습니다. 그렇기 때문에 있던 글자도 잊어버렸고, 다시 필요를 느껴서 새로 지은 것이 겨우 지금부터 5백 년 전입니다.

물론 문화란 것은 서로 오고가는 것이요, 완전한 의미의 고유固有란 있을 수 없습니다. 그러나 아무리 남의 것을 받아들여도 그 중심되는 것은 비교적 영구한 성격을 띠는 것이 있어야 할 것입니다. 그리하여 그것을 중심으로 삼고, 모든 것이 돌아가야 할 것입니다.

그런데 우리 역사엔 그것이 없습니다. 히브리 때는 메시아 사상이 있었고, 인도에는 『베다』 사상이 있었고, 중국에는 유교가 있었습니다. 그러나 우리는 5천 년을 꿰뚫어 뚜렷한 것이 없습니다. 우리는 이날껏 우리 자신을 분명히 모르고 역사의 수레바퀴에 끌려서 온 것입니다. 이런 부끄럼이 어디 있습니까? 철학 없는, 제 종교 없는 살림, 내가 아까 여러분께 인생관이 뭐냐 물은 것은 이 때문입니다. 여러분보고 물은 것 아니라 사실은 나 자신보고, 이 민족보고 물은 것입니다.

여러분이 대답 못하는 것은 이 민족이 대답 못하는 것입니다. 이 민족이 여러분께 못 가르쳐주었기 때문에 모르는 것입니다. 그 대신 이제 여러분이 참 철학을 하여 이 묵은 샘을 쳐서, 거기서 솟는 아직 아무도 마셔본 일 없는 맑은 샘을 내놓는다면, 그것은 곧 이 민족이 자각함이요, 제 철학을 가지게 되는 일입니다.

우리 민족의 새 철학

사실 인생관은 그리 세우기 쉬운 것은 아닙니다. 사는 사람은 많아도 확실한 인생관을 가진 사람은 몇이 아니 됩니다. 일생 찾다찾다 숨이 넘어가는 순간에라도 붙잡기만 하면 다행입니다. 그러나 완전한 인생철학은 아무리 가지기 어렵다 하더라도, 적어도 사람으로 살아가는 이상 막연할망정 자기 소견, 자기 믿는 바가 있어야 할 것입니다. 그것이 관觀입니다. 나로서는 인생을 이렇게 본다 하는 관찰입니다. 그것은 생각을 해야 얻어지는 것입니다. 아무리 살아도 그저 사는 것만으로는 그 뜻은 모르는 법이요, 뜻을 모르면 살기는 살아도 바르게 힘 있게 살 수는 없습니다. 내가 항상 생각하는 백성이라야 산다고 주장하는 것은 이 때문입니다.

우리는 생각할 줄 모르는 백성입니다. 나한테도 젊은이들이 자꾸 와서 묻습니다. 그 물음은 약속하고 온 듯이 꼭 같습니다. "선생님, 어떻게 해야겠습니까?" "좀 지도해주시기 바랍니다." 그런 말을 들을 때마다 답답합니다. 묻기도 해야지만, 그런 것은 제가 생각해나가야 합니다. 전부를 묻는 것은 묻지 않음과 다름없습니다. 생각하지 않기 때문에 그런 것입니다. 생각하는 사람은 자기가 아는 것과 모르는 것이 분명해지고, 물을 것을 구체적으로 묻습니다. 그런 사람은 스스로 얻는 것이 반드시 있습니다. 스스로 얻는 것만이 철학이요, 믿음이요, 지혜입니다. 그것만이 힘입니다.

이렇게 말함은 선생 소용없고 묻지 말란 말 아닙니다. 생각도 해보지 않고, 쉽게 알려고 묻기부터 해서는 못쓴단 말입니다. 가르침을 받았다 하더라도, 그것을 내가 생각하여서 과연 그렇다 하고 새삼스러이 다시 발견하게 돼야, 재체험해야 되는 것입니다. 쉽게 얻기 바라는 사람은 지혜가 뭔지 모르는 사람입니다.

또 내가 답답하다는 것은, 나 스스로 대답을 할 수 없기 때문입니다. 위에서 말한 대로 역사가 급격한 변동을 하는 때이므로 기성세대가 거의 말을 할 수 없이 되었습니다. 기성세대가 젊은 세대에게 주는 인생철학은, 여느 때 같으면 벌써 묻기 전에 주어져 있는 것입니다. 자라나노라면 알지 못하는 동안에, 인생이란 뭐라는 것이 벌써 암시되어 있는 것입니다. 가령 우리 자라나던 때를 예로 들면, 그때는 유교 도덕이 서 있는 때요, 민족주의가 세계적으로 휩쓸던 때였습니다. 그러므로 젊은이들이 어떻게 살아야 할 것을 물을 것 없이, 철이 들 때는 벌써 따라가야 하는 권위가 양심 위에 뚜렷이 군림해 있었습니다. 그래서 오늘 같은 혼란·모색·번민은 없었습니다.

그런데 지금은 시대의 급변동이 생겨, 마치 닫던 차가 급히 길을 돌리는 것 같아서 탔던 사람이 왼통 다 아니 쓰러질 수 없이 된 셈입니다. 심하면 상할 터이고, 상하지 않더라도 한번은 쓰러졌다가 일어날 만큼 됐습니다. 그러니 누가 누구더러 붙들어달라 하며, 누가 능히 붙들어줄 수는 있습니까? 늙은이나 젊은이나 당황하긴 다 마찬가지입니다. 물론 이때에 책임질 것은 늙은 세대지요. 허나 대답할 것이 없는 것을 추궁한들 무엇합니까? 젊은이 스스로가 하는 수밖에 없습니다.

민족의 고유한 것에 시원한 것이 없기도 하거니와, 설혹 있다 하더라도 옛날 것은 거의 전부가 소용이 없을 만큼 큰 변동이 되는 때입니다. 그뿐만 아니라 도리어 어떤 면으론 종래에 아무것도 가진 것 없는 것이 도리어 좋을지도 모르는 때가 옵니다. 지금 보면 남들의 고유 사상 있는 것이 부럽습니다. 미국은 그 실용주의를 내세울 것이고 영국은 그 신사도를 내놓겠지만, 우리는 내놓을 것이 없습니다.

그러나 이따 보십시오. 미국 사람에게 그 실용주의가 방해되고, 영국 사람에게 그 자랑하던 신사도가 벗지 못해 애쓰는 부끄럼이 되는 날이 올 것입니다. 그때는 지금의 정신적 무산자였던 우리가 차라리 행복일 수 있습니다. 그렇기 때문에 살 희망이 있습니다.

철학 없었으면 이제부터 새 철학 만들면 그만입니다. 지금의 선진국이라는 나라들을 이끌어갈 수 있는 새 인생관, 새 믿음을 우리가 발견해내면 됩니다. 다만 생각 아니해서는 아니 됩니다. 철학하는 마음, 믿으려는 뜻 하나만은 있어야 합니다. 철학하는 마음, 그것이 곧 참 되살아나는 자신自新하는 철학이요, 믿으려는 의지 그것이 곧 죽지 않고 부활하는 종교입니다.

숙명관과 믿음

우리 철학이 없다 했지만, 없지 않습니다. 있습니다. 숙명철학·팔자철학입니다. 종교도 아주 넓게 깊이 박힌 종교가 있습니다. 샤머니즘, 무당 종교입니다. 20세기 과학시대에 부끄러운 일입니다. 여러분이 이제 나가면 무식한 민중을 지도해야지요? 그들은 숙명관에 곰보가 되고, 무당 종교에 이상심리가 생긴 민중입니다. 우리는 이 때문에 망한 나라입니다.

우리는 본래 착하고, 두텁고, 가슴 넓고, 거세고, 날쌘 성격을 가진 민족이었습니다. 그 자존심 많고 다른 민족이라면 그저 오랑캐라 하던 중국 사람으로서도 우리를 인仁하다 했고, 군자국君子國이라 했고, 남이 어려운 일 당한 것을 보면 죽을 데 들어가 건져주는 사람들이라고 했습니다. 삼국시대 역사를 보면, 사실 그런 것을 우리가 알지 않습니까. 그런데 지금은 어떻습니까. 밤낮 싸움만 서로 하고, 나라 하나를 변변히 못해가는 민족입니다. 생각은 옅어질 대로 옅어지고, 좁아질 대로 좁아지고, 아무 큰 계획도 못 세우고, 깊은 연구도 못하고, 구차하게, 게으르게, 더럽게, 그날그날을 살아가는 사람들입니다.

왜 이렇게 됐습니까? 이 나쁜 사상, 이 어리석은 미신 때문입니다. 이제 이것을 뿌리에서 뽑아 고치지 않는 한, 어떤 노력을 해도, 어떤 새 시대가 와도 소용이 없을 것입니다. 우리의 모든 운동을 총집중하여 여기다 일제 사격을 묶어 박아야 합니다.

물론 이 병은 역사적 산물입니다. 무릇 민족성이란 것, 민족신앙이란 것은 역사의 살림을 해오는 동안에 생긴 일종의 정신적 분위기입니다. 한 번 하고 두 번 하고, 오늘 생각하고 내일 생각한 것이 가라앉고 엉켜서 되는 것입니다. 마치 사람의 몸이 제게서 나간 배설물의 독소의 영향을 제가 다시 받듯이 정신적으로도 제가 만든 공기의 영향을 제가 도로 받아 중독된 성격을 이루게 됩니다. 좁은 방에 사람이 많이 있으면 서로서로가 뱉은 탄산가스를 서로들 마시고 골치를 앓습니다. 문을 아니 열어놓기 때문입니다.

숙명관은 닫힌 심리에서 나온 생활철학입니다. 그래서 나는 이것을 생명의 농성籠城이라고 합니다. 생각하면 슬픈 일입니다. 이것은 우리가 고달픈 역사적 환경 속에서 죽지 못해 살아가노라고 한 생각입니다. 만주의 본터를 내버리고 반도로 내려왔다가 대륙에서 내리미는 강한 대적에게 몰리고 나니 갈 길이 없었습니다. 몰리면 반항을 하는 법인데, 반항할 기운조차 잃은 다음에 쫓아들어 고스란히 죽는 수밖에 없었습니다. 팔자타령은 고스란히 잦아버리는 생명의 비명입니다.

한두 놈이라도 문을 박찰 만한 용기가 있었다면 구멍이라도 뚫렸을 것이요, 구멍이 뚫려 밖의 공기가 좀 들어왔더라면, 저희가 뱉은 가스에 중독이 돼 죽지는 않았을 것입니다. 그러나 그럴 만한 기운이 없었기 때문에 그냥 질식이 돼버렸습니다. 한두 사람의 사상가도 왜 못 났던지 모르겠다는 말입니다. 이집트에서도 모세가 났고, 덴마크에서도 그룬트비[10]가 났는데, 우리는 어째 그랬는지 모르겠습니다.

정치 해먹는 놈들이 나빴습니다. 밖의 세력에 대하여는 더럽게 타협과 아첨을 하는 반면, 안의 민중에 대하여는 악착하게 짜먹기만 했습니다. 정치는 어차피 민중 짜먹는 것이니 새삼스레 말할 필요도 없지만, 짜먹더라도 남의 나라같이 민중을 좀 길러가며 짜먹었으면, 저희도 호강하고 민중도 살 수 있었을 것인데, 우리나라, 더구나 이조 5백년의 역사는 민중을 하나도 길러주는 것은 없이 그냥 짜먹기만 했습니다. 그 양반의 호강이란 것도 남의 것에 비하면 형편이 없는 빈약한 것이고, 민중의 참혹한 꼴은 세계의 어디 다른 데서 볼 수 없이 더 참혹합니다. 그러다가 그 불쌍한 염소가 짜이다 짜이다 피가 나다 못해 거꾸러지는 날, 그 짜먹던 자도 "운명이다, 팔자다" 하며 꿈틀도

---

10) 그룬트비(Nikolai Frederik Severin Grundtvig, 1783~1872): 덴마크의 시인·종교가·교육자. 덴마크의 부흥에 힘쓴 농민 교육자이며 국민대학제도를 창시했다. 저서에 『북구신화』 등이 있다.

한번 못해보고 쓰러졌습니다. 그러나 인생에 핑계는 없습니다. 아무리 그렇더라도 책임은 민중 자체에 있습니다. 양반이란, 민중의 살에 돋은 한개 독종에 지나지 않습니다.

오늘도 아직 마찬가지입니다. 민주주의 정치요, 원자시대, 우주시대라면서, 땅 주역쟁이는 거의 가로수마다 앉았고, 무당은 '미신타파'의 구호를 비웃는 듯, 긴 예복을 입은 신부·목사보고 "너도 나지, 너도 나지" 하고 으쓱으쓱 춤을 추며 백주에 추파를 건넵니다. 국회의원 출마를 할 때도 굿, 관리 승급 운동을 할 때도 굿, 애기가 앓아도 점, 남편이 군인을 가도 점, 말마다 팔자요, 이야기마다 재수입니다. 어제까지 사람 잡아먹던 아프리카 밀림 속의 검둥이도 소련·미국의 정치가를 코끝에 걸고 놀려는 이때에, 이게 무슨 일이겠습니까? 여러분은 여러분이 상대하는 민중이 그런 사람들인 것을 잘 알아야 합니다. 아니오, 여러분 자신도, 이렇게 말하는 나 자신도, 아직 핏대 속에, 세포 속에 우리가 스스로 의식하는 이상으로 이 숙명철학, 무당종교가 흐트러 박혀 있는 줄을 알아야 합니다.

생각해보시오. 학교에서야 무엇을 배웠거나, 집에 돌아만 오면 어머니는 점치러만 다니는데, 그 아이가 무슨 인생관을 가질 듯한가? 성당·예배당에서야 무슨 소리를 들었거나, 살림살이에 돌아만 오면 그 먹는 음식과 입는 옷에 팔자 타령이 짜여 있는데, 그 사람들이 무슨 믿음을 가지겠나? 정치가 썩어진 것도, 산업이 떨치지 못하는 것도, 인물이 없는 것도, 사회에 맑은 바람이 돌지 못하는 것도, 캐어들어가보면 그 깊은 원인이 여기 있습니다.

섭섭이(폐 – 편집자)에 균이 들어 있고, 섭이지장에 벌레가 박혀 있는데, 아무리 영양 있는 것을 먹으면 소용 있어요? 우리 모든 이론과 학설과 기술을 소용없이 만드는 것이 이 미신입니다. 더구나 거기다가 천주교·예수교·불교의 신앙도, 그 본뜻이 그런 것은 아니지만, 어떻게 잘못 들으면 그것을 뒷받침해주는 듯이 들리는 데가 있고, 오늘 정치적 정세도, 하는 사람 자신들의 맘은 아니 그런지 몰라도, 어떻게 잘못 생각하면 민중으로 하여금 점점 더 사회 참여를 아니 하는 것이 좋다 하고 의식을 죽이도록 하게 하는 듯한데, 크게 걱정스럽습니다.

절대 그래서는 아니 됩니다. 여러분이 나가거든 어떻게든지 이것을 깨치도록 힘을 쓰시오. 지금은 시대가 다르다는 것을 잘 말하여, 새 나라 건설의 의욕이 일어나도록 하시오. 운명철학에 잡힌 마음은 마른 혼입니다. 극한에까지 간 마음입니다. 마른 것에 불티를 떨어뜨리면 폭발할 것입니다. 막다른 골목에 든 자를 찌르면 반발할 것입니다. 정신은 기적을 행하는 것입니다. 2천 년 묵은 깍지도 하루아침에 벗으려면 벗을 수 있습니다. 있다 믿으십시오.

생명 속의 종교

생활철학이라 하지만, 사실은 철학 정도 가지고는 아니 됩니다. 철학이라 하면 아무래도 학문 냄새가 납니다. 필로소피philosophy라는 말의 본뜻이야 아니 그렇지만, 이제는 그 말도 학문적인 말이 돼버렸습니다. 소크라테스의 철학은 그런 것 아니었지요. 플라톤의 철학도 학문만은 아니지요. 요새는 철학한다는 말이 있지만, 정말 철학은 사는 철학, 하는 철학, 곧 지혜입니다. 그러므로 참 철학은 곧 종교입니다. 인도는 지금도 그렇지만 옛날에는 어디나 철학과 종교는 하나였습니다. 그것이 당연한 일입니다. 살리는 것은 토론이 아니고 믿음이기 때문입니다.

내가 말하는 생활철학은 "믿음을 가져라, 믿어라!"입니다. 어느 기성종교의 교도가 되란 말 아닙니다. 되지 마시오. 그것은 종교의 껍질이지 종교는 아닙니다. 혹은 종교 다 파먹고 남은 뼉다귀입니다. 껍질 없는 과일도 없고, 뼉다귀 안 가진 생선도 없지만, 정말 과일 먹고 생선 먹으려는 사람은 거기 속아서는 아니 될 것입니다. 과일은 무르익어 껍질을 버리게 될수록 고운 법이고, 종교는 낡을수록 그 제도가 완전한 법입니다. 기성종교의 교도는 돼도 좋고 아니 돼도 좋은 것이지만 참 종교, 산 종교는 아니 믿어서는 아니 되는 것입니다.

무엇이나 내 뜻으로 자유 선택하여 하려면 하고, 아니 하려면 아니 할 수 있는 것은 그리 중한 것이 아닙니다. 그런 것은 아니 하는 편이 좋습니다. 정말 귀한 것은 아니 하려 해도 아니 할 수 없는 것입니다. 햇님과 바람과 땅은 피하려 해도 피할 수 없는 것입니다. 참 것은 의무입니다. 믿음은 의무입니다. 하지 않으면 아니 되는 것입니다. 혹은 존재입니다. 원하거나 아니 원하거나 하게 되는 것입니다.

사람인 이상 종교적이 아닐 수 없습니다. 우리가 종교에 대하여 의심을 품은 것은 기성종교 때문입니다. 우리는 하나님이 없다면 만들어라도 내야 할 지경입니다. 이것은 좀 어폐 있는 말이지만, 그렇게라도 말하지 않고는 삶과 믿음과의 관계를 표시할 수 없습니다. 사는 일이 곧 믿음입니다. 믿지 않고 살 수 없습니다. 마치 지구와 관계하지 않고 살 수 없는 것과 마찬가지입니다.

그러나 그렇게 저절로 있는 지구와의 관계도 깨달아서만 더 잘할 수 있듯이, 종교도 내가 알기 전부터 존재하는 종교지만 그렇기 때문에 그것을 깊이 깨달아야만 참 바른 종교를 가질 수 있고, 생명의 숨은 뜻을 잘 살피어낼 수 있습니다. 그러나 믿음이 있어서 나타난 것이 교리·교당이지, 교리·교당을 가져다 입혀서 믿음이 생기는 것은 아닙니다. 믿는다는 것은 교리의 승인이 아닙니다. 의식을 지킴이 아닙니다. 하나님과 직접 산 교통을 함입니다. 진리를 나타냄입니다. 생명을 삶입니다.

내가 믿으라 할 때는 불교나 기독교를 믿으란 말 아닙니다. 그것은 내가 알 바 아닙니다. 무슨 종교를 믿으란 말이 아니라 믿으라는 말입니다. 믿음에는 무슨 말이 붙을 수 없습니다. 믿음은 하나입니다. 하나됨이 믿음이기 때문에 하나입니다. 종교는 존재하는 것입니다. 모든 종교는 다 하나입니다. 나만이 참 종교라는 교파는 거짓입니다. 물론 실지로는 어느 기성종교에 관계하는 것이 믿음을 배우는 데 편리할 것입니다. 그러나 그것이 절대 필요한 것은 아닙니다.

　지구 위에 있는 기성종교를 하룻밤 새에 다 없애버린다 해도, 그 다음 인간은 또 제 종교를 만들어낼 것입니다. 종교가 생명 속에 있기 때문입니다. 생명의 버릇이 곧 종교입니다. 믿음은 누구나 스스로 할 수 있습니다. 스스로 하는 것일수록 참 믿음입니다. 믿음은 곧 생명의 스스로 함이기 때문입니다. 하나님은 누구나 직접 대할 수 있는 이입니다. 제사니 성직이니 하는 것은 공연히 중간에 서서 없는 수고한 듯 생색내고 국물을 짜먹자는 것입니다. 종교는 지식이나 기술이 아니고 사람의 바탈이기 때문에 직업이 될 수 없습니다. 농사·장사는 직업으로 할 수 있으나, 밥 먹고 숨 쉬는 것을 직업으로 할 수는 없는 것과 꼭 같습니다.

　종교는 정신의 숨쉼입니다. 육신이 공기를 마시듯이 혼은 영을 마셔야 삽니다. 하나님은 누구나 직접, 언제나 만날 수 있으니 시간·공간·지위·지식·성격의 관계 없이, 어떤 죄를 지었더라도, 언제라도 하고자만 하면 곧 만날 수 있는 이입니다. 그러니 하나님이지, 만일 그렇지 않고 그 만나는 데 무슨 기술이나 조건이 붙는다면, 그는 자유랄 것도 없고 전지전능이랄 것도 없고 사랑도 거룩도 아닙니다. 그러므로 교회를 통해야만 된다는 것은 직업종교가의 협잡입니다.

　속지 마시오. 성직자라는 어느 특권자의 손아귀를 벗어나지 못하고, 대낮에도 촛불을 켜는 껌껌한 방에 갇혀 있는 하나님, 부처는 형편이 없는 존재입니다. 자기를 건지지 못하는 그런 것이 어찌 인간구원을 할 수 있습니까? 종교가의 하나님은 한갓 무식한 민중을 속이기 위한 우상입니다. 참 하나님은 우리가 양심 하나만을 가지고 믿기만 하면 언제나 어디서나 만나는 하나님입니다. 그런 하나님, 내 맘 속에 있는 하나님 믿으란 말입니다. 새삼스레 믿으란 말 아니 하여도 계신 하나님이지만, 그 절대자가 바로 이 나의 속에 있는 줄을 알 때, 그것을 확신할 때 우리 생명은 힘 있게 피어나기 때문에 하는 말입니다.

이성과 종교

그러므로 종교와 철학이 따로가 아닙니다. 종교도 절대자를 찾는 것, 철학도 절대자를 찾는 것입니다. 철학을 따져 올라가면 믿음에 이르는 것이고, 반대로 참 믿음 있으면 반드시 철학이 나올 것입니다. 철학을 반대하는 종교, 아무 뜻 모르고 맹신하는 종교, 그것은 미신입니다. 또 종교 반대하는 철학, 생명의 뚜렷한 빛에까지 이르지 못하는 이론, 사색 그것은 빈말뿐입니다. 오늘 지식인이 믿음을 가지기 어렵다 하고, 믿음 없이도 넉넉히 살 수 있는 것처럼 생각하는 것은 그들의 지식이 껍데기 지식이요, 참 지혜가 못 되기 때문입니다. 다시 말하면, 철학이 없기 때문에 믿음도 없는 것입니다. 사실 오늘 지식인에게 학문의 철학이 있을 뿐이지 살림의 철학, 인생철학, 곧 지혜는 없습니다.

역사적으로 살펴보면, 먼 옛날의 종교는 마법·주문의 종교였습니다. 과학이 발달 못한 때였기 때문입니다. 마법은 오늘 보면 그때의 과학이었습니다. 여러 가지 과학적인 과정을 흉내낸 것이 곧 마법이었습니다. 그러나 그담 시대에 오면 의식이 중요한 것이 됐습니다. 의식이란 곧 마법이 모양을 변하여 안착된 것입니다. 그러나 사람의 정신은 언제까지나 물질적인 것 속에 잠자고 있을 수 없었습니다. 밖의 자연 속에서 힘을 찾던 눈은 안으로 제 마음속을 들여다보게 되었습니다. 그리하여 발달한 것이 철학이요, 종교였습니다.

지금 발달한 종교는 다 높은 윤리적·신비적인 교리를 가지고 있습니다. 내가 아까 우리나라 종교는 아직 샤머니즘이다 하던 뜻을 이제 다시 생각해보아야 합니다. 샤머니즘은 아직도 마법 종교요, 교리가 없습니다. 윤리적인 계명도 없고, 신비적 체험도 없습니다. 그러므로 미신입니다. 그러니까 부끄럽고 답답하다는 것입니다. 철학과 종교가 구경에는 하나라고 말했지만, 그것은 이 앞의 종교를 생각할 때 중대한 뜻을 가집니다.

대체로 현대는 믿음을 잃은 시대입니다. 그러므로 종교의, 이 앞이 어떻게 될 것이냐가 문제입니다. 종교가 지성인으로부터 미신이라고 냉대를 받는 것은 지성인 자기의 잘못도 있지만, 그 책임은 이성을 무시하는 종교가 전적으로 져야 합니다. 이성이 믿음에 반대나 되는 것처럼, 비판적인 태도는 죄나 되는 것처럼, 이미 돼 있는 낡은 전통을 거룩이라는 이름 아래 강요하고, 감정의 만족을 목표로 하는 의식을 인위적으로 꾸며, 거기 기적적인 능력을 붙여서 주장하는 종교가 냉대를 받는 것은 당연한 일입니다. 종교에서 의식은 앞으로 차차 더 없어져갈 것입니다. 전통은 이성의 엄정한 비판을 점점 더 받을 것입니다.

물론 사람이 감정적인 동물인 이상 종교에도 감정적인 요소가 없을 수 없습니다. 어떤 학자들은 종교의 본질은 복잡한 감정이라고까지 말합니다. 원시적 종교에는 감정적인 요소가 많습니다. 누구도 "내 속의 '가늘고 고요한 소리'를 듣는다"고 한 소크라테스 이상으로 종교적일 수 없건마는, 그는 올림포스의 신들을 믿는 사람들에게 신을 모욕한다는 죄로 몰려 죽었습니다. 예수가 십자가에 죽은 것도 성전을 모욕했다는 죄 때문이었습니다. 그러나 사람의 빛은 이성입니다. 이성으로 감정을 억제하고, 지도하고, 조화하고, 수련하는 것이 정신 수양의 내용입니다. 그러므로 첨에는 노래와 음악과 춤과 주문이 한데 녹아들어 열광적인 흥분에서 오는 이상심리적인 경험을 추구하던 원시종교에서부터, 차차 감정적인 요소가 줄어가고, 이성에 의한 깊은 사색으로 뜻을 체험하기를 힘쓰게 돼온 것이 종교의 역사입니다.

감정은 개체에 붙은 것입니다. 개체의 생존과 행복을 위하여는 감정이 있어야 합니다. 그러나 사람은 개체적인 살림만 하는 것이 아니고 사회적인 살림을 합니다. 사람된 본질은 사회적 살림을 통해서만 드러납니다. 그런데 그 사회적 살림을 지도해가는 것이 뭐냐면, 전체의식, 혹은 공공의식입니다. 이것은 이성 없이는 아니 됩니다. 이성이라는 이𝑒는 곧 전체의 바탈입니다. 사람의 발달은 결국 이성의 발달입니다. 감정도 물론 발달하지만 그 발달이란 다른 것 아니고 이성의 빛에 비침을 받음입니다.

개인적으로 보나 단체적으로 보나 사람은 어릴 때일수록 감정이 강하고, 커갈수록 이성이 자랍니다. 그것을 셈이 들었다 합니다. 셈 곧 헤아림은 이성이 하는 것입니다. 종교에서도 그러므로 점점 더 이성적인 신앙이 높아가는 것이 그 경향입니다. 그렇다면 이것으로 미루어보아 미래의 종교는 더욱더 이성적일 것을 알 수 있습니다. 의식의 종교로부터 깨달음의 종교로 되어갈 것입니다.

그러나 이성이 마지막은 아닙니다. 이성은 또 그보다 높은 영의 지시를 받아야 할 것입니다. 그러나 영은 이성이 완전히 제 할 것을 하지 않으면 오지 않습니다. 이성이 자기포기를 해야만 영을 만날 수 있는데, 이성은 제 자유를 끝까지 행사하지 않고는 자기포기는 하지 않습니다. 과일이 완전히 익으면 떨어지듯, 이성이 완전히 이성적이면 스스로 자기를 절대자 앞에 바칩니다. 그때는 열 없는 빛입니다.

자기 발견

내가 이성의 종교를 주장하는 이유는 생명의 원리는 스스로 함이기 때문입니다. 감정은 남을 따라 부화뇌동하는 것입니다. 이성은 고요히 내 속에 스스로 발견하는 함입니다. 옛날 희랍 델포이 신전 문에는 "네 자신을 알아라!" 하고 써붙여져 있었다 하고, 소크라테스는 그 말을 특별히 귀히 여겼다 하지만 그 말은 과연 없어지지 않을 것입니다. 요새는 교통 통신이 빨라져서 매스컴 소리를 많이 하게 되고, 그 때문에 사람들이 점점 제 스스로 할 줄을 모르고 남이 어떻게 생각하나 거기 끌려 행동을 하려는 경향이 많지만, 이것은 확실히 잘못입니다. 아무리 접촉이 잦아도, 모든 행동을 결정하는 판단이 나오는, 따라서 마지막에 책임을 지는 것은 이 나입니다. 모든 것은 이 내 가슴에서 나가는 것이요, 또 구경 이 가슴에 들어오고야 만다는 것을 잊어서는 아니 됩니다. 모든 것의 주체는 나입니다. 아무 때 가서도 사람은 자립해야 사람입니다. 자기발견을 하고, 자기실현을 해야 합니다. 개인도 민족도 나라도 다 자기실현입니다.

언제 한번 거울에 비친 내 얼굴을 자세히 들여다보지도 않은 사람은 참 살림이 뭔지 모를 것입니다. 거울 속을 들여다보시오. 좀 부끄러울 것입니다. 제가 제 얼굴을 보고 얼굴을 찡그리게 될 때, 고요한 밤, 차디찬 벽에 잠기는 내 그림자를 물끄러미 바라보게 될 때, 사람은 자기발견을 시작하는 것입니다. 생각하기를 시작했단 말입니다. 이성이 눈을 떴다는 말입니다. 이성이 곧 나는 아니지만, 나의 자아는 이성보다는 크고 높은 것이지만, 아무도 이성이 눈을 뜨지 않고 자기발견을 할 수는 없습니다. 제 가슴속을 들여다보아야 합니다. 그때부터 참 살림이 시작됩니다.

모든 것이 다 내게 갖추어 있으니 돌이켜보아 참되면 즐거움이 그에서 더할 것이 없느니라.

맹자는 이렇게 말했습니다. 모든 것이 내게 있습니다. 산을 보고 장엄한 것을 느끼는 것은 내 속에 산, 곧 높고 장엄한 것이 있기 때문입니다. 꽃을 보고 아름다움에 취하는 것은, 내 속에 꽃이 있기 때문입니다. 꽃이 내 속에 아름다움을 만든 것 아닙니다. 내 속에 있는 꽃이 그 꽃이라 부르는 것에 부딪쳐 자기를 알아보게 된 것입니다. 내 속에 성인이 있으므로 내가 성인을 알아보고 사모하고, 내 속에 도둑이 있으므로 도둑을 알아보고 미워하는 것입니다. 이理가 내게 있으므로 내가 이를 알고, 도道가 내게 있으므로 내가 도를 체험합니다.

하나님이 내 속에 계시므로 내가 하나님을 믿습니다. 그러므로 하나님이 자기 모습대로 사람을 지었다는 것입니다. 어떤 철학자는 "하나님이 자기 모습대로 사람을 만든 것 아니라, 사람이 제 모습대로 하나님을 만들었다" 하고는 큰소리나 하듯 뽐내지만, 그 소리가 그 소리입니다. 어떤 종교가도 그 소리를 하는 포이어바흐[11] 이상으로 종교적일 수는 없습니다. 반대로 "하나님은 내 아버지다" 한 예수보다도 더 무신론일 수는 없습니다. 그러므로 브라만[12]이 아트만[13]이요, 아트만이 브라만입니다. 나를 앎이 하나님을 앎이요, 자연을 앎입니다. 아무도 자연을 찾고 하나님을 찾지 않고는 나를 찾을 수 없습니다. 자기를 앎이 모든 것을 앎입니다.

그러나 내가 나를 알았다면 모른 것입니다. 나는 지식의 대상은 될 수 없습니다. 다른 것은 다 알 수 있어도 나는 모릅니다. 자기발견이란 무슨 잃었던 것, 숨었던 것을 찾으란 말 아닙니다. 잃을래도 잃을 수 없고, 숨길래도 숨길 수 없는 것이 아닙니다. 다만 나를 알려, 하나님을 알고 모든 것을 알려, 무엇인지도 모르는 영원한 것, 무한한 것을 찾으려 하나된 마음으로 찾아나가는 것이 곧 자기발견입니다.

우리 민족은 자기발견을 못했습니다. 숙명관을 못 벗어난 것이 그것을 증거하는 것입니다. 숙명관만이겠어요? 우리의 모든 결점, 주체성의 부족, 통일성의 부족, 당파주의, 고식주의, 모든 것이 다 이 '저' 찾지 않는 데서 나온 병입니다. 일찍이 이광수 선생이 「민족개조론」을 썼다가 욕을 많이 먹은 것을 세상이 잘 알고 있을 줄 압니다. 그러나 쓴 것이 잘못 아닙니다. 마땅히 써야 할 것입니다. 민족 모욕했다고 욕하는 그 자체가 욕먹어 마땅한 것입니다. 민족성에 대한 판단

---

11) 포이어바흐(Ludwig A. Feuerbach, 1804~72): 독일의 철학자. 헤겔 좌파에 속하는 유물론자로, 기독교를 비판했다. 마르크스와 엥겔스에게 많은 영향을 미쳤다. 저서에 『기독교의 본질』 『장래 철학의 근본 문제』 등이 있다.

12) 브라만(Brahman): 인도 브라만교의 세계관을 내포하는 개념. 우주작용의 근본 원리로, 브라만교에서는 일체의 현상계가 이것이 전개, 변화하여 생긴 것이라고 본다. 범(梵)이라고도 한다.

13) 아트만(ātman): 인간 존재의 영원한 핵을 이르는 인도철학 용어. 인간 행동의 저변에 깔려 있어서 죽은 뒤에도 살아남아 새로운 생명으로 다시 태어난다고 한다. 또한 브라만의 일부로 서로 통하거나 하나가 되기도 한다. 인도철학의 가장 기본개념이다.

은 혹 잘못된 것이 있는지 모릅니다. 그러나 개조론을 써야, 쓰고 또 써야 할 것입니다. 자기개조를 힘쓰는 것이 사람입니다. 죽을 때까지 개조, 회개의 과정입니다.

스스로 내용 없는 자존심만 가지는 것이 잘하는 것은 아닙니다. 그 버릇은 아직도 아니 없어졌습니다. 미국 사람이 우리보고 쓰레기통에서 장미는 못 핀다 할 때, 말로 글로 항의해도 소용없습니다. 우리가 쓰레기통이 아니거든 스스로 걱정 없을 것이니, 변명하기 전에 그 말한 자의 잘못을 천하가 알 것이고, 만일 불행히 그것이 사실이라면 백 년을 가도 가도 사실로 쓰레기통에서 꽃을 피워 보여주는 수밖에 별수가 없을 것입니다. 생각해보시오. 정말 우리는 우리 자신을 가지고 있나? 우리가 정말 자기를 가지고 있다면 설혹 결점이 있더라도 그렇게 업신여기지는 못할 것입니다. 죽은 줄 알았으니 침을 뱉지, 산 줄 알았다면 감히 그러지 못할 것입니다. 그럼 어서 우리의 죽게 된 자아에 숨을 불어 살려내야 할 것입니다.

우리의 자아가 죽기까지 않았어도, 마비되었습니다. 우리 국민 성격이 서지 못했습니다. 자신이 없습니다. 국민으로서 일어서지 못했습니다. 자립도 못하고 무엇을 내로라하겠어요? 빈 체면 꾸며서는 소용이 없습니다. 우리의 체면주의·체제주의·명분주의 이것이 다 우리가 자기를 찾지 못한 증거입니다. 우리도 20세기 과학을 배웠으니 과학 정신에 따라 객관적으로 반성해보아야 할 것입니다.

우리가 세계 문화시장에 무엇을 가지고 갈 것 있습니까? 요새도 우리 문화재를 외국에 가지고 가서 전시한다 하지만, 옛날의 고물이 오늘 우리에게 자랑될 것이 무엇 있겠습니까? 문화재 자랑은 오직 지금도 문화를 짓고 있다는, 옛것에 이어서 물러감 없이 발전의 길을 걷고 있다는 조건 아래서만 될 수 있는 일입니다. 선조의 피로 벌어 준 가산을 탕진해먹은 자식에게 전날의 큰 집 소리가 더 부끄럼만 되듯이, 오늘의 우리가 문화창조를 못하고 있다면 옛날 것 자랑으로 우리 지위 올라갈 것이 조금도 없습니다. 점점 더 내려갈 것입니다. 우리가 유교 이야기를 하면 중국 민족이 그것은 우리 거다 할 터이지요, 불교 이야기하면 인도 민족이 그것은 우리 거다 할 터이지요, 기독교를 말하려 해도 서양 사람이 주제넘다 할 것입니다. 그러면 도대체 무엇을 가지고 갈 것입니까. 가지고 가는 것도 없이 무슨 면목에 생존권을 주장할 것입니까. 아무리 국선國仙을 자랑하기로서니, 무당의 옷을 입고 세계 시장에 나갈 수는 없지 않습니까.

사람은 단순한 생존만을 주장하지 못합니다. 살리는 것은 보람입니다. 무슨 보람이 있어야지. 사람은 가치의식에 삽니다. 유심唯心이건 유물唯物이건 무슨 보람을 찾는 것만은 부인할 수 없는 사실일 것입니다. 생은 그저 있는 것이 아닙니다. 또 다른 생물은 몰라도 적어도, 인생은 방향 있는 것입니다. 어떻게 사느냐가 문제입니다. 왜 사느냐가 문제입니다. 그리고 그 조건을 결정하는 것이 보람입니다.

그럼 그 보람은 어디서 오나? 문화라는 것입니다. 문文이 있어야 보람이 있습니다. 생은 바탕입니다. 비단이 아무리 고와도 무늬를 놓아야 정말 아름다움이 드러납니다. 생도 그렇습니다. 생이 귀하지만, 그저 살아 있는 것만으로는 뜻이 드러나지 않습니다. 생을 써서 무슨 뜻을 드러내는 것이 있어야 비로소 그 생이 보람이 있어집니다.

뜻은 무슨 뜻이요? 뜻은 하나입니다. 영원입니다. 무한입니다. 참입니다. 하나님의 뜻입니다. 그것을 하는 것, 즉 바탕되는 생을 써서 무엇을 나타내는 그 일을 하는 것은, 이 나입니다. 나 아니고는, 내 뜻 아니고는, 문은 있을 수 없습니다. 땅 위에 금을 긋고 물 위에 돌을 던지듯이, 자연 위에 금을 그어 뜻을 드러내는 것은 이 나의 뜻이라는 끝입니다. 그것을 글월이라, 그림이라 합니다. 내 뜻을 써서 '그 뜻'을 드러내는 것입니다. 그러므로 문화창조는 내가 있고서야, 내가 깨고서야 됩니다. 원시인들이 아직도 굴 속에 살 때에 벌써 그림을 그렸습니다. 벌써 자기가 깨기 시작한 것입니다. 사람은 자기발표, 자기실현을 하자는 것입니다. 그 충동이 사람을 문화인이 되게 했습니다. 그 충동은 곧 하나님의 말씀입니다. 하나님께 받은 명입니다. 하나님은 본래 자기실현하는 하나님입니다. 생명은 드러냄입니다. 피어냄입니다. 스스로 하는 것입니다.

그러므로 우리도 우리를 드러내야 합니다. 그리해서만 참 '나'가 될 수 있습니다. 우리의 참 나는 아직 잘 드러나지 못했습니다. 뜻은 한 뜻이지만 우리는 우리 식으로 우리만이 할 수 있는 식으로, 우리가 아니고는 아무도 할 수 없는 것을 드러내야, 우리 생의 보람이 있습니다. 그렇지 않고는 하나님이 우리를 냈을 리가 없습니다.

물론 5천 년 살아온 데 드러낸 뜻이 없을 리 없습니다. 그러나 이것으로는 빈약합니다. 우리의 특색이 이것으로는 드러나지 않았습니다. 즉, 하나님이 우리에게만 해주신 말씀인 '나'는 아직 태어나지 않았습니다. 각 종류의 꽃이 그 꽃이 핀 다음에야 비로소 그 특색이, 따라서 그 값이 드러나듯이, 그리하여 무한한 미의 한 모습이 또 자라듯이 우리 문화도 꽃이 피어야 할 것입니다. 솔직한 말로 우리는 아직 세계 역사에, 이것이 아니었더라면 온 역사의 맛이 떨어질 뻔했다 할 만한 것을 내논 것이 없습니다. 우리는 아직 피지 못한 꽃입니다. 그럼 이제부터 해야 할 것입니다. 우리는 생각해야 합니다.

문화가 높다는 것은 결국 자기를 깊이 붙잡았단 말입니다. 개성적이란 말입니다. 개성적이기 때문에 보편적입니다. 개성에 의해서만 보편에 이르게 마련되어 있습니다. 내 속에서만 하나님을 만날 수 있습니다. 나를 깊이 팔수록 남을 넓게 알게 되어 있습니다. 그러므로 자중자존自重自尊함이 없이 문화민족일 수 없습니다. 옆에 있는 중국 민족을 보십시오. 어떻게 자부심이 강한가. 물론 남을 업신여겨서는 잘못이지만, '나는 내다' 하는 마음 없이, 자기를 스스로 존경하는 정신 없이 문화를 낳을 수 없습니다.

자기를 존경함은 자기 안에 있는 하나님을 믿음입니다. 즉 자기를 영원에 이를 수 있는 것으로 믿는 일입니다. 그것이 나는 하나님의 아들이다, 나는 부처다 함입니다. 그것이 자기발견입니다. 그러므로 자기발견을 깊이 해갈수록 나의 작은 나, 이기적인 나는 떨어져나갑니다. 문화창조는 이기심, 물욕을 이기지 않고는 할 수 없습니다.

　사람은 서로 남을 돕게 생긴 것입니다. 나는 나지만, 남 없이 내가 내 노릇은 절대로 할 수 없습니다. 그러므로 남을 어느 만큼 도울 수 있나 하는 것에 따라 그 사람의 자아의 크기를 알 수 있습니다. 나라 란 '남도 나라' 하는 살림입니다. 그러므로 개인에서보다 높은 나, 더 큰 나를 볼 수 있습니다. 나라 나라끼리도 그렇습니다. 나라 나라가 하나되는 데가 하늘나라입니다. 그러나 근본은 언제나 저에 있습니 다. 그러므로 내가 시작이요, 나중입니다.

　제 노릇, 스스로 함이 근본 원리입니다. 제 노릇을 하는 사람은 남 을 저절로 도울 수 있지만, 제 노릇 못하는 자는 저도 못 되고 따라서 남도 못 됩니다. 제 노릇을 통해서만 남에게 도움이 되게 되어 있습 니다. 불교에서는 자리이타自利利他라 하지만, 생명의 법칙이 그리되 어 있습니다. 남을 침략하는 것은 죄지만, 침략만이 죄가 아닙니다. 제 노릇 못하는 것도 침략에 못지 않은 죄악입니다. 제 노릇을 못하 는 놈이 없으면 침략하는 자 없을 것입니다.

　제 노릇 못하는 것과 남 침략하는 것이 서로 반대인 듯하나, 꼭 같 은 한 뿌리 사욕에서 나온 것입니다. 반대로 남을 침략하는 것은, 나 를 버리고 남 노릇을 하는 것입니다. 근본은 자기 업신여김에 있습니 다. 중국 역사를 보면 놀랍습니다. 몇 번씩 다른 민족의 침입을 받으 면서도 결코 자기를 잃지 않았습니다. 끓는 솥에 눈덩이를 퍼붓는 것 같아, 들어와도 들어와도 다 녹여버렸습니다. 정치적으로는 한때 중 국을 점령했던 민족도 문화적으로는 점령을 당해버리고 말았고, 새 문화를 잃은 다음엔 대개 씨도 망해버리는 것입니다. 그 점이 참 무 섭습니다.

　우리는 참 자아주장이 약한 민족입니다. 옛날에는 왜놈이라 해서 사람으로 알지도 않던 일본이 무력으로 강해져서 거기 정복을 당하 고 보면, 불과 36년에 다다미·사시미·벤또·오차가 벌써 우리 살림 으로 돼버렸지요. 그런데 그것이 또 3년도 못 가서 이제는 파티·캬

바레 하고 정신을 잃고 돌아가니, 대체 속이 있는 민족인가 없는 민족인가?

요새 미국이 왜 중공을 보고 겁이 난지 압니까? 공산주의 때문에? 아닙니다. 무서운 것은 공산주의가 아니고 그 민족주의, 그 자만심입니다. 오랫동안 녹슬어 아시아의 한 모퉁이에 버려두었던 솥에, 공산주의의 불을 때어 버글버글 끓기 시작을 했습니다. 이제 무엇을 못 녹일 것이 있어요? 그렇기 때문에 겁을 집어먹은 것입니다. 그러나 미국은 또 멀리에나 있습니다. 바로 그 솥 옆에 있는 우리는 어찌할 것입니까? 그러한 중국 옆에서 우리가 새 나라를 세우려 꿈틀거리는 것임을 잊어서는 아니 됩니다.

그런데, 우리 민족은 어떤 생각을 하고 있나? 일전 미국 가서 오래 살다가 돌아온 친구가 있는데, 그의 말을 들으니 자기는 고국이 그리워서 오는데, 거기 있는 친구들은 대개 돌아가는 것을 말리고 밥도 먹기 어려운데 가서는 무엇 하느냐 반대하더라는 것입니다. 그들 중에는 상당히 돈을 모은 사람도 있으나, 그 돈 가지고 본국에 올 생각은 아니 한다는 것입니다. 일본 가서 사는 친구도 만났는데, 그의 말도 마찬가지입니다. 우리 교포에는 일본 전국으로 치고도 두세째 가는 재산가도 있으나, 그들이 다 본국에 투자하기 원치 않으며, 거류민의 총 수가 백만이나 되는데 그중 8할은 일본 여자와 살림을 하고, 따라서 아이들은 우리나라 말 모르고, 그 백만 되는 사람 중에 한국 이름 가지고 사는 사람은 0.8퍼센트나 될까 하다는 것이었습니다. 그러는 반면, 일제시대에 여기 와 살던 일본 사람은 지금도 저희끼리 여기 있던 지방 따라 서울·대전·부산으로 클럽을 지어가지고 있으니, 일단 무슨 일이 나는 때면 어찌 될지를 모르겠습니다 하고 말을 했습니다.

여러분 분명히 아시오, 이것이 한국 민족입니다. 나는 어서 이민이라도 내보냈으면 하는 주장이니, 반드시 올 맘 없다는 사람들 붙들어 올 생각은 아닙니다마는, 사람이 어찌 제 근본을 잊고, 저를 잊고 살 수 있느냐 하는 말입니다. 미국이나 일본에 가 있으며 제 근본 잊고 한국사람 노릇 못하는 사람이, 그럼 미국인, 일본인 노릇은 잘하겠냐 하면, 물을 필요도 없지 않습니까? 이 나라 사람 노릇도, 저 나라 사람 노릇도 못하는 것은 망해 마땅합니다. 여러분, 이것이 일조일석一朝一夕에 된 일입니까? 아닙니다. 우리 민족성이 그리 돼버렸습니다. 사대주의가 우리 성격이 돼버렸습니다. 통탄할 일 아닙니까?

세계사적 사명

이제라도 우리가 멸망하지 않으려거든 이 나쁜 버릇을 고쳐야 합니다. 그럼 어떻게 하면 될까? 나는 먼저 역사적 사명을 불어넣어주어야 한다고 합니다. 피곤에 지친 사람을 일으키려면 기쁜 희망을 주는 수밖에 없습니다. 기적을 행하는 것은 정신입니다. 정신을 불러일으키는 첫째 천사는 희망입니다. 이렇게 자존심·주체성을 잃어버린 민중의 원기를 회복시키는 것은 세계사적 사명감입니다. 이제 너도 할 일 있다, 네가 아니고는 할 수 없다 하면 그 잃었던 자존심을 찾고, 이어서 자기발견에 이를 수 있을 것입니다.

사람은 영靈입니다. 영이 졸면 죽은 것이고, 영이 깨어나면 살았습니다. 세계의 영이 부르면 그 영은 깨어날 것입니다. 모든 악덕 중에 자포자기가 가장 나쁜 것입니다. 우리는 오래오래 업신여김을 받는 동안, 우리 자신도 우리를 스스로 업신여기고 내던지게 됐습니다. 그것이 가장 나쁜 죄악입니다. 그러나 이제는 역사가 바뀌는 대목을 만났습니다. 이때의 역사의 주인공은 남을 억누르는 자가 아니고 이때껏 남에게 억눌림을 받았던 민족일 것입니다.

우리는 세계혁명을 할 자격을 가졌습니다. 그렇기 때문에 공산주의는 민중에게 사명감을 주기를 게을리하지 아니합니다. 그들이 강한 까닭은 거기 있습니다. 사람은 아무리 강한 무기로 무장을 하여도, 양심에 버젓하지 못한 것이 있을 때는 힘을 쓰지 못합니다. 그러나 남이 보기에 흉악한 죄를 범하면서도 자기 스스로는 정의의 사명이다 한 때는 태연히 그것을 합니다.

그릇된 이론으로도 그렇거든, 하물며 인류의 자유와 세계의 평화를 위한 정의감으로 불어넣어줄 때에 되지 않을 리가 없습니다. 이것이 우리 믿음이 되어야 합니다. 우리 종교는 세계가 하나되는 일입니다. 세계의 하나됨이 세계구원입니다. 그것이 유일의 길입니다. 이제 세계가 하나되지 못하면, 이때껏 쌓아올렸던 인류의 문화가 바벨탑처럼 무너지고 말 것입니다. 이제 그러한 극한점에 가까워오고 있습니다. 이것이 해탈이요 이것이 구원입니다.

생명의 역사는 자라는 역사입니다. 그러므로 부단히 껍질을 벗기는 역사입니다. 이번에도 또 껍질을 벗어야 합니다. 그전 어느 때에 벗었던 껍질보다도 가장 두껍고 가장 굳은 껍질을 벗지 않으면 아니 됩니다. 국가주의·폭력주의라는 껍질입니다. 인류가 이 껍질을 쓰고 한동안 살고 자라온 것은 사실입니다. 그러나 이제는 벗어야 할 때가 왔습니다. 낡은 살갗이 떨어지지 않고 붙어 있으면 몸을 죽이는 해가 되듯이, 역사도 낡은 제도와 사상을 벗지 않으면 인류가 망할 것입니다.

그 대신 잘 벗으면 한층 더 자라고 속의 뜻이 드러납니다. 문화 이야기를 위에서도 했습니다마는, 문文은 껍질을 벗겨야 나타납니다. 벗기지 않은 것은 박樸입니다. 내용은 없이, 형식을 꾸며 문文을 경계하기 위하여 박樸을 찬양하는 때가 있습니다. 노자·장자의 사상은 그것입니다. 그러나 지극한 지경은 아닙니다. 정말 좋은 것은 겉껍질을 벗긴 것입니다. 그러면 속엣문이 드러납니다. 『논어』에서 말한 문질빈빈(文質彬彬: 겉모양의 아름다움과 속내가 서로 잘 어울림 - 편집자)이야말로 이상적인 지경입니다. 체질을 상하도록까지 벗겨서는 못쓰지만, 또 언제까지나 그 체질을 가려두어도 아니 됩니다.

혁명은 껍질 벗기는 일입니다. 혁革은 피皮에 대해서 하는 말입니다. 털 있으면 피皮고, 털을 빼면 혁革입니다. 가죽에서 털을 빼고 익히면 아주 면목일신面目一新해 다른 것이 됩니다. 그래서 혁에 새롭게 한다는 뜻이 있습니다. 혁은 변질입니다. 우리가 지금 고난을 당하는 것은 인류의 문화에서 폭력주의란 털을 뽑는 일입니다. 그것을 완전히 뽑아버리는 날, 새 시대의 뜻은 드러날 것입니다. 내가 먼저 우리 민족에게 세계사적 사명을 주자고 한 것은, 이 고난을 묶는 털 뽑는 일로 알고 기쁨으로 견디자는 말입니다.

우리가 지금 당하는 것은 폭력주의의 맛입니다. 그것을 잘 참아 이기고 폭력으로 갚을 생각을 아니 하므로, 우리는 인류에서 폭력주의를 완전히 제거할 수 있습니다. 우리는 약소국가의 설움을 당하고 있습니다. 이것을 평화주의로 인하여, 인류를 오랫동안 시달리게 하고 그 발달을 방해하여온 잘못된 국가주의를 세계사에서 완전히 뽑아버릴 수 있습니다. 그와 같이 우리의 수난으로 인류가 자라고 세계가 구원을 얻는다면, 할 만하지 않습니까?

지금껏 불교에서 해탈이라 했던 것은 완전한 해탈이 아닙니다. 지금껏 기독교에서 구원이라 했던 것은 완전한 구원이 아닙니다. 이제 그 뜻을 완성할 때가 왔습니다. 지금까지 교회와 절에서 힘써 가르친 것은 개인의 해탈·구원이었습니다. 그러나 사람의 체질은 사회적·역사적 살림을 통해서만 완전히 나타낼 수 있습니다. 해탈·구원도 역사적·사회적으로 체험돼야만 완전하다 할 것입니다. 이제는 전 인류적으로 그것을 성취할 단계에 이르렀습니다.

이제 국가와 민족의 껍질을 벗어야 정말 자유하는 인간이 될 수 있습니다. 개인적으로만 회개해서는 죄가 없어지지 않습니다. 죄는 개인적인 것이 아니라 민족의 죄, 국가의 죄, 인류의 죄입니다. 그러므로 회개도 역사적, 사회적으로까지 하지 않으면 아니 됩니다. 예컨대 한 개인이 대영제국의 국민으로 있는 한 그가 아무리 회개를 해도 죄는 없어지지 않습니다. 그 국민되기를 그만둔다 해도 그만두어지는 것 아니요, 같이 지은 그 죄에서 빠지는 것도 아닙니다. 대영제국의 죄는 대영제국이 없어짐으로써만, 스스로 죄로 알고 해체를 함으로써만 없어질 수 있습니다. 한걸음 더 나아가서 인류적으로 되기까지는 죄는 아니 없어질 것입니다. 그것은 한 사람이 전체를 위해 회개하고 전체가 한 사람을 위해 회개해서만 될 일입니다. 이때라야 개체 속에 전체가 있고, 전체 속에 개체가 있을 것입니다.

이러한 의미에서 38선은 세계의 금입니다. 낡은 세계의 껍질이 벗겨지고, 그 속에서 새 시대를 고하는 울음을 울 수탉이 나오려고 금이 간 것입니다. 지금 죽음의 금 같지만, 죽음의 금이 아니고 삶의 금일 것입니다. 다만 속의 알이 죽지 않는다는 조건 밑에서입니다. 우리가 이 지쳐서 자포자기하는 민중에게 세계사적 사명을 주자는 것은 그 알이 죽지 말고 자라서 껍질을 헤치고 나오게 하기 위해서입니다. 이것이야말로 해탈 아닙니까? 구원 아닙니까?

우리가 정말 국가주의·폭력주의를 완전히 청산하고 세계평화운동에 앞장을 선다면, 개인적으로 무슨 죄가 있다해도 용서 못 될 것이 있겠습니까. 또 민족적으로 지난날에 무슨 잘못이 있다면, 풀리지 않을 것이 있겠습니까. 한번 일어설 만한 일입니다. 더구나 그밖에 길이 없음에서이겠습니까.

기질 변화

껍질 벗는다는 말은 좀더 적절한 말로 하면, 질이 변해야 한단 말입니다. 사람은 한번 변화해야만 참 사람이 됩니다. 난 대로 있는 자연인으로는 아니 됩니다. 난 대로 있는 나무는 박樸이요, 그것 가지고는 정말 그 나무의 속 문채文彩는 알 수 없습니다. 그러므로 반드시 껍질을 벗겨야 합니다. 껍질을 벗기기 어려운 것은, 끈적끈적한 진 때문입니다. 그러나 그 진은 그 나무의 생명의 진액입니다. 그러므로 나무가 살아 있어 진이 나는 한, 문채를 완전히 낼 수는 없습니다. 재목을 삶아 진액을 완전히 뽑은 후에야 문채를 완전히 낼 수 있습니다. 우리가 생명의 낡은 껍질 벗는 데에 방해되는 진은 욕심이란 것입니다. 그것도 나뭇진과 마찬가지로 생명의 진액입니다. 그것이 변질이 돼야 합니다.

또 다른 비유로 하면, 흙으로 그릇을 굽는 것과 같습니다. 흙으로만 빚은 그릇은 정하게 쓸 수는 없습니다. 흙의 붙는 성질 때문입니다. 흙의 그 진기가 아니면 그릇을 만들 수 없었을 것이나, 그것이 그대로 있는 한은 깨끗한 그릇은 못 됩니다. 깨끗한 그릇이 되려면 한번 변질해야 합니다. 빚은 그릇을 가마솥에 넣어 수천 도 열로 구워내면 그만 변질이 되어, 단단하고 다시는 붙는 것이 없이 매끈매끈한 그릇이 됩니다. 마찬가지로 사람도, 교육이 다 되었어도, 반드시 한번 변질하기 전은 참 사람이 아닙니다.

그것이 종교적 체험 혹은 회심回心이라는 것입니다. 유교에서는 이것을 기질의 변화라고 합니다. 불교의 열반, 기독교의 영생, 다 같은 지경을 말하는 것입니다. 학문 지식은 껍데기 치장뿐입니다. 그것을 아무리 쌓아도 근본 바탕이 변하지 않는 한, 참은 아닙니다. 종교적 체험의 불도가니를 거쳐 나와야 합니다. 우리 인격은 깜부기균이 묻은 보리알과 같은 것입니다. 눈에 뵈지 않으나 벌써 처음부터 죄악의 씨가 들어 있습니다. 그러므로 심으면 나고, 거름 주면 다른 것과 꼭 같이 자라는 보리와 마찬가지로, 세속적인 모든 수양 교육을 주면 제대로 잘 자라는 것 같습니다. 그러나 깜부기균이 들어간 보리가 드디어 팰 때에 가서는 깜부기인 것을 드러내고야 마는 것같이, 죄의 씨는 종내 가서는 그 본색을 드러내고야 맙니다. 그러므로 종자 때에 소독할 필요가 있습니다. 우리 자연인은 균을 가진 씨입니다. 그러므로 한번 변질해야 한다는 것입니다.

과학이나 교육으로 할 수 있는 것은 사람의 외적 부분입니다. 그것은 사람의 정신을 다루지는 못합니다. 혼은 시험관 속에는 아니 들어갑니다. 그리고 사람이 사람된 점은 바로 그 혼에 있습니다. 그럼 그 부분은 무엇으로 다루나? 그것이 종교입니다. 종교는 혼을 개조하자는 것입니다. 우리 민족의 끈적거려 붙기 잘하려는 성질을 변하게 하여 매끈매끈하게 하고, 그 흐린 것을 뚫어 비치게 하려면, 위대한 종교 아니고는 될 수 없습니다. 우리 속에 잠자고 있는 성질을 깨워 불러일으키려면, 성령의 날개 밑에 품기지 않고는 아니 될 것입니다.

여러분이 목적하는 바는 남을 움직이잔 것입니다. 민중의 마음에 크게 감동을 주지 않고는 아무 사업도 할 수 없습니다. 그런데 남을 움직이려면 나 자신이 먼저 절대 움직이지 않는 자리에 서지 않고는 아니 됩니다. 흔히 말하는 부동심不動心입니다. 내가 먼저 부동심을 얻어야 합니다. 그럼 부동심은 어떻게 얻느냐? 생사 문제를 초월해야 됩니다. 사람의 마음은 죽음에 닥쳐보아야 압니다. 그전은 신용할 수 없습니다. 큰소리를 하던 사람도 죽는 마당에 가면, 그만 변해 버리고 맙니다. 그러므로 사람은 죽음의 관문을 통과한 담에야만 참사람입니다. 생사 문제에 대하여 태도가 딱 결정이 된 담에야만 무슨 일을 당하여도 까딱이 없을 수 있습니다. 그것이 부동심입니다.

그런데 이 생사 문제는 보통 말하는 의지력만 가지고는 아니 됩니다. 종교적인 믿음으로, 심경에 변화 생긴 다음에야 될 수 있습니다. 아직도 생사의 금 이쪽에 있는 것은 가짜 인간입니다. 믿음으로 그 선을 넘어야만 참 사람입니다. 새로 난 사람이라, 선禪에 들어갔다 하는 것은, 다 이 지경을 말하는 것입니다. 한번 죽어가지고 고쳐난 사람입니다. 그 변동을 시키는 것이 종교입니다.

죄

위에서 난 대로 있는 자연인 가지고는 안 된다고 했습니다. 왜 그러냐? 보통 난 대로 있다면 죄악에 물들지 않은 순진한 사람이라는 말입니다. 그렇게 말하는 뒤에는 사회는 악하다, 사람이 날 때는 그렇지 않은 것이 이 사회에서 사람 접촉을 하는 동안 그만 물들어서 같이 악해진다는 뜻이 들어 있습니다. 그 말은 옳은가?

보통으로 하면 그것은 사실입니다. 시골은 비교적 인심이 순하고, 도회지일수록 사나운 것이 이것을 증거해줍니다. 그러나 좀더 깊이 생각하면 그렇지 않습니다. 그것으로는 인간 설명이 되지 않습니다. 사람이 악한 것이 후천적이라는 것, 남에게 옮아서 그렇게 된다는 것은 옅은 관찰입니다. 악의 뿌리는 더 깊습니다. 남에게 옮은 것이 아니라, 제게 본래 있던 것이 기회를 타서 나타났을 뿐입니다. 사람은 남과 접촉하기 전에 제 자신 속에 고장이 있습니다. 이것이 죄입니다.

종교상에서 죄라는 것은 반드시 법이나 도덕에 걸리는 범죄만을 말하는 것이 아닙니다. 그런 잘못을 할 수 있는 성질을 말하는 것입니다. 예로부터 사람의 천성이 선한 것이냐 악한 것이냐, 하는 토론이 많습니다. 유교에서는 근본은 선한데, 물욕에 가리었다고 봅니다. 그래서 진주가 흙 속에 떨어진 것으로 비유합니다. 그러므로 닦을 필요가 있습니다. 수신修身입니다. 혹은 잃어버린 것으로 생각하여서 찾는다고도 합니다. 존심存心이라, 구기방심求其放心[14]이라 하는 것은 다 이것입니다.

그러나 사람의 죄의식은 그 정도만이 아닙니다. 그러므로 순자荀子 같은 사람은 성악설을 주장해서, 사람의 천성은 본래 악한 것이라 하기도 합니다. 인도에서는 업業이라는 것을 말합니다. 생명은 한 번 만나는 것이 아니고, 이 생에서 산 것이 원인이 되어 그다음 생을 가지게 되는데, 전생의 죄의 결과가 이 생의 성격으로 되어 나온다는 것입니다. 그것이 업 곧 카르마karma라는 것입니다. 기독교에서는 원죄라는 것을 말합니다. 개인, 제가 짓는 죄만 아니라 본래 날 때부터 유전으로 타고난 죄가 있다는 것입니다. 그것을 말하는 것이 에덴 동산 선악과 이야기입니다. 그런 모든 설명이, 말은 서로 다르나 뜻은 서로 같은 것입니다.

인생이란 것은, 제 의식·의지로는 어떻게 할 수 없는 근본 고장이 속 깊이 들어 있어서, 그것을 어떻게 처분하기 전엔 개인도 전체도

---

14) 求其放心: "달아나는 마음을 잡다." 원문은 '學問之道無他 求其放心而已矣'(학문의 길은 다른 데 없고 그 놓친 마음을 구하는 데 있을 따름이다). 『맹자』.

올바로 될 수 없다는 것입니다. 그것은 이론이라기보다는, 깊은 자기 반성으로 얻은 사실입니다. 그러므로 사람은 난 대로 있는, 자연인 대로는 소망이 없고, 근본적인 변화가 생겨야 한다는 것입니다. 그렇게 심각하게, 아프게 생각하게 되는 이유는, 사람은 누구나 영원 무한한 완전에 이르자는 간절한 요구를 속 깊이 가지고 있기 때문입니다. 제 속에 근본 고장을 느끼는 것은, 사실은 이 완전에 대한 욕구 때문입니다.

이 의미에서 사람의 천성 곧 바탈은 선한 것입니다. 하나님의 모습대로 된 것입니다. 불성佛性을 가진 것입니다. 아트만인 것입니다. 그것은 의식에도 떠오르지 않는 깊은 바탈입니다. 우리 혼이라는 것은 그것입니다. 그것이 의식에까지 떠오른 것이 우리 양심이란 것입니다. 그러나 그 혼의 소리가 분명해가면 갈수록, 자기 속에 있는 모순을 더 깊이 더 아프게 느끼게 됩니다. 마치 잔잔한 날씨에도 빨리 달아나려는 사람은 바람의 저항을 만나는 것과 마찬가지입니다.

그렇게 생각하고 보면, 죄란 곧 우리 존재의 성격임을 알 수 있습니다. 선악과를 따먹기를 기다릴 것 없이, 개체적인 이 존재, 이 자체에 모순이 들어 있습니다. 개체에는 '나'이고자 하는 성질이 있습니다. 그것은 한개 통일하는 힘, 곧 하나됨입니다. 나를 나로 만드는 힘, 나는 나다 하는 주장, 자기주장입니다. 이것 없이는 아무 존재도 성립되지 않습니다. 그러나 다시 한번 깊이 들어가서, 그럼 그것은 어디서 생겼느냐, 그것으로 자족한 거냐 하면 아니 그렇습니다. 위에서 말한 대로 개체 속에는 자기를 성립시키는, 다시 말하면 자기를 창조한 전체에 대한, 절대자·완전자에 대한 끌래도 끌 수 없는 잊을래도 잊을 수 없고 간절한 사모·갈급·추구가 들어 있습니다.

하나님이여 사슴이 시냇물을 찾아 갈급함같이
내 영혼이 주를 찾아 갈급하나이다.
내 영혼이 하나님 곧 살아 계신 하나님을 갈망하나니

내가 어느 때에 나아가서 하나님 앞에 뵈올꼬……

옛날 시인은 이렇게 애타게 불렀습니다. 사람은 선천적으로 하나님을 찾습니다. 완전이 되고자 하는 것입니다. 사람이 사람된 까닭은 자아의식·자아주장에 있는데, 그 자아의식·자아주장을 성립시킨 것은 하나님 곧 절대자입니다. 내가 '나'를 만든 것 아니라, '나'는 누구에게서 만들어졌다는 것이 자아의식의 밑바닥입니다. 내가 '나다' 할 때 벌써 거기 '너'가 있었습니다. 그리고 그 너야말로 나로서는 어떻게 할 수 없는 절대적인 것입니다. 내가 그를 안 것 아니라, 그가 나를 있게 했습니다. 내가 무한을 아는 것 아니라, 무한이 자기 제한을 함으로써 내가 생겼습니다. 그러므로 '나' 속에는 두 법칙이 있습니다. 절대자에게 돌아가려 하는 생각과 내가 주인이 되려 하는 생각, 두 모순되는 생각이 서로 싸우는 것이 인생입니다.

문제의 근본은 '나'에게 있습니다. '나'란 생각 아니 하고는 살 수 없는데, 또 '나'를 주장하면 전체자에 대한 반역입니다. 자아의식 자체가 벌써 하나님에 대한 반항입니다. 내가 죄를 지은 것 아니라, 나 그것이 벌써 죄입니다. 나는 하나님에게까지 가잔 것인데, 하나님이 되겠다 하면 죄입니다. 그래서 "아아, 나는 괴로운 사람이로다. 누가 이 죽음의 몸에서 나를 구원하랴?" 하는 것입니다.

그렇게 생각할 때, 생존경쟁이란 말은 매우 피상적인 생각인 것을 알 수 있습니다. 생존경쟁 때문에 세상이 악해졌다고 설명하는 것이 보통이지만, 그것은 원인과 결과를 서로 거꾸로 한 말입니다. 서로 살려 경쟁을 하여서 세상이 악해진 것이 아니라, 속에 잘못된 것이 있어서 삶이 경쟁으로 뵈게 된 것입니다. 어른에게는 아이들이 와서 건드림이 귀엽게 뵈는 법이요, 가난한 자의 눈에는 온 세상이 자기만 보고 비웃는 것 같은 법입니다. 인자무적어천하仁者無敵於天下라, 절대의 사랑을 가지면 미운 사람, 두려운 사람, 나를 해하려는 사람이 눈에 띨 리 없습니다. 하나님께는 선악이 없을 것입니다. 그는 완전선完

全善이기 때문에…….

내 눈에 선악이 뵈는 건 내가 참 善치 못한 증겁니다. 내 눈에 강한 놈 약한 놈이 뵈는 것은 내가 힘이 없기 때문입니다. 생존이 싸움으로 뵈는 것은 힘찬 생명이 내게 없는 증거입니다. 참 믿음이 있다면 이 세상에 죄악이 있을 리 없습니다. 지식의 열매를 따먹고 눈이 밝아져, 선악을 알게 됐다는 것은 그것입니다. 믿은 것이 아닙니다. 반지빠르게 안 것이지. 그러므로 눈이 밝았다는 것이 참을 본 것 아닙니다. 껍데기로 본 것이지. 그러므로 부끄러웠습니다. 그렇기에 선악 알았다는 것도, 참 안 것이 아닙니다. 반지빠르게 안 것이지. 그러므로 그 지식으로 고통이 왔습니다.

하여간 생존경쟁 따위 소리로 문제가 풀리지 않습니다. 문제의 뿌리는 우리 존재 그 자체에 있습니다. 사탄이란 곧 자아의식입니다. '나다' 하는 때에 벌써 틀렸습니다. '나'를 의식함으로 말미암아, 하나님도 의식하게 됐지만, 그 지식이란 참 앎이 아닙니다. 그것은 믿음이 타락되어서 나온 잘못된 지식입니다. 꿀벌에게는 꿀 빪이 그대로 즐거움이건만, 양봉업자에게는 도둑질입니다. 그러므로 이 모순은 지식이나 사업으로 풀리는 것 아닙니다. 다 고약 바르기입니다. 존재의 질이 변해야 합니다. 자아주장이 부정돼야 합니다. 그것은 곧 죽음을 의미합니다. 육체의 죽음 정도가 아닙니다. 정신의 죽음입니다. 그러므로 더 어렵습니다. 그래서 신생이라는 것입니다. 회개라, 열반이라 하는 것은 다 그 경험을 말하는 것입니다.

이제 우리는 민족성의 개조를 목적합니다. 이것은 악과 싸우는 일입니다. 정치문제가 아닙니다. 종교문제입니다. 사람의 혼의 개조입니다. 그러지 않는 한, 모든 노력은 공중누각空中樓閣 사상건축沙上建築입니다. 혼의 개조는 개조된 혼이 아니고는 아니 될 것입니다. 그러므로 결론은 나부터가 혼이 고쳐나지 않고는 아니 된다는 데 돌아가 붙습니다.

그럼 어떻게 하면 혼이 고쳐날 수 있나? 믿지 않고는 아니 됩니다.

무엇을 믿나? 첫째 참 나를 믿습니다. 내 속에는 참 나가 있다, 믿습니다. 이 육체와 거기 붙은 모든 감각·감정은 내가 아니다, 믿습니다. 죄는 그 육체에 속한 것이지 내 것은 아니다, 믿습니다. 나의 참 나는 죄를 지을 수 없다, 절대로 더럽힐 수 없다, 믿습니다. 나는 죽지도 않고, 늙지도 않고, 변하지도 않고 더럽지도 않는다, 믿습니다. 나는 하나님의 아들임을 믿는단 말입니다. 그러나 그것만으로는 아니 됩니다. 나는 나 혼자만 있는 것이 아닙니다. 남과 같이 있습니다. 그 남들과의 관련 없이 나는 있을 수 없습니다. 그러므로 나와 남이 하나인 것을 믿어야 합니다. 나·남이 떨어져 있는 한, 나는 어쩔 수 없는 상대적인 존재입니다. 그러므로 나·남의 대립이 없어져야 새로 난 '나'입니다. 그러므로 남이 없다, 그것이 곧 나다 하고 믿어야 합니다. 다른 사람만 아니라, 모든 생물, 무생물까지도 다 티끌까지도 다 나임을 믿어야 합니다. 그러나 그것만으로도 아니 됩니다. 하나님을 믿어야 합니다. 나는 나의 참 나를 믿지만, 그 참 나는 저 혼자 있어지는 것 아닙니다. 절대의 큰 나가 있어서 됩니다. 마치 억만 물결에 비친 달이, 다 한 달이지만 그것은 저 공중의 달이 있어야 되는 것과 마찬가지입니다. 초월한 하나님을 믿지 않고 내 속에 재내在內하는 하나님을 믿을 수 없습니다. 그러므로 모든 믿음의 근본은 하나님을 믿음에 있습니다. 그 하나님을 믿음으로 말미암아 그와 하나됨을 얻고, 그와 하나되면 우리의 이 '나'가 변하여 새 '나'가 될 것입니다. 그것이 구원이요, 영원한 생명입니다.

심전개발

마지막으로 여러분이 이제부터 할 국토개발에 대하여 한마디 하렵니다. 국토개발을 참으로 하려거든, 참 국토가 뭔지부터 알아야 합니다. 참 나라터가 어디야요? 여러분의 가슴입니다. 삼천리만 아니라 지구 전체를 다 준다 해도 이 국토 하나를 못 지키면 소용이 없고, 반대로 나라 땅을 한때 다 빼앗기는 일이 있더라도, 이 국토만 잃지 않고 잘 지키면, 산과 들로 된 국토는 어디서나 또 얻을 수 있습니다. 나라는 흙 위에 선 것 아니라, 우리 마음 위에 서 있습니다. 그러므로 이것을 먼저 잘 개발해야 합니다. 이것을 심전心田 혹은 심지心地라 합니다. 방촌지지方寸之地라고도 합니다. 이 밭을 묶어놓고는 저 밭 간단 말이 공연한 말이요, 저 밭을 열심히 가는 것은 나중에 이 밭을 갈기 위한 것입니다. 정말 생산적인 보배는 이 밭에 있기 때문입니다. 이 방촌지지야말로 거룩한 성지입니다. 여기 국조 단군이 계시고, 하나님이 계시고, 여기 미래에 이 땅과 다른 모든 땅의 주인이 될 억만 자손이 있습니다.

개발계획의 첫째는 댐을 막는 것이라 합니다. 그러나 진주 남강에 댐을 막기 전에 여러분 허리에 댐을 막으시오, 기해氣海 단전丹田의 흘러빠짐을 막으시오. 가난하다 탄식 말고. 하늘이 무료로 무진장으로 주는 빗물 막으면 부족 없이 쓸 수 있다 해서 저수지 공사 하지요? 하늘의 비보다도 더 풍부하고 더 놀라운 정신의 근본되는 정력이, 생각 없이 하는 향락·방탕·싸움 때문에 여러분의 허리에서 흘러빠지고 있습니다. 그것을 먼저 막으시오. 그러면 50만 킬로의 전력이 아니라, 전 세계도 영화靈化할 수 있는 영력靈力이 나올 것입니다.

강원도·제주도의 황무지를 개척하기 전에, 민심의 황무지부터 뒤집으십시오. 길바닥 같아진 마음, 늙은 갈보같이 타락한 심정, 인간성을 잃어버린 그 민중의 가슴을, 사랑의 보습으로 뒤집어 엎으시오. 그리하여 그 숨어 있는 본성을 드러내도록 하십시오.

산에 나무를 심는다지요? 그러기 전에 말라버린 민심에 동정의 물을 주시오. 백성 깎아먹기를 그만두라 하십시오. 시골에 산업도로를 낸다지요? 길을 내기 전에 먼저 사람 사람의 가슴의 막힌 것을 뚫으라 하십시오. 그리하여 돈이 잘 돌아가고, 여론이 잘 통하게 하십시오. 신작로를 내는 것이 급한 것 아니라, 사람들의 가슴 복판에 공의公義의 길, 공평公平의 궤도를 놓기가 더 급합니다.

광산, 수산을 하여 땅속, 물속에 있는 부를 잡아낼 필요도 있지만, 사람의 가슴속에 묻힌 보배를 캐낼 필요가 더 있습니다. 땅속에 금은 보화가 숨어 있듯이, 아직 우리 혼 속에 그보다 더한 보배가 남아 있습니다. 금 같은 그림, 은 같은 시, 진주 같은 음악이 얼마든지 있습니다. 무연탄이 무진장이라지요. 강원도 무연탄보다 더 많은 것은 인심의 무연탄입니다. "석탄 백탄 타는데, 연기나 펄펄 피건만, 요 내 간장 타는데, 연기도 없이 잘 탄다." 천 년 두고 2천 년 두고 연기도 없이 탄 민중의 가슴은, 열어놓으면 시커멓지만 잘 쓰면 열나고 빛날 것입니다. 바다엔 생선이 한이 없다지요? 바다같이 말 아니 하는 민중의 가슴속, 천 길인지 만 길인지 헤아릴 수도 없지만, 그 속에는 펄펄 뛰는 생명이 아직 한이 없이 있습니다. 그것을 잘 잡으면 세계에 제일가는 부자가 될 것입니다. 이것이 정말 국토개발입니다.

종교가 별것이겠어요? 이것입니다. 철학은 별것이겠어요? 이것입니다. 한 번 더 다시금 다지는 말, 여러분 자신의 가슴속에 찾으시오. 끝없는 말 이것으로 끊습니다.

• 『생활철학』 (일우사, 1962)

제6부
역사가 지시하는 우리의 사명

전태일 1주기 추도회 및 강연회

"고난은 결코 정의情意 없는 자연현상이 아니다.
잔혹한 운명의 장난도 아니다.
그것은 하나님의 섭리다.
……우리는 고난 없는 생을 상상할 수 없다.
죽음은 삶의 한 끝이요, 병은 몸의 한 부분이다.
십자가의 길이 생명의 길이다.
……고난은 인생을 위대하게 만든다.
고난을 견디고 남으로써 생명은 일단의 진화를 한다.
……개인에서나 민족에서나 위대한 성격은
고난의 선물이다"
-「고난의 의미」

사관

역사의 정의

역사를 안다 함은 지나간 날의 일기장을 외운다는 말이 아니다. 역사를 쓰는 사람이나 읽는 사람이나 역사라면 지나간 일의 기록으로만 알고, 역사를 안다면 옛날이야기를 많이 아는 것으로만 생각하는 이가 적지 않으나, 그것은 잘못이다. 역사는 그렇게 쉽게 이야깃거리로 재미로 알고 쓰고 읽을 수 있는 것이 아니다. 역사를 참으로 깊이 알려면 비지땀이 흐르는 된 마음의 활동이 있어야 한다. 마치 먹을 것을 먹어 살을 만드는 것과 같은 일이다.

살이 되려면 짠 것, 신 것, 매운 것, 쓴 것, 단 것의 가지가지 물건을 그저 욕심대로 함부로 밥집 속에 집어넣어서만 되는 것이 아니다. 살이 될 만한 것을 골라 절차 있게 먹어 삭여야만 되는 것같이, 역사를 아는 것도 지나간 날의 천만 가지 일을 뜻도 없이 차례도 없이 그저 지저분히 머릿속에 기억해서만 되는 것이 아니라, 역사적 값어치가 있는 일을 뜻이 있게 붙잡아서만 된다.

그러므로 역사를 읽는 사람이 반드시 생각할 것은 먼저 좋은 책을 고름이요, 그다음은 또 읽는 방법이다. 그것을 하지 않고는 모처럼의 힘씀이 물거품으로 돌아간다. 그러면 그다음에 마땅히 일어나는 문제는 어떤 역사책이 정말 좋은 책이요, 어떻게 읽는 것이 정말 바로 읽는 법이냐 하는 것이다. 거기에 대해 대답하자는 것이 여기서 말하려는 사관史觀이라는 것이다. 깊고 넓은 사관에 서서 쓴 것이 좋은 역사책이요, 또 그것을 붙잡아내려 하는 것이 역사를 읽는 정신이다.

'역사란 무엇이냐?' 하면 누구나 서슴없이 지나간 일의 기록이라 대답한다. 옳은 말이다. 그러나 모든 정의가 다 그런 것같이, 이 정의도 한편에서는 설명하는 동시에 다른 한편에서는 가리는 것이 있다. 그러므로 역사를 바로 아는 일은 우선 되는대로 하는 역사의 정의를 바로잡음으로부터 시작해야 한다. 첫째, 지나간 것〔過去〕이라 하지만 역사는 결코 지나간 것이 아니다. 정말 지나간 것이라면 지금〔現今〕의 우리와는 아무 관계가 없을 것이요, 따라서 기록할 필요도 알아야 할 필요도 없고, 또 기록하고 알려 해도 알 수도 없을 것이다. 다만 조금이라도 기록할 필요, 알 필요를 느끼는 것이 있다면 그것은 결코 지나간 것이 아니다. 현재 안에 아직 살아 있다. 완전히 끝맺어진 것이 아니라 되어가고 있는 것이다.

그러므로 역사에 적히는 과거는 마구 하는 생각으로 하면 지나가 버린 것이지만, 그것은 이미 죽어버린 단순한 과거가 아니요, 우리 현재의 살림 속에 살아 있는 말하자면 산 과거다. 시간이 지나갔으므로 우리로부터 매우 먼 거리에 있으나, 그것은 마치 은하수에서 반짝이는 별이 몇십만 년 거리의 어둠을 뚫고 빛을 보내주듯이, 매우 가늘기는 하지만 그 대신 한없이 맑아진 빛을 우리에게 보내고 있다.

그런데 많은 사람들이 역사라면 과거의 죽은 깍지 혹은 무덤으로만 알기 때문에 읽으려 하지도 않고, 또 읽는다 하여도 지루하게 알고 옛날은 이런 일도 있었나 하는 호기심이나 가지는 것이 고작이다. 역사는 그런 것이 아니고 새 세계관을 지어내는 풀무다. 그러나 그렇게 되려면 이런 잘못된 지나간 것이라는 생각을 고쳐야 한다.

다음은 일〔事實〕이라는 말이다. 지나간 일을 기록한다 하지만 지나간 날에 있었던 모든 일들을 그대로 다시 그려놓는 것이 역사는 아니다. 우선 그것은 될 수 없는 일이다. 지나간 10년간의 일을 다시 나타내려면 적어도 10년의 세월이 들어야 할 것이니, 그렇다면 역사는 영

쓸 수 없는 일이다. 또 설혹 될 수 있다 하더라도 그것은 필요 없는 일이다. 예를 들어 말하면 전에 살았던 김 아무개, 이 아무개의 이름을 다 빼지 않고 적고 그 생김생김이 어떻고 몸맵시가 어떠했다는 것을 아무리 자세히 그린다 하더라도 그것은 거의 한푼어치 값도 없다. 그 까닭은 그것은 우리의 지금 살림과 아무 관련이 없기 때문이다.

반대로, 만일 산 관계가 있기만 하다면 얼핏 보기에 아무리 대수롭지 않은 것이라도 자세히 적을 필요가 있다. 신라 유리 이사금儒理尼斯今[1] 이야기에는 그가 이빨이 많았다는 것이 적혀 있다. 보통 경우로 하면, 어떤 사람의 이빨이 많고 적음이 무슨 역사적 값을 가질 것은 아니지만 유리의 경우에는 그것이 임금되는 일에 관련이 되어 있고 그의 임금되는 일에서부터 신라의 나라 틀거리에 독특한 것이 있음을 알게 되므로 지금까지 그것이 역사에 적히게 된다.

그와 같이 역사에 적는 일은 단순한 사실이 아니라 골라진 사실이요, 그 고르는 표준이 되는 것은 지금과의 산 관련이다. 그러므로 그것은 사실이라기보다는 그 사실이 가지는 뜻이다. 뜻이 문제다. 또 그다음은 기록이라는 말이다. 지나간 일의 기록이라 함은 틀림없는 말이지만, 몇 개의 사실을 골라 그 시작과 끝머리를 낱낱이 적는 것만이 역사는 아니다. 그 사실을 기록하되 서로서로 사이에 산 관계를 주어가지고 체계가 있게, 통일이 있게 하는 것이라야 한다. 사실과 사실 사이에 인과관계의 고리가 맺어져서 전체가 한 개 통일체를 이루지 않으면 안 된다.

역사는 하나다. 하나밖에 없는 것이 역사다. 한국역사 5천 년 동안 이 민족 안에 났던 모든 사람과 일은 마디마디 떨어진 것이 아니고,

---

1) 유리 이사금: 신라 제3대 왕. 부왕이 죽은 후 탈해에게 왕위를 양보하려 하자 탈해가 "임금의 자리는 용렬한 사람이 감당할 바가 아닙니다. 듣건대 성스럽고 지혜가 있는 사람은 이가 많다고 합니다"라며 사양했다. 이에 시험 삼아 떡을 깨물어보니 유리의 잇자국이 많아 신하들이 그를 왕위에 올리고 왕호를 이사금(잇금)이라 했다. 『삼국사기』 권1 신라본기1.

제각기 따로 된 것이 아니라, 전체가 한 생명이다. 산 것이다. 그러나 한국역사는 또 한국역사로 그것이 완전한, 따로 서 있는 것이냐 하면 아니다. 한국역사는 세계역사의 한 부분이다. 그러므로 역사적 기록은 개개의 사실을 자료로 삼아서 옹근 하나인 산 것을 드러내는 것이어야 한다. 그러나 그 드러낸다는 것은 현상적인 드러냄이 아니라 뜻의 드러냄이므로 그 기록은 단순한 기록이라기보다는 차라리 풀이〔解釋〕라 함이 옳을 것이다. 그보다도 한 개 예술적인 창작이라 하는 것이 옳을지도 모른다.

뜻과 해석

위에서 말한 것을 한데 묶어본다면, 역사는 보통 생각해온 것같이 다 먹고 난 생선의 뼈다귀 같은 사실이라는 것보다는 그 가지는 뜻의 풀이에다 그 생명을 둠을 알 수 있다. 역사의 생명은 바름〔公正〕에 있고 바름은 사실을 사실대로 기록하는 데 있다는 것이 누구나 하는 판 박아놓은 생각이지만, 대체 그 사실이란 무엇인가?

사실이란 내 주관과는 관계없이 따로 서서 객관적으로 뚜렷이 있는 것이라 하지만, 우리가 아는 사실에는 주관의 렌즈를 통하지 않은, 있는 그대로의 객관적 사실이란 없다. 어려운 철학이나 심리학의 설명은 그만두고라도 상식으로라도 그런 것이 있을 수 없는 것은 쉽게 알 수 있는 일이다. 주관을 막아내는 사실이란 있을 수도 없고, 또 있다 가정하더라도 그것은 우리 살림과는 아무 관련을 가지지 않는 것이요, 따라서 역사의 대상이 되지도 않는다.

사실은 결국 사실이라고 알려진, 혹은 해석된 사실이다. 있는 그대로가 아니라, 이미 현재적으로 골라진 것이다. 지금의 우리가 사실이라고 보는 대로의 사실이다. 삭아서 내 살이 된 물건이다. 이렇게 말하면 주관에 따르는 치우친 생각 때문에 역사의 생명인 바름이 깨지지 않겠나 걱정하는 이가 있을지 모르나 그것은 그렇지 않다.

바름이란 내게 좋기 위하여 역사적 판단을 구부리지 않는다는 말뿐이지, 도대체 판단하기, 해석하기를 금하는 것이 아니다. 주관의 주主는 누구의 나에도 통할 수 있는 참 나지, 서로 충돌하는 작은 나, 거짓 나, 사私가 아니다. 바른 기록을 하기 위해서는 뚫어보는, 해석하는 힘이 필요한데, 그것은 산 나만이 할 수 있다.

대체 역사에서 말하는 참을, 자연과학적으로 그리는 데, 말하자면 사진을 찍는 데 있는 줄로 아는 데 크게 잘못이 있다. 사진을 사진寫眞이라 하지만 사진이야말로 참이 아니다. 그 사람의 사람됨을 나타내는 것은 뵈는 그대로를 찍은 사진이 아니요, 뚫어보는 화가의 눈이다. 사람의 선하고 악한 것을 그 겉에 나타난 행동으로만 알겠다는 것은 어리석은 일이다. 얼마나 많은 역사가들이 공정한, 객관적인, 과학적인 역사를 쓰려다가 죽은 뼈다귀의 이름만을 적어놓고 말았나! 그것이 역사, 적어도 산 역사를 지어가는 씨올이 살기 위해, 그 역사를 짓는 힘을 얻기 위해 읽고 싶어하는 역사는 아니다.

사실의 자세한 기록은 전문가의 일이다. 그들의 역사는 사실의 역사, 기술記述의 역사, 연구의 역사다. 그러나 씨올은 그것보다도 해석의 역사, 뜻의 역사를 요구한다. 세계의 밑을 흐르고 있는 정신을 붙잡게 해주는, 어떤 분명한 주장을 가지는, 말씀을 가지는 역사를 요구한다. 그리고 전문가의 사명은 마지막에 한 권의 씨올의 역사를 쓰는 데 있다. 바다같이 넓은 연구가 있어도, 산같이 쌓인 사료史料가 있어도 그것만으로는 부족하다.

고증으로 그 일이 다 되고, 보고로 그 보람이 다 되는 것같이 생각하는 역사가는 마치 식량을 곳간 안에 쌓아만 두는, 혹은 식품을 요리하지 않은 그대로를 식탁 위에 가져오는 어리석은 요리사와 같다. 왜 그렇게 씨올에 대해 무정한가? 요리사를 둔 것은 주인의 건강을 위해서가 아닌가? 전문 역사가를 둔 것은 씨올의 먹을 역사를 마련해주기 위하여서다. 한 권의 씨올의 역사를 써낸 후에야 그의 책임은 다 해지는 것이다. 역사가의 자격은 그 기억에 있지 않고 판단에 있다.

인간사회라는 솥 위에 피어오르는 일정한 형체 없는 일[事象]의 수증기를 식혀서 한 형상을 붙잡아내는 것이 그의 일이다. 그보다도 일고 꺼지는 산맥과 언덕과 골짜기며 시내를 두루 뒤타서 그 밑으로 달리고 있는 한 줄기 광맥을 찾아내는 일이라 하는 것이 옳다. 몇만 년에 뻗는 복잡한 인류의 일을 통하여 한 개의 의미 관련을 알아낼 뿐 아니라 실로 영원한 뜻, 곧 의지, 의미를 붙잡아내는 것이 그의 일이다. 그러므로 옛날부터 학學, 재才, 식識의 겸비라 해서 역사가에게는 어려운 자격이 요구되고 있다. 아는 것이 많아야 하고, 재주가 높아야 하고, 식견이 깊어야 한다. 그중에도 가장 긴요한 것은 식이다. 식은 뚫어봄, 내다봄, 맞춰봄, 펴봄이다. 소위 눈빛이 종이를 꿰뚫는다는 것이요, 줄 사이를 읽는다는 것이다. 중국의 여숙간呂叔簡이 이렇게 말한 것은 옳은 말이다.

무엇이 옳은지 그른지 앎은 썩어진 선비도 다 할 수가 있지만,
때가 되어감을 아는 것은 뚫린 선비가 아니고는 못 한다…….
때를 아는 것은 누구나 보기만 하면 할 수 있는 일이지만,
되어가는 것을 아는 것은 앞을 내다보지 않고는 못 한다.
明義理腐儒可能,
明時勢非通儒不能…….
識時凡有見者可能,
識勢非先見者不能.

잘된 역사책이 나타나는 꼴 뒤에 정신을 밝혀주는 글인 것같이, 잘하는 역사 읽는 법도 글자 밖의 정신을 읽어내는 해석에 있다. 이 해석하는 힘의 많고 적음에 따라 역사를 아는 데 깊고 얕은 차이가 생긴다. 깊은 해석을 할 줄 모르면 '한우충동'(汗牛充棟: 실으면 소가 땀을 흘리고 쌓으면 들보에까지 가득 찰 만큼 많다는 뜻. 많은 장서를 가리키는 말이다)이라는 많은 책도 늙은 할머니들의 이야깃거리밖에 될

것이 없고, 반대로 날카로운 눈을 가지기만 한다면 조그마한 한 조각 남은 물건에서도 크나큰 값을 찾아낼 수 있다.

저 유명한 신약성경의 시내산 원본[2]이 하마터면 사막 외로운 절의 어리석은 중들의 불쏘시개가 될 뻔했던 것은 앞엣것의 실례요, 로제타석[3]에 쓰인 알 수 없는 몇 줄 글과 20년 씨름을 하여 고유명사 하나를 읽어낸 것이 시작이 되어 오늘날에 와서는 애급학이 6천 년 전 그때의 애급 사람이 하던 것보다 더 환하게 밝아졌다는 것은 뒤엣것의 좋은 예다.

하나님의 뜻인지 운명의 장난인지 모르나, 이 세계는 차례가 있고 이치가 있으면서도 겉에 드러내놓인 것은 아니요, 또 시간은 사정없이 모든 것을 밀어가는 듯하면서도 때때로 가장 중요한 열쇠가 되는 듯한 한 조각 두 조각을 일부러 하는 듯이 감추어 남겨두는 것이 사실이다.

정신적 값어치, 보람을 찾는 것이 사람이요, 그것을 하기 위해 타가 지고 나온 것이 '지知 · 정情 · 의意'인데, 그 힘이 있고, 그 자연 역사가 그렇게 된 다음에는 사람의 마음은 찾게만 마련이요, 찾으면 밝아지는 것이 소위 문화의 흐름이다.

오늘의 지질학, 고생물학, 인류학, 사회학, 우주학이 다 그렇게 해서 된 것이다. 여럿인 가운데서 될수록 하나인 것을 찾아보자는 마음, 변하는 가운데서 될수록 변하지 않는 것을 보자는 마음, 정신이 어지러운 가운데서 될수록 무슨 차례를 찾아보자는 마음, 하나를 찾

2) 시내산 원본: 시나이 산(시내산)은 유대인 역사에서 신이 모습을 드러낸 중요한 장소로 알려져 있다. 1844년 독일인 티셴도르프가 이 산에 있는 성 캐더린 수도원에서 고대 『성서』 사본들을 발견했는데 이미 수도원 사람들이 양피지로 된 사본 중의 일부를 실제 불쏘시개로 사용했다. 이 고대 『성서』 사본들은 『성서』를 편집하는 데 매우 귀중한 자료가 되었다.
3) 로제타석: 1799년 프랑스인이 나일 강 어귀의 로제타에서 발견한 비석. 길이 114센티미터, 폭 72센티미터의 검은 현무암에 상형문자, 민용문자, 그리스 문자가 새겨져 있다.

는 마음, 그것이 뜻이란 것이다. 그 뜻을 찾아 얻을 때 죽었던 돌과 나무가 미美로 살아나고, 떨어졌던 과거와 현재가 진眞으로 살아나고, 서로 원수되었던 너와 나의 행동이 선善으로 살아난다. 그것이 역사를 앎이요, 역사를 봄이다.

시베리아 툰드라의 어떤 곳에서 매머드의 화석이 나왔다 하자. 지질학적으로 살펴본 결과, 그 나온 지층이 매우 오랜 세기라고 하자. 그런데 매머드는 매우 큰 풀을 먹는 동물이었다. 그러면 시베리아에서 그런 화석이 나는 것은 지나간 옛날에 그곳이 숲이 성했던 것을 말하는 것이요, 숲이 성한 것은 기후가 따뜻했다는 것을 말하는 것이다. 그런데 지금은 시베리아가 얼음에 덮인 것을 생각하면 일찍이 어느 때에 지구 위에는 급격한 온도의 변화가 일어났던 것을 미루어 알 수 있고 더 나아가 그 원인을 생각한다면 지구의 도는 길, 혹은 지구의 지축에 변동이 있지 않았나 하는 것도 생각하게 된다.

그렇듯 해석하기에 따라서는 한 조각 화석에서 몇백만 년 지구의 역사를 볼 수 있다. 하나가 말하는 뜻이란 그런 것이다.

보는 자리

이와 같이 역사의 생명은 바탕으로서의 사실보다 사실의 뜻을 붙잡는 해석에 있다. 그러나 여러 가지 모양의 나타난 꼴 밑에 옹근 하나의 정신을 붙잡는 해석은 먼저 어떤 자리(觀點)가 결정되지 않고는 할 수 없다. 소동파는 여산廬山4)을 두고 이렇게 말했다.

모로 보니 재인 듯, 옆에서 보니 봉인 듯
곳곳마다 보는 산 서로서로 다르고나.

4) 여산: 중국 장시 성(江西省) 북부에 있는 산. 중국 음으로는 루산이다. 신성한 산으로 여겨진데다가 경치가 빼어나 시인 묵객들의 시와 그림에 자주 등장한다.

여산의 참 얼굴 알아볼 수 없기는
다만 이내 몸 이 산 속에 있음이네.
橫看成嶺側成峯

處處看山各不同

不識廬山眞面目

只緣身在此山中

• 소동파「여산」에서

인생을 뛰어넘지 않고는 인생을 모른단 말이다. 역사를 알아봄도
그와 같다. 보는 자리가 변함에 따라 그 보이는 바가 서로 다르다.

이성계의 혁명을 이조의 역사가가 보면 나라 세움이지만 여조^{麗朝}
의 역사가가 보면 나라의 무너뜨림이요, 빼앗음이다. 예수의 십자가
의 죽음을 기독교의 자리에서 보면 그리스도의 이김이지만 세속적
인 자리에서 보면 33세 청년의 실패의 끝맺음이다. 그러므로 역사가
참 역사가 되기 위해서는, 몸을 여산 속에 두지 말고 한눈 아래 온 산
의 꼴을 보아낼 수 있는 자리에 세우듯이 우주, 인생을 굽어보는 자
리에서 쓴 것이라야 할 것이다.

사관이란 이것이다. 인생을 넘어뛴 자리에서 참 인생을 볼 수 있듯
이 역사를 넘어뛴 자리에서야 참 역사를 볼 수 있다. 이런 사관 없이
쓴 역사는 참 역사가 아니요, 이런 사관에 이르지 못한 역사 공부 또
한 참 역사의 읽음이 아니다. 이러한 사관은 그것을 가진 후에야 역
사를 알 수 있고, 또 역사를 읽어서만 거기에 이를 수 있다. 마치 그림
그리는 이가 그림을 그리는 것과 마찬가지다. 헝겊 위에 빛칠을 해서
만 그림이 있는 것이지만, 또 헝겊을 대해 붓을 들고 설 때 그림은 그
가슴속에 있다.

가슴속에 되어 있는 그림이 한긋한긋 붓질하는 것에 따라 달라지
고 달라져 갈수록 묘해지는 것은 사실이지만, 그러나 그 그림의 생명
이 되는 그 정말 그림〔幻像〕은 언제나 그리는 이의 가슴속에 살아 있

어 그 한긋한긋을 지시해서만 그 그림은 될 수 있다. 마찬가지로 역사 쓰는 것도 사관 없이는 불가능한 것이다. 역사 쓰는 것도 그렇고 읽는 것도 그렇다. 역사의 끝머리가 사관이기도 하지만 또 역사의 시작이 사관이기도 하다.

그럼 그 사관이란 어떤 것일까? 역사의 알파인 동시에 역사의 오메가가 되는, 역사를 뛰어넘은 사관이 어디 있을까? 사관을 말하면 여러 가지다. 유심사관, 유물사관, 민족사관, 문화사관, 계급사관, 생명사관 등등. 그 어떤 자리를 가지느냐 하는 데 따라 가지가지의 역사가 나올 수 있다. 그러나 사실은 사실이면서도 재〔嶺〕요, 봉우리가 됨을 면치 못하는 그런 사관이 아니고, 정말 뛰어넘은 자리는 어디 있을까? 우주, 인생 속에 있으면서도 우주, 인생을 뛰어넘자는 것은 종교다. 그러므로 참 역사는 종교적인 자리에 서지 않고는 안 될 것이다. 거기 대해서는 장을 새로이 하여 말하기로 하자.

• 1934년 3월, 『성서조선』 제62호

종교적 사관

나의 종교

일반적으로 종교적 사관이라고는 하나 사실 모든 종교를 종합한 자리란 것은 대단히 어려운 것이다. 마치 이 사람 사랑도 아닌, 저 사람 사랑도 아닌 사람 사랑이라는 것과 마찬가지다. 사랑은 구체적인 생명활동이요, 결코 추상적인 이론이 아니다. 종교도 구체적인 것이요, 추상적인 것이 아니다. 그것은 물론 보편적인 진리이지만, 보편적이기 때문에 반드시 추상적일 필요는 없다. 우리가 물질이라 부르는 세계에서는 가장 보편적이려면 추상적이 되어야 하지만, 정신의 세계에서는 그와는 반대다. 가장 구체적이 아니고는 가장 보편적일 수 없다.

하나님을 가장 잘 나타내는 것은 개성적인 인격이다. 이 의미에서 맹자가 묵자[1]의 겸애설을 반대한 것은 까닭 있는 것이라 할 수 있다. 사실 무차별한 박애란 실제로는 아무도 사랑하지 않는 경우가 많다. 그래서 '무부무군'(無父無君: 아비도 없고 임금도 없다)이라고 하였다. 맹자편이 옳다 해야 할 것이다. 사랑은 개체에서 전체를 보는 일이다. 예수가 "하나님을 믿으니 또 나를 믿으라" "나를 본 자는 아버지를

---

1) 묵자: 중국 노나라의 철학자로, 본명은 묵적(墨翟)이다. 하늘이 모든 사람을 똑같이 사랑하고 이롭게 하는 것처럼 사람도 서로 그러해야 한다는 겸애설(兼愛說)을 기본으로 하는 그의 철학은 수백 년 동안 유학과 맞섰다.

본 것이니라" 한 것은 이 때문이다. 그러므로 나는 종교적 사관을 말함에서 모든 종교를 한 솥에 넣고 끓여서 거기서 승화된 것을 말해보려는, 나로서는 도저히 불가능한, 그런 일을 하려 하지는 않는다.

내가 감히 종교적인 것을 말하는 것은 모든 종교를 다 믿어보아서가 아니요, 연구해보아서도 아니다. 누구도 사람 사랑이 어떤 것인가 알기 위하여 천하의 사람을 다 만나볼 필요는 없고, 모든 사람의 경험을 다 들을 필요도 없고, 어느 한 사람을 실제로 사랑해보면 그만이듯이, 내가 종교적인 것을 말하는 것도 다만 내 믿는 것이 있기 때문에 하는 말이다. 내가 내 사랑하는 사람에 대한 것을 말하면 그것이 사랑의 원리인 줄 믿듯이, 나는 내 믿는 바를 말하면 그것이 보편적·종교적인 것인 줄 믿는다. 그러므로 나는 비교적 나와 관계가 깊은 기독교의 성경에 나타나 있는 사관을 간단히 말해보기로 한다.

그러나 그것은 기독교가 홀로 참 종교라는 생각에서도 아니요, 기독교에만 참 사관이 있다 해서도 아니다. 전날에는 내가 그렇게 생각한 때가 있었다. 그러나 그것은 이제 와서 보면 역시 종파심을 면치 못한 생각이었다. 기독교가 결코 유일의 진리도 아니요, 참 사관이 성경에만 있는 것이 아니다. 같은 진리가 기독교에서는 기독교식으로 나타났을 뿐이다.

그러나 좀더 엄정히 말하면, 나는 기독교를 말할 자격도 없고 성경의 사관을 말할 자격도 없다. 나는 다만 내가 본 성경의 사관을 말할 뿐이다. 기독교를 내가 말할 자격도 없고 또 기독교란 것이 내게 문제도 아니다. 나는 나의 믿음이 있을 뿐이고, 내가 본 성경의 진리를 알 뿐이다. 종교야말로 가장 구체적·개인적인 사실이다. 가장 구체적이요, 가장 개인적이란 말은 나와 하나님의 직접 교섭이란 말이다. 그러므로 가장 내 일이지만 또 모든 사람에 통할 수 있는 줄로 믿는다. 내가 알기에는 성경은 그렇게 각 사람이 각각 제자리에서 제 식으로 직접 하나님을 대하기를, 다른 말로 하면 나에서 전체를 나타내기를 가르치는 진리다.

아가페

성경의 사관이 어떤 것인가를 밝히는 일은 곧 성경의 근본 뜻이 무엇이냐를 찾는 일이다. 왜냐하면 성경의 가르치는 근본 진리를 모르고는, 다시 말하면 성경의 정신을 붙잡지 못하고는, 성경의 말하는 사관을 알 수는 없을 것이요, 반대로 만일 역사를 보기를 성경을 보고 있는 것과 같은 태도로 보고 있다면 그 사람은 벌써 성경의 근본 뜻을 안 사람이다. 그 까닭은 성경의 목적은 다른 것이 아니고, 사람으로 하여금 우주, 인생의 근본 올몸인 영원한 생명을 붙잡게 하자는 것이요, 성경이 역사에 대해 말하는 것도 결국 그 목적을 위한 것이기 때문이다.

성경에는 그 내용의 분량으로도 역사에 관한 것이 많지만, 또 직접 역사적 기록이 아닌 데서도 그 서는 자리는 늘 우주사적인 데 있다. 성경이 그렇듯 역사를 중요하게 여기는 것은 그 종교가 인생의 구원을 목적하는 사실의 종교요, 생명의 종교이기 때문이다. 생각에만 의한 것이 아니요 실인생實人生, 활역사活歷史에 의해 인생의 깊은 뜻, 우주를 꿰뚫는 생명, 그 자체를 붙잡게 하는 일이다. 생명을 문제로 삼는다면 역사는 무시할 수 없다. 생명은 역사적으로 발전하는 것이요, 역사를 낳는 것은 생명이기 때문이다.

우리가 성경을 읽을 때, 대우주의 생명의 흐름이 활동사진을 보듯이 눈앞에 전개되는 것을 보게 되는 것은 성경이 생명 있는 우주사이기 때문이다. 거기 우주의 맨 처음이 있고 끝맺음이 있다. 거기서 인류와 그 문화의 기원과 그 가치를 볼 수 있고, 민족과 나라의 흥망성쇠의 원리를 볼 수 있다. 성경은 참으로 한 개의 우주역사다.

그렇게 말하면 성경의 사관은 벌써 다 말한 셈이다. 기독교의 근본 진리가 무엇인지 그것이 분명한 이상은 그 사관이 어떤 것인가는 새삼스레 말하지 않아도 될 것이다. 성경 예순여섯 권을 한마디로 요약하면 '하나님'이라는 한 말에 다 된다. 곧 모든 것이, 천사나 인생이나 자연이나 그 가운데 있는 모든 것이 다 하나님에게서 나왔고, 하나님으로 말미암고, 하나님 안에 뛰놀고, 마침내 하나님에게로 돌아간다는 것이 성경의 근본 주장이다. 주장이라기보다 증거요, 밝힘이다.

그 하나님은 은총의 하나님이다. 우주과정의 뒤에서, 그 흐름의 밑에서, 그 생명의 속에서, 자기 몸소의 즐거움에서 역사를 지어내기 위하여 자기를 제한해 만물 속에 나타내고 만물 위에 그 생명을 붓는 이다. 이것을 단적으로 나타낸 말이 "하나님이 이 세상을 이처럼 사랑하사 그 외아들을 주셨다" 하는 말이다. 하나님은 그저 주는 이, 자기를 한없이 주는 이란 말이다. 이 역사를 낳는 이는, 즉 역사의 근원이 되고, 그 원동력이 되고, 그 원리가 되는 이는 사랑이라는 말이다.

이 사랑이라는 성격의 원어는 '아가페'다. 사랑이라 번역하기는 좀 부족한 말이다. 불교에서 말하는 '자비', 유교에서 말하는 '인'仁, 인도교에서 말하는 '희생'이라 하는 것이 차라리 나을는지도 모른다.

사랑의 근본이 그런 것은 아니지만, 사랑이란 원체 넓은 것이기 때문에 지금 쓰는 사랑이라는 말에는 '애욕' '정욕'이라는 뜻이 많이 들어 있다. 그러나 '아가페'는 그런 것이 아니다. 성경의 '아가페'는 거의 종교적인 의미에 국한되어 있다. 아무튼 성경은 하나님을 한마디로 '아가페'라 한다. 그러므로 성경의 사관은 '아가페' 사관이라 할 수 있다. 이 아래서 우리는 그것을 간단히 몇 가지로 나누어보기로 하자.

성경은 역사의 근본을 하나님에게 구한다

정신이나, 물질이나, 인생이나, 자연이나, 존재라는 존재, 또 그 존재들의 하는 변천이란 변천이 다 한 뜻인 하나님에서 나왔고, 그 하나님의 뜻 없이는 한 물건, 한 일도 없다고 본다. 이 점은 과학적인 사관과는 근본적으로 다르다. 과학적인 사관에서는 역사에서 뜻이란 것을 전혀 생각지 않는다. 마치 자연현상을 대하듯이 순전히 원인, 결과의 관계로 설명한다. 과학적인 사관은, 불철저한 중간적인 태도에 그치지 않는 한, 결국 유물사관으로 가는 수밖에 없을 것이다.

사실 근대 인간을 정신적으로 파산시켜 오늘의 혼란에 이르게 한 큰 원인의 하나는 소위 역사적인 입장이라는 것이다. 그것은 자연과학과 협력하여 인간을 교회의 독단에서 구하려는 데서 나오기는 한 것이지만, 인생의 일에서 의미적인 관념을 쏙 빼버리고 사람도 순전한 과학적 실험대상으로 보자는 것이다. 사람이 뻔히 생물 이상의 의미적인, 다시 말하면 보람을 찾고 값을 찾는 존재임에도 불구하고, 사람의 바로 사람된 점이 거기 있는 줄 알면서도, 그것을 무시한 것은 크게 잘못이었다. 그야말로 비과학적인 태도였다. 그 결과로 믿음의 기둥뿌리를 흔들었고, 그 결과는 오늘에 이르렀다.

가장 담대히 거짓을 일부러 들고 나온 것이 유물사관이다. 거기서는 역사의 근본을 아무 목적 없는 우연한 물질에 돌린다. 그러고는 모든 정신적인 가치관념을 유치한 시대의 공상, 망상에서 나온 것에 돌리려 한다. 그것이 옳으냐 잘못이냐는 여러 말을 할 필요 없고, 오늘의 세계역사 자체로 말하게 하는 것이 좋다. 성경은 그와는 반대다. 역사는 뜻에서 나왔다는 것이다. 유물론의 홍수로 말미암아 세계관의 파선으로 죽을 수밖에 없게 된 오늘의 세계는 스스로를 구원한다면 다시 아가페의 닻줄을 붙드는 수밖에 길이 없을 것이다.

그러나 역사의 근본이 하나님이라는 말만 가지고는 불완전하다. 그 하나님에는 인생과 인격적으로 교섭하는 하나님이라는 설명을 붙일 필요가 있다. 역사의 근본을 신에게 돌리는 사상은 그 밖에도 있다. 그것은 범신론, 다신론이다. 그러나 만물이 곧 신이라는 범신론은 믿음이라기보다는 한 개의 철학이요, 다신론은 자연현상을 인격화한 데 지나지 않는다. 둘 다 철저히 따지면 유물론에 떨어지든지, 그렇지 않으려거든 인격신관에까지 올라오든지 해야 할 것이다.

물론 신 그 자체는 전능, 완전한 절대이기 때문에 간디의 말대로 '무신론자의 무신론까지도 될 수 있을 것이다.' 그러나 지금까지의 생명의 진화에서 가장 높은 단계가 인격이라면, 그 인격과의 교섭은 역시 인격으로 되는 수밖에 없을 것이다. 하나님이 반드시 인격신이라고 단언할 자격은 우리에게 없으나 우리가 아는, 우리와의 의미적인 교섭을 하는 하나님은 인격적이라고 할 수밖에 없다. 이것은 가설이 아니라, 우리 속에 있는 양심이 말하는 사실이다. 심리학이 무엇이라 말하거나 간에 양심은 스스로 권위를 가진다.

우주는 하나님이 창조하였다고 한다

이 우주와 인생은 자연적으로 있는 것이 아니라 생명의 근본인 하나님이 자기 뜻으로 지어냈다는 것이다. 성경은 변증론에서 보는 것처럼 역사를 머리, 꼬리는 다 그만두고 구름 속에 꿈틀거리는 용龍의 허리동만 같이 보지는 않는다. 머리도 있고 꼬리도 있다는 것이다. 그러므로 살았다. 과학이 발달하여 물질 불멸의 법칙이 움직일 수 없는 진리로 되어 있는 오늘, 창조설을 믿음은 미신 같다. 그러나 주의할 것은, 성경은 의미의 세계를 말하자는 것이지 현상의 세계를 말하자는 것이 아니다. 현상을 말하면 무한히 끝없는 변천과정일 것이다. 그러나 그 뜻에서는 그렇지 않다.

사람은 뜻을 찾는 유의적인 존재다. 창조했다는 말은 뜻에서 나왔다는 말이다. 「창세기」의 말을 글자 그대로 보는 것이 반드시 바른 해석은 아니다. 현상의 세계에서는 글자 그대로지만 의미의 세계는 볼 수 없는 세계이기 때문에 늘 글자대로가 아니라고 해석하여야 한다. 「창세기」의 해석을 어떻게 할 것이냐 하는 토론은 여기서 할 것이 아니나, 아무튼 한마디로 그것이 이 우주는 자연발생적으로 된 것도 아니요, 우연히 된 것도 아니요, 뜻에서 나온 것으로 보는 것만은 움직일 수 없는 진리다.

다른 것은 다 그만두고 사람에게는 가치관념이 있다. 도덕, 종교, 예술은 거기서 나온다. 어떠한 과학자라도 그 가치관념을 순전한 물질에서 뽑아낼 수는 없다. 가치란 생각은 역시 가치되는 그 자체에서 나왔다고 볼 수밖에 없다. 하나님은 절대적 가치의 본체요, 그것을 아는 것이 뜻이요, 그 뜻의 방향으로 운동하는 것이 역사다.

인생은 목적운동이다. 그 사상이야 유물적이건 유심적이건 사람인 다음에는 무슨 목적을 실현하려 움직이고 있는 것만은 사실이다. 그리고 그것은 늘 도덕적인 것이다. 그 정도의 차이는 있지만 그 목적을 도덕적으로, 값있는 것으로 생각하는 것만은 다름이 없다. 이것은 사실이다. 이 사실을 부인하는 것은 과학적이 아니다. 정말 과학적인 태도는 인간에게는 과학 이상의 것이 있다는 것을 인정하는 일이다. 사람은 다른 동물과 같이 과학의 대상도 되지만 또 그것만이 아니다. 그 이상 되는 것이 있다. 그것이 가치의 세계다. 값을 과학으로는 헤아리지 못한다. 뜻으로만 안다.

우리가 나면서부터 우리에게 주어지는 환경의 근본적 질서가 되는 도덕세계란 것은 생각해볼수록 이상한 것이요, 놀라운 것이다. 너무나 사실이기 때문에 평범해졌으나, 고요히 들여다본다면 반드시 대철大哲 칸트가 아니고라도 누구나 자기 가슴에 모든 것을 선악의 표준으로 판단하는 이 도덕률이란 것이 살아 있음에 대해 경탄과 외경을 금할 수 없을 것이다. 과학은 경이를 없앤다고 하지만, 과학이 진화론을 빌려서 "도덕은 인간 지능의 발달에 따라 생긴 것"이라 아무리 설명하여도 우리의 의심을 풀어주진 못한다.

성선性善이라 설명하거나, 성악性惡이라 하거나, 성무선악(性無善惡: 성에는 선도 없고 악도 없다)이라 하거나, 도덕가치를 실재하는 것이라 설명을 붙이거나, 사회생활의 방편에서 나온 것이라 설명을 붙이거나, 그 밖에 무슨 변론을 하거나 간에, 상식을 가진 정상적인 사람이라면 인간사회의 실사실實事實로 엄연히 있는 도덕을 부인할 수는 없을 것이요, 만일 도덕이 실존하는 사실을 인정한다면, 그것은 도대체 어디서 온 것인가? 의지 없는 곳에 도덕을 생각할 수 없고, 도덕 없는 곳에 목적을 인정할 수 없지 않은가?

인생이 목적 없다고 역설을 한다면 모르지만, 적어도 목적이 있는 것으로 인정한다면, 그리고 우주를 지지하는 정의의 법칙이 있는 것을 믿는다면, 이것은 절대의 선한 뜻의 지음이라고 믿지 않을 수 없을 것이다. 만일 그것을 아니 믿는다면 모든 것은 허무다. 나라와 나라가 서로 전쟁을 하여 죽는다는 것처럼 허무한 일은 없다.

종말관이다

성경이 가르치는 진리 중에 이 종말관[2]처럼 비과학적인 것은 없으나 또 이것처럼 독특한 사상은 없다. 이것은 참 놀라운 사상이다. 참 담대한 독단이다.

이 세상에 어떤 끝이 오고 만다는 것이다. 그리고 그날에 모든 문제가 해결된다는 것이다. 그리스도의 재림, 죽은 자의 부활, 최후의 대심판 등 놀라운 사실이 일어난다는 것이다. 그리고 그것은 인간의 활동으로 오는 것이 아니고 하나님의 권능으로 온다는 것이다. 이것은 다 이성으로는 도저히 믿을 수 없는 것들이다. 사실 이것은 현대 사람이 기독교를 믿기 어려운 가장 큰 이유일 것이다. 그러나 이것도 그 서는 자리만 바로 가지면 이해하지 못할 것이 아닐 뿐 아니라, 실로 없어는 안 되는 깊은 진리임을 알 수 있을 것이다.

이것도 역시 의미의 세계를 말한다. 물론 먼 옛날 사람은 이것을 글자 그대로 믿었을 것이다. 그러나 과학의 발달로 이 우주의 구조를 어느 정도 분명히 아는 우리는 구태여 이것을 사실적으로 생각할 것은 없다. 본래 성경은 현실세계를 설명하자는 과학이 아니고 뜻의 세계를 말하자는 것이다. 다만 설명의 자료로 이 현실계를 빌렸을 뿐이다. 마치 시인이 자기 속의 느낌을 나타내기 위하여 풍월을 그 자료로 쓰는 것과 마찬가지다.

"꽃이 웃는다. 새가 운다" 하는 것은 그 현상을 말하는 것이 아니라

---

2) 종말관: 유대교·기독교에서 세상의 종말을 믿고, 그때 그리스도 최후의 심판이 있으며, 신자와 불신자가 운명을 달리하여 하나님의 선이 영원히 승리한다는 신앙관.

뜻을 말한 것이다. 웃고 운 것은 시인 자신이지 꽃이나 새가 아니다. 그와 마찬가지로 현상계로 하면, 무한히 변천해갈 것이지, 종말이란 것이 있을 리 없다. 그러나 뜻으로 할 때에는 뜻은 반드시 이루어지는 시간이 있다는 말이다.

시인이 한 개의 자연현상인 꽃이나 새에서 웃음, 울음을 경험하듯이 이 세계의 뒤에 뜻을 믿는 자는 이 자연 속에서 어느 순간 천지의 창조를 보고 어느 순간 또 우주의 끝을 본다. 그에게 모든 현상은 하나님의 뜻을 전하는 말씀이다. 그러므로 그것이 현상계의 질서와 아무 충돌될 것이 없다. 오늘의 국가로서는 종교 신자가 하늘나라를 믿는다 하여 비국민으로 몰아 죽이지는 않는다. 그것은 서로 다른 질서에 속하는 두 나라이기 때문이다. 그와 마찬가지로 현상계와 의미의 세계는 서로 다른 질서에 속하는 것이다.

오늘의 사학에서는 종말관을 가질 사람은 없을 것이다. 오늘날같이 인생관이 아주 물질적으로 되어버린 사람에게는 세계의 끝이 온다는 말은 견뎌내지 못하는 사상이다. 그들은 보이는 이 세계밖에 모르기 때문이다. 그러나 문명을 구원하는 것은 이 사상일 것이다. 그 이유는 인류의 사상은 순간적인 조건보다 영원한 미래에 의해 규정될 때 가장 원대성을 띠고 건전한 것일 수 있기 때문이다.

마치 가까운 언덕보다 저 무한한 거리의 별이 도리어 확실한 목표가 되는 것과 마찬가지다. 대심판은 역사 사실로는 영원히 안 올지 모른다. 그러나 그것을 믿음으로써만 역사를 바른 방향으로 끌 수 있다. 별을 바라보고 가도가도 별이 있는 곳에는 가지지 않는다 해서 별은 거짓이란 말은 되지 않는다. 가도가도 잡히지 않기 때문에 참이요, 지도목표가 될 수 있다.

실현되는 것이 이상이 아니라, 영원히 실현 안 되는 것이 이상이다. 실현되는 이상은 실현되는 그 순간 죽어버리나 실현되지 않는 이상은 현실적으로 안 되기 때문에 뜻으로는 순간마다, 또 영원히 계속되어 실현이 되면서 이끌어가는 산 이상이다. 종말관은 인류역사를 이끄는 정신적 항성이다.

처녀에게 결혼날을 알려주라. 그러면 전에 볼 수 없던 미와 미덕을 나타낸다. 그리하여 처녀생활의 마지막이라는 비극과 함께 비로소 처음으로 참 생활이 시작된다. 종말일은 역사상의 결혼날이다. 그날 이 온다는 데 일종의 두려움이 있는 것은 면치 못할 일이다. 그러나 만일 그날이 없다면 이 무한히 계속될 고통의 운명에서 누가 능히 견 녀낼까? 종말이 온다는 말은 도리어 인류에게 희망을 약속한다.

더구나 그날이 예측할 수 없이 온다는 데 하나님의 사랑이 들어 있 다. 천 년이 하루 같고 하루가 천 년 같은 날이 온다. 언제 올지 모르 게 도둑같이 온다. 이것을 믿는 데 역사 추진의 힘이 있다. 오늘날 사 람이 정신적 싸움을 하는 기백이 부족한 것은 우주 완성의 날을, 다 시 말하면 뜻이 실현되는 날을 믿지 않기 때문이다.

하나님의 다스림

시작이 있고 끝이 있으면 그 중간에서는 어떻게 번져나가는 것일 까? 하나님이 다스린다고 한다. 하나님은 창조주일 뿐만 아니라 통 치주다. 존재의 원인이 될 뿐 아니라 발전의 원리도 된다는 말이다. 가르치고 인도하기도 한다는 말이다. 다른 말로 하면 역사는 목적이 옳을 뿐 아니라 수단도 옳아야 한다는 말이다. 일찍이 철학자 중에는 하나님은 시계사時計師요, 이 우주는 한번 만들어놓은 다음에는 자동 적으로 돌아가는 시계라고 생각한 사람이 있었다. 그런 세계에는 도 덕이 있을 수 없다. 하나님을 인격적으로 체험하는 성경은 그렇게 보 지 않는다.

아가페의 하나님은 자동기계로는 즐거워하지 않는다. 그는 이 우 주 속에 자유의지를 넣었다. 자유하는 의지가 있어서만 참 정신적 생 명이 있기 때문이다. 생명의 근본 원리는 스스로 함이다. 하나님은 스스로 하는 정신이기 때문에 지은 그 세계도 스스로 하는 생명에 이 르기를 바란다. 하나님은 산 하나님이기 때문에 죽은 기계를 좋아하지 않는다. 그리하여 자기를 항상 자유하는 생명을 가진 인격을 통하여 나타내기를 쉬지 않는다.

하나님은 자기의 작품을 바라보고 앉아서 만족해하는 노쇠한 예술가도 아니다. 우주를 향락하는 이가 아니다. 우리 인생은 하나님의 향락의 대상이 아니다. 예수의 말대로, 그는 오늘까지 일하는 이요, 그러므로 우리도 쉬지 않고 하여야 한다.

그는 우리에게 자유의지를 주고 우리가 자라서 자기에게 오기를 바란다. 그리고 그 자유의지 위에서 손을 펴고 일한다. 간섭을 하는 것이 아니라 기르고 보호하고 이끈다. 그러므로 아가페다. 하나님은 섭리의 하나님이요, 역사는 그 나아가는 바퀴를 그 섭리의 축으로 꿰었다.

도덕적 책임자

마지막으로 성경은 인간을 역사에 대한 도덕적 책임자로 본다. 사람에게는 자기가 원하고 원치 않고 간에 도덕적 책임이 지워졌다. 바꾸어 말하면 인간은 이 우주를 도덕적 질서로 체험한다는 말이다. 그러므로 저는 집에 있거나, 전장으로 나갔거나, 골짜기에 숨었거나, 북극의 무인지경으로 갔거나, 그 어디 있거나, 적어도 살아 있는 한, 그 하는 일의 일거수일투족에도 도덕적 판단을 스스로 붙이는 것이요, 거기 대하여 책임감을 느낀다.

군자는 반드시 그 홀로를 삼간다 하지만, 저는 어느 때에도 세계를 지고 있음을 느낀다. 그러므로 저는 가는 곳마다 험로와 난관이 기다린다. 반드시 반가운 인생관이라 할 수 없다. 그러나 이보다 더 높은 인생관이 어디 있을까? 이로 인하여 인간은 하나님의 일 동무가 되었다. 하나님은 그 우주 완성을 반드시 사람을 통하여 하려 한다. 요즈음 세상의 되어가는 형편은 이것을 더 절실히 느끼게 한다.

하나님은 왜 사람 속에 도덕의식을 넣었나를 물어도 소용없다. 그러나 그 뜻을 체험하는 자에게는 한없는 축복이다. 하나님은 이 우주를 산 생명으로 완성하기 위해 그 가운데 도덕적인 인간을 두었다. 종같이 복종하는 것만을 원치 않는다. 그러므로 자유의지를 주었다. 그러나 자유의지만으로는 위험하다. 자유는 방종과 서로 멀지 않고 의지는 늘 고집, 교만에 빠진다. 그러므로 자유하는 의지와 함께 양심을 넣어 자유의 가는 곳에는 반드시 책임이 따르게 하였다.

그리하여 인간은 도덕생활을 피할 수 없게 되었다. 그리하여 인생은 만물을 대표하여 우주역사의 도덕적 책임자로 서게 된다. 성경은 말하기를, 천지를 창조하는 날에 하나님은 아담을 시켜 만물의 이름을 짓게 하였다고 했다. 이것을 원시사회에서 남의 이름을 아는 자는 그 사람을 지배하게 된다 하여 사람의 이름을 비밀에 부치던 풍속과 아울러 생각해보면 그 뜻을 짐작할 수 있다.

인간이 만물의 영장이라는 생각은 인간의 자기중심적인 독단이요 교만이라고 비난하는 사람이 있고, 또 사실 그런 구실을 내세우고 자연을 마음대로 부리고 파괴할 염려도 없지 않다. 그러나 그것은 잘못 생각한 것이다. 인간이 만물의 영장이란 말의 근본 뜻은 독재적인 권리 주장을 위한 것이 아니라 이 우주의 근본에 도덕적인 질서를 느끼므로 거기에 대한 책임감, 의무감에서 나온 말이다.

다른 동물이 동물의 지경을 면치 못하고 있는 때에 인간만이 높은 발달을 빨리한 것은 이 사상 때문일 것이다. 그러므로 이것은 인간이 발명한 사상이라기보다는 도덕적인 것을 이 우주의 중축으로 만든 그 의미 자체의 자기 계시라 해야 할 것이다. 엄정한 의미에서 모든 사상, 정신, 가치는 계시다. 생명 그 자체의 스스로 나타냄이다. 이것을 거부하고, 도덕도 없다, 인간은 역사의 책임자도 아니다 하는 사상을 가지는 현대는 스스로 짐승의 차례에 내려가 섞여서 감성적인 것을 마음대로 해보자는 생각에서 나온 것이요, 그 결과로 오늘의 어지러움에 이른 것이다.

사람이 도덕적 살림을 하는 존재인 것으로 인해 역사 완성의 책임을 진다는 말은 근대 윤리학과 같이 인간을 곧 하나님으로 높이자는 뜻은 아니다. 오직 이 우주의 근본인 하나님은 아가페의 하나님이기 때문에 그 뜻의 실현과 완성을 인간을 통하여 실행한다는 말뿐이다. 사람이 곧 하나님이다, 우주의 주인이다 하는 말은 사실을 무시한, 과학적이 아닌 말이다. 양심은 순수에 가까울수록, 참일수록, 자기는 창조주가 아니라 한 개의 지음을 받은 물건이라는 것을 느낀다. 이 지음을 받았다는 생각이야말로, 자기가 자기를 알기는 하면서도 동시에 또 자기 위에 자기로서는 어떻게 할 수 없는 절대자의 의지를 느끼는 것이야말로, 인격의 본질이다.

사람은 자유지만 절대의 자유가 아니다. 절대의 자유에서 자유의식이 나왔을 리는 없을 것이다. 사람은 자유지만 또 넘을 수 없는 절대의 너에게 얼굴을 맞대인 자유다. 거기서 도덕이 나온다. 테니슨이 "우리 뜻은 우리 것, 어쩔 줄 모르는 것, 우리 뜻은 우리의 것, 당신 것으로 바치올 것"이라고 읊은 것은 인간을 대표해서 한 말이라 할 수 있다. 우리의 자유의지는 절대의 의지에 다 바치자는 의지다. 자유의 값은 제 마음대로 하는 데 있지 않고, 도리어 제 마음대로 하지 않는 데, 자진하여 하나님에게 바치는 데 있다. 근세 사람이 인간의 이성과 의지가 마지막이지 그 밖에 또 하나님이란 것이 있을 수 없다고 한 것은, 채 깨지 못한 눈에 창문이 하늘처럼 보였던 것과 같은 중간적인 철저하지 못한 생각이었다. 하나님이 곧 사람이기는 하지만 사람이 곧 하나님은 아니다. 무조건이 아니다. 어떤 조건이 있다. 그것이 도덕이다.

사람을 도덕적 책임자로 보므로 역사가 도덕적인 의미활동으로 된다. 그저 문화의 발달이 아니라 도덕적 발달이다. 그저 진화가 아니라 도덕적 향상이다. 이해와 편리를 위해서는 정의와 인도도 관계하지 않는다는 오늘날의 문명에서는 이 점을 특별히 주장할 필요가 있다. 배타적 민주주의, 사람 죽이기를 꺼리지 않는 계급투쟁주의, 모두 다 성경의 자리에서는 허락 안 되는 죄악이다. 이름을 자유에 빌려가지고, 말을 평등에 팔아가지고, 사람을 마구 짐승이나 생선같이 죽이는 오늘의 정치가들은 차라리 왕도정치[3]를 이상으로 하던 옛날 전제군주에게 가서 그 책임감을 배워야 할 것이다.

어쨌건 성경으로 인하여 우리는 역사에 대해 도덕적 책임을 진다. 한국사람으로 난 것은 한 개 명령을 받은 것이다. 세계 어느 구석에 가든지 한국에 대한 책임을 면치 못한다. 국적의 변경이 되었거나 말았거나 간에 진다. 이 나라를 도덕적으로 향상시킬 책임을 진다. 그러나 그 한국은 전 우주적 과정에서 내가 서는 자리다. 바울은 말했다. "이날까지 만물이 슬피 탄식하며 하나님의 뭇 아들이 나타나기를 기다린다"고. 그런 우주, 그런 인생은 고통이 많기는 하지만 한번 살아볼 만하지 않은가.

이것으로 우리는 매우 거칠게, 되는대로, 성경의 사관을 대체로 말해보았다. 그러나 그것만으로도 우리는 마치 봄바람을 타고 오는 야성의 부르짖음에 깨어 우리 속에서 호통하는 사자같이 이 문명이라는 마약 때문에 마비된 가슴속에서 어떤 영성靈性이 깨려고 그 울음을 시작하는 것을 느끼지 않나? 새 사관을 가지고 볼 것이다. 그리고 역사를 고쳐 읽을 것이다. 그리하여 인생과 문명을 오리가리한 찢어짐에서 건져야 할 것이다.

• 1934년 4월, 『성서조선』 제63호

---

3) 왕도정치: 유교정치사상이 추구하는 이상적인 정치. 패도(霸道)가 힘에 의해 정치적 목적을 달성하는 것이라면, 왕도(王道)는 덕으로 정치적 목적을 달성하는 것을 말한다. 공자, 맹자에 의해 왕도사상이 완성되었으며, 한대(漢代) 이후 유교가 국교로 확립되면서 유교정치 이념의 바탕이 되었다.

한국역사의 기조

역사의 교향악

역사를 지어내는 것이 '아가페'라면 한국역사도 그 마지막 뜻이 '아가페'일 것은 틀림없다. 그러나 이 마지막에 가 닿을 뜻을 가리키는 것만으로 한국역사의 깨달음이 다 된 것은 아니다. 마지막 뜻이 실제 역사에서 어떻게 나타났는가를 알지 못하면 그 뜻이란 한 개 가설에 지나지 않는다. 그러므로 우리는 우리 역사의 마지막 목적인 '아가페'가 우리 역사에서는 어떤 방식으로 어떤 줄거리로 번져나가는가를 찾아 붙잡도록 해야 한다. 그 근본되는 식, 혹은 그 줄거리를 나는 기조基調라고 부른다.

역사를 한 개 음악에 비해 말할 수 있다. 소리의 음악이 공기의 파동으로 되는 것이라면 역사는 생명의 파동으로 되는 음악이다. 여기도 음악에서와 마찬가지로 리듬이 있고 멜로디가 있고 하모니가 있다. 여기도 거기서와 같이 구절구절의 사실은 전체의 뜻에 의해 결정되고, 서로 조화되고, 통일되어 생명을 받아 가지게 된다.

세계역사는 한 위대한 교향악이다. 영원에서 나와 영원으로 흘러드는 행진곡이다. 영원의 미완성곡이다. 우리가 세계역사의 테두리라 한 것은 그 하모니가 어떤 선을 그으면서 번져나가는가를 말한 것이다. 이제 한국역사를 이해한다는 것은 그 곡조 중에서 한국이라는 악기는 어떤 음색을 가지고 어떤 소리를 어떻게 내고 있는가를 아는 일이다. 이것을 해서만 우리는 그 우주곡宇宙曲을 아뢰는 데 전체에 맞는 어그러지지 않는 소리를 낼 수 있다.

세계역사를 바로 알려면 각 민족 각 나라의 제각기 특색을 가지고 하는 딴 청, 딴 소리, 딴 장단을 제각기 그것대로 들어주면서도 전체를 능히 한 하모니로 드러낼 수 있는 종합적 음미력을 가지고야 될 것이다. 모든 민족, 국가의 역사를 단일화하라는 말이 아니다. 도리어 역사의 생명은 각기 저 제대로 되는 데 있다. 각 민족의 역사는 각 민족 저만이 가지는 바탈을 제 식으로 나타내는 것으로 보아야 한다. 바이올린은 바이올린 저만이 가지는 제 소리를 내고 나팔은 나팔 저만이 낼 수 있는 제 소리를 내서만 참 조화가 나오는 것같이, 한국은 한국식을 드러내고, 중국은 중국식을 드러내서만 세계역사는 옳게 진행된다.

한국의 개성

그러므로 한국을 알려면 개성을 알아야 한다. 많은 사람이 몇백, 몇천 페이지의 역사를 쓰면서 소경이 코끼리를 더듬는 것 같은, 아무 통일 없는, 아무 뜻 없는, 그저 보고 들은 이야기들을 모아놓은 말을 할 뿐으로 그치는 것은 역사의 구절구절 속에 숨어 있는 이 바다의 가락을 듣지 못하기 때문이다. 슬픈 곡조에서는 모든 구절, 모든 낱소리가 다 그 슬픔 속에서 나오는 슬픔을 드러내도록 된 것일 것이요, 웅장한 곡조에서는 모든 구절, 모든 낱소리가 다 웅장에서 나온 것이요, 웅장을 말하는 것일 것이다.

역사의 모든 일, 그 일을 하는 모든 사람은 다 서로 떨어진 것이지만, 또 떨어진 것이 아니다. 서로 다르면서도 하나를 이루는 무엇이 있다. 그 무엇 때문에 한 역사를 이룬 것이다. 그 무엇을 붙잡는 것이 역사의 시작이요, 끝이다. 그것이 뜻이다. 팔과 다리를 하나로 만드는 것은 산 인격이다. 그리고 그 인격이란 각 사람이 서로 같지 않다. 같지 않으면서 또 같이 사람이다.

민족국가도 그렇다. 그리스의 역사를 인도주의人道主義를 낳기 위한 것이란 점으로 그 기조를 삼고 씹어보면 모든 시대의 뜻이 환해지고, 로마의 역사를 서양문명에 주기 위한 힘의 단결이라고 생각하고 보면 모든 일이 다 값이 있어진다. 동양 여러 민족에 대한 일상 도덕의 교사라 하고 보면 천편일률식의 되풀이만 같은 중국역사도 그 의미가 한층 더 밝아지고, 짓누르는 환난 속에서도 단정히 앉아 사람의 영성靈性이 어떻게 귀한 것인가를 설교하는 것으로 생각하면 비참과 고난밖에 없는 인도역사도 그 값이 한층 더 높아짐을 알 수 있다. 한국역사에 관해서도 흔히 듣기에는 우리 역사같이 재미없는 것은 없다느니, 이렇게 더러운 역사는 없다느니 하는 소리뿐이지만, 그것은 잘못된 생각이다.

문제는 어떻게 했더라면 우리 역사도 좀 재미있게 되었을까 생각하는 데 있는 것이 아니다. 재미없는 역사인 줄 미리 알았더라면 아니 낳으려 했느냐? 아니 나려면 아니 날 수 있었느냐? 이제라도 피할 수 있다면 피하려느냐? 역사에 '더라면'은 소용없다. 이랬더라면, 저랬더라면, 천만 번을 외어도 역사는 그 소리를 듣지 않는다. 문제는 주어진 데 있다. 이미 있고 지금도 이루어지고 있는 이 역사에서 그 속에 숨어 있는 명령을 읽어내어 그대로 하려고 애쓰는 데 있다.

나는 내 할 일이 있다. 내 할 일이 곧 나다. 눈이 있는 사람에게는 한 포기 풀도 무한한 우주의 진리를 드러내는데 하물며 이 내게 뜻이 없을까? 억만 생명이 몇천 년 두고 나고, 죽고, 울고, 웃고, 혹은 서로 손을 잡고, 혹은 서로 목을 찌르고, 안타까운 가슴을 쥐어뜯으며, 비지땀을 흘리며, 끓는 피를 부으며 지어오는 이 역사에 뜻이 없을 리 없다. 이 인생, 이 역사가 내가 재미있으면 살고, 없으면 그만둘 수 있으리만큼 옅은 것이 아니다. 나의 작은 소견을 넣어 이래저래할 수 없으리만큼 절대적인 명령을 하는 뜻을 가진 것이라는 것쯤은 반드시 깊이 생각하지 않고도 알 수 있는 것이다. 아니다, 알기 전에 벌써 다 믿고 있다. 산 물건은 그것을 다 믿고 있다. 그 믿음이 곧 살게 하는 힘이다. 종교는 존재하는 것이요, 존재는 종교적이다.

역사의 세 요소

그러면 한국이라는 이 거문고가 내는 소리는 어떤 소릴까? 장엄인
가, 웅대인가? 기쁨인가, 슬픔인가? 황홀인가, 침통인가? 우리 역사
의 바닥소리는 무엇인가? 우리는 그것을 알기 위해 세 가지로 생각
할 필요가 있다. 첫째는 우리 지리요, 둘째는 우리 민족의 특질이요,
셋째는 그 민족으로 그 땅에서 그 역사를 짓게 하는 하나님의 뜻이
다. 그 1은 연극에서 말하면 무대요, 그 2는 배우요, 그 3은 각본이다.
혹은 헌팅턴[1]의 말을 빌려 한다면, 지리는 기후·토질이라 할 수 있
고, 민족은 과수의 품종이라 할 수 있다. 그렇다면 하나님은 과수를
심는 사람이라 해야 할 것이다.

지리가 역사에 대해 중요한 관계를 가지는 것은 기후·토질이 과
일의 잘되고 못 되고를 결정하는 것과 마찬가지다. 사과가 좋은 것은
황주, 진남포나 대구에서만 날 수 있고, 귤은 제주도가 아니고는 볼
수 없다. 그 위치의 어떤 것, 그 지세의 어떤 것, 그 해안선, 그 기후의
어떤 것에 따라 역사에 일정한 빛깔이 생긴다. 같은 한국사람이되 서
울과 평안도가 다르고, 같은 중국사람이되 북중국과 남중국의 풍물
이 다 다르다. 남유럽 사람의 경쾌하고 우아한 것은 그 지중해의 기
후로 설명할 수 있고, 북유럽 사람의 심각하고 질박한 것은 또 북해
기후의 영향이라 할 수 있다.

유럽 안에서 몇십 나라가 갈라져 사는데 중국이나 미국은 한 나라
로 통일이 되는 것은 각각 그 지세가 그렇게 만든 것이라 하지 않을

---

1) 헌팅턴(Ellsworth Huntington, 1876~1947): 미국의 지리학자 · 기상학자로, 그
는 주로 기후가 지형, 지질학적 · 역사적 변화, 인간의 활동, 문명의 분포와 어
떤 관계를 가지는가에 대해 연구했다. 저서에 『문명과 기후』 『인간의 서식』 『문
명의 주요 동기』 등이 있다.

수 없고, 지나간 날의 대영제국은 그 위치의 산물임이 사실이다. 사람은 환경의 산물이라는 말은 다는 아니라도 한 면의 진리를 가지고 있는 말이다.

그러나 역시 한 면의 진리일 뿐이다. 역사의 특성은 그 지리의 조건만으로 결정되는 것은 아니다. 사과의 비유를 다시 든다면 황주, 대구가 좋은 사과를 내기는 하지만 아무리 황주, 대구라도 재래종 나무에 개량종 과일이 열리지 않는다. 거름을 아무리 많이 주고 관리를 아무리 잘해도 그 품종은 결코 고칠 수 없다. 국광은 황주에서도 국광이며 서울에서도 국광이다. 물론 풍토를 따라 얼마쯤의 변화는 있을 수 있지만 그 품질은 결코 변하지 않는다. 변하더라도 매우 천천히 될 것이요, 몇십 년이나 몇백 년 따위로 알아볼 수 있을 것 아니다.

그와 같이 민족의 기질도 거의 반영구적인 성질을 가진다. 그리하여 한 민족의 역사는 그 민족이 아니고는 될 수 없는 식으로 된다. 한족漢族은 중국에서만 한족 문화를 낳는 것이 아니라 남양에 가서도, 미주에 가서도, 세계 어느 구석에 가서도 한족 노릇을 하고 한족식의 생활을 한다.

현대에 있는 것 중에서 가장 두드러진 예를 든다면 남북 두 미주의 문화다. 남미와 북미가 지리적으로 서로 비슷한 점이 많은 것은 누구나 잘 알 것이다. 그런데 그 둘의 인문의 모양은 서로 매우 다르다. 북미의 합중국이나 캐나다는 나라의 힘이 아주 강하고 발전이 잘되는 대신에 남미의 여러 나라들은 밤낮 내란, 혁명이 끊이지 않는다. 둘이 다 대륙이 새로 발견된 후 유럽에서부터 식민이 되었던 것은 마찬가지인데, 북은 문화의 모든 면에서 세계 제일을 자랑하고, 남은 아주 떨어진 상태다.

그러면 서로 다른 원인이 어디 있느냐 하면, 하나는 튜튼족[2]이요,

---

2) 튜튼족: 인도 유럽인 중 게르만 민족의 하나. 독일, 스칸디나비아, 네덜란드, 영국 남부의 주민이 이에 속하며, 종교는 대개 신교이다.

하나는 라틴족3)인 데 있다고 할 수밖에 없다. 유럽 본토와는 물론 다르지만 그래도 북미는 어디까지나 튜튼적이요, 남미는 어디까지나 라틴적이다. 이것은 오늘과 같이 사회 변천이 급격한 때에도 그렇고 더디었던 옛날에도 그렇다.

그리스 사람의 예술이 그 살던 그리스 반도의 자연의 영향을 받아서 된 것이라는 말을 누구나 하고 또 사실이기도 하지만, 같은 그리스 반도에서도 그리스 사람이 오기 전에 살던 사람들의 예술은 그와는 대단히 다르다. 또 로마 제국이 아무리 지중해와 그 중심에 놓여 있는 이탈리아 반도로 인해 된 것이라 하더라도, 그렇다고 그 자리에 아프리카 흑인을 가져다놓으면 그 정치를 할 수 있느냐 하면 물론 될 수 없다. 그렇듯 민족의 특질은 어느 정도 지리적 조건의 영향을 무시하고 오래가는 힘을 가졌다.

개인과 민족

이렇게 역사의 방향을 결정하는 힘으로 민족의 특질의 영향이 큰 것을 말하면 반대하는 의견이 있다. 그중 가장 두드러진 것은 영웅사관과 계급사관이다. 먼젓것은 역사를 결정하는 힘이 개인 인물에 있다는 사상이요, 뒤엣것은 계급에 있다는 사상이다. 거기 대한 토론을 하는 것이 지금 우리의 본래 겨누고 난 일은 아니지만 지금 역사의 주인이 누구냐 하는 것이 문제되는 때이니만큼 간단히 몇 마디 하고 넘어가기로 한다.

영웅숭배의 시대는 지나갔다. 역사의 나아감에 개인이 확실히 한 요소가 된다. 진시황, 아소카 왕,4) 카이사르의 시대는 말할 것 없고

---

3) 라틴족: 아리아 인종 중 남부 유럽에 분포한 민족. 이탈리아, 에스파냐, 포르투갈, 프랑스 등이 이에 속하며, 종교는 주로 구교이다.
4) 아소카 왕(Ashoka, ?~기원전 238?): 인도 마가다국의 제3왕조인 마우리아 왕조의 제3대 왕으로 인도역사상 최초로 통일국가를 이룬 왕.

씨올의 세기라는 오늘에도, 사상 싸움을 하는 이 현대에도 개인의 영향은 역시 있지, 없지는 않다. 러시아의 오늘에는 아무래도 레닌, 스탈린의 영향이 있고, 인도가 오늘의 인도가 되는 데에는 간디의 인격이 크게 관계가 있다. 그러므로 제2차 세계대전 후에 전쟁범죄자를 골라내어 처벌한 것은 마땅한 일이다.

그러나 아무래도 개인의 시대는 지나갔다. 영웅사관 중에서도 칼라일[5]이 말하는 영웅은 소위 한때 떠들던 나폴레옹, 칭기즈 칸식의 영웅이 아니니 지금도 들을 만하고, 들어서 사람의 정신을 일으켜 세워 참되고 경건한 태도로 인생의 전선에 나서려는 용기를 내게 하는 힘이 있다. 그러나 그래도 그것은 역시 개인의 면만을 강조한 사상이다.

개인은 저만이 홀로 되는 것이 아니다. 생각하고 판단하고 행동하는 주체가 개인인 것은 물론이지만, 그 개인의 뒤에는 언제나 전체가 서 있다. 양심은 제가 만든 것이 아니요, 나기 전에 벌써 그 테두리가 결정되어 있다. 사람은 생리적으로만 아니라 정신적으로도 족적族的인 사회적인 존재다. 개인은 전체의 대표다. 전체에 떨어진 나는 참 나일 수 없고 스스로의 안에 명령하는 전체를 발견한 나야말로 참 나다. 그것이 참 자기발견이다.

그 전체는 종교적으로 하면 하나님이요, 세속적으로 하면 운명공동적인 전체 사회다. 종교적인 전체는 하늘 위에 있는 절대적인 것이므로 처음부터 환한 것이다. 영원불변의 진리다. 그러나 세속적인 전체는 땅 위의 것이므로 시대를 따라 늘 자라왔다. 씨족에서 봉건국가로, 봉건국가에서 민족으로 넓어져왔다. 지금까지 개인의 뒤에 서서 버텨주고 명령한 것은 민족이다.

---

5) 칼라일(Tomas Carlyle, 1791~1881): 영국의 사상가 · 역사가 · 문필가. 산업만능사상에 대한 구제책으로 영웅의 힘을 강조했다. 저서로 『프랑스 혁명사』 『영웅숭배론』 등이 있다.

모든 개인은 다 민족의 나타난 것이다. 어떤 개인이나 다 그렇지만, 더구나 세계적 사건에 공적을 끼친 영웅적 인물이란 다 민족적 세력의 대표자였다. 루터는 종교개혁[6]의 중심적 지도인물이지만 그것은 개인 루터로서가 아니요, 독일 사람 루터로서다. 아무리 루터를 존경하는 사람이라도 종교개혁을 루터 한 사람의 일로 알 사람은 없을 것이다.

종교개혁은 종교적으로 하면 성령의 일인 동시에 현실적으로 하면 북유럽 민족의 일이다. 루터가 이탈리아에서 나지 않은 것은 우연이 아니고 필연이다. 루터는 그만두고 전 인류의 구주라는 소리를 듣는 예수조차 유대 민족의 사람이다. 유대가 아니고는 예수는 나지 못한다. 유대 민족을 잊고 예수를 알 수 없고, 유대 역사를 모르고 기독교를 알 수 없다. 그렇게 말하는 것은 기독교의 세계적인 것을 부인하는 말도 아니요, 예수를 민족주의자로 한정하는 말도 아니다. 다만 민족적 배경 없이는 인격이 없다는 말이다. 민족의 저수지에 물이 고인 것이 없이는 우주에 울리는 생명의 폭포는 떨어질 수 없다는 말일 뿐이다.

계급사관

계급사관은 영웅사관과는 반대로, 사람을 사회생활에서 가지는 경제적 관계에 완전히 종으로 붙여버리자는 사상이다. 경제관계가 역사 변천의 원인이 아니 되는 것은 아니다. 그것만이 홀로 하는 것도 아니요, 주로 하는 것도 아니다. 인생의 모든 일을 이해관계의 대립으로부터 오는 계급투쟁으로 다 설명하려는 것은 분명한 독단이다.

6) 종교개혁: 16세기에 유럽에서 일어난 종교혁명. 중요한 지도자는 독일의 마르틴 루터와 프랑스의 장 칼뱅이다. 전 유럽으로 번진 이 운동을 통해 가톨릭의 폐해를 지적하고, 이로부터 이탈하여 개신교를 세웠다.

그런 독단은 오직 한 사람의 소크라테스만 있어도 깨져버린다. 하물며 소크라테스는 2천 년 전 그리스에만 있었던 것이 아니라, 사람마다의 가슴속에 다 있음에서일까? 계급이 대립하면 싸움이 있는 것은 사실이나, 본래 원시사회에 계급이 생긴 원인은 이해가 서로 충돌되어서라기보다는 전쟁을 해서 지면 다 죽여버리던 이질적인 분자를 될수록 살려 쓰자는 데서 시작된 것이라고 보는 것이 옳을 것이다. 싸움이 아니라 용납이다.

또 계급에는 영속하는 자아의식이 없다. 역사상에 다스리고 다스림을 받는 계급의 대립이 있는 것은 사실이요, 자기네 이익을 보호하자는 의식이 그 계급을 이루고 있는 분자들의 머릿속에 있는 것도 사실이나, 그 계급은 늘 신진대사가 되어왔다. 그러므로 추상적으로 생각하면 계급의 대립이 늘 계속되나 사실 영속되는 의식은 없다. 오늘의 지배계급이 삼국시대의 지배자들을 '우리'라는 감정으로 쓸어안지는 않는다.

그러나 민족에서는 그렇지 않다. 안시성 싸움[7] 이야기를 읽을 때에는 지금 내가 바로 안시성의 성민인 듯 느끼고, 병자호란[8] 이야기를 들으면 내가 바로 임경업이나 된 듯 주먹을 불끈 쥔다. 계급과 민족은 같은 정도가 아니다. 계급은 단순한 이해관계에서 나오는 것이므로 그 관계가 끊어지면 그 감정도 곧 없어지지만 민족의식은 개인의 성격을 이루는 데까지 영향을 미치는 것이므로 쉬이 사라지지 않는다.

영웅사관이나 계급사관이 다 어느 면의 진리를 말하지 않는 것은

7) 안시성 싸움: 고구려 보장왕 4년(645) 당 태종이 대규모 군사를 이끌고 고구려를 침공해 3개월가량 안시성을 포위 공격했는데 성주인 양만춘과 주민들이 힘을 합해 당의 대군을 물리쳤다.
8) 병자호란: 1636년, 곧 병자년 12월에 청나라가 조선을 침략해 일어난 전쟁. 조선이 군신관계를 맺자는 청의 요구를 거절하자 청 태종이 20만 대군을 이끌고 침략했다. 조정은 남한산성으로 피란했다가 다음해 1월 삼전도에서 항복하고 굴욕적인 조약을 맺었다.

아니다. 그러나 분석적인 참이 참 참이 아니다. 금강산의 봉우리마다 골짜기마다를 분석해보면 다른 산과 조금도 다를 것 없는 돌과 나무겠지만, 하나로 서 있는 금강산은 어느 산으로도 비할 수 없는 빼어난 금강산이다. 역사상 영웅의 활동이 없는 것이 아니요, 계급의 작용이 없는 것도 아니다. 그러나 그것이 전체를 전체되게 하는 진리는 아니다. 그것은 민족이 한다. 그러므로 운명공동적이라 한다. 개인의 활동이거나 단체의 활동이거나 그것이 역사 위에 남을 때에는 어쩔 수 없이 민족의 이름으로 남는다. 민족이 전체이기 때문이다.

모든 것은 전체의 제단에 바쳐서만 보존될 수 있다. 모세가 아무리 잘났어도 그의 공적은 유대 사람의 자랑으로 남고 자코뱅당[9]이 아무리 사납게 했어도 그 잘못은 프랑스 국민의 결점으로 남는다. 자라투스트라의 가르침은 나오기를 아무리 그의 입에서 나왔어도 그것은 페르시아 문화의 알짬이요, 그리스 철학을 낳기는 아무리 아테네 귀족계급이 낳은 것이라도 역시 그리스 철학이다.

이렇게 말하면 매우 심한 민족주의 같으나 그런 것이 아니다. 민족주의 시대는 지나갔다. 그러나 가족주의 시대가 지나가도 집의 뜻은 여전히 있고, 개인주의를 버려도 개인의 값은 여전히 귀한 것같이, 민족주의를 버려도 민족의 값은 알아야 한다. 그것을 모르고는 역사를 모른다. 역사를 메는 것은 개인도 계급도 아니요 민족이다. 적어도 지금까지는 그렇다.

한국역사는 한국사람의 역사다. 어쩔 수 없이 한국민족의 역사다. 한국역사에는 한족漢族의 간섭도 있었고 몽고족의 도둑질도 있었고 일본족의 한때 섞임도 있었으나, 그렇다고 한국역사가 한족, 몽고족, 일본족과 공동소유는 아니다. 유교를 받아들였고, 불교를 받아들였

---

9) 자코뱅당: 프랑스혁명 당시 극단적인 평등주의와 폭력통치를 내세운 공화파의 정치단체로, 1793년 중반부터 1794년 중반까지 혁명정부를 이끌었다. 주요인물은 마라, 당통, 로베스피에르 등.

고, 기독교도 받아들였으나, 그래도 여전히 한국이 한국인인 데에는 변함이 없었다.

잘하였든지 못하였든지, 책임이 내 편에 많았든지 저편에 많았든지 그것은 상관할 것 없이 한국역사로 되어진 것은 한국사람이 책임을 지지 않으면 안 된다. 그것을 잊어서는 안 된다. 이탈리아의 마치니의 말을 빌려 민족과 문화에 대한 것을 마무리하자.

"하나님은 그 뜻의 한 줄씩을 각 민족의 요람 위에다 쓰셨다."

섭리

이제 다시 본론으로 돌아온다. 위에서 말한 바와 같이 역사의 기조를 결정하는 데 지리와 민족의 특질이 중요 조건이 된다. 그러나 그보다 결정적인 것은 하나님의 세 번째 뜻이다. 왜냐하면 먼저 둘은 저 저대로 서는 것이 아니요, 하나님의 뜻 안에 그 존재이유를 구현하는 것이기 때문이다. 적당한 품종을 적당한 땅에 심는 것은 오로지 재배하는 사람의 뜻에 달린 것이다. 역사를 우연한 것으로 보지 않는 자에게는 우리나라 지리도 우리 민족의 기질도 우연한 것일 수 없다. 그것은 어떤 이유가 있고 어떤 계획에서 된 것이어야 할 것이다.

씨을의 역사가 겨누는 것은 여기에 있다. 민중에게 자기네 머리 위에서 일하고 있는 보이지 않는 손의 일을 알려주자는 것이다. 그대들은 높은 산에 올라가 그 밑에 있는 사람의 세상을 굽어본 일이 있는가? 으리으리하게 꾸민 커다란 건축들이 모두 게딱지같이 보이는 그곳에서 굽어볼 때, 기어들고 기어나며 꿈지럭거리고 뛰어다니는 그 모양이 채찍에 몰려 벌벌 떨며 몰려가는 그대들의 네 발 가진 친구들과 다를 것이 없지 않던가? 거기서 보면 스스로 풍채를 돋우는 신사도, 아름다움을 자랑하는 미인도 없다. 거기서 들으면 즐거움의 부르짖음도 노여움의 소리침도 떠듦도 한숨도 다 없다. 모든 빛은 다 섞여서 뿌연 점밖에 되는 것이 없고, 모든 소리는 서로 녹아들어 알아들을 수 없는 웅얼거림을 희미한 바람결에 보내는 것밖에 없다.

그럴 때, 그대들은 '가엾은 두 발 가진 짐승이여!' 하는 소리를 하지 않았는가? 사람의 아들들이여, 그대들의 살림은 바로 그런 것이 아닌가? 그렇게 무지 속에 꾸물거리는 것이 아니며, 그렇게 어둠 속에 더듬는 것이 아니며, 그렇게 잔혹한 운명에 놀림받는 것이 아닌가? 그러한 행렬이 영원의 안개 속에서 나와 영원의 안개 속으로 사라진다고 생각해보라! 현재라는 그 언덕 위에서 발밑에 꿈틀거려가는 그 한마디를 보여주고 이것이 영원히 계속된다고 알려주는 말을 들었다고 생각해보라! 그대들은 구룡폭포의 소㪰 속에 의식을 잊어버리자는 것밖에 또다시 더 좋은 생각이 있겠는가? 하나님의 뜻이 만일 없다면 역사는 이것이다.

그러므로 민중을 향하여 자기네 위에 일하는 하나님의 계획을 알기 위하여 힘써야 한다는 것을 가르쳐주어야 한다. 역사는 옛날이야기의 자료도 아니요, 심심풀이를 위한 것도 아니다. 개인적인 도덕의 가르침을 주기 위한 것도 아니다. 역사적 우주정신을 붙잡는 일이다. 미래에 대한 일정한 지시를 주자는 일이다. 물론 역사는 우리의 의지를 뛰어넘어서 나간다. 우리가 알든지 모르든지 역사는 번져갈 대로 번져나간다. 그러나 하나님의 경륜을 알고 알지 못하는 데 따라 우리에게는 큰 차이가 생긴다. 알면 자유요, 모르면 필연이다. 알면 은총이요, 모르면 숙명이다. 아는 것으로 자녀가 될 수 있고, 모르는 것으로 종이 될 수 있다.

고난의 역사

그러면 섭리는 한국역사의 기조를 어떤 것으로 정했을까? 그것이 지리와 민족기질과 실제 역사 변천에 어떻게 나타나 있는가 하는 것은 이 아래로 장을 나누어 말할 것이고, 여기서는 그 결론만을 말하기로 한다. 그러나 이렇게 말하면서 나는 머뭇머뭇하지 않을 수 없다. 나는 지금, 전에 아무도 발을 들여놓지 않은 지경에 한 발걸음을 내놓으려 하기 때문이다. 연구와 조사와 재지才智와 식견의 준비가 있는 사람이면 개척자만이 맛볼 수 있는 즐거운 자부심을 가지면서 '전인미답의 지경'이라고 하겠지만, 그렇지 못한 나로서는 사람에게서는 어리석다, 교만하다 하는 비난을, 하나님으로부터는 거룩을 더럽힌 데 대한 벌을 받을 생각을 하면서 전에 아무도 발을 들여놓지 않은 지경에 모험을 하지 않으면 안 된다.

선생을 가지지 못한 자는 불행할진저! 그러나 안심하고 따라갈 선생을 가지지 못한 나보다도 그 나에게다 전인미답의 처녀지에 모험의 숫길을 내기를 강요하지 않으면 안 되는 한국은 더 불쌍하지 않냐 생각할 때, 나는 더욱 용기를 떨어뜨린다. 그러나 그보다도 더 머뭇거리게 만드는 것이 있다.

그것은 생각하고 생각하여 이른 결론이 너무 참혹한 것이기 때문이다. 내놓을 선물이 훌륭하기만 하다면 제 부족도 무엇도 다 잊고 성큼 나서겠지만, 이것을 말할 때에는 듣는 사람마다 실망하지 않을까, 비웃음과 욕지거리로 대답하지 않을까 생각할 때 내 손은 떨리지 않을 수 없다.

그러나 이때 그런 것은 쓸데없는 걱정이라고 속에서 몰아쳐내는 것이 있다. 그것은 일찍이 예레미야를 내몰고 호세아를 떠밀고 요나를 끌어냈던 영靈이다.[10] 까닭을 물으면 나도 그 까닭을 모르고 그저 마음의 수평선 위에 그렇게 떠올랐다고 할 것밖에 없다. 말하라고 명을 받은 줄 믿으면서 내놓아 이렇게 단언한다. 한국의 역사는 고난의 역사다.

고난의 역사! 한국역사의 밑에 숨어 흐르는 바닥 가락은 고난이다. 이 땅도 이 사람도 큰일도 작은 일도 정치도 종교도 예술도 사상도

---

10) 예레미야를……영이다: 예레미야, 호세아, 요나 모두 『구약』에 나오는 선지자(예언자). 여기서 영이란 하나님의 말씀이다.

무엇도 무엇도 다 고난을 드러내는 것이다. 이 말을 듣고 놀라지 않을 사람은 없을 것이다. 그러나 부끄럽고 쓰라린 사실임을 어찌할 수 없다.

나는 예닐곱 해 전부터 중학생들에게 역사를 가르치게 되었으므로 어떻게 하면 젊은 가슴에 영광스런 조국의 역사를 안겨줄 수 있을까 하고 힘써보았다. 그러나 쓸데없었다. 어려서 듣던 을지문덕, 강감찬의 이름을 크게 불러보았다. 그러나 그 소리로써 묻어버리기엔 5천년 역사의 앓는 소리는 너무도 컸다. 남들이 하는 모양으로 생생자生生字[11], 거북선, 석굴암, 다보탑, 있는 것을 다 출동시켜 관병식을 거행해보려고도 하였다. 그러나 그 허울로 가리기에는 삼천리에 박혀 있는 상처는 너무도 크고 많았다. 나는 스스로 자기를 속임 없이는 유행식의 '영광스런 조국의 역사'를 가르칠 수가 없음을 깨달았다.

우리는 큰 민족이 아니다. 중국이나 로마나 터키나 페르시아가 세웠던 것 같은 그런 큰 나라는 세워본 적이 없다. 또 여태껏 국제무대에서 주역이 되어본 일도 없다. 애급이나 바빌론이나 인도나 그리스 같이 세계문화사에서 뛰어난 자랑거리를 가진 것도 없다. 피라미드 같은, 만리장성 같은, 굉장한 유물이 있는 것도 아니고, 세계에 크게 공헌을 한 큰 발명도 없다. 인물이 있기는 하나 그 사람으로 인하여 세계역사에 큰 변화가 생겼다고 할 만한 이도 없고, 사상이 없지 않으나 그것이 세계사조의 한 큰 주류가 되었다 할 만한 것은 없다.

그보다도 있는 것은 압박이요, 부끄러움이요, 찢어지고 갈라짐이요, 잃고 떨어짐의 역사뿐이다. 공정한 눈으로 볼 때 더욱 그렇다. 그것은 참으로 견딜 수 없는 슬픔이다.

세계의 각 민족이 다 하나님 앞에 가지고 갈 선물이 있는데 우리는

---

11) 생생자: 1792년 정조의 명으로 규장각에서 만든 목활자. 청나라의 『사고전서』 취진판 자체를 본떠 큰 글자 15만 7천 2백 자, 작은 글자 14만 4천 3백 자를 만들었다.

있는 게 가난과 고난밖에 없구나, 할 때 천지가 아득하였다. 애급과 바빌론은 문명의 시작이라는 명예를 가졌고, 중국은 도덕을, 그리스는 그 예술을, 로마는 그 정치를 가지고 가겠지만, 한국은 무엇을 가지고 갈 터인가? 인도는 망했어도 인도교, 불교를 남길 수 있고, 유대는 없어졌어도 유대교, 기독교가 남을 수 있으며, 영국도 오히려 헌법을 자랑할 수 있고, 독일도 오히려 철학을 내세울 수 있으나, 한국은 그래 무엇을 남기고 무엇을 자랑할 터인가?

이 사실을, 이 끔찍한 속일 수 없는 사실을 희망과 자부심에 부푼 젊은 가슴 위에 말해주지 않으면 안 되는 것인가 생각할 때, 나는 "내가 왜 역사교사가 되었던고!" 하고 한숨을 쉬지 않을 수 없었다. 그것은 끓는 물을 돋아나는 새싹 위에 퍼붓는 일이라고 생각되었다.

그러나 성경은 그러는 가운데서 진리를 보여주었다. 나를 건진 것은 믿음이었다. 이 고난이야말로 한국이 쓰는 가시 면류관이라고 가르쳐주는 것이었다. 그리고 그것은 세계의 역사를 뒤집고 그 뒷면을 보여주는 것이었다. 그리하여 세계역사 전체가, 인류의 가는 길 그 근본이 본래 고난이라 깨달았을 때 여태껏 학대받은 계집종으로만 알았던 그가 그야말로 가시 면류관의 여왕임을 알았다. 이제 우리는 마치니와 한가지로 "그녀의 할 일은 아직이다"라고 용기를 낼 수 있다. 과연 그녀의 일은 이제부터다.

형산荊山에서 박옥璞玉을 얻은 화씨和氏 모양으로 나는 이렇게 하여 얻은 진리를 다듬을 겨를도 없이 얻은 그대로를 세상에 내놓은 것뿐이다.

• 1934년 6월, 『성서조선』 제65호

고난의 의미

자기를 들여다봄

눈부신 아침 햇빛이 비치는 흥안령 마루턱에서 한韓을 내다봄으로 시작되었던 우리 역사의 여행은 이제 그 길을 다 마치었다. 그러나 떠날 때에 보았던 그날의 날랜 사내는 지금은 한 개 비렁뱅이가 되어 버리고 말았다. 저물어가는 데이뉴의 길거리를 지친 발걸음으로 저 즘거리고 있는 장 발장같이 20세기의 문명이 만들어놓은 어둠의 골 짜기에서 그는 지금도 전락의 길을 더듬고 있다. 가난과 압박과 병과 무지와 더러움과 모짐의 무거운 짐을 그 어깨에 메고 있다.

그대들은 그를 보고 어떤 느낌을 가지는가? 불쌍히 여기는 생각인가? 업신여기는 느낌인가? 끔찍이 여기는 마음인가? 그렇지 않으면 존경인가? 그렇다. 그래야만 된다고 나는 말하였다. 그러나 그것만도 아니다. 그대들이 만일 어느 눈부신 문명의 저자를 구경하기에 분주히 돌아다니다가 어느 뒷골목에서 이 비렁뱅이를 만났다면 업신여 길 수도 있고 동정도 할 수 있을 것이다. 또 한 개의 진실한 글을 읽는 사람으로서 이 수난자의 전기를 읽고 그 얼굴을 들여다보고 있다면 부르르 떨 수도 있고 존경을 드릴 수도 있을 것이다.

그러나 우리가 어떻게 구경만 하고, 읽기만 하고, 바라만 보고 있으리요? 그 비렁뱅이는 바로 우리 자신이 아닌가? 다른 사람의 일인 듯 우리가 바라보고 있었던 그 끔찍한 형상은 고난의 시냇물 위에 비친 우리 자신의 그림자였다. 그러므로 우리는 이제 한걸음 더 나아가야 한다. 우리 자신을 고난자로 스스로 의식하고 수난자의 심정을 가지고 아픔을 우리 자신에 체험하여야 한다. 고난의 술잔을 그것인 줄 알고 삼킬 뿐만 아니라, 그 맛이 달기가 꿀 같다고 느껴야 한다. 이제 우리 마음을 바꿔야 한다. 제3자의 태도를 버리고 내가 되어야 한다.

그러면 고난의 짐을 지는 자들아, 오라. 헤매기를 그만두고 이 비장한 곡조로 높이 우는 고난의 냇가로 오라. 와서 그 무거운 짐을 이 높은 바위 끝에 내려놓고 이 고난의 뜻을 시원하게 이야기하자. 번뇌의 몸을 보리수 그늘 아래 던져 금강좌金剛座를 굳게 겯고 진리를 깨닫기 전에는 죽어도 아니 일어난다고 맹세하고 앉았던 싯다르타처럼 이 자리에서 이 고난을 극복하고야 말겠다고 결심을 하고 오라. 너와 내가 수난의 비렁뱅이니라.

우리는 고생하러 났다

생각하면 우리는 고생하기 위하여 이 세상에 나온 사람 같다. 4천 년 넘는 역사에 우리는 이제껏 태평시대라는 것을 모른다. 한옛적은 아득해 알 수 없고, 삼국시대 이후로는 글자 그대로 하루도 평안할 날이 없었다. 번거로움을 피하기 위하여 여기서 하나하나 들기를 그만두지마는 시험하여 삼국시대 이후 전쟁의 번수番數를 세어보면 백으로 꼽게 된다. 물론 이것은 글월이에 남은 것이다.

그중에서 내란은 그만두고 다른 민족이 쳐들어온 것만을 헤아려도 5, 60회가 되고, 다른 민족이 쳐들어온 것 중에서도 한 구석진 것은 그만두고 전국적으로 떠들었던 것만도 30회나 된다. 그리고 또 그 모든 전쟁이, 고구려가 한 것 몇 번을 내놓고는 모두 우리나라 땅 안에서 된 것이요, 또 시작으로나 결과로나 대개 막는 싸움이요, 진 싸움이다. 예로부터 성하지맹(城下之盟: 도성의 성 밑에서 항복하여 맺은 굴욕적인 맹약)을 부끄러워한다고 한다. 전쟁하고 강화조약을 맺으려거든 남의 땅에 가서 맺게 되어야지 내 성안에서 맺는다면 나는 진 것이 분명하지 않으냐? 그러므로 하는 말이다. 외국 군대의 점령 아래서 조약을 맺으니 나는 약점을 잡힌 것이 아니냐?

그런데 우리의 역사를 보면, 부끄러운 일이지만 하나도 성하지맹 아닌 것이 없다. 그러므로 나라땅은 줄곧 줄어만 들었다. 삼국시대 이후로는 나라땅을 한 치도 넓힌 것은 없고 늘 빼앗긴 것뿐이다. 그러고 보니 백성은 전쟁의 화를 벗을 날이 없었다. 먼저 당한 전쟁의 상처가 채 낫기도 전에 새 적병을 또 막아야 하니 마음을 놓고 즐겁게 살 날이 하루도 없었다. 다른 민족에서 보면, 2백 년, 3백 년의 평화시대가 있는데, 우리에게는 힘써 본대야 백 년 지난 것이 없고, 그것도 온전한 것이 못 된다.

신라의 통일 이후 성시라 한 것이 대략 백 년 되기는 하지만 그것도 내란으로 더럽혔고, 고려 덕종에서 예종에 이르는 90년 동안이 비교적 성한 때나 그것도 국경 방면에 도둑이 쉬지 않았다. 그러고는 그 끝 무렵 충렬에서 공민에 이르는 약 70년 동안이 또 전쟁은 좀 쉬었으나, 이때는 몽고의 속국으로 있었으므로 그 구속이 심했으니 태평시대라 할 수 없다.

이조에 들어와서 꼽자면 태조에서 성종까지 약 백 년이 있으나, 외환이 없었을 뿐이지 안으로 왕자들의 싸움, 단종 사건 등 인심이 흉흉했던 때다. 그 후로는 영·정 두 임금 때가 또 성시라고 하기는 하나 당쟁이 아직 끊이지 않았으니 그 역시 완전한 평화시대는 못 된다.

그렇게 우리는 평안이 무엇인지 모르는 국민이다. 우리가 웃었다면 그것은 쓴웃음을 지은 것이요, 우리가 춤을 추었다면 그것은 미쳐서 춘 것이다. 우리는 잔인한 로마 사람에게 한때의 쾌감을 주기 위하여 원형극장 안에서 싸우는 검노劍奴와 같이, 수욕獸欲에 불타는 사나이에게 한 덩이 고기로 다룸을 받는 갈보같이, 한갓 다른 사람을 위하여 고생하고 학대받기 위하여 나온 축생인 듯하다.

인류역사는 고난의 역사

그러나 말하기를 그만두라. 인류의 역사란 결국 눈물의 역사요, 피의 역사 아닌가? 고난을 당하는 것은 우리만이 아니다. 온 인류가 다 그렇다. 사람의 해골로 되지 않은 성벽을 어디서 보았느냐? 사람의 가죽을 병풍으로 삼지 않았다는 왕좌를 어디서 들었느냐? 한숨 없이는 예술이 없고, 희생 없이는 종교가 없다. 어떤 자가 이기고 어떤 자가 졌다 하며, 어떤 자가 어질고 어떤 자가 어리석다 하나, 모르는 말이다. 남을 죽이는 자는 제 마음이 먼저 찔렸고, 남을 책망하는 자는 제 가슴이 먼저 답답했느니라. 하나님의 것을 도둑질한 놈만이 사람에게 도둑을 맞을 수 있고, 제 속에 미움을 가진 놈만이 남의 고와함을 받을 수 있느니라.

이것을 너나의 일로 보지 말고 인생의 일로 볼 때 임금이 어디 있고 종이 어디 있으며, 계급이 어디 있고 죄인이 어디 있느냐? 다 같이 한 개 수난의 행렬을 지을 뿐이다. 왜 저들은 사랑하는 자식의 무덤을 내 손으로 파지 않으면 아니 되는가? 왜 저들은 서로 찌르는 목구멍에서 흐르는 혈조血潮에서만 정의를 배울 수 있는가? 한 개의 진리를 캐어내려면 만전을 허비할 뿐 아니라 만골이 말라야 하지 않나? 그런데 그 진리만 귀하고 그 죽음은 천한가? 한마디 선을 말하려면 열 번 입을 열어야 할 뿐 아니라 백 번 무덤 문이 열려야 하지 않나? 그런데 그 선만 좋고 그 무덤은 불행인가?

가슴속에는 말할 수 없는 항상 타오르는 불덩어리를 품고, 마음은 형용할 수 없는 것에 목이 말라 하며, 무엇을 추구하는지, 어디로 모색을 하는지, 그러나 몸은 구르면서, 걸리면서, 넘어지고는 또 일어나며, 일어났다간 또 넘어지는 것이 사람이다, 역사다.

고난에 뜻 있다

그러나 고난은 결코 정의情意 없는 자연현상이 아니다. 잔혹한 운명의 장난도 아니다. 그것은 하나님의 섭리다. 인도의 위대한 혼이 성스러이 말한 것같이 "고난은 생명의 한 원리다"[간디]. 우리는 고난 없는 생을 상상할 수 없다. 죽음은 삶의 한 끝이요, 병은 몸의 한 부분이다. 십자가의 길이 생명의 길이다.

고난은 죄를 씻는다. 가성 소다가 때를 씻는 것같이 고난은 인생을 씻어 깨끗하게 한다. 불의로 인하여 상하고 더러워진 영혼은 고난의 고즙苦汁으로 씻어야만 회복이 될 수 있다.

고난은 인생을 깊게 만든다. 이마 위에 깊은 주름살이 갈 때 마음속에 깊은 지혜가 생기고, 살을 뚫는 상처가 깊을 때 혼에서 솟아오르는 향기가 높다. 생명의 깊은 뜻은 피로 쓰는 글자로만, 눈물로 그리는 그림으로만, 한숨으로 부르는 노래로만 나타낼 수 있다. 평면적·세속적 인생관을 가지는 자는 저가 고난의 잔을 마셔보지 못하였기 때문이다.

고난은 인생을 위대하게 만든다. 고난을 견디고 남으로써 생명은 일단의 진화를 한다. 핍박을 받음으로 대적을 포용하는 관대함이 생기고, 궁핍과 형벌을 참음으로 자유와 고귀를 얻을 수 있다. 고난이 닥쳐올 때 사람은 사탄의 적수가 되든지 그렇지 않으면 하나님의 친구가 되든지 둘 중의 하나가 되지 않으면 안 된다. 고난은 육에서는 뜯어가지만 영에서는 점점 더 닦아낸다. 고난이 주는 손해와 아픔은 한때나, 그 주는 보람과 뜻은 영원한 것이다. 개인에서나 민족에서나 위대한 성격은 고난의 선물이다.

고난은 인생을 하나님에게로 이끈다. 궁핍에 주려보고서야 아버지를 찾는 버린 자식같이, 인류는 고난을 통해서만 생명의 근원인 하나님을 찾았다. 이스라엘의 종교는 애급의 압박과 광야의 고생 가운데 자라났고, 인도의 철학은 다른 민족과 사나운 자연과 싸우는 동안 브라만에 이르렀다. 지옥으로 가는 길이 선의로 포장이 되어 있다면 하나님에게로 나아가는 길은 악의로 포장이 되어 있다. 눈에 눈물이 어리면 그 렌즈를 통해 하늘나라가 보인다. 사람은 고난을 당해서만 까닭의 실꾸리를 감게 되고, 그 실꾸리를 감아가면 영원의 문간에 이르고 만다.

과연 고난은 "우리 생명이 피할 수 없는 한 가지 조건이다." "사람들은 자유의 제단에 알찐한 자기 희생과 견디고 참음의 제물을 드려야 한다. 비록 그 인내의 힘을 끝점까지 써내지 않으면 안 되는 분한 일과 압박이 있다 하더라도, 마지막까지 견디는 자라야 구원을 얻으리라고 한 말씀은 진리다. 그렇게 함으로써만 저희는 참 자유, 참 스와라지〔自治〕를 얻을 수 있다. 그렇게 함으로써만 저희는 진정한 행복을 얻을 수 있고, 그렇게 함으로써만 저희는 진정한 승리를 얻을 수 있다"〔간디〕.

간디는 '고난을 통한 평화'는 영원의 법칙이라 하여 어떤 나라도 이 사실 없이는 일어난 일이 없고, 따라서 인도도 그 종살이에서 벗어나려면 이 영원의 법칙을 지키지 않고는 아니 된다고 하였다. 그렇다면 한국이 이 법칙에서 면제를 받지 못할 것임도 정한 일이다. 한국역사가 고난의 역사인 것은 역사를 낳는 것이 '아가페'이기 때문이다.

극복

고난을 받아야 한다. 우리 지은 죄로 인하여 고난을 받아야 한다. 재난이 올 때마다 피하기부터 하려 하고 비탄만 하지만, 그 당파심을 버리지 않는 한, 그 시기심을 버리지 않는 한, 의인 대접할 줄을 모르는 한 환난은 절대로 떠나지 않을 것이다. 하나님의 영원한 법칙에 의하여 그럴 것이다. 죄가 무슨 죄냐? 나를 버린 것이 죄요, 뜻을 찾지 않은 것이 죄다. 나를 버린 것이 하나님을 버린 것이요, 뜻을 찾지 않은 것이 생명을 찾지 않은 것이다. 우리의 평면적인 인생관을 고치기 위하여 고난을 받아야 한다. 자아에 충실하기 위하여, 고식주의를 깨뜨리기 위하여, 은둔주의를 벗기 위하여 이보다 더 심한 고난이라도 받아야 한다.

우리의 바탈을 드러내기 위하여 고난을 받아야 한다. 착한 것이 나약[1]으로 떨어지지 않기 위하여, 잃었던 용기를 다시 찾기 위하여, 약 아빠짐으로 타락해버린 지혜를 도로 끌어올리기 위하여, 중간에 생긴 종살이 버릇을 없애기 위하여, 굳센 의지가 자아가 되고 고결한 혼을 다듬어내기 위하여 불 같은 고난이 필요하다.

우리의 생명을 마비시키는 숙명철학을 몰아내기 위하여 최후의 반발을 찔러 일으키는 지독한 고통이 필요하다. 장차 올 새 역사에서 우리의 사명을 다할 수 있는 자격자가 되기 위하여 고난은 절대 필요하다. 보다 높은 도덕, 보다 넓고 진보적인 사상의 앞잡이가 되기 위하여, 우리가 가진 낡은 모든 것을 사정없이 빼앗아가는 고난의 좁은 문이 필요하다.

이 백성에게 참 종교를 주기 위하여 고난을 받을 필요가 있다. 생명의 한 단 더 높은 진화를 가져올 새 종교를 찾아내기 위하여 낡은 종교의 모든 미신을 뜯어치우는 고난이 필요하다. 세계를 하나로 만드는, 모든 부족신 · 계급신 · 주의신主義神을 다 몰아내는, 새 믿음을 얻기 위하여 우리의 가슴에서 모든 터부, 모든 주문, 모든 마술적인 것, 모든 신화적인 것, 모든 화복주의적인 것을 뽑아내는 풀무 같은 엄격한 핵분열적인 고난이 있어야 한다.

그러면 일어서라, 고난의 짐을 지는 자들아, 수난의 겟세마네에 밤은 깊었고, 기드론 내를 이미 건넜다. 마지막이 가까울 것이다. 2천 년 전 고난의 왕이 "오직 아버지 뜻대로 하옵소서" 하고 고난의 쓴 잔을 바짝 당겨 들이켜고 십자가를 향하여 냅다 달린 것같이, 우리도 이 짐을 쾌히 지고 저 목메는 마지막 여울로 내려가자. 이때까지 우리를 비렁뱅이로 표시했던 누더기를 여기서 다 버리자. 그것은 우리

---

1) 『성서적 입장에서 본 조선역사』에는 '비약'(卑弱, 비겁하고 약함)으로 표기되어 있다.

가 허영의 저자에서 얻어 입은 것이었다. 이때까지 아끼던 모든 소유도 여기서 다 버리자. 그것은 우리 정신이 흐렸을 때 남의 집의 쓰레기통에서 주워넣은 것이었다.

지금까지 꼭꼭 간수해서, 자면서도 쥐고 잤던 조상 전래의 이 문서도 여기서 다 버리자. 그것은 다 불쌍한 우리 이웃에게 지운 빚 문서다. 우리의 땅을 빼앗았던 것도 다 용서하자. 이제부터 네 땅, 내 땅이 없다. 우리 할아버지, 아버지 죽인 원수도 용서하자. 이제 네 민족, 내 민족, 네 집, 내 집이 따로 없다. 우리 어린이를 우리 손에서 빼앗을 때 이를 갈고 뼈에 새겼던 원한도 이 흐름 속에 버리고, 우리들의 처녀를 짐승 같은 놈들이 잡아가고, 우리들의 아내를 우리들의 눈앞에서 욕보일 때에 털끝까지 올랐던 분, 세포 갈피 갈피에 박혔던 독, 그것도 이 물속에 다 던져버리자.

이 여울을 건너면 골고다가 있다. 고난의 임금에게 그것이 무슨 소용이 있느냐? 오직 이 짐만 져라. 이 지워주는 십자가만 사랑으로, 믿음으로, 소망으로 지고 건너라.

그러면 이제 우리 입에서 노래가 나올 것이다.

내 임을 가까이 더 가까이
올라가는 길은 십자가나
나 늘 늘 노래로
내 임을 가까이
내 임만 가까이
더 가까이

헤매는 나그네 해는 지고
어둠이 덮칠 때 찬 돌베개
자는 꿈속에도
내 임을 가까이

내 임만 가까이
더 가까이

나타나 보이는 저 사다리
하늘에 닿으니 웬 은혠가
천사 날 불러서
내 임을 가까이
내 임만 가까이
더 가까이

기쁜 맘 깨어나 님을 노래
돌 같은 내 슬픔 쌓여 제단
한숨을 쉬어도
내 임을 가까이
내 임만 가까이
더 가까이

가벼운 날개 쳐 하늘 날 제
해 달 별 다 잊고 올라가리
영원히 노래로
내 임을 가까이
내 임만 가까이
더 가까이

• 『성서적 입장에서 본 조선역사』(성광문화사, 1950)

역사가 지시하는 우리의 사명

우리에게도 세계적 사명이 있다

한국사람에게도 세계적 사명이 있느냐고 물으면 사람들은 어떤 대답을 할까? 더구나 그 지도적 지위에 섰다는 사람들은, 한국을 위해 생각하고, 이 사회를 사람 사는 것다운 사회로 만들려고 힘을 쓰는 사람들은 어떤 대답을 할까? 저들은 거기 대하여 아무 생각도, 세워놓은 의견도 없는 것이 아닐까? 우리는 일찍이 그런 것을 들은 일이 없다. 생활개선도 말하고 사회개량도 부르짖고 국민운동도 요새와서는 많이 말하지만, 우리가 세계를 위하여, 인류를 위해서 이것을 해야 한다고 힘 있게 믿는 바를 주장하는 것을 들은 일이 없다.

자유진영에 참여하여 반공전선에 한몫을 하는 것으로 세계적 사명이라 생각하는지 모르지만 그것으로는 부족하다. 그것은 마치 집에 앉아 세금을 내고 나도 나라를 위해 싸웠다는 것과 마찬가지다. 물론 그것도 같이 싸운 것이다. 그러나 우리들이 나라를 위해 목숨을 바쳤다고 할 때는 세금을 내어 국방비의 한 부분을 담당한 것쯤을 가지고는 안 된다. 그것은 국민인 담에는 자동적으로 다 하고 있는 것이다.

나라를 위해 바쳤다, 싸웠다 할 때는 내가 자진해서, 나만이 할 수 있는 어떤 일을 구체적으로 한 담에야만 할 수 있는 말이다. 그저 자연히 존재를 통해 되는 일로 한다면 뜰 앞의 돌도 세계 참여를 하고 있는 것이고, 풀 속에서 우는 벌레도 세계적 공헌을 하고 있다.

우리가 말하는 것은 그런 것이 아니고, 유의적有意的·정신적인 뜻에서 하는 말이다. 누구나 다 하는 일에 참여하는 것만으로는 안 된다. 나는 나로서의 할 일을 내가 발견하여 내 존재의 의미를 거기 걸고 한 담에야 사명이라 할 수 있다. 젊은이가 군대에 불려나간 것만으로도 부족하다. 전선에 나가 서야 한다. 전선에 참여하는 것만으로도 안 된다. 어느 봉우리면 봉우리, 어느 다리면 다리, 구체적으로 내 공격 목표 혹은 지키는 지점이 결정되어야 비로소 싸움이다. 그것조차도 상관의 명령으로 기계적으로 움직여서는 설혹 전사를 하였다 해도 의미가 적다. 정말 나라를 사랑하는 마음에 내가 자진해 힘을 다해서 그 뜻을 알고 한 다음에야 비로소 나라를 위해 사명을 다한 것이다.

마찬가지로, 세계 정세에 끌려 자유진영에 서고 반공투쟁을 하여도 그것은 엄정한 의미의 세계적 사명은 아니다. 사람은 정신이다. 정신은 스스로 하는 것이요, 독특하게 하는 것이다. 이런 의미에서 볼 때 우리나라의 정치를 맡는 사람도, 사회 지도를 하는 사람도 분명한 세계적 사명감은 없다.

세계적 사명 같은 것은 긴하지 않은 것일까? 그런 것은 도무지 없다고 생각하는가? 사실 보통 상식적인 관찰로 보면 한국사람에게는 세계적 사명 같은 것은 말할 여지도 없는 듯하다. 그 역사를 보면 볼수록 자존심을 잃게 하는 것인데 어디서 세계를 말할 용기가 나며, 그 생활에서 생각하면 당장의 목숨을 이어가는 것도 문제인데 어느 겨를에 인류의 일을 결정할 여유가 있을까? 세계적이니 뭐니 하는 것은 우리에게는 일종의 사치요, 주제넘은 생각 같다.

그러나 그래서는 안 된다. 살았다 함은 할 일이 있다는 말이다. 생生은 명命이다. 하나님이 명령하는 것이 삶이다. 삶은 함이다. 괴테의 말과 같이 "쓸데없는 존재는 죽음의 존재다." 사명에 대해 믿는 바가 없이는 생존권을 주장할 자격이 없다. 어떠니 한국사람도 살아야겠다는 것이며, 어떠니 우리에게도 자유를 달라는 것인가? 한국사람이 만일 그 생존권을 주장하고 그 자유를 요구하려면 그는 운명을 같이 하는 인류 앞에서 그 무대에 올라가 한 가지로 맡아 할 일이 있어야 할 것이다.

이제껏 여러 방면으로 연구해온 것을 보면 진화가 여기까지 오는 데는 생물은 참으로 많은 값을 내고 왔고, 더구나 인류가 지금의 자리까지 오는 데는 무한한 희생을 하고 왔다. 문제가 오늘날까지 발달한 것은 결코 어느 한 민족이나 한 나라가 어느 때에 시작해서 된 것이 아니요, 마치 큰 강이 여러 갈래의 지류에 가지가지 흐름이 합해서 된 것같이, 여러 계통의 사회와 문화가 서로 섞이고 영향을 주고 작용하고 하여 복잡하게 종합이 되어서 된 것이다.

문화는 그만두고 우리 몸, 우리 인격, 우리 개성이라는 것조차 하나도 혼자서 된 것이 아니요, 여러 가지 종목, 여러 가지 피, 여러 가지 유전, 여러 가지 성격이 서로 영향을 주어서 된 것이다. 우리 몸이 세포의 합성인 것같이 우리 인격도 사실은 합성이다. 그러므로 나는 독특하면서도 남을 이해할 수 있고, 전체를 대표할 수 있다. 이와 같이 인류는 운명 공동적으로 존재하는 것이므로 우리가 그 안에서 살기를 주장하고, 나는 나로서의 자유를 주장하려면 반드시 할 일이 있어야 할 것이다.

그러므로 살았다 함은 결국 살 이유를 알았다 함이다. 그렇지 않고 아무 이유를 깨달은 것 없이 그저 살고 싶으니 살겠다는 것을 가지고는 이 투쟁적인 생에서는 힘이 없다. 까닭이 곧 힘이다. 사람은 정당한 까닭만 있으면 하나님과도 겨뤄대려 한다. 하나님이 전능한 것은 그 까닭이 전적全的이기 때문이다. 하나님은 전체다. 그 전체 앞에서 내가 살기를 요구하고 자유를 주장하려면 그 전체를 부정할 만한 자신이 있든지, 그렇지 않으면 그 전체에 나를 완전히 합치시킬 사랑이 있든지 해야 한다. 일한다는 것은 결국 전체에 대하여 사랑으로 복종함이다. 그러므로 사명 없이는 못 산다. 사명의 명을 내리는 이는 전체 곧 하나님, 역사에서 말하면 세계다.

세계는 무용한 존재를 허하지 않을 것이다. 위대한 문명의 창시자인 애급은 왜 멸망하였나? 다시 더할 수 없이 힘이 세던 로마는 왜 망해 없어졌나? 그 사명들을 잃었기 때문이다. 애급 사람으로서 재주가 모자랐다고는 할 수 없고, 로마 사람으로서 힘이 부족하였다고는 할 수 없다. 재주와 힘을 두고도 망한 것은 살겠다는 주장, 살 수 있다는 믿음이 없어졌기 때문일 것이다. 재주와 힘이 작용하는 것은 정신에 의하여 되는 것이다. 웅덩이가 가득 차고 흐르기를 그치면 썩듯이, 한 민족의 마음이 사명감을 잃어버리면 망하고 만다. 반대로 아직도 바라는 이상이 있고, 자부하는 사명이 있으면 결코 망하지 않는다.

유대인이 그 지리가 불리한 점으로 보아서, 그 정치적 재지가 부족한 점으로 보아서 도저히 로마에 비할 유類가 아니건만, 오늘날까지 세계 도처에서 학대와 업신여김을 당하면서도 살아 있고, 드디어 조국을 회복하게 된 것은 그 원인이 오로지 그들의 민족적 신앙에 있다고 할 수밖에 없다. 그들은 아직도 메시아를 기다린다. 그것이 그들의 역사적 등뼈다. 인도도 흑인도 다 그렇다. 한국도 그래야만 된다. 살고 싶거든 할 일을 발견해내어라. 고난의 역사라지만 그 역사에는 의미가 있어야 한다. 의미 없는 고난이 무엇이냐? 사실은 의미 없이는 고난조차도 없다. 죽음뿐이지. 그러나 의미는 어디서 오나? 의미는 전체에 있다. 전체는 명하는 것이다. 그 명을 다하는 것이 의미다. 사명도 의미도 없이 하는 고난, 그것은 바위가 무너짐이요, 중생이 넘어짐이다.

그러므로 사명의 자각이야말로 재생의 원동력이다. 게으름뱅이는 일이 급하다 해야 깬다. 거의 쇠망하도록 지친 민족일수록 세계적 사명을 자각시킬 필요가 있다. 쇠망은 결국 정신적 쇠망이요, 정신은 결국 명이다. 하나님의 명이다.

그러므로 마치니가 지리멸렬한 이탈리아를 살려내려 할 때 먼저 한 것은 민족에게 사명감을 주는 것이었다. 그는 말했다. "우리가 할 일은 이제부터다"라고. 피히테[1]가 전국의 말발굽에 밟힌 독일을 일으키려 할 때에 먼저 한 것도 장차 세계를 지도할 것은 우리 독일 민족이라는 말이었다. 일본이 동해의 외로운 섬 속에서 꿈을 꾸고 있다가 일약해서 동아의 왕이 되려 할 때에도 국민을 향해 선전한 것이 "아시아 인종을 옹호할 자는 우리다"라는 것이었고, 나중에 되지 못할 억지스러운 전쟁을 할 때에도 끝까지 국민을 속여 선전한 말이 세계통일은 자기네가 해야 된다는 것이었다. 그러므로 레닌[2]이 학정 밑에서 허덕이는 농노를 일으키어 새 러시아를 건설하려 할 때에도 먼저 그 무식한 것들에게 세계혁명의 이상을 불어넣는 일이었다. 미국을 세우던 신영주新英洲 지도자들의 일도 그렇고, 인도를 해방시킨 간디의 일도 그러하다.

물론 이것들 중에는 순수하지 못한 것도 많다. 민중을 속이는 수단으로 한 것도 있다. 그러나 비록 그렇다 하더라도, 그것은 마치 양주업자도 사회봉사의 간판을 내걸듯이 사악이 정의에 대하여 하는 본의 아닌 항복이다. 그만큼 도리어 힘 있는 반증이다.

민중운동은 세계적 공의의 뒷받침 없이는 안 된다는 말이다. 거짓 세계사명도 능히 한때 민중을 속여 총동원하여 놀랄 만한 활동을 하게 하거늘, 하물며 진리에 근거하고, 하나님의 의에 의하여 보장이 되는 우주사적 사명으로써 한다면 얼마나 더 위대한 일이 나올 것인가?

망국 민족 중에 나서, 진리라고 따라다니다가 반대자들의 악독한 핍박을 받아 최후의 용기를 내어야 하는 절박한 장면에서 자기네 주요 선생이라 섬기던 이를 대적의 손에 맡기고 어쩔 줄 모르고 도망을

---

1) 피히테(Johann Gottlieb Fichte, 1762~1814): 독일의 철학자·애국자. 1807년 프랑스군이 베를린을 점령했을 때 "독일국민에게 고함"이란 강연으로 국민적 의식을 고조시켰다.
2) 레닌(1870~1924): 러시아의 급진적 마르크스주의자. 러시아 공산당을 창설하여 10월 볼셰비키 혁명을 지도했고 소련 최초의 국가원수가 되었다. 제3인터내셔널(코민테른)을 창설했으며, 마르크스 이후 가장 위대한 혁명사상가인 동시에 역사상 가장 뛰어난 혁명지도자로 인정받고 있다.

하던 비겁한卑怯漢도 한번 영감을 받아 세계 끝까지 그 진리를 전파하는 것이 자기네 사명이라 깨달을 때는 온 세계를 대적으로 용감하게 싸웠고, 마침내 그것을 정복하고야 말았다. 우리도 예외일 수 없다. 한민족이 만일 잔패민족殘敗民族이라는 더럽고 불쌍한 이름을 남기고 싶지 않거든 이제라도 어서 세계적 사명을 자각해야 한다.

일루의 희망

그러나 죽은 시체를 보고는 아무리 북을 두드려도 소용이 없다. 이 민족은 채 죽지는 않았느냐? 그럴 만한 가능성이 있느냐? 있다. 무엇으로써 있다느냐? 그 '착함'으로다. 맹자가 전국시대의 야심 군주의 하나인 제선왕齊宣王에게 왕도정치를 가르치려 할 때 그의 타락한 양심을 소생시켜 자신을 주기 위하여, 그가 일찍이 제사祭祀 소가 도살장으로 가며 떠는 것을 보고 동정하여 건져주었던 사실을 들어서, 이것은 '차마 못 하는 마음'〔不忍之心〕인데, 이것을 가졌으면 온 천하를 평정할 수 있다 하였다. 이 차마 못 하는 마음이란 곧 착한 마음이다.

그리고 지금 맹자의 말을 인용하였지만, 그 맹자에게서 주의할 것은 언제나 반드시 세계적인 이상을 말하는 점이다. 그때 말로는 평천하平天下라 하였다. 이 점이 맹자의 위대한 점이요, 역대의 모든 정치가, 민중의 교사들이 맹자를 놓지 않고 배우는 까닭이 있는 곳이다.

그런데 그 이상의 출발점이 어디냐 하면 착한 마음이다. 우리가 하늘에서 받아가지고 온, 그리고 우리 조상들이 흥안령을 넘기 전부터 가슴속 깊이 간수하고 길러온 이 착한 바탕이 미래의 세계 역사에서, 하려고만 한다면 큰 사명을 다할 수 있는 것이라고 우리는 믿는다. 오랜 고난 가운데 이 아름다운 천성은 많이 상한 점도 없지 않다. 지금 어떻게 보면 도리어 반대의 성질을 가지지 않나 의심나는 점도 있다. 혹시 깊이 보지 못하는 외국 사람이 한국사람은 잔인하다고 말을 하는 사람도 있으나 그렇지 않다. 그런 말에 혹하여 스스로를 의심하면 못쓴다. 유교에서는 존심양성存心養性을 말한다. 바탈을 기르려면 마음을 두어야 한다. 조즉존操則存이요 사즉실舍則失이다. 마음에 믿으면 살아나 크는 것이고, 스스로 의심하면 죽어 없어진다.

우리는 우리가 스스로 '인'仁한 사람임을 믿어야 한다. 그것은 그렇게 쉬이 없어지지 않는다. 그것이 우리의 민족적 성격이 되기까지에는 길고 긴 세월이 들어서 된 것이다. 거기 비하면 아직 삼국시대 이후 천오백 년은 아무것도 아니다. 낙심할 것 없다. 우리가 가만히 손을 대어보면 이 상한 가슴 밑에 오히려 '인'의 일맥이 할딱이고 있음을 알 수 있다. 무너져가는 초막 속에 다른 것은 없어도 아직 '인'이 남아 있다. '인'은 알맹이다. 그것이 곧 생명이다. 하나님의 명이다. 없어질 수 없다.

오늘날 한국의 모양을 보고 생각하면, 여기 우리에게 희망이 있다는 말은, 마치 제선왕이 불인지심을 자기 속에 품으면서도 어지러운 전국시대의 세상을 볼 때 도저히 믿기지 않았던 모양으로, 우리도 스스로 믿어지지 않는다. 그러나 믿음이 될 수 있다. 맹자가 겨눈 것도 그 점이었다. 위대한 교사가 겨누는 요점은 늘 안에 있다. 듣는 자로 하여금 자기 속에서 발견하게 함이다. 자기 속에서 발견하는 것이 지극히 작으나 그것이 지극히 큰 것이다. 그것은 스스로 믿기 때문이다.

그러므로 사람으로서는 능치 못하나 하나님께서는 능치 못한 것이 없다는 것이다. 민족을 살리는 길은 믿음을 일으키는 데 있다. 상식을 가지는 사람이면 아무도 한국을 가지고 세계적 사명을 다할 수 있다고 생각은 못 할 것이다. 모든 판단의 표준이 바뀌지 않는 한 그런 일은 있을 수 없다. 그런데 사실 모든 판단의 표준이 바뀌는 일이 있다.

그것이 신앙의 세계이다. 믿음은 세계를 뒤집는다. 보통 이성으로써 아는 세계는 현상의 세계다. 그것은 참이 아니다. 참의 세계는 현상 뒤의 참을 믿음으로 열린다. 그러므로 세계가 바뀐다. 믿음의 자리에서 볼 때 세상이 크다는 것이 작고, 세상이 강하다는 것이 약하고, 세상이 옳고 귀하다는 것이 그르고 천한 것이 된다. 그것은 참이 나타나기 때문이다. 그러기에 옳게 말한다면, 믿음이 세계를 뒤집는 것이 아니라, 세상이 뒤집어놓은 것을 믿음이 도로 바로잡는 것이다. 세상은 겉을 보는 것이요 믿음은 속을 보며, 세상은 육으로 판단하는 것이요 믿음은 영으로 판단한다. 그러므로 서로 반대된다.

이제 생각해보라. 한 행렬이 어떤 목표를 향하여 나가는데, 중간에 가서 이때까지 목표로 알았던 것이 정말 목표의 그 반대쪽 공중에 비쳐 보인 허상이라는 것을 알게 되었다면 어떠하겠나? 그리하여 전군을 향하여 "우로 돌아, 앞으롯!" 하는 구령을 내린다면 어떤 현상이 일어나겠나? 그야말로 앞선 자가 뒤가 되고 뒤에 선 자가 앞이 되지 않겠나? 그런 일이 과연 있다. 아침 해가 올라올 때에 동편보다는 서편 산봉에 먼저 보이듯이, 역사에도 그런 일이 있다.

이제 우리 보기에는 인류역사 위에 그 일이 일어나려 하고 있다. 아니다. "때가 오려니와 지금이 그때라." 벌써 일어나고 있다. 한국이 세계의 한국이 되고, 아프리카 흑인이 세계 열강을 코에 걸고 놀려 하는 것이 무엇을 의미하나? 이때까지 양육강식을 근본 원리로 삼고 나오던 문명이 차차 그 목표가 허상인 것을 알기 시작하였다. 이제 장차 역사의 방향이 180도로 변할 것인가. 반드시 그렇게 될 것이다. 왜? 그렇게 되지 않으면 세계는 파멸을 면할 수 없기 때문이다. 이것은 이제는 상식이다. 그러나 세계가 그렇게 될 리는 없다. 이 점은 과학적 지식이 아니요 믿음이다. 그러므로 역사에 "우로 돌아, 앞으롯!"은 꼭 올 것이다. 우리가 사명이 있다는 것은 이 때문이다.

이때까지의 역사는 폭력으로 하는 쟁탈의 역사였으나, 인류가 망하기를 자취自取하지 않는 한, 이 앞으로의 역사는 도덕적 싸움의 역사일 수밖에 없다. 전에는 힘이 강하고 병기가 날카롭고 성질이 호전적인 자가 앞장을 섰고, 착하고 온유한 자는 바로 그 때문에 뒤에 서고 학대받지 않으면 안 되었다. 그러나 "우로 돌아, 앞으롯!"의 구령이 내린 장래 역사에서는 반드시 이와 정반대가 될 것이다. 도덕적으로 나은 자에게 높은 지위가 주어질 것이다. 그날에 다, 그날에는 한국이 하기만 하잔다면 할 일이 있지 않을까?

우리의 사명

고난의 짐을 지는 것은 우리가 잘못해서냐? 하나님이 그렇게 만든 것이냐? 그렇게 묻는 이가 있을지 모른다. 나는 이때까지 혹은 하나님의 뜻이라 하고, 혹은 우리들의 잘못이라고 하였다. 모순이라면 모순이다. 그러나 나는 그 이상 말할 수 없다. 사실이 그런 것을 어떻게 하나? 하나님이 그렇게 예정을 했다고 하면 그것은 미신이다. 반대로, 그것은 다 우리 잘못이라고 하면 독단이다. 비과학적이다. 하나님도 없고 우리 죄라는 것도 없다고 하면 그것은 억지다. 사람이 아니다. 설명할 수 없다. 그것을 설명하자는 것이 목적이 아니다. 우리가 말하는 것은 뜻이 있다는 말뿐이다. 하나님이라면 하나님이요, 나라면 나요, 물질현상이라면 물질현상이다.

그러나 그 무엇이었든 간에 이 우리라는 뜻을 가진 뜻에 사는 존재다. 유신론을 가지려면 가지고 무신론을 가지려면 가지고 마음대로 해라. 그러나 네가 한 가지 알 것은 그것으로 뜻이 부정되지는 않았느니라. 그 네가 어찌 못 하는 것이 하나님이니라. 나 없이는 하나님도 없다. 물 없는 바다가 없는 것과 마찬가지다. 그러나 또 바다 없는 물이 없다. 하나님 없는 나도 없다. 물이 바다 안에 있고 바다가 물 안에 있다. 하나님이 내 안에 있고 내가 하나님 안에 있다. 그러면 하나님이 한 거냐 우리가 한 거냐 물을 것 없지, 물을 것 없이 이 내버리고 싶은 이 역사에 세계사적 의미가 있다.

우리는 불의의 값을 지는 자다. 우리 불의냐 남의 불의냐 물을 것 없다. 벌써 말하지 않았나? 불의도 의도 역사의 것, 인류의 것이지, 네 것도 내 것도 아니다. 마치 생과 사가 네 것도 내 것도 아닌 것과 마찬가지다. 생은 사의 것이요, 사는 생의 것이요, 생사도 생명의 것이다. 하나님의 것이다. 불의도 그렇다. 아무튼 우리가 불의의 짐을 져서 이렇게 되었다는 것만은 카를 마르크스가 와도 부인 못 한다.

우리는 세계의 짐을 진다. 눈을 들어 벽 위의 지도를 보라. 파미르 고원에서 그 근원을 시작하는 천산산계天山山系의 여러 산줄기들은 구불구불 달려 동으로 나와 그 끝이 황해·동지나해를 건너뛰어 한반도로 향하는 듯하고, 또 한 가를 아시아 대륙에 두고, 또 한 가를 미 대륙에 두는 태평양의 물은 결 높이 서로 밀려 일본 열도의 방파제를 넘어 그 역시 한반도로 향하는 듯하다.

동서 양양兩洋의 문명은 그 찌꺼기를 이리로 미는 듯하다. 인도의 불교, 중국의 유교가 아름다운 점이 많되 압록강을 건너서는 그 가장 나쁜 폐해만을 남겼고, 구주의 사상, 미주의 문명이 혜택을 주는 점은 많되 부산항으로 올라올 때는 그 제일 무서운 독만을 끼쳤다. 동양문명의 폐는 퇴영적·보수적·형식적인 데 있는데, 그 쓴 물은 우리 혼자 받은 듯하고, 서양문명의 해는 물욕적·약탈적·외면적인 데 있는데, 그 독한 이빨은 우리만이 만난 듯하다. 먹고 남는 더러운 찌꺼기를 쓰레기통같이, 남들이 향락하고 이용하고 그 결과 남는 온갖 해독을 우리 약한 등에 다 졌다.

삼천리 강산은 불행의 박물관이요, 삼천만의 생명은 죄악의 실험관이다. 세계의 온갖 불행과 죄악의 결과를 보려는 자는 여기에 오면 볼 수 있다. 유교의 폐가 여기 있고 불교의 해가 여기 있으며, 군국주의의 표본이 여기 있고 자본주의의 노예가 여기 있다.

4천 년 역사는 우리가 위대해서 나왔다기보다 우리가 져야 하는 짐의 중대성에 있다. 그러나 이 짐을 지워놓고 세계에서 우리에게 준 것은 무엇인가? '까오리' '조센징' 업신여김이다. 비웃음이다. 손가락질이다. "이미 무거운 짐을 지워놓고, 또 그 무거운 짐 진 것을 비웃는다. 꾸짖음은 차라리 견딜 것이다. 냉소를 차마 누가 견딘다더냐?〔도쿠토미 로카〕3) 바울의 말을 빌리면, 우리는 사람과 천사와 세계에 구경거리가 되었다. 아니다, 세계사의 하수구가 되었다.

그러나 세계 사람들이여, 이 하수구에 감사하라. 그대들로 하여금 즐거움의 궁전에서 놀게 하는 것은 이 하수구 아닌가? 그대들의 자녀를 특별한 운명으로 난 것처럼 자존심 속에서 기르게 하는 것이 이 하수구 아닌가? 그대들의 눈에 보기에 싫은 것은 언제나 달게 받아 치워주는 것이 이 하수구 아닌가? 그리고 그대들의 그 살찐 육체와 그 문명한 머리를 길러주는 곡식과 채소를 만들어내는 것까지 또한 이 하수구 아닌가? 아, 너 위대한 세계사의 하수구여!

우리 사명은 여기에 있다. 이 불의의 짐을 원망도 하지 않고 회피도 하지 않고 용감하고 진실하게 지는 데 있다. 막연히 감상적으로 하는 말도 아니요, 억지의 곡해도 아니요, 시적詩的으로 하는 비유도 아니다. 역사가 보여주는 사실이다. 그것을 짐으로써 우리 자신을 건지고 또 세계를 건진다. 불의의 결과는 그것을 지는 자 없이는 결코 없어지지 않는다. 인간을 위하여, 또 하나님을 위하여 이것을 져야 한다. 우리가 이것을 자진하여 택한 것은 아니다. 우리가 잘못하였으므로 우리에게로 왔다. 그러나 또 하나님이 그렇게 섭리하였다. 우리가 미워서 한 것도 아니요, 고와서 한 것도 아니다. 그러나 또 밉기 때문에 한 것이요, 또 곱기 때문에 한 것이다. 이것을 지는 것이 괴로우냐? 그렇다. 죽을 듯이 괴롭다. 그러나 또 달다. 지지 않는 자는 상상도 못 하는 단맛이 있다. 이것을 지는 것이 불명예냐? 그렇다. 머리를 들 수 없는 불명예다. 그러나 또 영광이다. 세상에서는 모르는 영광이다.

4천 년 역사를 가지며, 여태껏 우리는 세계사의 무대에서 이렇다할

---

3) 德富蘆花(도쿠토미 로카, 1868~1927): 메이지 시대 일본의 소설가. 일찍이 기독교 신자가 된 후 전도에 종사했다. 『불여귀』(不如歸), 『흑조』(黑潮) 등의 대표작이 있다.

만한 것을 한 일이 없이 기다렸다. 한쪽 구석에서 학대받고 있는 동안에 이 밤이 다 새는가 하였다. 그러나 이제 때가 왔다. 세계의 불의를 담당함으로써 인류의 역사를 도덕적으로 한층 높이 올리는 일이다. 그것이 역사의 하수구 아닌가? 낮은 일은 높은 마음이 아니고는 할 수 없고, 작은 일은 큰 마음이 아니고는 할 수 없고, 더러운 것을 치우려면 무엇으로도 더러워지지 않는 마음이 있어야 하고, 죄를 처분하려면 어떤 죄로도 상하지 않는 거룩한 혼이 있어야 할 것이다.

이것을 하기 위하여 하나님이 우리에게 주신 것이 '착함'이다. 불인지심이다. '인'이다. 몇천 년 동안에 우리는 한 번도 남을 침략한 일이 없다. 우리가 박해를 받지 않는 한 다른 민족을 배척한 일도 없다. 그러나 우리는 그것을 지키느라 잘못 생각하여 비굴함을 착함으로 안 일이 있었고, 무관심을 관대로 안 일이 있었으며, 단념을 믿음으로 안 일이 있다.

그러나 그것은 다 잘못이다. 불의의 짐을 진다 함은 결코 비굴해지라는 말이 아니다. 하수구가 되라는 말이 더러워지라는 말은 아니다. 하수구의 일은 잘 받음에 있다. 잘 받으려면 잘 돌려야 한다. 시내가 받은 물을 다 바다로 돌리듯이 모든 불의를 감수하는 것은 좋으나 감수만 하고 돌릴 줄 모르면 막혀버린 하수구같이 곧 썩어 그 해가 더 심할 것이다. 하수구는 보이는 위에서는 받는 구멍이 있는 대신 보이지 않는 밑에 이 무한의 바다로 통하는 길이 있어야 한다. 모든 불의를 받아서는 하나님에게로 돌려야 한다. 그것이 절대 신앙이다. 세계사의 하수구가 되었거든, 나와 세상을 건지는 사명을 다하려면 내 속을 깊이 뚫어 하나님에게 직통하는 지하도를 어서 파야 한다.

그러므로 이것이 이 세대에서 보면 지극히 더럽고 불행하나, 오는 세기에서 보면 말할 수 없는 영광이요 기쁨이다. 이것을 하기 위하여 비상한 용맹과 비상하게 높은 도덕으로 싸우는 힘이 필요하다. 이것은 이때까지 있던 싸움과는 다른 싸움이다. 생명은 싸움이니 역사에 싸움이 그칠 수는 없을 것이다. 그러나 전에 하던 폭력과 미움으로 하는 싸움이 지나가고 새 싸움이 시작될 것이다. 예수가 "내가 세상을 이겼노라" 하던 그 싸움이다. 이제 그가 선언한 그 싸움이 이 앞의 세계에서는 본격적으로 벌어질 것이다. 여기서는 꼴찌이던 우리가 거기서는 앞장을 서게 되어야 한다.

새 전쟁

새 전쟁이 우리를 부른다. 영웅들이 싸우는 쟁탈의 전쟁이 아니요, 진리의 전쟁이다. 그 부름에 대하여 일어나는 것은 강철의 총검이 아니요, 참의 정情·의意다. 세계의 역사는 이제 전환을 하려 하고 있다. 장차 역사의 쓰레기통으로 들어갈 현대의 대국가들이 구식의 이 쟁탈질을 하느라고 눈이 벌건 이때에 우리는 이따가 올 새 싸움을 위하여 마음의 준비를 하여야 한다. 초대 기독교인이 로마 제국에 대하여 용감했던 것같이 우리도 현대문명에 대하여 싸움을 돋우지 않으면 안 된다. 그들이 우리 겉옷을 빼앗으면 속옷까지 주고, 그들이 우리를 종으로 부리면 형제의 사랑으로써 봉사하고, 그들이 우리를 해하면 "죄를 저들에게 돌리지 마옵소서" 하는 기도를 할 수 있는 힘을 준비해서 나서야 한다.

간디의 말과 같이, 수난은 결코 약한 자의 일이 아니요, 강한 자의 일이다. 자기 안에 보다 더 위대한 힘을 믿는 것이 수난의 도다. 우리 싸움은 불행을 남에게 떠밀자는 싸움이 아니라, 죄악의 결과인 고난을 내 몸에 달게 받음으로써 세계의 생명을 살리자는 일이다. 우리 양심에 준비가 부족할 때까지는 우리는 스스로 약함을 염려하여 겁낼 것이다. 그러나 정의의 빛이 우리 마음에 비치고 진리에 대한 사랑이 우리 속에 불붙을 때 현대의 무력 국가들은 결국 한낱 골리앗[4]

---

4) 골리앗(Goliath): 『구약』에 나오는, 다윗에게 죽은 기원전 11세기경의 블레셋의 거인이다.

에 지나지 않음을 발견할 것이다.

　다윗[5]의 한 몸 위에 온 이스라엘의 운명이 달렸던 것같이 우리의 이기고 짐에 전 세계의 장래가 달렸다. 그렇게 말함을 의심하는가? 너무 지나친 영광이어서 의심하는가? 그것을 영광으로 생각하는 것부터 지나간 세계의 낡은 관념이요, 또 그것이 불가능할 것같이 생각하거든 돌 하나로 이스라엘을 구하던 다윗의 일을 의심해도 좋다. 다윗이 목동이므로 위대하였던 것이 아니다. 하나님의 사명을 받았으므로 위대하였다. 그것은 또 옛날 일이라 안 믿어도 좋다. 돌 하나도 아니 가지고 한 거인을 이긴 것 아니라 백만 군대를 이긴 것을 보려나? 인도를 해방시킨 간디다.

　우리가 인류의 장래를 결정하는 것도 우리에게 능력이 있어서가 아니다. 섭리가 그렇게 명하기 때문이다. 역사적 필연이라는 말이다. 세계 불의의 결과가 우리에게 지워졌으니, 우리가 만일 그것을 깨끗이 씻지 못한다면 다른 사람은 할 자가 없다. 그러므로 우리의 사명이다. 사명은 우리가 아니고는 할 수 없는 것이다. 영국도 그것을 할 수 없고 미국도 그것을 할 수가 없다. 그것을 하기에는 그들은 너무 넉넉해졌고 너무 높아졌다.

　이것은 세계의 하수구요, 공창公娼인 우리만이 할 수 있는 일이다. 하지 않으면 안 되는 일이다. 저들이 너무 부하고 귀해졌다는 것은 저들은 채무자라는 말이다. 물질적으로 채권자인 저들은 정신적으로는 채무자다. 저는 우리에게 빚진 자다. 그러므로 빚 청장淸帳은 우리만이 할 수 있다. 지난날에도 새 역사의 싹은 언제나 쓰레기통에서 나왔지만 이제 오는 역사에서는 더구나도 그렇다. 그러므로 한국·인도·유대·흑인 이들이 그 덮어누르는 불의의 고난에서 이기고 나와

5) 다윗(David, ?~기원전 962년경): 기원전 천 년경부터 기원전 962년경까지 이스라엘을 다스린 제2대 왕(사울 다음). 이스라엘을 통일하고 예루살렘을 수도로 삼았다. 유대인들에게 전해오는 바에 따르면 견고한 왕조를 세운 이상적인 왕으로서, 그와 그의 통치에 관련하여 이스라엘 민족의 메시아 대망이 생겨났다.

서, 제 노릇을 하면 인류는 구원을 얻는 것이요, 그렇지 못하면 이 세계는 운명이 결정된 것이다.

그러므로 인생이 물질의 종 아닌 것이 우리에 의하여 증명되어야 한다. 권력이 정의 아닌 것, 종내 권력이 정의를 이기지 못하는 것이 우리로 인하여 증명되어야 한다. 불의의 세력이 결코 인생을 멸망시키지 못하는 것이 우리로 인하여 증명되어야 한다. 사랑으로써 사탄을 이기고 고난당함으로 인류를 구한다는 말이 거짓 아님을 증거하여야 하고, 죄는 용서함으로만 없어진다는 것을 우리가 천하 앞에 증거하여야 한다. 온 인류의 운명이 우리에게 달렸다는 것은 이 때문이다.

진리인의 지위

그렇게 생각할 때 미래를 위하여 우리의 주의를 끄는 존재가 둘이 있다. 그 땅에서는 만주 평원이요, 그 사람에서는 진리의 사람이라. 자유에는 그 활동의 무대가 필요하다. 2천 년 동안 사슬에 매여 있던 죄수가 놓여나와 자유로운 활동을 하려고 할 때에 가장 적당한 곳은 끝없이 아득한 만주 평원이다. 만주가 비록 우리 역사의 보금자리기는 하나 옛날에는 문화 발달에 적당치 않았다. 그것은 인지人智의 발달을 기다려서 개척될 곳이었다. 송화강松花江이 북으로 흐르는 것은 이제 다시 생각하니 까닭이 있는 듯하다. 이제 사람은 많아지고 기계는 진보하고, 바로 이 넓은 천지에 걸음을 내켜볼 때다. 이 의미에서 일본의 만주 개척, 공산 중국의 만주 점령은 뜻이 있다. 우리 할 일은 아직 정치적 분야에는 있지 않다. 그러나 넓은 대평원에 점점이 흩어져 있어 거친 풀 속에서 머리 숙여 묵묵히 일하는 착한 사람은 미래의 역사를 기다리는 무엇이 아닐까?

역사의 무대에서는 각각 다 자기 할 것이 있다. 청소를 하는 자, 무대를 꾸미는 자, 극을 하는 자, 청소할 때는 비 든 자가 주인이요, 꾸밀 때는 망치 든 자가 주인이요, 연극할 때는 배우가 주인이다. 누가 알랴, 사나운 짐승을 다 몰아내고, 마적이 소탕되고, 지리 답사가 끝나고 학술 탐험이 완성되어 거친 땅이 열려 좋은 논이 되고, 험한 산이 무너져 보옥寶玉을 토하며, 도로가 정돈되고 문화 시설을 갖추었을 때에 평화의 인종이 거기서 세계적 사명을 다하는 활동 근거를 쌓으려고 기다리고 있지 않으리라고.

그러나 사람이 있고서 말이다. 사람 없이 만주가 무슨 일이 있으며, 조선이 무슨 소용이 있나? 산 사람, 곧 진리의 사람이 있고서 볼 일이다. 하나님이 미래의 인류사를 위하여 우리에게 다시 없이 큰 사명을 지웠다면, 그것을 다하기 위하여 이 민족이 용감히 서지 않으면 안 될 것이다. 거목이 자라려 할 때 우선 그 생명의 배아胚芽가 있는 것이요, 민중이 깨려 할 때 그 핵심 단체가 있는 것이다. 이 핵심체 될 자가 누구일까? 진리를 사랑하는 사람이어야 할 것이다. 미래의 역사는 종교적인 믿음의 눈을 가진 자가 아니고는 알 수 없을 것이다. 미래의 싸움은 진리로 싸우는 싸움이요, 믿음으로 이기는 싸움이다.

유교도 저 할 일을 하려다가 채 못 하였고, 불교도 저 할 일을 하려다가 채 못 하였고, 기독교도 저 할 일을 하려다가 채 못 하고 세계는 크게 달라졌다. 모든 문명 모든 종교의 찌꺼기를 다 지고 새 날을 위해 준비를 하려는 우리에게는 새 종교가 필요하다. 뜻 있는 자는 싸움 준비를 할 때다.

새 시대를 낳으려는 세계의 산통 소리가 점점 높아간다. 불안의 공기가 세계를 뒤덮었다. 그러나 그것은 불길이 서기 전에 설엉키는 연기와 같이, 장차 오려는 위대한 시대의 예고에 지나지 않는다. 그러므로 용사들아, 옷을 팔아 칼을 사라. 세대는 보통이 아니다. 낡은 관념의 옷, 제도의 옷, 의식의 옷을 팔아 좌우에 날 선 진리의 검을 사라. 낡은 종교, 낡은 세계관, 낡은 역사철학, 낡은 인간의식, 지상의 도덕, 지상의 사상을 모두 팔아라. 팔아서 영원의 풀무간에서 거룩한 대장장이가 다듬어낸, 정금보다 더 순수한 진리의 검을 사라. 이제부터 소용 있는 것은 그것뿐이다.

학교 교실에서만 위엄이 있고 그 밖에만 나가면 아무 힘이 없는 그리고 전쟁판에만 나가면 반대가 되어버리는 그런 따위 도덕은 이 앞의 역사에서는 소용이 없다. 성당·법당 안에서만 경건하고 눈물나고, 나오면 곧 말라버리는 그런 믿음, 우주 하나를 찢어 열 개 스무 개로 만드는 종교, 몇 사람을 행복하게 하기 위하여 대부분의 불쌍한 사람을 영원히 가두어두려고 지옥을 마련하는 종교, 그런 따위 귀족주의 종교는 이 앞의 역사에는 소용이 없다.

생존경쟁 철학 위에 서는 애국심은 이 앞의 세계에서는 배척이 되어야 한다. 우리가 이 땅을 사랑함은 소위 조국애에서가 아니다. 여기를 묵이고는 하늘나라를 임하게 할 곳이 없기 때문이다. 우리가 이 민중을 사랑함은 소위 동포애에서가 아니다. 이 사람들을 내놓고는 하나님의 음성을 들을 곳이 없기 때문이다. 이들을 잊고는 하나님의 뜻을 나타낼 수 없기 때문이다. 이 백성이 제 노릇을 하여야 한다는 것은 생존권에 대한 주장이 아니라 진리에 대한 주장이다. 한민족이 못사는 것은 온 우주의 아픔이기 때문이다. 하나님의 슬픔이기 때문이다. 한국의 심장 위에 이 진리의 무장이 완비되는 날 저는 새 시대의 용사다.

그날의 원망遠望

그러나 장차 올 날을 누가 아느냐? 그것은 아무도 모른다. 신문기자와 같이 무책임한 말을 하는 것으로 그 직업을 삼는 자 아니고는 아무도 세계의 내일을 단언할 자는 없다. 그러므로 우리는 이 이상 더 말할 자격이 없고, 다만 피스카의 봉 끝에서 멀리 바라보는 것으로 만족하지 않으면 안 된다.

그러면 눈을 들어 바라보라. 거칠고 쓸쓸한 들판이 끝나는 곳에 한 줄기 요단 강이 가로누웠고, 거리를 건너면 새 가나안이 기다리고 있다. 거기서 싸울 때는 칼이 소용없다. '칼을 쳐서 보습을 만들고 창을 쳐서 낫'을 만들었다. 거기서 이 수난의 비렁뱅이는 영원히 문전에 선 나사로같이 과거의 모든 고통과 업신여김에서 벗어나 위로와 존경을 받을 것이다. '만국의 영광과 존귀를 가지고 그리로 들어갈' 것이다. 거기서 지난날 큰길가에 앉아 있던 갈보는 그 받은 고난으로 정화되어 여왕이 될 것이다.

그러면 젊은 혼들아, 일어나라. 이 고난의 짐을 지자. 위대한 사명을 믿으면서 거룩한 사랑에 불타면서 죄악으로 더럽혀진 이 지구를 메고 순교자의 걸음으로 고난의 연옥을 걷자. 그 불길에 이 살이 다 타고 이 뼈가 녹아서 다하는 날 생명은 새로운 성장을 할 것이다. 진리는 새로운 광명을 더할 것이다. 역사는 새로운 단계에 오를 것이다.

• 『성서적 입장에서 본 조선역사』(성광문화사, 1950)

제7부
씨올의 소리

1963년 대광고등학교 시국 강연회

"왜 '씨올'이라 하자느냐?
⋯⋯주체성 때문입니다.
민족주의나 국수주의를 주장하는 것 아닙니다.
⋯⋯국민, 신민 하면서 몇천 년 남의 살림을 살았습니다.
그러는 동안에 우리 조상의 피와 뼈가 쌓여서 된 이 땅이
온통 엉겅퀴 찔레밭이 돼버렸습니다.
⋯⋯우리의 주체성을 찾기 위해, 우리의 '나'를 찾기 위해
잃었던 말을 찾아보아야 합니다.
⋯⋯씨올은 민주주의 시대를 표시합니다.
영원한 미래가 압축되어 있습니다"
－「씨올」

씨올

민民의 우리말, 씨올

'씨올'이란 말은 '씨'라는 말과 '올'이라는 말을 한데 붙인 것입니다. 보통으로 하면 종자라는 뜻입니다. 종자는 물론 한문자의 종자種子에서 온 것입니다. 순전한 우리말로 하면 '씨앗' 혹은 '씨갓'입니다. 아마 원래는 '씨올'인 것을 'ㄹ'이 'ㅅ'으로 변해서, '씨앗'이 되고 또 '아' 줄과 '가' 줄이 서로 통하는 수도 있기 때문에 '씨갓'으로 됐는지 모릅니다.

어쨌건 종자라는 말인데 여기서는 그것을 빌려서 민民의 뜻으로 쓴 것입니다. 보통은 없는 것을 새로 지어낸 말입니다. 지금 민의 시대여서 우리는 늘 민이란 말을 쓰는 경우가 많습니다. 국민·인민·민족·평민·민권·민생……입니다. 그런데 거기 맞는 우리말이 없습니다. 국國은 나라라 하면 되고 인人은 사람이라 하면 되지만 민은 뭐라 할까? 백성이라 할 수도 있지만 그것은 '百姓'의 음뿐이지 순전한 우리말이 아닙니다. 그래서 그 민이란 말을 우리말로 씨올이라 하면 어떠냐 하는 말입니다.

이것은 사실 내가 생각해낸 것이 아니고 유영모 선생님이 먼저 하신 것입니다. 언젠가 『대학』 강의를 하시다가 "대학지도 재명명덕 재친민 재지어지선"大學之道 在明明德 在親民 在止於至善을 풀이하시는데 "한배움 길은 밝은 속알 밝힘에 있으며 씨올 어뵘에 있으며 된 데 머묽에 있느니라"고 하셨습니다. 이제 오래 되어 말이 좀 틀린 데가 있는지 모르겠습니다마는 하여간 민을 씨울이라 하셨습니다. 그래 그것이 참 좋아서 기회 있는 대로 써와서 이제 10년이 넘습니다.

우리말에 본래 민에 대한 말이 있었던지 없었던지 모르겠습니다. 아마 있었지 없을 리가 없습니다. 중국문화가 우리나라에 흘러들어온 것은 이미 상당한 문화발전을 한 다음이니 그전에 벌써 정돈된 정치생활을 한 민족인데 말이 없었을 리 없습니다. 아무래도 있던 것이 후에 중국문화에 눌려서 한문자를 전적으로 쓰게 되면서부터 잊어버리게 된 것일 것입니다. 그러나 어느 편이었든 간에 깊이 생각해볼 점이 있습니다. 본래 없었다면 우리는 옛날에 중국과는 아주 딴판인 사회구조를 가졌던 것이고, 또 본래 그 비슷한 말이 있다가 한문자로 바뀌었다 하더라도 그것은 아마 종래의 그 말 가지고는 민이라는 말에 꼭 들어맞출 수 없어서 된 것일 것이니 역시 중국 옛날 사회와는 상당히 다른 구조를 가지지 않았던가 하고 생각해볼 수 있습니다.

민은 지위도 없는 맨사람입니다

그럼 민은 무엇인가. 한문자의 어원을 설명하는 사람들 말에 의하면 민民자는 모母에다 한 획을 더해서 만든 것이라 합니다. 즉 어머니에게서 난 것이란 뜻입니다. 그럼 누구는 어머니에게서 나지 않은 것이 있나? 그런 것 아닙니다. 그것은 보통사람이라는 뜻입니다. 한문자에 사람을 표시하는 글자가 여럿 있습니다. 우선 인人입니다. 그것은 본래는 ⼈, 이런 모양으로 썼는데, 사람이 일어선 것을 왼편에서 보고 그린 것입니다. 바른편에서 본 것은 ⼈, 이렇게 썼습니다. 비교라 할 때의 비比자가 그것인데 사람이 나란히 선 것입니다. 대大는 사람이 두 팔을 벌리고 땅위에 어엿이 선 것인데 그것으로 크다는 뜻을 표시했습니다.

인은 아무 차별이 없는 사람이지만 민은 소위 평민, 아무 지위 없는 사람들입니다. 거기 대립되는 것은 왕王, 군君, 신臣하는 글자입니다. 왕은 임금, 천天·지地·인人의 세 가지 덕을 다 가졌다 해서 3三을 1一로 꿰어서 그것을 표시했고, 군君은 윤尹과 구口를 합한 것인데 윤尹자와 부父자는 본래 다 같이 丨과 Ψ을 합해서 尹이렇게 썼던 것입니다. Ψ은 손이고 丨은 작대기, 손에 작대기를 쥔 것을 그려서 지배하는 힘을 나타낸 것입니다. 신臣자는 사람이 꾸부려 복종하는 모양을 그린 것으로 임금 앞에서 섬기는 자임을 표시한 것입니다.

거기 대해서 민은 아무것도 그런 지위도 직책도 없고 다만 맨사람이라는 뜻에서 甹이렇게 썼습니다. 모母자는 여女자에 젖통을 표시하는 두 점을 찍어서, 젖을 먹이는 여자, 곧 어머니란 뜻을 표시한 것이고, 거기 한 점을 찍어서 거기서 나왔다는 것을 표시하는 것입니다.

그러면 민이라는 글자에 벌써 역사·사회가 나타나 있습니다. 벌써 지배·피지배의 관계가 있습니다. 민은 곧 사민四民입니다. 사·농·공·상입니다. 벼슬할 수 있는 자격 있는 것이 사士 곧 선비〔德能居位曰士〕, 땅을 갈아서 먹을 것을 길러내는 것이 여름질꾼〔酸土殖穀曰農〕, 마음을 쓰고 손을 써서 잡은 것을 만들어내는 것이 바치〔巧心勞手以成器物曰工〕, 물건 돈을 돌리는 것이 장사치〔通財貨曰商〕. 그럼 이 글자 속에 이미 봉건제도가 있습니다.

민은 단순한 사람 곧 인이 아닙니다. 정치인이요 사회인입니다. 서양말로 하면 'people'인데 'people'도 역시 'man'만이 아닙니다. 일정한 목적 밑에 뭉친 한 덩어리의 사람입니다.

이러한 뜻을 나타내기 위해서 씨올이란 말을 써보자는 것입니다. 그러면 혹시 민이 벌써 우리말이 다 됐는데 그럴 필요 없지 않느냐 할는지 모르겠습니다. 요새 어학계의 경향은 대체로 그런 주장이 강해서 일반이 쓰는 대로 따라가지 구태여 그것을 바로잡으려 할 필요가 없다 하는 것 같습니다. 어느 면 옳은 말입니다. 순전히 학문적으로 말하면 그럴지도 모릅니다.

그러나 위에서 말한 대로 단순한 인人은 없습니다. 그것은 추상 혹은 이론뿐이지 실지로는 사람은 어느 특정한 사회·제도 밑에 살고 있습니다. 그리고 삶은 단순한 이론보다 구체적인 현실이 매양 지배적입니다.

나의 서는 자리가 있어야 합니다

왜, 민民대로 두는 것보다 아직 좀 어색한 듯하지만, '씨을'이라 하자느냐? 쉽게 가장 중요한 점을 따져 말해서, 주체성 때문입니다. 민족주의나 국수주의를 주장하는 것 아닙니다. 민民, 'people' 하고만 있는 동안은 '민'의 참뜻 'people'의 참뜻은 모르고 지나갈 것입니다. 그것을 우리말로 옮겨보려 할 때, 즉 요새 토착화란 말이 많습니다마는 토착화를 시켜보려 할 때에야 비로소 그 뜻을 깊이 이해하게 됩니다. 말이 말만이 아닙니다. 낱말 하나 밑에 문화의 전 체계가 달려 있습니다. 하나하나의 낱말이 문제 아니라 우리말로 해보려는 데 의미가 있습니다.

한국말이나 한글만이 살아나는 것 아니라 한국이 살아납니다. 토착화라지만 토착이 무엇입니까? 뿌리를 박는단 말입니다. 허공에 뜬 나무도 없고 허공에 뜬 문화도 없습니다. 모든 식물은 땅이 피어난 것이듯이 모든 문화도 정신적인 흙이 피어난 것입니다. 새 품종이 아무리 좋아도 뿌리 아니 박고는 화병에 꽂은 꽃이지 자랄 수가 없습니다. 살고 난 결과가 흙입니다. 역사의 앙금이 다음 새 문화가 자라는 흙, 바탕이 됩니다. 오늘 우리가 이 꼴인 것은 결코 지능·소질이 부족해서 아닙니다. 아프리카 검둥이도 지능이 부족하지 않은 것은 이미 증명이 됐습니다. 문제는 역사적 풍토요 그것을 어떻게 이해하나 하는 데 있습니다.

태아가 어머니를 빨아먹고 크듯이 새 역사는 옛 역사를 삭여 먹고야만 됩니다. 우리 잘못은 지능·소질은 뛰어나게 가지면서도, 즉 종자는 좋으면서도 뿌리를 박지 못한 데, 다시 말하면 제가 저를 모른 데 있습니다. 제 나라 지층 밑에 있는 석유를 몰라서 남에게 팔아먹었지만 무시한 것은 기름밭만이 아닙니다. 마음밭이요 글월밭입니다.

민民이냐 씨올이냐는 문제가 아닙니다. 그렇게 해야, 죽은 말을 캐어 살려보려 애써야, 그러는 동안에 생명이 살아납니다. 죽은 어머니의 귀청을 두드리며 "어머니, 어머니" 하는 것은 말을 듣자는 것이 아닙니다, 목숨을 듣자는 것이지. 그래 죽은 어머니를 깨우려 할 때 내가 영어 한다고 "mother, mother" 하겠습니까? 어머니를 깨우려면 어머니의 말로 해야지. 말은 생명입니다. 말은 사랑입니다. 그래 나는 모두들 "미스, 미스" 하니 한국엔 아가씨 없다, 미국놈 다 줘버렸다 합니다.

국민, 신민 하면서 몇천 년 남의 살림을 살았습니다. 그러는 동안에 우리 조상의 피와 뼈가 쌓여서 된 이 땅이 온통 엉겅퀴 찔레밭이 돼버렸습니다. 이제 그 엉겅퀴 밭에 어디 내 어머니가 주었던 목걸이가 떨어졌나 찾노라면 목걸이만 아니라 어머니가 살아납니다. 사실 목걸이는 어머니의 표시밖에 다른 것 아니 됩니다. 어머니의 몸은 죽겠지만 어머니의 혼은 그 물려준 목걸이 속에 살아 있습니다. 그럼 어떻게 그것을 경히 여기겠습니까? 우리의 주체성을 찾기 위해 우리의 '나'를 찾기 위해 잃었던 말을 찾아보아야 합니다.

나는 민족주의는 아닙니다. 세계주의입니다. 하지만 아무리 세계라도 인격 없는 역사, 문화는 없을 것입니다. 그리고 인격은 특정적이지 일반적이 아닙니다. 세계의 일원이 되기 위해 나는 나여야 할 것입니다. 세계적이 되면 변할 것입니다. 민족성도 달라지고 문화도 달라질 것입니다. 그러나 달라질 때는 달라져도 그때까지는 나의 서는 자리가 있어야 할 것입니다. 온고지신입니다.

씨올보다 더 좋은 말이 있거든 고칠 셈치고 우선은 써봅니다, 민民 대로도 좋지만 민民보다는 좀더 나가기 위해서. 민民은 봉건시대를 표시하지만 씨올은 민주주의 시대를 표시합니다. 아닙니다. 영원한 미래가 거기 압축되어 있습니다.

우리는 한 씨올입니다!

• 1970년 4월, 『씨올의 소리』 창간호

나는 왜 『씨올의 소리』를 내나

신문을 향해 데모해야 합니다

먼저 어떻게 잡지를 내게 되었는지 경로부터 이야기합시다. 내가 자진했다기보다는 친구들의 몰아침에 못 견디어 내게 된 것입니다. 속담에 권에 못 이겨 상립喪笠 쓴단 말이 있지만, 나야말로 그렇습니다. 상립은 상주가 되기 전엔 도저히 쓸 수 없는 것인데, 하두 권하기에 쓸 수 없는 그 상립을 쓴단 말입니다. 친구의 정의情義는 그렇게 강한 것이란 말입니다.

물론 잡지는 내게 상주 안 된 사람의 상립은 아닙니다. 나도 생각이 있었지, 없지 않았습니다. 그러나 여러 가지 조건이 도저히 가망이 없기 때문에 감히 엄두를 내지 못하고 있었습니다. 또 나는 일을, 비록 좋은 일이라도 억지로 하고 싶지는 않습니다. 억지로 하면 좋은 일이 될 수 없습니다. 신이 나야 춤을 추지, 억지로 추는 것은 춤이 아닙니다. 물론 춤을 추노라면 신이 오르기도 합니다. 그러나 그런 구실 아래 사람 잡는 선무당이 얼마나 많습니까?

잡지를 했으면 하는 생각은 오래전부터 있었습니다. 해방 후 줄곧 해오던 생각입니다. 아시는 분은 알겠지만 『말씀』도 그래서 냈습니다. 6호까지를 냈다가 5·16 파동으로 중단됐습니다. 그담은 월간보다도 주간을 했으면 하는 생각을 했습니다. 꿈을 꾸는 데는 나는 반드시 남에게 떨어지지 않는 듯합니다. 남들이 주간지 생각하기도 전에 나는 그것을 해야 한다고 했습니다. 1963년경입니다. 미국 여행을 마치고 돌아오자마자 당시 『사상계』 사장 장준하[1] 님을 보고 그 의견을 말했습니다. 그 이유는 앞으로 점점 바쁘고 복잡해가는 매스컴 시대에 사람들은 긴 논문을 읽으려 하지도 않을 것이요, 또 그럴 겨를도 없고, 한 달에 한 번 가지고는 시대의 요구에 응할 수가 없으리라는 생각에서였습니다. 그랬더니 그의 대답이 그렇지 않아도 그런 생각이 있어서 벌써 김준엽 님을 오로지 거기 관한 것을 조사 연구하기 위해 영국에 보냈다고 했습니다. 그래서 계획대로 나오는 줄만 알았는데 그렇게 되지 않았습니다. 자금이 없어서 그랬다는 것입니다.

그 후 알아보니 주간은 도저히 할 수가 없었습니다. 민중의 입을 열기보다는 틀어막기만 밤낮 연구하는 집권자들은 이상야릇한 법을 만들어서 굉장한 시설과 자금이 없이는 할 수 없게 만들어놓았기 때문입니다. 돈이 많을수록 정의감과 기백은 줄어드는 것이므로 그 법령의 그물을 통과하고 나오는 놈이면 묻지 않고 자기네의 심부름꾼으로 생각해도 좋다 하는 심산에서 나온 법입니다. 하여간 그래서 다시 월간지 생각을 했습니다. 그래서 몇몇 분 뜻이 통할 만한 이들을 모아 그전의 『말씀』보다는 좀더 넓고 교양적이요, 『사상계』보다는 좀더 민중계몽적인 것을 내보려고 대체로 의논이 돼서 구체적인 토론에 들어가려는 때에 시국의 회오리바람이 일어났습니다.

한일회담, 베트남 파병 문제였습니다. 그러고 보니 민주주의의 뿌리가 흔들리는 때에 잡지 이야기할 형편이 아니었습니다. 우선 들어온 강도부터 막고 보아야 한다 해서 잡지 이야기는 쑥 들어가고 너도 나도 시국의 일선에 나서 싸웠습니다. 싸움엔 무참히도 패했고 세상 형편은 달라졌습니다. 그러나 낙심을 해서는 아니 되고 물이 깊어지

1) 장준하(張俊河, 1918~75): 독립운동가·정치가·종교인·언론인·사회운동가. 일제시기에 학도병으로 나갔다가 탈주해 광복군에 편입하고, 광복 후 김구의 비서직을 수행했다. 1953년 월간 『사상계』를 창간해 자유·민주·통일·반독재 투쟁에 헌신했다.

면 작대기도 길어져야 한다고 새 전법을 연구하기로 했습니다.

그런데 군사정권에서 제1차 공화당 집권으로, 거기서 제2차 집권으로, 또 거기서 삼선개헌 파동으로 나감에 따라 민주주의는 전락의 길로만 줄달음쳤습니다. 국민의 정신은 점점 더 떨어졌습니다. 전에는 겁쟁이라고나 했겠지만 이제는 겁쟁이 정도가 아니라 얼빠진 놈입니다. 그럴수록 기대되는 것은 지식인인데 그 지식인들이 온통 뼈가 빠졌습니다. 이상합니다. 학문이란 다 서양서 배운 것이라는데 무엇을 어떻게 배웠는지 모르겠습니다. 서양 역사라면 민권투쟁의 역사요, 서양의 정치라면 권위주의에서 자유주의로 달리는 정치인데 어째서 배운 것을 하나도 실천하려 하지 않을까? 시저 죽는 것을 배웠으면 오늘의 시저도 죽여야 할 것이 아닙니까? 프랑스 혁명사를 읽었으면 민중의 앞장을 서야 할 것이 아닙니까? 소크라테스·예수의 수난을 보았으면, 그와 같이 죽어도 옳은 건 옳다 그른 건 그르다 말을 했어야 할 것 아닙니까? 그런데 저들은 하려 하지 않았습니다. 학원에 기관총 최루탄이 들어와도 모른 체하고 친구가 바른말 하다가 정치교수로 몰려 쫓겨나가도 못 본 척하고 있었습니다. 귤이 제주도에서 바다를 건너오면 기실枳實이 돼버리고 만다고, 서양 자유의 학문도 종교도 이 나라엘 들어오면 변질하는 것입니까? 그 풍토가 나쁩니까? 그렇습니다. 그 풍토를 고치지 않으면 안 되겠습니다.

풍토를 어떻게 고칩니까? 뒤집어엎어야 해! 누가 뒤집어엎습니까? 씨올 이외에 다른 것이 없습니다. 그렇게 생각할 때 미운 것은 신문입니다. 신문이 무엇입니까? 씨올의 눈이요 입입니다. 그런데 이 사람들이 씨올이 마땅히 알아야 할 것을 가리고 보여주지 않고, 씨올이 하고 싶어 못 견디는 말을 입을 막고 못하게 합니다. 정부가 강도의 소굴이 되고, 학교·교회·극장·방송국이 다 강도의 앞잡이가 되더라도 신문만 살아 있으면 걱정이 없습니다. 사실 옛날 예수·석가·공자가 섰던 자리에 오늘날은 신문이 서 있습니다. 오늘의 종교는 신문입니다. 신문이 민중을 깨우고 일으키려면 얼마든지 할 수 있습니다. 민중이 정말 깨면 정치강도 무리 집어치우려면 얼마든지 할 수 있습니다. 그런데 그들이 민중의 눈을 쥐고 입을 쥐고 손발을 쥐고 있으면서 그것을 아니합니다. 그리고 그것을 책망하면 변명하기를 자금의 길을 정부가 꼭 쥐고 있기 때문에 할 수가 없다는 것입니다.

그것은 얄미운 수작입니다. 돈이 뉘 돈인데? 그들은 정부가 허가증 내주는 것만 알지, 민중이 사보기 때문에 신문사가 돼가는 줄은 모릅니다. 신문을 내서 외국사람이나 개, 돼지에게 팔립니까? 그들이 그것을 모를 것 아닌데 집권자에게 아첨하노라고 하는 말입니다. 그것은 배은망덕입니다. 정말 주인 무시하고 딴 놈을 주인으로 섬기니 말입니다. 주인은 주인이니만큼 참을 것이요 도둑은 도둑이니만큼 사정없을 것입니다. 그러나 그렇다고 참아주는 주인을 무시해서야 됩니까? 집권자는 아무리 강해도 망하는 날이 올 겁니다. 나라의 주인 씨올은 영원합니다. 그런데 그 짓을 하니 어찌 밉지 않겠습니까? 말은 죽을 수 없어 복종한다 하지만 그 소리는 더 밉습니다. 죽기까지는 그만두고 배에 기름질 생각만 아니해도 충분히 버티어나갈 수 있습니다. 집권자에게 꼬리치지 않는 나도 살아갑니다.

그래서 나는 정치강도에 대해 데모를 할 것이 아니라 이젠 신문을 향해 데모를 해야 한다고 했습니다. 사실 국민이 생각이 있는 국민이면 누가 시키는 것 없이 불매운동을 해서 신문이 몇 개 벌써 망했어야 할 것입니다. 그까짓 시시한 소설이나 음악회, 쇼 따위를 가지고 민중을 속이려는 신문들!

잡지 하나 하려면 참 어렵습니다

그렇기 때문에 이제는 우리끼리 서로 씨올 속에 깊이 파고들어야만 합니다. 내가 몇 해 전에 사상의 게릴라전을 해야 된다고 한 것은 이 때문입니다. 정규군이 아무리 크고 강해도 유격대는 못 당합니다. 정규군은 큰 기계와 조직에 의존하기 때문에 한번 깨지면 혼란에 빠지지만 유격대는 기계보다 하나하나가 정신에 사는 사람이기 때문에 하나를 가지고 백도 천도 당할 수 있습니다. 기술이 발달하면 할수록 사상의 유격전은 더욱 필요합니다. 이제 우리 싸움터는 국회의 사당도, 법정도, 학교도, 교회도, 신문조차도 아닙니다. 직장·다방·선술집·소풍 놀이터에 있습니다. 이것은 누구의 일만이 아니요, 누가 해줄 수 있는 일도 아니요, 생활의 한 부분이 아니라 모두의 일, 내가 해야 하는 일, 생활의 전부이기 때문입니다.

그러므로 이것은 비밀결사운동일 수 없습니다. 과학이 발달한 이때에 비밀은 이미 있을 수 없습니다. 뿐만 아니라 그것은 유치하던 시대의 일입니다. 도덕적이 못 되는 일입니다. 비밀은 결국 남을 해치잔 뜻이 숨어 있습니다. 남의 속에 양심을 인정 아니 하는 일입니다. 남의 속에 양심을 인정하지 않고 내가 양심적일 수는 없습니다. 이제 우리는 대적은 다 악한 자로 규정하고 죽여 마땅하다 생각함으로써 이기려던 옛날 생각을 가질 수 없습니다. 그러므로 우리 싸움은 드러내놓고 하는 싸움이어야 합니다. 폭력으로 하는 싸움이 아닙니다. 우리의 무기는 저쪽의 속에 있습니다. 그의 도덕적 양심이 그것입니다. 우리는 대적일수록 그를 도덕적 가능성이 있는 인간으로 보고 그의 속에 있는 양심을 불러일으키도록 하자는 것입니다.

그러므로 우리는 밤에 나타나는 게릴라가 아닙니다. 청천백일 아래에 버젓이 어엿이 내놓고, 미움이 아니라 사랑으로 하는 싸움입니다. 이제 인간은 높은 정도에 올라가서 나와 대적이라는 사람이 서로 딴 몸이 아니요 하나라는 자각에 들어가는 때입니다. 나 자신을 죽이지 않으면서 저쪽을 죽일 수 없고 저를 인간으로 살려줌 없이 내가 살 수 없이 됐습니다. 민중 속에 파고든단 말은 인간사회 지층 밑바닥을 흐르는 생명의 지하수를 찾아내자는 말입니다. 그래서 씨을을 하나로 불러 일으키는 일이 아주 시급한 줄을 알면서도 나는 글을 쓸 수가 없었습니다.

소위 국민투표란 것 이후 더욱 그렇습니다. 세상이 아주 급작히 달라졌습니다. 나와 세상과의 사이에 너무 거리가 있는 것을 느끼기 때문에 아주 말을 아니하는 것까지는 몰라도 적어도 전과 같은 식으로는 할 수 없다는 생각입니다. 국민투표란 것을 지내더니 신문이란 신문, 잡지란 잡지가 언제 그렇게 역사 내다보는 눈을 배웠는지 제각기 60년대, 70년대 하면서 떠들기 시작했습니다. 그러나 사실 무엇을 깊이 보는 것이 있는가 하면 그런 것은 아무것도 없고, 그저 달라졌다고만 떠듭니다. 달라지긴 무엇이 달라집니까? 못사는 씨올의 못사는 정도가 더 심해지면 졌지 씨올 짜먹는 사람들의 심술머리 달라진 것은 없습니다. 어째 기술이 달라진단 말만 하고 이때까지의 일이 잘못된 것을 반성은 아니합니까? 세상이 아무리 달라져도 민심이 아무리 썩어져도 인간의 가슴 밑바닥에서 도덕의식을 깎아내버리지는 못합니다. 겨울에 죽었던 풀이 봄이면 또 돋아나듯 씨올은 살아납니다. 그렇기 때문에 이 역사가 있습니다.

그런데 요새 글쓰는 사람들은 돋아나려는 씨올에 봄바람을 불러주는 것이 자기 일인 줄은 모르고 스키에 미치는 부르주아지의 자식들 모양으로 겨울바람만 점점 더 부르고 있습니다. 그 결과 돋아나던 싹조차 얼어버리고 맙니다. 국민투표 이후 국민이 아주 멍청이가 돼버렸습니다. 그것은 다른 것 아니고 스스로 양심을 짓밟은 데서 오는 현상입니다. 마취약을 먹이고 강도질을 하듯이 지배자는 그렇게 만듭니다. 언론인의 책임은 그때에 있습니다. 마비된 양심에 위로와 희망을 주어 불러일으켜야 합니다. 그런데 이들이 반대로 놀았기 때문에 민중은 점점 더 멍청이가 돼갑니다. 이 속에서 어떻게 무슨 말을 합니까? 얼마나 답답하면 예수가 탄식을 했겠습니까, 슬픈 노래 불러도 가슴을 치지도 않고 기쁜 노래 불러도 춤을 추지 않는다고. 그래 그는 "너희에게 보여줄 것이 요나의 기적밖에 없다" 하고 스스로 십자가를 졌습니다〔「마태복음」, 16: 4〕. 아마 이 민중에게도 십자가 이외에 길이 없을 것입니다.

정말 이 사람들이 법 만든 것을 보면 십자가밖에 길이 없습니다.

그들은 우리 살길 바라는 것이 아니라 죽기를 바라나봅니다. 말하고 글쓰는 데 무슨 그런 어려운 조건이 있지요? 잡지 하나 하려면 참 어렵습니다. 등록이 무슨 필요가 있습니까? 그것 하는 데 몇 달이 걸립니다. 또 세 호를 연거푸 못 내면 자동적으로 폐간이 됩니다. 지금 이 글을 쓰는 내 마음도 급합니다. 2월부터 내기로 돼 있는데 2월에 못 냈지, 이달까지 못 내면 아니 되는데 이제 이달이 닷새밖에 아니 남았습니다.

왜 사람을 이렇게 구속합니까? 다른 것 아니고 "내 말 듣는 놈은 살아라, 듣지 않으려거든 죽어라" 하는 것입니다. 무슨 권세입니까? 5·16 음모할 때 등록하고 했으며, 정치사무 이달에 할 것 못하면 면직시킵니까? 이런 데는, 이런 이성 없고 도리 모르는 사람들에게는 보여줄 것이 십자가밖에 없습니다. 사람 마음을 가졌어야 말이 통하지 말이 통치 않는 사람에게 잡지 소용없습니다.

그래서 나는 잡지 할 용기가 나지 않았습니다. 글이란 정성에서 나와야 하는 것인데 잡지 등록규정에 맞추어 억지로 기일 내에 써야겠으니 나는 그런 구속을 받고 싶지 않습니다. 멍청한 민중이 사 보지도 않을 테니 수지가 맞을 생각은 할 수 없고, 죽을 사람에게 약 주는 심정으로 값을 받거나 못 받거나 내야 하겠는데 그러려면 계속해서 상당한 자금을 써야 할 것인데 어디서 그런 돈이 납니까?

도둑놈들은 도둑질한 돈이니 물 쓰듯 하며 생색내겠지만 내게는 그런 돈 없습니다. 등록이 된 후에도 잡지 내기가 늦은 것은 이런 생각 때문이었습니다. 그래서 "신이 오지 않는 춤을 어찌 추느냐?" 했는데, 그래도 기어이 졸라서 정말 상주 아닌 상립을 쓰게 되었습니다.

숲이 커야 큰 재목이 있다

그러나 내 마음 편안합니다. 하게 되면 하고 못 하면 말지요. 돈이 없어 못했다 해도, 글을 미처 못 써 못하게 됐다 해도 터럭만큼 부끄러운 것 없습니다. 나로 하여금 말을 못하게 해놓고 뒤에서 악마 같은 웃음으로 입이 떡 벌어지고 손뼉을 치며 시원해하는 양반님들이 있다 해도 조금도 미워 아니합니다. 내가 할 말 못하면 저희 부끄럼이지 내 부끄럼 아닙니다. 국민이 누구나, 죄인조차도 자유로이 말할 수 있는 나라가 자랑할 나라지, 누구는 말을 하고 누구는 할 수 없는 나라는 참 인간의 나라가 아닙니다.

이렇게 말하면 굉장히 정치적인 듯이 보일는지 모르나 사실을 말하면 나는 정치하자는 마음 아닙니다. 묶어놓고 "정치는 강도질이다" 하는 내가 정치하겠습니까? 공자도 정치해보려다가 틀렸으니깐 그만두었고, 석가는 왕가에 났어도 아예 내던져졌고, 예수도 아니했고, 소크라테스도 아니했습니다. 사람 중에 가장 잘났던 분들, 그들이 아니었다면 인간이 인간 노릇을 했을 수 없다 하는 분들이 정치 아니했는데 내가 왜 그 욕심을 냅니까? 나는 타고나기도 크게 타고 난 것 아니고 힘쓰는 정성도 부족하지만 그래도 배우기는 가장 어진 그이들을 배우고 싶지 정치 같은 것 하고 싶지 않습니다.

그런데 왜 정치에 관계된 말을 하나? 강도가 들어왔는데, 그럼 "도둑놈이야" 하고 내쫓을 생각도 아니 해야겠습니까? 이런 때, 정치가 온갖 사회 발전을 방해하고 있는 때에 입을 닫고 중립을 한다는 것은 결국 정치와 한패입니다. 도둑이 왔어도 도둑이야 소리 아니하는 놈은 도둑의 한패 아닙니까? 내가 바라는 것은, 정치가 아주 없어지는 것은 감히 못 바라도, 적어도 손에 무기 쥔 정치무리가 판을 치는 날이 어서 지나가는 것입니다. 친구들조차 왜 가만있지 않느냐 하지만 답답합니다. 글쎄 도둑이 분명한데 도둑이야 소리를 하지 말란 말입니까? 또 내가 하는 것이 무슨 다른 욕심 있어서 합니까? 도둑보고 도둑이야 했다가 얻을 것이 칼밖에 없는 것을 모르리만큼 내가 바보입니까? 그러면 네가 정말 바보라고 할는지 모르나 바보거든 바보대로 두십시오.

내가 바보의 생각을 좀 말하리다. 나는 씨울에 미쳤습니다. 죽어도 씨올은 못 놓겠습니다. 나 자신이 씨올인데, 나는 농사꾼의 집에 났습니다. 참 농사꾼은 굶어 죽어도 "종자갓은 베고 죽는다"고 우리 마을선 표본적인 농부였던 우리 할아버지한테 들었습니다. 농사는 나만이 하는 농사입니까? 밥은 나만이 먹는 밥입니까? 천하 사람이 영원히 먹을 밥입니다. 그러므로 아무리 흉년이 들어도 종자는 내놔야 합니다. 그것이 정말 농사입니다. 민중은 씨올입니다. 나라가 망해도 씨올은 남겨놔야 합니다. 나라가 씨올 속에 있는 것이 한국 민족이 한 사내의 생식세포의 유전인자 속에 있는 것과 마찬가지입니다. 제국이니 공화국이니 문제 안 됩니다. 공산주의도 민주주의도 다 없어질 것입니다. 그러나 사회·역사 생활을 하는 이 인간성은 아니 없어집니다. 그것을 지키고 가꾸잔 말입니다. 내가 가꿔놓으면 엉뚱한 놈이 먹을 것입니다. 그래도 좋단 말입니다. 나는 가꾸는 것이 맛이지 먹는 것이 맛이 아닙니다. 또 내 입이어야만 입입니까, 남이 먹은 것이 곧 내가 먹은 것입니다. 나는 이 개체에 있지 않기 때문입니다.

나는 이 씨올을 믿습니다. 끝까지 믿으렵니다. 믿어주지 않아 그렇지 믿어만 주면 틀림없이 제 할 것을 하는 것이 씨올입니다. 그렇기 때문에 잘못하는 것이 있어도 낙심하지 않습니다. 그것은 미처 모르고 꾀임에 들어서 그랬지 본바탕은 착하다 믿습니다. 까닭은 간단합니다. 씨올이라니 다른 것 아니고 필요 이상의 지나친 소유도 권력도 지위도 없는 맨사람입니다. 나라의 대다수 사람은 이런 사람입니다. 그런데 소수의 사람이, 남을 간섭하고 지배하기를 좋아하는 사람이 있습니다. 경로도 여러 가지고 형식도 여러 가지지만 그런 사람이 결국 정치계·사업계로 나갑니다. 그런데 사람은 다 같은 사람이어서 양심도 다 있고 이성도 다 있지만, 가진 것이 있는 사람은 아무래도 도덕적으로 약해집니다. 대다수의 민중은 특별히 잘나서가 아니라, 그러한 기회에 놓여 있지 않기 때문에 난 대로의 인간성이 살아 있습니다. 그 점이 내가 민중을 믿는 점입니다.

그렇기에 어떤 정책의 시비가 문제됐을 때 판단하는 표준을 어디

둘 거냐, 민중에 두어야 합니다. 민중은 어리석은 것이니깐 강력한 지도자가 있어야 한다는 소리는 제법 그럴 듯하지만 사실은 틀림없이 압박·착취하는 독재자가 하는 소리입니다. 정말 어진 지도자는 그런 소리 절대 아니합니다. 민중에게 들으려 합니다. 지혜는 결코 천재에서 나오지 않습니다. 전체 씨울에서 나옵니다. 특별한 발명에 달려 있는 과학조차도 그렇습니다. 오늘날 미국이 과학에 앞장을 서게 된 것은 결코 천재나 돈이 많아서만 아닙니다. 그들의 협조 잘하는 특징 때문입니다. 대체로 보아서 미국의 교육 주지는 천재교육이 아닙니다. 세상은 잘못 생각해서 천재교육을 하는 데 발달이 있을 것 같이 알지만 그릇된 생각입니다. 일반교육이 앞서야 천재가 나옵니다. 숲이 커야 큰 재목이 있습니다. 언제든지 모든 특성은 전체의 것입니다.

씨울을 믿는다는 말은 그대로 내버려두란 말 아닙니다. 믿기 때문에 가르쳐야 합니다. 없던 것을 새로 주는 것 아닙니다. 민중이 스스로 제 속에 가지고 있으면서도 자각 못한 것을 깨닫도록 하는 것입니다. 신문잡지는 그래서 필요합니다. 사상의 게릴라전을 하자는 것도 이 때문입니다. 씨울은 착하지만 착하기 때문에 잘 속습니다. 그렇기 때문에 속지 않도록 해야 합니다. 거기 절대 필요한 것이 언론·집회의 자유입니다. 어느 정부나 정치가가 정말 민중을 가르치려는 거냐 아니냐는 그 언론정책을 보면 압니다. 언론의 길을 통제하는 것은 이유를 무엇에 붙이거나 민중 속이고 억누르자는 뱃속입니다. 그렇게 볼 때 5·16 이후의 정치는 완전히 반민주주의적입니다.

그럼 언론·집회의 자유가 없는 경우에 어떻게 하느냐. 우리 문제 있는 데가 여기입니다. 어떻게 해서 언론자유를 얻을 것인가 대답은 간단합니다. 자유는 자유에 의해서만 얻어집니다. 언론자유 있어야 된다는 소리 해서는 소용이 없습니다 그 소리는 공화당 정권의 종노릇 하는 오늘의 신문·잡지도 다 합니다. 자유는 자유라는 이름을 불러서 오는 것 아니라 실지로 죄악적인 법을 무시하고 할 말을 함으로써만 됩니다. 그러면 감옥도 가고 징역도 살는지 모릅니다. 모릅니다가 아니라 틀림없이 그리될 것입니다. 그렇더라도 할 말은 하란 말입니다. 그밖에 길이 없습니다. 악도 선도 결코 개인적인 것이 아닙니다. 악한 사람이 하나 있을 때 그놈이 악한 놈이라 생각하면 잘못입니다. 전체에 있는 악이 그 사람으로 나타났습니다. 그러므로 악을 이기려면 전체가 동원되지 않으면 아니 됩니다. 민중교육의 목표는 봉기, 벌떼처럼 일어나는 데 있습니다. 전체 씨올이 일어만 나면 어떤 강력하고 치밀하고 교묘한 권력구조를 가지고도 막아내지 못합니다.

아무리 악한 놈이라도 사람을 다 죽이고는 저도 못살 줄을 알기 때문입니다. 악한 놈도 제가 살기 위해서라도 정의는 이긴다는 법칙만은 살리려 합니다. 그것이 무엇보다 무서운 인간 본바탕의 명령입니다. 그렇기에 대량학살을 하는 놈도 아니하는 척 숨겨가며 하려 합니다. 죄악이 패하고야 마는 원인이 여기 있습니다. 그렇기에 전체가 일어만 서면 틀림없습니다.

서로 책임지는 유기적인 공동체의 조직

이제 내가 이 잡지를 내는 목적을 말합니다. 두 가지가 있습니다. 하나는 한 사람이 죽는 일입니다. 씨올의 속에는 일어만 나면 못 이길 것이 없는 정신의 힘이 있습니다. 그러나 그것은 그저는 일어나지 않습니다. 일어나라는 명령을 받아야지. 누가 명령하나? 하나님 혹은 하늘이 하지. 옳습니다. 그러나 하나님의 입이 어디 있느냐가 문제입니다. "사람이 밥으로만 사는 것 아니라 하나님의 입으로 나오는 모든 말씀으로 산다"고 했습니다마는 그 입이 문제입니다. 하나님의 입이 어디 있습니까? 없습니다. 하나님은 말씀하시지만 말 아닌 말씀을 입 아닌 입으로 하십니다. 그렇기 때문에 하나님이지, 우리처럼 이따위 입 가지고 지껄이는 이라면 하나님일 리 없습니다.

하여간 하나님은 입이 없습니다. 그럼 어떻게 말씀을 하시나. 사람의 입을 빌려서 하십니다. 하나님의 입은 사람의 입에 있습니다. 예수 때에는 예수가 했지만 예수 돌아간 후는 누구나 대신 또 해야 합니다. 예수가 죽은 것은 바로 그 때문입니다. 즉 모든 사람이 다 하나님의 입 노릇을 하라고. 약한 인간들이 자기가 늘 있으면 자기에게만 맡기고 스스로는 하려 하지 않을 줄 알기 때문에, 그래서는 자유는 얻어지지 않을 것이기 때문에, 자기가 죽으면서 "내가 가는 것이 좋다" 했습니다. 하여간 모든 사람이 다 하나님의 입 노릇 할 자격이 있고 또 의무도 있습니다. 그런데 이 악한 세상에서는 하나님의 말을 하려면 죽을 각오는 해야 합니다. 또 그것을 좋게 여겨야만 할 수가 있습니다. 예수와 마찬가지로 하나님 말씀을 나 혼자 독차지하지 말아야 하며, 또 내가 죽으면 다른 사람이 틀림없이 할 거다 하는 것을 믿어야 합니다.

그러므로 하나님이 말씀한다는 것은 곧 죽음입니다. 말 중에 가장 강한 말은 피로 하는 말입니다. 악하던 사람도 바른말 하다가 죽는 것을 보면 맘이 달라집니다. 전체 씨올을 동원시켜 봉기하게 하는 데는 피로써 말하는 수밖에 없습니다. 물론 사실로는 피까지 흐르겠는지 아니 흐르겠는지는 모르나 적어도 각오는 그렇게 해야 합니다. 그 뜻은 무엇이냐 하면, 바른말을 주고받겠거든 하는 사람이나 듣는 사람이나 하나이어야 한다는 말입니다. 듣고 바른말이다 생각될 때 죽으면서라도 나도 그 말을 지지할 의무가 지워집니다. 내가 한 사람이 죽는 것이 목적이란 것은 이것입니다.

둘째는 거기 따라오는 것인데 더 중요한 것입니다. 유기적인 하나의 생활공동체가 생겨야 한다는 것입니다. 사람은 혼자는 못 삽니다. 독신생활을 하는 사람조차도 혼자가 아닙니다. 가족이거나 교회거나 무슨 클럽이거나간에 하여간 하나의 무슨 세계를 가지고 있습니다. 사람이 강해지는 것도 이 때문이요 약해지는 것도 이 때문입니다. 평소에 약하던 사람도 여럿이 뒷받침을 해주면 놀라운 용기를 얻어 도저히 보통으로는 할 수 없는 일을 하게 되고, 반대로 아주 용감하던 사람도 자기가 감옥에 간 후 제 어린것들이 길가 헤맬 생각을 할 때에 그만 간장이 녹아버립니다. 그런 실례를 우리는 많이 압니다. 그러므로 악과 싸우려면 개인플레이를 해서는 아니 됩니다. 나서는 사람 편에서 영웅심을 청산해야 하는 것은 물론, 주위에서도 만일의 경우 그의 가족 혹은 그의 평생의 관심거리에 대해 계속 공동책임을 질 준비를 해야 합니다.

4·19도 6·3도 나는 학생의 동기를 집권자들모양 불순한 것으로는 결코 보지 않고 전적으로 학생들 옳았다 하지만, 그 운동이 왜 힘차게 자라지 못하나 하면 위에서 말한 그 관계가 있습니다. 그렇기 때문에 정부의 앞잡이들이 학생진을 분열시키려 할 때 그 부모를 통해 "너 생각해 봐, 4·19라야 남은 것이 뭐냐? 너 하나 곯을 뿐이다" 하고 꾀는 것은 사실 그럴 만한 말입니다. 퀘이커들이 수는 적으면서도 큰소리를 치게 되는 원인은 이 점에 있습니다. 그들이 타락한 국교에 공공연히 반대하고 나섰을 때 정부와 교회는 합세하여 잔인한 핍박을 했습니다. 그러나 이들은 굴하지 않았습니다. 자유롭게 예배하는 것을 금하는 데 대해 비밀로 모이는 것이 아니라 일부러 알아보기 쉬운 장소에 내놓고 모였습니다. 흩으면 또 모이고, 어른들을 잡아가면 아이들끼리 모이고, 잡혀간 사람의 가족은 모임에서 맡아 책임을 지고 돌봤습니다. 그러므로 끝까지 약해지지 않고 끈질기게 싸워 나중에 그 정부로 하여금 공공연히 모이는 것을 승인하고야 말게 했습니다. 그들이 개인적으로 아무리 굳센 믿음을 가졌더라도 이러한 공동체를 조직해서 발의 상처를 손이 만져주고 위의 아픈 것을 온몸이 느껴주듯 유기적인 활동을 하지 않았다면 빛나는 승리를 얻지 못했을 것입니다. 병역거부를 해서 이긴 것도 마찬가지입니다. 개인의 일로 알지 않고 전체가 책임을 지고 돌봐주었기 때문입니다.

순교자는 처음부터 강하지만 한번 순교하고 난 다음 돌아보지 않으면 순교자의 씨는 끊어지고 말 것입니다. 순교자 자신은 물론 그것을 생각하지 않지만 교회는 그것을 전체의 일로 알아야 할 것입니다.

희생자의 뒤를 봐주는 조직적인 활동은 설교보다도 중요합니다. 우리 사회의 가장 큰 약점은 바로 여기 있습니다. 그렇기 때문에 나는 무슨 운동 무슨 운동 일어나는 것을 그리 신용하지 않습니다. 몇 날 못 견딜 것이 뻔하기 때문입니다. 하나님이 갚아준다지만, 위에서 말한 대로 사람 없이는 하나님이 일하지 못합니다. 왜 다른 나라에서는 잘 되는 선·악의 보응이 우리나라에서만 아니 됩니까? 우리 사람이 서로 책임지지 않으려 하기 때문입니다. 그래서 이런 유기적인 공동체를 길러가기 전에는 아무 운동도 될 가망이 없기 때문에 그것을 기르도록 하자는 것입니다. 그것은 눈에 뵈는 조직체를 만들어도 소용 없습니다. 각자가 양심에 나타나는 명령에 따라 자진해서만 될 수 있는 일입니다. 잡지 보는 것이 목적 아니라 서로 통해서 하나라는 느낌에 이르도록 하는 운동을 시작하잔 말입니다.

눈에 뵈는 조직체를 만들면 빨리되는 점도 있을 것입니다. 그 대신 위험도 있습니다. 야심가에게 이용이 돼버립니다. 농업협동조합 같은 것은 그 좋은 실례입니다. 그런 것 만들지 않았던들 농민을 그렇게 해치지는 못했을 것입니다. 조직체가 있는 고로 야심가에게 이용돼버립니다. 본래부터 그런 목적을 가지고 만들었을 것입니다. 그런 운동은 성질상 민간에서 자발적으로 되어 올라와야 한다는 말들을 그렇게 많이 했는데도 기어이 관에서 만들어 내리씌웠다는 사실이 그것을 의심케 합니다.

조직은 그것을 바로 쓸 성의와 역량을 가지는 인격이 없으면 곧 타락해버립니다. 그러므로 운동은 서둘러서 안 된다는 것입니다. 조직체 소용없단 말 아닙니다. 생각이 아무리 있어도 실력이 차기 전에 만들어서는 아니 된다는 말입니다. 알이 다 익으면 밤송이는 벌리라 하지 않아도 저절로 벌립니다. 그리고 익어서 스스로 벌리는 밤송이를 다물게 할 놈이 세상에 없습니다. 첨부터 조직체를 만들지 않으면 일이 규모있게 빨리되지 못하는 듯하나 그것은 한때뿐입니다. 자발적인 양심의 명령에 의해 성립되는 공동체는 되기만 하면 놀랍게 활동합니다. 기독교의 초대교회가 그것을 보여줍니다. 예수는 자기 살아 있는 동안 교회를 조직하지 않았습니다. 그것은 그들이 믿음은 있지만 환란이 닥쳐오면 자기를 혼자 버리고 제각기 자기 곳으로 흩어져갈 것을 잘 알고 있었고, 때가 오면 자기가 없어도 틀림없이 할 것을 알았기 때문이었습니다. 그것이 길러서는 잡아먹자는 것이 아니라 목숨을 버리면서까지 양을 위해주자는 참 목자가 하는 일입니다.

국민적 양심의 자리

나는 우리 민족을 등뼈가 없는 민족이라고 합니다. 아주 없지는 않은지 몰라도 부러지거나 꾸부러지거나 한 사람들입니다. 개인도 나라도 서야 사람입니다. 세포에는 핵이란 것이 있습니다. 그것이 죽으면 다른 부분이 다 있어도 소용이 없습니다. 국민정신의 구조도 그렇습니다. 사회의 양심을 대표하는 어떤 중심이 있어야 합니다. 그것은 어떤 때는 어느 종교단체에 있을 수 있고, 어떤 때는 어느 지식인의 모임에 있을 수도 있고 심한 경우는 어떤 개인에 있을 수도 있습니다. 영제국과 싸우던 때의 인도에서 간디의 경우 같은 것은 그것입니다. 중국 춘추시대에 천하가 어지러웠는데 공자가 『춘추』라는 역사를 쓰자 당시의 난신적자亂臣賊子가 부르르 떨었다고 했습니다. 그런 시대는 아무리 어지러워도 그래도 희망이 있습니다.

아주 걱정인 것은 그런 국민적 양심의 자리가 아주 없어지는 일입니다. 인간의 세상은 아무래도 질서가 있어야 합니다. 사람이 다 양심적이기를 바랄 수는 없지만 그래도 천하 사람이 저이들 혹은 저 사람의 의견은 언제나 옳다 하고 인정하는 권위를 가진 핵심이 있어야 질서가 유지됩니다. 그것이 아주 없어지면, 아무래도 사회생활은 해야 하는 것이기 때문에, 자연 폭력으로라도 그것을 유지하게 됩니다. 5·16은 그렇게 해서 나온 것입니다. 그러나 그것은 부득이해서 일시로 묵인된 것이고 늘 그럴 수는 없습니다. 그것이 오래면 국민의 양심이 아주 마비되어버립니다. 로마가 망한 것은 이것입니다. 내가 5·16 이후의 정권을 극력 반대하는 것은 그 때문입니다.

그러므로 압박을 면하고 싶으면 싶을수록 어서 빨리 국민적 양심의 자리를 세워야 합니다. 늙은이는 그 집 양심의 상징입니다. 나라에도 늙은이가 있어야 하는데 우리나라에는 없습니다. 그것은 우리지나온 역사로 보아 부득이한 일입니다. 그러나 그러면 그럴수록 부족한 우리끼리라도 중심을 세우도록 힘을 써야 할 것입니다. 그렇기때문에 나는 정치는 모르지만 벌써 오래전부터 새 중심세력을 기르지 않는 한 우리 정치풍토를 고칠 수는 없다고 주장해옵니다. 정치적인 운동으로 결코 해결 아니 될 것입니다. 우리가 겨누는 것은 그러한 운동에 있습니다. 집을 지을 재목은 이 숲에서 나가겠지만, 우선은 집 지을 생각은 하지 말고 순전히 기르는 것을 목적으로 삼아야이 다음 사람이 와서 재목을 구할 때에 서슴지 않고 내줄 수 있을 것입니다. 나라를 참 건지자는 생각 있거든 우선 정치적인 생각을 깨끗이 청산하고 나서야 한다는 말입니다.

정치에는 아무래도 기르기보다는 어서 찍어 쓰자는 조급한 생각이 들어있습니다. 옛날 중국 역사 첨에 천황씨天皇氏는 목덕木德으로 왕王 했단 말이 있습니다. 찍기보다는 기르자는 마음이 목덕일 것입니다. 우리나라는 형편상 그럴 만도 하지만 너무 찍어 쓰기에만 바쁘고기르려는 생각하는 사람이 없습니다. 그것이 걱정입니다. 씨올이 소리를 해보자는 것은 기르기 위해서입니다. 나라에 늙은이 없으면 못생긴 우리끼리라도 서로 마음을 열고 의논을 해야 할 것입니다. 그러노라면 우리 다음 세대는 늙은이를 가질 것입니다. 그 밖에 어느 성인이 오신대도 다른 길을 제시하지 않을 것입니다.

• 1970년 4월, 『씨올의 소리』 창간호

씨올의 울음

머리 들어 허허 누리 바라보라, 그 누리 뉘 누리냐?

끝없는 하늘알들 떠도는 것 아니냐?

발 디뎌 편편 두툼한 땅 짚어보라, 그 땅 뉘 땅이냐?

셈 없는 모래들 모여앉은 것 아니냐?

높은 뫼 넓은 들 덮는 푸른 나무 숲, 그 사이에 피는 가지가지 꽃,

잎 알의 모인 것뿐이요,

긴 내 깊은 바다 흔드는 은빛 고기 조개, 그 밑에 떠는 형형색색의 마름,

살알의 뛰노는 것뿐이다.

여섯 자 큰 사내라 뽐내지 마라. 먹은 밥알 곤두서서 있는 너 아니냐?

억만 인구 굳센 나라라 자랑 마라. 눌린 씨올 엎디어서 서는 너 아니냐?

아. 씨올아, 씨의 씨 알의 알, 생각하는 씨올아,

네 서름이 쌓인 것이 무릇 몇 즈믄이냐?

놈들이 속였구나! 말없는 우리라고 속였었구나!

저놈의 해 제가 태양이라, 저만이 큰 빛이라, 생명의 근원이라, 제가 바로 하나님이라 억만 년 날마다 우릴 속여왔지, 이 폭군아!

저년의 달, 태음이라던 계집, 제 빛도 아닌 걸, 폭군 턱 밑에 몸 팔

아 얼은 부끄런 낯짝 가지고
  제가 제법 화·복의 권세나 쥔 양 밤마다 우리를 속여왔지.
  이 간악한 계집!
  산아 너는 뭐라고 높은 체, 그래 하나님이 네게 계시다고?
  네가 높으냐? 지구의 꽁지 아니냐?
  바다야, 엉큼한 놈, 네가 맑다, 그래 용왕이 네 속에 있다?
  네가 어찌 맑으냐? 만물의 시궁창 아니냐?

  이제 날이 맑았다, 과학의 날이
  밤낮이 바뀐다.
  사나운 폭군 혼자 빛나던 것, 사실은 참 가리는 어둔 밤이요,
  억억만만의 별이 반짝이는 밤, 그게 도리어 평화의 밝은 대낮이었다.
  어느 것이 더 밝으냐, 빛 멀어가는 태양아!
  너만이 해냐? 너는 수없는 해 알 중의 지극히 작은 하나 아니냐?
  너도 본디 씨을의 하나였느니라.
  과학의 시대는 씨을의 시대,
  씨을의 아구를 트이어 눈을 뜨고 입 열게 한 것은 참의 과학이었다.
  씨을은 과학으로 말한다.

  성인들아 물어보자. 학자들아 대답하라.
  (너희 소위 지도자라는 놈들 물러가라, 너희 말 아니다. 이 주먹꾼 놈들)
  크단 것이 무엇이냐?
  씨을 모인 것 아니냐?
  물체는 분자 모여, 분자는 원자 모여, 원자는 전자 모여 됐다더라.
자子는 알이다.
  굳센 힘 어디서 나오느냐?
  씨을 씨을 서로 손잡음 아니냐?
  힘줄도, 강철도, 바위도, 다 뵈지 않은 씨을의 악수다.

빛은 뭐냐? 에너진 뭐냐? 전기는 뭐고 방사선은 뭐냐?

억눌렸던 알의 풀려남 아니냐?

아름다움이 뭐냐?

씨올들의 노는 꼴 아니냐?

씨올이 제멋대로 하면 자유,

씨올이 제자리 찾으면 정의,

씨올이 얼굴 들면 영광,

씨올이 숨 쉬면 신비,

산은 무너지고 바다는 마르고 나라도 망하고 문명도 사라지는 날이 와도 씨올은 영원히 있을 것이다.

씨올은 전체요 또 부분이다.

하나님 내 안에 있고 나는 하나님 안에 있다지만, 그저 큰 알 속에 작은 알이 있고 작은 알 속에 큰 알이 있는 것이니라.

아니다. 크고 작음이 없느니라, 그저 알일 따름이다.

알에는 안이 밖에 있고 밖이 안에 있다. 밖의 밖이 안이요, 안의 안이 밖이다.

전체, 밖을 그리면 ○이요, 하나, 속을 그리면 · 이다.

정치란 게 무엇이냐?

"씨올은 짐승이다" 하는 소리니라.

다스린다는 말부터가 건방지다. 누가 누굴 다스리느냐?

종교란 게 무엇이냐?

정치 아닌 종교 없느니라, 마찬가지다.

다만 여기서는 암호를 쓸 뿐이다.

요새 종교는 점점 정치화하고 정치는 점점 우상화하지 않더냐?

놈들이 서로 손을 잡고 씨올을 짜먹을 뿐이더라.

보라, 씨올, 아무것도 가진 것이 없고 다만 생각하는 마음뿐을 가진 알짜 씨올은 정치에도 종교에도 없지 않더냐?

이 세상이거나 저 세상이거나 이름에 관계없이, 잘살기를 목적하는 정치와 종교, 우리 씨올과는 상관이 없더라.

씨올은 울어야 한다.
우리 목이 메고 눈물이 마르고 손발이 맞은 지 무릇 몇천 년이냐?
길게, 처량하게, 애절하게, 엄숙하게, 거룩하게 울어야 한다.
울면 목이 열릴 것이요, 눈에서 눈물이 솟을 것이요, 그러면 눈이 밝아 밝히 볼 것이요, 몸이 떨리면 저절로 춤이 나올 것이다.
저놈들이 민요라고! 그게 어찌 우리 노래냐? 그것은 썩어진 정치의 문드러지는 소리다. 그러기에 그것 좋아하는 놈들은 정치하는 놈과 그 종들뿐이지 정말 땅에 뿌리 박는 씨을 거기 하나도 오지 않는다.
그놈들 또 포크 댄스라고! 그게 어찌 씨을의 춤이냐? 그것은 썩어진 종교에 미쳐서 하는 발작이다. 그러기에 그거 좋다는 놈들 정신 빠진 맘몬교도[黃金敎道]뿐이지 정말 하늘만 믿고 사는 맨 씨올들 하나나 거기 참여하더냐?
부끄럽고 슬퍼 말 못하겠다.

저 신문장이들을 몰아내라, 잡지장이 연극장이, 라디오 텔레비장이들을 모두 몰아내라. 그놈들 우리 울음 울어달라고 내세웠더니 도리어 우리 입 틀어막고 우리 눈에 독약 넣고 우리 팔다리에 마취약 놔버렸다.
그놈들 소리 한댔자 사냥꾼의 개처럼 짖고 행동한댔자 개가 꼬리 치듯 할 뿐이다.
쫓아내라, 돌로 부수란 말 아니다. 해가 올라오면 도깨비는 도망가는 법이다.
우리가 우리 울음을 울어야 한다.
우리가 울면 우리 소리에 깰 것이다.
힘도 우리 것이요 지혜도 우리 것이다.

그것은 참이 우리에게 있기 때문이다.

내 가슴을 만져보며
눈 감아 지난날 생각해보고
귀 기울여 동터오는 앞날의 소리를 들으려 애쓰노라면
울음이 저절로 나와요.
간난을 이기고
무지를 녹이고
죄를 씻을 수 있는
큰 울음이 저절로 나와요.

얼씨구나, 절씨구나!
얼씨구두 절씨다!
절씨구두 얼씨다!
하늘 알, 땅 알
마음 알, 살 알
얼의 알, 알의 알
얼씨구, 절씨구!

• 1970년 4월, 『씨올의 소리』 창간호

읗

왜 나는 얼을 읗로 쓰는가?

'읗'을 왜 '알'로 쓰지 않고 '읗'로 썼나? 물론 지금 맞춤법에는 들어 있지 않습니다. 그러나 본래는 있던 것입니다. 'ㆍ'를 혹 마지막 'ㅏ'라 해서 'ㅏ'와 같이 보려 하나 그것은 모르는 말입니다. 또 지금은 쓰지 않으니 버리는 것이 마땅하다 하는 의견도 있으나 잘 구별을 하지 않아 그렇지 지금도 살아 있습니다. 그런 것은 음보다 그 뜻을 위해 될수록 살려 쓰는 것이 좋습니다.

어학의 전문연구가 없으니 말할 자격은 없습니다마는 한글에는 본래 만들던 이들에서부터 그저 음만이 아니고 하나의 철학이 들어 있습니다. 'ㅏ, ㅓ, ㅗ, ㅜ, ㅡ, ㅣ'를 보면 그 음이 깊은 데서부터 옅은 데로 차례로 되어 있습니다. 'ㆍ'는 끝에 올 것이 아니라 머리에 와야 할 것 아닐까? 모든 모음의 밑이 되는 가장 깊은 데서 나오는 소리 아닐까? '하늘'을 어떤 때는 '하날', 어떤 때는 '하눌'하는 것을 보면 본래는 'ᄒᆞᄂᆞᆯ'이라 썼어야 할 것입니다. '읗'도 그런 의미에서 '알' '얼' '올' 하는 음이 다 나오는 기본되는 것으로 생각하고 '읗'이라 쓰는 것이 좋을 것입니다.

형편대로 변해가는 것만이 옳은 것은 아닙니다. 어떤 때는 다 죽게된 데서 살려내서 쓸 필요도 있습니다. 일반이 그렇게 쓰고 아니 쓰는 것은 감히 말할 수 없습니다. 그 뜻을 찾아보는 의미에서 그렇게 써보는 것입니다. 씨읗이 모든 삶의 밑뿌리면서도 무시를 당해 거의 잊어버려졌던 데서 다시 제 모습을 찾아 제 소리를 내자는 하나의 심벌입니다.

• 1970년 5월, 『씨올의 소리』 제2호

씨올의 소리

먼저 씨올을 대접하십시오

『씨올의 소리』를 내는 목적은 무엇입니까?

천하 씨올이 다 소리를 내도록 하기 위해서입니다.

세상에 무슨 소리가 그렇게 많습니까? 기차 소리, 자동차 소리, 라디오 소리, 장사꾼의 목 찢어진 소리, 식모의 얼굴 시든 소리, 군인의 개새끼 소리, 학생의 뒤집은 소리, 대통령의 꾸며낸 담화 소리, 벼슬아치의 엉터리 보고 소리, 여당의 어거지 소리, 야당의 시시한 소리, 목사·스님의 저도 못 가보고 하는 천당·지옥 소리, 신문·잡지의 알고도 모른 척하는 맥빠진 논설 소리, 심지어는 애기 하나 가지고 이놈의 아들이랬다 저놈의 아들이랬다 하는 정부 갈보의 지갑 속에 달러 지전 발각발각하는 소리와, 선거 때까지 1년은 참아줄 줄 알았는데 여섯 달도 못 가 무너져서 '불도저 시장'이라 흔들거리던 대갱이를 하루아침에 박살을 내버리는 와우아파트 와르르 하는 소리까지 들려서 정신을 잃을 지경인데, 씨올의 소리만은 들을 수가 없지 않습니까? 다 죽었습니까?

아닙니다. 죽을 리 없습니다. 절대로 씨올은 죽지 않습니다. 죽는 법 없는 것이 씨올의 몸입니다.

그럼 잠이 든 거지요.

그렇지 않습니다. 언제나 야무진 눈을 가지고 밝는 날만 기다리는 것이 씨올의 마음입니다.

그렇다면 하라면 되지 않습니까?

알고도 모르는 말씀입니다. 하란다고 하는 것 아닙니다. 하도록 대
접을 해야지요. 씨올은 착합니다. 의젓합니다. 착하기에 싸우지 않습
니다. 의젓하기에 자랑 않습니다. 뽐내지 않습니다. 의젓하다 못해
수줍습니다. 그렇기 때문에 "해라, 해라!" 하면 도리어 못합니다. 왜
말이 있지 않습니까, "하던 지랄도 멍석 펴주면 아니 한다"고. 씨올
이 용한 것을 두고 하는 말입니다. 대접을 해주어야 합니다. 수줍다
는 것은 스스로 지키기를 굳게 하고 스스로 가지기를 높이 하는 말입
니다. 멍석을 펴는 것은 대접이 아닙니다. 놀림감으로 구경하자는 속
셈입니다. 그것을 알기 때문에 움츠러집니다. 착하니 남을 욕할 필요
는 없습니다. 내가 팔리지 않으면 그만입니다. 그것이 남을 저와 같
은 맘성인 것으로 대접하는 의젓함입니다.

씨올은 그렇기 때문에 제로라고, 잘났노라고, 제 선전을 제가 하며
영웅인 체, 호걸인 체, 지도자인 체, 되지도 못한 것들이 나서서 우쭐
대고 설치고 하는 것을 보면, 그만 입을 다물어버립니다. 하늬바람
이 부는데 아구 트는 씨올이 있을 수 없지요. 못생긴 것 같지만 못
생긴 것이 아닙니다. 말이 통할 수 없는 저쪽을 그만큼 대해주는 것
입니다. 예수는 죽은 사람도 살리는 능력이 있었지만, 자기를 십자가
에 못 박아 놓고 장난거리로 내려와보라는 데는 잠잠하고 죽지 않
았습니까? "진주를 돼지에게 줄 수 없고 거룩한 물건을 개에게 던
질 수 없기" 때문이었습니다〔「마태복음」, 7: 6〕. 믿는 자는 생명을
받을 자격이 있지만 시험하는 자는 죽음밖에 볼 자격이 없습니다.
예수의 죽음은 그를 못 박은 자들의 죽음입니다. 예수가 능력이 없
어 죽은 것 아닙니다. "죽은 자들로는 죽은 자를 장사하게 하는 것"
밖에 할 도리가 없기 때문에 물음에 맞도록 대답을 한 것입니다〔8:
22〕. 씨올도 그렇기 때문에 자기를 업신여기는 자 앞에서는 잠잠합
니다.

결코 같이 업신여겨서 그러는 것이 아닙니다. 착하기 때문에 하는 것입니다. 진주를 돼지에게 주지 말라 할 때 진주를 아끼기만 한 것 아닙니다. 돼지도 알아준 것입니다. 먹지도 못할 진주를 돼지에게 주는 것은 진주를 버릴 뿐 아니라 돼지를 업신여기는 일입니다. 그렇기 때문에 노하여 짓밟고 도리어 준 사람을 찢는 것입니다. 그런데, 돼지도 저를 돼지로 대접하지 않고 적당치 않은 것을 주면 노할 줄을 아는데, 세상에 돼지만도 못한 인간이 어찌 그리 많습니까? 군인에게 군인 이상의 것을 주고 대학총장께 대학총장 이하의 것을 주는데 그것이 업신여김인 줄을 모릅니다. 세상에 진주목걸이를 목에 건 돼지 같은 정치가·사업가·학자·기관장이 어찌 그리 많습니까? 씨올은 그렇지 않습니다. 사람은 본성이 수줍어하는 것입니다. 양심이 있기 때문입니다. 가슴을 젖히고 능히 상을 받는 것은 벌써 사람이 아닙니다. 수줍음 다 팔아먹고 까불고, 뻔뻔하고, 배짱, 능청 부리는 것을 그들 세상에서는 소위 '리더십'이니 '거물'이니 합디다만은, 씨올은 그럼 외면해버립니다. 자기를 아끼고 또 저쪽을 불쌍히 여겨서 하는 일입니다. 그렇기 때문에 씨올은 명령으로도 말고, 추켜줌으로도 말고, 대접을 해주어야 소리를 냅니다.

자기의 목소리를 내야

어떻게 하면 씨올 대접입니까?

왜, "남에게 받고자 하는 대로 너희도 그대로 하라"하지 않았습니까? [7: 12] "출호이자 반호이"出乎爾者 反乎爾1)라 하지 않았습니까?

---

1) 出乎爾者 反乎爾: "자신에게서 나온 것이 자신에게 되돌아온다"는 뜻. 추(鄒)나라 목공(穆公)이 맹자에게 노(魯)나라와의 전투에서 보인 백성들의 비협조적인 태도를 불평하자, 맹자는 증자의 이 말을 인용하면서 불충을 탓하기 전에 먼저 어진 정치를 베풀라고 말했다. 『맹자』, 「양혜왕 하」.

노래가 듣고 싶으면 먼저 잘 못하는 노래라도 해야 합니다. 사슴을 잡으려면 "사슴아, 오너라" 하지 않습니다. 울개를 쳐서 사슴 소리를 내면 스스로 옵니다. 내가 『씨올의 소리』를 내는 것도 그 때문입니다. "민중아, 부르짖어라!" 해도 소용없습니다. 지배자들을 향해 "언론 자유 주어라!" 해도 돼지에게 진주 먹으라는 소리입니다. 그러나 그러지 말고 변변치 않은 내 소리라도 하면 씨올은 신이 나서 소리를 하게 될 것입니다.

사실 그 못난 점이, 그러면서 먼저 하는 그 맘성이, 참 광대를 불러 냅니다. 왜 그렇습니까? 씨올은 서로 '같이 우는〔共鳴〕것' '느껴주는〔感應〕것'이기 때문입니다. 잘잘못을 따지지 않습니다. 그것은 구경꾼의 심정입니다. 씨올끼리는 서로 맘성을 알아주고 마주 느껴주는 것입니다. 잘잘못을 몰라서도 아니요, 잘해서 소용없다 해서도 아닙니다. 그것을 다 압니다. 그러나 잘은 서로 따지고 평하는 데서 오는 것이 아니고 서로 열리고 고른 마음으로 주고받는 데서야 오는 것임을 알기 때문입니다. 잘은 믿어줌에만 있습니다. 힘은 '내'가 할 수 있는 것도 아니요, '네'가 할 수 있는 것도 아닙니다. '그이'만이 가진 것입니다. '전체'에만 있습니다.

그렇기 때문에 씨올의 헌법을 분명히 알아야 합니다. 내가 너를 가르치잔 것 절대로 아닙니다. 네가 나를 가르치란 것도 아닙니다. 우리가 서로 열린 마음으로 주고받을〔對話〕 때 보다 높은 지혜와 보다 큰 힘에 이르게 됩니다.

그럼 소리는 무슨 소리를 하자는 것입니까?

내 소리, 곧 '제' 소리를 하잔 것입니다. 귀청이 떨어지도록 길거리에 소리가 찼지만 우리 소리가 아닙니다. 아침부터 저녁까지, 그것도 부족해서 자면서까지 말을 하지만 참 제 소리는 별로 없습니다. 팔려서 해도 제 소리가 아니고, 강제에 못 이겨, 달래는 데 속아서 해도 제 소리가 아닙니다. 제 소리는 스스로 속에서 우러나서 해야 합니다. 소위 "성어중 형어외"誠於中 形於外2)입니다. 이때껏 우리는 팔았고 팔렸으며 속였고 속았습니다. 팔잔 마음 없으면 팔리지 않을 것이요, 속이잔 마음 없으면 속지 않을 것입니다. 나를 내주지 않고 남을 사들일 수 없고, 남을 아프게 않고 내가 아픈 법 없습니다. 그런데 이때껏 우리가 제 소리를 내지 않았습니다.

가령 예를 들어 말한다면?

수두룩합니다. 우선 민民부터 그렇지 않습니까? 그저 민民이라고나 했습니까? 서민·하민·민초·우맹愚氓 그랬지. 꼭 같은 사람 부르는데, 나면 나고 저면 저지, 왕王·황皇·폐하·전하·각하·신臣·복僕, 그게 다 무엇입니까? 사람에게 도덕이 있어야 하지만 그 도덕이 다 비뚤어진 것이었고, 믿음도 있어야지만 그 종교도 모두 뒤집혀 있습니다. 님이면 님이지 무슨 만왕의 왕이니, 만군의 여호와니, 옥황상제니, 염라대왕이니, 그것이 다 종살이 버릇에서 나온 것입니다. 분명히 '아버지'라 했고 "내가 이제부터는 너희를 친구라 한다" 했는데, 왜 아버님, 벗님 하지 못하고 '주님' '이 종을' 합니까?〔「요한복음」, 15: 15〕 그것을 아첨으로 곱게 뵈려고 합니까? 아첨이 존경은 아닙니다. 비겁이 충성은 아닙니다. 얌전하다, 충성되다, 진실하다 하는 것이 다 제 노릇을 하는 것이 아니고, 남의 뜻에 남의 흉내를 내고 남을 위해 짐승 노릇을 하는 것을 가리켜 하는 말이었습니다.

시험삼아 아이들을 가르치는 학교 교과서를 보십시오. 씨올이 씨올로서 제자리에서 제 소리를 하고 저를 위해 제 살림을 하라 가르치는 것이 몇 마디나 있습니까? 글귀로는 있는 듯하나, 그 대체가 남을 위한 심부름꾼을 기르도록, 인간성을 잃고 기계가 되도록 되어 있습니다. 땀 흘려 일한 결과를 빼앗아가며 국민은 세금 바칠 의무가 있다 하고, 국민을 저희는 죽기 싫은 전장에 보내어 그 생명으로 바꿔

2) 誠於中 形於外: "마음속의 참된 생각은 자연히 밖으로 드러난다"는 뜻으로, 속으로 품은 순수한 마음은 숨기려고 하지만 저절로 밖으로 나타난다는 말. 『대학』, 「성의」.

얻은 것을 '국방'이라는 이름, '장성'이라는 이름 아래 빼앗아버립니다. 그리고 주는 것은 국군묘지에 팻말 하나입니다. 그 땅은 저희가 아니 주어도 이 지구 어디나 주게 마련되어 있고, 그 이름은 저희가 붙일 겨를 없이 씨올의 마음이 알고 있습니다. 누가 말한 것같이 '정치는 남의 사상에 사는 일'입니다. 남의 사상에나 살아도 좋겠습니다. 남의 밥을 만들어내고 장난감을 만들어내고 남의 구경거리가 되기 위해 사는 일입니다. 그런데 거기서 이제는 제 소리를 좀 내보자는 말입니다.

하늘을 울리는 씨올의 소리

제 소리를 내면 무얼 합니까?

놀랍습니다, '말씀'으로 모든 것이 지어졌다 하지 않았습니까? 민심이 천심이라 하지 않았습니까? 씨올이 제 소리를 내면 천지 환판(판갈이 - 편집자)이 됩니다. 세계혁명을 하기 위해 씨올이 제 소리를 내야 합니다. 사람이 제 소리를 내고 그것을 귀로 들으면 달라집니다. 나는 내 귀에 들리는 내 소리를 내 소리로만 알고 70년을 살아왔는데, 요새 와서야 녹음기에 들어간 정말 내 목소리를 듣고 놀랐습니다. 씨올이 이때껏 자기네 지배자, 그 지배자에게 아첨하는 학자들의 입을 통해서만 제 소리를 들어왔는데 그것이 온통 협잡이란 말입니다. 그렇기 때문에 직접 우리가 하고 우리가 들어보잔 말입니다. 큰일이 일어납니다.

이야기 하나 하겠습니다. 인도에 옛날부터 전해오는 이야기입니다. 옛날 어떤 암호랑이가 하나 있어서 새끼를 배고 달이 차서 낳게 됐는데, 그 산고가 너무 심해서 새끼를 낳아 떨어뜨리자마자 그만 죽어버렸습니다. 그러니 이 새끼는 살길이 없어졌는데, 때마침 그 부근에 염소 한 떼가 풀을 먹고 있다가 그것을 보았고, 늙은 염소들이 의논 끝에 그놈을 거두어 젖을 먹여 길러주기로 했습니다. 그래 이 염소의 양자가 된 호랑이 새끼는 호랑이를 한 번도 본 일이 없이 염소 무리에 섞여 같이 풀을 먹고 염소 소리를 내며 몇 해를 자랐습니다. 자기 모양을 스스로 보지 못하니 자기도 염소인 줄만 알고 염소 노릇을 했습니다.

그러던 어떤 날 갑자기 산골이 쩌렁쩌렁 울리는 소리가 나더니 큰 수호랑이 한 마리가 나타났습니다. 모든 염소가 다 발이 땅에 닿지 않게 넋이 빠져 도망갔는데, 이 양자 염소만 어떤 영문인지 머뭇머뭇 떨어져 있었습니다. 그 아비호랑이가 오더니 새끼 보고, "이 자식아, 여기서 뭘 하고 있는 거냐?" 했습니다. 새끼가 겁에 질려 대답도 못 하는 것을 그 늙은 아비는 "이리 와봐!" 하며 끌고 갔습니다. 그래 시냇가엘 가더니 물속에 비친 두 그림자를 가리키며 "저걸 봐!" 했습니다. 보니 두 형상이 꼭 같지 않습니까? 그제서야 제가 호랑이 새끼인 줄을 알게 됐습니다.

아비는 엄숙한 소리로 "소리를 내봐!" 했습니다. 벌벌 떨며 호랑이 소리도 아닌 진짜 염소 소리도 아닌 매매 하는 소리를 냈습니다. "자식아, 그게 무슨 소리야?" 호통을 쳤습니다. 움츠리는 아들을 늙은 아비는 친절하게 품에 끼고 굴로 달려갔습니다. 그러고는 먹다 남은 피가 뚝뚝 흐르는 날고기를 주며 "이걸 먹어!" 했습니다. 새끼는 진저리를 치며 "못 먹어요. 풀이나 먹지" 했습니다. 아비는 다시 "뭣이 어쩌구 어째?" 하고는 그 고깃덩이를 새끼의 목구멍에 틀어넣었습니다. 그런데 보십시오. 그 핏물이 목구멍을 넘어가자 이 가짜 염소는 비로소 그 피맛을 알게 됐고, 저도 모르게 언젠지 "어흐흥" 하는 호랑이 소리가 피를 뚫고 나왔습니다. 그것을 보자 늙은 아비는 흐뭇한 듯 흰 수염을 숭긋한 다음 "됐어. 이젠 됐다. 자 이제부터 나와 같이 사냥을 가는 거다" 하고 푸른 산속으로 둘이 바람을 일으키며 달려갔다는 이야기입니다.

씨울은 잘못되어 제 넋을 잊은 호랑이 새끼입니다. 호통을 치면 산골이 울리고 바위가 구르며, 나서기만 하면 맞설 짐승이 없는 천성이건만, 깜찍하고 패려(悖戾: 도리에 어그러지고 사나움 - 편집자)한 염소 같은 지배자들한테 붙들려 거기서 변변치 않은 것을 얻어먹는 대신 제 소리도 잊고 있었습니다. 그러나 이제는 늙은 아버지를 만나는 날이 왔습니다. 이제 제 소리를 낼 순간이 옵니다. 용감하게 새 시대의 공기를 마시기만 하면 됩니다.

씨올이 제 소리를 내면 어떻게 됩니까? 힘이 어디서 옵니까?

모든 씨올은 낡은 제도와 사상에서 해방이 되어 용감히 제 소리를 내면 그것이 저절로 하나의 우렁찬 '어우름 노래'〔合唱〕가 됩니다. 금강산 1만 2천 봉우리 속에 들어가 소리를 한번 외쳐보십시오. 그러면 그 1만 2천 봉이 곧 일시에 메아리를 쳐 울려보낼 것 아닙니까? 그 소리를 들으면 어떨 것 같습니까? 씨올의 소리도 그렇습니다. 씨올은 느끼는 것이요 대답해주는 것입니다. 소리는 소리를 부릅니다. 그러면 그때는 네 소리만도 내 소리만도 아닌 전체의 소리가 납니다.

그러면 씨올 헌법의 둘째 장을 알아야 합니다.

"전체는 부분을 모아놓은 것보다도 크다." 사람의 몸은 여러 부분이 하나로 되어 산 것이지만, 그 해부한 부분들을 전부 모아놓아도 산 사람은 아닙니다. 산 사람은 해부 분석으로는 알 수 없는, 크기도 무게도 없는 어떤 무엇이 더 있어 되는 것입니다. 개인이라 할 때 그것은 전체에서 떨어진 죽은 부분입니다. 그 부분이 하나가 될 때는 어느 부분에서도 볼 수 없던 생명이 일어납니다.

그럼 씨올 헌법의 셋째 장이 또 있습니다.

"부분은 전체 안에, 전체는 부분 안에" 이날까지 개인이 전체 없이도 있는 줄, 전체가 개인을 떠나서도 있는 줄 알았던 것이 잘못입니다. 전체가 소리를 낼 때 개인으로서는 누구도 할 수 없었던 혁명이 이루어집니다. 그때에 소리가 개인들의 입에서 나와도 그 개인의 소리가 아닙니다. 그 개인을 통해 전체가 직접 외치는 것입니다. 하지만 그것은 어디 바깥에서 오는 것 아닙니다. 맨 첨부터 속에 있던 것입니다. 있었지만 전체는 전체가 부르기 전은 일어나지 않습니다. 여기 신비가 있습니다. 설명 못해도 겁낼 것 없습니다. 학자란 해부하고 분석은 하지만 살려내진 못합니다. 살려내는 것은 생명인데 믿음에만 있습니다. 서로 믿는 것이 씨올입니다.

씨올이 제 소리를 하는 것은 우리 속에 계신 '그이' 곧 전체가 소리를 내게 하기 위해서 하는 것입니다. 씨올은 어느 씨올도 다 완전한 것은 하나도 없지만 믿음으로 전체를 부를 수 있습니다. 제 모자람을 스스로 알면서도, 누구를 가르치잔 것도 아니요 누구에 추종하잔 것도 아니요 다만 전체의 음성을 듣고자 하는 겸손하게 열린 마음으로 전체를 우러러보면 어느덧 제 속에서 제 소리는 아닌 소리가 나오는 것을 알게 될 것입니다. 그 소리를 들으면 비로소 그때에 가서야 그것이야말로 제 소리인 것을 느끼고 이때까지 제 소리인 줄 알았던 것이 도리어 아닌 것을 알게 됩니다. 그렇게 해 모든 씨올들이 제 소리를 할 수 있게 될 때 전체의 소리, 소리 아닌 소리를 듣고 입으로 부르게 될 것입니다. 그것이 말씀이 육이 되어 우리 가운데 왔다는 것이고, 그것을 믿는 자 곧 받아들이는 자는 하나님의 자녀가 되는 권세를 준다는 것입니다〔「요한복음」, 1: 12~14〕. 그 말씀은 곧 창조하는 능력이기 때문에 역사는 새 단계에 오르게 됩니다.

• 1970년 5월, 『씨올의 소리』 제2호

씨올의 설 자리

씨올은 하나하나의 올입니다. 작게는 양귀비꽃 씨, 난蘭 씨에서부터 크게는 야자 열매에 이르기까지 다 동그랗게 생긴 알입니다. 그중에는 더러 넓적하게, 길쭉하게 생긴 것도 없지 않으나 그것은 극히 적은 부분이고 대체는 동그랗게 생겼고, 알이 잘 들면 들수록 완전한 구球에 가까워집니다.

왜 동그랗게 생겼을까? 그 이유를 여러 가지로 설명할 수 있겠지만, 하여간 설명을 뭐라 붙이건 그것이 삶 자체에 좋기 때문에 그리 됐을 것입니다. 생명 안에는 잘못하지 않는 뜻, 곧 의지가 들어 있다 해야 할 것입니다.

그 이유는 감히 사람이 말하기 어렵지만 그 결과가 어떤 것이냐 하는 것은 보면 알 수 있습니다. 동그랗기 때문에 씨올은 한 점으로 섭니다. 보통은 넓적하고 땅에 닿는 면적이 넓어야 안전할 것 같은데 씨올은 넓은 대지 위에 설 자리가 오직 한 점, 엄정한 의미에서 기하학적인 한 점밖에 없습니다. 그런데 그 때문에 씨올은 사실은 어디 가도 설 곳이 있습니다. 불안정이 안정이 됐고 가난함이 도리어 넉넉함이 됐습니다. 한 점으로 서는 씨올은 간 곳마다 설 자리 걱정을 할 필요가 없습니다. 어디 가도 제 자리가 있습니다. 가난한 자가 정말 복이 있습니다.

그것은 사람 씨올에도 마찬가지 아닐까? 어디 가서도 설 자리를 요구하는 씨올이 아닙니다. 떠밀면 얼마든지 밀려갑니다. 내 자리라 주장하는 법이 없습니다. 그러나 그 대신 어디 가도 반드시 한 점이 준비되어 있습니다. 설 자리를 요구하지 않기 때문에 씨올에는 뺏을 수 없는 자리가 있습니다. 한 점만큼이라도 제 자리를 요구하는 순간 벌써 씨올이 아닙니다. 면서기 자리 하나라도 가지면 씨올은 아닙니다. 그러나 그것을 내버리고 무욕의 씨올에 돌아갈 때 정말 사람 자리를 얻은 것입니다. 지구와 겨자씨 올이 한 점에서 입을 맞추는 순간 새 생명이 일어나듯이 씨올이 나라와 한 점에서 만나는 자리에서 역사적 창조가 생겨납니다.

• 1970년 5월, 『씨올의 소리』 제2호

우리가 내세우는 것

씨올의 소리는 순수하게 씨올 자신의 힘으로 하는 자기 교육의 기구입니다.

씨올은 하나의 세계를 믿고 그 실현을 위해 세계의 모든 씨올과 손을 잡기를 힘씁니다.

씨올의 소리는 어떤 종교, 종파에도 속해 있지 않습니다.

씨올의 소리는 어떤 정치세력과도 관계가 없습니다.

씨올은 어떤 형태의 권력 숭배도 반대합니다.

씨올은 스스로가 역사의 주체인 것을 믿고, 그 자람과 활공을 방해하는 모든 악과 싸우는 것을 제 사명으로 압니다.

씨올의 소리는 같이 살기 운동을 펴 나가려고 힘씁니다.

씨올은 비폭력을 그 사상과 행공의 원리로 삼습니다.

씨올이란 말은 민民, people의 뜻인데, 우리 자신을 모든 역사적 죄악에서 해방시키고 새로운 창조를 위한 자격을 스스로 닦아내기 위해 일부러 만든 말입니다. 쓸 때는 반드시 씨올로 쓰시기 바랍니다. 올은 발음을 알과 같이 하는 수밖에 없으나, 그 표시하는 뜻은 깊습니다.

'○'은 극대極大 혹은 초월적超越的인 하늘을 표시하는 것이고 'ᆞ'는 극소極小 혹은 내재적內在的인 하늘 곧 자아自我를 표시하는 것이며 '己'은 활동하는 생명의 표시입니다.

우리 자신을 우선 이렇게 표시해 봅시다. 더 분명하고 깊고 큰 생각나시면 알려주시기 바랍니다.

씨올은 선善을 혼자서 하려 하지 않습니다.

씨올은 너 나가 있으면서도 너 나가 없습니다.

네 마음 따로 내 마음 따로가 아닌 것이 참 마음입니다.

우리는 전체 안에 있고 전체는 우리 하나하나 속에 다 있습니다.

• 1976년 1월, 『씨올의 소리』 제50호

함석헌사상의 갈래와 특성

김영호 인하대학교 명예교수·철학

함석헌사상의 이해를 위해

함석헌사상의 특징은 방대함과 깊음이다. 종래에는 함석헌사상을 전체적·체계적으로 파악하기보다 '장님 코끼리 만지기식'으로 단편적·부분적으로 이해하는 데 그치기 쉬웠다. 예를 들어 「새 시대의 종교」처럼 주제를 직접 제목으로 언급한 글도 있지만, 대부분은 주제와 다른 제목의 글 속에 말하고자 하는 주제가 산재해 있다. '국가주의의 극복'〔초국가주의〕, '세계주의' '전체주의' '한'〔사상, 철학〕 같은 주요한 주제들이 다양한 글 속에서 변주곡처럼 반복되고 있다.

따라서 독자는 본문을 읽기에 앞서 사상 전체를 갈래지어 해설한 이 전체 해설과 각 권의 해설을 먼저 읽는 것이 도움되리라 본다. 각 권의 해설은 함석헌선집편집위원 세 명이 담당했다. 해설은 글이 나오게 된 시대적·사상적 배경을 밝히고 내용을 요약하며 주요한 개념과 글귀를 설명하는 식으로 씌어졌다. 세 가지 해설에 일관성과 통일성을 억지로 부여하지는 않았다. 해설자의 전공 분야가 각기 다르기도 하거니와 관점의 차이가 있는 것이 독자에게 오히려 도움이 될 수 있다고 보았다. 한 사람이 모두 해설하는 것보다 오히려 더 다양하고 폭넓은 통찰을 보여줄 것이다. 그렇다고 함석헌의 실체를 다 드러냈다는 건 아니다. 어차피 코끼리를 만지는 세 장님이다. 실체의 나머지 부분을 보는 것은 독자에게 달려 있다.

그 대신 이 전체 해설은 한 사람이 쓴 것으로서 일관성을 다소 보충했다. 전체 해설이 필요하다고 본 이유는 선정기준에 따라 선정되었더라도 제목이 가리키는 주제를 충분히 다루지 않은 글이 많을뿐더러 제목이 내용을 반영하지 않은 글도 적지 않기 때문이다. 따라서 차례만 봐서는 주요한 사상이 다 망라되어 있지 않다고 여길 수 있다. 이러한 단점을 보완하기 위해 쓴 전체 해설은 사상의 갈래와 전체적 윤곽을 어림잡을 수 있도록 도와줄 것이다. 물론 함석헌사상의 원천자료는 함석헌의 글과 말 자체다. 해설이 이해를 도울수 있지만 보조자료일 뿐이다.

앞에서도 언급했지만 함석헌의 글을 읽을 때 먼저 이해해야 할 것은 그 구조적인 성격이다. 가장 대표적인 글이라도 제목에 들어맞는 한 가지 주제만을 집중적으로 다뤘다고 할 수 없는 글이 많다. 제목이 꼭 정확하게 글의 내용을 반영했다고 볼 수도 없다. 왜인가. 함석헌의 글은 전문학자의 논문과는 달리 대중교육을 위해서 쓴 계몽적인 글과 강의록이 대부분이다. 종교개혁, 정치개혁, 교육개혁 등 사회개혁의 문제는 물론 민주화, 통일 등 시사적·시의적인 글이 많다. 당장의 화급한 문제를 다루는 글이니만큼 주제와 방법이 다양해질 수밖에 없었다. 그의 글은 한국사회와 문명의 병폐를 치유하기 위한 사회적 처방전이다. 암이 온몸으로 퍼지고 깊어져서 단방약이 아닌 종합처방을 내릴 수밖에 없었던 것이다.

따라서 선정된 글이라도 사상과 주제별로 엄격하게 분류하기가 어려운 점이 있다. 함석헌의 주요한 사상을 글 제목만으로 망라하기는 불가능하기 때문에 차례는 주요 주제를 부분적으로밖에 반영할 수 없다. 예를 들어 함석헌이 강조한 초국가주의, 세계주의, 종교다원주의, 전체주의 같은 주제를 따로 설정할 수 없었다. 매우 중요한 사상인데도 그 주제를 명시적으로 내세우거나 중점적으로 다루는 글이 없기 때문이다. 여러 글들 속에 흩어져 있다. 함석헌이 중시한 언론에 대한 글도 따로 설정할 수 없었다. 그가 크게 강조한 정치도 마찬가지다. 하지만 산재된 자료를 수집하면 언론개혁, 정치개혁의 청사진을 그리기에 충분하다.

경제도 마찬가지다. 여러 글 속에서 언급된 내용을 모아보면 그만의 특이한 비전이 드러난다. 자본주의, 중산층, 대기업 등의 문제가 포함된 독특한 경제관이다. 이렇듯 다양한 글 속에서 사회의 주요 분야를 종횡으로 세밀하게 다루고 있다. 다만 한두 개의 논문으로 집약되어 있지 않다는 것뿐이다. 그 대신 몇몇 글만 읽어도 큰 주제들을 부분적이나마 파악할 수 있다는 장점이 있다. 주제에 상관없이 선집 전체나 큰 주제로 묶은 한 권을 정독하면 결국 특정 주제나 분야에 대한 기본적인 또는 충분한 정보를 얻을 수 있다.

생애의 전환점

함석헌이 통과한 시련의 과정은 20세기 우리 민족이 겪은 고난의 역사를 고스란히 밟아간 험로였다. 시대마다 감옥에 들락거리고 탄압당한 사실이 그 증거다. 불의에 조금도 타협하지 않고 꼿꼿하게 살았기 때문이었다. 그것은 기독교 정신이기도 하고 선비 정신이기도 하다. 이처럼 함석헌이 독창적인 사상을 배태하게 된 배경을 알기 위해서는 먼저 생애의 주요한 대목과 전환점을 살펴볼 필요가 있다. 다음처럼 갈라볼 수 있다.

1. 민족의식의 발현: 3·1운동[1919]
2. 오산학교: 민족과 신앙[1921~23], 교사 생활[1928~38]
3. 동경 유학: 관동대진재와 무교회 신앙[1923~28]
4. '인생대학': 장기 투옥 두 차례와 단기 투옥 여러 차례[1940~]
5. 해방공간: 신의주학생사건[1945], 월남[1947]
6. 민중의 수난과 사회참여: 6·25전쟁[1950], 4·19혁명[1960],
    5·16쿠데타[1961], 5·18민주화운동[1980]

7. 퀘이커 신앙: '달라지는 세계' 관찰^{1962~}, '펜들힐의 명상' 체험¹⁹⁷⁰

8. 민주화운동^{1961~87}

함석헌은 생애의 전환점마다 독특한 체험을 하게 된다. 이 과정에서 하게 된 깊은 사유가 사상의 씨를 배태했다. 함석헌의 생애를 규정하는 특징이 있다면 그것은 철저한 공인公人정신이다. 그의 생애는 민족과 세계에 대한 사유와 관심, 봉사를 위주로 한 공생활의 도정이었다. 사인私人이나 개인으로서보다 공인으로서 산 부분이 훨씬 크다. 선공후사先公後私, 대공무사大公無私의 공공公共한 이타주의적인 생애였다. 대하大河 같은 함석헌의 사상은 이러한 정신의 산물이다. 그가 남긴 글과 말은 그가 어떻게 공인으로 살아갔는지를 보여주는 기록이다. 민중(씨올), 민족, 세계, 생명, 전체 같은 주제가 평생의 화두였다. 세계공동체를 향한 민족공동체의 건설이 그의 주요 관심사였다.

공인정신은 무엇보다 민족의식 속에서 드러났다. 함석헌은 1910년 한일합방의 충격과 1919년 중학생(평양고보) 시절 앞장서 참여한 3·1운동으로 민족의식에 눈떴다. 3·1운동은 그의 삶과 사상 모두에서 하나의 큰 전환점이었다. 사적·개인적인 가치보다 공적·사회적 가치를 우선하는 시각이 여기서 싹트기 시작했다. 정의와 평등 의식을 심어준 부모의 영향도 컸다. 또한 3·1운동으로 퇴학당한 뒤 결벽주의적인 성격으로 복학의 명분을 못 찾고 2년간 방황하다가 뒤늦게 편입한 오산학교는 민족의식과 신앙을 고취시켜주었다. 그 정신이 졸업 직후 일본으로 떠난 유학생활^{1923~28}을 흔들림 없이 견디게 했다.

유학 초기 동경고등사범학교 입학시험을 준비할 때 일어난 동경대진재의 체험은 그에게 일본(인)과 인간의 실상 그리고 본인의 탐욕심까지 드러내주었다. 생사를 넘나드는 과정에서 평생 그를 따라다닐 감방생활을 미리 맛보기도 했다. 미술, 철학 같은 분야를 전공

하고 싶었지만 사범학교에 입학한 것은 민족에 봉사하는 도구로서 우선 교육이 필요하다고 판단했기 때문이었다. 유학 기간 귀중한 인연도 맺었다. 김교신 등과 함께 무교회주의 제창자 우치무라 간조의 『성서』연구회에 참여한 것이다. 무교회주의는 함석헌의 내면에서 일찍부터 꿈틀거리던 기성교회에 대한 비판적인 관점과 일맥상통하는 것이었다. 1950년대 초 신학적인 이유로 모임과는 결별했지만 그 정신은 그의 신앙의 밑바닥에 계속 흐르게 된다.

유학을 마치고 귀국한 함석헌은 곧바로 모교인 오산학교 교사로 취임했다. 일제의 탄압으로 사직할 때까지 10년간 맡은 교직은 그가 평생 가져본 유일한 직업이었다. 오산학교 창설자이자 존경하는 스승 남강 이승훈을 모시며 열정을 쏟아부은 교사 함석헌은 지덕知德 양면에서 인생교사의 역할을 충실히 수행했다. 이런 모습이 학생들에게는 파격적으로 여겨져 '함 도깨비'라고 불리기도 했다. 오산학교를 사직하게 된 것은 일본말 전용, 창씨개명 등 날로 조여오는 일제의 탄압으로 제대로 학생들을 가르치기 어렵다고 판단했기 때문이다. 다른 형제와 달리 끝까지 창씨개명을 거부했던 것도 그가 얼마나 철저한 저항자로 살았는지를 말해준다.

교사를 그만둔 함석헌은 오산학교 부근에서 두어 해 과수원농장을 하면서 신앙수행과 독서, 사색에 열중했다. 그러다가 1940년 평양 부근 송산에 있는 농사학원을 인수했다. 오산학교 교사 시절부터 꿈꾸어온 종교, 교육, 농사가 삼위일체로 융합된 생활공동체를 꾸리게 된 것이다. 참여한 무리는 스무 명쯤 되었다. 단순한 공동체가 아니라 일제에 대한 일종의 (비폭력주의를 내세운) 소극적 저항운동이었다. 그런데 몇 달 못 가서 독립운동(계우회) 사건에 엮여 1년 동안 경찰서 유치장에 갇히게 되었다. 석방되고 나서 집안 농토를 일구며 지냈는데 이번에는 신앙동인지『성서조선』의 필화사건에 연루되어 1942년 서대문 감옥에서 1년을 살았다. 나와서 다시 농사를 짓다가 밭에서 해방 소식을 들었다.

그야말로 자유와 독립이 따라오는 해방인 줄 알았던 해방은 진정한 해방이 아니었다. 기쁨도 잠시 그는 미국과 소련의 합의에 따라 북한에 진주한 소련군정 밑에서 지역자치 대표자로 봉사하며 지냈다. 그러다가 신의주학생사건의 조종자로 몰려 50일간 소련군 감옥에 갇히는 등 생사의 문턱을 넘으며 공산주의 이론과 현실 사이의 괴리를 체험했다. 이때 처음으로 '시라는 것'을 써보게 되었는데 어머니를 두고 읊은 사모곡이었다. 공산주의는 정신과 종교를 부정하는 물질주의여서 함석헌의 가치관과 세계관에 정면으로 배치된다. 더구나 폭력을 수단으로 사용한다. 그런 이념에 목숨을 걸고 살 수는 없어서 월남을 감행했다.

한일합방부터 신의주학생사건을 거쳐 월남에 이르기까지가 함석헌의 생애 전반부를 구성한다. 특히 교직을 벗은 이후 7년간은 파란 많은 힘든 기간이었지만 농사와 투옥 생활은 사색하기 좋은 환경이기도 했다. 이후 전개될 그의 깊고 다양한 사상의 토대와 기초가 이기간에 구축되었다. 그것은 월남 후 폭포처럼 쏟아낸 글들을 보면 짐작할 수 있다. 그의 내면에서 오래 갈무리된 생각이 광야의 소리가 되어 봇물 터지듯 터져 나온 것이다.

이처럼 함석헌은 1901년부터 1947년까지 생애 전반부는 북한에서, 이후 1989년까지 생애 후반부는 남한에서 살았다. 거의 비슷한 기간이었다. 사상의 형성과정도 두 단계로 나눌 수 있다. 앞 단계는 주로 신앙을 중심으로 민족과 역사를 관심 있게 다뤘다면 뒤 단계는 문명, 세계, 씨올, 전체 등 거대 담론과 대하 사상을 전개했다. 두 기간 사이에 연속성이 없는 것은 아니다. 예를 들어 그는 제2차 세계대전이 끝나면 인류가 지금까지와는 전혀 다른 새로운 틀걸이paradigm를 갖게 될 것이라고 전망했는데 이는 후반기의 본격적인 문명비평으로 이어진다.

이제 복합적인 함석헌사상을 하나하나 살펴보자. 어떤 점에서 독특하고 보편적인가.

'하나됨'의 종교

함석헌의 일차적인 관심사요 사유의 주제는 종교다. 그의 사상 형성과정에서 사유의 기조가 되는 것도 종교와 역사다. 종교가 초월적인 가치를 대표한다면 역사는 그 현실적인 전개에 해당한다. 역사의 발전은 종교가 상징하는 정신적 가치의 실현으로 측정된다. 그가 추구한 자기개혁, 사회개혁, 세계혁명의 원리는 종교에 바탕을 두고 역사가 가리키는 방향과 이상을 반영하는 것이다. 그 점에서 함석헌은 (역사철학자로 볼 측면도 있지만) 무엇보다 종교철학자다. 그는 정치나 교육 등 다른 모든 분야도 종교적 원리와 가치관에 근거해야 제기능을 할 수 있다고 보았다.

그렇듯이 함석헌에게 '종교는 사람 살림의 밑동이요 끝'이며 '문제 중에도 가장 긴(요)한 문제'다. 종교는 궁극적 가치를 대표한다. 종교가 다루는 정신(영)이 빠진다면 인간이라 할 수 없는 것처럼 종교를 떠나서 역사를 올바로 해석할 수 없다. (역사가 토인비도 문명의 열쇠를 종교에서 찾았다.) 눈에 보이는 현상만이 존재나 실체의 전부는 아니다. 과학자는 신을 증명해야 할 가설로 여기지만 함석헌은 누구도 반증할 수 없는 실체나 진리로 인식한다. '하나님'은 특정 종교가 받드는 신의 범주로 한정할 수 없는 우주를 지배하는 원리다.

함석헌이 처음부터 종교철학자나 종교사상가로 출발한 것은 아니다. 그는 평생 충실한 크리스천으로 산 신앙인이다. 그 신앙은 어느 시점부터 교회 중심의 정통적인 신앙에서 벗어났다. 유소년 때 다니기 시작한 교회는 북미 선교사들이 가지고 들어온 보수적인 교파인 장로교에 속해 있었다. 거의 누구나 그렇듯이 함석헌에게도 종교는 자기가 선택한 게 아니고 환경적으로 주어진 것이었다. 당시 그의 태생지 평안도는 유교나 불교 등 전통적인 종교가 제 기능을 잃어버려 외래종교인 기독교가 급속히 파고든 지역이었다.

평양고보 재학 중 3·1운동에 참여한 함석헌은 이후 복학하지 않고 뒤늦게 오산학교에 편입했다. 3·1 독립선언을 주도한 이승훈이 사재를 털어 설립한 오산학교는 함석헌의 신앙심과 민족정신을 고양시켰다. 그의 교회관은 일찍부터 비판적인 방향으로 흘렀고 동경 유학 시에는 우치무라 간조가 이끄는 무교회주의 신앙에 경도되었다. 이후에도 비정통적인 퀘이커 교단에 들어갔다. 퀘이커 교단은 신앙의 내면성을 강조하고 평화주의 사상을 실천한 기독교 소수교파로서 성직자가 따로 없고 조직이 매우 느슨한 친우회 모임이 그 특징이다. 이는 무교회주의 정신과 먼 것이 아니었다.

이러한 과정에서 함석헌의 신앙과 종교관은 확대되어갔다. 그의 기독교는 서구의 정통기독교와는 다른 독특한 형태로 전개되었다. 그의 신관은 일신론적인 모습만이 아니라 신의 초월성을 강조하는 범신론pantheism, 내재성을 강조하는 범재신론汎在神論, panentheism, 하늘[天]이나 도道, 브라만Brahman 같은 비인격적 절대까지 아우르는 포괄적인 것이었다. 그러면서도 함석헌 자신은 인격신을 선호했다. 인격을 통해서 신과 인간의 본질적 일치를 찾고자 하는 뜻에서였다. 그는 사람이 자라서 하나님까지 도달할 수 있다고 믿었다. 신의 형상으로 창조된 인간은 다 신의 아들이라 할 수 있다. 하나님 아들(독생자)은 예수만이 아니다. '사람의 아들'[人子]이라고 한 것도 그 때문이다.

함석헌은 역사적인 예수Jesus보다 그리스도Christ를 더 중시했다. 말하자면 '우주적인 그리스도'다. 그것은 진보적인 현대 서구 신학자들이 말하는 개념인데 그는 이를 일찍부터 품어온 셈이다. 함석헌은 그리스도—중심보다는 신(하나님)—중심God-centered 신앙을 위주로 삼았다. 이와 같이 그의 기독교관은 포괄적이다. 동서 종교관을 융화한 그의 해석으로 정통 서구 기독교의 지평이 확대되고 보편성이 더 확보되었다고 볼 수 있다. 한국기독교의 토착화와 한국신학의 수립이 요청된다면 그것은 함석헌의 해석을 통해서 될 수밖에 없을지도 모른다. 그러나 근본주의적·보수적인 주류 한국교회가 그를 이단시하는 시각은 여전하다. 그가 새로운 종교개혁을 부르짖은 것도 놀랄 일이 아니다.

여기서 살펴볼 것은 '종교'의 범주 문제다. 종교개혁이 기독교에만 해당하느냐는 것이다. 루터Martin Luther가 발단시킨 종교개혁의 대상은 기독교였다. 당시 서구에서 종교는 바로 기독교를 지칭했다. 함석헌에게도 유소년 시절의 환경에서는 사실상 기독교가 유일한 종교나 마찬가지였다. 당시 유교, 불교 등 전통적인 종교들이 온전한 종교로서 기능을 하지 못하던 틈새를 기독교가 파고 들어왔기 때문이다. 하지만 다른 전통과 사상에 개방적인 함석헌은 교회의 보수적 · 배타주의적인 타종교관에 갇혀 있을 수 없었다. 그의 종교는 더 이상 특정한 조직종교가 아니고 '보편종교'였다.

함석헌은 신앙에는 주격(주체)도 목적격(대상)도 없다고 주장한다. 신앙은 수식할 수 없다. 주체와 대상을 한 가지로 못 박거나 한정할 수 없다. 기독교 신앙, 불교 신앙으로 구분할 필요가 없다. 올바른 신앙이라면 다 한 가지다. 이것은 하버드 대학교의 스미스Wilfred Smith 교수 같은 서구 종교학자의 생각과 일치한다. 기독교니 불교니 하는 명칭은 근대 서양학자들이 만들어낸 개념이라는 것이다. 그렇다면 함석헌의 종교개혁은 모든 종교에 해당한다. '무교회'는 '무종교'로 확대된다. 물론 여기서 종교는 종교조직(사원, 승단, 모스크 등)이나 조직종교를 가리킨다.

함석헌에게 종교는 개인적인 신앙의 대상만이 아니다. 더 중요한 뜻을 지니고 있다. 그것은 사회적 · 우주적 통합의 원리다. 종교가 지향하는 일차적인 목표는 '하나됨'이다. 신과 인간(나), 너와 나, 종교와 종교, 인간과 자연, 동과 서, 남과 북, 문명과 문명 등 모든 상대적 대칭을 연결시키고 조화시키는 사랑과 자비의 원리가 곧 종교다. 그런데 현실은 너와 나, 가진 자와 못 가진 자, 민족과 민족, 종교와 종교, 남과 북의 대립과 양극화, 갈등과 전쟁으로 편할 날이 없다. 종교 간 대립이 세계를 '문명충돌'로 몰아넣고 있다. 모든 갈등과 분열의 단초를 제공하는 종교 속에 해결의 처방도 들어 있다. 종교가 제 기능을 다하기 위해서는 '하나됨'을 지향해야 한다. 이를 실천하지 못한 낡은 종교들을 대치하는 새 종교가 출현해야 한다. 제2의 종교개혁이 필요하다.

'하나됨'은 종교만이 아니라 사회와 학문 등 모든 분야가 지향해야 할 목표와 사명이다. 특히 현실을 지배하는 정치가 중요하다. 종교는 하나됨의 근거와 원리를 제공하고 정치는 그 현실적인 실천을 주도한다. 따라서 종교와 정치가 긴밀한 관계를 맺을 수밖에 없다. 종교를 떠난 정치는 원칙 없이 독주하다가 분열과 갈등을 일으키기 마련이다. 통합과 조화의 원리는 종교에 내포되어 있다. 사회갈등과 민족분단의 극복도 종교적인 지혜와 덕성의 실천으로서만 가능하다.

함석헌의 종교사상에서 두드러진 것은 타종교에 대한 종교다원주의적인 관점이다. 전반적으로 서구 종교학자들보다 앞선 이해를 보여준다. 이는 학술자료에 의존하기보다 오랜 체험적 통찰과 폭넓은 독서를 통해서 얻은 결과다. 생애 초반에는 『성경』의 독해에 열중한 신앙생활이었으나 이후 인도와 중국의 고전에 눈뜨면서 그의 종교 지평은 점차 확대되어갔다. 특히 '인생대학'은 독서와 사색의 호기였다. 서대문 감옥에서 '사상의 테두리'가 확대되는 것을 느꼈다. 거기서 그는 몇 가지 주요한 불교 경전을 읽고 기독교와 불교의 취지가 다르지 않음을 인식했다. 종교관의 확대가 구체적으로 표명된 사례는 그의 독창적인 한국사 저술 『성서적 입장에서 본 조선역사』[1950]를 『뜻으로 본 한국역사』[1961, 1965]로 개칭한 일이다. 시각을 『성서』에서 범종교적·보편적인 범주로 확대하면서 그는 "내게는 이제 기독교가 유일의 참종교도 아니요 『성경』만 완전한 진리도 아니다"고 선언했다.

함석헌은 그의 종교가 '보편종교'라고 당당히 밝히기도 했다. 종교관의 보편적 확대는 종교 간의 평화와 공존의 필요성에서 나온 것만은 아니다. 인식론적으로 진리의 인식과 관련된 문제다. 그는 진리나 실체는 한 종교나 경전만으로 인식하기에는 너무 크고 타 종교를 통해서만 온전히 파악할 수 있다는 시대를 앞선 신념을 지녔다. 이것은 오늘날에야 깨닫고 진지하게 논의, 실천되고 있는 뮐러Max Müller의 '하나만 알면 하나도 알지 못한다'는 비교종교의 원리와 일치하는 통찰이다.

종교담론에서 함석헌은 늘 예수, 석가, 공자를 병렬시키면서 이야기한다. 기독교의 사랑, 불교의 자비, 유교의 인仁을 동의어처럼 동렬에 놓는다. 특정한 개념을 해석하거나 한 경전의 문장을 주석하면서 기독교, 힌두교, 불교, 유교, 노장(도교) 등 다종교(경전) 사이를 넘나들며 자유자재로 인용하고 해설한다. 이것은 기독교, 힌두교, 노장, 유교 경전의 주석에도 해당한다. 진리가 하나인 것처럼 그에게 종교는 하나다. 이 같은 생각은 모든 종교전통에 두루 노출된 한국인만이 지닐 수 있는 것일 수도 있다(물론 이러한 모습은 인도, 중국 등 동양 종교전통에서도 찾을 수 있지만 대개 특정 종교를 중심으로 삼는 경향이 강한 형태였다. 그리고 한국에서처럼 서구종교가 전통종교와 평등한 위치를 점유하지는 못했다).

함석헌의 주석은 세계종교사에 전례 없는, 동서를 넘나드는 다종교적 모델이다. 게다가 그의 주석은 경전에 나오는 개념이나 표현의 문의만 밝히는 정도에 그치지 않는다. 당면한 사회 현실, 세계, 현대 문명에 대한 예리한 비판적 관찰과 미래의 비전이 주석의 백미가 된다. 문자 중심의 주석은 여느 주석과 다를 바가 없지만 이 시사적·시대적인 의미를 밝히는 해석이 그의 주석의 특징이다. 여기서 삶의 교훈을 얻을 수 있다.

실천수행에서도 함석헌은 범종교적인 실천에 도달했다. 이미 그의 사상 속 실천의 정점인 사랑(기독교), 자비(불교), 인(유교)의 일치, 깨달음과 계시 사이의 무경계에서도 일차적으로 나타났지만 구체적인 실천에서도 종교들은 만난다. 바로 '나'(자아) 개념이다. 그는 예수의 십자가 희생이 보여준 사랑의 구체적인 실천을 이기적인 '나'의 버림, 즉 부정〔無我, 沒我〕에서 찾는다. 바로 불교의 수행 원리다. 그것은 또한 노장의 무위, 힌두교의 무집착, 『바가바드 기타』의 무욕

행無慾行, nishkamakarma과도 마주친다.

결국 종교들을 관통하는 실천의 요체는 '나'의 인식과 실천에 들어 있다. 이기적인 나(소아)만이 아니라 주체적인 나와 실체적인 나(대아, 참 나)를 판별해야 한다. 그 연장 선상에서 우리는 또 하나의 획기적인 해석을 만난다. '나는 길이요 진리요 생명이다'의 나는 예수 자신을 가리키지 않는다. 주체적 또는 실체적 '나'다. 불교의 '천상천하유아독존'天上天下唯我獨尊도 마찬가지다. '나'는 석가가 아니다. 신학적으로 혁명적인 해석이다. 함석헌의 종교는 '보편종교'임이 확연하다.

서구에서는 20세기 후반부터 '세계종교'world religions를 종교학의 주요 주제로 삼고 대학교 교육에 편입시켰다. 인문학 중심 교양과목의 주축이 되어 있다. 전통적인 7대 종교뿐만 아니라 샤머니즘과 원시종교에 이르기까지 모든 종교를 다루는 세계종교 서적이 쏟아져 나오고 있다. 대학교에서 그 과목을 비껴간 것이 틀림없는 미국의 부시George Bush 전 대통령은 이슬람을 악마(사탄)의 종교로 규정하고 이라크를 악의 축으로 낙인찍었다. 이러한 배타주의적 종교관과 헛된 근거로 이라크를 침략함으로써 미국과 세계에 입힌 천문학적인 피해를 생각하면 종교 교육이 얼마나 중요한지 짐작할 수 있다. 세계의 화약고가 된 중동국가 간의 갈등 또한 다 잘못된 종교 인식에서 말미암은 것이다.

역사적으로 다양한 종교를 접해온 한국인, 한국사회가 이와 멀리 떨어져 있다고 장담할 수 없는 현실이다. 배타주의적인 교파신학으로 인한 종교 간 갈등과 사회갈등은 드러난 것보다 훨씬 심각한 수준이다. 갈등의 문제 못지않게 중요한 것은 참 신앙과 미신의 경계선이 무너졌다는 사실이다. 이 책에 실린 함석헌의 종교 강론을 읽어보면 명료해질 것이다.

종교과학Religionswissenschaft, 비교종교comparative religion, 종교사학 history of religions 등 여러 이름으로 불러온 종교학이 이제는 세계종교로 불린다는 사실은 서구에서 일어나고 있는 세계종교와 다원주의에 대한 뜨거운 관심을 잘 보여준다. 이 분야의 석학인 스미스는 '세계종교'를 단수world religion로 취급해야 한다는 주장을 내놓았는데 이는 함석헌이 주장한 종교의 단일성과 일원성에 다름 아니다. 이렇듯 함석헌은 종교다원주의와 세계종교의 선구자였다. 그런데도 우리는 서구사상에만 몰입하느라 우리 속의 선각자를 모르고 있었던 것이다.

전체의 시대를 꿈꾼 인식론

함석헌의 종교 담론에는 인식론적인 요소가 큰 비중을 차지한다. 그의 인식론은 인도철학처럼 철학적 인식론만이 아닌 종교적 인식론이다. 함석헌이 뿌리를 둔 동양철학은 종교의 영원한 전통이다. 두드러진 점이 있다면 그의 진리관, 실체관의 중심에는 신(하나님)이 있다는 것이다. 동서 전통을 수렴, 융합한 관점을 보여준다. 그가 중시한 인식수단은 종교와 철학 그리고 동서 전통을 망라한다. 사유(생각), 이성(추리), 지각(직관, 깨달음), 경전(권위) 등 전형적인 인식도구뿐만 아니라 믿음, 계시, 양심까지 아우르는 포괄적인 인식론을 전개했다. 종교나 신앙에서 그는 생각과 이성을 유난히 강조한다.

생각은 이성의 활동인 추리를 포함하지만 그것을 넘어서는 명상적인 차원까지 내포한 확장된 범주를 갖는다. 생각은 부정적·긍정적 측면, 상대적·절대적 차원, 역기능·순기능 등 양면성을 지닌 양날의 칼이다. 깊은 생각(명상)은 깨달음으로 이끌지만 그것은 생각을 초월한 무념무상의 경지다. 함석헌은 종교와 신앙에서 이성의 역할을 중요시한다. 감정을 앞세우고 이성을 통과하지 못한 신앙은 미신으로 간주한다. 그는 이성이 큰 역할을 하는 과학이 언젠가는 종교와 마주치는 경지에까지 이르리라고 전망한다. 이성의 확장은 종교와 갈등하지 않는다. 그것은 신이 인간 속에 심어준 바탈(성품), 즉 신성의 발휘이기 때문이다.

함석헌의 포괄적이며 독창적인 인식론을 보여주는 한 가지 사례로 계시와 깨달음의 경계를 허물었다는 점을 들 수 있다. 두 가지는 문화적·종교적인 차이 때문에 구분되었을 뿐 사실 똑같은 종교체험을 가리킨다. 유신론적인 기독교는 계시를 말하고 무신론적인 불교는 깨달음을 말한다. 함석헌의 인식론 속에서 계시와 깨달음의 경계, 즉 기독교와 불교의 벽은 허물어진다. (한국종교사에서 계시와 깨달음의 일치는 동학의 창시자 최제우의 '대각' 체험에서 증명되었다.)

함석헌의 인식론에서 또 하나 혁명적인 발상은 인식의 주체가 개인에서 전체로 바뀐다는 것이다. 발단은 개인이라 하더라도 전체의 처지에서 사고하고 전체를 대변하는 것이어야 한다. 개인이 주체가 되는 개인주의 시대는 지나가고 전체의 시대가 도래했다. '생각하는 백성이라야 산다.' 백성(민족)이 하나의 전체로 생각해야 한 나라로서 갈 수 있다. 민족주의 시대는 가고 세계주의 시대가 왔으므로 이제 전체는 민족에서 세계로 확대되었다. 하나의 세계가 생각의 주체가 되어야 한다. '하나가 된 전체에만 진리가 있다.'

이에 따라 종교적인 차원에서 구원론도 혁신해야 한다. 구원의 주체와 대상도 개인에서 전체로 달라진다. 이제 개인구원이 아니라 전체구원이라야 한다. 종교가 더 이상 개인주의적 사고에 머물 수 없다. 기존 조직종교들과 교리는 다 개인주의적 사고의 산물이다. 소승적으로 자기만의 구원과 해탈을 추구해왔다. 물론 불교에서 소승불교는 대승불교로 진화했지만 현실은 아직 소승적 해탈에 머물러 있다. 한국불교(조계종)에서 가장 활용하는 참선수행도 개인주의적인 방법이다. 진정한 참선은 자리만 공유하는 것이 아니라 모두 내면적인 일체가 되어 참여하는 집합적·전체주의적 참선이라야 한다. 함석헌이 귀속한 퀘이커 모임은 함께 추구하고 공유하는 측면이 있다. 진보적인 기독교 교파가 한때 전체구원과 유사한 사회구원을 주장하기도 했지만 개인주의와 그 변형인 국가주의가 지배하는 현실에서 더 나아가지는 못했다. 불교든 기독교든 함석헌의 전체주의 원리를 원용하면 새 시대에 맞는 새로운 실천수행 방법론을 개발할 수 있다.

함석헌은 전통적인 인식론을 넘어선 포괄적인 인식론을 전개했다. 예를 들어 인식도구로 양심을 중시한다. 양심은 모두가 공유하는 천부적·생래적 요소다. 개인에게서 발동하지만 사회적 양심으로 확대되어야 한다. 이성의 확대인 지성도 사회적 지성으로 개발할 수 있다. 근래 대두된 '집단지성'도 그 한 조짐으로 볼 수 있다. 또한 함석헌은 믿음을 타당한 인식수단으로 강조한다. 믿음은 진리인식을 초래하는 필수적인 전제조건이다.

민중사관으로 본 새 문명의 탄생

종교철학자로서 두드러진 독창성을 보인 함석헌에게 종교 다음으로 중요한 관심사는 역사였다. 역사와 사회는 개인의 삶의 좌표를 결정하는 두 요인이다. 어느 하나라도 무시한다면 생각하거나 살아가는 것이 무의미하다. 특히 그는 역사가 어떤 뜻을 지닌 채 절대적인 원리(섭리)에 따라서 진행한다고 보았다. 그것을 읽어내는 것이 사회를 이끌어가는 지도자와 지식인들이 필수적으로 해내야 할 사명이다. 특히 역사교사로서 그는 역사를 어떻게 가르쳐야 하느냐 고민하지 않을 수 없었다. 자료나 연구물 등 모든 것이 결핍된 척박한 풍토에서 더구나 일제의 압제와 감시 속에서 역사가의 상상력을 총동원하여 엮어낼 수밖에 없었다. 그 결과가 소박하지만 오히려 독창적인 한국사와 세계사 저술이었다.

저술과정에서 함석헌만의 독특한 역사관이 형성되었다. 그것은 복합적인 것으로 그 가운데 몇 가지(종교, 섭리, 민중, 고난)가 두드러진다. 종교를 가장 궁극적인 원리와 가치로 설정한 그의 사상에서 종교사관은 당연한 설정이다. 종교사관은 섭리사관으로도 표현된다. 역사 속의 사건들이 우연으로 보이더라도 절대자의 섭리가 작용한 결과라고 이해하는 관점이다. 섭리라고 해서 인간의 자유가 배제된다는 것은 아니다. 섭리는 절대의 차원이고 상대적 차원에서는 자유의

지가 발동할 여지가 남아 있다.

역사의 주체가 누구인가 하는 문제에서 함석헌은 획기적인 전환을 시도했다. 그것이 민중사관이다. 그는 역사를 주도하는 주체를 군주와 소수 지배층에서 민중으로 대치했다. 종래 기술된 역사가 사실상 왕조사, 군주사였지만 올바른 역사는 민중의 사회사여야 한다는 것이다. 웰스Herbert Wells, 마치니Giuseppe Mazzini 같은 서구사상가의 저술에서 영감을 얻기도 했지만 함석헌의 관심은 늘 개인이나 소수 집단보다 공동체 구성원 전체에 있었다. 이때 전체를 구체적으로 대표하는 주체는 민족이나 민중이었다. 민중사관은 그러한 통찰의 자연스러운 귀결이었다. 이제 장군이나 영웅이 할거하는 시대는 지났다. 장군 한 사람이 존재하기 위하여 민중 수만 명의 뼈다귀가 쌓여야 했다. 이때도 역사의 실제 주체는 민중이었다(그 사실이 「행주산성」과 「남한산성」에서 절절하게 묘사되고 있다).

진정한 지도자는 전체의 의지를 고스란히 발현하는 사람이다. 한국사의 기술에서 함석헌은 민족의 숙원인 옛 터전 만주 고토를 회복하려고 노력한 장군과 군주를 민족사에 기여한 역사의 영웅으로 내세웠다. 이러한 민중의식으로 무장한 함석헌은 1960년대 이후 사회참여에 적극적으로 나섰다. 그러면서 민중운동의 불길이 한국사회에 번지기 시작했다. 오랜 세월과 많은 희생 끝에 결국 군사독재를 종식시키고 민주화를 달성하는 역사를 이루었는데, 그 과정의 이론(민중사상)과 실천(비폭력 투쟁) 양면에서 함석헌의 기여가 적지 않았다. '민중'은 나중에 '씨올'로 진화했다. 두 말이 혼용되기도 하지만 씨올은 종교철학적인 의미가 덧입혀진 개념이다.

한민족 특히 민중의 역사에서 함석헌이 가려낸 특성 하나는 유별난 고난이었다. 역사의 주축인 민중의 수난사에서 의미를 찾는 과정 가운데 배태된 관점이 고난사관이다. 주변 열강의 틈바구니에서 겪은, 유례가 드물 정도인 수난의 역사가 새로 해석되지 않으면 '수난의 여왕'이 헛고생한 것이 된다. 그는 예수의 수난에서 힌트를 얻어 민족이 당한 고난의 역사에는 신의 섭리 같은 깊은 뜻이 있다는 데 도달했다. 고통은 개인만 당하는 것이 아니고 인류 전체가 공유하는 보편적인 현상임도 인식했다. 이러한 고난(고통) 개념은 석가모니의 발견과도 우연히 일치한다. 석가모니가 고통의 원리를 명상 중에 찾아냈다면 함석헌은 이를 역사 속에서 찾아냈다. 석가모니와 달리 함석헌은 개체적인 고난보다 고난의 집단성과 전체성에 주목했다. 그래서 수난의 민족에 큰 의미가 있다고 보았다.

이 밖에도 함석헌이 역사 기술에서 중요하다고 보는 요인이 더 있다. 글 속에서 자주 마주치는 표현으로 '생장' '진화' '생명' 같은 개념들을 들 수 있다. 함석헌은 역사 속에서 그러한 가치들이 어떻게 나타나고 보존되었느냐에 초점을 둔다. 이것을 진보사관 또는 진화사관으로 묶을 수 있다. 인류의 역사는 생물처럼 생장, 진화, 발전하도록 창조되었다. 창조도 일과성의 과거사가 아니고 새 창조가 계속된다. 역사는 반복, 순환하는 것 같지만 동시에 뜻(목표)을 향해서 나아간다. 지구가 자전하면서 공전하는 것처럼 인류는 앞으로 나아간다. 역사는 나선형처럼 진보하는 과정이다. 동양사상에서 말하는 윤회와 다른 역동적인 나아감이다.

역사가로서 함석헌은 또한 문명비평가의 안식으로 문명의 상태를 짚어내고 그 비관적인 미래를 예측한 예언자였다. 그는 서구 물질문명이 이제 막다른 골목에 이르렀다는 판정을 내렸다. 물질에 치중한 만큼 그보다 더 중요한 정신도 퇴보했다. 이것은 기독교 종말론과 맞물려 그의 확신이 되었다. 서양의 물질주의 가치관 대신 그는 물질의 발달보다 정신에 관심을 더 쏟은 동양의 고전과 사상에 희망을 걸었다. 함석헌은 서구문명의 몰락을 점친 슈펭글러나 문명의 부침을 강조한 토인비 같은 문명비평가가 더 이상 등장하지 않는 것을 아쉬워했지만 바로 본인이 그 자리에 서 있었다. 그는 현대문명을 넘어서는 새 문명의 탄생을 예견하고 그러기 위해서는 그 토대가 될 새 종교가 나와야 한다고 거듭 역설했다.

비폭력과 평화

거의 한때도 영일이 없는 한 세기를 통과하면서 함석헌이 전쟁 없는 평화세상을 꿈꾼 것은 당연한 일이다. 평화는 마음의 평화부터 세계평화에 이르기까지 광범하지만 함석헌은 국가 간의 평화, 즉 세계평화가 가장 화급한 문제라고 판단했다. 평화를 위협하는 전쟁과 대립이 주로 국가 간, 민족 간 그리고 이와 맞물려 종교 간, 사상·이념 간에 발생하기 때문이다. 더구나 큰 문제는 갈등과 대립이 핵무기의 발달로 국가 간 범위에서 끝나지 않고 지구의 파괴와 인류 공멸까지 초래할 위기에 직면해 있다는 사실이다. 이러한 위기 앞에서 함석헌이 사명으로 삼은 인류구원은 퇴색해버린다. 그가 예측한 문명의 종말이 현실로 다가오는 형국이다.

임박한 종말을 막기 위해서 어떠한 원리가 필요한가. 결국 종교에서 찾을 수밖에 없다. 인간의 종교적 감성과 원리를 동원하지 않고는 모두 임시방편일 뿐이다. 이제는 개인이 할 수 있는 여지는 없고 '평천하', 즉 세계평화가 우선한다. 유교원리로 말하면, 이제는 옛 질서를 대표하는 '수신-제가-치국-평천하'修身齊家治國平天下의 공식이 통하지 않는다는 것이다. 역순으로 읽어야 한다. 개인주의, 민족주의, 국가주의가 대표하는 옛 질서의 산물인 고전과 경전도 고쳐서 읽어야 한다. 새 사상, 새 종교가 요청된다. 함석헌은 세계평화를 갈구한 나머지 1988년 서울올림픽 당시 (일부 인사들의 반대에도) 노태우 정권이 추진한 서울평화대회 위원장을 맡아 '서울평화선언'을 발표했다.

함석헌은 세계대전을 두 번이나 치른 인류가 공존의 새 틀걸이를 찾을 줄 알았지만 큰 진전이 없었다. 역사발전 과정에서 이미 초극되었어야 할 민족주의, 국가주의가 아직 세계를 지배하고 있다. 영국의 역사학자 웰스가 제창하고 함석헌도 기대했던 세계정부나 세계연방은 아직도 요원하다. 그나마 국제연합United Nations, UN이 결성되어 연합군이 6·25전쟁에 참전한 것은 획기적인 의의가 있는 일로 평가되었다. 하지만 그 이상 더 나아가지 못했다. 결국 씨을이 할 수 있는 일은 평화운동이었다. 그래서 함석헌은 '평화운동을 일으키자'고 제창했다. 이는 '같이살기 운동'과 함께 그가 적극적으로 제창한 두 가지 운동 중 하나다. 퀘이커로 개종한 것도 평화운동에 적극적인 태도를 고려했기 때문이었다.

평화 달성에 중요한 것은 그 방식이다. 평화를 얻으려고 폭력을 사용하는 것은 맞지 않다. 폭력적으로는 달성하기 어렵고 달성하더라도 진정한 평화가 될 수 없다. 함석헌은 역사를 봐도 폭력적인 수단으로 일어난 모든 혁명은 다 실패한 혁명이었다고 규정했다. 폭력적인 쟁취는 다른 폭력에 길을 터준다. 악순환이 반복될 뿐이다. 그가 5·16쿠데타와 군사정권에 한사코 반대한 것도 그런 이유에서였다. 그 후의 역사는 그의 주장을 증명해준다. 반세기가 지난 오늘날에도 정치가 아직 그 여파에서 헤어나지 못하고 있는 현실에서 함석헌의 예지는 돋보일 수밖에 없다.

평화가 폭력이나 무력으로는 강제할 수 없다는 것이 드러난 이상 남은 것은 비폭력적인 길밖에 없다. 비폭력ahimsa, nonviolence은 종교의 보편적인 계율인 '죽이지(다치지) 말라', 즉 불살계不殺戒 또는 불상해不傷害로 표현되었다. 불교에서는 폭력의 영역을 신체〔身〕만 아니라 언어〔口〕와 생각〔意〕까지 포함해 세 가지〔三業〕로 나타낸다. 이것을 톨스토이는 예수의 가르침인 '악에 저항(대적)하지 말라'에서 찾았다. 이를 '무저항'주의라고 소극적으로 표현하는 것은 오해를 일으키기 쉽다. 상대방의 폭력에 똑같은 폭력으로 맞서지 말라는 뜻이다. '이에는 이로' 맞대응을 요구하는 유대교의 윤리를 뒤엎는 원리다. 폭력보다 비폭력적인 사랑의 정신을 품고 불의에 적극적으로 대응하라는 것이다.

간디는 비폭력의 원리를 힌두교(그리고 자이나교, 불교)에서 찾아 예수(산상수훈)에게서 확인했다. 그는 비폭력을 추상적인 '사랑'의 구체적인 표현으로 해석하고 '목적은 수단을 정당화한다'는 주장의 오류를 논증했다. 사랑이나 자비는 오직 비폭력의 실천을 통하여 실현된다. 톨스토이와 간디는 비폭력(불살) 계명이 개인 수준에만 적용되어온 것을 지적하고 집단적 수준으로 확대했다. 종래 개인적인 살상행위를 처벌하면서도 국가나 공권력이 저지른 살상행위는 정당화되어왔던 것이다. 법과 군대는 그러한 집단폭력을 합법화시켰다.

만약 아무런 사족이나 수식어를 달지 않고 비폭력을 진리로 받들어 실천하면 세계평화가 저절로 달성될 것은 자명하다. 집단폭력의 원인 제공자인 국가에 결자해지하라고 하는 것은 현실적으로 불가능하다. 그렇기 때문에 개인과 민중이 주도하는 비폭력의 철저한 실천만이 진정한 평화를 달성하는 길이다. 이 실천에서 중요한 열쇠는 예수가 십자가에서 보여주고 간디가 주장한 자기희생이라는 요소다. 남을 해치는 대신 자기가 희생하는 길이다. 그것이 진정한 사랑의 실천이다. 자기를 희생하지 않는 사랑은 진정한 사랑이라 할 수 없다. 함석헌은 이와 같은 비폭력의 참뜻을 이해하고 특히 간디와 톨스토이의 비폭력 사상을 전폭적으로 수용해 한국사회의 현실에 적용했다. 그는 비폭력이 아니라면 승리할 수도 없고 성공했다고 해도 참다운 승리가 아님을 주지시켰다.

비폭력의 실천에서 함석헌은 간디를 따라 자기희생이라는 종교적인 요소를 무엇보다 강조했다. 그런데 그 적용범주에서 간디보다 한 걸음 더 나아간 점이 있다. 그 외연을 더욱더 확대하여 끝내는 민족, 특히 한민족의 자기희생까지 제안한 것이다. 세계평화가 이루어지기 위해서는 민족의 희생까지 스스로 감수해야 한다는 주장이다. 간디가 내세운 비폭력의 집단적 적용에서 원리상으로 집단은 국가나 민족까지 함의한다고 볼 수도 있지만 사실 간디에게 인도민족은 성역이었다(간디가 남긴 많은 말을 다 뒤지면 민족까지 암시하는 대목도 없지 않지만 함석헌처럼 드러내놓고 공언하지는 않았다).

함석헌이 모든 민족을 다 가리킨 것은 아니다. 그는 자기가 속한 우리 민족으로 특정화했다. 한민족은 유별나게 수난을 받아온 민족인데 그것은 신의 섭리에 따라 예수처럼 인류를 위한 희생양의 위치에 있었기 때문에 주어진 특별한 역할이라고 그는 주장했다. 자기희생의 극치를 보여준다. 현실적으로 국민이 이 수준까지 나아가서 수용할 준비가 되었다고 볼 수는 없지만, 비폭력 사상이 함석헌에 와서 더 심화되었음을 보여준다. 결국 남북분단의 극복과 한반도 평화의 성취도 이 길 밖에 딴 길이 없다는 것이 그의 소신이었다. 이제 왜 우리가 비폭력과 평화를 함께 이야기해야 하는지 분명해졌다.

개혁과 혁명으로 이룰 진화

함석헌은 생명의 특성을 자람(성장)과 자유로 규정한다. 그것은 신이 생명을 창조하면서 부여한 특성이다. 특히 인간에게는 자유의지를 심어주었다. 다른 피조물도 성장, 진화한다. 그는 창조론과 진화론을 양립, 조화시키는 관점을 세웠다. 자유로운 성장을 방해하는 외적 요소들을 물리치고 끊임없이 저항하며 나아가야 하는 것은 인간의 특권이자 의무다. 따라서 사회적 제도나 조직, 형식들은 고정된 틀 속에 갇혀있지 않고 늘 변화하는 것이어야 한다. 자람의 다른 이름인 변화와 개혁, 혁명은 삶과 사회의 본유한 속성이다. 변화해야 다음 역사단계로 진화할 수 있다. 민중과 양식 있는 지식인이 변화에 반동하는 세력에 저항해야 온전한 사회가 될 수 있다. 함석헌 자신이 시대마다 유치장과 감옥을 들락거리며 평생을 저항자로 일관하여 살았다. 힘들 때마다 영국 시인 셸리가 저항을 노래한 「서풍에 부치는 노래」를 읊었다.

개혁과 혁명은 역사발전의 단계를 따라서 진행되어야 한다. 그렇지 않고는 진화하지 못한 생물처럼 인류도 멸종할 수 있다. 서구문명의 희생양이며 쓰레기통이 된 한민족과 한국사회가 살아남으려면 근본적인 탈바꿈이 필요하다. 그래서 함석헌은 일제에게서 해방된 후 38선을 넘고 6·25를 겪으면서 구상한 생각을 사회 모든 분야에서 '새' 것을 주장하는 글로 정리해 1950년대 후반을 전후한 시점에 발표했다. 새 나라, 새 윤리, 새 교육, 새 혁명의 구체적인 청사진을 하나하나 제시했다.

함석헌은 모든 분야의 변화를 추동하는 밑바탕이 될 새 종교를 무엇보다 대망했다. 탈바꿈의 비전은 민족사회의 개혁과 민족의 개조를 넘어 새 문명과 새 인류(인간)로 이어졌다. 그것은 가치관의 패러다임이 물질 중심에서 정신 중심으로 전환하는 것을 의미한다. 새 문명은 물질보다 정신에 집중해온 동양의 사상전통에서 씨를 찾아낼 수밖에 없다. 특히 물질문명에서 뒤처져온 한민족이 '한' 사상을 기조로 제3의 사상을 창출하여 그 앞장을 설 수 있다고 확신했다.

민족주의 · 국가주의를 넘어 세계주의로

함석헌은 세계의 위기와 문명의 종말을 재촉하는 근본원인을 인류가 구조적으로 민족주의 · 국가주의의 낡은 틀에 갇혀 새로운 역사단계로 상승하지 못하는 데서 찾았다. 국가, 민족이라는 허울 속에서 인류는 압제, 전쟁, 인종 말살, 차별 등 각종 제도적 폭력과 악행에 시달려왔다. 인류는 원시공동체에서 개인의 정체성을 자각한 개인주의 시대로 이행하였고 그 변형인 집단주의의 한 형태로서 민족주의가 발흥하였다. 역사의 발전과정에서 한때는 효용성이 있었을지라도 인류는 이미 극복했어야 할 국가조직과 배타적인 민족중심주의를 이제라도 타파하고 하나의 세계를 지향하는 세계주의로 비약해야 할 시점에 이르렀다. 함석헌 자신도 민족주의를 넘어선 세계주의자임을 선언했다.

함석헌이 채용한 이와 같은 역사단계설은 사실 서구학자들의 공식이며 엄밀하게 말하면 한민족에게 그대로 들어맞는 것은 아니다. 개인성의 자각을 일깨운 르네상스 같은 변동을 겪지 못한 민족이기에 개인주의 시대를 거칠 수 없었고 따라서 민족주의 단계도 제대로 통과하지 않았다. 빈번한 외침과 악독한 군주정치 속에서 개인과 민족을 자각할 틈이 없었던 것이다. 지금 한국사회는 타자의 권리를 존중하는 개인주의 이전의 이기주의 시대를 벗어나지 못하고 있다. 경제, 교육, 종교 등 모든 분야에서 급격한 사유화가 진행되고 있다. 현실적으로 무엇보다 중요한 정치에서도 정당이 개인 중심, 지도자 중심의 사당私黨이지 공당이라 할 수 없다.

함석헌은 이제라도 민족주의의 충실한 과정을 속성으로라도 이수해야 한다고 역설한다. 이 점에서 그는 민족주의를 떠난 것이 아니다. 민족과 민족주의를 구분해야 한다고 말한 함석헌은 우리 민족의 역사와 문화에 대해서 남다르면서도 정당한 애착을 갖는다. 독특한 자기정체성을 갖지 않고 세계무대에 나아갈 수 없다는 것이다. 세계는 하루아침에 용광로같이 단일한 문화가 될 수 없다. 다원적인 세계와 세계관이 될 수밖에 없다. 경계가 무너진 지구촌에서 응분의 대접을 받기 위해서는 민족으로 바로 서야 한다. 그러려면 분단된 민족이 하나가 되는 일이 급선무다. 분단은 민족의 정신분열증을 나타낸다.

역사가로서 역사의 교훈을 찾는 함석헌에게 민족의 광활한 무대인 만주 땅을 잃고 이룬 삼국통일은 애당초 그릇된 일이었다(중국 땅이 바라다보이는 평안도 압록강 하구에서 자란 그로서는 민족의 잃어버린 고토에 대한 집착이 고구려인의 후예이기도 한 본인의 피 속에 잠재된 한(恨) 같은 것일 수도 있다. 그가 펼친 사상에도 고구려인의 대륙적인 웅혼함과 호방함이 배어 있다). 이후에 민족이 겪은 비극도 여기에서 말미암은 것으로 해석한다. 역사의 영웅은 잃어버린 고토를 회복하려고 노력한 장군들과 소수 군주다. 그 흐름을 꺾고 새로운 정권을 세운 이성계는 역사를 거스른 반동적인 반역자였다. 조선 500년은 결과적으로도 빈약하고 궁핍한 역사였다. 비현실적으로 들리지만, 이제라도 고토회복의 방안을 찾는 것이 좋다는 얘기다.

한편 함석헌은 중국의 민족주의가 더 강해져서 과거처럼 한민족의 자유와 발전을 방해할 것을 염려했다. 그래서 이에 맞설 동남아연방이나 동아시아연맹 같은 방안 그리고 중립국가를 구상하기도 했다.

함석헌에게 세계주의는 모두가 지향해야 할 이상이고 민족은 씨름해야 할 현실이었다. 그의 예언대로 세계는 하나의 공동체로 향하고 있지만 국제연합의 한계에서 나타나듯 아직도 민족주의·국가주의의 망령에 시달리고 있다. 그 극복, 즉 초국가주의 사상은 함석헌의 후기 저작과 담론을 관류하는 주요 주제가 되었다. 마치 국가주의가 세상을 그르치는 악의 주범인 양 그 극복을 거듭 외쳤다.

개인·개인주의를 넘어 전체·전체주의로

민족·국가주의를 통과하여 세계주의로 상승, 발전해간다는 역사 단계설과 아울러 함석헌이 또 강조한 원리가 바로 개체와 전체의 관계를 규정하는 전체주의 또는 전체론holism, wholism이다. 전체는 개체의 산술적인 총합 이상의 독특한 자기정체성을 지닌다. 사회학에서 의미하는 '사회'처럼 개인의 총합과 다른 독립적인 위상을 갖는다. 역사발전 과정에서 전체는 한 범주로 고정되지 않는다. 삶과 의식의 범주가 점차 확대되는 과정에서 더 큰 범주로 옮겨간다. 민족주의가 세계주의로 이행하는 과정에서 민족이 개체라면 세계는 전체에 해당한다. 민족주의 시대에는 민족이 전체를 대표했다.

전체주의 시대에는 사고의 주체가 더 이상 개인이 아니고 전체다. 개인이 사고의 단초를 제공한다 하더라도 그 사고는 전체의 뜻을 반영하고 전체의 승인을 받아야 한다. 시대가 바뀌면서 전체의 범주는 점차 확대된다. 함석헌의 세계관 속에서 전체는 세계에서 전체('온') 생명으로, 다시 우주로 넓어진다. 그만큼 인간의 의식도 넓어져야 하는데 현실은 좁아진다. 그 책임은 누구보다 권력욕에 사로잡힌 정치인들에게 있다. 시대의 전환을 인식하지 못할뿐더러 한술 더 떠 국민을 우중화시켜 지배한다. 지역(남/북, 동/서) 간, 계층 간, 이념(진보/보수) 간 분열을 부추기면서, '갈라놓고 해먹는다'divide and rule. 여기에 언론이 거든다. 개인이 영웅이 되는 시대는 지났는데도 이들은 영웅을 만들어 우상화하면서 시대착오적인 정치행태를 일삼는다. 함석헌에게 정치인은 다 '도둑'이다. 물질보다 정신과 영적 가치를 앞세워야 하는데 그야말로 정신 빠진 정치인들이 나라를 망쳐왔다.

함석헌의 전체 개념에서 중요한 요소는 바로 이 전체가 문자 그대로 하나도 빠져서는 안 되는 완전한 전체라는 것이다.『성서』에 나오는 양의 비유에서 길 잃은 한 마리는 나머지 아흔아홉 마리보다 더 중요하게 간주된다. 소수가 배제된 다수는 온전한 전체라고 할 수 없다. 여기서 그가 지향하는 전체주의는 최대다수의 최대행복을 내세운 서양의 공리주의utilitarianism와 다르고 다수결 원칙에 의존하는 민주주의와도 갈라선다(함석헌은 그가 나중에 개종한 퀘이커 신앙에서 채택한 만장일치 제도를 높이 평가했다).

이런 맥락에서 '사회' 개념도 전체보다는 덜 완전한 뉘앙스를 지닌 말이다. 사회학에서의 '사회'는 함석헌처럼 소수도 배제되지 않고 예외 없이 일사불란한 전체를 가리키지는 않는다. 일부 진보적인 미국기독교인들이 주장한 사회구원도 그 완전성에서는 전체구원에 미치지 못한다. 영국의 고전진화론 논쟁에서 허버트 스펜서 등이 주장한 사회진화론도 생존경쟁과 우승열패를 인정하는 이론이므로 함석헌의 전체주의와는 구분된다. 생물진화처럼 인간사회의 진화를 인정하는 함석헌도 일종의 사회진화론자라 할 수 있지만 엄격하게 말하면 전체진화론자라 할 수 있다.

함석헌의 전체주의를 이해하는 데 하나의 걸림돌은 히틀러식 정치적 전체주의totalitarianism와의 혼동이다. 후자는 사이비 전체주의이며 자발적이 아닌 '강제적' 전체주의다. 정신적 차원을 갖지도 않는 사이비 전체주의다. 다만 그것은, 샤르댕Pierre Chardin이 말한 대로, 진정한 전체주의 시대의 도래를 알려주는 전조의 역할을 했을 뿐이다. 영어로도, 윌버Ken Wilber도 사용하는, 'wholism'으로 바꾸는 것이 좋다. 'holism'이 있어왔지만 새로운 말로 더 구분될 수 있다. 그래서 혼동하기 쉬운 '전체주의' 대신에, 함석헌이 찾아낸 '씨올'처럼, 새로운 말을 찾아낸다면 그의 사상을 이해하는 데 큰 도움이 될 수 있다. 가령 '온몸주의'라 하면 어떨까. '전일全一주의'라 해도 차별화가 될 수 있다. 그가 제창한 '한' 사상과도 바로 잇댈 수 있다. '전全은 '한'의 한 가지 뜻이기 때문이다. 결국 전체주의 사상은 '한' 사상의 변형이라 볼 수 있다.

그렇다면 함석헌의 독특한 사상 체계는 고유한 한국사상의 흐름 속에서 발현된 것이라 봐야 한다. 전체주의 사상은 독특성뿐만 아니고 동시에 보편성을 갖추고 있다. 윌버가 종합했듯이, 근래에 서구에서도 역사와 의식의 발전단계를 개인, 즉 '나'me→ '우리'us→ '우리 모두'all of us로 설정하고 있다. 여기서 다시 함석헌의 선견지명이 드러난다. 진정한 정신적 전체주의는, 그의 다른 사상들처럼, 종교적 가치관과 세계관에 토대한 것이다. 이제는 개인구원이 아니고 사회구원조차 넘어선 전체구원이 가능할 뿐이다. 구원이 이끄는 초월적인 영의 세계는 강물처럼 모두가 합류하는 바다다. 영이 하나이기 때문이다. 따라서 전체는 함석헌 구원론의 열쇠가 된다. 함석헌의 신학에서 전체는 신의 위상으로까지 승화된다. 보이는 하나님은 보이는 전체로 나타난다. 신과 전체는 동격이다. 전체주의를 체계화한다면 서구신학적 구원론의 대안으로 혁명적인 구원론을 제시할 수 있다. 아직도 개인구원을 외치는 기성종교는 시대착오적인 낡은 신앙이다.

전체와 전체주의에 대한 사유는, 아마 자신도 미처 의식하지 못했지만, 함석헌 속에서 오랫동안 숙성된 결과물이다. 그는 1970년대 초 프랑스의 신부이며 고생물학자인 샤르댕에게서 영향을 받았다고 하지만 사실을 추적해보면 생애의 전반부 심지어 1930년대까지 거슬러 올라가서 일찍부터 그의 사유의 중심에 의식적으로 늘 개인보다 전체가 자리 잡고 있었다. 이러한 생각이 샤르댕을 통해서 확증을 얻고 사상으로 영글어진 것이다.

이 과정에서 하나의 결정적인 계기는 1962년 가을 퀘이커 센터 펜들힐에 머물며 한 학기를 보내는 중 가진 명상체험이다. 여태까지 배신자로 낙인 찍혀온 예수의 제자 유다의 환상을 본 사건이다. 이 사건은 함석헌을 선악 이분법의 틀에서 빼내 전체론적으로 새롭게 해석하게 했다. 정통 서구 신학을 뒤집어놓은 혁명적·획기적인 발상이었다. 권선징악의 질서를 무너뜨린 통찰이다. 함석헌은 성서를 다시 읽고 해석했다. 예수는 '하늘나라'가 지상에 임재하기를 고대하는 무리에게 '하늘나라가 너희 안에 있다'고 그 위치를 알려주면서 새로운 전략을 세워 열두 사도를 하나의 전체의식으로 훈련시키는 프로그램을 진행했다. 그런데 한 사람의 배신자가 나오면서 사도들의 전체의식이 흐트러졌다. 가까스로 나머지 사도들을 묶어 바통을 잇게 했지만 완벽한 전체는 되지 못했다. 그 상실한 전체성을 회복하기 위해 예수가 지옥문 앞에서 유다가 나오기를 기다린다는 것이 함석헌의 환상적인 해석이다. 이 체험의 기록은 전체주의 사상의 한 정점을 이룬다.

사회사상

함석헌은 삶의 좌표가 역사와 사회라는 두 가지 요인으로 결정된다고 본다. 인간으로 성실하게 살려면 어느 하나도 무시할 수 없다. 누구나 둘이 교차하는 지점[十]에 서 있다. 말하자면 십자가를 지고 있는 셈이다. 이 짐을 누구에게도 떠넘길 수 없다. 역사가 가르치는 교훈을 되새기면서 사회 속에서 역할을 해야 한다. 역사를 의식하는 사회인이 되어야 한다. 역사가로서 사회운동가로서 그는 두 가지에 충실하려고 노력했다. 역사를 통찰하고 배운 지식과 지혜를 사회에 전달하는 데 힘썼다. 역사와 사회를 떠나 상아탑에 갇혀 홀로 공허한 사유를 일삼는 철학자가 아니었다.

총론적으로 함석헌은 한국사회에서 가장 중요한 분야를 단기적으로는 정치와 언론, 중장기적으로는 종교와 교육으로 꼽는다. 현 상황에서는 이 네 가지 모두 문제덩어리로 개혁과 혁명의 대상이다. 각기 제 노릇을 하면서 서로 견제해야 하는데 오히려 서로 '붙어먹고' 합세하여 민중을 우중愚衆으로 만들어 '짜먹는' 도구가 되었다. 이와 같은 혼탁한 현실을 정화할 맑은 물을 공급해야 할 종교와 교육(학교)도 독립적인 기능을 잃고 함께 탁류에 휩쓸려가고 있다. 요컨대 사회 각 분야가 공공성을 상실하고 사사로운 탐욕의 도구로 전락했다. 누가 고양이 목에 방울을 달 것인가. 함석헌은 민중이 고양이 목에 방울을 다는 쥐가 되어 자기희생을 하는 수밖에 없다고 말한다. 이것이 비폭력의 원리다.

정치

각론적으로 함석헌은 다양한 글과 강연을 통해 분야별로 하나하나 구체적인 대안을 제시했다. 먼저 정치에 대해서 그는 일관되게 불신의 눈길을 던진다. 근거 없는 비판이 아니고 역사 속에서 드러난 사실로 논증한다. 정치는 '도둑질', 정치인은 '도둑' '정치업자(놈)들'이다. 5·16쿠데타 주도자들은 '정치 강도'로 불렀다. 사회혼란의 주범은 정치인이다. '뒤집어엎어야 해!' '민중이 정부를 다스려야 한다.' 정치인의 태생적인 문제는 누가 하라고 시키지도 않았는데 자기들이 하겠다고 나서는 후안무치함이다. 이는 선거제도의 맹점을 말하는 것이다.

이러한 단점에도 민주주의는 여태까지 인류가 실험한 최상의 정치제도로 다른 더 나은 대안이 출현할 때까지는 지켜가야 할 제도인 것은 틀림없다. 그런데 현실은 어둡다. 남북이 다 민주주의를 정체로 내걸었지만 진정한 민주국가라 할 수 있는가. 국민(인민)이 실질적인 주인이 된다면 민족통일도 저절로 이루어질 것이다. 그래서 함석헌은 60대 이후 여생을 민주화에 투신했다. 4·19혁명으로 복원한 민주체제를 뒤엎은 5·16쿠데타와 연이은 군사독재는 역사를 거스른 반동이었다. 쿠데타가 일어나자마자 그 엄혹한 분위기에서 함석헌은 날카로운 비판의 포문을 열었다. 5·16쿠데타는 '헛총'을 쏜 '실패한 혁명'이라 심판했다. 그 포문은 한 세대 가깝게 계속된 군사정권 내내 거침없이 쏟아졌다.

그는 독재에 저항하는 학생 편에 설 수밖에 없었다. 데모가 온당한 항거운동임을 인정하고 비폭력저항의 원리로 계도했다. 결국 비폭력이 폭력을 물리친 결과가 되었다. 학생들이 중심이 된 민주화 투쟁의 약점으로 그는 단순한 정권교체를 넘어선 높은 이상과 정신적 목표의 부재를 지적했다. 정치도 종교적 이상과 세계관을 떠나서는 나아갈 수 없다. 간디가 보여주었듯이 정치는 종교적 진리와 가치에 충실해야 순기능을 발휘할 수 있다. 그 점에서, 사회의 다른 분야도 그렇지만, 함석헌은 정치와 종교의 밀접한 관계를 강조했다.

함석헌은 일반적인 원칙론에 머물지 않고 구체적인 방법론을 제시했다. 투표에 참여할 때 인물 중심이 아니라 정책과 이념을 기준으로 더 나은 정당에 투표할 것을 권고했다. 후보 단일화의 필요성도 역설했다. 심지어 정당에 가입하여 옥중 출마한 장준하를 도와서 당선시키기도 했다. 1970년 전태일 분신 사건이 일어나자 그는 이 희생을 매년 기리고 그 의의를 크게 홍보하여 민중운동의 기폭제가 되는 데 앞장섰다. 전두환 주도의 군부가 벌인 '광주사태'에 대한 진실을 아무도 말하지 못할 때도 그는 이른바 '내란음모설'의 허구성을 폭로, 규탄하고 그 수정을 정부에 강력하게 요구했다.

민주화운동 과정에서 함석헌은 구체적인 운동을 제안했다. 하나는 '같이살기 운동'이다. 그는 생활고를 못 이긴 한 가장의 삼 남매 독살 사건을 보고 1964년 「삼천만 앞에 또 한 번 부르짖는 말씀」을 발표하며 '살아도 같이 살고 죽어도 같이 죽자'고 호소했다. 또한 민주화 투쟁 중 자기희생을 감수하는 젊은이들을 보고 상부상조하는 방안으로 이 운동을 거듭 제창했다. 이 운동은 당시 정부에서 주도한 '새마을운동'과 우연히 시기적으로 겹쳐서 오해의 소지가 있으나 함석헌의 내면에서 오랫동안 숙성한 열매였다. 새마을 운동이 관변주도의 강제적인 운동이라면 이것은 자발적인 민중운동이다.

'같이살기'는 한국의 전통 속에서 근대에 발흥한 민족종교의 '상생'相生 개념과 일치한다. 선각자 김일부는 중국의 고전『주역』이 강조하는 (오행五行 간의) '상극'相剋 질서를 뒤엎고 상생을 새로운 질서로 정립했다. 이것이 증산교와 원불교 등 근대 민족종교로 전승되었다. 그러므로 '같이살기' 개념은 고유한 한국정신을 상징한다고 할 수 있다. 이 점에서도 함석헌의 사상과 사유방식은 어디까지나 한국정신의 발현이라고 규정할 수 있다.

함석헌은 정치를 주로 현실상황 속에서 다루었지만 동시에 이상적인 정치제도와 통치형태를 늘 머릿속에 그리고 있었다. 가장 바람직한 제도는 도가적인 무위의 통치〔無爲之治〕다. 무정부주의에 가깝게 보이지만 그렇다고 무정부주의도 자유방임주의도 아니다. 최소정부일수록 좋다. 개인의 평등성이 보장되지 않는 미국 공화당식 보수주의 정부도 아니다.

그는 대국보다는 스웨덴처럼 강하고 작은 나라(강소국)를 선망했다. 북구의 나라들은 사회민주주의체제를 통해 사회주의적 복지와 민주주의적 체제를 함께 갖춘 나라들이다. '사회'를 중시한 함석헌에게는 이상국가로 보였을 법하다. 그는 점진적인 사회주의를 추구하는 (그가 크게 영향을 받은 역사가 웰스를 포함한) 영국 지식인들의 운동인 '페이비언 협회'의 취지에도 일찍이 동조한 바 있었다. 함석헌은 청년 시절 신앙의 길이냐 사회혁명의 길이냐의 기로에서 신앙을 택했는데 당시 사회혁명은 사회주의적 혁명을 의미했다(그렇다고 그가 공산주의에 동조한 적은 없었다).

그는 인류가 이제 정부지상, 국가지상을 부르짖는 국가주의, 대국주의를 벗어나야 할 단계라고 주장했다. 일종의 초국가주의로의 진입이 세계가 당면한 과제다. 지금은 민족주의·국가주의를 넘어서 세계주의로 이행하는 과정이다. 통치형태는, 웰스도 주장했던, 세계정부나 세계연방이 바람직하다. 함석헌은 아직 세계를 지배하는 국가주의 통치형태에서는 지방자치의 강화와 연방제가 최선의 방식이라고 보았다.

통치권은 백성, 민중, 국민(인민)이 위임한 것으로 종교적으로는 하늘(신)의 뜻이다. 왕권신수설王權神授說이 그 표현이다. 중국사상에서는 그것을 천명天命이라 한다. 이 개념을 함석헌은 보편적으로 적용한다. 정권은 민중이 원하면 바꾸는 것이 당연하다. 함석헌이 높이 평가하는 맹자도 왕도정치에서조차 민의를 거스르는 통치자는 바꿀 수 있다고 혁명을 정당화했다. 4·19혁명도 그 한 가지 표현이었다. 그러나 5·16쿠데타는 폭력에 의한 가짜 혁명이었다. 그래서 그는 5·16쿠데타와 군사정권을 처음부터 끝까지 반대하고 저항했다. 한 세대 가까이 이어진 군사통치는 끝났지만 그 어두운 그림자가 여전히 짙게 드리워진 우리 사회와 정치의 현실은 함석헌의 통찰이 얼마나 정확했는지 말해준다.

경제

경제는 정치만큼 함석헌이 자주 다루는 주제는 아니다. 하지만 사회담론에서 그의 경제관이 단편적일지라도 여기저기 구체적으로 거론되는 것을 엿볼 수 있다. 경제학자가 경제에 관련된 함석헌의 발언을 보면 그의 경제관과 이상적인 공동체를 그릴 수 있으리라 본다. 구체적인 예를 하나 들면, 함석헌은 경제제도에서 공산주의 국가의 통제도 아니고 자본주의 시장경제의 자유방임도 아닌 제3의 길을 꿈꾸었다(정치체제에서도 제3의 길을 말한다). 그는 현대를 지배해온 두 이념인 자본주의와 공산주의는 생산방식을 다루는 물질 위주의 체제라는 데 그 태생적 한계가 있다고 본다. 따라서 서구에서 기원한 두 이념이 물질주의 문명을 구축하여 이제 인류를 공멸의 위기로 몰아넣었다고 역사가다운 판정을 내렸다.

사회적 현안문제인 노동에 대해서도 경제학자는 간과하기 쉬운 근본적인 문제를 짚어낸다. 물질주의인 두 경제체제는 모두 노동을 당연한 필요사항으로 여기는데 이에 함석헌은 근본적인 문제를 제기한다. 두 체제는 노동자 계급을 만들고 지배층을 유지하기 위한 생산의 도구로 이용한다는 것이다. 잉여 이득을 놓고 늘 다툼이 일기 마련이므로 노사의 갈등은 불가피하다. 노동을 팔고 사는 과정에서 불평등이 발생하기 마련이다.

여기에 근본적인 문제가 있다. 노동과 일의 구분에서 문제가 시작되었음을 인식해야 한다. 인류가 생겨나면서 자연스레 있어온 일은 삶의 일부로 즐거이 받아들여야 하지만 노동은 지배자와 소유자가 착취의 수단으로 발명한 것이다. 일은 물물교환과 품앗이로 거래할 수 있지만 노동에는 값이 매겨지고 돈이 거래된다. 황금만능주의가 그 산물이다. 돈이 척도가 된 물질주의 때문에 현대인은 물질보다 중요한 정신을 잃게 되었다. 삶의 윤활유인 인정과 공동체의 뼈대인 도덕이 없는 사회가 되었다.

함석헌은 무소유, 무위의 삶을 지향했다. 돈 없는 세상을 꿈꾸었다. 천국에도 돈이 있다면 가고 싶지 않다고 했다. 돈은 사회적 갈등을 유발하는 주범이고 인류가 초월해야 할 국가주의를 유지하는 도구다. 돈이 대표하는 사유재산제도에도 문제가 있다. 이것은 일부일처제처럼 전체가 하나의 공동체가 되는 시대에 맞지 않는 개인주의 시대의 유물이다. 새 시대에 맞는 새 경제제도가 나와야 할 때다.

이처럼 함석헌은 이상적인 사회를 꿈꾸었지만 그렇다고 필요악처럼 된 노동 현실을 무시한 것은 아니었다. 그는 노동자의 현실에 눈과 귀를 바짝 열어놓고 있었다. 함석헌은 청계천 노동자 전태일의 분신을 사회운동의 중요한 사건으로 여겼다. 그래서 귀국하자마자 전태일의 집에 들러 어머니를 위로하는 등 두고두고 그를 이 시대의 영웅으로 기렸다. 그 사건은 그가 오래 앞장서온 민중운동의 한 기폭제가 되었다. 또 김재준과 함께 쓴 사회 각계각층에 보내는 호소문에서 노사 양측이 상생의 정신으로 상대방의 필요성을 인정하고 한발씩 양보하면서 사회적 책무를 다할 것을 당부하기도 했다.

함석헌이 보기에 한국사회가 당면한 또 다른 문제는 같은 자본주의라도 대기업 중심의 물량확대만 중시하고 정작 시장경제 활성화에 필요한 중산층의 유지와 보호에 실패하고 있다는 것이었다. 그것은 서민층을 기르지 않고 '짜먹기'만 한 군주시대의 전통을 답습한 것이다(가축도 길러서 잡아먹지 않는가). 과도기적으로라도 자본주의가 보존되려면 중산층의 확대가 필수적인데도 눈앞의 이익에만 혈안이 되어 있는 것은 자본가나 정치권력이나 똑같다(근래에도 중산층이 점점 더 엷어지고 있다는 통계가 나왔다).

함석헌은 농업정책도 중요하다고 역설한다. 전통적 경제 기반인 농업을 희생한 군사정권의 산업화는 애초부터 무리한 정책이었다. 농업이 기반이 되는 자연친화적 사회라야 각종 사회문제, 환경문제에서 자유로운 건강한 사회로 남을 수 있다. 도시화는 각종 육체적·정신적 문제를 유발하고 비인간화한 사회를 낳는다. 함석헌은 정부의 국토개발보다 마음 밭〔心田〕 가꾸기가 더 중요하다고 일갈했다. 행복의 척도는 물질보다 정신에 있다.

농사일을 몸에 밴 천직처럼 여긴 함석헌은 마치 간디의 아슈람같이 정신적 가치를 대표하는 종교와 교육을 함께 엮은 농장공동체를 여러 차례(평양 송산, 양양 안반덕, 천안) 실험하고 운영했다. 해방된 날에도 밭에서 똥통을 메고 있었다(평생 그의 유일한 취미는 화단 가꾸기였다). 문명도 사회도 자연을 떠나서는 유지, 발전될 수 없다. 경제에서도 녹색경제로 나아가야 한다는 것이 함석헌의 이상이었다.

교육

정치와 경제가 인간생활의 외면적·물질적인 틀을 규정하는 요인이라면 내면적·정신적인 성격을 결정하고 함양하는 요인은 교육과 종교다. 속 살림이 든든해야 겉 살림도 탄탄해진다. 시간이 더 걸리는 일이지만 교육과 종교로 인성의 뿌리를 다져놓아야 온전한 사회가 이루어질 수 있다. 두 분야는 '가르침'[敎]이라는 점에서 공통성을 갖는다. 인류의 훌륭한 종교 스승들은 다 교육자였다. (정치도 그렇지만) 교육은 그 근거를 절대적 가치를 다루는 종교에서 찾아야 한다. 따라서 교육의 주체를 사람(교사, 정권)보다 하늘(절대 인격, 생명, 씨올)에서 찾아야 한다. 교육은 진선미를 찾고 인식하는 과정이다.

학교는 조화, 협동, 종합, 통일(하나됨)을 배우는 곳이다. 교육의 목표를 한 가지로 요약한다면 '하나됨'이다(종교의 목표도 똑같다). 구체적으로 실천해야 할 세 가지는 나라의 통일, 자아의 인격적 통일, 세계의 통일이다. 이들은 함께 이루어져야 한다. 인격의 분열은 나라와 세계의 분열을 초래한다. 인격을 함양하는 곳이 학교다.

지금의 학교교육은 어떠한가. 사람을 육성하기보다 효율적인 기계 부품을 만들어내는 것이 목적이 되었다. 학교는 주문받은 제품을 양산해내는 공장이다. 사제 간 정의情誼도 없고 스승도 제자도 없는 곳(장소)만 남았다. 인격적 교육과는 거리가 먼 공리적인 가치만을 가르치는 서양식 학교제도를 도입한 탓이다. 사회 각 분야가 다 개혁을 필요로 하지만 민족의 장래를 위해서 무엇보다 교육개혁이 시급하다.

교육과 학문연구를 병행하는 대학교도 제 기능을 올바로 수행하지 못하고 있다. 학자는 학문연구와 더불어 사회적 책임을 지고 있는데도 사회행복과 무관한 현학적인 지식만 얻는 데 열중한다. 옛 선비정신은 찾기 힘들다. 함석헌은 대학교에서 철학과, 철학 강좌가 사라지는 풍조를 개탄했다. 대학교는 공도公道, 한 배움('대학'), 유기적인 통일을 찾고 습득하는 곳이다. '대학교'를 뜻하는 영어 단어[university]처럼 대학교는 보편적인universal 가치와 진리를 찾는 마당이어야 하는데 실용 위주의 교육만 있다. 이른바 '일류학교' 출신은 창조적 사고도 못 하고 불의에 저항할 줄도 모르는 사람이 되고 만다.

학풍으로 말하자면 서양사상의 기조가 되어온 정보information에만 치중하는 풍조를 우리 대학교들도 그대로 뒤따르고 있다. 이 역시 근본적인 개혁의 대상이다. 개혁의 방향은 전통적 동양 학풍에서 찾을 수 있다. 동양에서는 정보보다 정신적 탈바꿈transformation, 즉 영적 해탈, 깨달음에 초점을 두는 전통이 강하다. 인과논리에 기초한 서구적 사고방식과 의식구조는 위기에 봉착했다. 이에 대한 대안을 동양사상 특히 노장철학에서 찾을 수 있다는 것이 함석헌의 소신이다.

지금 우리 사회는 어떠한가. 급속도로 서구화되었으며 앞장서서 정보취득과 정보산업에 몰두함으로써 동양적인 뿌리를 그만큼 망각하고 있다. 동양이 중요시한 지혜는 무시하고 서양이 중요시한 지식을 전부로 여기는 풍조가 지배한다. 이는 특히 청소년 문화와 교육에서 두드러지는 우려스러운 현상이다. 예언자 함석헌의 경고를 되짚어봐야 할 때다.

언론

사회분야에서 단기적으로 가장 중요한 공적 기관이 언론이다. 우중화한 민중과 사회지도층의 계몽 그리고 사회개혁에 언론만큼 효율적인 도구는 없다. 교육과 종교는 영향력이 클 순 있지만 당장 효력을 미치는 언론보다 긴 시간이 필요한 중장기적인 도구일 뿐이다. 옛날에 종교가 차지하던 영향력을 오늘은 언론이 차지하고 있다. 특히 신문은 '씨알의 눈과 입', 즉 오늘날의 『성경』이다. '예수, 석가, 공자가 있던 자리에' 신문이 있다. 그래서 함석헌은 무엇보다 언론의 역할에 주목했다. 그러나 언론은 독재의 압박과 회유에 굴복하여 불의한 권력에 대한 비판과 파사현정의 사명을 포기하고 권력에 완전히 예속되면서 스스로 권력화하는 길을 걸었다(그 상황은 정권의 기복 속에서 오늘날까지 지속되고 있다).

이제 신문은 대부분 함석헌의 표현대로 '광고지'나 특정 정파의 홍보지로 전락했다. 신문, 잡지, 텔레비전 등 모든 매체는 '온통 거짓말'만 쏟아내며 민중에게 '독약'과 '마취약'을 먹인다. 언론다운 언론, '대바른 언론'이 없는, 언로가 꽉 막힌 상황에서 함석헌은 '언론의 게릴라전'을 구상했다. 비판의 통로로 주로 이용하던 『사상계』가 폐간되자 참다못한 함석헌은 1970년 월간지 『씨올의 소리』를 발간하는 용기를 발휘하면서 민중의 양심이 살아 있음을 시현했다. 엄혹한 그 시절에 이 잡지는 민중의 유일한 신문고가 되어 정간, 복간, 폐간을 오가면서 민중시대를 열고 이끌어갔다.

이 과정에서 함석헌은 (한때는 그의 글을 실어주곤 했던) 신문들에게 함께 싸워줄 것을 누차 호소했으나 이미 국가권력에 순치된 그들은 침묵으로 일관했다. '미운 것이 언론'이라고 격노한 그는 불매동맹까지 제안했다. 이렇듯 언론은 한국사회에서 권력의 실체적 폭력에 못지않은 언어폭력의 도구가 되어버렸다. 이것은 경제적인 면에서 선진국으로 분류되는 경제협력개발기구OECD의 회원국으로서 드문 일이다. 사회의 모든 분야가 제 기능을 잃더라도 언론만 살아 있으면 된다는 신념을 지닌 함석헌은 4·19혁명 때처럼 언론이 사회 개혁의 촉매제가 되기를 기대했지만 이번에는 언론과 내내 싸우는 처지에 서게 되었다. 이제는 민족사에 위대한 교훈을 남긴 그의 언론관을 되짚어볼 때다(이 밖에 종교도 사회의 주요 분야이지만 사상의 첫 주제로서 앞에서 세밀하게 다루었으므로 여기서는 생략한다).

사회윤리

지금 한국사회는 전반적으로 도덕의 붕괴와 윤리의 진공상태를 겪고 있다. 전통적으로 도덕윤리의 원천은 종교였다. 신라 화랑도의 '세속오계'世俗伍戒가 그 증례다. 그것은 불교, 유교, 선교仙敎의 계율을 종합한 윤리체계였다. 조선 시대 이후는 충효가 대표하는 유교 윤리와 사상이 민중의 삶을 지배했다. 그러나 서구의 사상과 종교가 문물과 더불어 유입되면서 전통적인 윤리관은 무너져갔다. 물론 각종 종교가 규정한 도덕윤리는 기본적으로 보편적인 기초윤리를 공유하고 있다. 그러나 오로지 개인의 신앙과 기복, 구원에만 치중한 나머지 윤리적 실천은 무시하거나 경시한다. 종교의 계율이나 사회적으로 남아 있는 윤리체계는 어차피 개인주의 시대의 유물이다. 전체가 함께 가는 전체(주의) 시대에 적합하지 않다.

그래서 야기된 중대한 문제가 있다. 바로 낡은 윤리체계나 계율들이 개인윤리에 머문 채 사회윤리로 발전하지 못했다는 점이다. 개인으로서 살인이나 상해나 살인은 범죄이지만 국가가 저지르는 살상은 죄가 아니다. 군대를 그 도구로 삼는 폭력기관이다. 인류역사는 군대와 전쟁이 좌우해왔다. 세계평화를 이루고 인류가 발전하려면 그 잘못된 질서를 무너뜨려야 한다. 간디와 톨스토이는 이것을 지적하고 병역거부 등 구체적인 실천방법을 제시했다. 그 대표적인 계율이 '불살계'다. 그 계명이 '비폭력'으로 표현된다. 그 실천의 요체는 남이 다치는 대신 자기를 희생하는 데 있다. 함석헌은 한 걸음 더 나아가서 자기희생의 대상을 민족으로까지 확대했다. 작은 전체(민족)는 큰 전체(세계)를 위하여 희생할 수 있어야 한다. 이것이 우리 민족이 보여줘야 할 사명이다.

한국사회만 봐도 권력을 쥔 정치인들이 폭력집단이 되어 자기들의 집단폭력, 국가폭력은 권력의 우산 속에 묻어버리고 개인의 폭력만을 범죄로 부각시키고 있다. 결코 개인에게만 책임을 지울 수 없는 각종 범죄가 날로 늘어나고 있는 사실이 이것을 증명한다. 그래서 함석헌은 일찍이 '새 나라'에서는 '새 윤리'가 필요하다고 갈파했다. 새 윤리와 도덕을 제공할 '새 종교'가 필요함은 당연하다. 간디가 강조한 비폭력은 단지 신체적·물리적인 것만이 아니다. 불교에서 삼업三業, 즉 신체, 언어, 사고로 구분하듯이, 세 가지 행위에 적용된다. 관제 언론기관과 정보기관을 통해서 언론과 사고(사상)를 통제하는 것은 국가폭력이다. 그러고도 비폭력사회가 되기를 기대하는 것은 무리다. 함석헌은 국가폭력을 비폭력으로 제거하는 것을 씨올의 중요한 사명으로 삼았다. 그 자신도 평생 국가폭력과 겨루고 싸웠다.

생명

정신(영)

함석헌의 인간관에서 영(정신)은 존재구조의 맨 꼭대기에 놓인다. 인간은 영을 지향하는 영적 존재다. 신도 영이다. 존재의 3층 구조는 지하의 본능, 지상 1층의 지성(이성), 맨 위층의 영성(정신층)으로 이뤄져 있다. 그런데 인간들은 물질주의 문명에 함몰되어 영성(정신, 영혼)을 망각하고 살아간다. 육안으로 유한세계만 보지 영안靈眼으로 무한세계를 보려 하지 않는다. '잘살아 보세 잘⋯⋯'같은 정치구호에 홀려서 정신없는 나라의 얼빠진 백성이 되었다. 게다가 기계가 사람을 부리는 무정한 사회가 되고 있다.

오늘날 젊은이들의 헤맴은 6·25전쟁에서 죽은 억울한 원혼들을 풀어주지 못한 탓이다. 20세기 벽두에 강증산이 제시한 '해원상생'解冤相生의 해법을 상기시킨다. 함석헌이 제안한 '같이살기'는 바로 '상생'에 다름 아니다(여기서 함석헌이 서구사상의 아류가 아닌 '한국'사상가임이 다시 드러난다). 영파靈波는 생사를 넘어 감응된다. 정신은 하나('한 정신'), 영도 하나('한 영')다. 내세니 부활이니 하는 것은 다 정신적·영적 개념이다. 샤르댕이 말하듯 정신계noosphere 또는 영계는 눈에 보이는 물리적 세계와 따로 존재한다. 진정한 행복과 복리는 영적 차원에서 찾아야 한다. 영은 존재의 본질이다. 물질주의에 함몰된 인간들에게 영을 중시하는 새 세계관을 제시하는 일이 어느 때보다 절실한 상황이다.

영, 영성을 중시하는 이러한 정신주의는 함석헌 나름의 철저하고 독특한 생명사상을 낳았다. 전일적·일원론적 생명관은 '대 생명' '온 생명' '한 생명'으로 표현된다. 버러지 같은 미물에도 생명 전체가 내포되어 있다. 풀잎 하나에 온 우주가 함유되어 있다는 불교 화엄사상과 상통하는 관점이다. 생명에는 나와 남의 구분이 없다. 자연은 하나다. 그것은 산 생명, 살아 있는 우주, 살아계신 하나님이다. 천지만물은 살아 있는 하나님의 옷이다. 따라서 어떤 산 생명도 해쳐서는 안 된다. 불구자 하나라도 업신여겨서는 안 된다. 각 사람의 정신은 우주적인 대 생명의 산실이다.

생명, 즉 '살라는 명령'은 다른 여지가 없는 절대명령이다. 자살은 그 명령을 거역하는 행위다. 생명에는 다섯 가지 원리가 있다. 1) 하나(一)와 여럿(多)의 원리. 하나(본체)이면서 여럿(현상), 여럿이면서 하나다(一即多多即一). (이 원리는 불교 화엄철학, 윌리엄 제임스의 실용주의 철학, 한국사상 전통 등에서 발견된다.) 2) 확산과 수렴의 원리. 보수와 진보는 공존해야 한다. 온고지신의 원리다. 3) 자유와 통일의 원리. 자유로운 개인들이 하나의 공동체가 되어야 한다. 4) 생사의 원리. 죽고 나는 만물은 순환하면서 진화한다. 5) 의식-몰아沒我의 원리. 인간은 자기의식을 가지면서 자기초월(무아)을 지향하는 존재다. 요컨대 생명과 인간은 일견 모순되는 두 가지 요소를 함께 공유한다. 함석헌이 특히 중시한 생명과 인격의 속성은 자유와 저항이다. 자유로운 자람(생장)을 방해하는 요소들 특히 정치권력에 저항하는 것이 생명운동이다. '태초에 저항이 있었다.'

환경 · 생태

자연주의자, 생명주의자 함석헌이 환경과 생태에 일찍부터 큰 관심을 둔 것은 당연해 보이지만 모두가 경제성장과 산업발전에 몰두하던 시기였기에 지식인으로서도 드문 일이었다. '자연보호'가 구호로 등장하고 환경운동이 일어난 것은 훨씬 뒤였다. 그는 자연이 인간의 정복과 파괴로 바닥났다는 경고장을 냈다. 이상기온을 그 증거로 들었다. 과학발달과 생존경쟁으로 자연고갈, 공해, 인구문제가 심각해졌다. 도시문명, 대량학살, 우생학 남용을 지적하고 정치와 기업의 책임을 물었다. 도덕보다 지식을 앞세우는 지능주의 학자들을 비판했다. 옛사람들은 밖보다 안을 더 찾았지만 밖에만 관심을 둔 현대문명의 종말을 점쳤다.

우주는 서양인들이 보듯이 죽은 우주가 아니고 산 우주며 자연은 산 생명이다. 자연은 남용해도 좋다는 생각은 큰 잘못이다. 나와 세계는 산 관련이 있고 하나라는 세계관을 지니게 해 자연에 눈뜨게 하는 새 교육이 필요하다. 그 근거와 원천자료는 노장사상, 인도사상 등 동양사상에서 찾을 수 있다. 간디의 비폭력(불살생)운동이 실천 모델이다. 유교전통에서도 맹자가 말한 '(남의 고통을 보고) 차마 못 하는 마음'〔不忍之心〕은 인간의 바탈(본성)이다. 발동시키면 된다. '우주의 근본원리'는 사랑이다. 기독교에서 말하는 사랑의 동의어인 불교의 자비, 공자의 인仁을 만물, 자연으로 확대하면 된다. 인간을 위해서 인간만을 사랑할 수 없다. 인간이 사는 터전도 함께 위해야 자기도 산다. 생물계에 동족상잔은 없다. 다른 생물에게서도 배워야 한다.

이렇듯 함석헌은 사랑, 자비, 인의 전통적인 범주를 인간을 넘어 천지만물로 확대했다. 서양인들은 이제야 환경보존의 근거를 동양의 종교에서 찾고 있다. 놀랍게도 함석헌은 한 걸음 더 나아가서 환경의 범주를 우주로까지 확장했다. 인류는 앞으로 '우주와 하나되는 우주인'으로 거듭나야 한다. 윤리도 '우주윤리'로 확대되어야 한다. 우주시대에 우주의식을 갖는 우주인으로 사는 것이 당연하다. 우주선을 탄다고 우주인이 아니다.

요컨대 환경은 정복대상이 아니고 한데 어울려 살아야 할 대상이다. 공해문제는 그러한 생명과 세계관으로 무장할 때만 해결할 수 있다. 공해는 개인의 욕심에서 생긴 찌꺼기다(욕심은 석가모니가 깨달음에서 찾아낸 인간고통의 열쇠다). 공해는 인류 전체, 생명 전체의 존망이 달린 문제다. 인간의 향락주의가 초래한 결과다. 생명의 전체성, 일원성을 강조하는 전체주의적 사고로 고칠 수밖에 없다. 오염의 근본원인은 정신오염이다.

함석헌은 구체적으로 인간이 지켜야 할 금기사항으로 세 가지를 든다. 인간이 건드리지 말아야 할 것은 원자핵, 생식세포, 뇌세포다. 이 셋은 '가장 신성한 것'으로 건드리면 인간은 파멸될 수 있다. 핵은 '물질의 지성소'이고 원자탄은 '분열된 세계의 상징'으로 분열하면 인간이 이루어놓은 모든 것을 파괴한다. 이에 대치하는 처방약은 '원자탄보다 강한 정신원리'다. 물질은 물질로가 아니고 정신으로 극복된다. 이 원리는 살아 있는 자연을 상징하는 '씨올' 속에 내장되어 있다. 이 점에서 씨올 사상은 생명 사상이다.

마지막으로 생명인조와 기계에 대하여 함석헌은 깊은 우려를 표명했다. 이에 대해 그는 양가적인 태도를 보인다. 발언의 시기나 맥락을 고려한다면 두 관점 사이에 연속성이 없는 것은 아니다. 과학의 발전을 옹호해온 함석헌이 과학의 응용으로서 생명공학과 기계공학의 발달을 긍정적으로 평가하는 것은 당연하게 보인다. 창조설을 고수하는 보수적인 크리스천에게 생명인조는 신성불가침의 영역을 벗어난 것일 수밖에 없지만, 함석헌은 이것을 신이 인간을 창조하면서 내장시킨 역량(천품)의 발현으로 본다. 부모가 자식의 성장을 반기듯이 신이 오히려 기뻐할 일이다.

그러나 막상 그 기능이 식물이나 동물의 복제를 넘어, 당시에는 논의되거나 상상하기도 힘든, 인간복제로까지 확대된다면 생식세포를 성역으로 간주한 함석헌이 이를 인정했으리라고 보기는 힘들다. 그럴 필요성이나 목적이 투명한지도 문제가 되지만 정신적으로나 도덕적으로 인간이 아직 준비되지 않았다고 보았을 것이기 때문이다. 그는 놀랍게도 1959년 '인조인간'을 말했지만 그것은 기계를 가리키는 표현일 뿐이다. 기계는 인간의 기능을 수행하도록 하기 위해서 (신이 신의 형상으로 인간을 만들 듯이) 인간이 자기 형상으로 만들어낸 대리인간이라는 뜻에서 한 말이다. 기계를 인간의 확대로 보는 긍정적인 해석이다.

문제는 인간이 기계를 부리는 단계를 넘어 기계가 인간을 부리는 괴물로 발전했다는 사실이다. 인간이 주체성을 잃고 기계에 의존하는 경향이 갈수록 심해진다. 중대한 사실은 기계가 정치인의 효율적인 통치도구로 사용된다는 점이다(지난번 대선에서 말썽이 되었듯이,

민주주의의 핵인 선거에서 기계와 정보기술이 남용되면 중대한 결과를 초래할 수도 있다). 현대사에서 기계는 (무기 같은 폭력수단으로서) 불행의 원인이었다. 기계 자체가 나쁘다기보다는 그것을 쓰는 인간의 태도와 의식, 도덕수준이 문제다.

최근에 와서 로봇, 인공지능이 급속히 발전하고 있다. 영국 물리학자 스티븐 호킹은 인간의 통제를 벗어난 인공지능 로봇이 가까운 장래에 인류를 멸망시킬 것이라고 예언했다. 사람이 기계를 부리는 대신 기계가 사람을 부리게 된다는 함석헌의 전망과 일치하는 시각이다. 그의 사상을 되살펴보아야 할 또 한 가지 이유가 여기에 있다. 거기에는 그 자신이 (특히 한민족에게서 나오기를) 희구하던 제3의 사상의 씨앗이 뿌려져 있을지도 모른다. 이는 문명의 전환과 제2의 차축시대(개벽)를 촉발할 씨앗이다.

함석헌 연보

1901. 3. 13	평북 용천군 부라면 원성동 출생
1906.	덕일소학교 입학
1914.	덕일소학교 졸업. 양시공립보통학교 편입.
1916.	양시공립보통학교 졸업 및 관립평양고등보통학교 입학.
1919.	3·1운동에 참가 후 학업 중단.
1921.	오산학교 편입. 오산학교에서 이승훈·유영모 선생을 만나 평생 스승으로 모심.
1923.	오산학교 졸업.
1924. 4.	동경고등사범학교 입학.
1928. 3.	동경고등사범학교 졸업. 이때 우치무라 산조 선생의 성서연구집회에 참여.
1928.	귀국하여 모교인 오산학교에서 교편을 잡음.
1934-35.	동인지 『성서조선』에 「성서적 입장에서 본 조선역사」를 쓰기 시작.
1938. 3	창씨개명 및 일본어 수업을 거부하여 오산학교를 사임. 이후 2년간 오산에서 과수원을 돌보며 학생을 상대로 전도활동.
1940. 3	평양 송산농사학원을 김혁 선생으로부터 인수.
1940. 8.	계우회(鷄友會) 사건으로 평양 대동경찰서에 1년 구치됨.
1940. 11.	아버지 함형택 별세.
1942. 5.	『성서조선』사건이 일어나 1년간 미결수로 복역.
1943. 3.	불기소로 출감, 농사에 종사. 이때부터 수염을 기르기 시작함.
1945. 8. 15.	해방 직후 고향에서 용암포 자치위원장, 용산군 자치위원장을 맡음.
1945. 6.	평안북도 자치위원회 문교부장에 취임.

1945. 11. 23.	신의주학생사건의 책임자로 소련군 사령부에 체포·구금. 50일 동안 감옥에서 시 300여 수를 씀. 이후 이를 한데 엮어 '쉰 날'이라 이름 붙임.
1946. 1.	석방된 후 고향에서 농업에 종사.
1946. 12. 24.	다시 체포되어 1개월간 옥고를 치름.
1947. 2. 26.	월남. 이때부터 수염을 깎지 않았다고 함.
1947. 3. 17.	서울에 도착. 주일마다 YMCA강당에서 일요종교집회를 가짐.
1950. 6.	6·25가 발발하여 피난차 남하함.
1950. 7.	부산에서 피난생활을 하면서 성경연구집회를 계속함.
1953.	부산에서 시집『수평선 너머』를 발간. 겨울에 서울로 올라옴.
1956.	서울 용산구 원효로에 사택을 마련, 이때부터『사상계』에 집필활동을 시작.
1958. 8.	『사상계』에 투고한「생각하는 백성이라야 산다」로 20일간 구금됨.
1961. 7.	5·16군사쿠데타를 정면으로 비판한「5·16을 어떻게 볼까」를 발표.
1962. 2.	미국 국무부 초청으로 3개월간 미국여행 및 10개월간 퀘이커 학교에서 수학. 이어서 영국·네덜란드·독일 등 3개국을 시찰.
1963. 6 23.	한국에서 사실상의 군정연장인 미정이양이 이루어진다는 소식에 분노, 인도·아프리카 등의 여행을 중지하고 귀국한 뒤 대정부비판 강연을 개최, 월남언론상 받음.
1970. 4. 19.	잡지『씨올의 소리』를 창간.
1970. 5. 29.	『씨올의 소리』제2호가 나온 뒤 정부가 인가취소통고를 하자 소송 제기.
1971. 7.	젠센기념관에서 노자 강의 시작. 1988년 5월까지 계속함.
1971. 8.	삼선개헌반대투쟁위원회를 구성하여 활동하는 한편, 민주수호국민협의회를 조직하여 대표위원으로 1975년으로 활동.
1971. 11. 13.	전태일 1주기 추도회를 시작으로, '씨올의 소리사' 주최의 강연회를 1975년까지 해마다 계속함.
1971. 12. 2.	고희 축하모임 및 강연회에 참석. 월 1회 퀘이커 부산모임에 참여, 1988년 5월까지 개최.
1973. 11. 25.	주일 오후 성서강좌를 개설. 1978년까지 계속함.
1974. 11.	윤보선·김대중과 민주회복국민회의를 만들고 대표위원이 됨.
1976. 3. 1.	3·1민주구국선언에 참여.

1977. 3. 22	3·1민주구국선언사건으로 대법원에서 징역 5년, 자격정지 5년을 받음.
1978. 5. 8.	부인 황득순 여사 별세.
1979.	퀘이커세계협회 초청으로 미국 종교대회 참석. 노벨평화상 후보로 추천됨.
1979. 11. 23.	명동 YMCA위장결혼사건으로 계엄사 합동수사본부에 끌려가 15일간 구금됨. 징역 1년을 선고받음.
1980. 2. 29.	형 확정과정에서 형 면제처분을 받았으며, 복권됨.
1981.	오산학교 동창회장으로 선임된 후 8년간 재임.
1983. 6.	단식투쟁으로 민주화운동에 영향을 줌.
1985.	퀘이커세계협회 멕시코 종교대회에 참석. 두 번째로 노벨평화상 후보로 추천됨. 미국·캐나다 등지를 순회하며 평화와 민주화를 외침.
1987. 7. 13.	서울대학병원에서 담도암으로 대수술을 받았으나 회복되어 다시 일어남. 강연·토론·회견 등 활약을 하며, 『씨올의 소리』 복간에 힘씀.
1987. 10. 12.	제1회 인촌상 수상. 상금 전액을 남강문화재단 기금으로 기탁.
1988. 8.	서울대학병원에 다시 입원.
1988. 9. 12.	제2회 서울올림픽평화대회 위원장으로서 서울평화선언을 제창.
1988. 12. 10.	폐간된 지 8년 만에 『씨올의 소리』 복간호가 나옴.
1989. 2. 4.	여든여덟의 나이로 서거.

찾아보기

|ㄱ|

가나안 137, 162~166, 168175, 593

가짜 종교 291, 428

가톨릭 92~94, 161, 175, 249, 309, 448, 479

간디 441, 543 559, 572, 573, 581, 589, 590, 619

갈릴레오 117, 480

감정 78, 95, 97~101, 103, 104, 120, 124~127, 183, 194, 196, 197, 200, 226, 289, 293, 297, 335~337, 360, 386, 387, 472, 503, 504, 522, 561

개신교 94, 143, 150, 151, 161, 175, 309

개인 91, 92, 97, 98, 100, 106, 107, 156, 158, 171, 173, 187, 191, 215, 216, 220, 230, 237, 238, 240, 246, 304, 334, 338, 344, 347, 358, 366, 380, 437, 476, 485, 504, 505, 510, 514, 515, 518, 540, 558~562, 564, 572, 615, 617, 619, 635

　~구원 237, 240, 246

　~주의 107, 188, 380, 562

개체 87~92, 118, 503, 515, 519, 539, 613

개혁 94, 227, 379, 437, 483, 487

경전 144, 195, 365, 367, 368, 404

계급사관 538, 558, 560, 561

고전 308, 357, 365, 366, 382, 402, 404, 407, 411, 413, 419, 472~474, 476, 489, 491, 492

공(公) 161, 261, 326

공관복음 178

공동체 617, 618

공산주의 112, 147~149, 151, 158, 172, 174, 275, 347~350, 352, 403, 473, 485, 511, 512, 613

공자 78, 121, 123, 164, 200, 209, 212, 217, 289, 341, 365, 371, 383, 384, 388, 391, 392, 408~413, 419, 474, 476, 607, 612, 619

과학 103, 116, 126~128, 134, 174, 237, 333, 363, 366, 391, 404, 405, 407, 409, 460, 464~467, 469, 470, 472, 473, 478~480, 483, 484, 502, 507, 516, 533, 542~546, 551, 584, 609, 614, 622

교리 100, 111, 112, 118, 129~131, 133, 134, 145, 162, 168, 176, 177, 269,

270, 274, 282, 284, 295, 296, 305, 310, 368, 372, 500, 502

교육 208, 318~322, 325~327, 330, 333, 338, 342~348, 350, 352, 361, 366, 379, 382, 391, 398, 399, 405, 471, 485, 486, 489, 516, 614, 639

교파 150~152, 176, 264, 266, 282, 311, 334, 375, 499

교회 92~97, 107~114, 117, 120, 131, 132, 143~145, 148~152, 154~156, 158, 159, 161, 163, 173, 175, 204, 205, 213, 215, 223, 227, 237, 242, 245, 249, 265, 266, 274~276, 284, 288, 301, 302, 310, 319, 320, 328, 330, 331, 333, 369, 407, 432, 447, 448, 454, 456, 472, 473, 501, 514, 543, 607, 609, 616, 617, 619

~당 110, 119, 120, 123, 131, 132, 150, 151, 153~159, 272, 308

~주의 268

구원 95, 97, 114, 122, 132~134, 144, 145, 153, 167, 172, 175, 190, 223, 226, 237, 240, 243, 246, 266, 268, 272, 282, 284, 294, 301, 306, 307, 308, 310, 320, 389, 434, 439, 445, 456, 488, 513~515, 520, 522, 541, 543, 547, 573, 590

국가 84, 92, 109, 115, 116, 123, 150, 228, 229, 288, 321, 376, 379, 485, 514, 547, 554, 589

~주의 167, 172, 173, 513~515

~지상주의 379

국선 492, 508

군자불기(君子不器) 484, 486, 488

그리스도 81, 118, 227, 237, 240, 247, 250, 251, 272, 273, 290, 291, 296,

297, 299, 305, 335, 336, 432, 437, 439, 450, 456, 477, 537, 546

기질변화(transformation) 406, 474

김교신 330, 334

깨달음 134, 153, 165, 373, 434, 504, 553

|ㄴ|

나 245, 260, 261, 272, 314, 509, 519~522, 603

나라 92, 96, 109, 114, 115, 119, 122, 135, 151, 153, 154, 157, 162, 164, 165, 169, 173~175, 200~202, 205, 207, 208, 210~214, 218, 235, 238, 239, 241, 243~245, 261, 272, 275, 282, 318, 320~323, 325, 326, 329~331, 338~342, 345, 346, 348~350, 361, 362, 376~378, 380, 393, 394, 398, 402, 404, 411, 429, 436, 440~442, 451, 455, 466, 477, 485, 487, 489, 491, 495~497, 499, 505, 510~512, 522, 523, 531, 537, 541, 546, 547, 552, 554, 556, 557, 566, 573, 577~579, 599, 603, 607, 608, 612, 613, 618, 620, 621, 623, 638

낡은 종교 63, 275, 309, 404, 574, 592

남북통일 151

노자 123, 248, 292, 328, 341, 365, 371, 383~389, 391~393, 395, 400~402, 409~413, 415, 416, 420, 513

|ㄷ|

다윗 168, 448, 589, 590

대선언 296

대속 293, 307, 335, 336

『대학』164, 209, 388, 402, 599

대화 178~180, 182, 184, 186, 188~191, 315, 367, 385

도(道) 263, 390, 415, 416, 420, 505

도교 378, 412

도덕 90, 99, 134, 146, 149, 153, 166, 191, 238, 243, 247, 252, 282, 284, 285, 286, 317, 329, 330, 335, 336, 349, 351, 358, 368, 382, 409, 413, 441, 464, 469, 472~474, 479, 494, 518, 544, 545, 549~552, 555, 564, 567, 574, 584, 588, 592, 609, 613, 632

돈 82, 110, 154, 155~158, 175, 209, 224, 244, 339, 348, 361, 368, 398, 418, 438, 511, 523, 601, 606, 608, 611, 614

돌변화(突變化) 90, 360

동경고등사범학교 330, 332

동양 86, 96, 99, 122, 233, 270, 339, 341, 357~361, 363, 380, 381, 390, 393, 402~407, 409, 410, 417, 436, 471, 473, 474, 482, 555
　～고전 405, 474, 489

뜻 83, 85, 87, 101, 110, 113, 114, 147, 164, 181, 185, 196, 200, 202, 209, 228, 231, 234, 246, 269, 276, 290, 294, 298, 311, 325, 338, 357, 395, 397, 398~400, 403, 404, 416, 417, 446, 447, 465, 471, 482~484, 486~490, 494, 495, 500, 502, 503, 508, 509, 513, 514, 529, 531, 532~536, 541~551, 552~556, 562~564, 569, 572~574, 585, 593, 599, 601, 602, 606, 637, 639

|ㄹ|

로고스 91, 93

루터 226, 276, 285, 292, 302, 447, 560

|ㅁ|

마르크스 368, 462, 481, 586

마리아 95, 177, 184, 185~188, 191

마치니 207, 208, 567, 580

만주 339, 341, 497, 591, 592

말씀 81, 83, 85, 86, 90, 95, 97, 114, 115, 118~120, 122, 123, 130~132, 136, 144, 165, 174, 177, 195, 199, 202, 203, 209, 215, 230, 235, 236, 241, 242, 250, 252, 253, 275, 277, 278, 280~283, 285, 289, 290, 292, 293, 295, 297, 298, 302, 303, 306, 310, 311, 317, 327, 352, 363, 367, 369, 371, 382, 388, 390, 428, 431~433, 439, 440, 442, 446, 447, 451, 452, 457, 488, 508, 509, 533, 547, 573, 615, 616, 629, 633, 636

맘몬 110, 155, 304

맹자 111, 122, 132, 209, 211~214, 244, 246, 368, 388, 393, 419, 488, 505, 539, 582, 583

메시아 169, 173, 180, 181, 201, 333, 493, 580

모세 96, 162~168, 173, 369, 463, 497, 562

무교회 191, 262, 265, 266, 276, 295, 301, 302, 309, 310, 331, 332, 334, 337, 448
　～주의 262, 331, 334

무당 152, 251, 498, 508
　～ 종교 496, 498

『무량수경』373, 374

무신론자 271, 471, 345

무종교 310

묵자 539

문견(information) 405, 474

문명 84, 105, 109, 163, 166, 167, 170, 172, 173, 197, 206, 238, 341, 357, 362, 363, 373, 381, 395~398, 403~405, 407, 451, 465, 468, 471, 477, 478~480, 547, 551, 552, 567, 568, 580, 584, 586, 587, 592, 623

문예부흥 380, 407, 472~474, 482

문화 92, 105, 106, 109, 146, 164, 168, 180, 327, 342, 361, 363, 365, 366, 381, 391, 394, 403, 410, 417, 419, 429, 440, 474, 475, 489~493, 507~510, 513, 514, 535, 541, 551, 557, 562, 563, 579, 591, 592, 602, 603

물질주의 357, 395, 485

미신 100, 120, 133, 150, 268, 317, 336, 464, 496, 498, 502, 503, 544, 574, 585

민(民) 209, 599, 600, 602, 603, 632, 639

민족 92, 97, 115, 123, 151, 161, 162, 165~168, 174, 182, 196, 200, 207, 218, 225, 230~232, 235, 245, 273, 320, 321, 323, 327, 329, 332, 333, 338~342, 346~351, 362, 363, 376, 378, 379, 381, 382, 394, 403, 406, 419, 473, 481, 488, 489~493, 495, 496, 505, 506, 508~512, 514~516, 531, 541, 554~563, 566, 570, 572, 575, 579~583, 588, 592, 600, 613, 619

~주의 243, 275, 320, 324~328, 330, 348~350, 473, 494, 562, 603

~통일 376

민주주의 202, 275, 325, 498, 551, 603, 606, 607, 613

민중 79, 143, 145~147, 150, 152, 156, 157, 162~167, 173, 175, 207~209, 244, 249, 317, 318, 323, 327, 329, 457, 471, 486, 496~499, 501, 512, 515, 517, 523, 524, 563, 564, 581, 582, 592, 593, 606~611, 613, 614, 631

~신학 208

믿음 81, 120, 127, 134, 135, 163, 168, 169, 174, 204, 223, 226, 228, 239, 250, 268, 271~273, 277, 282, 284, 285, 291, 293, 301, 303, 304, 308, 310, 316, 317, 322, 328, 371~373, 375~377, 385, 395, 430, 431, 433, 434~436, 439, 441, 445, 447, 448, 451, 453, 457, 460, 461, 463, 464, 471, 486, 494, 495, 498, 499~503, 509, 513, 517, 521, 522, 540, 543, 544, 547, 555, 567, 574, 580, 583, 584, 588, 592, 593, 617, 619, 632, 636

|ㅂ|

바리새파 130

바울 124, 134, 215, 220, 223, 230, 232, 235, 251, 253, 270, 299, 302, 439, 448, 552, 586

바탈 189, 281, 214, 388, 431, 434, 445, 465, 470, 477, 489, 501, 503, 519, 554, 574, 583

박정희 238

방언 134, 153, 215

법열 135, 300

베드로 180, 188, 240, 251, 253, 299, 439

보수 90, 136, 195, 480, 586
　~주의 106, 157, 174, 200, 368,
불교 121, 145~147, 157, 191, 317, 318,
　320, 329, 370, 371, 373, 376~378,
　380~382, 412, 428, 498, 500, 508,
　510, 514, 516, 542, 562, 567, 586,
　592
『불교통사』377
불성 520
불인지심(不忍之心) 583, 588
브라만 505, 568, 572
비폭력 192, 319, 394, 639

|ㅅ|
사관 86, 102, 532, 539~544, 554
사람의 아들 202, 566
사마리아 여인 177~179, 181, 191
사명 85, 148, 151, 161, 162, 173,
　174, 192, 202, 243, 245, 247, 287,
　380~382, 513~516, 535, 576,
　579~586, 589, 590, 592, 594, 596,
　641
사서(四書) 402
4·19혁명 174, 619
사탄 81, 195, 196, 280, 430, 431, 452,
　522, 574, 593
사회주의 330, 474
사회혁명 200, 349, 350
산상수훈 226, 369
삼국시대 145, 376, 377, 382, 497, 563,
　571, 572, 585
3·1운동 147, 323, 326, 340, 342, 343,
　350, 352
38선 148, 149, 339, 349, 516
상업주의 363
새 윤리 106, 112

새 종교 75, 77~79, 82, 106, 111,
　113~115, 118, 120~122, 124, 125,
　128, 130, 137, 146, 162, 275, 285,
　309, 441, 484, 576, 594
생명 79, 84, 85, 87, 88~91, 93, 95, 96,
　102, 104, 107, 108, 124~126, 131,
　136, 158, 159, 161, 162, 164, 174,
　175, 178, 179, 192, 194~196, 198,
　199, 201, 220, 221, 227, 230, 233,
　236, 238, 241, 248, 265, 268~270,
　272, 273, 280, 281, 283~288, 290,
　294, 296, 298~300, 302, 307, 308,
　311, 312, 314, 316, 328, 342, 343,
　352, 364, 367, 371, 382, 386, 390,
　392, 393, 397, 398, 427, 437, 441,
　445, 454, 455, 462, 463, 467, 480,
　481, 498, 500~503, 505, 507, 510,
　511, 514, 516, 519, 522, 523, 525,
　529, 534, 538~540, 543~545, 546,
　550~552, 555~557, 562 574~576,
　585, 587, 588, 590, 591, 594, 596,
　605, 611, 623, 631, 634, 637~639,
　640, 642
　~사관 104
생존경쟁 167, 363, 481, 521, 522, 595
샤르댕 235, 236, 480
샤머니즘 497, 503
서양 106, 208, 223, 249, 320, 326,
　338, 344, 357~363, 380, 381, 390,
　403~405, 407, 410, 412, 416, 418,
　436, 473, 475, 493, 509, 609
　~문명 51, 167, 357, 362, 363, 381,
　403, 404, 405, 407, 557, 588
석가 78, 116, 121, 204, 341, 365, 368,
　385, 438, 472, 475, 477, 609, 614
선(善) 195, 281, 431, 522, 538, 642

선조반복 87

섭리 149, 551, 566, 574, 589, 592

성령 85, 108, 122, 152, 214, 215, 250~253, 235, 518, 562

『성서조선』160, 333

성신 152, 250, 251

~ 운동 153

세계 77, 101, 104~106, 113~115, 152, 305, 306, 308, 311, 546, 548

~관 86, 102, 104, 117, 118, 119, 128, 145~147, 447, 464, 465, 494, 532, 594

~ 구원 114, 514

~ 주의 106, 605

~ 혁명 399, 513, 583, 635

세례 요한 232, 240, 437

소크라테스 235, 474, 476, 500, 504, 505, 563, 609, 614

속죄 155, 247, 269, 270, 274, 279, 282, 285, 292, 293, 298, 302, 307, 308, 310, 331, 336

숙명 566

~ 관 497, 498, 507

~ 철학 497, 499, 576

순신앙 134

순환론 104

슈펭글러 105, 404

신문 339, 362, 609~612, 616, 630

신비주의 336

씨올 200, 207, 212, 239, 338, 339~344, 348, 351, 357, 360, 362, 363, 366~369, 376, 377, 385, 388, 394, 395, 400, 417, 535, 561, 565, 601~606, 609~612, 614~618, 622, 623~626, 628, 630~642

~ 헌법 637

~의 소리 630, 637, 641

신사참배 158

신앙 81~83, 86, 96, 97, 100, 103, 108, 109, 111, 123, 125~127, 133, 134, 144, 149, 150, 151, 153, 155, 158, 159, 160, 170, 221, 224, 226~229, 237, 247, 267, 271~273, 284, 285, 288, 290, 292~294, 296, 298, 301~305, 308, 309, 312, 326, 330~338, 373, 374, 377, 413, 444, 451, 483, 487, 499, 505, 582, 585, 590

실천 149, 152, 158, 291, 302, 335, 341, 388, 409, 609

|ㅇ|

아가페 541~543, 548, 549, 551, 553, 573

아미타불 374, 375

아브라함 75, 96, 137, 165, 169, 231, 232, 273, 292

아인슈타인 391, 408, 482

아트만 506, 519

안병무 237

안수 78, 95, 134, 152

안창호 325, 326

양의 비유 187, 188, 195

양심 100, 111, 120, 124, 144, 145~148, 152, 154~156, 163, 169, 184, 198, 229, 261, 262, 265, 275, 294, 308, 320, 332, 333, 337, 368, 377, 475, 476, 480, 485, 494, 501, 512, 519, 544, 551, 559, 559, 609, 610, 613, 618~620, 630

엉터리 264, 265, 274, 628

역사 77~79, 82~84, 86~93, 95~98,

101~109, 111, 113~117, 123~125,
128, 131, 136, 143~151, 155~160,
163~165, 167~172, 174~176,
181~182, 191, 193, 199~201, 208,
219, 228, 231, 240, 242, 244, 269,
270, 275, 283, 287, 294, 303, 307,
309, 318, 326, 332, 333, 335, 336,
339, 342, 345~350, 355, 360~362,
364, 366, 373, 377, 378, 381, 382,
384, 391, 392, 395, 399, 400, 404,
407, 408~410, 412, 413, 419, 429,
433, 437, 439, 440, 445, 447, 448,
450~454, 456, 466, 469, 473, 474,
477, 479, 480, 483, 489~491, 493,
494, 496, 497, 502, 503, 509, 510,
512~514, 529, 530~538, 541~545,
547~558, 560~571, 573, 574,
578, 580, 582, 584~591, 593, 594,
601~603, 610, 613, 619, 620, 636,
638, 639
  ~적 예수 294, 336
  ~철학 86, 149, 592
영 85, 96, 110, 123~130, 132, 133, 135,
136, 153, 164, 167, 169, 178, 180,
182, 194~197, 199, 200, 219, 237,
239, 241~243, 248, 251, 252, 265,
268, 269, 289, 303, 311, 368, 385,
414, 436, 437, 447, 454, 501, 504,
512, 565, 572, 584
  ~계 124
  ~성 125, 552, 555
영웅사관 559~561
영화 136, 168, 170, 523
예수 78, 81, 85, 93, 97, 113, 114, 116,
121~124, 134, 136, 137, 141, 144,
149~151, 155~157, 164, 165, 169,

173, 174, 177~185, 187~193,
196~202, 214, 215, 219, 223, 226,
230, 232, 237, 239, 240~242, 245,
247, 249, 251~253, 264, 265, 268,
270, 275, 276, 279, 281~287, 291,
293, 294, 297~300, 304, 307, 310,
314, 335, 336, 365~371, 373, 385,
388, 389, 433~438, 446, 454~456,
498, 503, 506, 537, 539, 549, 560,
588, 607, 610, 612, 616, 619, 629
예언 86, 108, 132, 134, 148~150, 153,
215
오산학교 324~326, 352
5·16쿠데타 174, 605, 611, 619, 620
오펜하이머 459, 464, 482
온고지신 364, 473, 603
요나 439, 455, 565, 610
요점반복 87~89, 91, 98
「요한복음」 85, 91, 131, 177, 188, 195,
241, 332, 388, 390, 432, 632, 636
우상 100, 221, 341, 435, 436, 444, 501,
623
우주 88, 102~104, 118~120, 132, 202,
234, 249, 263, 272, 281~283, 310,
314, 371, 372, 387, 390~392, 440,
444, 455, 464~466, 470, 471, 474,
476~479, 481, 483, 537, 538, 541,
544~552, 555, 560, 593, 647~649,
658, 678~680
  ~인 478
우치무라 205, 226, 247, 262, 268, 269,
276, 293, 295, 302, 303, 329~334,
337, 448
원자탄 116, 117, 459, 622
원죄 518
웰스 328

유교 82, 145~148, 157, 191, 228, 317, 318, 320, 377, 378, 388, 389, 401, 402, 412, 428, 493, 494, 508, 516, 518, 542, 562, 583, 586, 592

유다 172, 184~191

유물론 129, 351, 462, 543

유영모 211, 289, 328, 330, 415, 416, 599

유전 87, 90, 361, 364, 394, 679

6·25전쟁 150, 158, 174, 466

윤회관 105

의(義) 97, 124, 386, 430, 535, 589

이광수 506

이능화 377, 378, 419

이단 265, 282, 648

이성 83, 85, 87, 90, 98~104, 110, 114, 124~127, 134, 183, 188, 194, 197, 199, 295, 300, 318, 335, 451, 454, 455, 476, 479, 502~505, 537, 546, 583, 612, 613

이스라엘 153, 161, 163~169, 230, 231, 293, 572, 589, 590

이승훈 147, 325, 326, 345, 351, 352

인 402, 496, 542, 583

인간구원 482

인간현상 235, 479

인격 81, 84, 88, 90~92, 95, 97, 99, 101, 102, 104, 111, 124, 126, 128, 130, 132~135, 171, 173, 194, 201, 202, 247, 263, 264, 272, 279, 282, 283, 287, 288, 291, 294, 297~301, 308, 325, 326, 335, 336, 349, 385, 429, 435, 438, 439, 454, 456, 460, 471, 472, 482, 484, 485, 516, 539, 543, 544, 548, 549, 551, 554, 559, 560, 579, 603, 618, 674, 679

인도 232, 531

인본주의 275, 301

인자(人子) 96, 449

인조종교 113

인포메이션(information) 405~407

|ㅈ|

자기발견 101, 505, 509, 512, 559

자력 134

자유 83, 89, 90, 93, 94, 96, 120, 121, 143, 151, 155, 162, 166, 168, 171, 199, 228, 229, 263, 265, 266, 274, 293, 294, 297, 298, 300, 302, 303, 311, 338, 371, 443, 444, 450, 454, 455, 460, 469, 470, 472, 479, 492, 500, 504, 513, 514, 549~551, 564, 572, 573, 579, 591, 606, 607, 612, 614, 616, 617, 623, 631

~의지 548~551

~주의 110, 609

장자 197, 248, 289, 371, 383~386, 388, 389, 391~394, 402, 408, 411, 412, 417, 513

전생 518

전쟁 115~117, 123, 158, 174, 175, 199, 212, 231, 243, 275, 320, 329, 339, 341, 363, 376, 395, 396, 398, 411, 476, 479, 546, 561, 549, 570, 581, 589

전체 88, 89, 98, 101, 107, 116, 144, 147, 160, 161, 167, 171, 172, 186~188, 191, 193, 195~197, 204, 215, 216, 246, 261, 263, 267, 271, 272, 295, 297, 304, 309, 333, 345~349, 351, 358, 362, 366, 368~370, 380, 402, 408, 409, 411, 436, 437, 439, 456,

478, 481, 482, 484, 488, 503, 515,
518, 519, 522, 531, 532, 539, 540,
553, 554, 559, 562, 567, 579, 580,
614~617, 623, 631, 635, 636, 640

~주의 171, 473

절대정신 91

『정감록』149

정신 84, 87, 91, 92, 94, 95, 96, 99, 100,
102, 104, 106, 107, 109, 113, 118,
119, 125, 127, 129, 135, 136, 145,
149, 152, 156, 158, 165~167, 171,
184, 193, 194, 200, 201, 224, 225,
229, 232, 235~237, 240~248, 252,
260, 267, 278, 280, 301, 302, 310,
311, 317, 323, 326, 327, 332, 337,
342, 343, 348, 349, 352, 357, 362,
363, 365, 380, 382, 399, 404, 408,
412~414, 429, 439~441, 456, 458,
460~462, 466, 469, 470, 474, 475,
477, 478, 480, 481, 484, 486~489,
492, 495, 496, 499, 501~503,
507, 511, 512, 516, 521, 523, 530,
533~536, 539, 541~543, 548, 550,
559, 575, 578, 580, 602, 607, 609,
615, 624, 628, 643~645

~통일 101, 251, 252

정치혁명 240

정통 120, 130, 237, 265, 276, 298, 368

제1차 세계대전 103, 104, 173, 242,
381, 607

제2차 세계대전 103, 173, 362, 379,
381, 399, 404, 405, 559, 607, 646

제국주의 122, 150, 340, 347, 350, 363,
473

제사 80, 100, 111, 212~215, 228, 271,
298, 301, 307~309, 321, 393, 395,

458, 483, 501, 582

조직 130, 154, 158, 173, 314, 240, 454,
608, 615, 617~619, 648

종교개혁 79, 93, 94, 118, 382, 482, 560

종말관 86, 546, 547

종파 102, 122, 123, 126, 150, 151, 176,
265, 375, 639

~주의 375

죄 108, 116, 131, 134, 153, 155,
181~185, 199, 205, 215, 227, 230,
243, 247, 257, 261, 262, 264, 269,
270, 278~288, 299, 300, 309, 321,
327, 336, 366, 367, 428, 433, 442,
501, 503, 510, 513~522, 572, 573,
585, 588, 589, 591, 625, 677

지혜 234, 326, 347, 359, 360, 365,
397~399, 407, 430, 467~470, 472,
481, 485, 486, 494, 499, 502, 572,
574, 614, 624, 631, 650

진리 81, 85, 97, 122, 123, 127, 128,
133, 135, 145, 153, 167, 172, 180,
197, 200, 202, 203, 222, 231, 263,
265, 266, 278, 288, 291, 292, 297,
302, 303, 311, 312, 314, 333, 337,
351, 370, 372, 373, 361, 391, 400,
436, 438, 471, 472, 475, 480, 481,
500, 539, 540, 541, 544, 546, 555,
557, 559, 561, 562, 567, 569, 571,
573, 581, 582, 589, 591~593

진보 90, 169, 171, 287, 319, 447, 465,
484, 574, 591

진시황 93, 558

진화 87, 88, 90, 91, 169, 342, 360, 364,
379, 476, 478, 479, 480, 528, 543,
551, 572, 574, 579, 654

~론 87, 168, 466, 478~480, 545

| ㅊ |

참 79, 81, 86, 94, 96, 108, 114, 120,
121, 123, 126, 127, 135, 164, 169,
171, 174, 180, 181, 184, 190, 192,
198~202, 210, 226, 228, 231, 232,
239, 242, 251, 260, 263~266, 268,
269, 271, 278, 280~282, 285, 286,
291, 294, 303, 305, 306, 307, 309,
311, 313, 315, 324, 327, 328, 334,
336, 341, 371~373, 375, 384, 404,
410, 412, 417, 428, 430, 431, 434,
435, 441, 442, 444, 445, 449, 452,
455~458, 464, 470, 471, 482, 484,
485, 487, 491, 493, 495, 499~502,
505, 508, 509, 515~517, 521, 522,
537, 538, 540, 541, 547, 548, 551,
554, 559, 562, 573, 574, 583, 589,
602, 612, 613, 619, 620, 622, 625,
631, 640
~ 나 196, 314, 522, 533, 559
창조 88, 90, 164, 196, 197, 234, 248,
276, 325, 352, 359, 364, 382, 440,
461, 463, 519, 544, 547, 550, 636,
638, 639, 648
천국 128, 134, 190, 433
천당 지옥 112, 135, 146, 190, 448
천명 82, 83, 468, 671
천재 167, 222, 614

| ㅋ |

카르마 518
퀘이커 177, 191, 228, 312~316, 321,
617

| ㅌ |

토인비 404, 405

토착화 208, 602
통일 79, 90, 92, 95, 98, 101, 105,
106, 108, 109, 119, 122, 126, 129,
131~133, 149~151, 166, 207, 257,
284, 349, 376, 391, 410, 411, 453,
475~477, 488, 506, 519, 531, 553,
554, 556, 570
트랜스포메이션(transformation) 405,
406

| ㅍ |

펜들힐 177, 186
평안도 318, 556
평화 93, 94, 107, 116, 132, 197, 318,
320, 378, 513, 573, 592, 622, 650
~주의 378, 391, 394, 514
포이어바흐 506
폭력 151, 173, 192~194, 196, 198, 200,
202, 203, 342, 343, 514, 584, 588,
609, 619
폭스 317
플라톤 235, 372, 467, 473, 499
피히테 581

| ㅎ |

하나 78, 82~84, 89~92, 109, 115,
117, 118, 121~123, 125~128,
131, 132, 135, 143, 154, 156, 159,
166, 168~170, 172, 174, 175, 180,
182, 183, 186~189, 191, 194, 196,
198, 201, 202, 207, 210, 212, 220,
221, 227, 228, 230~232, 235, 245,
248, 250, 252, 257, 262~266, 272,
273, 276, 279, 284~288, 291, 293,
296~299, 302, 304, 305, 307~309,
311, 314~320, 322, 332, 334~336,

338, 340, 344, 345, 346, 348~350, 352, 357~360, 362, 364, 367, 369, 371, 375, 376, 379, 380, 382, 388, 391, 395, 402, 405, 407, 408, 411, 417, 419, 421, 425, 433, 435, 441, 443, 445, 446, 449, 450, 454, 455, 457~459, 462, 463, 470, 471, 476, 478, 482, 486, 488, 490, 495, 497, 499~502, 506, 508, 510, 513, 522, 523, 532, 535, 536, 543, 554, 557, 558, 562, 569, 570, 572, 574, 579, 590, 593, 602, 607, 608, 609, 611, 615~618, 622, 626, 627, 633, 635, 636~640

~님 78, 80, 81, 83, 85, 88, 90, 93~95, 101, 108~110, 113, 114, 116~118, 121, 122, 127, 128, 131, 133, 135, 144, 146, 147, 149~152, 154, 155, 158, 159, 164, 165, 167, 168, 172~175, 180, 192, 195~197, 199, 201, 202, 208, 215~218, 220, 221, 226, 230~232, 234~236, 240~242, 244, 246, 248, 249, 252, 253, 259~261, 263, 268, 271, 273, 276, 280~284, 288~292, 297, 298, 301~304, 306, 308~311, 316, 317, 320~322, 325, 333, 343, 347, 369, 372, 375, 390, 408, 409, 430~435, 437, 439~442, 444, 446, 448, 449, 451~453, 455~457, 460~463, 465, 469, 470, 475~477, 481, 488, 500,

502, 505, 506, 508, 509, 519, 520, 522, 535, 539~544, 546, 548~552, 556, 559, 563~566, 571~573, 578~581, 583, 585~588, 590, 592, 593, 615, 616, 618, 621~623, 636

~됨 186, 291, 297, 309, 390, 450, 476, 481, 484, 500, 513, 519, 522

하늘나라 83, 110, 127, 134, 149, 169, 173, 188, 194, 198, 201, 230, 237, 239, 240, 244, 265, 271, 272, 290, 301, 369, 434, 479, 510, 547, 572, 593, 667

한국교회 174, 175

한국기독교 174

할례 169, 230, 231, 232

해방 143, 147, 148, 150, 154, 160, 162, 163, 171, 174, 176, 197~199, 205, 227, 284, 330, 338, 349, 351, 367, 382, 398, 450, 581, 590, 605, 635, 639

해탈 129, 462, 513~515, 654

혁명 199, 201, 211, 214, 224, 225, 244, 249, 329, 330, 340, 351, 513, 537, 557, 635

~가 198, 262

화랑도 145

화신 93

환상 100, 101, 134, 144, 153, 174, 200, 440

「흰 손」296

히틀러 481

함석헌 咸錫憲

함석헌은 1901년 평안북도 용천에서 태어났다. 1919년 3·1운동에 참여했다는 이유로 평양고등보통학교에서 퇴학당한 후 1921년 오산학교에 편입했다. 1923년 오산학교를 졸업한 후 도쿄東京 고등사범학교로 유학해 1928년 졸업했다. 유소년 시절 기독교를 처음 접한 함석헌은 일본 유학에서 만난 우치무라 간조內村鑑三의 영향으로 무교회주의 신앙을 오래 지니게 되었다. 귀국 후 1938년까지 오산학교 교사로 근무하다가 일제의 일본어교육 강요와 탄압 등으로 사직한다. 이후 송산농사학원을 운영하면서 공동체 육성을 실험한다. 하지만 계우회사건과『성서조선』사건에 연루되어 두 차례 투옥된다. 출옥후 고향에서 농사를 짓다가 해방을 맞았다.

해방 직후 결성된 평안북도 자치위원회 교육부장으로 봉사하다가 신의주학생사건 주모자로 몰려 투옥되는 등 고초를 겪었다. 1947년 월남 후『성서』강해 등을 진행했으며 1956년『사상계』필진으로 참여하면서부터 현실 사회에 참여한다. 이승만정권 말기인 1958년에는『사상계』에「생각하는 백성이라야 산다」를 실어 체포당했고 1961년에는「5·16을 어떻게 볼까」를 실어 군사정권과 정면으로 맞섰다.

1950년대 말부터 퀘이커 모임인 친우회에 참여해 평화운동에 나섰다. 1962년 미국 국무부 초청으로 3개월간 미국을 순방한 후 10개월간 필라델피아 펜들힐의 퀘이커 학교에서 공부했다.

1970년 4월『씨올의 소리』를 창간했다. 5월호를 발행한 후 등록취소처분을 받았으나 재판에서 승소해 1971년 9월호로 복간했다. 1980년 7월에도 전두환정권에 의해 등록취소처분을 받았다. 1976년 3·1민주구국선언에 참여했다. 1979년과 1985년에 노벨평화상 후보로 추천되었다.

주요 저술로는『뜻으로 본 한국역사』제4판; 1965『인간혁명』1961『생활철학』1962『죽을 때까지 이 걸음으로』1964『역사와 민족』1965 등이 있다. 한길사에서『함석헌전집』1984~88, 전 20권과『함석헌저작집』2009, 전 30권을 출간했다.『뜻으로 본 한국역사』2003『간디 자서전』제3판; 2002『바가바드 기타』1996는 단행본으로 출간되었다.

HANGIL GREAT BOOKS 148

씨올의 소리
함석헌 선집 1

지은이 함석헌
엮은이 함석헌선집편집위원회
펴낸이 김언호

펴낸곳 (주)도서출판 한길사
등록 1976년 12월 24일 제74호
주소 10881 경기도 파주시 광인사길 37
홈페이지 www.hangilsa.co.kr
전자우편 hangilsa@hangilsa.co.kr
전화 031-955-2000~3 **팩스** 031-955-2005

부사장 박관순 **총괄이사** 김서영 **관리이사** 곽명호
영업이사 이경호 **경영이사** 김관영 **편집주간** 백은숙
편집 노유연 김지연 김대일 김지수 최현경 김영길
마케팅 정아린 **관리** 이주환 문주상 이희문 원선아 이진아
디자인 창포 031-955-2097
CTP출력·인쇄 현문인쇄 **제본** 경일제책사

제1판 제1쇄 2016년 8월 31일
제1판 제3쇄 2021년 9월 27일

값 30,000원
ISBN 978-89-356-6450-4 94080
ISBN 978-89-356-6427-6 (세트)

• 잘못 만들어진 책은 구입하신 서점에서 바꿔드립니다.

• 이 도서의 국립중앙도서관 출판시도서목록(CIP)은 서지정보유통지원시스템 홈페이지(seoji.nl.go.kr)와
국가자료공동목록시스템(www.nl.go.kr/kolisnet)에서 이용하실 수 있습니다.
(CIP제어번호: CIP2016016449)

한길그레이트북스 인류의 위대한 지적 유산을 집대성한다

1 관념의 모험
앨프레드 노스 화이트헤드 | 오영환

2 종교형태론
미르치아 엘리아데 | 이은봉

3·4·5·6 인도철학사
라다크리슈난 | 이거룡
2005 『타임스』 선정 세상을 움직인 100권의 책
『출판저널』 선정 21세기에도 남을 20세기의 빛나는 책들

7 야생의 사고
클로드 레비-스트로스 | 안정남
2005 『타임스』 선정 세상을 움직인 100권의 책
2008 『중앙일보』 선정 신고전 50선

8 성서의 구조인류학
에드먼드 리치 | 신인철

9 문명화과정 1
노르베르트 엘리아스 | 박미애
2005 연세대학교 권장도서 200선
2012 인터넷 교보문고 명사 추천도서
2012 알라딘 명사 추천도서

10 역사를 위한 변명
마르크 블로크 | 고봉만
2008 『한국일보』 오늘의 책
2009 『동아일보』 대학신입생 추천도서
2013 yes24 역사서 고전

11 인간의 조건
한나 아렌트 | 이진우
2012 인터넷 교보문고 MD의 선택
2012 네이버 지식인의 서재

12 혁명의 시대
에릭 홉스봄 | 정도영·차명수
2005 서울대학교 권장도서 100선
2005 『타임스』 선정 세상을 움직인 100권의 책
2005 연세대학교 권장도서 200선
1999 『출판저널』 선정 21세기에도 남을 20세기의 빛나는 책들
2012 알라딘 블로거 베스트셀러
2013 『조선일보』 불멸의 저자들

13 자본의 시대
에릭 홉스봄 | 정도영
2005 서울대학교 권장도서 100선
1999 『출판저널』 선정 21세기에도 남을 20세기의 빛나는 책들
2012 알라딘 블로거 베스트셀러
2013 『조선일보』 불멸의 저자들

14 제국의 시대
에릭 홉스봄 | 김동택
2005 서울대학교 권장도서 100선
1999 『출판저널』 선정 21세기에도 남을 20세기의 빛나는 책들
2012 알라딘 블로거 베스트셀러
2013 『조선일보』 불멸의 저자들

15·16·17 경세유표
정약용 | 이익성
2012 인터넷 교보문고 필독고전 100선

18 바가바드 기타
함석헌 주석 | 이거룡 해제
2007 서울대학교 추천도서

19 시간의식
에드문트 후설 | 이종훈

20·21 우파니샤드
이재숙
2005 서울대학교 권장도서 100선

22 현대정치의 사상과 행동
마루야마 마사오 | 김석근
2005 『타임스』 선정 세상을 움직인 100권의 책
2007 도쿄대학교 권장도서

23 인간현상
테야르 드 샤르댕 | 양명수
2007 서울대학교 추천도서

24·25 미국의 민주주의
알렉시스 드 토크빌 | 임효선·박지동
2005 서울대학교 권장도서 100선
2012 인터넷 교보문고 MD의 선택
2012 인터넷 교보문고 MD의 선택
2013 문명비평가 기 소르망 추천도서

26 유럽학문의 위기와 선험적 현상학
에드문트 후설 | 이종훈
2005 서울대학교 논술출제

27·28 삼국사기
김부식 | 이강래
2005 연세대학교 권장도서 200선
2012 인터넷 교보문고 필독고전 100선
2013 yes24 다시 읽는 고전

29 원본 삼국사기
김부식 | 이강래

30 성과 속
미르치아 엘리아데 | 이은봉
2005 『타임스』 선정 세상을 움직인 100권의 책
2012 인터넷 교보문고 명사 추천도서
『출판저널』 선정 21세기에도 남을 20세기의 빛나는 책들

31 슬픈 열대
클로드 레비-스트로스 | 박옥줄
2005 서울대학교 권장도서 100선
2005 연세대학교 권장도서 200선
2008 홍익대학교 논술출제
2012 인터넷 교보문고 명사 추천도서
2013 yes24 역사서 고전
『출판저널』 선정 21세기에도 남을 20세기의 빛나는 책들

32 증여론
마르셀 모스 | 이상률
2003 문화관광부 우수학술도서
2012 네이버 지식인의 서재

33 부정변증법
테오도르 아도르노 | 홍승용

34 문명화과정 2
노르베르트 엘리아스 | 박미애
2005 연세대학교 권장도서 200선
2012 인터넷 교보문고 명사 추천도서
2012 알라딘 명사 추천도서

35 불안의 개념
쇠렌 키르케고르 | 임규정
2012 인터넷 교보문고 필독고전 100선

36 마누법전
이재숙·이광수

37 사회주의의 전제와 사민당의 과제
에두아르트 베른슈타인 | 강신준

38 의미의 논리
질 들뢰즈 | 이정우
2000 교보문고 선정 대학생 권장도서

39 성호사설
이익 | 최석기
2005 연세대학교 권장도서 200선
2008 서울대학교 논술출제
2012 인터넷 교보문고 필독고전 100선

40 종교적 경험의 다양성
윌리엄 제임스 | 김재영
2000 대한민국학술원 우수학술도서

41 명이대방록
황종희 | 김덕균
2000 한국출판문화상

42 소피스테스
플라톤 | 김태경

43 정치가
플라톤 | 김태경

44 지식과 사회의 상
데이비드 블루어 | 김경만
2002 대한민국학술원 우수학술도서

45 비평의 해부
노스럽 프라이 | 임철규
2001 『교수신문』 우리 시대의 고전

46 인간적 자유의 본질·철학과 종교
프리드리히 W.J. 셸링 | 최신한

47 무한자와 우주와 세계·원인과 원리와 일자
조르다노 브루노 | 강영계
2001 한국출판인회의 이달의 책

48 후기 마르크스주의
프레드릭 제임슨 | 김유동
2001 한국출판인회의 이달의 책

49·50 봉건사회
마르크 블로크 | 한정숙
2002 대한민국학술원 우수학술도서
2012 『한국일보』 다시 읽고 싶은 책

51 칸트와 형이상학의 문제
마르틴 하이데거 | 이선일
2003 대한민국학술원 우수학술도서

52 남명집
조식 | 경상대 남명학연구소
2012 인터넷 교보문고 필독고전 100선

53 낭만적 거짓과 소설적 진실
르네 지라르 | 김치수·송의경
2002 대한민국학술원 우수학술도서
2013 『한국경제』 한 문장의 교양

54·55 한비자
한비 | 이운구
한국간행물윤리위원회 추천도서
2007 서울대학교 추천도서
2012 인터넷 교보문고 필독고전 100선

56 궁정사회
노르베르트 엘리아스 | 박여성

57 에밀
장 자크 루소 | 김중현
2005 서울대학교 권장도서 100선
2000·2006 서울대학교 논술출제

58 이탈리아 르네상스의 문화
야코프 부르크하르트 | 이기숙
2004 한국간행물윤리위원회 추천도서
2005 연세대학교 권장도서 200선
2009 『동아일보』 대학신입생 추천도서

59·60 분서
이지 | 김혜경
2004 문화관광부 우수학술도서
2012 인터넷 교보문고 필독고전 100선

61 혁명론
한나 아렌트 | 홍원표
2005 대한민국학술원 우수학술도서

62 표해록
최부 | 서인범·주성지
2005 대한민국학술원 우수학술도서

63·64 정신현상학
G.W.F. 헤겔 | 임석진
2006 대한민국학술원 우수학술도서
2005 연세대학교 권장도서 200선
2005 프랑크푸르트도서전 한국의 아름다운 책 100선
2008 서우철학상
2012 인터넷 교보문고 필독고전 100선

65·66 이정표
마르틴 하이데거 | 신상희·이선일

67 왕필의 노자주
왕필 | 임채우
2006 문화관광부 우수학술도서

68 신화학 1
클로드 레비-스트로스 | 임봉길
2007 대한민국학술원 우수학술도서
2008 『동아일보』 인문과 자연의 경계를 넘어 30선

69 유랑시인
타라스 셰브첸코 | 한정숙

70 중국고대사상사론
리쩌허우 | 정병석
2005 『한겨레』 올해의 책
2006 문화관광부 우수학술도서

71 중국근대사상사론
리쩌허우 | 임춘성
2005 『한겨레』 올해의 책
2006 문화관광부 우수학술도서

72 중국현대사상사론
리쩌허우 | 김형종
2005 『한겨레』 올해의 책
2006 문화관광부 우수학술도서

73 자유주의적 평등
로널드 드워킨 | 염수균
2006 문화관광부 우수학술도서
2010 『동아일보』 '정의에 관하여' 20선

74·75·76 춘추좌전
좌구명 | 신동준

77 종교의 본질에 대하여
루트비히 포이어바흐 | 강대석

78 삼국유사
일연 | 이가원·허경진
2007 서울대학교 추천도서

79·80 순자
순자 | 이운구
2007 서울대학교 추천도서

81 예루살렘의 아이히만
한나 아렌트 | 김선욱
2006 『한겨레』 올해의 책
2006 한국간행물윤리위원회 추천도서
2007 『한국일보』 오늘의 책
2007 대한민국학술원 우수학술도서
2012 yes24 리뷰 영웅대전

82 기독교 신앙
프리드리히 슐라이어마허 | 최신한
2008 대한민국학술원 우수학술도서

83·84 전체주의의 기원
한나 아렌트 | 이진우·박미애
2005 『타임스』 선정 세상을 움직인 책
『출판저널』 선정 21세기에도 남을 20세기의 빛나는 책들

85 소피스트적 논박
아리스토텔레스 | 김재홍

86·87 사회체계이론
니클라스 루만 | 박여성
2008 문화체육관광부 우수학술도서

88 헤겔의 체계 1
비토리오 회슬레 | 권대중

89 속분서
이지 | 김혜경
2008 대한민국학술원 우수학술도서

90 죽음에 이르는 병
쇠렌 키르케고르 | 임규정
『한겨레』 고전 다시 읽기 선정
2006 서강대학교 논술출제

91 고독한 산책자의 몽상
장 자크 루소 | 김중현

92 학문과 예술에 대하여·산에서 쓴 편지
장 자크 루소 | 김중현

93 사모아의 청소년
마거릿 미드 | 박자영
20세기 미국대학생 필독 교양도서

94 자본주의와 현대사회이론
앤서니 기든스 | 박노영·임영일
1999 서울대학교 논술출제
2009 대한민국학술원 우수학술도서

95 인간과 자연
조지 마시 | 홍금수

96 법철학
G.W.F. 헤겔 | 임석진

97 문명과 질병
헨리 지거리스트 | 황상익
2009 대한민국학술원 우수학술도서

98 기독교의 본질
루트비히 포이어바흐 | 강대석

99 신화학 2
클로드 레비-스트로스 | 임봉길
2008 『동아일보』 인문과 자연의 경계를 넘어 30선
2009 대한민국학술원 우수학술도서

100 일상적인 것의 변용
아서 단토 | 김혜련
2009 대한민국학술원 우수학술도서

101 독일 비애극의 원천
발터 벤야민 | 최성만·김유동

**102·103·104 순수현상학과
현상학적 철학의 이념들**
에드문트 후설 | 이종훈
2010 대한민국학술원 우수학술도서

105 수사고신록
최술 | 이재하 외
2010 대한민국학술원 우수학술도서

106 수사고신여록
최술 | 이재하
2010 대한민국학술원 우수학술도서

107 국가권력의 이념사
프리드리히 마이네케 | 이광주

108 법과 권리
로널드 드워킨 | 염수균

109·110·111·112 고야
훗타 요시에 | 김석희
2010 12월 한국간행물윤리위원회 추천도서

113 왕양명실기
박은식 | 이종란

114 신화와 현실
미르치아 엘리아데 | 이은봉

115 사회변동과 사회학
레이몽 부동 | 민문홍

116 자본주의·사회주의·민주주의
조지프 슘페터 | 변상진
2012 대한민국학술원 우수학술도서
2012 인터파크 이 시대 교양 명저

117 공화국의 위기
한나 아렌트 | 김선욱

118 차라투스트라는 이렇게 말했다
프리드리히 니체 | 강대석

119 지중해의 기억
페르낭 브로델 | 강주헌

120 해석의 갈등
폴 리쾨르 | 양명수

121 로마제국의 위기
램지 맥멀렌 | 김창성
2012 인터파크 추천도서

122·123 윌리엄 모리스
에드워드 파머 톰슨 | 윤효녕 외
2012 인터파크 추천도서

124 공제격치
알폰소 바뇨니 | 이종란

125 현상학적 심리학
에드문트 후설 | 이종훈
2013 인터넷 교보문고 눈에 띄는 새 책
2014 대한민국학술원 우수학술도서

126 시각예술의 의미
에르빈 파노프스키 | 임산

127·128 시민사회와 정치이론
진 L. 코헨·앤드루 아라토 | 박형신·이혜경

129 운화측험
최한기 | 이종란
2015 대한민국학술원 우수학술도서

130 예술체계이론
니클라스 루만 | 박여성·이철

131 대학
주희 | 최석기

132 중용
주희 | 최석기

133 종의 기원
찰스 다윈 | 김관선

134 기적을 행하는 왕
마르크 블로크 | 박용진

135 키루스의 교육
크세노폰 | 이동수

136 정당론
로베르트 미헬스 | 김학이
2003 기담학술상 번역상
2004 대한민국학술원 우수학술도서

137 법사회학
니클라스 루만 | 강희원
2016 세종도서 우수학술도서

138 중국사유
마르셀 그라네 | 유병태
2011 대한민국학술원 우수학술도서

139 자연법
G.W.F 헤겔 | 김준수
2004 기담학술상 번역상

140 기독교와 자본주의의 발흥
R.H. 토니 | 고세훈

141 고딕건축과 스콜라철학
에르빈 파노프스키 | 김율
2016 세종도서 우수학술도서

142 도덕감정론
애덤스미스 | 김광수

143 신기관
프랜시스 베이컨 | 진석용
2001 9월 한국출판인회의 이달의 책
2005 서울대학교 권장도서 100선

144 관용론
볼테르 | 송기형·임미경

145 교양과 무질서
매슈 아널드 | 윤지관

146 명등도고록
이지 | 김혜경

147 데카르트적 성찰
에드문트 후설·오이겐 핑크 | 이종훈
2003 대한민국학술원 우수학술도서

148·149·150 함석헌선집 1·2·3
함석헌 | 함석헌편집위원회
2017 대한민국학술원 우수학술도서

151 프랑스혁명에 관한 성찰
에드먼드 버크 | 이태숙

152 사회사상사
루이스 코저 | 신용하·박명규

153 수동적 종합
에드문트 후설 | 이종훈
2019 대한민국학술원 우수학술도서

154 로마사 논고
니콜로 마키아벨리 | 강정인·김경희
2005 대한민국학술원 우수학술도서

155 르네상스 미술가평전 1
조르조 바사리 | 이근배

156 르네상스 미술가평전 2
조르조 바사리 | 이근배

157 르네상스 미술가평전 3
조르조 바사리 | 이근배

158 르네상스 미술가평전 4
조르조 바사리 | 이근배

159 르네상스 미술가평전 5
조르조 바사리 | 이근배

160 르네상스 미술가평전 6
조르조 바사리 | 이근배

161 어두운 시대의 사람들
한나 아렌트 | 홍원표

162 형식논리학과 선험논리학
에드문트 후설 | 이종훈
2011 대한민국학술원 우수학술도서

163 러일전쟁 1
와다 하루키 | 이웅현

164 러일전쟁 2
와다 하루키 | 이웅현

165 종교생활의 원초적 형태
에밀 뒤르켐 | 민혜숙 · 노치준

166 서양의 장원제
마르크 블로크 | 이기영

167 제일철학 1
에드문트 후설 | 이종훈
2021 대한민국학술원 우수학술도서

168 제일철학 2
에드문트 후설 | 이종훈
2021 대한민국학술원 우수학술도서

169 사회적 체계들
니클라스 루만 | 이철 · 박여성 | 노진철 감수

170 모랄리아
플루타르코스 | 윤진

171 국가론
마르쿠스 툴리우스 키케로 | 김창성

172 법률론
마르쿠스 툴리우스 키케로 | 성염

173 자본주의의 문화적 모순
다니엘 벨 | 박형신

174 신화학 3
클로드 레비스트로스 | 임봉길

175 상호주관성
에드문트 후설 | 이종훈

● 한길그레이트북스는 계속 간행됩니다.